嶺南性理學硏究

이상익(李相益)
成均館大學校 儒學大學 韓國哲學科 졸업
同 大學院 東洋哲學科 졸업(哲學博士)
육군사관학교 철학과, 영산대학교 학부대학 교수 역임
現 부산교육대학교 윤리교육과 교수
저서 : 『歷史哲學과 易學思想』(성균관대 출판부, 1996)
『서구의 충격과 근대 한국사상』(도서출판 한울, 1997)
『畿湖性理學 硏究』(도서출판 한울, 1998)
『儒家 社會哲學 硏究』(심산, 2001)
『儒教傳統과 自由民主主義』(심산, 2004)
『畿湖性理學論考』(심산, 2005)
『朱子學의 길』(심산, 2007)
『사람의 길, 文明의 꿈』(심산, 2009)
역서 : 『隱峰野史別錄』(安邦俊 原著, 崔英成 공역, 아세아문화사, 1996)
『譯註 四七新編』(李瀷 原著, 도서출판 다운샘, 1999)
『譯註 庸學辨疑』(趙彦儒 原著, 심산, 2006)
『譯註 己亥封事(外)』(李惟泰 原著, 李達雨 外 공역, 심산, 2007)

嶺南性理學硏究

초판 1쇄 발행 2011년 4월 15일

지은이 | 이상익
펴낸이 | 최원필
편 집 | 양상모, 이경은
펴낸곳 | 심산출판사
주 소 | 서울시 은평구 불광동 219-7 예은 101
전 화 | 02-357-0633
팩시밀리 | 02-357-0631
E-mail | simsan@korea.com
등 록 | 제1-2114호(1996년 11월 28일)
ISBN | 978-89-94844-07-7 93150

嶺南性理學研究

李相益 지음

심산

* 이 저서는 2007년 정부(교육과학기술부)의 재원으로 한국연구재단의 지원을 받아 수행된 연구임(NRF-2007-812-A00074)

序

이 책에서 말하는 '嶺南性理學'이란 '退溪와 그 後學들의 性理學'을 지칭한다. 흔히 말하듯이 退溪와 栗谷은 조선시대 성리학의 雙璧이다. 조선시대의 성리학을 연구하면서, 나는 먼저 율곡학파의 성리학에 관심을 기울이게 되었다. 그 까닭은 나의 성장배경으로 인한 것이기도 했고, 또 율곡학파에서는 다양한 論題가 제기되어 학문적 흥미를 증폭시켰기 때문이기도 하다. 나는 畿湖性理學에 대한 연구를 두 권의 책(『畿湖性理學 研究』, 『畿湖性理學 論考』)으로 정리한 다음, 근래에는 퇴계학파의 성리학을 천착하게 되었는데, 그 연구의 과정은 한마디로 '漸入佳境'이었다.

嶺南性理學에 대한 연구를 진행하면서, 나는 내 先入見이 크게 잘못되었음을 깨닫게 되었다. 나는 '退溪의 後學들은 단조롭게 退溪說만 묵수했을 것'이라고 생각했었는데, 결코 그렇지 않았던 것이다. 영남학파에서도 기호학파 못지않게 많은 論題들이 제기되어, 다양한 논의들이 전개되었던 것이다. 요컨대 영남의 성리학자들은 기본적으로 퇴계설을 尊信하면서도, 퇴계설의 해석에 있어서는 많은 異見을 표출했던 것이다. '理의 主宰'에 대한 해석, '理의 動靜'에 대한 해석, '理氣互發'에 대한 해석, '公正한 七情'에 대한 해석, '心의 본질'에 대한 해석, '心統性情'에 대한 해석 등은 학자들에 따라 各樣各色이었던 것이다. 退溪說에 대한 해석이 이처럼 각양각색이었다는 것은 退溪의 後學들이 단순히 '退溪의 後學'으로 그치는 것이 아니라 '한 사람의 獨自的인 哲學者'였음을 의미하는 것이다.

퇴계의 후학들은 모두 율곡학파의 비판에 대응하여 퇴계설을 옹호하는 데 심혈을 기울였다. 그러나 그 방향에 있어서는 크게 둘로 나누어 볼 수 있다. 하나는 율곡설을 근본적으로 부정하고 퇴계설을 고수하는 부류로서, 葛庵 李玄逸이나 淸臺 權相一이 대표적인 경우이다. 다른 하나는 율곡의 비판을 상당히 의식하고 퇴계설을 재해석하는 부류로서, 大山 李象靖이나 寒洲 李震相이 대표적인 경우이다. 사실 퇴계의 호발설은 다양한 해석의 여지가 있었거니와, 그 후학들은 각각 자신의 철학적 입장에서 퇴계설을 해석했던 것이다. 따라서 영남성리학의 전개 과정은 퇴계학의 繼承發展 과정이기도 하고, 동시에 퇴계학의 變奏 과정이기도 한 것이다. 이 책은 그에 대한 탐구의 보고서이다. 江湖諸賢의 叱正을 바란다.

退·栗의 후학들은 상대방의 학문적 입장을 이해하고 그에 비추어 자신의 입장을 반추하려고 노력하기보다는 무조건 자신의 학설을 옹호하고 상대방의 학설에 대해서는 여지없이 비판하는 경우가 많았다. 그러나 이제 영남성리학과 기호성리학을 두루 살펴보니, 퇴계설과 율곡설은 애초에 서로 입각점이 달랐던 것으로, 서로 是非나 優劣을 다툴 성질의 것이 아니었다. 이 점을 가장 분명히 인식했던 학자는 茶山 丁若鏞이었

序 論

1. 性理學과 韓國哲學

주지하듯이 '朝鮮'은 朱子學(性理學)에 입각해 건국되었고 운영되었다. 따라서 조선시대의 思想과 文化를 이해함에 있어서 朱子學은 그 일차적 관건이 된다. '性理學'이란 理氣心性論으로 대변되는 '朱子學의 형이상학적 체계'를 말하는 것으로, 이는 주자학 가운데서도 '體'에 해당되는 분야이다. 이것을 다시 나누면 理氣論은 주자학적 世界觀에, 心性論은 주자학적 人間觀에 해당된다. 그런데 주자학에서는 '인간의 本性은 곧 天理'(性卽理)라 하여, '理·氣와 心·性' 또는 '우주(자연)와 인간'을 일관된 입장에서 설명해 왔다. 世界觀과 人間觀은 價値觀의 골격을 제시하고, 그로부터 다시 각종 實踐理論이 도출되는 것이 古典哲學의 일반적 전개양상이라고 본다면, 性理學에 대한 이해는 조선시대를 이해하고자 함에 있어서 궁극적 관건이 되는 것이다. 이 책에서는 이러한 맥락에서 '嶺南의 性理學'에 접근하는 바이다.

조선시대의 대표적 성리학자로는 흔히 退溪 李滉(1501~1570)과 栗谷 李珥(1536~1584)를 꼽는다. 고려 말 주자학의 도입 이래 退·栗 시대에 이르기까지 약 2백 년 사이에는 理氣心性論이 뚜렷하게 부각되지는 않았다. 이는 당시까지는 주자학적 사유가 충분히 내면화되지 못했음을 뜻한다. 즉 조선 전기에는 주자학을 도입하여 각종 文物을 정비하는 데 치중했던 것이요, 성리학적 개념들을 매개로 자신들의 思惟를 충분히 전개하지는 못했던 것이다. 퇴계는 秋巒 鄭之雲(1509~1561)의 〈天命圖〉를 수정하는 과정에서, 추만이 "四端은 理에서 발하고(發於理), 七情은 氣에서 발한다(發於氣)"고 표기했던 것을 "四端은 理가 발한 것(理之發), 七情은 氣가 발한 것(氣之發)"이라 수정하고, 또 "四端은 理에서 발한 것으로 純善하고, 七情은 氣에서 발한 것으로 善·惡이 모두 있다"고 설명하기도 했다. 이에 대해 高峰 奇大升(1527~1572)은 '理主氣資'라는 입장에서 '理·氣의 相須'를 강조하면서,[1] 퇴계에게 "理와 氣가 쪼개져서 兩物이 되니, 七情은 性에서 나온 것이 아니고, 四端은 氣를 타지 않은 것이 된다. 이러한 주장은 잘못이 아닐 수 없다"[2]고 반론했다.[3] 이것이 '四端七情論爭'의 시초였던바, 비로소 理氣心性論을 통한 철학적 사유가 본격화된 것이다.

退溪와 高峰의 논쟁은 이후 栗谷과 牛溪의 논쟁으로 연결되었다. 이

---

1) 『兩先生四七理氣往復書』 上篇 頁2: 夫理 氣之主宰也 氣 理之材料也 二者 固有分矣 而其在事物也 則固混淪而不可分開

2) 『兩先生四七理氣往復書』 上篇 頁1: 是理與氣判而爲兩物也 是七情不出於性 而四端不乘於氣也 此語意之不能無病 而後學之不能無疑也

3) 高峰은 퇴계가 '四端·七情의 所從來를 理·氣로 나누는 것'에 대해서는 크게 비판하면서도, '理의 能發' 여부에 대해서는 문제 삼지 않았다. 특히 퇴계가 理의 能動性에 대한 주장을 강화한 것은 고봉의 영향 때문이었다. 고봉은 '理主氣資'라는 입장에서 '理·氣의 相須'를 강조한 것인데, '理動說'은 '理主氣資'와는 배치되는 것이다. 이렇게 본다면 고봉 역시 '理主氣資'에 충실하지 못했던 것이다. 율곡은 理主氣資에 충실하여 '理·氣의 相須'를 강조함은 물론 '理動說'도 배격한 것이었다.

들은 모두 자신들의 주요 논거를 朱子의 이론에서 찾았거니와, 그리하여 많은 사람들은 퇴·율성리학, 나아가 한국성리학을 '朱子의 亞流'에 불과하다고 본다. 그러나 조금 더 관심을 기울인다면, 우리는 다음과 같은 점에서 한국성리학은 주자의 성리학과 뚜렷이 구별됨을 발견할 수 있다. 첫째, 한국성리학의 주요 논제였던 四端七情論, 人物性同異論과 未發心體論, 明德論 등은 본래 주자가 깊이 다루지 않았던 논제였다. 조선시대 성리학자들이 이런 논제들을 천착하면서 우리의 철학적 사유가 깊고 정밀하게 성숙했던 것이다. 둘째, 『朱子言論同異攷』(南塘 韓元震)나 『理學綜要』(寒洲 李震相)와 같은 책들의 출현이 의미하듯, 주자의 理氣心性論이 정합적이고 일관된 체계였던 것은 아니었다. 조선시대의 논쟁과정에서 이러한 문제들이 불거지고, 그에 대한 이론적 해결책이 모색되었던 것이다. 셋째, 한국에서 정립된 이론적 해결책들은 때때로 상반된 내용을 보여준다. 互發論과 一途論, 湖論과 洛論, 心卽理論(明德主理論)과 心卽氣論(明德主氣論) 등이 그것이다. 이런 사실들을 주목한다면 '한국성리학'은 단순히 '주자의 성리학'에 포섭될 수 없다는 것이 자명해진다. 요컨대 한국성리학은 주자의 주요 명제와 개념들을 빌려 우리의 사유를 전개한 것이요, 여기서 한국성리학의 正體性이 분명해지는 것이다.

2. 朱子 性理學의 二重性과 退·栗 性理學

한국성리학의 正體性을 논하기에 앞서 보다 근본적으로 유의할 것은 주자의 성리학 자체가 다양한 맥락을 함축하고 있다는 점이다. 주자는

理 · 氣를 '本과 具' 또는 '道와 器'로도 설명하고, '天理와 人欲' 또는 '道心과 人心'으로도 설명했는데, '天理 · 人欲'과 '本 · 具'는 전혀 맥락이 다른 것이다. 天理와 人欲은 서로 갈등하는 대립적(二元的) 관계이고, 本과 具는 반드시 서로 합쳐져서 하나의 사물을 이루는 상호의존적(一元的) 관계이기 때문이다. 따라서 각각의 논리는 二元論(互發論)과 一元論(一途論)으로 귀착된다. 주자가 理 · 氣를 '本과 具'로 설명한 대표적인 例로는 〈答黃道夫〉의 다음과 같은 말을 들 수 있다.

> 天地의 사이에는 理와 氣가 있다. 理는 形而上의 道로서 만물을 낳는 '本'이요, 氣는 形而下의 器로서 만물을 낳는 '具'이다. 그러므로 사람과 사물이 태어남에, 반드시 이 理를 얻은 다음에 性이 있고, 반드시 이 氣를 얻은 다음에 形體가 있다.[4]

위에 보이듯이 주자는 기존의 '道와 器'라는 개념을 '本과 具'라는 개념으로 설명하고 있다. '本과 具'는 말 그대로 '形相과 質料'를 뜻한다. 주자에 의하면 理는 事物의 本이고, 氣는 事物의 具이다. 모든 사물에는 本이 性으로 주어져 있다.[5] 하늘이 本을 性으로 命해 주었다는 것이다(天命之謂性). 이 本 또는 性은 각자가 따라가야 할 '길(道)'이기도 하다(率性之謂道). 氣는 本을 물리적으로 구체화하는 작용을 하기에 具라 하며, 또한 本을 담고 있기에 '그릇(器)'이라고도 한다. 本은 形而上者이기 때문에 현상적으로는 드러나지 않는다. 다만 形而下者인 具만이 사

4) 『朱子大全』 卷58 頁5, 〈答黃道夫〉: 天地之間 有理有氣 理也者 形而上之道也 生物之本也 氣也者 形而下之器也 生物之具也 是以 人物之生 必稟此理 然後有性 必稟此氣 然後有形

5) 本이 性으로 주어져 있으니, 이것이 '本性'이다. 本性은 '本然之性(본래 그러한 성질)'으로서 '그 사물의 形相이 본래 그러하다'는 뜻이다.

물의 形體로 드러나는 것이다. 本은 具가 아니면 의착할 바가 없고, 具는 本이 아니면 이룰 바가 없다. 따라서 현실적으로 本과 具는 반드시 결합되어 존재하는 것이다. 이러한 맥락에서 모든 사물은 반드시 '本·具의 결합'으로 이루어진다. 本具論은 朱子 理氣論의 중심적인 論旨였거니와, 주자의 心統性情論도 대부분 이러한 맥락에서 논의되는 것이다.

주자가 理·氣를 '天理와 人欲' 또는 '道心과 人心'으로 설명한 대표적인 例로는 〈答蔡季通〉의 다음과 같은 말을 들 수 있다.

> 사람이 태어남은 性과 氣가 합쳐진 것일 뿐이다. 그러나 그 이미 합쳐진 것에 나아가 분석하여 말한다면, 性은 理를 주로 한 것으로서 형체가 없으며, 氣는 형체를 주로 한 것으로서 質料가 있다. 性은 理를 주로 하여 형체가 없기 때문에 公正하며 不善함이 없다. 그러나 氣는 형체를 주로 하여 질료가 있기 때문에 사사롭고 간혹 不善하다. 性은 공정하며 善하기 때문에 그 발하는 것은 모두 天理의 所行이지만, 氣는 사사롭고 간혹 不善하기 때문에 그 발하는 것은 모두 人欲이 지은 바이다. 이것이 舜이 禹에게 警戒함에 人心과 道心의 구별이 있게 된 까닭이다. 이것은 대개 근본으로부터 이미 그러한 것이요, 氣의 作爲하는 바가 過·不及이 있은 뒤에 人欲으로 흐르는 것은 아니다.[6]

성리학에서는 우주만물을 理와 氣의 妙合으로 해명하는바, 이러한 관점에서 無形無質한 理(性)와 有形有質한 氣가 합쳐져서 인간을 구성한다고 설명함은 당연한 것이다. 그런데 理와 氣는 어느새 각각 公·無不

---

6) 『朱子大全』 卷44 頁2, 〈答蔡季通〉: 人之有生 性與氣 合而已 然卽其已合而析言之 性主於理而無形 氣主於形而有質 以其主理而無形 故公而無不善 以其主形而有質 故私而或不善 以其公而善也 故其發皆天理之所行 以其私而或不善也 故其發皆人欲之所作 此舜之戒禹 所以有人心道心之別 蓋自根本而已然 非爲氣之所爲有過不及而後 流於人欲也

善·天理·道心과 私·或不善·人欲·人心으로 연역된다. 理·氣가 '公·私, 善·惡'의 對立的 구도로 파악되는 것이다. 주자에 의하면 이러한 대립 구도는 "대개 근본으로부터 이미 그러한 것"이요, 過·不及에 입각해 결과적으로 그렇게 구분되는 것이 아니다. 위의 인용문에서는 또한 '性이 발한 것'과 '氣가 발한 것'을 대비시키고 있거니와, 이는 理氣互發說의 훌륭한 논거가 되는 것이다.

이처럼 주자의 성리학은 본래 '異質的인 두 맥락'을 함께 지니고 있었다.[7] 그런데 퇴계와 율곡은 각각 주자 성리학의 서로 다른 측면을 주목하면서, 그것을 자기 학설의 정당화 근거로 삼았던 것이다. 보다 구체적으로 말하자면 퇴계의 理氣論에는 本具論(理主氣資論)의 맥락이 없지 않으나, 퇴계 성리학의 중심적 체계는 人心道心論(天理人欲論)에 있었던 것이다. 요컨대 理氣互發論에서의 '理·氣'는 단적으로 '天理와 人欲' 또는 '道心과 人心'을 뜻한다. 理氣互發論은 인간과 세계를 '善·惡 二元'의 관점에서 이해하는 것으로서, 이러한 입장은 인간에 대한 근원적 신뢰보다는 인간의 타락가능성에 대한 우려가 더 큰 것이다.[8] 반면에 율곡의 理氣論에는 人心道心論의 맥락이 없지 않으나 율곡 성리학의 중심적 체계는 本具論에 있었던 것이다. 요컨대 氣發理乘一途論에서의 '理·氣'는 '本과 具' 또는 '道와 器'를 뜻한다. 氣發理乘一途論은 인간에 대한 근원적 신뢰를 담고 있으며, 진리 실현을 위한 인간의 능동적 주체성을 강조하는 것이다.[9]

---

7) 朱子는 理·氣를 '所以然과 所然'이라는 맥락에서 설명하기도 했거니와, '所以然과 所然'의 맥락은 이 책의 논의와는 별 관계가 없으므로 거론하지 않기로 하겠다. '所以然과 所然'의 맥락에서 자신의 논지를 구축한 대표적 학자로는 蘆沙 奇正鎭을 들 수 있다. 이에 대한 자세한 논의는 拙著, 『畿湖性理學硏究』(한울, 1998) 제1장 〈朱子 理氣論의 三重構造〉 및 제8장 〈蘆沙 奇正鎭 性理學의 재검토〉 참조.

8) 이에 대한 자세한 논의는 이 책의 제1장 〈退溪 性理學과 退溪學의 本領〉 참조.

9) 이에 대한 자세한 논의는 拙著, 『畿湖性理學硏究』 제3장 〈理氣一元論과 理氣二元論의

退溪의 理氣論과 栗谷의 理氣論은 본래 서로 맥락이 다르다는 점은 일찍이 茶山 丁若鏞이 분명하게 지적한 바 있다. 다산은 "일찍이 退溪·栗谷 두 분의 글을 취하여 반복해 살펴보니, 그들이 말하는 '理' 字와 '氣' 字는 글자의 모양은 비록 같지만 그 지칭하는 바는 '專'과 '總'의 차이가 있었다"[10]고 지적하였다. '專'이란 퇴계의 성리설이 오로지 인간의 心性 문제에 초점이 있음을 말하고, '總'이란 율곡의 성리설이 우주자연과 인간을 두루 포괄하는 이론임을 뜻한다. 다산은 이를 다음과 같이 설명한다.

> 대개 퇴계는 오로지 사람의 마음에 나아가 명백하게 밝힌 것이다. 퇴계가 말하는 理란 本然之性이요 道心이요 天理의 공정함이며, 氣란 氣質之性이요 人心이요 人欲의 사사로움이다. 그러므로 퇴계는 四端과 七情이 발함에는 公과 私의 구분이 있으니, 四端은 理發이고 七情은 氣發이라고 한 것이다. 율곡은 太極이래 理·氣를 총괄하여 공정하게 논한 것이다. 율곡은 천하의 사물은 발하기 전에는 비록 먼저 이 理가 있다 하더라도 바야흐로 그 발함에는 氣가 반드시 앞선다고 보았다. 비록 四端·七情이라도 오직 이 公例에 따라서 예를 들었으니, 그러므로 四端과 七情이 모두 氣發이라고 한 것이다. 율곡이 말하는 理란 形而上者요 사물의 本則이며, 氣란 形而下者요 사물의 形質로서, 간절하게 心·性·情으로 말하는 것이 아니다. 退溪說은 비교적 정밀하고 자세하며, 栗谷說은 비교적 활달하고 간단하다. 그러나 그 뜻을 두어 가리켜 말하는 바가 각각 다르니, 어찌 일찍이 둘 가운데 하나가 틀린 것이겠는가?[11]

사상적 특성 - 退溪·栗谷의 경우를 중심으로〉 참조.

10) 『與猶堂全書』 第1集 卷12 頁17, 〈理發氣發辨一〉: 余嘗取二子之書而讀之 密求其見解之所由分 乃二子之曰理曰氣 其字雖同 而其所指有專有總

11) 『與猶堂全書』 第1集 卷12 頁17, 〈理發氣發辨一〉: 蓋退溪專就人心上八字打開 其云理者是本然之性 是道心 是天理之公 其云氣者是氣質之性 是人心 是人欲之私 故謂四端七情之發 有公私之分 而四爲理發 七爲氣發也 栗谷總執太極以來理氣而公論之 謂凡天下之

요컨대 퇴계의 理·氣는 인간의 심리적 차원에서 빚어지는 갈등인 '道心과 人心' 또는 '天理와 人欲'을 뜻하고, 율곡의 理·氣는 '形而上의 本(本則, 道)과 形而下의 具(形質, 器)'를 뜻한다는 것이 다산의 설명이었다. 다산은 이러한 관점에서 퇴계설과 율곡설을 두고 是非를 다툴 수는 없다고 보고, 兩者를 그대로 兩立시키고자 했던 것이다.[12)]

퇴계의 성리학은 '理의 全一的 지배'를 추구한 이론이다. 퇴계 성리학에서 '理의 能動性'은 당위적 차원에서 요구되고, '氣의 主體性'은 당위적 차원에서 부정된다. 요컨대 퇴계의 理氣互發論은 '事實的 二元論'인 동시에 '當爲的 一元論'인 것이다. 理氣互發論은 주자의 人心道心論의 구도와 잘 어울리고, 人心道心論의 구도에서는 善·惡이 '所從來의 차이'(理發과 氣發)로 설명된다. 理가 발한 것은 순수하게 善하나, 氣가 발한 것에는 善·惡이 뒤섞여 있다는 것이 퇴계의 지론이었다. 이러한 맥락에서 理發(道心, 天理)이 氣發(人心, 人欲)을 이기게 함으로써 '마음의 평화를 누리고, 사람다운 사람이 되어야 한다'는 것이 퇴계학의 본령이었다. 따라서 퇴계학의 실천적 과제는 '理가 氣를 이기게 함'에 있었던 바, 퇴계는 그 방법으로 畏敬과 主一無適의 '敬'을 강조했던 것이다.

반면, 율곡의 성리학은 '理의 온전한 실현'을 추구한 이론이다. 율곡 성리학에서 '理의 能動性'은 사실적 차원에서 부정되고, '氣의 主體性'은 사실적 차원에서 부각된다. 요컨대 율곡의 氣發理乘一途論은 '事實的 一元論'인 것이다. 氣發理乘一途論은 주자의 心統性情論을 주축으로

物 未發之前 雖先有理 方其發也 氣必先之 雖四端七情 亦唯以公例例之 故曰四七皆氣發也 其云理者是形而上 是物之本則 其云氣者 是形而下 是物之形質 非故切切以心性情言之也 退溪之言較密較細 栗谷之言較闊較簡 然其所主意而指謂之者各異 卽二子何嘗有一非耶

12) 이에 대한 자세한 논의는 이 책의 제10장 〈茶山 丁若鏞의 退·栗에 대한 인식과 性理學의 해체〉 참조.

삼는 것인데, 心統性情論의 구도에서는 善·惡이 '中節·不中節'로 설명된다. 淸氣는 理를 본래 모습대로 中節하게 발현시키나, 濁氣는 理를 왜곡시켜 不中節하게 발현시킨다는 것이 율곡의 지론이었다. 이러한 맥락에서 氣로 하여금 理를 올바로 실현하게 함으로써 자신의 삶과 이 세계를 바르게 造形하자는 것이 율곡학의 본령이었다. 따라서 율곡학의 실천적 과제는 '濁氣를 淸氣로 변화시킴'에 있었던바, 율곡은 그 방법으로 眞實無妄의 '誠'을 강조했던 것이다.[13]

3. 영남성리학의 주요 論題들

영남의 성리학자들은 대개 퇴계 성리학을 宗旨로 삼고, 율곡 성리학에 대해서는 비판적 입장을 견지했다. 그러나 영남학자들의 학설을 하나하나 살펴보면, 영남성리학에는 다양한 이론이 존재하며, 따라서 그 성격을 일률적으로 규정하기 어렵다는 점을 발견할 수 있다. 영남성리학의 다양성은 무엇보다도 퇴계 성리설의 이중성에서 기인하는 것이다. 요컨대 '本具論(理主氣資論)'의 관점에서 퇴계의 성리설을 이해하는 학자들과 人心道心論의 관점에서 퇴계의 성리설을 이해하는 학자들은 모두 退溪說을 宗旨로 삼으면서도 서로 매우 다른 성리설을 전개한 것이다. 이제 영남성리학의 주요 논제를 개관하자면 다음과 같다.

첫째, 理氣互發說에 있어서 '理發과 氣發'의 해석 문제이다. 漢文 문법상 '理發'은 '能發'(발현하는 작용의 주체)로 해석될 수도 있고, '所發'

---

13) 요컨대 '사람다운 사람이 되자'거나 '人道를 실현하자'는 것은 같은 유학자로서의 退·栗의 공통된 목표였다. 그러나 退·栗은 世界觀과 人間觀의 차이로 인해 그에 접근하는 방법을 다르게 설명했던 것이다.

(발현되는 내용)로 해석될 수도 있다. 그런데 朱子는 분명 '理의 능동성'을 부정했기 때문에, 퇴계가 말하는 '理發'이 과연 무슨 뜻인지 문제가 되는 것이다. 다시 말해 여기서 초점은 "과연 理가 氣처럼 發動할 수 있는 존재이냐" 하는 것이다. 퇴계와 고봉의 논쟁에서는 '理의 能動性' 문제는 본격적으로 논의되지 않았다. 퇴계는 고봉과의 논쟁에서 "理와 氣가 서로 發用함이 있다"고 말했지만, 이것이 반드시 理의 能發을 주장한 것은 아니었다. 고봉은 다만 '四端·七情의 渾淪說'을 옹호하는 데 힘쓰고, 퇴계가 말하는 理發의 의미가 무엇인지는 문제 삼지 않았다. 또한 퇴계는 '理發·氣發'이라는 표현을 쓰면서도, 또 '發於理·發於氣', '純理·兼氣', '主理·主氣' 등의 표현도 썼으니, 퇴계 역시 '四端·七情의 分開說'을 옹호하는 데에만 주력한 것이다. 퇴계가 理發을 '所發'뿐만 아니라 '能發'의 의미로 확언한 것은 晩年의 일이다. 퇴계는 만년에야 '理의 體用論'을 정립하고, '用'으로서의 '理의 能發'을 분명히 했던 것이다. 그런데 퇴계의 '理의 能發說'은 주자학의 기본입장과 어긋나는 것이기 때문에, 퇴계의 후학들 사이에서 끊임없이 '再論'의 대상이 되었다. 예컨대 葛庵 李玄逸은 퇴계의 '理發'을 '理의 能發'과 '主理'의 뜻을 겸하는 것으로 해석했으나, 大山 李象靖이나 立齋 鄭宗魯 등은 '理의 能動性'을 부정하여 '理發'을 '主理'의 뜻으로만 해석했다.

둘째, 이른바 '퇴계의 初晩說' 문제이다. 영남성리학자들 가운데는 퇴계의 初年說과 晩年說이 다르다고 보고, 당연히 만년설을 따라야 한다고 주장하는 사람들이 있었다. 예컨대 克齋 申益愰은 다음과 같이 말한다.

> 그 뒤에 高峯이 舊見을 고쳐 〈後說〉 一篇을 지어 다시 退溪先生께 올렸는데, 그 가운데 한 文段은 오히려 前說을 고수하여 "七情은 비록 氣에 속한다고 하더라도, 理가 진실로 그 가운데 있다. 七情이 발하여 中節한

것은 바로 天命의 性이요 本然의 體이니, 어찌 '이것은 氣가 발한 것으로서 四端과 다르다'고 하겠는가? 보내준 편지에서 '孟子의 喜, 舜의 怒, 孔子의 哀와 樂은 氣가 理를 따라 발한 것으로서 조금도 장애가 없는 것이다'라 하고, 또 '각각 所從來가 있다'고 한 것은 모두 未安한 것 같다. 무릇 發하여 모두 中節한 것을 和라 하니, 和가 곧 達道이다. 만약 과연 보내준 말씀과 같다면, 達道 또한 氣가 발한 것이라 말할 수 있겠는가?"라고 하였다. 이에 退溪先生은 "내 주장 가운데 '聖賢의 喜怒哀樂' 및 '각각 所從來가 있다'는 등은 과연 未安한 점이 있는 것 같으니, 감히 그 사이에 거듭 반복해서 생각해 보지 않을 수 있겠는가?"라고 답하였다. 대개 退溪先生은 이미 '理는 四端의 所從來, 氣는 七情의 所從來'라고 여겼던 것이니, 이른바 '각각 所從來가 있다'는 것은 마땅히 前後의 辨論을 통해서 밝힐 수 있는 것이요, 다만 이 한 마디만 홀로 未安했던 것이 아니다.[14]

극재는 퇴계가 기존의 '七情은 主氣이며, 理와 氣가 각자 發出한다'는 주장을 '未安'하게 여겼다는 점을 주목하고, 이를 퇴계가 '四端 · 七情을 획일적으로 구분했던 논법'과 '理의 能發說'을 철회했다는 뜻으로 해석했다. 그런데 이 두 논점은 퇴계설 全般과 관련된 것인바, 따라서 退溪說을 전반적으로 재해석해야 한다는 것이다. 이렇게 재해석된 것이 이른바 '퇴계 만년설'이다. 理의 能發說을 부정하여 '理發 · 氣發'을 다만 '主理 · 主氣'로 해석하며, 四端 · 七情의 分開說과 渾淪說을 동시에 인정하는 사람들은 퇴계 만년설을 자신들의 주요 논거로 삼았다.[15]

---

14) 『克齋集』 卷3 頁3~4, 〈上葛庵先生〉: 其後高峯旣改舊見 爲後說一篇 復上于先生 而其中一段 猶執前說曰 七情雖屬於氣 而理固自在其中 其發而中節者 乃天命之性 本然之體 則豈可謂是氣之發而異於四端耶 來書謂孟子之喜 舜之怒 孔子之哀與樂 是氣之順理而發 無一毫有碍及各有所從來等語 皆覺未安 夫發皆中節 謂之和 和卽所謂達道 若果如來說 則達道亦可謂是氣之發乎 先生答曰 鄙說中聖賢之喜怒哀樂及各有所從來等說 果似有未安 敢不三復致思於其間乎云云 蓋先生旣以理爲四端所從來之本 以氣爲七情所從來之本 則其所謂各有所從來者 當因前後辨論而可明 不應只此一語獨爲未安

셋째, '公正한 七情' 또는 '聖賢의 七情'을 '理發로 볼 것이냐, 氣發로 볼 것이냐' 하는 문제이다. 위의 인용문에서도 '孟子의 喜, 舜의 怒, 孔子의 哀와 樂' 등 '聖賢의 七情'이 언급되었다. 퇴계가 理發과 氣發을 구분하는 중요한 기준은 '公·私'였다. 四端은 공정한 것이므로 理發이요, 七情은 사사로운 것이므로 氣發이라는 것이었다. 이에 대해 고봉은 '聖賢의 七情'처럼 七情에는 공정한 것도 있다는 점을 상기시킨 것이다. 이러한 맥락에서 '공정한 칠정'을 어떻게 설명할 것이냐가 또한 중요한 논제로 대두되었다. 星湖 李瀷은 공정한 칠정의 理發·氣發 문제에 대해 견해를 여러 번 바꾸었고, 立齋 鄭宗魯는 『聖學十圖』〈第6心統性情圖〉에서 '中圖'와 '下圖'가 서로 다르다는 점을 주목하고, '中圖'에 근거하여 '公七情理發說'을 주장했다.

넷째, '心'의 본질을 어떻게 정의하느냐 하는 문제이다. 영남의 성리학자들은 대부분 心을 '合理氣'로 설명한다. 그러나 星湖 李瀷과 立齋 鄭宗魯 등은 心을 氣로 규정했으며, 寒洲 李震相은 거꾸로 心을 理로 규정했다. 心合理氣說은 理氣互發說과 쉽게 결부될 수 있기에, 대부분의 영남성리학자들은 퇴계의 心合理氣說을 따른 것이다. 이들은 '心統性情'을 해석함에 있어서는 대개 性·情의 統攝者(主宰者)는 '理'라는 입장을 취하였다. 寒洲의 心卽理說은 이러한 입장이 극단화된 경우이다. 그러나 星湖나 立齋는 心은 '氣(神明之氣)'라는 입장을 고수하고, 性·情의 주재자 역시 氣일 뿐이라고 보았던 것이다.

이상의 네 논점은 영남성리학 내부의 논점이었다. 기호성리학과 관련한 주요 논점으로는 다음의 세 가지를 들 수 있다.

---

15) 그러나 이들이 말하는 '退溪 晩年說'은 정당한 것이라 할 수 없다. 퇴계는 最晩年에 '理의 體用說'을 정립하여 '理의 能動性'을 적극 옹호했기 때문이다. 이에 대한 자세한 논의는 이 책의 제1장 〈退溪 性理學과 退溪學의 本領〉 참조.

첫째, '理의 主宰'에 대한 해석 문제이다. 현실에서 '氣의 운동'은 '一動一靜'이라는 '순환적 법칙성'을 지닌다. 이렇게 '氣의 운동'이 '一動一靜'이라는 '순환적 법칙성'을 지니는 까닭은 理가 '본래 그렇게(本然)' 주재했기 때문이라고 보아, 理를 '本然之妙'라 한다. 本然之妙로서의 理는 '氣의 운동의 標準'이 되는바, 이러한 맥락에서 理를 '太極(위대한 標準)'이라 한다. 이러한 설명은 畿湖나 嶺南을 막론하고 모든 성리학자들에게 공통된다. 영남성리학의 특징은 '理의 주재'를 '氣로 하여금 이러저러하게 운동하도록 시킴(使之, 命令)'으로 설명하는 데 있다. 율곡은 '理의 주재'를 인정하면서도 '使之'를 부정했다. 율곡의 입장은 氣의 운동이 一動一靜이라는 순환적 법칙성을 지니는 것은 '理의 주재'에 의한 것이지만, 氣가 운동하는 것 자체는 '機自爾'라는 것이다. '機自爾'란 '기틀이 저절로 그러하다'는 것으로, 氣가 운동하는 것 자체는 '氣의 자연적 속성'에 해당된다는 말이다. 요컨대 氣는 자신의 속성에 따라 '스스로 운동하는 것'이요, 다만 그 운동이 一動一靜이라는 '순환적 법칙성을 지님'은 '理의 주재'에 해당된다는 것이다. 그러나 영남성리학자들은 율곡의 이러한 설명을 '理를 死物로 전락시키는 것'이라 비판했다. 이러한 비판은 일견 至當한 것인바, 理가 氣를 부릴 수 없다면 理는 결국 '無能力한 존재'인 셈이기 때문이다. 그러나 이에 대해서는 하나 더 고려할 점이 있으니 '惡의 존재'가 그것이다. 그들의 持論대로 '純善하고 有能力한 理가 氣를 이러저러하게 부린다'고 한다면 현실에는 왜 惡이 존재하는가?

둘째, '理가 能動的 존재냐 受動的 존재냐' 하는 문제이다. 畿湖의 성리학자들은 한결같이 '理의 능동성'을 부정하였다. 이에 대해 대부분의 嶺南성리학자들은 '理를 死物로 전락시키는 것'이라고 비판하고 理의 능동성을 적극 옹호하였다. 예컨대 定齋 柳致明은 다음과 같이 말한다.

理와 氣에는 形而上과 形而下의 구분이 있어서 理는 形體가 없고 氣는 자취가 있다. 그러므로 氣에 動靜이 있음은 쉽게 볼 수 있으나 理에 動靜이 있음은 알기 어렵다.…… 理는 無爲하여 氣가 (理의) 材具가 되니, 그러므로 後學들은 '理는 動靜이 없다'는 견해를 지니는 자가 많다. 오직 偏見에 빠진 사람만 그런 것이 아니요, 退溪를 尊信하는 자들 또한 종종 그러한 함정에 빠지고 있다.…… 만약 '理는 動靜이 없다'고 한다면 이는 특히 (理를) '死灰처럼 無情한 사물'로 인식하는 것이요, 氣는 문득 '근원이 없이 動靜하는 것'이 된다. 무릇 理는 活物로서 넘실넘실 流動하여 없는 곳이 없이 充滿하니, 이것이 어찌 漠然히 無爲한 것이겠는가? 그러므로 "天道가 流行하여 萬物을 發育한다"고 하고, 또 "一陰一陽之謂道"라 하며, 또 "太極이 動하여 陽을 낳고, 靜하여 陰을 낳는다"고 하는 것이다. 무릇 '道'와 '太極'은 곧 '理'를 말하는 것인데, '流行'이라 했으니 靜만 있고 動은 없는 것이 아니요, '陰이 되게 하고 陽이 되게 한다(陰之陽之)'고 했으니 한결같이 無爲인 것이 아니며, '動하여 陽을 낳고, 靜하여 陰을 낳는다'고 한 것은 또한 곧바로 理의 動靜을 말한 것이다. 이제 四端이 발하는 것을 오직 "理는 스스로 발할 수 없으니, 발하는 것은 氣이다"라고 한다면, 이는 장차 '天道가 流行하지 않는다'는 말이요, '流行하는 것은 陰陽으로서, (理가) 陰이 되고 陽이 되게 하는 것이 아니라 바로 陰陽이 (스스로) 그런 것'이라는 말이다. 이는 또한 크게 理를 해치는 것이 아니겠는가? 意見이 한 번 어긋나면 허다한 病弊를 낳으니, 學者들은 깊이 생각하고 여러 번 살피지 않을 수 있겠는가?16)

16) 『定齋集』 卷19 頁3~4, 〈理動靜說〉: 理氣有形而上下之分 而理無形 氣有跡 故氣之有動靜易見 而理之有動靜難知也 …… 理無爲而氣爲之材具 故後之言者 多歸於理無動靜之見 非惟滯於偏見者爲然 以尊信退陶者 而亦往往爲其所中 …… 如曰理無動靜 則是特認爲死灰無情之物 而氣便無所自而爲動靜矣 大抵是理活物也 洋洋乎流動充滿 無乎不在 是豈漠然無爲者哉 故曰天道流行 發育萬物 又曰 一陰一陽之謂道 又曰 太極動而生陽 靜而生陰 夫其所謂道也 太極也 卽理之謂也 曰流行 則非有靜而無動也 曰陰之陽之 則非一於無爲也 曰動而生陽 靜而生陰 則又直言理之動靜也 今於四端之發 獨曰理不能自發也 發之者 氣也 是將曰天道非流行也 流行者 陰陽也 非陰之陽之也 乃陰陽爲之也 是不亦害理之甚乎 意見一差 生出許多弊病 學者可不深念而屢省之哉

정재는 理는 '活物'이라는 입장에서 理의 능동성을 적극 옹호하고, '理의 주재'와 '四端理發'을 모두 理의 능동적 작용으로 설명한 것이다. 한편 정재는 '退溪를 尊信하는 자들 또한 종종 理를 死物로 오인했다'고 비판했거니와, 理의 능동성 문제는 영남학파 내부에서도 중요한 쟁점이었던 것이다.[17)]

셋째, 四端과 七情의 '分開와 渾淪' 문제이다. 퇴계는 '四端과 七情'을 '理發과 氣發'로 分開했고, 이는 영남성리학의 宗旨가 되었다. 그러나 율곡은 '大本이 둘일 수는 없다'는 입장, 또 '理와 氣는 서로 분리될 수 없다'는 입장에서 理氣互發說을 비판했다. 이에 대해 葛庵 李玄逸은 다음과 같이 반론한다.

> 무릇 율곡이 말하는 '大本'이란 무엇인가? 理·氣가 渾淪하여 分開할 수 없다는 것이다. 무릇 理·氣는 본래 서로 依附하는 것이니, 陰陽을 떠나서는 진실로 理를 말할 수 없다. 그러나 마땅히 그 위에 나아가 그 本體는 원래 不相離이나 또한 일찍이 서로 섞이지 않음도 보아야 한다. 이제 不相離라는 이유로 다시 그 所從來는 각각 根柢가 있음을 변별하지 않고, "人心·道心은 그 근원이 하나이다. 이미 발하여 人欲으로 흐른 다음에야 바야흐로 人心·道心의 구별이 있는 것이다"라고 말한다면, 이것은 "未發의 즈음에는 理·氣가 하나로 섞여 있다가, 이미 발한 다음에야 바야흐로 天理와 人欲이 구별된다"는 뜻이 된다. 그렇다면 그 이른바 '大本'이란 장차 '맑은 물과 진흙을 함께 섞음'을 면치 못하여, 하나의 '잡탕 같은 물건'이 될 것이니, 어찌 큰 오류가 아니겠는가?[18)]

17) 定齋 柳致明(1777~1861)은 大山 李象靖의 外曾孫이라 하나, 그의 主旨는 大山說과는 달랐던 것이다. 大山은 理主氣資의 관점에서 '理의 능동성'을 부정했으나, 定齋는 理主氣資論을 표방하면서도 理의 능동성을 옹호했던 것이다. 定齋의 이러한 주장은 매우 특징적이면서도 논란의 소지가 많은 것이다.

18) 『葛庵集』 卷18 頁12~13: 夫李氏所謂大本者何 理氣渾淪 不可分開之謂也 夫理氣自相依

갈암은 '天理와 人欲을 뒤섞을 수 없다'는 맥락에서 '四端과 七情' 또는 '人心과 道心'은 所從來가 다르다'는 입장을 고수하고, 율곡 성리학을 비판한 것이다.

위의 세 논점 가운데, 첫째와 둘째의 논점은 이론적 함축이 단순하여 쉽게 결론을 얻을 수 있다. 그러나 셋째 논점은 이론적 함축이 복잡하여 그 결론을 짓기가 쉽지 않다. 여기서 먼저 유의해야 할 것은 '分開냐, 渾淪이냐' 또는 '互發이냐, 一途냐' 하는 대립은 본래 '理 · 氣의 개념'을 전혀 달리 상정한 바탕 위에서 성립한 것이라는 점이다. 퇴계는 '天理와 人欲'이라는 관점에서 互發이라고 分開한 것이며, 율곡은 '本과 具'라는 관점에서 一途라고 渾淪한 것이다. 이러한 점을 분명히 한다면 퇴 · 율의 대립된 입장은 사실 거의 兩立할 수 있는 것이다. 다시 말해 互發論과 一途論은 각자의 사고방식의 특징을 보여주는 것일 뿐, 하나는 옳고 하나는 그른 것이 아니다.

4. 영남성리학의 전개 양상

퇴계 이후로 月川 趙穆, 西厓 柳成龍, 鶴峰 金誠一 등 퇴계의 直傳 제자들은 별로 性理說을 논하지 않았으며, 이러한 정황은 약 1백여 년간 지속되었다. 그사이 畿湖에서는 율곡설이 널리 퍼지고, 그에 입각해 퇴계의 互發說을 비판하는 풍조가 일고 있었다. 이에 葛庵 李玄逸은 〈栗谷李氏論四端七情書辨〉을 통해 율곡설을 전면적으로 비판함으로써,

---

附 離了陰陽 固不可以理言 然就此上面 當見其本體元不相離 亦未嘗雜耳 今以不相離之故 而不復辨別其所從來者各有根柢 以爲人心道心其源則一 旣發而流於人欲然後方有人心道心之別云爾 則是未發之際 理氣混爲一物 及其旣發然後方揀別天理與人欲也 如此則其所謂大本者 將不免和泥帶水 爲一箇汨董底物事 豈不大謬乎

당시 학계의 흐름에 제동을 걸었다. 사실 퇴계의 후학들은 누구나 다 퇴계를 옹호했다고 말할 수 있을 것이다. 그런데 퇴계의 후학들 가운데는 理氣互發說을 퇴계의 原義대로 이해하지 않고, 자기의 입장에서 수정을 가한 경우가 많다. 그러나 갈암은 '퇴계의 理發'을 '主理'의 뜻과 '理가 스스로 발한다'는 뜻을 겸하는 것으로 이해하고 옹호했다. 갈암은 퇴계설을 원형 그대로 인식하고 옹호한 것이다. 갈암의 이러한 주장은 密庵 李栽, 淸臺 權相一 등에게 계승됐으나, 그 뒤로는 뚜렷하게 계승되지 못한 것으로 보인다.

大山 李象靖(1711~1781)은 密庵 李栽의 外孫이었으나, 그 학설에 있어서는 葛庵·密庵과는 매우 달랐다. 대산의 성리학은 '理主氣資論'으로 대변되거니와, 이는 '理·氣'를 '本과 具'의 관점에서 해명하는 것이었다. 대산은 '形而上者인 理가 스스로 發動할 수는 없다'는 관점에서, '퇴계의 理發'을 '理가 스스로 발한다'는 뜻으로 이해하지 않고, 다만 '理를 主로 삼는다(主理)'는 뜻으로 이해했다. 이러한 입장은 율곡 성리학과도 쉽게 회통될 수 있는 것이다. 그런데 대산이 이러한 입장을 지니게 된 데에는 旅軒 張顯光(1554~1637)의 '理氣經緯說'이 토대가 되었다고 한다. 여헌은 理氣經緯說에 입각해 사단과 칠정을 理發과 氣發로 分開하는 것을 반대했던바, 그가 말하는 '經·緯'란 바로 '本과 具'를 뜻하는 것이었다.[19] 같은 맥락에서 대산은 理主氣資論을 정립함으로써, 퇴계 본래의 理氣二元論을 상당히 완화시켰던 것이다. 대산은 영남에서 '小退溪'로 추앙받았다고 하거니와, 이는 대산의 理主氣資論이 광범한 지지를 받았다는 뜻이기도 할 것이다.

淸臺 權相一(1679~1760)은 理의 能動性을 적극 옹호하면서 '理와 氣

19) 이에 대한 자세한 논의는 이 책의 제4장 〈旅軒 張顯光의 理氣經緯說과 그 비판〉 참조.

가 각각 발용한다'는 입장을 견지하고, 大山 李象靖은 理의 能動性을 부정함으로써 '理와 氣가 각각 발용한다'는 주장을 비판하였다.[20] 그런데 星湖 李瀷(1681~1763)은 理의 능동성을 옹호하면서도 '理와 氣가 각각 발용한다'는 주장에는 동의하지 않았다. 星湖는 理와 氣를 모두 능동적 존재로 규정하면서도 각각의 차원을 한정함으로써 理·氣의 相須를 주장하고, '理와 氣가 각각 발용한다'는 주장에는 동의하지 않으면서도 互發說의 취지는 적극 옹호했던 것이다.

영남성리학은 寒洲 李震相에 이르러 다시 異彩를 발하게 되니, 이른바 '心卽理說'이 그것이다. '心'에 관한 영남성리학의 宗旨는 '마음은 理와 氣가 합쳐진 것(心合理氣)'이라는 것이었다. 心合理氣說은 理氣互發說과 쉽게 연결된다. 그럼에도 불구하고 한주가 心卽理說을 주장하여 心에 대한 논의에서 氣를 배제한 까닭은 이른바 '心統性情'에 대한 해석 때문이었다. 한주는 "心은 一身의 주재자인데, 주재자인 心을 氣라고 한다면, 天理가 形氣의 명령을 따르게 된다"[21]고 우려했다. 한주는 '心統性情'의 '統'을 '주재·명령'의 뜻으로 이해한 것이다. '統'을 '명령'으로 해석하는 입장에서 '性은 理, 心은 氣'라고 한다면 '心統性'이란 '氣가 理를 명령하는 것'이요, 이는 다시 '天理가 形氣의 명령을 받는다'는 뜻으로 연역되는 것이다. 하지만 기호성리학에서는 '統'을 '맡아서 관리함'으로 해석했기에, '心卽氣'라는 입장을 고수한 것이다. 그러나 한주의 理氣論은 대체에 있어서 대산의 理主氣資論을 따르는 것이요, 이 점에 있어

---

20) 淸臺는 理의 능동성을 부정하는 大山에 대해 '理를 死物로 전락시켰다'고 비판했고, 大山은 理의 능동성을 주장하는 淸臺에 대해 '矯枉過直'이라고 비판했다. 大山이 말하는 '矯枉過直'이란 '栗谷說(機自爾說)의 오류를 바로잡고자 했으나, 지나치게 극단화되었다'는 뜻이다. 이에 대한 자세한 논의는 이 책의 제5장 〈淸臺 權相一의 性理說과 그 비판〉 참조.

21) 『寒洲集』 卷32 頁4, 〈心卽理說〉: 夫謂心卽氣者之所以爲不善 何也 心爲一身之主宰 而以主宰屬之氣 則天理聽命於形氣 而許多麤惡 盤據於靈臺矣

서는 기호성리학과도 소통의 여지가 다분한 것이다.

이상에서 개관한 바와 같이 영남성리학의 전개양상은 '天理와 人欲'이라는 관점을 중시하는 계열과 '本과 具'라는 관점을 중시하는 계열로 대별된다. 본래 퇴계설에는 이 두 가지 사고방식이 혼재하고 있었거니와, 따라서 이후의 전개 양상도 양자가 혼재하게 된 것이다. 天理人欲論과 本具論 중 어디에 퇴계 성리학의 핵심이 있는가를 판단하기란 쉽지 않다. 다만 퇴계의 敬思想이나 퇴계 만년의 理動說 등에 입각해 볼 때, 퇴계 성리학의 본령은 '天理·人欲의 二元論'에 있다고 생각된다. 갈암은 퇴계의 이러한 입장을 계승한 것이다. 그러나 갈암 이후로는 天理人欲論이 차츰 쇠퇴하고, 대신 本具論(理主氣資論)이 확산되는 경향을 띠는 것 같다. 한편, 영남성리학에서 '本具論的 思惟'가 자리 잡는 과정에는 이른바 '퇴계 만년설'뿐만 아니라 여헌의 理氣經緯說이 크게 기여한 것이다. 克齋 申益愰이 갈암에 맞서 율곡 성리학을 적극 옹호했던 것도 여헌의 理氣經緯說에 근거한 것이었다. 이렇게 본다면 여헌의 성리학은 영남에서 겉으로는 크게 주목을 받지 못했지만, 내면적으로는 중요한 영향을 끼친 것이라 하겠다.

이제까지 영남성리학의 주요 논제와 전개 양상을 개관해 보았다. 위의 내용을 바탕으로 退溪 이후 영남의 주요 성리학자들을 계통별로 제시하면 다음과 같다.

① 愚潭 丁時翰(1625~1707), 葛庵 李玄逸(1627~1704)
密庵 李 栽(1657~1730), 淸臺 權相一(1679~1760)

② 旅軒 張顯光(1554~1637), 克齋 申益愰(1672~1722)

③ 大山 李象靖(1711~1781), 立齋 鄭宗魯(1738~1816)

④ 星湖 李 瀷(1681~1763), 茶山 丁若鏞(1762~1836)

⑤ 寒洲 李震相(1818~1886), 俛宇 郭鍾錫(1846~1919)

위의 여러 계열 가운데 ①은 퇴계의 성리학을 원형 그대로 계승한 계열로서, 이들은 '理의 能動性'을 강조하였다. ②는 理氣經緯說에 입각해 理氣互發說을 비판적으로 인식했던 계열이다. 다만 극재 신익황은 갈암과의 논변 이후 ①에 합류했다. ③은 ②의 영향을 받아 '理의 能發說'을 부정하는 계열이다. 이들은 理主氣資論에 입각하여 '理發 · 氣發'을 다만 '主理 · 主氣'의 뜻으로 해석하고, '渾淪과 分開의 균형'을 강조했다. ④는 畿湖南人 계열로서, 이들은 實學者로서뿐만 아니라 性理學者로서도 一家를 이루었다. ⑤는 理主氣資論를 전제로 삼은 점에서는 ③과 같으나, '心卽理'를 주장한 점에서 ③과 구별된다.

이제 각 章의 논의들을 통하여, 위의 내용들을 보다 구체적으로 살펴보기로 하자.

제1장 退溪 性理學과 退溪學의 本領

1. 서론

근래 우리 학계에서는 '退溪學과 栗谷學의 正體性' 문제를 두고 활발한 논의가 진행되고 있다. 논의의 주요한 초점은 '退溪學과 朱子學의 동질성 여부', '退溪心學과 陽明學과의 관계 여부', '栗谷學과 朱子學의 동질성 여부' 문제였다.[1] 많은 학자들은 퇴계를 '충실한 주자학자'로 규정하면서도, 퇴계의 互發論에 대해서는 주자와는 다른 독창적 면모를 보여준다고 해석한다. 또 대부분의 학자들은 율곡을 '퇴계보다도 더 충실

1) 최근 5~6년 동안 『오늘의 동양사상』(서울: 예문동양사상연구원 刊)에서는 '退溪學 · 栗谷學의 正體性' 문제가 계속 논쟁적으로 다루어졌다. 논쟁의 주역은 論者를 포함하여 홍원식 · 정원재 · 손영식 등이었고, 김경호 · 임원빈 · 최재목 · 안영상 · 김기현 등도 함께 참여하였다. 한편, 이와 관련된 논문들이 최근의 『退溪學報』(서울: 퇴계학연구원 刊)에도 지속적으로 게재되고 있다. 이들의 論考를 일일이 소개하지는 않겠다. 다만 '退溪學의 正體性' 문제를 제기하여 본 논쟁의 단초를 제공한 것은 홍원식의 「퇴계학, 그 존재를 묻는다」(『오늘의 동양사상』 제4호, 예문동양사상연구원, 2001)라는 논문이었으며, 그 후속편으로 「'퇴계학', 그 존재를 다시 묻는다」(『오늘의 동양사상』 제10호, 예문동양사상연구원, 2004)가 있음만 소개하겠다.

한 주자학자'로 규정하는가 하면, 或者는 율곡은 주자학자가 아니라 湖湘學者요, 퇴계야말로 충실한 주자학자라고 주장한다. 이러한 학계의 통설을 배경으로, 우리는 다음과 같은 질문을 제기해 볼 수 있다.

첫째, "퇴계는 충실한 주자학자이지만, 퇴계의 호발설은 주자와는 다른 독창적 면모를 보여준다"는 주장에 대한 문제 제기이다. 퇴계의 성리학은 무엇보다도 理氣互發說로 대변된다. 그런데 호발설이 주자와는 다른 독창적인 것이라면, 도대체 어떻게 퇴계를 충실한 주자학자라고 말할 수 있겠는가?

둘째, 학계의 통설대로 퇴계도 충실한 주자학자요, 율곡도 충실한 주자학자라면, 퇴계와 율곡의 대립적인 주장을 주자학과 어떻게 관계시켜야 하는가?

첫째의 문제에 대해서 우리는 퇴계가 충실한 주자학자임도 부정하기 어렵고, 퇴계 성리학의 핵심은 호발론이라는 것도 부정하기 어려울 것이다. 그렇다면 우리는 朱子學과 理氣互發論의 관계를 다시 조명해 보아야 할 것이다. 論者가 보기에 호발론 자체가 주자학과 어긋나는 것은 아니다. 본론에서 상세히 논하겠지만, 퇴계가 주자와 다른 면모를 보여주는 핵심은 '互發論' 자체가 아니라 '理의 能發論'이었던 것이다.

둘째의 문제에 대해서 퇴계 · 율곡의 四端七情論이 判異한 것은 분명하거니와, 이를 주자학과 관계시키는 방법은 두 가지가 있을 수 있다. 하나는 퇴계 · 율곡 중 한 사람만 주자학자이고, 나머지 한 사람은 주자학자가 아니라고 설명하는 방식이다.[2] 다른 하나는 퇴계와 율곡을 모두 주자학자라고 보고, 대신 주자학 내부에 상반된 측면이 있음을 규명하는

2) 예컨대 정원재나 손영식은 퇴계만이 주자학자이고, 율곡은 주자학자가 아니라고 보는 것이다. 한편 보다 근원적으로, 율곡학파에서 『朱子語類』의 "四端是理之發 七情是氣之發"을 줄곧 '誤錄'이라고 주장한 것은 '퇴계의 四端七情論은 주자학과 어긋난다'는 뜻이었다.

방식이다. 그런데 퇴계도 자기 학설의 근거를 주자학에서 찾고, 율곡도 자기 학설의 근거를 주자에게서 찾는 것으로 볼 때, 이들은 모두 주자학을 자신의 기본 노선으로 삼았다고 봄이 합당할 것이다. 그렇다면 둘째 문제에 대한 합당한 접근법은 주자학 내부에 퇴계적인 측면도 있고 율곡적인 측면도 있다는 점을 규명하고, 퇴계학 · 율곡학과 주자학의 관계를 보다 분석적으로 해명하는 것이다. 역시 本論에서 자세히 논하겠지만, 주자학은 본래 '異質的인 두 요소'를 함께 지니고 있었다. 퇴계와 율곡은 각각 주자학의 서로 다른 측면을 주목하면서, 그것을 자기 학설의 정당화 근거로 삼았던 것이다.

본고에서는 위의 두 문제를 염두에 두면서 퇴계의 성리학을 다시 조명해 보고자 한다. 먼저 밝혀두어야 할 것은 주자의 성리학만 양면성을 지니는 것이 아니라, 퇴계의 성리학도 양면성을 지니고 있다는 점이다. 예컨대 퇴계의 '理氣相須相待論'과 '理氣勝負論'은 전혀 취지를 달리하는 것이요, 서로 兩立되기도 어려운 것이다. 그리하여 본고에서는 퇴계 성리학의 양면성을 함께 해명하고, 그것과 주자학의 관계를 논하면서, '퇴계학의 本領'에 접근하고자 한다.

퇴계학의 핵심 관념은 '理氣互發論과 敬思想'일 것이다. 많은 사람들은 퇴계의 理氣互發論은 당시 거듭된 士禍를 배경으로 '君子와 小人으로 분열된 세계상'을 반영하는 것이라고 설명하였다. 論者 역시 이러한 설명에 동의한다. 퇴계의 理氣互發論과 理氣勝負論은 분열된 세계상을 반영하는 것이며, 敬思想은 '理 · 氣의 승부'에 있어서 '理의 승리'를 뒷받침하고자 한 것이었다. 그런데 우리 학계에서는 퇴계의 敬思想을 논함에 있어서, '도덕적 엄숙주의'나 '종교적 경건성'에 偏重하는 감이 있다. 그러나 퇴계의 敬思想은 '和樂한 삶'을 또 하나의 축으로 삼는 것이었다.[3] 이에 본고에서는 퇴계의 敬思想을 논함에 있어서 특히 퇴계가 추구한 '和樂한 삶'을 주목하고자 한다.

본고의 논의의 순서는 다음과 같다. 먼저 퇴계의 理氣論과 心性情論을 살펴보되, 그 양면성을 함께 해명할 것이다. 다음, 理氣心性論과 敬思想의 관계를 논하고, 敬을 통해 추구한 '理의 승리'의 의미를 논할 것이다. 다음, 퇴계학의 양면성과 주자학의 양면성이 어떻게 照應하는가를 논하고, 결론적으로 퇴계학의 本領을 더듬어 보겠다.

2. 理氣互發論과 분열된 世界像

1) 互發說의 취지와 함의

주지하듯이 퇴계의 理氣互發說이란 '四端과 七情'을 '理發과 氣發'로 '分開(分屬)'하는 것이다. 퇴계는 秋巒 鄭之雲(1509~1561)의 〈天命圖〉를 수정하는 과정에서 추만이 "四端은 理에서 발하고(發於理), 七情은 氣에서 발한다(發於氣)"고 표기했던 것을 "四端은 理가 발한 것이요(理之發), 七情은 氣가 발한 것이다(氣之發)"로 수정하고,[4] 또 "四端은 理에서 발한 것으로서 純善하고, 七情은 氣에서 발한 것으로 善·惡이 모

---

3) 퇴계의 敬思想이 '도덕적 엄숙주의'로 끝나는 것이 아니라 '인생의 참된 즐거움'을 아울러 추구한 것임을 밝힌 논문으로는 강희복의 「退溪의 '心與理一'에 관한 硏究」(연세대학교 박사학위논문, 2002)를 들 수 있다. 퇴계가 추구한 '즐거움의 구체적 내용(孔顔樂處와 山水之樂)'에 대해서는 이 논문의 144~157쪽 참조. 한편, 김형효는 퇴계에게 '낭만적 자연주의'의 요소가 풍부함을 유의하면서도 퇴계학을 '종교적 경건주의'로 해명하고 있다(김형효, 「퇴계의 사상과 자연신학적 해석」, 『원효에서 다산까지』, 청계, 2000, 338~340쪽 참조).

4) 『退溪集』 卷41 頁10~11의 〈天命舊圖〉와 〈天命新圖〉 참조. 주지하듯이 추만의 原圖를 〈天命舊圖〉라 하고, 추만과 퇴계가 함께 수정한 것을 〈天命新圖〉라 한다. 〈天命新圖〉는 1553년에 일단 완성되었으나, 그 후에도 많은 修訂을 가했다(『退溪續集』 卷8 頁20, 〈天命圖說〉, 趙士敬註 참조).

두 있다"[5]고 설명하기도 했다. 이에 대해 高峰 奇大升(1527~1572)은 "理와 氣가 쪼개져서 兩物이 되니, 七情은 性에서 나온 것이 아니고, 四端은 氣를 타지 않은 것이 된다. 이러한 주장은 잘못이 아닐 수 없다"[6]고 반론했다. 고봉은 이른바 '理氣不相離'라는 입장에서 '四端과 七情'을 '理와 氣'로 확연히 나누는 것을 비판한 것이다. 이것이 '四端七情論爭'[7]의 시초였던 것이다.

이에 퇴계는 "四端이 발함은 순수한 理이기 때문에 不善이 없고, 七情이 발함은 氣를 겸하기 때문에 善·惡이 있다"[8]라고 표현을 고쳤다. 이에 대해 고봉은 "四端은 七情 가운데 中節한 것일 뿐"이라고 주장하고, 四端과 七情을 理와 氣로 나누어 對擧互言하는 것을 반대했다.[9] 여기서 고봉이 제시한 논거는 "무릇 理는 氣의 主宰者이고, 氣는 理의 材料이다. 理와 氣는 진실로 구분이 있으나, 事物에 있어서는 진실로 渾淪하여 分開할 수 없다"[10]라는 것이었다. 고봉은 이른바 '理主氣資'라는 관점에서, 理·氣가 논리적(개념적)으로는 구분되지만 사실적(현상적)으로는 분리되지 않음을 강조한 것이다. 퇴계는 고봉의 반론을 다시 수용하여, 마침내 "四端은 '理가 발함에 氣가 따르는 것'(理發而氣隨之)이요, 七情은 '氣가 발함에 理가 타는 것'(氣發而理乘之)이다"라고 수정했다. 이것이 퇴계의 최후의 定論으로서, 기존의 설명에서 四端(理發)에는 '氣

5) 『兩先生四七理氣往復書』 上篇 頁1: 四端發於理而無不善 七情發於氣而有善惡
6) 『兩先生四七理氣往復書』 上篇 頁1: 是理與氣判而爲兩物也 是七情不出於性 而四端不乘於氣也 此語意之不能無病 而後學之不能無疑也
7) 四七論爭은 퇴계(1501~1570) 59세부터 8년 동안 지속되었다고 한다.
8) 『兩先生四七理氣往復書』 上篇 頁1: 四端之發純理 故無不善 七情之發兼氣 故有善惡
9) 『兩先生四七理氣往復書』 上篇 頁2: 蓋性之乍發 氣不用事 本然之善 得以直遂者 正孟子所謂四端者也 此固純是天理所發 然非能出於七情之外也 乃七情中發而中節者之苗脉也 然則以四端七情 對擧互言 而謂之純理兼氣 可乎
10) 『兩先生四七理氣往復書』 上篇 頁2: 夫理 氣之主宰也 氣 理之材料也 二者 固有分矣 而其在事物也 則固混淪而不可分開

隨'를 덧붙이고 七情(氣發)에는 '理乘'을 덧붙인 것이다. 즉 퇴계는 한편으로는 고봉의 '理氣不相離'를 수용하면서도, '四端과 七情'을 '理와 氣'로 나누는 자신의 본지를 굽히지 않은 것이다.

조선시대의 四七論爭에서 주된 쟁점은 '四端과 七情을 理와 氣로 分開할 수 있느냐' 하는 것과 '과연 理가 氣처럼 能動的으로 發할 수 있느냐' 하는 것이었다.[11] 퇴계·고봉 논쟁에서는 '分開' 문제가 주로 논의되었고, 율곡·우계 논쟁에서는 '理의 能發' 문제가 아울러 논의되었다.

먼저 '分開'의 문제를 살펴보자. 고봉은 理氣不相離의 입장에서 四端과 七情을 理와 氣로 분개하는 것을 반대하고(渾淪說), 四端은 七情 가운데의 善一邊일 뿐이라고 설명했다. 이에 대해 퇴계는 자신의 입장을 다음과 같이 설명했다.

> 그대의 생각은 "四端과 七情이 모두 理·氣를 겸하는 것으로서, 실제는 같고 이름만 다른 것이니(同實異名), 理·氣로 分屬할 수 없다"는 것이다. 내 생각은 "다른 것 가운데 나아가 같은 점이 있음을 보면 四端과 七情은 진실로 渾淪하게 말할 것이 많다. 그러나 같은 것 가운데 나아가 다른 점이 있음을 안다면, 四端과 七情은 나아가 말하는 바가 본래 主理와 主氣의 다름이 있으니, 어찌 分屬하는 것이 不可하겠는가?"라는 것이다.[12]

> 대개 사람의 한 몸은 理와 氣가 합쳐서 생긴 것이다. 그러므로 理와 氣는 서로 發用하며, 그 發用은 또 서로를 기다린다. 서로 발용하니(互發) 각각

---

11) 이 외에도 퇴계학파 내부, 특히 星湖學派에서는 七情 가운데의 '公正한 것'을 '理發로 볼 것이냐, 氣發로 볼 것이냐'의 문제가 많이 논의되었다. 이에 대한 자세한 논의는 안영상, 「星湖 李瀷의 性理說 硏究」, 고려대 박사학위논문, 1998 참조. 本考에서는 이에 대해서는 論外로 하겠다.

12) 『退溪集』卷16 頁29, 〈答奇明彦 論四端七情第二書〉: 公意 以謂四端七情 皆兼理氣 同實異名 不可以分屬理氣 滉意 以謂就異中而見其有同 故二者固多有渾淪言之 就同中而知其有異 則二者所就而言 本自有主理主氣之不同 分屬何不可之有

主로 삼는 바가 있음을 알 수 있으며, 서로 기다리니(相須) 서로 그 가운데 있음을 알 수 있다. 서로 그 가운데 있기 때문에 渾淪해서 말하는 자도 있으며, 각각 主로 삼는 바가 있기 때문에 分別해서 말해도 不可함이 없다.[13]

고봉이 理氣不相離를 강조하는 논거는 '理主氣資'에 있었다. 理는 氣를 主宰하는 존재이고, 氣는 理를 실현(발현)하는 바탕(재료)이니, 양자는 사실적으로는 분리될 수 없다는 것이다. 퇴계는 이러한 주장을 수용하여 理와 氣는 '相須 · 相待'하는 관계라고 설명했다.[14] 理와 氣는 서로를 필요로 하므로, 서로를 기다린다는 것이다. 그리고 이것은 四端과 七情에 모두 해당되니, 이 점에서는 四端과 七情이 '같다'고 말할 수 있다는 것이다. 그러나 四端은 본래 理를 主로 해서 입론한 것이요, 七情은 본래 氣를 主로 해서 입론한 것임도 알아야 한다는 것이다.[15] 이러한 맥락에서 퇴계는 四端과 七情은 같은 점도 있고 다른 점도 있다고 주장하고, 같은 점을 주목하면 渾淪說이 성립하나, 다른 점을 주목하면 分開說이 성립한다고 설명했다.[16] 그런데 四端과 七情을 입언한 취지를 분명히 알려면, 궁극적으로는 양자를 理와 氣로 分開해서 보아야 한다는

---

13) 『退溪集』卷16 頁30, 〈答奇明彦 論四端七情第二書〉: 蓋人之一身 理與氣合而生 故二者互有發用 而其發又相須也 互發則各有所主可知 相須則互在其中可知 互在其中 故渾淪言之者固有之 各有所主 故分別言之而無不可

14) 『退溪集』卷16 頁8, 〈答奇明彦 論四端七情第一書〉: 理之與氣 本相須以爲體 相待以爲用 固未有無理之氣 亦未有無氣之理

15) 『退溪集』卷16 31, 〈答奇明彦 論四端七情第二書〉: 滉謂四端之發 固曰非無氣 然孟子之所指 實不在發於氣處 若曰兼指氣 則已非復四端之謂矣

16) 위의 인용문에서는 '相須 · 互發'과 '渾淪 · 分別'을 모두 거론하고 있는데, '相須 · 互發'과 '渾淪 · 分別'은 약간 차이가 있다. '分別(分開 · 分屬)'은 '四端과 七情을 理와 氣로 나눈다'는 뜻이니, 이는 '互發'과 밀접하게 연결된다. '渾淪(混淪)'은 '四端과 七情을 구분하지 않고 하나로 본다'는 뜻이요, '相須'는 '理와 氣가 서로 요청한다'는 뜻이다. 相須는 渾淪說(一途說)과도 결부될 수 있고, 分開說(互發說)과도 결부될 수도 있다. 율곡은 相須의 관점에서 '理發理乘一途'의 渾淪說을 주장한 것이요, 퇴계는 相須의 관점에서 '理發과 氣發'에 '氣隨와 理乘'을 덧붙인 것이다.

것이다. 퇴계는 分開의 불가피성을 다음과 같이 설명한다.

> 무릇 학문을 강론하면서 分析을 싫어하여 하나로 합치는 데 힘쓰는 것을 古人은 '鶻圇呑棗'라 했거니와, 그 폐단이 적지 않다. 이와 같이 하기를 그치지 않는다면, 자신도 모르는 사이에 곧 '氣로써 性을 논하는 폐단'과 '人欲을 天理로 오인하는 폐단'에 떨어지니, 어찌 옳겠는가?[17]

'鶻圇呑棗(골륜탄조)'란 '대추를 씹지도 않고 통째로 삼키는 것'을 말한다.[18] 대추를 잘게 씹지 않고 그대로 삼키면, 전혀 대추의 맛을 알 수 없다. 마찬가지로 四端과 七情을 理와 氣로 분석하지 않으면, 四端과 七情을 입언한 취지를 전혀 알 수 없다는 것이다. 퇴계는 渾淪說은 결국 '氣로써 性을 논하고, 人欲을 天理로 오인하는 폐단'에 빠지게 된다고 경계하였다. 따라서 이러한 폐단을 막으려면 分開說이 불가피하다는 것이다.

결국 퇴계는 '四端과 七情'을 '理發과 氣發'로 구분하는 입장을 굽히지 않았으며, '理와 氣가 각각 發用한다'는 생각도 굽히지 않았다. 고봉의 주장을 수용한 것은 다만 '理氣不相離'라는 관점에서 渾淪說이 성립할 수 있음을 인정한 것뿐이요, 같은 맥락에서 '氣隨와 理乘'을 덧붙인 것뿐이다.[19]

다음, '理發'의 문제를 살펴보자. 漢文 문법상 '理發'이라는 말 자체는

---

17) 『退溪集』 卷16 頁11~12, 〈答奇明彦〉: 夫講學而惡分析 務合爲一說 古人謂之鶻圇呑棗 其病不少 而如此不已 不知不覺之間 駸駸然入於以氣論性之蔽 而墮於認人欲作天理之患矣 奚可哉

18) 『退溪集』 卷11 頁16, 〈答李仲久問目〉: 鶻圇 圓也 全也 所以狀棗之圓而全也 謂不嚼棗全而呑之 不知味之喩也

19) 퇴계가 '氣隨'와 '理乘'을 덧붙인 것도 고봉이 강조한 '理氣不相離'를 형식적으로 배려한 것일 뿐, 본질적으로는 아무런 의미가 없는 것이다. 즉 퇴계의 이론 체계에서 四端에서의 '氣隨'와 七情에서의 '理乘'은 '군더더기'에 불과한 것이다. 이에 대한 자세한 논의는 拙著, 『畿湖性理學硏究』, 한울, 1998, 127~128쪽 참조.

'能發'(발현하는 작용의 주체)로 해석될 수도 있고, '所發'(발현되는 내용)로 해석될 수도 있다. 그런데 주자학에서는 '理의 능동성'을 부정하기 때문에,[20] 퇴계가 말하는 '理發'이 과연 무슨 뜻인지 문제가 되는 것이다.[21] 다시 말해 여기서 초점이 되는 것은 "과연 理가 氣처럼 發動할 수 있는 존재이냐" 하는 것이다. 앞에서도 언급했지만, 퇴계와 고봉의 논쟁에서는 '理의 能動性' 문제는 본격적으로 논의되지 않았다. 퇴계는 고봉과의 논쟁에서 "理와 氣가 서로 發用함이 있다"[22]는 말을 하기는 했지만, 이것이 반드시 理의 능동성을 주장한 것은 아니었다.[23] 고봉은 다만 '四端・七情의 渾淪說'을 옹호하는 데 힘쓰고, 퇴계가 말하는 理發의 의미가 무엇인지는 문제 삼지 않았다.[24] 또한 퇴계는 '理發・氣發'이라는 표현을 쓰면서도, 또 '發於理・發於氣', '純理・兼氣', '主理・主氣' 등의 표현을 쓰기도 했으니, 퇴계 역시 '四端・七情의 分開說'을 옹호하는 데에만 주력한 것이다.[25]

---

20) 주자는 '性發爲情'이라 했는데, 이때의 '性發(理發)'은 '所發'의 의미였다. 주자의 지론은 '心의 지각작용'(氣發)을 통해서 性이 발현되는데(理發), 그것이 情이라는 것이다. 이것이 또한 주자 '心統性情論'의 일반적 의미였다. 이에 대한 자세한 논의는 拙著, 『朱子學의 길』, 심산, 2007, 83~91쪽 참조.

21) 주지하듯이 율곡은 '理의 능동성'을 부정하였다. 발동할 수 있는 존재는 氣뿐이라는 것이다. 율곡의 持論은 "氣가 아니면 발할 수 없으며, 理가 아니면 발할 것이 없다(『栗谷全書』 卷10 頁5, 〈答成浩原〉: 非氣則不能發 非理則無所發)"는 것이다. 이것은 能發者는 氣요, 所發者는 理로서, 氣의 발동을 통해서 理가 실현된다는 주장이다. 따라서 율곡의 체계에서는, 四端과 七情이 모두 能發은 氣요 所發은 理인 것이다. 다시 말해 율곡도 所發이라는 맥락에서는 '理發'을 인정하는 것이다. 율곡이 부정하는 것은 '理의 能發'이다.

22) 『退溪集』 卷16 頁30, 〈答奇明彦 論四端七情第二書〉: 蓋人之一身 理與氣合而生 故二者互有發用

23) 이에 대한 자세한 논의는 문석윤, 「退溪의 理發과 理動, 理到의 의미에 대하여」, 『退溪學報』 제110집, 퇴계학연구원, 2001, 175~180쪽 참조.

24) 요컨대 여기서의 '理發'이 '能發로서의 理發'인지, '所發로서의 理發'인지를 문제 삼지 않았다는 뜻이다.

25) '發於理・發於氣', '純理・兼氣', '主理・主氣' 등의 표현은 모두 '所發'이라는 맥락에서 성립하는 표현들이다. 그러나 퇴계의 '理發・氣發'은 '能發'로 해석될 수도 있고 '所發'로 해석될 수도 있다. 퇴계의 최후의 定論은, 四端은 能發과 所發이 모두 理요, 七情은 能發

퇴계가 理發을 '所發'뿐만 아니라 '能發'의 의미로 확언한 것은 晩年의 일이다. 그런데 '理의 能發說'을 확립하게 된 계기는 고봉이 제공한 것이었다. 퇴계와 고봉 사이의 사칠논쟁이 일단락된 후, 퇴계와 고봉은 『대학장구』의 '物格'과 '物理之極處無不到'의 해석에 대해 토론했는데, 퇴계는 고봉의 주장을 수용하여 마침내 理到說(理自到說·理能到說)을 확립하게 된 것이다. 퇴계는 〈答奇明彦 別紙〉에서 다음과 같이 말했다.

> '格物'이라고 말할 때에는 진실로 '내가 궁구하여 物理의 極處에 이른다'는 말이지만, '物格'이라고 말할 때에는 어찌 '物理의 極處가 내가 궁구한 바를 따라 이르지 않음이 없다'는 말이 아니겠는가? 이로써 '情意와 造作이 없는 것'은 '理의 本然之體'이고 '깃들인 곳에 따라 발현하여 이르지 않음이 없는 것'은 '理의 至神之用'임을 알 수 있다. 지난날에는 다만 本體의 無爲함만을 알고 妙用이 능히 顯行함을 알지 못하여, 거의 理를 死物로 誤認하였으니, 그것은 또한 道에서 크게 어긋난 것이 아니겠는가? 이제 그대가 부지런히 이끌어 가르침을 준 것에 힘입어, 妄見을 버리고 새로운 뜻을 터득하고 새로운 격조를 기르게 되었으니 매우 다행스럽게 여긴다.[26]

일찍이 퇴계가 서울에 머무를 때 고봉이 '理到說'을 제시한 바 있었다. 퇴계는 당시에는 주자의 "理는 情意도 없고, 計度도 없고, 造作도 없다"는 설에 얽매여 고봉의 理到說을 수용하지 않았다.[27] 그러다가 퇴

과 所發이 모두 氣(또는 兼理氣)라는 것이다.

26) 『退溪集』 卷18 頁31, 〈答奇明彦 別紙〉: 方其言格物也 則是固言我窮至物理之極處 及其言物格也 則豈不可謂物理之極處 隨吾所窮 而無不到乎 是知無情意造作者 此理本然之體也 其隨寓發見而無不到者 此理至神之用也 向也 但有見於本體之無爲 而不知妙用之能顯行 殆若認理爲死物 其去道不亦遠甚矣乎 今賴高明提諭之勤 得去妄見 而得新意 長新格 深以爲幸

27) 『退溪集』 卷18 頁30, 〈答奇明彦 別紙〉: 前此滉所以堅執誤說者 只知守朱子理無情意無計度無造作之說 …… 往在都中 雖蒙提諭理到之說 亦嘗反復紬思 猶未解惑

계는 '理를 體 · 用으로 구분하는 논리'를 고안하여 "體로서의 理는 情意와 造作이 없지만, 用으로서의 理는 情意와 造作이 있다"는 논리를 계발하고, '用'이라는 차원에서 고봉의 理到說을 수용하여, 위의 인용문과 같이 설명한 것이다.[28] 위의 편지는 庚午年(1570년)의 것으로, 퇴계는 그해 12월에 他界하였다. 요컨대 퇴계가 '理의 能動性'을 확신하게 된 것은 最晩年의 일이다.[29] 따라서 비록 사칠논쟁 당시에 퇴계가 '理發'이라는 표현을 썼어도, 그것이 반드시 '能發'을 의미한 것은 아니었다. 퇴계는 역시 庚午年의 편지인 〈答李公浩 問目〉에서 비로소 '理의 能發'을 분명히 언급했다. 퇴계는 이 편지에서 "대개 '情意와 造作이 없다'고 하는 것은 '本然之體'를 말하고, '能發 · 能生한다'고 하는 것은 '至妙之用'을 말한다"[30]고 했는데, '理의 體用論'을 적용하고 있는 것으로 보아, 이 편지는 분명 앞에서 인용한 〈答奇明彦 別紙〉보다 뒤에 쓰였을 것이다. 요컨대 퇴계는 最晩年에 '理의 體用論'을 정립한 다음에야 '理의 能發'을 분명히 했던 것이요, '理의 能發'은 '理의 用'으로 설명되었던 것이다.

이제까지 퇴계의 理氣互發論을 살펴보았거니와, 이제 그 趣旨와 含意를 정리해 보자. 퇴계 互發論의 취지는 무엇보다도 '四端과 七情'을 '理發과 氣發'로 '分開'함에 있었다. 퇴계와 고봉의 오랜 논쟁에서 중심적인

28) 퇴계의 理到說에 대하여 이동준은 "理의 實在와 人間의 實存이 하나의 사실로 歸一됨"이라고(이동준, 『유교의 인도주의와 한국사상』, 한울, 1997, 448쪽), 김형효는 "초월적이고 절대적인 님(上帝)의 현존, 그 님의 마음에서의 현존"이라고 의미를 부여한 바 있다(김형효, 「퇴계의 사상과 자연신학적 해석」, 352쪽).

29) 1561년(辛酉)의 편지 〈答鄭子中別紙〉에는 "按朱子嘗曰 理有動靜 故氣有動靜 若理無動靜 氣何自而有動靜乎 蓋理動則氣隨而生 氣動則理隨而顯 濂溪云太極動而生陽 是言理動而氣生也 易言復其見天地之心 是言氣動而理顯故可見也"(『退溪集』 卷25 頁35)라는 말이 보인다. 여기에서는 '理動'을 '氣의 성립근거'로, '氣動'을 '理의 실현근거'로 설명하고 있으니, 이것은 互發論과 부합하는 것이 아니라 理主氣資論과 부합하는 것이다. 互發論에서의 '理發과 氣發'은 존재론적으로 대등하게 對擧되는 것이다. 따라서 여기에서의 '理動'은 晩年에 주창한 '理의 能動性'과는 성격이 다른 것이다.

30) 『退溪集』 卷39 頁28, 〈答李公浩問目〉: 蓋無情意云云 本然之體 能發能生 至妙之用也

쟁점은 '渾淪이냐, 分開이냐'의 문제였다. 고봉은 理氣不相離를 논거로 삼아 '사단과 칠정의 渾淪'을 강조했고, 퇴계는 '사단과 칠정을 입언한 취지'를 논거로 삼아 '사단과 칠정의 分開'를 강조했던 것이다. 고봉의 비판을 수용하여 퇴계는 마침내 '理發과 氣發'에 각각 '氣隨와 理乘'을 덧붙였지만, 사실 分開를 주장하는 퇴계의 입장이 본질적으로 변한 것은 전혀 없었다. 퇴계는 〈答鄭靜而〉에서 고봉과의 논쟁을 언급하면서 "내 주장의 문제점은 文字의 흠이나 語勢의 病에 불과했던 것이요, 大旨만큼은 옳았던 것이다"[31]라고 말한 바 있다. 여기에서 알 수 있듯이, 퇴계는 고봉과의 논변에서 語弊가 있는 字句는 고쳤더라도, 大綱은 고수했던 것이다. 그 大綱이란 바로 分開說을 말하는 것이다.

퇴계가 '四端과 七情'을 '理發과 氣發'로 分開했어도, 논쟁 당시에는 '理發'이 반드시 '能發의 뜻'을 포함하는 것은 아니었다. 퇴계가 '理發과 氣發'을 '發於理·發於氣', '純理·兼氣', '主理·主氣' 등으로도 표현한 것으로 보면, 논쟁 당시에는 '理發과 氣發'이 주로 '所發'의 차원에서 이해된 것이었다. 즉 四端은 내용적으로 理에 속하고, 七情은 내용적으로 氣에 속한다는 것을 주장하는 데 퇴계의 초점이 있었던 것이다. 퇴계가 理發을 '所發'뿐만 아니라 '能發'의 의미로 확언한 것은 最晩年의 일이었다. '理의 能發說'은 '理의 能生說·能到說'과 궤를 같이하는 것으로서, '理의 能動性'을 주창하는 것이었다.

이렇게 볼 때, 互發說의 취지는 둘로 요약될 수 있겠다. 첫째는 '理·氣의 分開說'이다. 四端七情論은 인간의 '心·性·情'에 관한 논의, 즉 인간의 '自我'에 관한 논의이다. 따라서 사단과 칠정을 '理와 氣'로 분개한다는 것은 인간 自我를 '理의 영역'과 '氣의 영역'으로 분개한다는 뜻

---

31) 『退溪集』 卷13 頁2, 〈答鄭靜而〉: 所云鄙說未安處 是不過文字之疵 語勢之病耳 大旨則非不是也

이다. 心의 차원에서 말하면 '道心과 人心' 또는 '良心과 欲心'이 구분되며, 性의 차원에서 말하면 '本然之性과 氣質之性'이 구분되고, 情의 차원에서 말하면 '四端과 七情'이 구분된다. 퇴계는 이처럼 인간의 自我를 두 영역으로 구분하는바, 어느 영역을 추종하느냐에 따라 그의 사람됨이 결정된다는 것이다. 理의 영역을 추종하면 君子가 되고, 氣의 영역을 추종하면 小人이 됨은 물론일 것이다. 自我에 대한 설명은 그대로 확대되어 世界에 대한 설명에 적용된다. 世界는 '君子들의 영역'과 '小人들의 영역'으로 구분된다. 이러한 맥락에서 理氣互發論의 첫째 의미는 '自我과 世界에 대한 이원적 구분'에 있다고 하겠다.

둘째는 '理 · 氣의 能發說'이다. '理의 體用論'을 정립하여 理에 能動性을 부여하기 전까지는, 퇴계 역시 '氣의 能動性'만을 인정하는 성리학의 일반론을 막연하게 따랐던 것이다. 퇴계는 晩年에 종전의 이러한 태도를 '거의 理를 死物로 誤認한 것'이라고 반성하고, '理의 能動性'을 분명히 하였다. 이제 理는 氣와 마찬가지로 능동적 존재로 인식되는 것이다. '理의 能動性'은 퇴계학에 있어서 실로 중요한 의미를 지닌다. 능동성을 확보한 理는 더 이상 氣에 의존하지 않고도 '獨自的 세계'를 구축할 수 있는 것이다. 다시 말해 '理 · 氣의 能發說'은 理와 氣에 각각 獨自的 主體性을 부여하는 것이다. 分開說에 의해 '구분된 세계'는 이제 能發說에 의해 '각각의 獨自性'을 인정받게 된 것이다. 이러한 맥락에서 理氣互發論의 둘째 의미는 '自我와 世界에 대한 二元論의 완성'에 있다고 하겠다.

또한, 다음 節에서 살펴보겠지만, 퇴계는 理와 氣를 종종 '敵對的으로 勝負를 겨루는 관계'로 규정했다. 이는 '理 · 氣의 二元性'을 和合으로 규정하는 것이 아니라 分裂로 규정하는 것이다. 이러한 점을 아울러 고려한다면, 理氣互發說은 '분열된 世界像'을 함축하는 것이요, 특히 '理 · 氣

의 能發說'은 '분열된 世界像의 완성'에 해당되는 것이다. 퇴계의 敬思想은 이러한 분열을 치유하는 방법론이었던 것이다.

2) 理氣論의 양면성

理氣論의 양면성이란 퇴계가 理·氣를 '相須相待의 主·資 관계'로 보기도 하고, '서로 勝負를 겨루는 敵對 관계'로 보기도 한다는 점이다. 먼저 '相須相待의 主·資 관계'에 대해 살펴보자. '相須相待의 主·資 관계'란 '理主氣資'를 말하는 것으로서, 이것은 理와 氣를 '道와 器' 또는 '本(標準)과 具(材料)'의 관계로 보는 것이다.[32] '道와 器'는 서로 의존하는 관계로서, 반드시 서로 결합되어야만 하나의 事物을 이룰 수 있다. 이러한 관점에서는 理와 氣의 상호의존성을 강조하고, 만물의 生生不息을 理와 氣의 결합으로 설명하는 것이다.

앞에서 살펴보았듯이 사칠논쟁은 퇴계가 〈天命新圖〉에서 '四端과 七情'을 '理發과 氣發'로 구분한 것에 대해, 고봉이 '理主氣資'의 입장에서 반론함으로써 시작된 것이다. 고봉은 '理는 氣의 主宰者'요, '氣는 理의 材料'이므로, 사단과 칠정을 理發과 氣發로 분개할 수 없다고 했다. 이에 대해 퇴계는 다음과 같이 답변한다.

> 理와 氣는 본래 서로 기다려서(相須) 體가 되고, 서로 기다려서(相待) 用이 되니, 진실로 理 없는 氣도 없고, 또한 氣 없는 理도 없다.[33]

---

32) '道와 器' 또는 '本과 具'의 논리는 요컨대 理는 氣의 운동의 標準이 되고, 氣는 理를 실현시키는 材料가 된다는 것이다. '理主氣資' 특히 '理主(理의 主宰)'에 대한 해석은 학자들에 따라 큰 차이가 있다. 다만 주자의 宗旨를 소개하자면, 주자는 '理가 氣의 운동의 標準이 됨'을 '理의 主宰'라 하였다. 이에 대한 자세한 논의는 拙著, 『朱子學의 길』 제3장 참조.

33) 『退溪集』 卷16 頁8, 〈答奇明彦 論四端七情第一書〉: 理之與氣 本相須以爲體 相待以爲

대개 사람의 한 몸은 理와 氣가 합쳐서 생긴 것이다. 그러므로 理와 氣는 서로 發用하며, 그 發用은 또 서로를 기다린다. 서로 발용하니(互發) 각각 主로 삼는 바가 있음을 알 수 있고, 서로 기다리니(相須) 서로 그 가운데 있음을 알 수 있다.[34]

위의 첫째 인용문은 〈答奇明彦 論四端七情第一書〉의 내용으로 理와 氣를 相須相待로 규정하고 "理 없는 氣도 없고, 氣 없는 理도 없다"고 설명하였다. 이것은 고봉이 理主氣資를 역설한 것에 대해, 그것은 당연한 논리로서 자신도 결코 그것을 부정하는 것은 아니라고 답변하는 것이다. 둘째 인용문은 〈答奇明彦 論四端七情第二書〉의 내용으로 '理·氣의 相須'를 말하면서 동시에 '理·氣의 互發'을 주장하는 것이다.[35] 이처럼 相須와 互發이 모두 고려된 종합된 표현이 "四端은 理가 발함에 氣가 따르는 것이요(理發而氣隨之), 七情은 氣가 발함에 理가 탄 것이다(氣發而理乘之)"[36]라는 것이었다. 다시 말해 四端(理發)에 '氣隨'를 덧붙이고, 七情(氣發)에 '理乘'을 덧붙인 것은 '理·氣의 相須'를 배려한 것이다. 이와 관련하여 다음의 문답을 살펴볼 필요가 있다.

李宏仲 問: 理는 본래 形體가 없으니 만약 이 氣가 없다면, 어찌 홀로 발할 수 있는 이치가 있겠습니까?

退溪 答: 天下에는 理 없는 氣도 없고, 氣 없는 理도 없다. 四端은 理가 發하매 氣가 따르는 것이며, 七情은 氣가 發하매 理가 타는 것이다.

用 固未有無理之氣 亦未有無氣之理

34) 『退溪集』 卷16 頁30, 〈答奇明彦 論四端七情第二書〉: 蓋人之一身 理與氣合而生 故二者互有發用 而其發又相須也 互發則各有所主可知 相須則互在其中可知

35) '相須'와 '互發'은 사실 서로 잘 어울리지 않는 개념이다. 그럼에도 불구하고 퇴계는 고봉과의 타협책으로 양자를 함께 언급했을 것이다.

36) 『退溪集』 卷16 頁32, 〈答奇明彦 論四端七情第二書〉: 四則理發而氣隨之 七則氣發而理乘之

理로서 '氣隨'가 없으면 發出할 수 없고, 氣로서 '理乘'이 없으면 利欲에 빠져서 禽獸가 된다. 이것은 바뀔 수 없는 定理이다.[37]

위의 인용문은 丙寅年(1566년)의 편지 〈答李宏仲問目〉 가운데 일부이다. 李宏仲은 理는 形體도 없고 作爲도 없는 形而上者이기 때문에, 形體와 作爲가 있는 氣의 도움 없이 理가 홀로 발할 수는 없다고 보고, 이 점을 질문한 것이다. 이는 '氣隨'라는 말을 덧붙이기 이전의 初年說, 즉 '四端理發說'을 염두에 둔 질문일 것이다. 이에 퇴계는 理·氣는 相須의 관계임을 말하고, 四端理發과 七情氣發에 각각 '氣隨'와 '理乘'을 덧붙여야만 하는 까닭을 분명하게 설명한 것이다. 퇴계는 같은 편지에서 "대개 理가 발하면 四端이 되는데, 바탕으로 삼아 발하는 것은 氣요, 능히 그러한 까닭은 진실로 理의 몫이다"[38]라고도 했다. 퇴계의 이러한 설명들은 모두 理主氣資의 관점에서 성립하는 내용이다. 그런데 고봉에게 답한 앞의 두 편지에서는 고봉과의 타협책으로 理氣相須를 피력한 것이었다면, 위의 편지에서는 퇴계 자신의 논리로 적극적으로 理氣相須를 주장한 것이다. "理로서 '氣隨'가 없으면 發出할 수 없고, 氣로서 '理乘'이 없으면 利欲에 빠져서 禽獸가 된다. 이것은 바뀔 수 없는 定理이다"라는 말보다 더 강력한 논리로 理氣相須를 주장할 수는 없을 것이다.

이제까지 퇴계가 理·氣를 '相須相待의 主·資 관계'로 설명한 내용들을 살펴보았다. 그런데 곤혹스러운 것은, 퇴계는 같은 〈答李宏仲問目〉에서 또 理·氣를 '서로 勝負를 겨루는 敵對 관계'로 설명하고 있다

---

37) 『退溪集』 卷36 頁1~2, 〈答李宏仲問目〉: (李宏仲 問) 理本無形 若無是氣 則奚有獨發之理乎 (退溪 答) 天下無無理之氣 無無氣之理 四端理發而氣隨之 七情氣發而理乘之 理而無氣之隨 則做出來不成 氣而無理之乘 則陷利欲而爲禽獸 此不易之定理

38) 『退溪集』 卷36 頁4, 〈答李宏仲問目〉: 蓋理發爲四端 所資以發者 氣耳 其所以能然 實理之爲也

는 점이다. 다음의 문답을 보자.

> 李宏仲 問: 張南軒은 "血氣의 노여움은 있어서는 안 되고, 義理의 노여움은 없어서는 안 된다"고 했습니다. 같은 '노여움'인데 血氣와 義理의 구분이 있는 것은 무슨 까닭입니까? 대개 情은 '氣가 발함에 理가 탄 것'(氣發而理乘之)입니다. 거슬리는 일이 다가옴에 노여움이 발하는데, 理에 합당하면 이것은 '義理의 노여움'이요, 理에 부당하면 이것은 '血氣의 노여움'입니다. 무슨 말인가 하면, 노여워할 때 理가 主가 되고 氣가 그 명령을 들으면 이것은 '義理의 노여움'이요, 발함이 中節하지 못해 오직 氣만 작용하고 理는 마침내 숨으면 이것은 '血氣의 노여움'입니다. 이른바 '義理'란 밖에 있는 것이 아니니 곧 '타고 있는 理'(所乘之理)요, 이른바 '血氣'란 밖으로부터 다가오는 것이 아니니 곧 '발하는 바의 氣'(所發之氣)입니다. 그렇다면 氣와 理는 서로 勝負를 겨루는 것이니, 氣가 거칠어 이기면 理가 지고, 理가 꿰뚫어 이기면 氣가 따릅니다.
>
> 退溪 答: 이 설명은 매우 타당하다.[39]

위의 인용문에서 말하는 '타고 있는 理'(所乘之理)란 '氣發理乘에서의 理乘의 理'라는 뜻이요, '발하는 바의 氣'(所發之氣)란 '氣發理乘에서의 氣發의 氣'라는 뜻이다. 즉, 위의 인용문에서는 '氣發理乘'에서의 '理·氣'를 '義理와 血氣'로 해석하고, 양자를 '勝負를 겨루는 관계'로 설명한 것이다. 情은 '氣가 발함에 理가 탄 것'인데, 그때 '理가 主가 되고 氣가 그 명령을 들으면' 이것은 '義理의 情'이요, '발함이 中節하지 못해 오직

39)『退溪集』卷36 頁6, 〈答李宏仲問目〉: (李宏仲 問) 張南軒曰 血氣之怒 不可有 義理之怒 不可無 均是怒也 而有血氣義理之分者 何也 蓋情者 氣發而理乘之者 其於忤逆之來 怒發而當理 則是義理之怒 怒發而不當理 則是血氣之怒 何者 怒之之時 理得爲主而氣聽命焉 則是義理之怒也 發之不中 惟氣是行 而理遂隱焉 則是血氣之怒也 所謂義理 非在外者 卽所乘之理也 所謂血氣 非由外至者 卽所發之氣 然則氣與理相爲勝負 氣麤而勝則理負 理達而勝則氣順也 (退溪 答) 此言甚當

氣만 작용하고 理는 마침내 숨으면' 이것은 '血氣의 情'이라는 것이다. 이러한 주장에서는 다음과 같은 점들을 확인할 수 있다. 첫째는 '理乘'을 '理가 氣를 명령함'으로 해석하고 있다는 점이다. 즉 '理의 주재'를 '理가 氣를 명령함'으로 해석한다는 것이다. 둘째는 '氣만 작용하고, 理는 숨는 경우'가 상정되고 있다는 점이다. 이때는 '理의 주재가 관철되지 못하는 것'이요, 또 나아가 '理·氣가 相須하지 않는 것'이다.

理主氣資論은 '理와 氣'를 '道와 器' 또는 '本과 具'로 규정함으로써 성립하는 논리로서, 本具論에 입각할 때 '理의 주재'란 '理가 氣의 운동의 표준이 됨'을, 또 '理의 주재는 항상 관철되는 것'으로, 또 '理와 氣는 항상 서로를 요청하는 것'으로 설명되는 것이다.[40] 그런데 위의 인용문에서는 '理·氣'가 '義理와 血氣'로 해석되면서 理主氣資論의 주요 원칙들이 변질되고 있는 것이다. 퇴계는 다음과 같이 말하기도 한다.

> 理는 본래 지극히 존귀하여 相對가 없다. 사물을 명령하기만 하고 사물의 명령을 받지는 않으니, 氣가 마땅히 이길 바가 아니다. 다만 氣로써 형체를 이룬 다음에는 氣가 理의 田地와 材具가 되니, 무릇 發用應接에 氣가 用事하는 경우가 많다. 氣가 능히 理를 따를 때에는 理가 저절로 드러나니, 氣가 弱한 것이 아니요, 순종하는 것이다. 氣가 만약 理에 반항할 때에는 理가 도리어 숨으니, 理가 弱한 것이 아니요, 형세인 것이다. 비유컨대 王은 본래 존귀하여 상대가 없으나, 强臣이 발호함에 미쳐서는 도리어 서로 간혹 勝負를 겨루니, 이것은 臣의 罪요, 王은 어찌할 수가 없는 것이다. 그러므로 君子는 學問에 힘써 氣質의 치우침을 바로잡아, 物欲을 막고 德性을 높여 大中至正의 道로 돌아가는 것이다.[41]

---

40) 이에 대한 자세한 논의는 拙著, 『朱子學의 길』 제3장 참조.

41) 『退溪集』 卷13 頁17~18, 〈答李達李天機〉: 理本其尊無對 命物而不命於物 非氣所當勝也 但氣以成形之後 却是氣爲之田地材具 故凡發用應接 率多氣爲用事 氣能順理時 理自

'氣가 理의 田地와 材具가 된다'는 것은 '氣資'를 말하고, '物欲을 막고 德性을 높인다'는 것은 '遏人欲 存天理'를 말한다. 즉 위의 인용문에는 '理·氣'를 '主·資의 관계'로 규정하는 논법과 '天理·人欲의 관계'로 규정하는 논법이 혼재하는 것이다. '主資論'에 입각할 때에는 理·氣가 '相須의 관계'로 규정되고, '天理人欲論'에 입각할 때에는 理·氣가 '勝負의 관계'로 규정되는 것이다. 天理人欲論에서는 양자를 勝負의 관계로 규정하면서도, 또한 '遏人欲 存天理'를 '當爲'로 요청한다. "理는 본래 지극히 존귀하여 相對가 없다. 사물을 명령하기만 하고 사물의 명령을 받지는 않으니, 氣가 마땅히 이길 바가 아니다"라는 주장이 그것이다. 그러나 실제로는 '氣가 理에 반항하는 경우'가 많다. 그런데 퇴계는 强臣이 발호하면 王은 어찌할 수 없듯이, 氣가 반항하면 理는 숨을 수밖에 없는 것이 '형세'라고 했다. 퇴계는 이러한 형세, 즉 當爲的으로는 氣가 理의 명령에 따라야 하지만, 現實的으로는 理가 氣를 제어할 수 없는 형세를 늘 '遺憾'으로 여겼을 것이다.

퇴계가 만년에 '理의 체용론'을 정립하여 理에 能動性을 부여한 것은 이러한 '유감'을 타파할 수 있는 길을 마련한 것이다. 능동적인 理는 더 이상 氣에 의존하지 않아도 되며, 氣와 적극적으로 勝負를 겨룰 수 있는 것이다.[42] 이것은 理主氣資論과는 判異한 사고방식이다. 이렇게 볼 때, 퇴계가 만년에 '理의 능동성'을 주창한 것 역시 근원적으로 '天理人欲論'의 맥락에서 성립한 것이라 하겠다. 이제 퇴계의 다음과 같은 말을 보자.

顯 非氣之弱 乃順也 氣若反理時 理反隱 非理之弱 乃勢也 比如王者 本尊無對 及强臣跋扈 反與之或爲勝負 乃臣之罪 王者無如之何 故君子爲學 矯氣質之偏 禦物欲而尊德性 以歸於大中至正之道

42) 또 이러한 맥락에서는 '理發而氣隨之'에서의 '氣隨'와 '氣發而理乘之'에서의 '理乘'은 불필요한 '군더더기'가 되는 것이다.

動靜은 氣이며, 動靜의 까닭은 理이다. 聖人은 理에 순수하다. 그러므로 靜으로 動을 제어하여, 氣가 理의 명령을 받는다. 衆人은 氣를 따른다. 그러므로 動으로써 靜을 뚫어서, 理가 氣에 빼앗긴다.[43]

"動靜은 氣, 動靜의 까닭은 理"라는 설명은 '理·氣 相須의 主資論'에 해당되며, "氣가 理의 명령을 받는다, 理가 氣에 빼앗긴다"라는 설명은 '理·氣 勝負의 天理人欲論'에 해당된다. 요컨대 위의 인용문에서도 理主氣資論과 天理人欲論이 혼재하는 것이다. 위의 글은 1556년의 것으로 그 후 3년이 지나 고봉과의 四七論爭이 시작되었다. 퇴계는 1568년의 〈聖學十圖〉에서도 '理氣의 相須와 相害'를 주장했다.[44] 이렇게 볼 때, 퇴계의 思惟 속에는 初·晩을 불문하고 理氣相須論과 理氣勝負論이 혼재하고 있었던 것이요, 퇴계의 分開說은 사실 理氣勝負論에 입각한 것이라 하겠다.

3. 心統性情論과 尊理의 논거

1) 理氣互發論과 心合理氣說

주자는 "心은 氣의 精爽"[45]이라고도 했고, "性은 太極과 같고, 心은 陰陽과 같다"[46]고도 했다. 즉 주자학의 일반론은 性은 理요, 心은 氣라

43) 『退溪集』 卷42 頁20~21, 〈靜齋記〉: 動靜者 氣也 所以動靜者 理也 聖人純於理 故靜以御動 而氣命於理 衆人徇乎氣 故動以鑿靜 而理奪於氣

44) 『退溪集』 卷7 頁24, 〈聖學十圖〉 第六心統性情圖說 : 其下圖者 以理與氣合而言之 …… 亦以理氣之相須或相害處言

45) 『朱子語類』 卷5(중화서국본 85쪽): 心者 氣之精爽

46) 『朱子語類』 卷5(중화서국본 87쪽): 性猶太極也 心猶陰陽也

는 것이었다. 율곡 역시 이러한 맥락에서 心을 氣라고 설명한다. 다만 心은 性(理)을 담고 있는바, 이러한 맥락에서는 '心合理氣'라고도 말했다. 그런데 퇴계는 心을 설명할 때에 항상 '合理氣'라고 말한다. 다음의 인용문들을 보자.

> 心은 '理·氣가 합쳐진 것'이다. 이것은 내 말이 아니요, 先儒가 이미 말한 것이다.[47]

> 요컨대 理·氣를 겸하고 性·情을 統攝하는 것이 心이다.[48]

> 대개 心은 理·氣를 합하고 性·情을 통섭하는 것이다.…… 理는 형체와 그림자가 없는데, 心에 담겨진 것이 性이다. 性은 형체와 그림자가 없는데, 心에 의지해서 베풀어진 것이 情이다.[49]

위의 첫째 인용문에서는 '心合理氣'를 주장하고, 그것은 자신의 주장이기 전에 '先儒의 학설'이라고 말했다. 여기서 '先儒'는 아마도 陽村 權近(1352~1409)을 말하는 것 같다. 양촌은 『入學圖說』에서 '心'을 '理·氣의 妙合'으로 설명한 바 있기 때문이다.[50] 둘째 인용문에서는 '心合理氣'를 말하는 동시에 '心統性情'을 말하고, 셋째 인용문에서는 心統性情의 구체적인 뜻까지 해명하였다. 心은 性을 담고 있으면서(盛貯該載), 情으로 베푸는(敷施發用) 주체라는 것이다. 셋째 인용문에 보이듯이 '心

---

47) 『退溪集』 卷29 頁7, 〈答金而精〉: 心者 理氣之合 此非涀說 先儒已言之
48) 『退溪集』 卷7 頁24, 〈聖學十圖, 第六心統性情圖說〉: 要旨 兼理氣 統性情者 心也
49) 『退溪集』 卷36 頁16, 〈答李宏仲問目〉: 蓋心是合理氣 統性情底物事 …… 理無形影 而盛貯該載於心者 性也 性無形影 而因心以敷施發用者 情也
50) 『入學圖說』, 〈天人心性分釋之圖, 心〉: 心者 人之所得乎天 而主乎身 理氣妙合 虛靈洞徹 以爲神明之舍 而統性情 所謂明德 而具衆理應萬事者也

合理氣'의 '理'는 결국 '性'을 지칭하는바, 퇴계 역시 心이 性(理)을 담고 있기 때문에 '心合理氣'라고 말하는 것이었다.

양촌은 心을 '合理氣'로 明言한 바 있지만, 사실 程·朱가 心을 '合理氣'로 설명한 것은 찾아보기 힘들다. 주자의 持論은 다만 "氣(氣之精爽)인 心에 理인 性이 담겨있다"는 것이었다. 그렇다면 퇴계는 왜 굳이 항상 '心合理氣'라는 표현을 고수하는 것일까? 이것은 그의 互發說과 밀접한 관계가 있는 것 같다. 心을 '合理氣'로 규정해야만, 하나의 心 속에서 理發과 氣發이 각각 근거를 갖게 되기 때문이다. 퇴계는 다음과 같이 말한다.

> 性은 곧 理이고, 理와 氣가 합쳐져서 心이 된다. 그러므로 心과 性은 先·後로 나누어 말할 수 없다. 四端·七情 같은 것은, 하나는 主理요 하나는 主氣로서, 相對互說하는 것이다.[51)]

> 대개 理·氣가 합쳐지고 性·情을 統攝하는 것이 心이다. 그러므로 느끼어 움직이는 것은 비록 五性이지만, 그것이 발함에 理가 드러나서 氣가 따르면 善이요, 氣가 가려서 理가 숨으면 惡이다.[52)]

위의 두 인용문은 '心合理氣'와 '理氣互發'을 함께 언급한 것이다. 특히 둘째 인용문에서는 '理·氣의 勝負'로 '善·惡'을 설명하고 있다. 이렇게 본다면 퇴계의 心合理氣說은 理氣互發說과 맥락을 같이 하는 것으로, 心合理氣說이 理氣互發說의 논리적 근거가 되는 것이다. 이제 퇴

51) 『退溪集』 卷29 頁14, 〈答金而精〉: 性卽理也 而理與氣合爲心 故心性不可分先後說 若四端七情 則一主理一主氣 相對互說

52) 『退溪集』 卷25 頁20, 〈答鄭子中講目〉: 蓋合理氣 統性情者 心也 故感動者 雖是五性 而其發也 理顯而氣順則善 氣揜而理隱則惡耳

계의 다음과 같은 말을 보자.

> 하늘이 사람에게 命을 내릴 때, 이 氣가 아니면 이 理를 깃들일 수 없고, 이 心이 아니면 이 理·氣를 깃들일 수 없다. 그러므로 우리의 心은 虛(理)하고 또 靈(氣)하여, '理·氣의 집'이 된다. 그러므로 그 理는 곧 四德의 理로서 五常이 되고, 그 氣는 곧 二五의 氣로서 氣質이 된다. 이것이 사람의 心에 갖추어진 것으로서, 모두 하늘에 근본 한 것이다. 그런데 이른바 五常이란 純善無惡하니, 그러므로 그것이 발한 四端 또한 不善함이 없다. 이른바 氣質이란 本然之性이 아니니, 그러므로 그것이 발한 七情은 邪惡으로 흐르기 쉽다. 그렇다면 性·情의 이름은 비록 하나이나, 性·情의 쓰임은 다르지 않을 수 없다.[53]

주자는 心을 '氣의 精爽'으로서 '虛靈(虛靈不昧)'한 것으로 설명한 바 있다.[54] 그런데 퇴계는 '虛'를 '理'로 '靈'을 '氣'로 규정함으로써 자신의 心合理氣說을 정당화하는 것이다.[55] 그런 다음, 퇴계는 理(仁義禮智)가 발한 것이 四端이요, 氣(陰陽五行)가 발한 것이 七情이라고 설명하고, 양자를 다시 善·惡으로 구분한 것이다. 더 나아가 퇴계는, 사람에게는

---

53) 『退溪續集』 卷8 頁17, 〈天命圖說〉: 天之降命于人也 非此氣 無以寓此理也 非此心 無以寓此理氣也 故吾人之心 虛(理)而且靈(氣) 爲理氣之舍 故其理卽四德之理 而爲五常 其氣卽二五之氣 而爲氣質 此人心所具 皆本乎天者也 然而所謂五常者 純善而無惡 故其所發之四端 亦無有不善 所謂氣質者 非本然之性 故其所發之七情 易流於邪惡 然則性情之名雖一 而性情之用則不得不異矣

54) 『朱子語類』 卷5(중화서국본 87쪽): 虛靈自是心之本體
『朱子語類』 卷5(중화서국본 94쪽): 虛明不昧 便是心

55) 이에 대해 고봉이 '虛·靈을 쪼개 각각 理·氣로 분속시킴'은 '分裂이 너무 심하다'고 반론하자(『四七理氣往復書』 上篇 頁27 참조), 퇴계는 자신의 견해를 취소했다(『退溪集』 卷16 頁39 참조). 그런데 心을 合理氣로 규정함이 퇴계의 雅言이요 宗旨인 한, 또한 취소발언 다음 곧이어 '虛를 理로 규정함은 숱한 근거가 있음'을 역설하는 것으로 볼 때(『退溪集』 卷16 頁40: 至其論虛靈處 以虛爲理之說 則亦有所本 …… 以虛言理者 故自不少), 虛·靈을 理·氣로 分屬한 것을 퇴계가 진실로 취소했다고 보기는 어렵겠다.

하나의 性·情만 있는 것이라는 기존의 통념을 승인하면서도, 性·情의 쓰임은 둘로 나누어 보지 않을 수 없다고 주장하는 것이다. 사람에게는 하나의 性, 하나의 情만 있다고 하나, 本然之性과 氣質之性, 四端과 七情은 다를 수밖에 없다는 것이다. 위의 인용문은 추만의 〈天命圖〉를 수정하고 그 취지를 해설한 〈天命圖說〉의 일부로서, 이것이 사칠논쟁의 직접적 도화선이 되었던 것이다. 그런데 위의 인용문에서는 心合理氣說을 바탕으로 理氣互發說을 전개하고 있는 것이다. 이렇게 볼 때, 퇴계의 心合理氣說은 理氣互發說을 뒷받침하는 데 그 핵심이 있다고 하겠다.

위의 인용문에서는 또한 心合理氣의 '理'를 四德(本然之性)으로 설명했다. 여기서도 다시 확인되지만, 퇴계가 心을 合理氣라고 말하는 근거는 결국 '心이 性을 담고 있다'는 데 있었다. 다시 말해 心은 性·情을 담고 있기에 心을 合理氣라고 말하는 것이었다. 그렇다면 퇴계가 말하는 心은 '氣라는 그릇에 理라는 性을 담고 있는 것'이다. 그리하여 퇴계는 '理發과 氣發'을 나누는 互發論을 주장하면서도, '心發과 性發'을 별개로 나누는 논법에 대해서는 반대하는 것이다. 〈答金而精 別紙〉에서 퇴계는 다음과 같이 말한다.

> '心先動·性先動'의 학설은 아마도 그렇지 않은 것 같다. 대개 心은 이理를 갖추고 능히 動靜하는 것이니, 그러므로 性·情이라는 이름이 있는 것이다. 性·情은 心과 서로 대립하여 二物이 되는 것이 아니다. 이미 '二物이 아니다'라고 했으니, 心의 發動은 곧 性이 그 所以然이 되는 것이요, 性의 發動은 곧 心이 그 所能然이 되는 것이다. 그렇다면 어찌하여 先·後를 나눌 수 없는 것인가? 心은 性이 아니면 發動할 수 있는 원인이 없기 때문에, 그러므로 '心이 먼저 발동한다'고 말할 수 없다. 性은 心이 아니면 스스로 發動할 수 없기 때문에, 그러므로 '性이 먼저 발동한다'고도

> 말할 수 없다. 그러므로 孟子는 四端을 논하는 곳에서 性·情을 모두 心으로 호칭한 것이다. 張子는 '心統性情'이라 했고, 朱先生 또한 "動處는 心이요, 動底는 性이다"라고 했다. 이른바 '動底'란 곧 '心이 動하는 까닭'이라는 말로서, 心 밖에 별도로 性의 發動이 있는 것이 아니다. '理發氣隨·氣發理乘'이라는 말은 心 가운데 나아가 理·氣를 나누어 말한 것이다. 하나의 '心' 字를 거론함에 '理·氣' 二者가 그 속에 모두 들어 있는 것이다.[56)]

'心의 發動은 곧 性이 그 所以然이 된다'는 것은 '性이 원인이 되어 心이 발동한다'는 말이요, '性의 發動은 곧 心이 그 所能然이 된다'는 것은 '心의 능동적 작용을 통해 性이 발현된다'는 말이다. 예컨대 '仁'이라는 本性이 있기 때문에 心이 발동하여 惻隱之心(情)을 발휘한다는 것이요, 心의 발동(知覺) 작용을 통해서 仁의 本性이 惻隱之心이라는 情으로 발현된다는 것이다. 또한 '動處'란 '발동하는 곳'으로서 '발동의 주체'를 말하고, '動底'란 '발동하는 까닭'으로서 '발동하는(발동되는) 내용'을 말한다. 이렇게 본다면 心發과 性發이 별개인 것이 아니요, 性을 所以然으로 삼아 心이 발동하는 것이며, 心을 所能然으로 삼아 性이 발동하는(발동되는) 것이다. 퇴계는 이처럼 心發과 性發을 별개로 구분할 수 없다고 보면서도, 理發과 氣發을 구분하는 것이다. 퇴계에 의하면 理發과 氣發은 '心과 性'을 구분하는 것이 아니라 '心 가운데의 理와 氣'를 구분하는 것이다. 퇴계의 이와 같은 설명에 대해 金而精은 다시 다음과 같이 질문하였다. 아래의 문답을 보자.

---

56) 『退溪集』 卷29 頁5, 〈答金而精 別紙〉: 心先動性先動之說 竊恐未然 蓋心具此理而能動靜 故有性情之名 性情非與心相對而爲二物也 旣曰非二物 則心之動卽性之所以然也 性之動卽心之所能然也 然則何以不可分先後耶 心非性 無因而爲動 故不可謂心先動也 性非心 不能以自動 故不可謂性先動也 故孟子論四端處 性情皆以心稱之 張子云心統性情 朱先生亦云動處是心動底是性 所謂動底者 卽心之所以動之故 非外心而別有性之動也 至如理發氣隨氣發理乘之說 是就心中而分理氣言 擧一心字而理氣二者 兼包在這裏

金而精 問: 보내주신 편지에서는 "心 가운데 나아가 理·氣를 나누어 말한 것"이라 했습니다. 그렇다면 '心'은 '理·氣를 합친 이름'입니까? 朱先生은 '心은 氣의 精爽'이라 했는데, '精爽'이란 '(理·氣가) 모두 그 속에 들어있음'을 지칭한 것입니까?

退溪 答: '心은 理·氣가 합쳐진 것'이라는 말은 나의 주장이 아니라, 先儒가 이미 말한 것이다. 이른바 '氣의 精爽'이란 朱先生께서 理·氣를 겸한 가운데 나아가 '知覺運用의 妙'를 가리켜 말한 것이다. 그러므로 (心을) 유독 '氣의 精爽'이라고 말한 것이다.[57]

퇴계는 心合理氣說을 전제로 자신의 互發論은 "心 가운데 나아가 理·氣를 나누어 말한 것"이라 했는데, 이에 대해 김이정은 그것이 주자의 '心은 氣의 精爽'이라는 말과 어떻게 조응하는 것인지를 질문한 것이다. 이에 대해 퇴계는 '氣의 精爽'이라는 설명은 '心 가운데 知覺運用의 妙'만을 지칭한 것이라고 답했다. 다시 말해 '精爽'이란 '理·氣를 함께 지칭하는 것'이 아니라, 理·氣가 합쳐진 중에서 지각운용의 주체인 '氣'만을 지칭한다는 것이다. 위의 인용문으로 본다면 퇴계는 心을 合理氣로 설명하면서도, 지각운용의 주체는 氣라고 본 것이다. 또 지각운용의 주체는 氣라는 설명은, 性이 발할 때 그 所能然은 心이라는 것과 맥락을 같이 하는 것이다.

'心合理氣'의 '理'는 '性'을 지칭한다면, 일견 '理發'이란 곧 '性發'로 볼 수 있을 것 같다. 그러나 퇴계는 性은 心가운데 담긴 것으로, 心의 지각작용을 통해 발현되기 때문에 心發과 性發로 對擧할 수 없다고 설명한

57) 『退溪集』 卷29 頁7, 〈答金而精〉: (金而精 問) 來諭云 就心中而分理氣云 則心者理氣之合名耶 朱先生曰 心者氣之精爽 精爽云者 指兼包在這裏云耶 (退溪 答) 心者理氣之合 此非滉說 先儒已言之 所謂氣之精爽 先生就兼包中 而指出知覺運用之妙言 故獨以爲氣之精爽耳

것이다. 이처럼 性이란 心에 담긴 것으로서 心의 지각작용을 통해 발현 된다고 규정하는 한, 心發과 性發을 별개로 구분할 수 없다는 것은 논리의 당연한 귀결이다. 性은 心에 포함된 것이요, 발동함에 있어서는 그 所能然은 心이요 所以然은 性으로서, 양자가 반드시 결합되어야 하기 때문이다. 이러한 논법은 주자학의 定式으로서, 퇴계 역시 이에 입각해 '心發과 性發'이라는 구분법을 반대한 것이다. 퇴계는 자신의 互發論은 '心에 나아가 理·氣를 나누는 것'이라 하였다. 더군다나 퇴계는 지각운용의 주체는 氣라고까지 하였다. 즉 〈答金而精〉에서 말하는 理發은 내용적으로는 性發에 해당되지만, 그 발동에 있어서 心(氣)의 지각작용을 거치는 것이다. 그런데 만년의 理動說은 이러한 설명방식과는 배치되는 것이다. 理動說은 心(氣)의 지각작용을 통해서만 理가 발할 수 있다는 주장을 부정하는 것이다. 요컨대 理動說은 互發說을 보다 강력한 논리로 완성시킴과 동시에, '所以然과 所能然의 결합'이라는 주자의 定式으로부터는 이탈하는 것이었다.[58]

2) 心統性情論의 양면성과 尊理의 논거

이제 퇴계의 心統性情에 대한 해석을 살펴보자. 먼저 밝혀두어야 할 것은, 주자의 心統性情에 대한 해석은 사실 이중적인 맥락을 지니고 있다는 점이다. 주자는 心統性情을 대부분 '心이 性을 지니고 있으면서 知覺作用을 통해 情으로 발현시킴'으로 해석했으나,[59] 한편으로는 '性을

---

58) 율곡의 지론은 心은 氣로서 能發者(所能然)요, 性은 理로서 所發者(所以然)라는 것이었다. 율곡은 '心이 性을 담고 있다'는 맥락에서 '心合理氣'를 인정한다 하더라도, '所以然과 所能然의 결합'이라는 定式에 따라 '氣發理乘一途'를 주장하는 것이었다. 반면에 퇴계는 '心合理氣'라 하고, 그것을 근거로 '理發'과 '氣發'을 對擧하는 것인바, 이 과정에서 '所以然과 所能然의 결합'이라는 定式이 무시되는 것이었다.

節度에 맞게 情으로 발현시킴'으로 해석하기도 했다. 뒤에서 살펴보겠지만 前者는 事實的 해석이요, 後者는 當爲的 해석으로서, 두 해석은 서로 일치되는 것이 아니다. 그런데 퇴계의 경우도 역시 이러한 이중성을 그대로 보여주고 있다.

먼저 사실적 관점의 해석을 살펴보자. 퇴계는 甲子年(1564년)의 〈答金而精〉에서 다음과 같이 말한다.

> 性은 心에 갖추어져 있으나, 스스로 發하고 스스로 作爲할 수 없으니, 그 主宰와 運用은 사실 心에 있다. 性은 心을 기다려서 발하니 그러므로 '性이 먼저 발동한다'고 말할 수 없으며, 心은 性을 말미암아 발하니 그러므로 '心이 먼저 발한다'고도 말할 수 없다.…… 心의 발동은 곧 性이 그 所以然이 되는 것이요, 性의 발동은 곧 心이 그 所能然이 되는 것이다. 이것은 (心과 性이) 함께 발동한다는 말이 아니다. 곧 心이 능히 발동하는 것은 사실 性이 그 발동의 所以然이 된다는 말이다.[60]

위의 인용문은 앞에서 살펴본 '心發과 性發의 對擧' 문제와 관련된 내용으로서, 퇴계는 바로 '心統性情'이라는 입장에서 心發과 性發의 對擧가 불가함을 주장하는 것이다. 퇴계는 心을 '性을 갖추고 운용하는 주체'로 설명했다. 性은 스스로 發하고 스스로 作爲할 수 없으니, 그 主宰와

---

59) 흔히 주자 '心統性情論'에서 '統'은 '包含'과 '主宰'의 뜻을 겸하는 것이라고 해석한다. '포함'이란 '心이 性·情을 담고 있다'는 것으로서, 이는 '包含該載·盛貯該載' 등으로도 표현된다. '主宰'란 '心이 性·情을 맡아서 운용한다'는 것으로, 이는 '敷施發用·管攝' 등으로도 표현된다. 그런데 포함과 주재는 별개의 사실이 아니다. 性·情은 心에 담겨 있기 때문에 心에 의해 운용되는 것이다. 주자는 이것을 간단히 "心의 知覺이란 곧 이 理를 갖추고 이 情을 행하는 것"(『朱子大全』 卷55 頁1, 〈答潘謙之〉: 心之知覺 卽所以具此理而行此情也)이라고 설명하였다.

60) 『退溪集』 卷29 頁6, 〈答金而精〉: 性具於心 而不能自發而自做 其主宰運用 實在於心 以其待心而發 故不可謂性先動 以其由性而動 故不可謂心先動也 …… 心之動 卽性之所以然也 性之動 卽心之所能然也 非謂俱動 卽謂心之所能動 實性之所以動云耳

運用은 心에 의존하지 않을 수 없다는 것이다. 心이 '性'을 주재하고 운용한 결과가 '情'인 것이다. 퇴계는 己巳年(1569년)에 보낸 〈答奇明彦 別紙〉에서는 다음과 같이 말하기도 한다.

> 理·氣가 묘합하여 心이 되니, 저절로 虛靈知覺의 妙를 지니고 있다. 고요하여 衆理를 갖추고 있는 것은 性이요, 이 性을 담고 있는(盛貯該載) 것은 心이다. 움직여 萬事에 응하는 것은 情이요, 이 情을 베풀어 쓰는(敷施發用) 것은 또한 心이다. 그러므로 '心統性情'이라 한다.[61]

퇴계는 心統性情을 '心이 性을 지니고 있으면서(盛貯該載) 지각작용을 통해 情으로 베푸는 것(敷施發用)'으로 설명했다. 퇴계는 일찍이 經筵에서 心統性情에 대한 질문을 여러 번 받았으나 흡족하게 답변하지 못했다고 애석해 하면서, 위의 인용문과 같이 답변했으면 좋았을 것이라고 술회했다. 이것으로 볼 때, 위의 인용문은 퇴계가 심사숙고를 거듭한 내용이라 하겠다.

위의 두 例文은 사실적 관점에서 心統性情을 설명한 것으로, 그 특징은 '統(統攝)'을 '포함(盛貯該載)과 주재(敷施發用)'로 해석한다는 점과 心의 統攝이 '항상' 성립하는 것으로 설명한다는 점에 있다. 이는 다음의 예문에서 더욱 분명해진다.

> 性·情을 갖추고(該具) 運用하는 것은 이 心의 妙이다. 그러므로 心이 主宰者가 되어 항상 性·情을 統攝하는 것이다.[62]

---

61) 『退溪集』 卷18 頁12~13, 〈答奇明彦 別紙〉: 理氣合而爲心 自然有虛靈知覺之妙 靜而具衆理 性也 而盛貯該載此性者 心也 動而應萬事 情也 而敷施發用此情者 亦心也 故曰心統性情

62) 『退溪續集』 卷8 頁17, 〈天命圖說〉: 曰性曰情之所以該具運用者 莫非此心之妙 故心爲主宰 而常統其性情

위의 인용문에서는 心統性情을 '心이 性·情을 갖추고, 맡아서 운용하는 것'으로 해석하면서, 또한 心이 '항상' 性·情을 통섭하는 것으로 설명했다. 사실적 관점에서 보자면 心은 항상 性·情을 통섭함이 분명할 것이다. 또한 퇴계는 '心合理氣'를 주장하면서도 '知覺運用의 妙'는 '氣(氣之精爽)'라고 했으니, 사실적 관점에서 心統性情을 해석할 때에는 心이 氣로 이해되고 있다는 것도 추론할 수 있겠다. 그러나 퇴계는 心統性情을 달리 해석하기도 하니, 그것은 이른바 '당위적 해석'이다.

우선 〈聖學十圖〉의 '第六心統性情圖'에 대한 해설을 살펴보자. 퇴계는 林隱程氏의 다음과 같은 말을 인용하고 있다.

> 心이 性을 통섭하니, 그러므로 仁·義·禮·智는 性인데 또 '仁義之心'이라는 말이 있는 것입니다. 心이 情을 통섭하니, 그러므로 惻隱·羞惡·辭讓·是非는 情인데 또 '惻隱之心·羞惡之心·辭讓之心·是非之心'이라는 말이 있는 것입니다. 心이 性을 통섭하지 않으면 그 '未發의 中'을 이룰 수 없어서 性이 쉽게 뚫립니다. 心이 情을 통섭하지 않으면 '中節의 和'를 이룰 수 없어서 情이 쉽게 방탕합니다. 學者는 이것을 알아서, 반드시 먼저 그 心을 바룸으로써, 그 性을 기르고 그 情을 추스르니, 그러면 학문의 道를 얻게 됩니다.[63]

위의 인용문은 내용상 두 부분으로 나눌 수 있다. 첫째는 '心이 性·情을 통섭한다'는 부분으로 이는 事實的 설명이다. 心은 性·情을 통섭하기에, 仁·義는 性이지만 '仁·義의 마음'이라고도 말하고, '惻隱·羞

63) 『退溪集』 卷7 頁23, 〈心統性情圖說〉: 林隱程氏曰 …… 心統性 故仁義禮智爲性 而又有言仁義之心者 心統情 故惻隱羞惡辭讓是非爲情 而又有言惻隱之心羞惡辭讓是非之心者 心不統性 則無以致其未發之中 而性易鑿 心不統情 則無以致其中節之和 而情易蕩 學者知此 必先正其心 以養其性而約其情 則學之爲道 得矣

惡'는 情이지만 '惻隱의 마음, 羞惡의 마음'이라고도 말한다는 것이다. 둘째는 '心이 性·情을 통섭하지 않으면'이라는 부분으로 이는 當爲的 설명이다. 앞에서 살펴보았듯이 心統性情을 사실적 관점에서 해석할 때는 心은 '항상' 性·情을 통섭하는 것으로 설명되었다. 그런데 위의 인용문에서는 '心이 性·情을 통섭하지 않는 상황'을 설정하고 있으니, 이는 사실적 관점에서는 성립할 수 없는 논법이다. 性이 心에 담겨있지 않은 상황, 情이 心을 떠나서 운용되는 상황은 사실적으로는 존재할 수 없는 것이다. 따라서 위에서 말하는 '心이 性·情을 통섭하지 않으면'이라는 설명은 당위적 설명이라고 볼 수밖에 없는 것이다. 당위적 관점에서는 '心이 性을 통섭함'은 '未發의 中'을 이루는 것으로, '心이 情을 통섭함'은 '已發의 和'를 이루는 것으로 설명되는 것이다. 위의 인용문은 〈聖學十圖〉(戊辰, 1568)에 채택된 것인 만큼, 퇴계가 그 내용을 진심으로 동의한 것이라 할 수 있겠다. 또 위와 같은 논법은 丙寅年(1566년)의 〈答李宏仲問目〉에도 보인다.

> 李宏仲 問: 七情과 四端에 中節과 不中節이 있는 것은 무슨 까닭입니까?
> 退溪 答: 節制하면 中節하고, 節制하지 않으면 不中節한 것이다.
> 李宏仲 問: 그렇다면 그 中節과 不中節이 되는 까닭은 무엇입니까?
> 退溪 答: 일찍이 朱子가 〈張敬夫에게 답한 편지〉[64]를 보니, "사물을 지각하는 것은 心이고, 움직이는 것은 情이다. 情은 性에 근원하면서 心의 주재를 받는다. '心이 주재하면(心爲之宰)' 그 움직임이 中節하게 되니 어찌 人欲이 생기겠는가? 오직 '心이 주재하지 않으면(心不宰)' 情이 스스로 움직여 人欲으로 흘러 늘 바르지 못하게 된다. 따라서 天理·人欲과 中節·不中節의 나뉨은 다만 心의 주재 여부에 달린 것이요, 情이 그르칠

64) 이 편지는 『朱子大全』 卷32 頁8에 보이는바, 제목은 〈問張敬夫〉이다.

> 수 있는 것이 아님이 또한 분명하다. 비록 中節하다 하더라도 이는 또한 情이요, 다만 그 中節의 까닭이 心인 것이다. 이제 어린아이가 우물에 빠지는 것을 갑자기 봄은 '心의 지각'이며, 반드시 두려워하며 측은한 마음이 생기는 것은 '情의 움직임'이다. 그것을 계기로 아이의 부모와 교제를 맺으려 한다든가 명예를 얻으려 한다든가 비난하는 소리를 싫어하는 것 등은 心이 주재하지 않음으로써 情이 그 바름을 잃은 것이다"라고 하였다. 이 설명이 明白하고도 的當하다. 學者가 오래도록 깊이 음미하고 숙고한다면, 마침내 그 뜻을 깨닫게 될 것이니 별도로 話頭를 세울 필요가 없겠다.[65]

주자가 "사물을 지각하는 것은 心이고, 움직이는 것은 情이다. 情은 性에 근원하면서 心의 주재를 받는다"라고 한 것은 평소 心統性情을 설명한 내용과 잘 부합된다. 그런데 그다음의 내용은 心統性情이 평소의 지론과는 다른 논법으로 설명되고 있다. 평소의 지론은 '지각하고 운용함' 자체를 '心의 주재'라 한 것인데, 위에서는 '性·情을 中節하게 함'을 '心의 주재'라 하였다. 또 평소의 지론은 '心은 動·靜을 막론하고 항상 주재한다'[66]는 것이었는데, 위에서는 '心이 주재하지 않는 상황'을 상정하고 있다. 心이 주재하지 않는 상황은 사실적 관점에서는 상정할 수 없으니, 위의 설명 역시 당위적 관점의 설명이라고 볼 수밖에 없는 것이다. 즉 당위적 관점에서는 '知覺運用' 자체를 주재라 하지 않고, '天理를

65) 『退溪集』 卷36 頁2~3, 〈答李宏仲問目〉: (李宏仲 問) 七情四端 有中有不中者 何也 (退溪 答) 以節則中 不以節則不中 (李宏仲 問) 然則其所以爲中節不中節者 奈何 (退溪 答) 嘗觀朱子答張敬夫書曰 感於物者 心也 其動者 情也 情根乎性 而宰乎心 心爲之宰 則其動也 無不中節矣 何人欲之有 惟心不宰 而情自動 是以 流於人欲 而每不得其正也 然則天理人欲之判 中節不中節之分 特在乎心之宰與不宰 而非情能病之 亦已明矣 盖雖曰中節 然是亦情也 但其所以中節者 乃心爾 今夫乍見孺子入井 此心之感也 必有怵惕惻隱之心 此情之動也 內交要譽惡其聲 心不宰而情之失其正也 此說明白的當 學者深味而熟察之 則久乃見之 不須別立話頭也

66) 『朱子語類』 卷5(중화서국본 94쪽): 心 主宰之謂也 動靜皆主宰 非是靜時無所用 及至動時方有主宰也

보존하여 中節하게 운용함'을 주재라 한 것이다. 퇴계는 주자의 이러한 설명이 '明白하고도 的當한 것'이라고 평하고, '별도의 이론을 세우지 말자'고 당부하였다.

이제 이상의 내용을 정리해 보자. 心統性情은 사실적 관점에서는 '心이 性을 지니고 있으면서 지각운용을 통해 情으로 발현시킴(包含該載·敷施發用)'으로 해석되고, 당위적 관점에서는 '心이 性·情의 中和를 이룸'으로 해석되었다. 또 사실적 관점에서는 心이 항상 性·情을 통섭하는 것으로 설명되었으나, 당위적 관점에서는 心이 性·情을 통섭하지 않는 상황도 설정된다. 그런데 당위적 관점에서 말하는 '心이 性·情을 통섭함'이란 '心이 性·情을 올바르게 통섭함'을 말하고, '心이 性·情을 통섭하지 않음'이란 '心이 性情을 그릇되게 통섭함'을 말한다. 요컨대 사실적으로는 心이 항상 性·情을 통섭(包含該載·敷施發用)하지만, 당위적으로는 '心이 性·情을 올바르게 통섭한 경우(中和를 이룬 경우)'만을 心統性情이라 하고, '心이 性·情을 그릇되게 통섭한 경우'는 '心이 性·情을 통섭하지 않았다'고 말하는 것이다. 또한 이상에서 살펴본 자료들은 모두 퇴계 만년의 것들로, 퇴계는 같은 시기에 상이한 설명을 함께 제시했던 것이다.

이제 '心合理氣'라는 전제 아래 心統性情을 논할 경우, 性·情을 통섭하는 心은 '合理氣' 가운데 '理인가, 氣인가'의 문제를 논의해 보자. 사실적 관점에서는 '包含該載·敷施發用'을 '統'이라 하고, 퇴계 역시 '合理氣' 중 지각운용의 주체는 氣(氣의 精爽)라 했으니, '統의 주체'는 氣라고 봄이 자연스러울 것이다. 그러나 당위적 관점에서는 '包含該載·敷施發用' 가운데 '中和를 이룸'이 과제였던바, '致中和의 주체'를 퇴계는 무엇으로 생각했을까? 이에 대해서는 퇴계의 다음과 같은 말을 다시 살펴보아야 할 것이다.

> 天下에는 理 없는 氣도 없고, 氣 없는 理도 없다. 四端은 理가 發하매 氣가 따르는 것이며, 七情은 氣가 發하매 理가 타는 것이다. 理로서 '氣隨'가 없으면 發出할 수 없고, 氣로서 '理乘'이 없으면 利欲에 빠져서 禽獸가 된다. 이것은 바뀔 수 없는 定理이다.[67)]

위의 인용문에서는 氣의 역할을 '發出'로, 理의 역할을 '利欲에 빠지지 않게 함'으로 설명했다. 여기서 '發出'은 '敷施發用'에 해당되고, '利欲에 빠지지 않음'은 '致中和'에 해당된다. 위의 인용문은 앞에서 살펴본 〈答李宏仲問目〉의 일부로서, 위의 인용문 다음에 퇴계는 주자의 "心이 주재하면 그 움직임이 中節하게 되니 어찌 人欲이 생기겠는가? 오직 心이 주재하지 않으면 情이 스스로 움직여 人欲으로 흘러 늘 바르지 못하게 된다"는 말을 소개한 것이다. 이렇게 볼 때, 퇴계는 '包含該載 · 敷施發用'의 주체는 氣요, 氣의 敷施發用이 '中和를 이루게 하는 것'은 理의 역할이라고 보았던 것이다.[68)]

요컨대 사실적 관점에서 心統性情을 논할 때에는 心이 氣로 설명되지만, 당위적 관점에서 心統性情을 논할 때에는 心이 理로 설명되는 것이다. 퇴계는 "理가 氣를 제어하지 않으면, 情欲에 맡겨 仁을 해치는 폐단을 면할 수 없다"[69)]고도 했다. 유학의 목표를 '致中和' 또는 '求仁'이라

---

67) 『退溪集』 卷36 頁1~2, 〈答李宏仲問目〉: 天下無無理之氣 無無氣之理 四端理發而氣隨之 七情氣發而理乘之 理而無氣之隨 則做出來不成 氣而無理之乘 則陷利欲而爲禽獸 此不易之定理

68) 물론 理動說을 확립한 다음에는 '理도 스스로 敷施發用한다'고 말할 수 있는 것이다. 한편, 『退溪言行錄』에는 "무릇 사람의 마음은 理 · 氣가 합쳐진 것이다. 理가 主가 되어 氣를 통솔하면 마음이 고요하고 생각이 통일되어 저절로 한가한 思慮가 없게 되나, 理가 主가 되지 못하고 氣가 이기면 마음이 어지럽게 되어 이르지 않는 곳이 없으니 사악하고 망령된 생각이 번갈아 이른다"(『退溪言行錄』 卷1 頁17, 金誠一錄: 夫人合理氣而爲心 理爲主而率其氣 則心靜而慮一 自無閒思慮 理不能爲主而爲氣所勝 則此心紛綸膠擾 無所底極 邪思妄念 交至疊臻)는 말이 보인다. 이 말에서는 '理가 마음의 주인이 되는 경우'와 '氣가 마음의 주인이 되는 경우'를 보다 분명하게 대비시키고 있는 것이다.

고 할 때, 퇴계는 그 관건을 '理乘' 또는 '理가 氣를 제어함'에 둔 것이다. 또 퇴계는 '理와 氣가 勝負를 겨룬다'고도 했다. '理가 氣를 이김'은 '理가 氣를 제어함'에 해당되고, '氣가 理를 이김'은 '氣가 理에 반항함'에 해당될 것이다. 氣가 理에 반항하면 결국 情欲에 빠져 仁을 해치게 된다. 따라서 항상 理가 氣를 이길 수 있도록 노력해야 한다. 여기에서 퇴계의 尊理論이 도출되는바, 퇴계는 그 要法으로 敬을 제시했던 것이다.

4. 분열의 통일과 敬思想

1) 理·氣의 승부와 敬의 의의

이제까지 퇴계의 理氣互發論과 心統性情論을 살펴보았다. 퇴계는 互發論을 통해서는 '理·氣의 分開'를 강조했던바 이는 '理·氣의 승부'라는 관념을 저변에 깔고 있었던 것이며, 心統性情論을 통해서는 '心의 당위적 주재'를 강조했던바 이는 理·氣의 승부에서 '理의 승리'를 뜻하는 것이었다. 요컨대 유학의 목표를 '求仁' 또는 '致中和'라고 했을 때, 퇴계는 그 관건을 '理가 氣를 제어함'에 둔 것이다. 이러한 맥락에서 퇴계의 敬思想은 理·氣의 승부에 있어서 '理의 승리'를 보장하기 위한 방법론이었던 것이다. 이제 이에 대해서 살펴보기로 하자.

먼저 밝혀두어야 할 것은 '理氣勝負論'에서의 '理·氣'는 결코 '道와 器' 또는 '本과 具'를 뜻하는 것이 아니라는 점이다. '理·氣'를 '道와 器' 또는 '本과 具'로 이해할 때는 '理·氣의 상호의존'이 강조된다. 理와 氣

---

69) 『退溪集』 卷11 頁6, 〈答李仲久〉: 理不馭氣 而不免於任情害仁之病矣

는 반드시 서로 결합하여 사물을 이룬다는 것이니, 理主氣資論이 그것이다. 이러한 사고방식에서는 '理·氣의 승부'라는 관념이 싹틀 여지가 없다. 理·氣의 승부라는 관념은 理·氣를 '道心과 人心' 또는 '天理와 人欲'으로 이해할 때 도출되는 관념이다. 먼저 이에 대해서 살펴보자.

주자는 〈中庸章句序〉에서 『書經』의 "人心은 오직 위태롭고 道心은 오직 은미하니, 오직 精密하게 살피고 오직 專一하게 지켜서, 진실로 그 中庸을 잡으라"(人心惟危 道心惟微 惟精惟一 允執厥中)는 말을 거론하면서 다음과 같이 설명한 바 있다.

> 人心과 道心이 方寸에 섞여 있어 다스릴 줄을 모른다면, 人心은 더욱 위태로워지고 道心은 더욱 미묘해져서, '天理의 공정함'이 마침내 '人欲의 사사로움'을 이길 수 없을 것이다. '精'이란 人心과 道心의 간격(차이)을 살펴서 섞지 않는 것이요, '一'이란 本心의 바름을 지켜서 떠나지 않는 것이다. 조금도 間斷이 없이 이에 종사하여, 반드시 道心으로 항상 一身의 主宰者를 삼아 人心이 늘 그 명령을 따르게 한다면, 위태로운 人心은 편안해지고 미묘한 道心은 드러나게 되어, 動靜云爲가 저절로 過·不及의 잘못이 없게 될 것이다.70)

위에서 "人心과 道心이 方寸에 섞여 있어 다스릴 줄을 모른다면, 人心은 더욱 위태로워지고 道心은 더욱 미묘해져서, '天理의 공정함'이 마침내 '人欲의 사사로움'을 이길 수 없을 것"이란 말은 '人心·道心의 갈등 양상'과 '人心의 사실적 우위'를 설명한 것이다. '惟精惟一'의 노력이

---

70) 〈中庸章句序〉: 二者雜於方寸之間 而不知所以治之 則危者愈危 微者愈微 而天理之公卒無以勝夫人欲之私矣 精則察夫二者之間而不雜也 一則守其本心之正而不離也 從事於斯 無少間斷 必使道心 常爲一身之主 而人心每聽命焉 則危者安 微者著 而動靜云爲 自無過不及之差矣

있기 전에는 人心·道心의 갈등(승부)에서 人心이 우위를 점하게 된다는 것이다. 또 "'精'이란 人心과 道心의 간격(차이)을 살펴서 섞지 않는 것이요, '一'이란 本心의 바름을 지켜서 떠나지 않는 것이다"라는 말은 '惟精惟一'의 구체적 의미를 설명한 것이요, "조금도 間斷이 없이 이에 종사하여, 반드시 道心으로 항상 一身의 主宰者를 삼아 人心이 늘 그 명령을 따르게 한다면"은 惟精惟一의 실제적 적용을 설명한 것이며, "위태로운 人心은 편안해지고 미묘한 道心은 드러나게 되어, 動靜云爲가 저절로 過·不及의 잘못이 없게 될 것이다"는 惟精惟一의 결과를 설명한 것이다. 그런데 주자의 이러한 설명에서 '道心과 人心'을 각각 '理와 氣'로 대체하고, '精一'을 '敬'으로 대체하면, 바로 퇴계의 理氣勝負論이 되고 敬思想이 되는 것이다.

'人心·道心'과 '天理·人欲'은 '道德心理學'의 개념으로, 결코 '形而上者·形而下者'의 관계가 아닌 것이다. 퇴계 理氣勝負論에서의 '理·氣' 역시 도덕심리학적 개념이다.[71] 퇴계의 다음과 같은 말을 다시 살펴보자.

> 理는 본래 지극히 존귀하여 相對가 없다. 사물을 명령하기만 하고 사물의 명령을 받지는 않으니, 氣가 마땅히 이길 바가 아니다. 다만 氣로써 형체를 이룬 다음에는 氣가 理의 田地와 材具가 되니, 무릇 發用應接에 氣가 用事하는 경우가 많다. 氣가 능히 理를 따를 때에는 理가 저절로 드러

71) 통찰력 있는 학자들은 일찍부터 이 점을 주목하였다. 農巖 金昌協은 주자와 퇴계의 차이를 논하면서, "退溪가 말하는 理·氣는 사람의 마음속에 갖추어진 理와 氣로 말하는 것이며, 朱子가 말하는 性命과 形氣는 사람이 태어나면서 갖추고 있는 性과 形으로 말한 것이다"라고 대비한 바 있다(『農巖別集』 卷3 頁5, 〈語錄〉). 茶山 丁若鏞은 퇴계와 율곡의 차이를 논하면서, "退溪는 오로지 사람의 마음에 나아가 명백히 논한 것이니, 퇴계가 말하는 理란 本然之性이요 道心이요 天理의 공정함이며, 氣란 氣質之性이요 人心이요 人慾의 사사로움이다.…… 栗谷이 말하는 理란 形而上者요 사물의 本則이며, 氣란 形而下者요 사물의 形質이다"라고 대비한 바 있다(『與猶堂全書』 第1集 卷12 頁7, 〈理發氣發辨〉). 이에 대한 자세한 논의는 拙著, 『畿湖性理學研究』, 16~20쪽 참조.

나니, 氣가 弱한 것이 아니요, 순종하는 것이다. 氣가 만약 理에 반항할 때에는 理가 도리어 숨으니, 理가 弱한 것이 아니요, 형세인 것이다. 비유컨대 王은 본래 존귀하여 상대가 없으나, 强臣이 발호함에 미쳐서는 도리어 서로 간혹 勝負를 겨루니, 이것은 臣의 罪요, 王은 어찌할 수가 없는 것이다. 그러므로 君子는 學問에 힘써 氣質의 치우침을 바로잡아, 物欲을 막고 德性을 높여 大中至正의 道로 돌아가는 것이다.[72]

우선 퇴계가 '理'를 '사물을 명령하기만 하고 사물의 명령을 받지는 않는다'고 규정한 것을 주목하자. 주자는 "무릇 心이란 一身을 주재하는 것이니, 하나요 둘이 아니며, 主가 되는 것이요 客이 되는 것이 아니며, 사물을 명령하기만 하고 사물의 명령을 받지는 않는 것이다"[73]라고 말한 바 있다. 퇴계는 주자가 心에 부여한 위상을 그대로 차용하여 理에 적용시킨 것이다. 또 위의 인용문에서는 理·氣의 승부를 논한 다음 결론적으로 '物欲을 막고 德性을 높이라'고 했거니와, 퇴계가 말하는 '理·氣의 승부'란 바로 '德性과 物欲의 승부'였던 것이다. 이렇게 볼 때, 퇴계의 理氣勝負論에서 '理·氣'란 '天理와 人欲' 또는 '道心과 人心'을 뜻한다는 것이 분명할 것이다.

理氣勝負論에서의 理·氣란 도덕심리학의 개념이라고 한다면, 理·氣의 승부는 바로 우리의 '마음' 안에서 전개되는 것이다. 퇴계는 종종 '敬으로 마음을 주재하라'고 하였다. 마음은 몸을 주재하는 존재인데,[74] 그 마음은 다시 敬에 의해 주재되어야 한다는 것이다. '敬으로 마음을

72) 『退溪集』 卷13 頁17~18, 〈答李達李天機〉.

73) 『朱子大全』 卷67 24頁, 〈觀心說〉: 夫心者 人之所以主乎身者也 一而不二者也 爲主而不爲客者也 命物而不命於物者也

74) 성리학에서는 '마음은 몸을 주재한다'고도 말하며, '마음은 性·情을 주재한다'고도 말한다. '몸'과 '性·情'은 물론 다르다. 그러나 '몸의 행위'는 '性·情이 드러나는 양상'인 것이다. 따라서 '몸을 주재함'과 '性·情을 주재함'은 내용적으로 같은 것이다.

주재한다'는 것은 마음이 性·情을 주재할 때 天理와 人欲을 잘 분간하여 中和를 이루게 함을 말한다. 퇴계는 다음과 같이 말한다.

> 性이 發해서 情이 되는 즈음은 一心의 幾微요 萬化의 樞要로서, 善惡이 여기로부터 나뉘는 것이다. 학자는 진실로 專一하게 敬을 간직하여 天理와 人欲에 어둡지 않게 해야 한다.[75)]

퇴계는 '性이 발해서 情이 되는 즈음'을 '一心의 幾微'요 '萬化의 樞要'로서 '善惡의 분기점'이라고 설정했다. 요컨대 이 시점은 理·氣의 승부가 결정되는 순간으로, 그 결과에 따라 君子가 되거나 小人이 되는 것이다. 퇴계는 바로 이 시점과 결부하여 敬의 의의를 부여했다. 敬이란 理·氣의 승부처에서 天理와 人欲을 정확히 분간하고 대응하는 것이다. 그렇다고 해서 오직 '性이 발해서 情이 되는 즈음'에만 敬이 요청되는 것은 아니다. 미리 항상 敬을 통해 수양해야만, 결정적인 순간에 자연스럽게 理의 승리가 보장되는 것이다. 이러한 맥락에서 持敬의 노력은 未發과 已發, 有事時와 無事時를 막론하고 항상 필요한 것이라고 말한다.

> 대저 學問을 함에 있어서는 有事·無事, 有意·無意를 막론하고 오직 敬으로 主를 삼아야 한다. 움직일 때든 고요할 때든 敬을 잃지 않으면, 思慮가 아직 싹트지 않았을 때는 心體가 虛明하여 本領이 깊이 순수해지고, 思慮가 이미 發했을 때는 義理가 밝게 드러나고 物欲이 물러가게 된다.…… 만약 여러 일들이 동시에 교차하는 때를 만나서 혹은 左·右로, 혹은 彼·此로 대응하고자 한다면, 어찌 복잡한 것을 다 생각하고, 생각대로 대응할 수 있겠는가? 다만 여기에 우뚝 마음의 主宰가 확립되어 있어

---

75) 『退溪集』 卷7 頁24, 〈聖學十圖, 第六心統性情圖說〉: 性發爲情之際 乃一心之幾微 萬化之樞要 善惡之所由分也 學者誠能一於持敬 不昧理欲

서 여러 일들의 강령이 된다면, 그 밑에 대응하는 일들이 幾微가 다 드러나고 四體가 묵묵히 깨달아서, 曲折에 누락됨이 없을 것이다.76)

위의 인용문의 요점은 다음과 같이 정리된다. 첫째는 항상 敬을 간직하는 노력이 필요하다는 것이다. 未發時에는 敬을 통해 心體의 本領을 虛明하고 純粹하게 하는 것이고, 已發時에는 敬을 통해 義理를 밝히고 物欲을 물리치는 것이다. 둘째는 '持敬의 노력'이 곧 '心의 主宰를 확립하는 방법'이라는 것이다. 여기에서의 '心의 주재'란 물론 '心의 당위적 주재'를 뜻한다. 셋째는 心의 주재를 확립하면 여러 일들이 동시에 닥쳐도 모두 曲折에 누락됨이 없게 대응할 수 있다는 것이다. 이는 '萬事를 모두 곡진하게 처리함(泛應曲當)'을 말하는 것으로서, '中和를 이룸' 또는 '過・不及이 없음'을 뜻하는 것이다.

이처럼 持敬의 노력은 마음으로 집중된다. 몸을 주재하는 것은 마음이기에, 마음의 주재를 확립하면 몸의 실천은 泛應曲當하게 된다는 것이다. 그렇다면 마음의 주재를 확립하는 데에는 왜 敬이 긴요한 것인가? 퇴계는 그 까닭을 다음과 같이 말한다.

이 마음의 이치는 매우 방대하여 본떠서 잡을 수 없으며, 매우 넓어서 끝을 볼 수 없으니, 진실로 敬으로 일관하지 않는다면 어찌 性을 보존하여 體를 확립할 수 있겠는가? 이 마음의 발함은 터럭 끝을 살피기 어려운 것처럼 미미하고, 구덩이를 밟기 어려운 것처럼 위태로우니, 진실로 敬으로 일관하지 않는다면 또 어찌 그 幾微를 바르게 하여 用에 통달하게 하겠는

76) 『退溪集』 卷28 頁17~18, 〈答金惇敍〉: 大抵 人之爲學 勿論有事無事有意無意 惟當敬以爲主 而動靜不失 則當其思慮未萌也 心體虛明 本領深純 及其思慮已發也 義理昭著 物欲退聽 …… 若遇衆事交至之時 或左或右 一彼一此 豈可雜然而思 旋思旋應 只是心之主宰 卓然在此 爲衆事之綱 則當下所應之事 幾微畢見 四體默喩 曲折無漏矣

가? 그리하여 군자의 학문은 이 마음이 아직 발하지 않았을 때는 敬을 主로 하여 存養工夫를 하고, 이 마음이 이미 발하였을 때도 또한 敬을 主로 하여 省察工夫를 한다. 이것이 敬이 학문의 처음과 끝이 되고 體와 用을 관통하는 까닭이다.[77]

마음의 본체는 헤아릴 수 없이 넓기 때문에 敬이 아니면 보존할 수 없고, 마음의 쓰임은 미미하고도 위태롭기 때문에 敬이 아니면 바르게 할 수 없다는 것이다. 과연 우리의 마음은 넓고도 넓어서 세상만사에 생각이 미치며, 미미하면서도 위태로워 때로는 미물에게도 측은한 마음을 품다가 곧잘 돌변하여 포악한 마음을 품는 것이다. 程朱學에서 敬은 흔히 '主一無適 · 整齊嚴肅 · 常惺惺 · 收斂' 등으로 설명되었다. 이는 마음이 분산되는 현장을 문제 삼는 것이 아니라 수렴되는 중심을 문제 삼는 것이다. 마음이 분산되는 현장을 문제 삼기로 한다면, 그 수가 헤아릴 수 없이 많아 일일이 점검하기란 불가능한 것이다. 이에 敬은 분산된 마음을 한 곳으로 수렴하고, 그 中心을 다스림으로써 枝葉까지 미치고자 하는 것이다. 위의 인용문에서는 中心을 다스리는 방법으로 未發時의 存養과 已發時의 省察을 들었다. 存養을 통해 本體를 확립하고, 省察을 통해 幾微를 바르게 하면, 그 결과 枝葉까지 泛應曲當하게 된다는 것이다. 이러한 맥락에서 퇴계는 종종 "敬이 학문의 처음과 끝이 되고 體와 用을 관통한다"고 말하는 것이다.

敬이란 결국 당위적 차원에서의 '心의 주재'를 확립하기 위한 것이다. 그런데 퇴계는 '敬의 의의'를 '天理와 人欲에 어둡지 않게 함' · '存養을

77) 『退溪續集』 卷8 頁20, 〈天命圖說〉: 此心之理 浩浩然不可模捉 渾渾然不可涯涘 苟非敬以一之 安能保其性而立其體哉 此心之發 微而爲毫釐之難察 危而爲坑塹之難蹈 苟非敬以一之 又安能正其幾而達其用哉 是以君子之學 當此心未發之時 必主於敬而加存養工夫 當此心已發之際 亦必主於敬而加省察工夫 此敬學之所以成始成終 而通貫體用者也

통해 本體를 확립함'·'省察을 통해 幾微를 바르게 함' 등으로 설명했다. 이는 모두 '理·氣의 승부'에 있어서 '理의 승리'를 보장하기 위한 노력들을 뜻하기도 한다. 요컨대 퇴계학에서 '心의 당위적 주재를 확립함'은 '理의 승리를 보장함'과 같은 뜻인 것이다.

앞에서 고찰했듯이 퇴계의 理氣互發論은 '분열된 세계상'을 설명하는 논리였다. 世界의 분열은 自我의 분열에서 기인한다. 퇴계가 말하는 '理·氣의 互發' 또는 '理·氣의 승부'는 본질적으로 '自我(마음)의 분열'을 설명하는 논리이다. 현실의 모든 혼란은 자아의 분열에서 비롯된다. 이 분열은 持續될 수도 있고 統一될 수도 있다. 분열의 지속은 혼란의 지속이다. 통일도 두 방향으로 이루어질 수 있으니, '氣로 歸一하는 통일'과 '理로 歸一하는 통일'이 그것이다. '氣에 의한 통일'은 혼란을 더욱 격화시키고 禽獸의 세계를 초래할 뿐이다. 따라서 우리의 희망은 오직 '理에 의한 통일'에 있는 것이다. 퇴계의 敬思想은 '理에 의한 통일'을 추구하는 것이다. 그것은 다른 말로 '理의 全一的 지배'를 꾀하는 것이었다.

2) 遏人欲存天理와 和樂한 삶

理氣互發論은 事實論으로서는 이 세계의 분열상을 설명하는 것이지만, 當爲論으로는 理發이 氣發을 이기게 하려는 것이었다. 퇴계는 敬으로 '理의 全一的 지배'를 뒷받침하려 하였다. 이러한 맥락에서 敬이란 무엇보다도 '遏人欲 存天理'를 지향하는 것이다. 이제 퇴계 敬思想의 구체적 내용들을 살펴보자. 퇴계는 〈進聖學十圖箚〉에서 '敬을 간직하는 공부'를 다음과 같이 개관한 바 있다.

'敬을 간직함(持敬)'은 또한 '思와 學'·'動과 靜'을 일관하고, '內와 外'·'顯과 微'를 합일하는 방도입니다. 持敬의 방법은 반드시 齋莊靜一한 가운데 이 마음을 보존하고, 學問思辨하는 즈음에 이 이치를 궁구하는 것이니, 남들이 보지 않고 듣지 않을 때에 더욱 근엄하게 戒愼恐懼하고, 은미하게 홀로 있을 즈음에 더욱 정밀하게 省察하는 것입니다.[78]

퇴계는 먼저 持敬은 '思와 學'·'動과 靜'을 일관하고, '內와 外'·'顯과 微'를 합일하는 방도라고 전제했다. '思와 學'이란 '관념적인 사유와 경험적인 학습'을 말하고, '動과 靜'이란 '未發과 已發'을 말하는바, "持敬은 '思와 學'·'動과 靜'을 일관한다"는 것은 '工夫의 모든 분야에 항상 持敬이 필요하다'는 것이다. '內와 外'란 '자신과 대상사물'을 말하고, '顯과 微'는 '드러난 현상과 숨겨진 본체'를 말하는바, "持敬은 '內와 外'·'顯과 微'를 합일하는 방도"라는 말은 '자신과 대상의 통일, 원리와 현상의 합치 등도 역시 持敬을 통해 가능하다'는 것이다. 이러한 맥락에서 퇴계는 敬을 '聖學의 처음과 끝'이라 하였고, "〈聖學十圖〉 역시 敬으로 일관되는 것"이라 하였다.

위의 인용문에서는 持敬의 방법을 整齊嚴肅·主一無適 등을 통한 存心과 學問思辨을 통한 窮理로 대별하였다. 위의 인용문에서는 결론적으로 근엄한 戒愼恐懼와 정밀한 省察을 강조했거니와, 이는 未發時의 存養과 已發時의 省察, 즉 存天理와 遏人欲을 말하는 것이다.[79] 戒愼恐

78) 『退溪集』 卷7 頁8, 〈進聖學十圖箚〉: 持敬者 又所以兼思學貫動靜合內外一顯微之道也 其爲之之法 必也存此心於齋莊靜一之中 窮此理於學問思辨之際 不睹不聞之前 所以戒懼者 愈嚴愈敬 隱微幽獨之處 所以省察者 愈精愈密

79) 이 문단은 『中庸』의 '戒愼恐懼와 愼獨'을 거론한 것이다. 주자는 '不睹不聞時의 戒愼恐懼'를 '未發時의 存養(存天理)'으로, '隱微한 즈음의 愼獨'을 '已發時의 省察(遏人欲)'로 주석한 바 있다. 문제는 '不睹不聞'에 대한 해석이다. 주자는 '未發과 已發'이라는 관점을 취했기에, '不睹不聞'을 '내가 보지 않고 내가 듣지 않는 때'로 해석하고, '隱微'를 '은미한 가운데 겉으로 드러나지 않아서 남들은 아직 모르나 내 마음의 기미는 이미 움직이기

懼와 省察은 모두 存心의 영역이라 하겠는바, 이처럼 敬을 논할 때에는 窮理보다도 存心에 더욱 비중을 두는 것이다.

持敬의 목표를 '存天理 遏人欲'으로 규정하고, 그 방도를 '근엄한 戒愼恐懼와 정밀한 省察'로 제시한다면, 敬이란 '엄격한 생활태도'로 귀착되는 것 같다. 그러나 敬이 꼭 嚴肅主義를 뜻하는 것만은 아니다. 敬은 보다 근원적으로 애초에 心氣를 잘 다스려 和樂한 삶을 누리는 것이기도 하다. 퇴계는 初學者에게 긴요한 공부의 방법을 다음과 같이 설명한 바 있다.

> '心氣의 病患'은 바로 理를 살핌이 투철하지 못해 허공을 뚫어 억지로 찾으려 하고, 마음을 보존하는 방법에 어두워 싹을 뽑아서 助長하려는 데서 말미암는 것이다. 그리하여 자기도 모르는 사이 극도로 노력함으로써 病이 생기는 것이니, 이것은 初學者들의 공통된 病患으로, 비록 朱子라 해도 처음에는 이러한 병환이 없지 않았었다.…… 첫째는 모름지기 먼저 世間의 窮通得失과 榮辱利害를 一切 度外視하여 마음에 累가 되지 않도록 하는 것이다. 이미 이러한 마음을 터득했다면, 병환이 이미 50~70%는 사라진 것이다. 이렇게 하고서, 무릇 日用의 사이에 酬酌을 적게 하고 嗜慾을 절제하며, 마음을 텅 비고 한가하며 편안하고 즐겁게 함으로써 근심을 푸는 것이다. 책이나 그림·花草 등을 玩賞하고 산과 계곡에서 새와 물고기를 즐기는 것들도, 진실로 내 뜻을 즐겁게 하고 감정에 맞는 것이라면, 늘 접하는 것을 회피하지 말라. 그리하여 心氣가 항상 順境에 있게 하고, 뒤틀려 성이 나지 않도록 하는 것이 긴요한 방법이다. 책을 볼 때에는 마음을 수고롭게 하는 데 이르지 말라. 많이 보는 것은 반드시 삼가고, 다만 내 뜻에 따라 그 맛을 즐기는 것이다. 理를 궁구할 때에는 모름지기 日用의 平易明白한 곳에서 간파해서 익숙하게 하고, 내가 이미 아는 것에서

시작한 즈음'으로 해석했다(『中庸章句』 제1장, 朱子註 참조). 그러나 '不睹不聞'은 '남들이 보지 않고 남들이 듣지 않는 즈음'으로 해석하는 것이 상식적으로 이해하기 쉽기에, 본고에서는 이렇게 해석하였다.

優游涵泳하라. 오직 非著意와 非不著意의 사이에서 다스리면서 잊지 않는 것이니, 이러한 노력을 오래도록 한다면, 저절로 融會되어 얻음이 있을 것이다. 또한 집착하고 얽매여서 신속한 효험을 보려고 해서도 안 된다.[80]

위의 인용문은 〈答南時甫〉의 일부로, 『自省錄』의 첫머리를 장식하는 내용이기도 하다. 퇴계에 의하면 初學者들의 공통된 병환은 强探과 助長에서 비롯되거니와, 보다 근원적으로는 '마음의 累'에서 비롯되는 것이다. '마음의 累'란 世間의 窮通得失과 榮辱利害에 집착하는 것으로, 이러한 집착이 마침내 强探과 助長을 낳는다는 것이다. 그리하여 퇴계는 먼저 궁통득실과 영욕이해를 초탈할 것을 권했다. 그러면 心氣의 病患이 이미 반 이상 사라진다는 것이다. 그다음에는 '酬酌을 적게 하고 嗜慾을 절제하라'를 들었다. 잡다한 世間事에 많은 관심을 갖고 참여하거나 酒色雜技를 탐닉하는 것이 모두 해롭다는 것이다. 퇴계는 대신 圖書나 花草를 감상하고, 새와 물고기 등을 벗할 것을 권했다. 이처럼 세간의 利害나 嗜慾을 멀리하고 自然을 벗하면 心氣가 항상 順境에 있게 되거니와, 이것이 우선 긴요하다는 것이다.[81] 窮理와 操心은 마음의 累를 털고 心氣가 항상 順境에 있게 한 다음의 일인 것이다.

80) 『退溪集』 卷14 頁1~3, 〈答南時甫 別幅〉: 心氣之患 正緣察理未透 而鑿空以强探 操心昧方 而揠苗以助長 不覺勞心極力以至此 此亦初學之通患 雖晦翁先生 初間亦不無此患 …… 第一須先將世間窮通得失 榮辱利害 一切置之度外 不以累於靈臺 旣辦得此心 則所患蓋已五七分休歇矣 如是而凡日用之間 少酬酌 節嗜慾 虛閒恬愉以消遣 至如圖書花草之玩 溪山魚鳥之樂 苟可以娛意適情者 不厭其常接 使心氣常在順境中 無咈亂以生嗔恚 是爲要法 看書勿至勞心 切忌多看 但隨意而悅其味 窮理須就日用平易明白處 看破敎熟 優游涵泳於其所已知 惟非著意非不著意之間 照管勿忘 積之之久 自然融會而有得 尤不可執捉制縛 以取其速驗也

81) 이것을 互發論과 관계시키자면 '酬酌과 嗜慾'은 氣發의 영역으로, '圖書나 花草를 감상하고 자연을 벗함'은 理發의 영역으로 간주할 수 있다. '酬酌을 적게 하고 嗜慾을 절제하라'는 것은 '氣發의 영역은 위험하므로, 가급적 회피하는 것이 좋다'는 것이다. 氣發의 세계를 가급적 회피하고 理發의 세계를 가까이 하면 저절로 마음이 順境에 있게 되는 것이다.

퇴계는 窮理의 방법으로는 '日用의 平易明白한 곳에서 간파하고, 이미 아는 것에서 優游涵泳할 것'을 제시했고, 操心의 방법으로는 '非著意와 非不著意의 사이에서 다스리면서 잊지 않을 것'을 제시했다. '日用의 平易明白한 곳에서 간파함'이란 '허공을 뚫어 强探함'과 대비되는 말이다. 유학의 理는 日用平常의 理일 뿐이니, 애초에 허공을 뚫어 强探할 대상이 아니라는 것이다. '非著意와 非不著意의 사이에서 다스림'이란 '싹을 뽑아서 助長함'과 대비되는 말이다. 싹을 뽑아서 조장함은 '신속한 효험'을 바라는 마음에서 비롯되는 것인바, 퇴계는 그것 역시 私慾이라고 보고 매우 경계하였다. 퇴계는 '遏人欲 存天理'를 논함에 있어서 대부분 이 문제를 거론하였다.

> 道體는 日用應酬의 사이에 流行하거니와, 잠시라도 쉼이 없기 때문에 반드시 일삼음이 있어서 잊지 말아야 하고, 조금도 安排를 용납하지 않기 때문에 반드시 期必함이나 助長함이 없어야 한다. 그런 다음에야 心과 理가 하나가 되어, 나에게 있는 道體가 흠이나 막힘이 없게 되는 것이다.[82]

일찍이 맹자는 浩然之氣를 기르는 방법으로 "반드시 일삼음이 있되, 期必하지 말고, 마음에 잊지도 말며, 助長하지도 말라"[83]고 한 바 있다. '일삼음이 있다'는 것은 어떤 목표를 설정하고 추구하는 것을 말한다. 그러나 목표를 설정하고 그것을 추구하는 사람들은 결과를 미리 期必하는 경우가 많다. 그런데 이렇게 기필하면 집착이 생기게 되고, 집착은 결국 일을 그르치게 만든다. 그러나 '기필하지 말라'고 하면 사람들은 흔히 그

82) 『退溪集』 卷25 頁37, 〈答鄭子中 別紙〉: 道體流行於日用應酬之間 無有頃刻停息 故必有事焉而勿忘 不容毫髮安排 故須勿正與勿助長 然後心與理一 而道體之在我 無虧欠無壅遏矣

83) 『孟子』 公孫丑上 2: 必有事焉而勿正 心勿忘 勿助長也

일을 잊어버리고 방치하곤 한다. 따라서 맹자는 다시 '마음속에 잊지도 말라'고 한 것이다. 그런데 '잊지 말라'고 하면, 사람들은 助長하는 경우가 많다. '助長'을 글자 그대로 풀이하면 '자라남을 돕는다'는 말이지만, 이것은 '順理에 어긋나게 억지로 돕는 것'을 의미한다. 어떤 농사꾼이 밭의 싹이 빨리 자라지 않는 것을 안타깝게 여겨 잘 자라나도록 돕고자 한 뼘씩 당겨 뽑았다고 한다. 맹자는 이러한 故事를 들어 "助長은 無益할 뿐만 아니라 오히려 해롭다"고 했다. 요컨대 자신의 목표를 설정하고 꾸준히 노력하되, 집착하지도 않고 망각하지도 않는 '中庸'이 浩然之氣를 기르는 요법이라는 것이다. 위의 인용문은 '浩然之氣를 기르는 방법'을 '마음을 다스리는 방법'에 적용시킨 것이다. '道體의 流行'은 잠시라도 쉼이 없기 때문에 반드시 일삼음이 있어서 잊지 말아야 하고, 조금도 按排를 용납하지 않기 때문에 반드시 期必함이나 助長함이 없어야 한다는 것이다. 그 결과 마음과 理가 하나가 되면, 이것이 곧 '遏人欲 存天理'로서 '나에게 있는 道體를 완전하게 보존하는 것'이다. 퇴계는 다음과 같이 말하기도 한다.

> '善·惡과 大·小를 막론하고 모든 일을 마음에 두어서는 안 된다'는 말에서, '둔다(有)'는 글자는 '집착과 얽매임(係累)'을 뜻한다. 期必하고 助長하며 功을 따지고 利益을 도모하는 등 온갖 병폐가 다 여기에서 생기기 때문에 '두어서는 안 되는 것'이다. 그러나 '三省' 등은 마음에 일삼는 것을 두는 것으로, 곧 맹자가 말한 '반드시 일삼음이 있다(必有事焉)'고 할 때의 '有'인 것이니, 이것이 어찌 없애야 할 것이겠는가? 만약 이것까지 아울러 없애고자 한다면, 堯·舜·禹·湯의 '精一執中'으로부터 顔淵·冉有의 '청컨대 이 말씀을 일삼겠습니다'라고 한 것까지 모두 버리고, 반드시 老·佛처럼 枯槁寂滅한 다음에야 지극한 학문이 될 것이니, 어찌 옳겠는가? 그

> 러나 이 '일삼다(事)'라는 글자도 또 깨닫기 어려우니, 延平先生의 '뜻을 둔 것도 아니요(非著意), 뜻을 두지 않은 것도 아니다(非不著意)'라는 말이 곧 이 '事' 字의 의미인 것이다. 이것은 고요해서는 天理의 本然을 보존하고, 움직여서는 人欲을 幾微에서 끊는 것이니, 이처럼 참된 노력을 오래 쌓아서 純熟한 데 이르면, (마음이) 고요할 때에는 텅 비고 움직일 때에는 곧게 될 것이다. 그러면 日用의 사이에 비록 百事가 生滅하더라도 마음은 진실로 自若하여, 閒雜한 思慮가 저절로 나의 근심거리가 되지 않을 것이다.[84]

위의 인용문은 마음에 '둠(有)'과 '일삼음(事)'을 논한 것이다. 먼저 '둠'에 대하여, 퇴계는 '집착과 얽매임'은 버리되, '일삼음과 精一執中'은 버리지 말라고 하였다. 퇴계는 위의 인용문 앞에서 주자의 "만약 얽매임이 있다면 도리어 私意인 것"이라는 말을 인용하고,[85] '집착과 얽매임'은 '期必助長 · 計功謀利의 병폐'를 낳기 때문에 버려야 한다고 설명한 것이다. 그러나 '집착과 얽매임을 버리라'는 말이 '일삼음'조차 버리라는 뜻은 아니라는 것이다. 퇴계는 맹자나 안연의 '일삼음'을 延平의 '뜻을 둔 것도 아니요(非著意), 뜻을 두지 않은 것도 아니다(非不著意)'라는 의미로 해석하고, 다시 "고요해서는 天理의 本然을 보존하고, 움직여서는 人欲을 幾微에서 끊는 것"이라고 풀이했다.

이제까지 퇴계의 敬思想과 遏人欲存天理論을 살펴보았다. 이상의 논의를 토대로, 논자는 다음의 두 가지를 지적하고자 한다. 첫째, 敬思想

---

84) 『退溪集』 卷28 頁19~20, 〈答金惇敍〉: 事無善惡大小 皆不可有諸心中 此有字泥著係累之謂 正心助長 計功謀利 種種病痛 皆生於此 故不可有 若如三省之類 有事於心 卽孟子所謂必有事焉之有 此豈所當無耶 如欲幷此而無之 則自堯舜禹湯精一執中 顔冉請事斯語皆可廢 而必如佛老枯槁寂滅而後 爲學之至也 奚可哉 然此一事字 亦難看得 如延平先生所謂非著意非不著意 卽此事字之意也 靜而涵天理之本然 動而決人欲於幾微 如是眞積力久 至於純熟 則靜虛動直 日用之間 雖百起百滅 心固自若 而閒雜思慮 自不能爲吾患
85) 『退溪集』 卷28 頁19, 〈答金惇敍〉: 若是有所係戀 却是私意

은 결코 嚴格主義나 嚴肅主義에 불과한 것이 아니라는 점이다. 天理와 人欲이 결판되는 순간에는 엄격한 태도를 요하는 것이지만, 보다 근본적으로 애초부터 마음을 順境에 두어 그러한 결판의 필요성 자체를 예방하고자 하는 것이다. 마음을 順境에 두기 위해서는 세간의 利害得失을 초탈하여 '마음의 累'가 되지 않도록 하고, 嗜慾을 탐닉하는 대신 자연을 벗하는 취미를 가지라고 권했다. 이러한 맥락에서 퇴계의 敬은 근원적으로 '和樂한 삶'을 추구하는 것이다. 둘째, '遏人欲 存天理'는 '自他 관계의 人倫의 영역'에서 문제되기 이전에, '自我 성숙의 工夫의 영역'에서 문제된다는 것이다. 우리는 '遏人欲 存天理'를 사리사욕을 이김으로써 공중도덕을 지키고 남의 권익을 존중하는 것으로만 이해하기 쉽다. 그러나 주자나 퇴계에 의하면 그것은 윤리의 문제이기 이전에 自我의 성숙에 관한 문제이다. 퇴계는 '道體의 流行은 쉼도 없고 按排도 없다'는 점을 논거로 勿忘·勿助長을 강조하고, 그것이 바로 '遏人欲 存天理'라고 설명했던 것이다. 勿忘·勿助長을 통해 성숙된 自我는 '고요할 때에는 텅 비고, 움직일 때에는 곧게 될 것'이니, 결과적으로 自他 관계에 있어서도 윤리적 모범을 보이게 될 것이다. 이렇게 본다면 퇴계의 敬思想은 근원적으로 '성숙한 自我의 화락한 삶'을 추구하는 것이라 하겠다. 이것이 퇴계가 추구한 '理의 全一的 지배'의 眞面目이다.

5. 朱子學의 양면성과 退溪學의 本領

1) 朱子學의 양면성과 退溪學

주자는 理氣論에 있어서도 양면성을 보여주었고, 心性論에 있어서도 양면성을 보여주었다. 理 · 氣를 本 · 具의 관점에서 설명할 때에는 心統性情을 사실적 관점에서 설명하였다. 그러나 理 · 氣를 天理 · 人欲의 관점에서 설명할 때에는 心統性情을 당위적 관점에서 설명하는 것이다. 먼저 理氣論의 양면성을 살펴보자. 주자는 〈答黃道夫〉에서 다음과 같이 말한다.

> 天地의 사이에는 理와 氣가 있다. 理는 形而上의 道로서 만물을 낳는 '本'이요, 氣는 形而下의 器로서 만물을 낳는 '具'이다. 그러므로 사람과 사물이 태어남에, 반드시 이 理를 얻은 다음에 性이 있고, 반드시 이 氣를 얻은 다음에 形體가 있다.[86]

위에 보이듯이 주자는 기존의 '道와 器'라는 개념을 '本과 具'라는 개념으로 설명하고 있다. '本과 具'는 말 그대로 '形相과 質料'를 뜻한다. 주자에 의하면 理는 事物의 本이고, 氣는 事物의 具이다. 모든 사물에는 本이 性으로 주어져 있다.[87] 하늘이 本을 性으로 命해 주었다는 것이다(天命之謂性). 이 本 또는 性은 각자가 따라가야 할 '길(道)'이기도 하다(率性之謂道). 氣는 本을 물리적으로 구체화하는 작용을 하기에 具라 하며, 또한 本을 담고 있기에 '그릇(器)'이라고도 한다. 本은 形而上者이기 때문에 현상적으로는 드러나지 않는다. 다만 形而下者인 具만이 사물의 形體로 드러나는 것이다. 本은 具가 아니면 의착할 바가 없고, 具는 本이 아니면 이룰 바가 없다.[88] 따라서 현실적으로 本과 具는 반

86) 『朱子大全』 卷58 頁5, 〈答黃道夫〉: 天地之間 有理有氣 理也者 形而上之道也 生物之本也 氣也者 形而下之器也 生物之具也 是以 人物之生 必稟此理 然後有性 必稟此氣 然後有形

87) 本이 性으로 주어져 있으니, 이것이 '本性'이다. 本性은 '本然之性(본래 그러한 성질)'으로서, '그 사물의 形相이 본래 그러하다'는 뜻이다.

88) 『朱子語類』 卷4(중화서국본 67쪽): 性非氣質 則無所寄 氣非天性 則無所成

드시 결합되어 존재하는 것이다. 이러한 맥락에서 모든 사물은 반드시 '本·具의 결합'으로 이루어진다.[89] 주자의 理氣論은 대부분 이러한 관점에서 논의되는 것이다.[90]

그러나 주자는 理·氣를 '天理와 人欲' 또는 '道心과 人心'이라는 관점에서 설명하기도 한다. 주자는 〈答蔡季通〉에서 다음과 같이 말한다.

> 사람이 태어남은 性과 氣가 합쳐진 것일 뿐이다. 그러나 그 이미 합쳐진 것에 나아가 분석하여 말한다면, 性은 理를 주로 한 것으로서 형체가 없으며, 氣는 형체를 주로 한 것으로서 質料가 있다. 性은 理를 주로 하여 형체가 없기 때문에 公正하며 不善함이 없다. 그러나 氣는 형체를 주로 하여 질료가 있기 때문에 사사롭고 간혹 不善하다. 性은 공정하며 善하기 때문에 그 발하는 것은 모두 天理의 所行이지만, 氣는 사사롭고 간혹 不善하기 때문에 그 발하는 것은 모두 人欲이 지은 바이다. 이것이 舜이 禹에게 警戒함에 人心과 道心의 구별이 있게 된 까닭이다. 이것은 대개 근본으로부터 이미 그러한 것이요, 氣의 作爲하는 바가 過·不及이 있은 뒤에 人欲으로 흐르는 것은 아니다.[91]

성리학에서는 우주만물을 理와 氣의 妙合으로 해명하는바, 이러한 관점에서 無形無質한 理(性)와 有形有質한 氣가 합쳐져서 인간을 구성한다고 설명함은 당연한 것이다. 그런데 理와 氣는 어느새 각각 公·無不

---

89) 『朱子語類』 卷4(중화서국본 64쪽): 才有天命 便有氣質 不能相離 若闕一 便生物不得
90) 흔히 理·氣의 '不離·不雜, 動·靜, 先·後' 등을 朱子理氣論의 양면성으로 거론하기도 한다. 그러나 이러한 논점들은 모두 本具論의 맥락에서 논의되는 것들로, 주자의 宗旨는 一貫性을 지니는 것이다. 이에 대한 자세한 논의는 拙著, 『朱子學의 길』 제3장 참조.
91) 『朱子大全』 卷44 頁2, 〈答蔡季通〉: 人之有生 性與氣 合而已 然卽其已合而析言之 性主於理而無形 氣主於形而有質 以其主理而無形 故公而無不善 以其主形而有質 故私而或不善 以其公而善也 故其發皆天理之所行 以其私而或不善也 故其發皆人欲之所作 此舜之戒禹 所以有人心道心之別 蓋自根本而已然 非爲氣之所爲有過不及而後 流於人欲也

善·天理·道心과 私·或不善·人欲·人心으로 연역된다. 理·氣가 '公·私, 善·惡'의 對立的 구도로 파악되는 것이다. 주자에 의하면 이러한 대립 구도는 "대개 근본으로부터 이미 그러한 것"이요, 過·不及에 입각해 결과적으로 그렇게 구분되는 것이 아니다. 특히 위의 인용문에서는 '性이 발한 것'과 '氣가 발한 것'을 대비시키고 있음을 주목하자.

이상에서 주자 理氣論의 양면성을 살펴보았거니와, 이제 이러한 양면성이 어떻게 퇴계학과 결부되는가를 살펴보자. 주자는 '本과 具'의 관점에서는 理·氣의 '상호의존성'을 강조하였다. 理와 氣는 서로 의존하는 것이기에 반드시 서로 결합되어야 한다는 것이다. 理·氣의 결합에서 理는 '氣의 운동의 標準(本)'이 되고, 氣는 '理를 실현하는 주체'가 된다. 또한 理는 無形無爲한 것이기에, 현실은 有形有爲한 氣가 주도하는 것으로 설명된다. 이 세계의 標準(本)은 理이지만, 그 표준을 구체적으로 실현하는 것은 氣라는 것이다. 퇴계와 고봉의 논쟁에서 '理氣不相離의 논거'로 제시되었던 理主氣資論 역시 本具論에 입각한 것이다. 요컨대 本具論의 입장에서는 四端과 七情 모두 '理·氣의 결합'으로 설명될 수 밖에 없으니, 이것이 '四端과 七情의 渾淪說'이었다.

주자는 理·氣를 '天理와 人欲' 또는 '道心과 人心'으로 설명할 때에는 '理·氣의 互發'을 인정하였다. 앞의 〈答蔡季通〉에 보이는 '性이 발한 것'과 '氣가 발한 것'이 그것이다. 『朱子語類』에 보이는 "四端은 理가 발한 것이요, 七情은 氣가 발한 것이다"라는 말도 이러한 맥락에서 성립한 것으로 볼 수 있다. 또 주자는 이러한 맥락에서는 양자를 '공존할 수 없는 勝負의 관계'로 규정하고, 항상 天理가 人欲을 이기게 해야 한다는 當爲論을 제시하였다.[92] 퇴계의 理氣互發論과 理氣勝負論은 여기에 근

---

92) 『朱子語類』 卷13(중화서국본 224쪽): 人之一心 天理存則人欲亡 人欲勝則天理滅 未有天理人欲夾雜者 學者須要於此體認省察之

거하는 것이다. 요컨대 天理人欲論의 입장에서는 자연스럽게 '四端은 理發, 七情은 氣發'이라는 논리가 성립하는 것이니, 이것이 '四端과 七情의 分開說'이었다.

이제 주자 心性論의 양면성을 살펴보자. 앞에서 살펴보았듯이 주자는 '心統性情'을 양면적으로 해석하고 있었다. 주자는 心統性情을 대부분 '心이 性을 지니고 있으면서(包含該載) 知覺作用을 통해 情으로 발현시킴(敷施發用)'으로 해석했다. 이는 心統性情에 대한 事實的 해석으로, 이러한 관점에서는 心이 항상 性·情을 통섭하는 것이라 하였다. 그러나 주자는 心統性情을 '心이 性을 節度에 맞게 情으로 발현시킴'으로 해석하기도 했다. 이는 心統性情에 대한 當爲的 해석으로, 이러한 관점에서는 心이 性·情을 통섭하지 않는 상황을 인정했다. 주자는 이러한 두 해석을 종합하여 다음과 같이 말하기도 하였다.

> 情이 아직 발하지 않은 것은 性이니, 이것이 이른바 '中'으로서 '天下의 大本'이다. 性이 이미 발한 것은 情이니, 그것이 모두 節度에 맞은 것이 이른바 '和'로서 '天下의 達道'이다. 이것(中과 和)은 모두 '天理의 自然'이다. 性·情의 德을 妙用하는 것은 心이니, 中和를 이루어 大本을 세우고 達道를 행하는 것이다. 이것은 '天理의 主宰'이다.93)

위의 인용문에서는 '性·情의 德을 妙用하는 것'을 '心'이라고도 하고, '天理의 主宰'라고도 했다. '性을 情으로 발현시키는 것'은 '心의 知覺作用'이거니와, 그 지각작용이 '節度에 맞게 함(中和를 이루게 함)'은 '天理의 주재'라는 것이다. '性을 情으로 발현시킴' 자체는 '事實的' 의미의 心

---

93) 『朱子大全』 卷67 頁21(3536~3537쪽), 〈太極說〉: 情之未發者 性也 是乃所謂中也 天下之大本也 性之已發者 情也 其皆中節則所謂和也 天下之達道也 皆天理之自然也 妙性情之德者 心也 所以致中和立大本而行達道者也 天理之主宰也

統性情에 해당된다. 이때 心은 다만 '氣의 精爽'으로서, '包含該載와 敷施發用의 주체'인 것이다. 그런데 心이 性을 情으로 발현시킬 때, 그것이 '節度에 맞게 함'은 '天理의 주재'라는 것이다. '節度에 맞게 함'은 '當爲的' 의미의 心統性情인바, 이때에는 '天理'가 함께 거론되는 것이다. 그런데 性이 곧 天理이다. 따라서 事實的 의미와 當爲的 의미를 종합하여 心統性情을 정의하자면, '心이 性을 (標準으로 삼아) 온전하게 情으로 발현시킴으로써 中和를 이룸'이라고 요약될 것이다.

그러면 주자의 心統性情에 대한 양면적 해석이 어떻게 퇴계학과 결부되었던가를 정리해 보자. 퇴계는 줄곧 心을 '合理氣'로 설명했다. 그리고 心統性情을 事實的 관점에서 해석할 때에는 '統'을 '包含該載, 敷施發用'으로 설명하고, '統의 주체'를 '氣'라고 설명했다. 그러나 心統性情을 當爲的 관점에서 설명할 때에는 '統'을 '致中和'로 설명하고, '統의 주체'를 '理'라고 설명했다. 요컨대 心은 '理・氣의 결합'인바, 그 가운데 理가 性・情을 통섭하면 中和를 이룰 수 있으나, 氣가 性・情을 통섭하면 利慾에 빠질 가능성이 크다는 것이었다. 나아가 퇴계는 마음속의 理・氣를 '勝負를 겨루는 관계'로 설정하고, '理가 氣를 제어해야 한다'고 주장했거니와, 理氣勝負論의 논거 또한 주자학 안에서 충분히 발견되는 것이었다.

주자와 퇴계에게 있어서 理氣論의 양면성은 心統性情論의 양면성과 궤를 같이한다. 理・氣를 '本과 具'로 규정하는 맥락에서는 心統性情을 事實論으로 해석하는 것이요, 理・氣를 '天理와 人欲'으로 규정하는 맥락에서는 心統性情을 當爲論으로 해석하는 것이다. 事實論은 '理의 규범성과 氣의 현실적 주도권'이 결합된 논리로, 이때 현실에서 理의 규범성이 항상 관철된다는 보장은 없다. 當爲論은 '善한 理(天理)와 惡한 氣(人欲)의 對決'이라는 구도 아래, '理의 全一的 지배'를 當爲로 요구하는 것이다. 그런데 주자는 '本과 具의 事實論'에 치중했던 반면, 퇴계는 '天

理와 人欲의 當爲論'에 치중했던 것이다.[94]

2) 退溪學의 本領

퇴계의 理氣心性論은 실로 兩面的이어서, 쉽게 그 本旨를 간파하기 어렵다. 그런데 퇴계 성리학의 양면성은 근본적으로 주자 성리학의 양면성과 궤를 같이한다. 이러한 맥락에서는 퇴계는 말 그대로 '충실한 朱子學者'였다. 그러면 우리는 '退溪學의 本領'을 어떻게 설명해야 할 것인가? 이제 마지막으로 이 문제를 논의하도록 하자.

論者가 생각하기에 퇴계는 충실한 주자학자이면서도 또한 퇴계학과 주자학은 큰 대조를 이룬다. 이는 매우 逆說的인 주장으로서 일견 납득하기 곤란할 것이다. 그러나 다음과 같은 두 가지를 이해한다면 이러한 주장을 수긍하게 될 것이다.

첫째, 퇴계 성리학의 주요 논리들은 모두 주자의 이론에 근거한다는 점에서는 퇴계는 '충실한 주자학자'이다. 그런데 유의해야 할 것은, 퇴계와 주자가 양면성을 공유하면서도, 그 양면성 중에서 각자 다른 측면을 자신의 중심 논지로 삼고 있다는 점이다. 理氣論에 있어서 두 사람 모두 '理主氣資論(本具論)과 理氣互發論(理氣勝負論)'의 양면성을 보여주었다. 그런데 주자의 理氣論은 대부분 理主氣資論의 맥락에서 전개되었음에 반하여, 퇴계의 理氣論은 대부분 理氣互發論의 맥락에서 전개되었던 것이다. 따라서 퇴계의 理氣互發論은 주자학 안에서 그 훌륭한 논거를 찾을 수 있음에도 불구하고, 결과적으로는 퇴계학과 주자학이 매우 대조되는 것이다. 心統性情論에 있어서도 주자와 퇴계는 모두 '事實的 해석

---

94) 퇴계의 〈聖學十圖〉에서 '第六心統性情道' 이하는 모두 '天理人欲論'을 전개한 것이었다.

과 當爲的 해석'을 겸하고 있었다. 그런데 주자는 전반적으로 사실적 해석에 치중했으나, 퇴계는 사실적 해석 못지않게 당위적 해석을 강조했던 것이다. 특히 퇴계의 理氣互發論(理氣勝負論)은 心統性情에 대한 당위적 해석과 조응하는 것이다. 이러한 두 맥락에서 퇴계는 충실한 주자학자임에도 불구하고 퇴계학은 주자학과 크게 대조되는 것이다.

둘째, 퇴계 理氣論의 주요 명제들은 모두 주자에 근거한 것이었으나, 理動說(理의 能發 · 能生 · 能到)은 주자의 본지에서 멀리 이탈한 것이다. 퇴계는 물론 '太極動而生陽'이나 '理有動靜 故氣有動靜' 등 주자학의 주요 명제들을 理動說의 논거로 삼았다. 그러나 주자의 本旨는 '理가 氣의 動靜의 표준이 된다'는 것이요, '理 자체가 動靜한다'는 것은 아니었다.[95] 따라서 이 점을 주목한다면 퇴계는 '충실한 주자학자'에서 '독자적 철학자'로 변모하게 된다. 그러나 理動說을 주목하여 퇴계를 '非朱子學者'로 규정하는 것은 별로 설득력이 없다. 퇴계는 자신의 理動說마저도 주자의 이론을 빌려 정당화했기 때문이다. 이러한 맥락에서도 퇴계는 충실한 주자학자였으나 퇴계학은 주자학과 크게 대조되는 것이다.

이제 마지막으로 理氣互發論과 敬思想의 요지를 정리해 보자. 理氣互發論은 理發과 氣發을 대립시키는 것이요, 晩年의 理動說은 理氣互發論의 이론적 완성에 해당된다. 理動說을 정립하기 전까지는 理主氣資의 맥락에서 '理는 氣의 作爲力을 빌려야만 한다'는 생각이 남아 있었다. 퇴계는 만년에 이것을 '理를 死物로 誤認한 것'이라고 반성하고, 理動說을 주창했다. 이제 能動性을 부여받은 理는 氣의 도움 없이 스스로 발현할 수 있는 존재로 승격된 것이다. 理氣互發論은 自我와 世界가

95) 퇴계의 理動說에 대해서는 '小退溪'라고 불린 大山 李象靖(1711~1781)마저도 동의하지 않았다. 대산은 '理 · 氣의 動靜'에 관한 주자의 여러 논설을 종합적으로 검토한 다음 "理는 氣처럼 動靜하는 것이 아니요, 다만 氣가 動靜할 수 있도록 主宰하는 것"이라고 설명하였다(『大山集』 卷39 頁5~9, 〈理氣動靜說〉 참조).

'善・惡 二元'으로 분열되어 있다고 인식하는 것이다. 理發은 純善하나 氣發은 惡으로 흐르기 쉽다는 것이 퇴계의 지론이었다. 理氣互發論은 결국 '理의 주재'를 당위로 요청한다. 理와 氣의 승부에서 항상 理가 이겨야만 한다는 것이다.[96] 퇴계는 敬思想으로 '理의 승리'를 뒷받침하고자 하였다.

퇴계의 敬思想은 '遏人欲 存天理'를 추구하는 것인바, 이는 '理의 全一的 지배'를 꾀하는 것이다. 퇴계의 敬은 일견 '嚴肅主義'로 간주되기 쉽지만, 보다 근본적으로 '和樂한 삶'을 지향하는 것이다. 세간의 利害得失을 초탈함으로써 '마음의 累'를 털고, 자연과 벗함으로써 즐겁게 天理에 순응하는 태도를 익히라는 것이다. 또한 퇴계의 '遏人欲 存天理'는 '自他 관계의 人倫의 영역' 이전에 '自我 성숙의 工夫의 영역'에서 거론되는 것이었다. 道體의 流行에는 私가 없음을 체인함으로써, 勿忘・勿助長의 자세로 공부함이 바로 '遏人欲 存天理'라는 것이다. 퇴계가 추구한 '理의 승리'는 '내가 死鬪 끝에 남을 이기는 것'과는 차원이 다르다. 퇴계는 '싸우지 않음으로써 이기는 길'을 모색했다. 퇴계는 '退溪'라는 말 자체가 상징하듯 줄곧 '謙讓'이나 '물러섬'의 삶을 추구했다. 그것은 내가 禮義廉恥를 숭상함으로써 마침내 세상이 淨化되기를 기다리는 것이었다. 퇴계의 이러한 삶은 〈늦은 봄에 陶山에 돌아와 梅花와 主人이 주고받은 詩〉[97]에 잘 나타나 있다.

96) 理氣勝負論에서의 '理의 주재'란 '理가 氣를 명령하고, 氣는 理의 명령에 따름'을 말한다. 반면에 理主氣資論(本具論)에서의 '理의 주재'란 '理가 氣의 운동의 標準이 됨'을 뜻한다. 理主氣資論에서는 '理의 주재'가 항상 성립하는 것이나(事實論), 理氣勝負論에서는 理가 주재하지 못하는 상황을 인정하고 當爲論으로 '理의 全一的 지배'를 추구하는 것이다.

97) 『退溪集』 卷5 頁15~16, 〈季春至陶山山梅贈答〉

〈梅贈主〉	〈梅花가 主人에게 주다〉
寵榮聲利豈君宜	부귀영화 어찌 그대에게 어울리리
白首趨塵隔歲思	백발로 風塵 헤매는 모습, 해가 바뀌도록 생각했네
此日幸蒙天許退	오늘에야 다행히 天恩 입어 辭退하니
況來當我發春時	하물며 우리들 꽃피우는 봄에 돌아옴에랴

〈主答〉	〈主人이 梅花에게 답하다〉
非緣和鼎得君宜	和鼎[98] 때문에 그대를 얻으려 함이 아니요
酷愛淸芬自詠思	맑은 향기 사랑하여 스스로 읊는도다
今我已能來赴約	지금 나는 돌아와서 능히 약속 지켰으니
不應嫌我負明時	밝은 세상 등졌다고 나를 허물 말아다오

위의 첫째 首는 '陶山의 梅花가 퇴계의 歸鄕을 환영하는 詩'이다. 매화는 벼슬길을 '부귀영화를 좇아 風塵을 헤매는 것'으로 인식하고, 그것은 퇴계에게 어울리지 않는다고 충고했다. 퇴계가 사직을 허락받고 돌아와서 다행인데, 때마침 자신이 꽃 피우는 시절이니, 더욱 잘되었다는 것이다. 둘째 首는 '퇴계가 梅花에게 화답하는 詩'이다. 퇴계는 먼저 자신이 매화를 사랑하는 것은 '和鼎' 때문이 아니요, '맑은 향기' 때문이라고 밝혔다. 이는 자연을 자연이 주는 '구체적 이익' 때문에 사랑하는 것이 아니라, '자연 그 자체'로 사랑하는 것이다. 퇴계는 또 자신이 약속대

98) 和鼎은 '음식물을 담는 그릇'을 뜻하기도 하고 '솥에 찜'을 뜻하기도 하는데, 여기에서는 '솥에 찐 梅實'로 풀이하면 좋을 것 같다. 옛날에 梅實을 솥에 쪄서 '신 맛을 내는 조미료'로 썼다. 商(殷)의 高宗은 傅說에게 "(朕이) 만약 술을 만든다면 그대가 누룩이 되어주고, 만약 국을 만든다면 그대가 鹽梅가 되어다오"(『書經』 商書 說命下: 若作酒醴 爾惟麴糵 若作和羹 爾惟鹽梅)라고 부탁한 바 있다. '鹽梅'란 '짠 맛을 내는 소금과 신 맛을 내는 매실'로서, 轉하여 '음식의 간을 맞춤'·'임금을 보좌하여 善政을 베풀게 함'·'大臣' 등을 뜻하게 되었다. 위의 詩에서의 '和鼎'은 요컨대 '매실이 주는 구체적 이익'이라 하겠는바, 이 때문에 매화를 사랑한다면, 매화에 대해 期必하고 助長하는 폐단이 생길 수 있다.

로 돌아왔음을 상기시키고, 세상을 등졌다고 허물하지 말라고 당부했다. 사실, 벼슬길은 '지성인의 책임'으로 인식될 수도 있고, '名利를 좇는 것'으로 인식될 수도 있다. 퇴계는 '名利를 좇지 않겠다'는 차원에서는 기꺼이 물러났지만, '지성인의 책임을 다하지 못한다'는 차원에서는 미안한 마음을 함께 지녔던 것이다.

위의 詩는 그 詩想이 앞서 인용한 『自省錄』의 첫째 편지 〈答南時甫〉의 내용과 잘 어울린다. 〈答南時甫〉에서는 부귀영화를 초탈하여 마음의 累를 털고, 자연을 벗하여 마음을 順境에 두라고 충고했는데, 위의 詩는 그러한 삶을 그린 것이다. '마음을 順境에 둔다'는 것은 名利를 초탈하고 嗜慾을 줄여서 마음의 평화를 가꾸는 것이다. 理氣互發論에 의하면 인간은 근원적으로 氣發의 유혹에 빠지기 쉬운 존재이다. 名利에 집착하고 嗜慾을 탐닉하면, 자신의 뜻대로 되지 않을 경우에는 鬱火가 치밀게 되고, 양심에 어긋날 경우에는 葛藤에 빠지게 되니, 이것은 '逆境'인 것이다. 逆境에 처하면 抵抗心이 일게 되는바, 그리하여 '理·氣가 승부를 겨루는 상황'이 초래되는 것이다. 퇴계의 敬思想은 '氣發로 인한 逆境'을 예방하는 데 일차적 목적이 있었던 것이요, 이러한 맥락에서 '엄숙'을 지향하기 이전에 '마음의 평화'를 지향한 것이었다.

6. 결론

이제까지 퇴계의 성리학을 고찰했거니와, 퇴계의 사유는 대부분 주자학에 근거한 것이다. 한편 퇴계 성리학과 다른 면모를 보여주는 율곡 성리학 역시 주자학에 근거한 것이다. 요컨대 주자학은 서로 다른 양면성을 동시에 지닌다. 그 양면성이란 '理·氣'를 '道와 器' 또는 '本과 具'로 이해하는 논리와 '天理와 人欲' 또는 '道心과 人心'으로 이해하는 논리를 말한다.[99] 이 양면성 가운데 퇴계의 主旨는 天理人欲論에 입각한 것이요, 율곡의 主旨는 本具論에 입각한 것이다. 따라서 퇴계와 율곡 가운데 어느 한 사람은 주자학자가 아니라고 규정하는 것은 타당하지 못하다. 주자학 자체가 본래 양면성을 지니고 있었음을 먼저 유념해야 할 것이다.

퇴계의 독창성은 互發說 자체에 있는 것이 아니라, 理動說(理의 能發說)에 있는 것이다. 互發說에서의 理發은 '所發'의 뜻일 수도 있고, '能發'의 뜻일 수도 있으며, '所發과 能發'을 겸하는 뜻일 수도 있다. 고봉과의 논쟁 당시에는 퇴계의 理發이 꼭 能發의 뜻을 겸한 것은 아니었다. 퇴계가 理發을 '所發과 能發'을 겸하는 뜻으로 확정한 것은 最晩年의 일이었다. 그런데 이렇게 확정하고 나면, 퇴계의 互發論은 주자의 본지와는 멀어지게 된다. 요컨대 퇴계의 互發論에서 理發을 所發로만 해석한다면, 이러한 互發論은 주자학에서 그 훌륭한 논거를 찾을 수 있다. 〈答蔡季通〉의 '性發 · 氣發'과 『朱子語類』의 "四端是理之發 七情是氣之發"이 그것이다. 또 〈答蔡季通〉의 '性發 · 氣發'을 주목한다면, 『朱子語類』의 "四端是理之發 七情是氣之發"을 굳이 '誤錄'이라고 단정할 까닭이 없다.[100] 또 이 두 논거를 주목한다면, 퇴계 互發論의 연원을 굳이 元代의 胡雲峰에게서 찾을 이유도 없다.[101]

---

99) 주자는 '理 · 氣'를 '所以然과 所然'이라는 관점에서 설명하기도 했다. 이렇게 본다면 주자의 理氣論은 사실 '三重性'을 띠는 것이다. 이에 대한 자세한 논의는 拙著, 『畿湖性理學研究』 제1장 참조.

100) 조선시대의 율곡학파는 주자의 理氣論을 '本具論'의 체계로만 이해했기 때문에 『朱子語類』 卷53의 "四端是理之發 七情是氣之發"을 '誤錄'이라고 주장했을 것이다.

101) 권오영은 퇴계 互發論의 연원은 元代의 유학자 雲峰 胡炳文(1250~1333)의 '性發 · 心發'說에 있다고 주장한 바 있다(권오영, 「退溪의 心性理氣論과 그 사상사적 위치」, 『退溪學報』 제109집, 퇴계학연구원, 2001, 177~178쪽). 그러나 論者는 〈答蔡季通〉의 '性發 · 氣發' 및 『朱子語類』의 "四端是理之發 七情是氣之發"이야말로 互發論의 가장 확실한 연원이 된다고 본다. 이미 고찰했듯이 퇴계는 '性發과 心發을 별개로 구분하는 논

理·氣를 '天理와 人欲'으로 이해한다는 것은 理·氣를 '勝負의 관계'로 인식한다는 뜻이기도 하다. 퇴계의 敬思想은 '理·氣의 승부'에 있어서 '理의 승리'를 뒷받침하는 것이었다. 그런데 퇴계가 추구한 '理의 승리'는 '내가 死鬪 끝에 남을 이기는 것'과는 차원이 다르다. 퇴계는 '싸우지 않음으로써 이기는 길'을 모색했다. 그것은 '道體의 流行에는 私가 없음'을 體認함으로써, 부귀영화(氣發)에 대해서는 남에게 양보하고, 自我를 天理(理發)와 合一시키는 것이었다. 敬은 '自我와 天理의 合一' 또는 '致中和'의 방법론이었다. 논자는 퇴계의 敬思想에 대하여 다음과 같은 점을 강조하고자 한다.

첫째, 持敬은 '도덕적 嚴肅主義'나 '종교적 敬虔主義'만을 뜻하는 것이 아니었다. 〈答南時甫〉에서는 敬을 마음을 順境에 둠으로써 '和樂한 삶'을 누리는 것으로 설명했다. 그런데 이 편지는 『自省錄』의 첫머리를 장식하는 편지요, 또 특히 '初學者들을 위한 가르침'이었다는 점을 주목할 필요가 있다. 이렇게 본다면 퇴계의 敬은 '엄숙·경건'보다 '화락한 삶'에 우선적인 초점이 있었다고 하겠다. 둘째, '遏人欲 存天理'는 '自他 관계의 人倫의 영역'에서 문제되기 이전에, '自我 성숙의 工夫의 영역'에서 문제 된다는 것이다. 퇴계는 '道體의 流行은 쉼도 없고 按排도 없다'는 점을 논거로 勿忘·勿助長을 강조하고, 그것이 바로 '遏人欲 存天理'라고 설명했던 것이다. 이렇게 본다면 퇴계의 敬思想은 근원적으로 '성숙한 自我의 화락한 삶'을 추구하는 것이라 하겠다. 이것이 퇴계가 추구한 '理의 승리'(天人合一·致中和)의 眞面目이었다.

법'을 반대했고, 또 권오영이 인용했듯이 퇴계 스스로도 '자신의 호발론은 胡雲峰에게서 나온 것이 아니다'라고 주장했다. 따라서 내용적으로나(퇴계는 '性發·心發'說을 반대했음), 시기적으로나(주자는 胡雲峰보다 한 世紀 이상 앞섬) 퇴계 互發論의 연원을 胡雲峰으로 설정할 이유가 전혀 없는 것이다.

제2장 葛庵 李玄逸의 理能發論과 理氣分開論

1. 서론

葛庵 李玄逸(1627~1704)은 退溪學의 가장 충직한 祖述者로서, 後學들에 의해 '退溪學派의 中興祖'로 받들어진 인물이다.[1] 退溪 이후로 퇴계의 제자들은 별로 性理說을 논하지 않았으며, 이러한 정황은 약 1백여 년간 지속되었다.[2] 그런데 그 사이 畿湖地方에서는 栗谷 성리설이 널리 퍼지고, 그에 입각해 退溪의 互發說을 비판하는 풍조가 일고 있었다. 이에 갈암은 〈栗谷李氏論四端七情書辨〉이라는 글을 통해 退溪說을 철저히 옹호하고 栗谷說을 전면적으로 비판함으로써, 당시 학계의 흐름에 제동을 걸었던 것이다. 갈암은 〈栗谷李氏論四端七情書辨〉의 序頭에서 다음과 같이 말했다.

---

1) 최영성, 『한국유학통사』 下, 심산, 2006, 119쪽 참조.
2) 현상윤, 『朝鮮儒學史』, 현음사, 1982, 355쪽 참조.

退陶李先生은 일찍이 高峯奇氏와 四端·七情에 대해 변론했는데, 오랫동안 反復論難한 끝에 마침내 歸一되었다. 그 뒤에 栗谷李氏가 나와서 退陶의 定論을 배척하고 高峯의 前說을 주워 모아, '高峯說은 明白하고 直截하나, 退溪說은 義理가 不明하다'고 하면서 방자하게 나무라고 적지 않게 꺼렸다. 간혹 남의 말을 제대로 이해하지 못하고 억지로 파악하여, 縱橫으로 뒤집고 들쭉날쭉 착오가 많으니, 일찍이 學問을 하지 않은 용렬한 사람들을 현혹시키기에는 충분하나, 道를 아는 사람이 보자면 곧 (栗谷이) 일찍이 道를 듣지 못했다는 증거가 될 뿐이다. 그는 바야흐로 또 팔을 걷어 올리고 큰 소리로 자랑하면서 "聖人이 다시 태어나셔도 내 말을 바꾸지 않을 것"이라 했으니, 비록 千萬의 雄辯으로도 그 鄙陋한 見解를 돌이키기 힘들 것이다. 거만하여 자부심 많은 기질은 그 說이 장차 혹독한 禍를 끼치게 할 뿐 아니라, 그 氣像이 이미 먼저 좋지 못하니, 後生들에게 '前賢을 야박하게 대하고 자기가 이기길 좋아하는 폐단'을 열어준 것이다. 아! 두렵도다. 지금 그 說이 兩湖 사이에 자못 유행하여 "理·氣는 互發할 수 없다는 말씀은 前賢이 밝히지 않은 것을 밝힌 것으로, 書契가 생긴 이래 일찍이 없었다"고 하면서 공개적으로 서로 傳道하여 방자한 행실이 만연함에, 學問이 끊이고 道가 衰微하여 세상이 자못 현혹되는 것이다. 그러므로 나는 그윽이 스스로를 헤아리지 못하고, 그 牛溪成氏에게 보낸 편지 가운데 더욱 이치에 해로운 말을 주워 모아, 문득 감히 조목에 따라 辨斥함으로써, 지금 세상의 疑惑을 밝히고자 한다.[3)]

위의 인용문은 갈암의 문제의식을 잘 보여주거니와, 갈암의 성리학은 한결같이 退溪를 옹호하고 栗谷을 철저히 비판하는 것에 主旨가 있었던 것이다. 사실 退溪의 後學들은 누구나 다 퇴계를 옹호했다고 말할 수 있을 것이다. 그런데 퇴계의 후학들 가운데는 理氣互發說을 퇴계의 原

3) 『葛庵集』 卷18 頁2.

義대로 이해하지 않고,[4] 자기의 입장에서 수정을 가한 경우가 많다. 예컨대 大山 李象靖이나 立齋 鄭宗魯의 경우가 그러하다. 이들은 '形而上者인 理가 스스로 發動할 수는 없다'는 관점에서, '퇴계의 理發'을 '理가 스스로 발한다'는 뜻으로 이해하지 않고, 다만 '理를 主로 삼는다(主理)'는 뜻으로 이해했던 것이다.[5] 그러나 갈암은 '퇴계의 理發'을 '主理'의 뜻과 '理가 스스로 발한다'는 뜻을 겸하는 것으로 이해하고 옹호했다. 요컨대 갈암은 퇴계설을 원형 그대로 인식하고 옹호한 것이다.

갈암은 62세(1688년)에 〈栗谷李氏論四端七情書辨〉을 지어 율곡설을 변척했고,[6] 72세(1698년)부터는 약 5년간 克齋 申益愰(1672~1722)과 退·栗의 성리설에 대해 논변하였다. 이 두 논변의 주요 논점들은 대략 다음과 같은 것들이었다. '四端과 七情'은 대립적인 것인가, 아니면 七情이 四端을 포함하는 것인가? '四端·七情'은 '人心·道心'과 같은 것인가, 다른 것인가? 四端은 理發인가, 氣發인가? 理는 스스로 발할 수 있

---

4) 論者가 말하는 '理氣互發論의 原義'란 퇴계의 互發說이 본래 '理發·氣發'의 뜻과 '主理·主氣'의 뜻을 겸하고 있음을 의미한다. 다시 말해 퇴계의 理發은 '理가 능동적으로 발한다'는 뜻과 함께 '主理'라는 뜻을 겸하는 것이었다. '理發·氣發'과 '主理·主氣'는 같은 뜻으로 볼 수도 있지만, 율곡이 "四端은 氣가 발한 것이지만, 主理이다"라고 하였듯이 별개의 뜻으로 볼 수도 있다.

5) 『大山集』 卷6 頁19, 〈答權淸臺〉: 近世爲理氣之說者 其主於不相離 則殆認理爲枯槁死物 凡動靜闔闢 皆氣機之自爾 固失之遠矣 而病其爲此 則又若以理爲與氣相對而各自發用 恐是矯枉過直 是亦枉而已矣

『立齋集』 卷11 頁20, 〈答蔡篚範別紙〉: 四端固是理之發 而此是主理而言之 故以爲理之發者此也 其實四端亦未嘗無氣而自發 今乃以是專歸之不相雜之理 而有若無氣而自發者然 得無未安矣乎

6) 사실 갈암의 율곡에 대한 비판은 다소 感情的인 면이 있으며, 또 換局을 거듭하면서 黨爭이 격화되던 당시의 政治現實과도 밀접한 관계가 있다. 그러나 本考에서는 이에 대해서는 論外로 하겠다. 한편, 갈암의 율곡 비판의 선구로서는 活齋 李榘(1613~1654)를 들 수 있다. 활재는 西人들이 栗谷과 牛溪의 文廟從祀를 추진하자 〈嶺南儒生論牛溪栗谷不合從祀疏〉를 통해 율곡의 성리설을 배척했으며(1650년), 또 〈辯論理氣書〉에서는 율곡의 성리설을 24조목에 걸쳐 변척하였다(이에 대한 자세한 논의는 김용헌, 「活齋 李榘의 栗谷 비판」, 『栗谷思想硏究』, 제6집, 율곡학회, 2003, 67~91쪽 참조).

는 것인가, 없는 것인가? '四端과 七情'은 氣發理乘一途인 것인가, 理氣互發인 것인가? '理의 주재'란 무슨 뜻인가? 氣의 운동은 저절로 그런 것(機自爾)인가, 理가 그렇게 시킨 것인가? 본고에서는 이러한 논점들을 중심으로 갈암의 성리설을 고찰하고, 그 의의와 한계를 논해 보고자 한다.[7)]

2. 葛庵의 기본 입장

1) '理의 主宰'에 대한 해석

性理學에서 '理의 主宰'는 "太極은 造化의 樞紐요, 品彙의 根柢이다"라는 말, 또는 "太極은 本然之妙이다"라는 말로 설명되어 왔다.[8)] '造化'란 이 세계의 '운동변화'를 뜻하고, 品彙란 '萬物'을 뜻하며, '樞紐'란 '가능근거'를 뜻하고, '根柢'란 '존재근거'를 뜻한다. 따라서 '造化의 樞紐'·'品彙의 根柢'란 이 세계의 '온갖 운동변화의 가능근거'요, '수많은 사물들의 존재근거'라는 뜻이다. "太極은 本然之妙"라는 말은 "氣의 動靜은 太極이 탈 바의 기틀"이라는 말과 짝을 이루는 것으로, '太極은 氣의 운동의 本然之妙'라는 말이다. 성리학에서는 '氣의 운동'은 '一動一靜'이라는 '순환적 법칙성'을 지닌다고 보고, 이것을 '本然'이라 한 것이다. 이렇게 '氣의 운동'이 '一動一靜'이라는 '순환적 법칙성'을 지니는 까닭은 理

---

7) 갈암의 성리설에 대한 기존 연구로는 송석준, 「갈암의 율곡비판」, 『철학논총』 제12집, 영남철학회, 1996; 유권종, 「갈암의 이기론에 관한 고찰」, 『철학논총』 제12집, 영남철학회, 1996; 유권종, 「葛庵의 旅軒 性理學에 대한 비판 고찰」, 『儒敎思想硏究』 제27집, 한국유교학회, 2006 등이 있다. 한편 『東方漢文學』 제14집(동방한문학회, 1998)에는 갈암에 대한 다방면의 연구논문들이 실려 있으나, 갈암의 성리학에 대한 논문은 보이지 않는다.

8) 『性理大全』 卷1 頁13~15, 〈太極圖說解〉 참조.

가 '본래 그렇게(本然)' 주재했기 때문인바, 이러한 맥락에서 理를 '本然之妙'라 하는 것이다. 本然之妙로서의 理는 '氣의 운동의 標準'이 되는 것인바, 이러한 맥락에서 理를 '太極(위대한 標準)'이라 하는 것이다. 이러한 설명은 모든 성리학자들에게 공통되는 것으로, 갈암 역시 다음과 같이 말한다.

> 太極은 '造化의 樞紐요, 品彙의 根柢'이다. 그러므로 太極은 動靜의 理를 머금고 動靜의 德을 갖추었으니, 이른바 '一陰一陽之謂道'라는 것이다. 天道로 말하자면 그 動은 '誠의 通이요, 繼之者善'이며, 그 靜은 '誠의 復이요, 成之者性'이다.[9] 人道로 말하자면 喜怒哀樂이 아직 발하지 않았을 때에도 太極이 있고, 喜怒哀樂이 이미 발했을 때에도 太極이 있어서, 일찍이 動이나 靜에 치우치지 않으니, 이것이 '理의 本然'이다.[10]

위의 내용은 주자의 〈太極圖說解〉에 입각한 것으로 특별한 것은 없다. 갈암의 특징은 영남성리학자들이 흔히 그러하듯이 '理의 주재'를 '氣로 하여금 이러저러하게 운동하도록 시킴(使之)'으로 설명하는 데 있다. 율곡은 '理의 주재'를 '造化의 樞紐, 品彙의 根柢'가 됨, 또는 '氣의 운동의 本然之妙'가 됨으로 설명하면서도 '使之'를 부정했다. 율곡의 입장은 氣의 운동이 一動一靜이라는 순환적 법칙성을 지니는 것은 '理의 주재'에 의한 것이지만,[11] 氣가 운동하는 것 자체는 '機自爾'라는 것이다. '機

---

9) '誠의 通, 誠의 復'은 周濂溪의 『通書』 〈誠上第一〉에서 "元亨 誠之通 利貞 誠之復"이라 한 것을 말하며, '繼之者善, 成之者性'은 『周易』 〈繫辭上傳〉 제5장에서 "一陰一陽之謂道 繼之者善也 成之者性也"라 한 것을 말한다.

10) 『葛庵集』 卷19 頁5, 〈愁州管窺錄〉: 太極是造化之樞紐 品彙之根柢 是故太極含動靜之理 具動靜之德 所謂一陰一陽之謂道也 以天道言之 其動也誠之通也 繼之者善也 其靜也誠之復也 成之者性也 以人道言之 喜怒哀樂之未發也 有箇太極 喜怒哀樂之已發也 有箇太極 未嘗偏於動 亦未嘗偏於靜 此理之本然也

11) 『栗谷全書』 卷9 頁19, 〈答朴和叔〉: 大抵 陰陽兩端 循環不已 本無其始 陰盡則陽生 陽

自爾'란 '기틀이 저절로 그러하다'는 것으로, 氣가 운동하는 것 자체는 '氣의 자연적 속성'에 해당된다는 것이다. 요컨대 '氣는 자신의 속성에 따라 스스로 운동하는 것'이요, 다만 그 운동이 '一動一靜이라는 순환적 법칙성을 지님'은 '理의 주재'에 해당된다는 것이다.[12] 그러나 갈암은 율곡의 이러한 설명을 '理를 虛無空寂한 물건으로 전락시키는 것'이라고 비판하였다. 갈암은 다음과 같이 말한다.

> 나는 생각건대 율곡이 "陰陽의 動靜은 '기틀이 저절로 그러한 것(機自爾)'이요, 그렇게 시키는 존재가 있는 것은 아니다(非有使之者). 陽이 動하면 理는 動에 타고, 陰이 靜하면 理는 靜에 타니, 理가 動靜하는 것은 아니다"라고 한 것은 실로 율곡의 主旨가 담긴 本原綱領으로서, 前後의 許多한 말들은 모두 이 한 주장에 입각한 것이다. 무릇 理는 비록 作爲가 없으나(無爲), 진실로 造化의 樞紐요 品彙의 根柢인 것이다. 만약 율곡의 설명과 같다면, 이 理는 다만 '虛無空寂한 물건'으로서, 萬化의 근원이 될 수 없고, 陰陽의 氣化가 홀로 縱橫顚倒하여 그 造化를 행하는 것이니, 또한 잘못이 아니겠는가? 무릇 하나의 理가 渾然하게 動靜을 꿰뚫어 主宰하기 때문에, 萬物이 化生하여 자라나고, 日月이 교대로 운행하여 밝으며, 천만 가지 온갖 端緖가 條序를 잃지 않아, 여름엔 덥고 겨울엔 추우며, 물은 아래로 흐르고 山은 위로 솟으며, 말은 갈기를 지니고 소는 뿔을 지니며, 오얏꽃은 희고 복숭아꽃은 붉은 것이 영원토록 일정한 것이다. 만약 理로 主宰者를 삼지 않고 陰陽의 氣化에 一任한다면, 반드시 장차 여름엔 춥고 겨울엔 더우며, 山은 평평해지고 냇물은 위로 솟으며, 말에 소뿔이 나고 복숭아나무에 오얏꽃이 펴서, 말할 수 없을 정도로 어긋나고 이상할 것이다. 그러므로 朱子는 太極을 설명하여 "性이 主가 되고, 陰陽五行은

盡則陰生 一陰一陽 而太極無不在焉 此太極所以爲萬化之樞紐 萬品之根柢也

12)『栗谷全書』卷10 頁26,〈答成浩原〉: 陰靜陽動 其機自爾 而所以陰靜陽動者 理也

經緯가 되어 錯綜한다"고 했고, 또 "봄·여름은 陽이 되고 가을·겨울은 陰이 된다. 예로부터 지금까지 다만 저 陰陽일 뿐이니, 이것은 누가 그렇게 시킨 것(使之)인가? 바로 '道'이다"라고 했던 것이다.[13)]

갈암은 현실의 세계가 이렇듯 秩序整然하게 전개되는 것은 '理의 주재'로 인한 것이요, '理의 주재'가 없다면 현실은 무질서한 혼란의 도가니가 될 것이라고 설명했다.[14)] '현실의 질서'라는 맥락에서, 율곡도 분명 '造化의 樞紐, 品彙의 根柢'로서의 '理의 주재'를 인정했다. 理가 氣의 운동의 標準이 되기 때문에 현실은 저렇듯 秩序整然할 수 있다는 것이다. 율곡이 부정하는 것은 다만 '理의 使之'였다. 그런데 갈암은 주자가 理의 주재를 '使之'로 설명한 예문을 제시하면서, '樞紐根柢'와 '使之'를 같은 맥락으로 해석하고, '使之'를 부정함은 곧 '理를 虛無空寂한 물건으로 전락시키는 것'이라고 비판하는 것이다. 갈암의 이러한 비판은 일견 至當한 것인바, 理가 氣를 부릴 수 없다면 理는 결국 '無能力한 존재'인 셈이 되기 때문이다.

---

13) 『葛庵集』 卷18 頁16, 〈栗谷李氏論四端七情書辨〉: 愚謂李氏謂陰陽動靜 機自爾也 非有使之者也 陽動則理乘於動 陰靜則理乘於靜 非理動靜也 此實李氏主意所在本原綱領 前後許多云云 皆自此一模中脫出也 夫理雖無爲 而實爲造化之樞紐 品彙之根柢 若如李氏之說 則此理只是虛無空寂底物 不能爲萬化之原 而獨陰陽氣化 縱橫顚倒 以行其造化也 不亦謬乎 夫一理渾然 貫動靜而爲之主 故化生發育 錯行代明 萬端千緖 不失條序 夏熱冬寒 水流山峙 馬鬣牛角 李白桃紅 亘萬古如一日 若不以理爲主 而一任陰陽氣化之爲 則必將夏寒冬熱 山夷川涌 馬生牛角 桃樹生李花 其詭異差忒殆不可名狀矣 故朱子之解太極曰 性爲之主 而陰陽五行 爲之經緯錯綜 又曰 春夏爲陽 秋冬爲陰 從古至今 只是這箇陰陽 是孰使之然哉 乃道也

14) 갈암의 이러한 설명은 일견 至當한 것이다. 그러나 현실은 '秩序整然'하기만 한 것이 아니요, 때때로 큰 '昏亂'을 연출하기도 한다. 현실은 '純善한 理가 주재함'에도 불구하고 때때로 '惡에 휩싸이는 것'이다. 따라서 '理의 주재'를 '本然之妙(氣의 운동의 標準)'뿐만 아니라 '使之'로도 설명하면, 이론적으로 큰 난관에 봉착하게 되는 것이다. '氣의 운동은 모두 理가 그렇게 시킨 것이라면, 현실에는 왜 惡이 존재하는가?'라는 물음이 그것이다. 畿湖學派에서 '理의 使之'를 부정하는 하나의 이유는, '理의 使之'를 인정할 경우 '현실의 惡'을 설명하기 곤란하기 때문이었다.

위에 소개되어 있듯이 주자는 과연 理의 주재를 '使之'로 설명한 경우가 있다.[15] 그럼에도 불구하고 율곡은 '使之'를 명백히 부정하거니와, 이는 무엇보다도 '理는 作爲가 없다(無爲)'는 전제에 따른 것이다. 요컨대 理는 '無爲한 존재'이므로 '氣를 부릴 수 없다'는 것이다. 그런데 갈암은 한편으로는 '理의 無爲'를 인정하면서도 '理의 使之'를 옹호하고, 또 한편으로는 退溪 이래의 '理의 體用論'에 입각해 '理의 能動性'을 주장한다. 이제 '理의 動靜' 문제에 대해서 살펴보자.

2) 理自動靜

갈암은 성리학의 일반적 전제로 간주되었던 '理는 無爲'라는 명제를 부정하지 않는다. 그러면서도 갈암은 주자의 "理에는 動靜이 있다"는 주장을 "理 자체가 動靜한다"는 뜻으로 해석하고, 이를 퇴계의 '理의 體用說'과 결부시켜 마침내 '靜은 太極의 體, 動은 太極의 用'이라고 규정한다. 먼저 갈암의 다음과 같은 주장을 살펴보자.

> 주자의 〈答鄭子上〉에서는 "理에 動靜이 있기 때문에 氣에 動靜이 있다. 만약 理에 動靜이 없다면 氣는 무엇에 연유하여 動靜이 있겠는가?"라고 했으며, 또 '太極은 動靜을 겸해서 말하는 것인가?'라는 질문에 대해서는 "動靜을 겸하는 것이 아니다. 太極에 動靜이 있는 것이다"라고 했다. 또한 黃勉齋는 '動靜者 所乘之機'의 뜻을 미루어 설명하기를 "太極은 理요, 陰陽은 氣이다. 그러나 理는 형체가 없고, 氣는 자취가 있다. 氣에 이

15) 이 例文은 『朱子語類』 卷74(중화서국본 1896쪽)에도 보이고 『周易傳義大全』 〈繫辭上傳〉 제5장 小註에도 보이는 것으로, 朱子가 '理의 주재'를 '使之'로 설명한 唯一한 例인 것 같다. 그런데 주자가 '使之'를 부정한 例文은 더욱 많거니와, 이에 대해서는 뒤에서 살펴보기로 하자.

> 미 動靜이 있으니, 타고 있는 理에 어찌 '動靜이 없다'고 하겠는가?"라 하였다. 무릇 이 여러 설명들이 '理에 動靜이 있다'는 뜻을 발명함이 이렇듯 분명하다.…… 무릇 靜은 곧 '太極의 體'요, 動은 곧 '太極의 用'이다. 하나의 太極이 已發의 즈음에 流行하고 未發의 때에 斂藏하니, 動은 문득 陽에 속하고 靜은 문득 陰에 속한다. 이 陽動陰靜이 바로 '所乘之機'이다.[16]

갈암이 인용하고 있듯이 주자가 누차 '理에 動靜이 있다'고 한 것은 분명하다. 그러나 '理에 動靜이 있다'는 말이 곧 '理가 動靜한다'는 뜻은 아니다. 그런데 갈암은 '理에 動靜이 있다'는 말을 곧 '理가 動靜한다'는 뜻으로 간주하고, 이러한 맥락에서 '靜은 太極의 體, 動은 太極의 用'이라고 규정하는 것이다.

理도 氣와 마찬가지로 動靜한다고 보는 갈암은 '四端은 理가 먼저 움직인 것, 七情은 氣가 먼저 움직인 것'이라는 견해를 피력한 바 있는데, 이에 대해 愚潭 丁時翰은 '표현이 너무 지나치다'고 우려하였다. 이에 갈암은 다시 다음과 같이 말한다.

> '理先動 · 氣先動'이라는 주장에 대해, 그대가 '표현이 너무 지나치다'고 의심한 것은 진실로 당연하다. 그러나 일찍이 黃勉齋가 或者의 질문에 답한 것을 보니, "性은 진실로 氣質과 섞인 것이다. 그러나 그것이 事物에 感應하여 움직임에 이르러서는 혹은 氣가 움직임에 理가 따르고(氣動而理隨之), 혹은 理가 움직임에 氣가 끼어든다(理動而氣挾之)"고 했다. 朱

16)『葛庵集』卷18 頁16~17, 〈栗谷李氏論四端七情書辨〉: 其答鄭子上書曰 理有動靜 故氣有動靜 若理無動靜 氣何自而有動靜乎 又有問太極是兼動靜而言曰 不是兼動靜 太極有動靜 又勉齋黃氏推說動靜者所乘之機之義曰 太極是理 陰陽是氣 然理無形而氣有迹 氣旣有動靜 則所載之理 安得謂之無動靜 凡此數說 發明理有動靜之義 如此分曉 …… 夫靜卽太極之體也 動卽太極之用也 一箇太極 流行於已發之際 斂藏於未發之時 動便屬陽靜便屬陰 卽此陽動陰靜 便是所乘之機

> 子도 일찍이 말하기를 "理는 心 가운데 있다. (心은 理를) 감싸서 가둘 수 없으니, 일에 따라 발한다. 갑자기 어린아이가 우물에 빠지는 것을 보았을 때, 氣는 손발을 쓸 수 없다"고 했고, 또 "理에 動靜이 있기 때문에 氣에 動靜이 있다. 만약 理에 動靜이 없다면 氣는 무엇에 말미암아 動靜이 있겠는가?"라고 했다. 다만 '理에 動靜이 있는 것'인데, 理는 볼 수 없고 陰陽을 통한 다음에 아는 것이다. 이것으로 보면 '氣에 動靜이 있을 뿐만 아니라, 理에도 또한 스스로 動靜이 있는 것'이다. 대개 이 理가 事物에 感應하여 움직일 때에는 氣가 문득 그 안에 包攝되는 것이요, 形氣 또한 事物에 感應하여 움직이는데 理 또한 거기에 있는 것이니, 그렇다면 '理先動 · 氣先動'이라고 말해도 不可함이 없을 것 같다. 그러나 理 · 氣는 이미 서로 渾淪한 것이요, 理는 氣 위에 타고 있는 것이니, '理先 · 氣先' 운운하면 '분리하고 결합하는 차이'가 있어서 남들의 의심을 야기할 것 같다. 삼가 마땅히 "事物에 感應하여 움직일 때, 혹은 理가 主가 되고, 혹은 氣가 主가 되어, 감촉함에 따라 발하여 스스로 그칠 수 없다"고 고친다면, 조금 더 簡約할 것 같다.[17)]

우선 위의 인용문에서도 갈암은 '理에 動靜이 있다'는 것과 '理가 動靜한다'는 것을 같은 뜻으로 간주함을 볼 수 있다. 갈암은 朱子와 黃勉齋의 所論을 통해 '理가 動靜한다'는 입장을 분명히 하고, 따라서 '理先動 · 氣先動'이라는 표현이 원칙적으로 不可할 것은 없다고 설명했다.

17) 『葛庵集』 卷8 頁24~25, 〈答丁君翊別紙〉: 至於理先動氣先動之說 高明之見疑於下語之太重 固所當然 然嘗見黃勉齋答或人之問曰 性固爲氣質之所雜矣 然及其感物而動 則或氣動而理隨之 或理動而氣挾之 朱子又嘗有言曰 理在心之中 包蓄不住 隨事而發 方其乍見孺子入井時 氣也著脚手不得 又曰 理有動靜 故氣有動靜 若理無動靜 氣何自而有動靜乎 只是理有動靜 理不可見 因陰陽而後知 由此觀之 非但氣有動靜 理亦自有動靜也 蓋此理感物而動 氣便包攝在其中 形氣亦感物而動 理亦無乎不在 則謂之理先動氣先動者似亦無所不可 然理氣旣相渾淪 理搭付在氣上面 則理先氣先云云者 似有離合之異 惹起他人之疑 謹當改之曰其感物而動也 或理爲之主 或氣爲之主 隨觸而發 不能自已云云 則似差簡約

갈암은 다만 이러한 표현이 불필요한 논란을 야기할까 우려하여 "事物에 感應하여 움직일 때, 혹은 理가 主가 되고, 혹은 氣가 主가 된다"는 것으로 수정하겠다고 한 것이다.

위의 인용문에 보이듯이 갈암은 분명 理도 氣와 마찬가지로 동정한다고 주장했다. '理도 氣와 마찬가지로 動靜한다'는 주장에 대해, 우리는 두 가지 문제를 제기할 수 있다. 첫째, 理도 氣와 마찬가지로 動靜한다고 하면, 理의 실현을 위해 氣가 필수적으로 요청되지는 않을 것이라는 점이다. 다시 말해 갈암의 구도에서는 이른바 '理主氣資'라는 원칙이 성립하지 않는 것이다.[18] 위에서 "갑자기 어린아이가 우물에 빠지는 것을 보았을 때, 氣는 손발을 쓸 수 없다"고 한 것은 '惻隱之心이 발하는 것은 理만의 독자적 작용이요, 氣는 전혀 맡은 역할이 없다'는 뜻이다. 이처럼 理와 氣가 主·資의 관계가 아니라면 '理氣不相離'를 고집할 이유도 없을 것이다. 그런데 갈암은 理氣不相離라는 명제를 '理가 움직일 때 氣가 따르고, 氣가 움직일 때 理가 따른다'는 방식으로 적용한다. 그러나 理·氣가 主·資 관계처럼 긴요한 상호의존적 관계로 전제되지 않는 한, 理와 함께 하는 氣란 오히려 '理의 실현을 방해하는 존재'로 인식되기 쉽다.[19] 둘째, 理도 氣와 마찬가지로 動靜한다고 하면, 形而上者인 理와 形而下者인 氣의 구분이 애매해진다는 점이다. 갈암의 다음과 같

---

18) 앞에서 살펴보았듯이 갈암은 '理의 主宰'를 더 없이 강조했다. 그러나 氣가 理의 실현의 바탕(재료)이 된다는 점에 대해서는 뚜렷한 언급이 없는 것이다. 理가 스스로 動靜하는 존재라면, 理는 氣 없이도 스스로를 실현할 수 있는 존재인 것이다.

19) 주지하듯이 퇴계의 '四端은 理發, 七情은 氣發'이라는 주장에 대해 奇高峯이 '理·氣를 심하게 갈라놓았다'고 비판하자, 퇴계는 '理發과 氣發'에 각각 '氣隨와 理乘'을 덧붙였는데, 이 '氣隨와 理乘'은 형식적으로 '理氣不相離'를 배려한 것일 뿐 아무런 본질적 의미를 지니지 못하는 것이었다(이에 대한 자세한 논의는 拙著, 『畿湖性理學研究』, 한울, 1998, 127~128쪽 참조). 이는 갈암의 경우도 마찬가지로, 理主氣資를 전제하지 않는 한 '理가 움직일 때 따르는 氣'와 '氣가 움직일 때 따르는 理'는 아무런 본질적 의미를 지니지 못하는 것이다.

은 말을 보자.

> 대개 太極은 動靜의 理를 갖추고 있는바, 動 또한 太極의 動이요 靜 또한 太極의 靜이니, 陰靜을 바탕으로 太極의 體가 확립되는 것도 아니요, 陽動을 바탕으로 太極의 用이 운행하는 것도 아니다. 朱子가 "動은 太極이 아니요, 다만 動은 太極의 用이다. 靜은 太極이 아니요, 다만 靜은 太極의 體이다"라고 했던 것은 이것을 말한 것이다.…… 대개 '太極이 動하여 陽을 낳고 靜하여 陰을 낳음'은 다만 '太極의 動이 바로 陽이요, 靜이 바로 陰'이니, 여전히 '靜은 體, 動은 用'인 것이다. 지금 만약 '太極은 體, 陰陽은 用'이라 한다면, 아마도 羅整庵의 '道心은 體, 人心은 用'이라는 주장의 오류를 면치 못할 것이요, 周濂溪의 '中正仁義로 定하고, 靜을 主로 한다'는 뜻과도 어긋날 것이다. 비록 그러나 太極은 形而上者요, 陰陽은 形而下者니, 또한 어찌 곧바로 陰靜을 가리켜 太極의 體라 하고 陽動을 가리켜 太極의 用이라 하겠는가? 다만 그 나뉨을 말하자면 마땅히 兩者를 분변해야 하는 것이다.…… 그대가 "혹은 動하고 혹은 靜하는 것이 모두 氣의 作爲요, 理는 다만 그 가운데서 主宰하는 것이다"라고 한 것은 또한 氣를 너무 지나치게 주장함을 면치 못한 것 같다.[20]

'太極이 動靜의 理를 지니고 있다'는 것은 모든 성리학자들이 동의하는 바였다. 그런데 갈암은 이를 바탕으로 '太極이 직접 動靜한다'고 보고 '太極의 動이 바로 陽이요, 靜이 바로 陰이다', '太極의 動은 用이요,

---

20) 『葛庵集』 卷11 頁34~35, 〈與元聖夫〉: 蓋太極具動靜之理 而動亦太極之動 靜亦太極之靜 非因陰靜而極之體立 非因陽動而極之用行 朱子動不是太極 但動者太極之用 靜不是太極 但靜者太極之體云者 此之謂也 …… 蓋太極動而生陽 靜而生陰 只太極之動便是陽 靜便是陰 則依舊靜體而動用 今若只以太極爲體而陰陽爲用 則恐不免有羅整庵道心是體人心是用之失 而有乖於周子定之以中正仁義而主靜之義也 雖然 太極形而上者也 陰陽形而下者也 亦豈直指陰靜爲太極之體 陽動爲太極之用哉 但語其分則以爲當有二者之辨耳 …… 賢者所謂或動或靜 皆氣爲之而理特主宰乎其中云者 似亦不免主張氣處太過

太極의 靜은 體이다'라고 주장하는 것이다. 그런데 이렇게 주장하면 太極과 陰陽의 차이가 모호해진다. 즉 '陰靜을 가리켜 太極의 體라 하고 陽動을 가리켜 太極의 用이라 하는 것'처럼 인식될 수 있는 것이다. 그런데 갈암은 太極은 形而上者요 陰陽은 形而下者라는 이유로 '陰靜을 가리켜 太極의 體라 하고 陽動을 가리켜 太極의 用이라 함'은 不可하다고 하였다. 갈암의 이러한 논법은 참으로 이해하기 어려운 것이다.

'太極은 形而上者요 陰陽은 形而下者이다'라는 원칙을 준수한다면 '太極은 動靜의 理일 뿐이요, 太極 자체가 動靜하는 것은 아니다'라고 해야 할 것이다. 반면에 '太極 자체가 動靜하는바, 太極의 動이 바로 陽이요, 靜이 바로 陰이다'라고 한다면 太極과 陰陽의 구분을 포기해야 할 것이다. 그런데 갈암은 '太極 자체가 動靜한다'는 주장과 '太極과 陰陽은 각각 形而上者와 形而下者로 그 성질이 다르다'는 주장을 양립시키고자 하였기에, 그 설명이 위와 같이 난해한 것이다.

한편, "혹은 動하고 혹은 靜하는 것이 모두 氣의 作爲요, 理는 다만 그 가운데서 主宰하는 것"이라는 주장은 바로 율곡의 입장이기도 했는데, 이에 대해 갈암은 '氣를 너무 지나치게 주장한 것'이라고 비판했다. '氣를 너무 지나치게 주장했다'는 것은 '理의 역할을 너무 과소평가했다'는 것과 같은 뜻이다. 이제까지 살펴보았듯이, 갈암은 '氣의 動靜은 理가 그렇게 시킨 것'이라고 주장하고, '理도 氣처럼 動靜한다'고도 주장했다. 갈암의 이러한 주장들은 요컨대 '理의 역할을 정당하게 평가하려는 시도'였던 셈이다.

'理 자체가 動靜한다'는 주장을 心性情論에 적용시키면 곧 '理發論'이 된다. 갈암은 '理가 스스로 발한다'는 것을 옹호하면서 다음과 같이 말한다.

或者가 朱子에게 "『大學或問』에서는 '理는 비록 萬物에 흩어져 있어도

> 그 用은 사람의 마음을 벗어나지 않는다'고 했는데, 이것은 '心의 用'인지 모르겠다"라고 묻자, 朱子는 "理에는 반드시 用이 있으니, 어찌 반드시 또 '心의 用'이라 하겠는가?"라고 답했다. 주자는 또 "理는 心 가운데 있다. 心은 理를 감싸서 가둘 수 없으니, 일에 따라 발한다"라고 했으며, 또 "私欲이 없으면 곧 仁이다. 그러나 또 모름지기 이곳에는 문득 '본래 녹아서 흘러나오는 氣象이 있음'을 알아야만 된다"고 했다. 무릇 理에는 스스로 用이 있어서, 感觸함에 따라 발함으로써 저렇듯 藹然한 氣象이 있게 되는 것이다. 비록 바야흐로 氣 가운데 있을지라도, 氣가 用事하지 않을 때에는 갑자기 感觸함에 따라 문득 感應하니, 氣는 손발을 쓸 수 없는 것이다. 그런데 理가 動하자마자 氣가 문득 따르는 것이니, 어찌 일찍이 두 조각으로 갈라서 '각각 스스로 動靜하고 별도로 作爲함이 있다'고 하겠는가? 오직 理·氣는 서로 분리되지도 않고, 또 서로 섞이지도 않는다. 그러므로 비록 天地의 氣가 昏明駁雜한 때에도, 다만 氣가 스스로 이러한 것이요, 理는 도리어 다만 저러한 것이다.[21]

위의 인용문의 요점은 크게 셋으로 정리된다. 첫째, '理의 用'이라는 관점에서 理發을 설명하는 것이다. '理는 스스로 발할 수 없다'고 주장하는 사람들은 항상 '理는 無爲'라는 명제를 그 논거로 제시했었다. 이에 대해 갈암은 퇴계와 같은 맥락에서 '理의 體는 無爲이지만, 理의 用은 有爲이다'라는 논리로 理發의 통로를 열어둔 것이다. 둘째, 理는 氣 없이도 독자적으로 발할 수 있다는 것이다. '理에는 스스로 用이 있어서, 感觸함에 따라 發(感應)하니, 氣는 손발을 쓸 수 없다'는 것은 '理 자체

---

21) 『葛庵集』 卷18 頁18, 〈栗谷李氏論四端七情書辨〉: 或有問於朱子曰 大學或問中有曰理雖散在萬物 而其用不外乎人心 不知是心之用否 曰理必有用 何必又說是心之用 又曰 理在心中 心包蓄不住 隨事而發 又曰心無私欲 卽是仁 然又須識得此處便有本來融融洩洩氣象 乃爲得之 夫理自有用 隨觸而發 藹然有如許氣象 雖其方在氣中 氣不用事時 乍觸便應 氣著脚手不得也 然而理才動 氣便隨之 曷嘗有判作兩片 各自爲動靜而別有所爲者乎 惟其不相離 而亦不相雜 故雖當天地之氣昏明駁雜之時 只是氣自如此 理却只恁地

의 독자적인 발현'을 설명한 것이다. 理가 독자적으로 발한다고 하면, 理의 실현에 氣가 기여할 몫은 없는 셈이다. 이러한 관점에서는 氣는 오히려 '理의 발현을 방해하는 존재'로 인식되기 십상이다. '氣가 用事하지 않을 때에는 갑자기 感觸함에 따라 理가 문득 感應한다'고 하는 말에서, '氣의 用事'란 바로 '氣가 理의 실현을 방해하는 작용'을 뜻한다. 따라서 이 말은 '氣가 방해하지 않으면, 理가 문득 감응한다'는 뜻으로서, 이것이 갈암의 중요한 논지 가운데 하나였던 것이다. 셋째, 理·氣는 不相離이므로 理가 動하자마자 氣가 문득 따른다는 것이요, 따라서 理·氣가 각각 별도로 발하는 것은 아니라는 것이다. 즉 理·氣는 항상 함께 존재하면서 사물에 감촉하여 발하는데, 어떤 때는 理가 발함에 氣가 따르고, 어떤 때는 氣가 발함에 理가 따른다는 것이다.

'理·氣가 항상 함께 존재한다'는 관점에서는 이른바 '渾淪說'이 성립하고, '어떤 때는 理가 발하고, 어떤 때는 氣가 발한다'는 관점에서는 이른바 '分開說'이 성립한다. 갈암은 양자가 모두 성립할 수 있음을 인정하면서도, 단연코 分開를 더욱 강조한다. 이 分開說의 귀결이 곧 '理氣互發論'이거니와, 이제 이 문제를 살펴보기로 하자.

3. 理氣互發論의 論據와 함의

1) 理·氣의 分開

理·氣의 '渾淪과 分開' 문제에 있어서, 高峯은 渾淪說을 강조하고 退溪는 分開說을 강조했음은 주지의 사실이다. 渾淪을 강조하면 四端과

七情이 모두 理와 氣를 겸한 것으로 인식되고, 마침내 '氣發理乘一途論'에 근접하게 된다. 그러나 分開를 강조하면 결국 '四端은 理發(主理), 七情은 氣發(主氣)'이라는 '理氣互發論'이 성립하게 된다.

갈암은 "무릇 道理를 살필 때에는 하나의 학설만 고집해서는 안 되니, 渾淪說도 있고 分別說도 있는 것"[22]이라고 말한다. 그러나 이것은 어디까지나 원론적인 언급일 뿐, 갈암은 실제로는 분개설을 강조하였다. 갈암은 〈答丁君翊別紙〉[23]에서 다음과 같이 말한다.

> 心은 비록 하나이지만, 그 所從來에는 각각 根源과 苗脈이 있는 것이니, 비록 '人心과 道心은 본래 한 근원이 아니요, 理와 氣를 兩邊으로 나누어서 말한다'고 하더라도 지나친 것이 아니다. 그대의 견해는 '理와 氣는 渾淪하여 分別이 없다는 뜻'을 주장함이 너무 지나치니, 돌고 돌아 결국엔 '理氣一物說'에 빠지는 것이 아니겠는가?[24]

갈암은 分開說에 대해서는 '지나친 것이 아니다'라고 옹호하고, 渾淪說에 대해서는 '理氣一物說에 빠질 수 있다'고 극력 경계하였다. 위의 인용문에서는 '理氣一物說에 빠진다'는 말의 구체적 의미를 간파할 수

---

22) 『葛庵集』 卷8 頁23, 〈答丁君翊別紙〉: 凡看道理 不可膠守一說 有渾淪說處 有分別說處

23) '君翊'은 愚潭 丁時翰의 字이다. 愚潭은 葛庵과 보조를 같이하여 栗谷說을 비판하는 데 앞장섰던 인물이다. 그런데 우담은 갈암에게 보내는 편지에서 "그대의 辯論에서는 '理·氣는 先·後와 離·合이 없다'는 뜻을 여러 번 간곡히 되풀이했다. 그런데 '理·氣는 두 근원'이라든지, '理가 먼저 움직이기도 하고, 氣가 먼저 움직이기도 한다'는 주장은 또 이처럼 앞의 주장과 相反되는 것이다"(『愚潭集』 卷4 頁3, 〈答李翼升〉: 台辨中 理氣無先後無離合之意 非不丁寧諄複 而理氣二源 理先動氣先動之論 又如此其相反)라고 지적했다. 우담은 갈암이 文字上으로만 渾淪을 언급할 뿐 실제로는 渾淪을 부정하고 分開에 치우쳤음을 지적한 것이다. 우담의 이러한 지적에 대해, 갈암은 〈答丁君翊別紙〉에서 자신의 견해를 다시 강조한 것이다.

24) 『葛庵集』 卷8 頁23~24, 〈答丁君翊別紙〉: 心雖一也 而其所從來 各有根源苗脈 則雖曰人心道心 本非一源 理氣二物 分作兩邊說 不爲過矣 高明之見 主張理氣渾淪無分別之意太過 無乃輾轉馴致 流入於理氣爲一物之說邪

없다. 그것은 다음의 인용문에서 드러나거니와, 바로 '天理와 人欲을 섞어서 한 범주로 삼음'을 뜻하는 것이다. 갈암은 〈答李粹彦別紙〉에서 다음과 같이 말한다.

> 整庵과 栗谷이 반드시 四端·七情을 하나로 통합하고, 둘로 나누려고 하지 않았기 때문에, 비록 그대처럼 참되고 적실한 견해를 지닌 사람도 또한 '억지로 끌어다가 얽어매는 것'을 면치 못하고 이러한 의심을 품는 것이다. 그러나 孟子는 이미 四端을 仁義禮智가 발한 것이라 하면서 氣質과 섞지 않고 말했다. 朱子도 '四端은 理發, 七情은 氣發'이라 했고, 또한 일찍이 "사람이 태어남은 性과 氣가 합쳐진 것일 뿐이다. 그러나 그 합쳐진 것에 나아가 분석해서 말하면, 性은 理를 主로 한 것으로 形體가 없기 때문에 그 발한 것은 모두 天理가 행한 바이며, 氣는 形體를 주로 한 것으로 質料가 있기 때문에 그 발한 것은 모두 人欲이 지은 바이다"라고 했으며, 또 일찍이 胡五峯의 '天理와 人欲은 體는 같으나 用이 다르다'는 학설을 배척하여 말하기를 "天理는 태어나면서부터 있는 것이요, 人欲은 形氣에 질곡된 다음에 있는 것이다. 이제 天理와 人欲을 섞어서 한 범주로 삼는 것은 아마도 마땅하지 않을 것이다. 胡五峯은 대개 사람들이 天理 가운데 人欲을 가려내고, 또 人欲 가운데 天理를 찾아내게 한 것이나, 그러므로 病痛을 면치 못했다. 聖人은 일찍이 사람들이 人欲에 골몰한 가운데서 天理를 찾아내도록 가르치지 않았다"라고 했다. 지금 만약 사람들이 四端과 七情을 둘로 쪼개지 않도록 하기 위해 '四端은 七情의 善一邊'이라고 말한다면, 어찌 이른바 '人欲에 골몰한 가운데서 天理를 찾아냄'이 아니겠는가?[25]

---

25) 『葛庵集』 卷11 頁12, 〈答李粹彦別紙〉: 自整庵栗谷 必欲合四端七情而爲一 不欲分作兩項說 故雖以賢者見解之眞的 亦不免拘牽纒繞而發此疑難 然孟子旣以四端爲仁義禮智之發 不雜乎氣質而爲言 朱子又以四端爲理之發 七情爲氣之發 又嘗曰 人之有生 性與氣合而已 然卽其合 而析言之 則性主於理而無形 故其發皆天理之所行 氣主於形而有質 故其發皆人欲之所作 又嘗斥五峯胡氏天理人欲同體異用之說曰 天理則生而有之矣 人欲者梏於形氣而後有者也 今以天理人欲混爲一區 恐未允當 胡子蓋欲人於天理中揀別人欲 又於

위의 인용문에서는 理·氣를 天理·人欲과 결부시켰다. 이러한 맥락에서 分開는 '天理와 人欲을 엄격히 구분하는 것'이 되며, 渾淪은 '天理와 人欲을 뒤섞는 것'이 된다. 요컨대 理·氣를 '天理·人欲'으로 해석하는 한 渾淪說은 용납될 여지가 없는 것이다. 〈答申明仲〉에서는 다음과 같이 말한다.

> 孔子 때에는 본래 性善의 이치에 밝았으므로, 다시 그 條目을 자세히 드러내지 않았다. 孟子 때에 이르러서는 異端의 학설이 횡행하여, 往往 性을 착하지 못한 것으로 여겼다. 그러므로 孟子는 이것이 두려워 性善을 밝히고자 했으니, 이에 '四端의 학설'이 정립된 것이요, 이는 진실로 前聖이 밝히지 않은 것을 밝힌 것이다. 그러므로 주자는 "사람들은 다만 孟子가 '楊朱·墨翟을 물리친 功'이 있음만 말하고, 그가 '마음에 대해서 밝힌 功'이 이렇게 크다는 것은 알지 못한다. 楊朱·墨翟을 물리친 것은 邊境을 지킨 功이요, 四端을 밝힌 것은 社稷을 안정시킨 功이다"라고 했으니, 그 稱述과 贊揚이 이와 같았던 것이다. 그런데 지금 그대는 "만약 渾淪說과 對擧說 둘 가운데 하나를 버리고자 한다면 마땅히 먼저 對擧說을 버려야 한다"고 했다. 그렇다면 先儒가 "孟子는 前聖이 밝히지 않은 것을 밝혔으니, 聖門에 큰 功을 세웠다"고 한 것은, 그 뜻이 과연 어디에 있겠는가? 지금 그대가 '渾淪하여 다만 一途일 뿐이라는 학설'을 주장하면서 '쪼개서 둘로 나누는 뜻'을 폐지하려는 것은 '가까운 것에 가려서 먼 것을 빠뜨리는 것'이라 말할 수 있겠다.[26]

人欲中見得天理 故不免有病 聖人未嘗教人求識天理於人欲汨沒之中也 今若不欲人將四端七情劈做兩片說 乃曰 四端是七情之善一邊 則豈非所謂求識天理於人欲汨沒之中耶

26) 『葛庵集』卷12 頁23~24, 〈答申明仲〉: 孔子之時 性善之理素明 故不復詳著其目 至孟子時 異端之說肆行 往往以性爲不善 故孟子爲是懼 思有以明之 四端之說 於是而立 實爲發前聖之所未發 故朱子曰 人只道孟子有闢楊墨之功 不知他就心上發明大功如此 闢楊墨 是扞邊圉之功 發明四端 是安社稷之功 其稱述之贊揚之如此 其至今賢者乃曰 若於渾淪說對擧說斯二者 欲廢其一 則當先廢對擧說 若然則先儒所謂孟子發前聖所未發大有功於聖門者 其意果安在哉 今賢者主張渾淪只一途之說 欲廢劈開做兩片之意 可謂蔽於近而遺於遠矣

갈암은 異端이 성행하여 세상이 혼탁해질수록 義理를 엄격하게 밝혀야 한다는 맥락에서, 맹자의 으뜸 공로는 四端을 통해 性善을 밝힌 것이라 하였다. 그런데 맹자의 이러한 업적은 결국 氣質(氣)로부터 本性(理)을 발라내서 對擧(分開)시킨 것이니, 따라서 渾淪과 分開 가운데 分開가 더욱 긴요하다는 것이다.

'理의 能發說'과 '理·氣의 分開說'이 결합되면 '理와 氣가 각자 발한다'는 理氣互發說이 성립한다. 克齋 申益愰이 分開說을 반대하여 "四端과 七情은 다만 一途일 뿐이며, 人心과 道心은 본래 두 근원이 아니다"라고 주장하자, 갈암은 다음과 같은 朱子의 여러 언설들을 인용하여 반론하였다.

○ 朱子는 일찍이 "人心은 血氣가 和合하여 생긴 것이니, 嗜欲의 무리는 모두 여기에서 나온다. 道心은 본래 仁義禮智의 마음을 타고난 것이다. 聖人은 이 둘을 對待하여 말씀하시고, 분명하게 兩片으로 갈라놓았으니, 精密하게 살피고 專一하게 지키도록 한 것이었다"라고 하였다.

○ 朱子는 또 "사람에게는 저절로 人心과 道心이 있으니, 하나는 血氣에서 생기고, 하나는 義理에서 생긴다"라고 하였다.

○ 朱子는 또 "다만 兩邊으로 분별해서 말한 것이니, 人心이 一邊이 되고, 道心이 一邊이 된다"라고 하였다.

○ 朱子는 또 "理는 精一하기 때문에 純粹하고, 氣는 粗雜하기 때문에 雜駁하다. 理와 氣는 두 길로 나누어진다"라고 하였다.

○ 朱子는 또 〈答蔡季通〉에서는 "性은 理를 主로 하여 公正하기 때문에, 그 발한 것이 모두 天理이다. 氣는 形을 主로 하여 사사롭기 때문에, 그 발한 것이 모두 人欲이다. 人心과 道心의 구별은 근본에서부터 이미 그러한 것이다"라고 하였다.

○ 朱子는 또 〈胡子知言疑義〉에서는 (胡五峯의) '天理와 人欲은 體는 같

은데 用이 다르다(同體異用)'는 학설에 대해, 크게 잘못되었다고 하였다.[27]

위의 인용문은 대부분 주자가 '人心과 道心을 둘로 구분한 것'에 해당된다. 栗谷은 '四端 · 七情과 人心 · 道心은 입론의 맥락이 다르므로, 함께 취급할 수 없다'는 입장이었다. 그러나 갈암은 '四端은 道心과 같고, 七情은 人心과 같다'는 입장에서 '人心 · 道心을 둘로 구분한 것'에 근거하여 '四端 · 七情 역시 둘로 구분된다'고 보는 것이다. 위의 〈答蔡季通〉에 보이듯이 갈암의 이러한 입장은 충분한 典據가 있는 것이다. 주자는 '四端은 理發, 七情은 氣發'이라 한 바 있으며, 〈答蔡季通〉에서는 더욱 분명하게 '性發(理發)과 氣發'을 구분하고, 이것을 '道心과 人心' 및 '天理와 人欲'으로 연결시키고 있기 때문이다.

이제 이상의 내용을 정리해 보기로 하자. 주지하듯이 성리학에서 理 · 氣는 '서로 떠나지 않는(不相離)' 관계인 동시에 '서로 섞이지 않는(不相雜)' 관계로 설명되어 왔다. 不相雜의 관점에서는 理 · 氣의 分開說이 성립할 수 있고, 不相離의 관점에서는 理 · 氣의 渾淪說이 성립할 수 있다. '理 · 氣 不相離'의 실질적 의미는 '理와 氣의 긴밀한 상호의존 관계'를 나타내는 것으로, 本(道, 표준)인 理와 具(器, 재료)인 氣는 사실적으로 서로 분리된 채 존재할 수 없다는 것이었다. 그러나 갈암은 理와 氣를 '本과 具'라는 관점에서 인식하지 않고 '天理와 人欲'이라는 관점에서 인식하였다. 따라서 갈암은 '理 · 氣 不相離'에 입각한 渾淪說에 대해 '天理와 人欲을 뒤섞는 것'이라고 주장하게 되는 것이다.

27) 『葛庵集』 卷12 頁21~22, 〈答申明仲別紙〉: 朱子嘗有言曰 人心是氣血和合做成 嗜欲之類 皆從此出 道心是本來稟受得仁義禮智之心 聖人以此二者對待而言 分明劈做兩片 欲其察之精而守之一也 又曰 人自有人心道心 一个生於血氣 一个生於義理(於此不曰原而直曰生) 又曰 只是分別兩邊說 人心便成一邊 道心便成一邊 又曰 理精一故純 氣粗故雜 理與氣分爲兩路 又與蔡季通書曰 性主於理而公 故其發皆天理 氣主於形而私 故其發皆人欲 人心道心之別 自其根本而已然 又於胡子知言疑義中 以同體異用之說爲大錯

한편, '理·氣 不相雜'의 본래적 의미는 理와 氣는 각각 形而上者와 形而下者로서 그 성질이 다르다는 것이다. 그런데 이 不相雜의 논리는 '本과 具'의 맥락에도 적합할 뿐만 아니라, '天理와 人欲'의 맥락에도 자연스럽게 적용될 수 있는 것이다. 이러한 맥락에서 갈암은 渾淪說을 폄하하고 分開說을 옹호했는바, 이는 그의 理氣論이 실질적으로 本具論(理主氣資論)에 입각한 것이 아니라 天理人欲論(遏人欲存天理)에 입각한 것임을 보여주는 것이다.

2) 理氣互發論과 그 함의

이상의 논의로 갈암이 '理의 能發'과 '理·氣의 互發'을 주장함이 분명해졌거니와, 이제 갈암이 '四端과 七情'을 '理發과 氣發'로 구분하는 이유를 살펴보기로 하자. 갈암은 '四端은 理發'이라는 것을 다음과 같이 설명한다.

> 朱子는 "性의 理는 비록 形體가 없으나 端緖가 발하는 것은 잘 증험할 수 있다. 그러므로 惻隱을 말미암아 仁이 있음을 반드시 알 수 있고, 羞惡를 말미암아 義가 있음을 반드시 알 수 있으며, 恭敬을 말미암아 禮가 있음을 반드시 알 수 있고, 是非를 말미암아 智가 있음을 반드시 알 수 있다. 만약 안에 본래 이러한 理가 없다면, 어떻게 밖에 이러한 端緖가 있겠는가? 孟子가 性善을 말한 것은 대개 또한 그 情을 거슬러 올라가 미루어서 알아낸 것이다"라고 했다. 무릇 저 苗脈이 원래 저 마음속에 있기 때문에, 밖의 일이 忽然이 부딪침에 문득 感觸에 따라 발하는 것이요, 氣는 손발을 쓸 수 없는 것이다. 齊宣王이 두려워하는 소를 보았을 때 '不忍의 本心'이 문득 드러나고, 朱子가 貪官汚吏를 보았을 때 '賤하게 여기고 미워하는 聲色'이 문득 드러난 것은 모두 '마음 가운데 본래 있는 理'에서 나온

> 것으로, 氣가 用事하지 않은 것이다. 그러므로 公正하여 不善이 없는 것이니 이것이 '四端은 理에서 발한다'는 證驗이다.[28]

위의 인용문에 보이듯이 갈암이 四端을 理發이라고 주장하는 핵심적 논거는 '四端은 公正하여 不善이 없다'는 점에 있다. '四端은 公正하여 不善이 없다'는 점에 대해서는 많은 사람들이 동의할 것이다.[29] 갈암은 四端이 公正하여 不善이 없는 까닭은 氣가 用事하지 않았기 때문이라고 보는 것이요, 그렇기 때문에 四端은 理發이라고 주장하는 것이다. '氣가 用事한다'는 말은 '氣가 손발을 쓴다'는 말과 마찬가지로 '氣가 개입한다'는 뜻이다. 주지하듯이 성리학에서는 '性命은 公正한 것이지만, 形氣는 사사로운 것'이라고 설명한다. 이러한 맥락에서 갈암은 四端은 形氣가 전혀 개입하지 않고 순수하게 性命이 발한 것이라고 보아, '四端은 理가 발한 것'이라고 주장하는 것이다. 갈암은 '七情은 氣發'이라는 것에 대해서는 다음과 같이 설명한다.

> 朱子는 "지금 사람이 기뻐함은 사사로운 기쁨이요, 분노함은 사사로운 분노이며, 슬퍼함은 사사로운 슬픔이요, 즐거워함은 사사로운 즐거움이며, 사랑함은 사사로운 사랑이요, 미워함은 사사로운 미움이며, 바램은 사사로운 욕망이다. 진실로 능히 자기의 사사로움을 이겨낸다면 公正하지 않음

28) 『葛庵集』 卷11 頁19, 〈答李國材別紙〉: 朱子曰 性之理雖無形 端緖之發 最可驗 故由其惻隱 所以必知其有仁 由其羞惡 所以必知其有義 由其恭敬 所以必知其有禮 由其是非 所以必知其有智 使其本無是理於內 則何以有是端於外 孟子之言性善 蓋亦遡其情而逆知之耳(朱子說止此) 夫這箇苗脈 元在這心裏面 故被外面事忽然撞著 便隨觸而發 氣著脚手不得 若齊宣王見觳觫之牛 而不忍之本心便露 朱子遇貪贓之吏 而賤惡之聲色輒厲 此皆出於心中本有之理 氣不用事 故公而無不善 此四端發於理之驗也

29) 물론 朱子 이래 "四端에도 또한 不中節이 있다"는 주장이 있어왔으나(『朱子語類』 卷53 (중화서국본 1285쪽): 惻隱羞惡 也有中節不中節 若不當惻隱而惻隱 不當羞惡而羞惡 便是不中節), 갈암은 그것을 수긍하지 않는 것이다. 退溪도 "四端에도 또한 不中節이 있다"는 말에 대해서는 "孟子의 本旨가 아니다"라는 말로 일축한 바 있다.

이 없을 것이다"라고 했다. 이것으로 보면 그대가 말한 '梁武帝의 사랑함, 鄭侯의 미워함'은 모두 '품부된 氣質의 치우침'에서 나온 것으로, 사람마다 다른 것이다. 그러므로 반드시 '克治의 공부'를 거친 뒤에야 바야흐로 公正하고 善할 수 있는 것이니, 이것이 '七情은 氣에서 발한다'는 證驗이다.[30]

갈암은 七情에 대해서는 '본래 私的인 것'이라고 규정하고, 그것은 본래 사사로운 形氣가 발한 것이기 때문이라고 설명하는 것이다. 일찍이 奇高峯은 퇴계에게 七情에도 '孟子의 기뻐함'이나 '文王의 성냄' 등과 같이 '公正한 것'이 있다는 점을 지적한 바 있다. 이후 '公正한 七情'을 '理發로 설명할 것이냐, 氣發로 설명할 것이냐' 하는 점은 퇴계학파에서 중요한 논란거리가 되었다.[31] 이에 대해 '七情은 본래 사사로운 것'이라고 규정하는 갈암은, 公正한 七情은 '克治의 공부'를 거친 결과라고 설명하는 것이다.

'公과 私'라는 관점에 입각해 '四端과 七情'을 '理發과 氣發'로 구분하는 갈암은 마침내 다음과 같이 확언한다.

무릇 朱子는 이미 "道心은 性命에서 근원하고, 人心은 形氣에서 생긴

30) 『葛庵集』 卷11 頁19, 〈答李國材別紙〉: 朱子曰 今人喜也是私喜 怒也是私怒 哀也是私哀樂也是私樂 愛也是私愛 惡也是私惡 欲也是私欲 苟能克去己私 莫非公矣 由是觀之 若賢契所謂梁武之愛 鄭侯之惡 皆出於氣質稟賦之偏 人各不同 故必加克治之工 然後方得公而善 此七情發於氣之驗也

31) 愚伏 鄭經世(1563~1633)는 '公正한 七情은 理發'이라고 설명한 바 있다(『愚伏集』 卷11 頁22, 〈答曹汝益〉: 聖人一性湛然 全是天理 故七情之發 亦純是天理 孟子之喜 文王之怒 何嘗不發於理耶 下聖人一等則不能然 故雖以明道之資之美 不免有形氣之喜 此虞書十六字所以爲心法之要也). 愚伏은 經筵에서도 이러한 내용을 진술한 바 있다(『愚伏別集』 卷3, 〈經筵日記〉, 丁卯 11月 1日條 : 上曰 孟子所謂四端 爲道心耶 經世曰 四端 道心之發見也 上曰 人心亦有仁義禮智乎 經世曰 七情出於形氣 而如孟子之喜而不寐 舜之怒四凶 孔子之慟顔淵 皆合於天 則蓋七情所包者廣 或出於形氣 或出於性命 性命則專歸於四端也).

> 다"고 했고, 또 "四端은 理가 발한 것이요, 七情은 氣가 발한 것이다"라고 했으니, 그 말이 정밀하고도 정확하여 百世 동안 聖人을 기다려도 의혹이 없는 것이었다. 그런데 整庵·栗谷은 반드시 '人心·道心'이나 '四端·七情'을 하나로 섞어서 분별하지 않으려고 했기 때문에, 整庵은 "道心은 體, 人心은 用"이라 하고, 栗谷은 "四端은 七情 가운데의 善一邊이니, 별도의 一情으로 여길 수 없다"고 한 것이니, 그 주장이 모두 매우 추하고 어긋난 것이다.…… 대개 四端은 理에서 발한 것이기 때문에 天下에 사무쳐서 모두 그렇지 않음이 없는 것이요, 七情은 자기에게서 발한 것이기 때문에 내가 愛·惡하는 바를 남들은 愛·惡하지 않는 것이다. 이것이 四端과 七情이 나뉘는 까닭이니, 어찌 七情의 愛·惡를 四端 가운데 끼워 넣어, 억지로 합쳐서 견주고 아우를 수 있겠는가?[32]

'天下에 사무쳐서 모두 그렇지 않음이 없다'는 말은 '모든 사람들이 共感한다'는 뜻이요, '내가 愛·惡하는 바를 남들은 愛·惡하지 않는다'는 말은 '자기의 사사로운 감정으로서, 남들의 共感을 얻지 못한다'는 뜻이다. 예컨대 내가 惻隱之心을 발휘해서 어린아이를 구했을 때엔 천하의 모든 사람들이 공감하지만, 내가 어떤 戀人을 사랑하고 敵手를 미워하는 것에 대해서는 남들이 공감하지 않는다는 것이다. 갈암의 이러한 설명은 일상적인 경험을 통해서도 충분히 동의할 수 있는 내용일 것이다. 이러한 맥락에서 갈암은 '四端과 七情'을 '理發과 氣發'로 구분하지 않을 수 없다고 확신한 것이다.

32) 『葛庵集』 卷11 頁19~20, 〈答李國材別紙〉: 夫朱子旣曰 道心原於性命 人心生於形氣 又曰 四端理之發 七情氣之發 其所以言之者 精審的確 百世以俟聖人而不惑 而整庵栗谷必欲以人心道心 四端七情 混爲一塗 無所分別 故整庵則曰 道心體而人心用 栗谷則曰 四端是七情中善一邊 不可別爲一情 其所爲說 皆非常醜差 …… 蓋四端是發於理 故達之天下 莫不皆然 七情是發於己 故我所愛惡 人不愛惡 此其四端七情之所以分也 豈可以七情之愛惡 拖入四端中 牽合而比幷之也

이상에서 갈암의 理氣互發論을 살펴보았거니와, 갈암의 理氣互發論은 人心道心論과 궤를 같이하는 것이다. 율곡은 四端·七情의 관계는 人心·道心의 관계와 다른 것으로, 人心과 道心은 서로 대립되는 관계이나, 四端과 七情은 서로 대립되는 관계가 아니라고 보았다. 이에 갈암은 朱子의 "喜·怒는 人心이요, 惻隱·羞惡·辭遜·是非는 道心이다"라는 말을 들어 "朱子도 진실로 四端·七情을 人心·道心에 分屬시키고 서로 대립시켜 설명했다"[33]고 반론한다. 요컨대 四端七情論과 人心道心論은 동일한 취지라는 것이다. 이러한 맥락에서 갈암은 '道心은 性命의 公正함에 근원 한다'는 말을 '四端은 理發'이라는 논거로 간주하고, '人心은 形氣의 사사로움에서 생긴다'는 말을 '七情은 氣發'이라는 논거로 간주했던 것이다. 갈암은 四端·七情을 人心·道心에 분속시키는 것으로 그치지 않고, 더 나아가 天理·人欲에 분속시켰다.

程子는 "人心은 人欲이요, 道心은 天理이다"라고 말한 바 있는데, 이에 입각해 朱子는 "이른바 人心은 血氣가 和合하여 생긴 것이니, 嗜欲의 무리는 모두 여기에서 나온 것이기 때문에 위태로운 것이다. 道心은 본래 仁義禮智의 마음을 타고난 것이다. 聖人이 둘을 대립시켜 말함으로써, 精密하게 살피고 專一하게 지키도록 한 것이다. 정밀하게 살피면 兩者의 경계가 분명해진다. 道心을 專一하게 지켜, 人欲이 침범하지 못하게 하라. 비유컨대 하나의 사물을 兩片으로 쪼개면, 문득 한 편은 좋은 것이요 한 편은 나쁜 것임을 알 수 있는 것과 같다. 堯·舜이 授受한 心法의 妙는 이러한 것에 불과하다"[34]고 평한 바 있다. 주자는 '人心은

33) 『葛庵集』 卷18 頁2, 〈栗谷李氏論四端七情書辨〉: 朱子曰 喜怒人心也 惻隱羞惡辭遜是非道心也 則朱子固以四端七情 分屬人心道心而相對說下矣

34) 『朱子語類』 卷78(중화서국본 2018쪽): 程子曰 人心 人欲也 道心 天理也 所謂人心者 是氣血和合做成 嗜欲之類 皆從此出 故危 道心是本來稟受得仁義禮智之心 聖人以此二者對待而言 正欲其察之精而守之一也 察之精 則兩箇界限分明 專一守着一箇道心 不令人

人欲이요, 道心은 天理'라는 관점에서 人心道心論을 善惡二元論으로 해석한 것인데, 갈암은 주자의 이러한 설명을 定論으로 삼아 자신의 논지를 전개하는 것이다.[35]

오늘날에도 그러하듯이 당시에도 程子의 '人心은 人欲이요, 道心은 天理'라는 주장을 朱子가 '初年에는 수용했으나, 晩年에는 온당하지 못한 것으로 의심했다'는 주장이 제기되었었다. 그런데 갈암은 이에 대해, 程子의 이 말을 朱子가 尊信하고 인용한 것이 非一非再한데 "어떻게 모두 初年의 未定說로 간주할 수 있겠는가?"라고 反問하였다.[36] 요컨대 '人心은 人欲이요, 道心은 天理'라는 주장은 朱子의 持論이기도 했다는 것이다. 이러한 맥락에서 갈암은 '四端 = 道心 = 天理, 七情 = 人心 = 人欲'이라는 등식을 정립한 것이다.

이상에서 살펴본 바와 같이, 갈암은 人心道心論과 四端七情論을 동일한 논리로 간주하고, '四端은 理發, 七情은 氣發'이라는 理氣互發論을 전개한 것이다. 주자는 '道心은 公正한 것이나 隱微하여 드러나기 어렵고, 人心은 사사로운 것으로서 危殆하여 不安하다'고 하였다. 이러한 맥락에서 갈암은 '四端은 擴充해야 하고, 七情은 克治해야 한다'고 하였다. '理發과 氣發'을 '公·私' 또는 '善·惡'으로 규정할 때, '理發을 扶持하고 氣發을 抑制하라'는 것은 쉽게 예상할 수 있는 결론이다. 갈암의 理氣互發論 역시 이러한 當爲論으로 귀결되었던 것이다.

欲得以干犯 譬如一物 判作兩片 便知得一箇好 一箇惡 堯舜所以授受之妙 不過如此

35) 주자의 이러한 설명을 갈암은 〈答李國材別紙〉에서도 인용하였고(『葛庵集』 卷11 頁17~18, 〈答李國材別紙〉: 程子曰人心 人欲也 道心 天理也 聖人以此二者對待而言 欲其察之精而守之一也), 〈答申明仲別紙〉에서도 인용하였다(『葛庵集』 卷12 頁21, 〈答申明仲別紙〉: 朱子嘗有言曰 人心是氣血和合做成 嗜欲之類 皆從此出 道心是本來稟受得仁義禮智之心 聖人以此二者對待而言 分明劈做兩片 欲其察之精而守之一也).

36) 『葛庵集』 卷13 頁3~4, 〈答申明仲〉: 朱子嘗疑程夫子人心人欲之說 而其尊信引用處 亦多有之 …… 至他稱道援引處 非一非再 豈皆初年未定之論

4. 栗谷說에 대한 辨斥과 그 비판

1) 栗谷說에 대한 辨斥

畿湖地方에서 栗谷說이 풍미하기 시작하자, 갈암은 〈栗谷李氏論四端七情書辨〉이라는 글을 통해 栗谷의 性理說을 철저하게 비판했다. 이 글은 19개의 條目으로 구성되어 있는바, 그 주요 논점은 '理의 주재'와 '機自爾' 문제, 理의 能發 문제, 四端·七情과 人心·道心의 문제로 요약된다. 이제 이러한 논점들을 중심으로 갈암의 율곡에 대한 비판을 살펴보자.

먼저, '理의 주재'와 '機自爾' 문제에 대한 비판을 살펴보자. 율곡은 '四端과 七情'을 모두 '氣發理乘'으로 설명하면서 "陰靜陽動은 기틀이 저절로 그러한 것(機自爾)이요, '그렇게 시키는 존재(使之者)'가 있는 것은 아니다. 陽이 動하면 理는 動에 타는데, 理가 動한 것이 아니요, 陰이 靜하면 理는 靜에 타는데 理가 靜한 것이 아니다. 陰靜陽動은 기틀이 저절로 그러한 것이요, 陰靜陽動하는 까닭이 理이다"[37]라고 설명한 바 있다. 이에 대해 갈암은 두 가지 논점으로 비판하였다. 첫째, 陰靜陽動을 機自爾로 설명하는 것은 理를 '虛無空寂한 존재'로 전락시키는 것이요, '理의 주재'를 부정하는 것이다. 둘째, 주자는 분명 '氣의 이러저러한 운동'은 '理가 그렇게 시킨 것(使之)'이라 말한 바 있다.[38]

다음, '理의 能發' 문제를 살펴보자. 율곡은 '氣는 作爲가 있으나(有爲), 理는 作爲가 없다(無爲)'는 관점에서 理發(理의 能發)을 부정하고 氣發만 인정했으며,[39] 退溪의 互發說은 '理氣不相離의 妙를 깊이 살피

37) 『栗谷全書』 卷10 頁26, 〈答成浩原〉 참조.
38) 『葛庵集』 卷18 頁16~17 참조. 이 부분은 本考의 제2절에서 자세히 논한 바 있다.
39) 『栗谷全書』 卷10 頁27, 〈答成浩原〉 참조.

지 못한 것'이라고도 비판하였다.[40] 이에 대해 갈암은 역시 두 가지 논점으로 비판하였다. 첫째, 율곡은 '理의 無爲'만 알아서 理를 '虛無空寂한 존재'로 인식하고, 다시는 '理가 萬物을 妙하게 주재하여 造化의 樞紐가 됨'을 모른다는 것이다. 갈암은 理는 無爲이지만, '理에는 用이 있어서, 감촉함에 따라 발한다'고 주장하였다. 요컨대 理의 體는 無爲이지만 理의 用은 有爲라는 것이다. 둘째, "理가 움직이면 곧바로 氣가 따르는 것이기 때문에, 理와 氣가 둘로 쪼개져서 각자 動靜하는 것은 아니다"라는 것이다. 요컨대 理氣互發說이 理氣不相離라는 명제와 어긋나지 않는다는 것이다.[41]

다음, 四端·七情과 人心·道心의 문제를 살펴보자. 율곡의 지론은 '道心·人心'의 관계는 '四端·七情'의 관계와 다르다는 것이었다. '道心과 人心'은 '道義를 위한 것과 形氣를 위한 것'으로 分屬되니 '대립적 관계'라 할 수 있으나, 四端은 道義를 위한 것이요 七情은 道義와 形氣를 겸하는 것이므로 '四端과 七情'은 대립적 관계가 아니라 '七情이 四端을 포함하는 관계'라는 것이다. 이에 대해 갈암은 역시 두 가지 논점으로 비판하였다. 첫째, 四端과 七情은 본래 立言의 취지가 다른 것이므로, 억지로 끌어다가 하나의 학설로 취급할 수 없다. 둘째, 朱子는 분명 喜怒哀樂은 人心이요, 惻隱·羞惡는 道心이라 말한 바 있으니, 四端·七情을 人心·道心에 分屬시킬 수 있으며, 四端·七情 역시 '대립적 관계'인 것이다.[42]

---

40) 『栗谷全書』 卷10 頁29, 〈答成浩原〉 참조.

41) 『葛庵集』 卷18 頁18~19 참조. 이 부분도 本考의 제2절에서 자세히 논한 바 있다.

42) 『葛庵集』 卷18 頁2: 愚謂七情固是性之欲 然却觸形氣 緣境而生 故有有節與無節 中節與不中節 四端固是乘氣而發 然以其直出於仁義禮智之性 故曰乃若其情則可以爲善 乃所謂善也 蓋其所從來 各有所主 自其根本而已然 初非發則一途 而旣發之後 擇善一邊而爲四端也 愚故曰 四端七情 立言命意 自不相蒙 不必牽引配合而强爲一說也 李氏謂四端七情不如人心道心之相對說下矣 而朱子曰 喜怒人心也 惻隱羞惡辭遜是非道心也 則朱子固以

갈암의 율곡에 대한 비판은 매우 장황하나, 그 요점은 대략 위와 같은 것들이다. 이제 몇 개의 조목만 보다 구체적으로 살펴보기로 하자. 율곡이 "吾心이 발하는 것은 天地의 造化와 같은 맥락이다. 天地의 造化에 氣化만 있듯이, 吾心이 발함에도 氣發만 있는 것이다"[43]라는 입장에서 '理氣互發'을 비판하고 '氣發理乘一途'를 주장한 것에 대해서는, 갈암은 다음과 같이 반론한다.

> 율곡이 '天地의 造化에 두 근본이 없다는 것으로 吾心의 발함도 두 근원이 없다는 것을 밝힌 것'은 그럴듯하나, 사실은 그렇지 않다. 무릇 形而上者를 道라 하고, 形而下者를 器라 하니, 太極과 陰陽 두 이치가 있다고 말할 수 없다. 그러나 '모양이 없음과 기운이 있음'으로 말하자면, '道와 器의 구분'이 없을 수 없다.…… 天道의 元亨利貞과 人性의 仁義禮智는 모두 形而上者로서 모두 理이다. 그러므로 이로부터 말미암아 나온 것이 天에 있어서는 '繼 · 成 · 通 · 復[44]의 造化'가 되고 人에 있어서는 '惻隱 · 羞惡 · 辭遜 · 是非의 情'이 된다. 天의 陰陽氣化와 人의 血氣軀殼은 모두 形而下者로서, 査滓가 뒤섞인 것이다. 그러므로 造化가 베풀어질 때 간혹 '여름에 춥고 겨울에 더운 變怪'가 되어 所生한 人物도 문득 '厚薄美惡'이 있게 되고, 人心이 발할 때 간혹 '中節과 不中節의 차이'가 있게 되어 食色과 攻取가 '化物窮欲'에 이르는 것이다. 이것은 왜 그런 것인가? 於穆不已한 天命과 純粹至善한 本性은 진실로 不善이 없으나, 氣化가 騰倒하고 好惡가 절제되지 못해 이러한 '常 · 變과 淑 · 慝의 구분'이 있게 되는 것이다.[45]

四端七情 分屬人心道心而相對說下矣

43) 『栗谷全書』 卷10 頁5, 〈答成浩原〉 참조.

44) '通 · 復'은 『通書』 〈誠上第一〉에서 "元亨 誠之通 利貞 誠之復"이라 한 것을 말하며, '繼 · 成'은 『周易』 〈繫辭上傳〉 제5장에서 "一陰一陽之謂道 繼之者善也 成之者性也"라 한 것을 말한다.

45) 『葛庵集』 卷18 頁4~5: 李氏以天地之化無二本 明吾心之發無二源 則似矣而實不然也 夫形而上者謂之道 形而下者謂之器 太極陰陽 不可謂有二理 然以無象與有氣而言之 則不

갈암이 "太極과 陰陽 두 이치가 있다고 말할 수 없다"고 한 것은 율곡의 '天地의 造化에 두 근본이 없다'는 말과 같은 뜻이다. 갈암은 '天地의 造化에는 하나의 근본만 있는 것'이지만 '道와 器의 구분이 없을 수 없다'고 보아, '理化(理發)와 氣化(氣發)'를 구분하는 것이다. 天의 '繼·成·通·復의 造化'와 人의 '惻隱·羞惡·辭遜·是非의 情'은 理化·理發에 해당되고, 天의 '여름에 춥고 겨울에 더운 변괴'나 人의 '食色과 攻取가 化物窮欲에 이름'은 氣化·氣發에 해당된다. 요컨대 갈암은 天地에 理化·氣化가 있기 때문에 吾心에도 理發·氣發이 있다고 설명하는 것이다.

율곡이 "어린아이가 우물에 빠지는 것을 보고 이에 惻隱之心을 발하는 것이다. 보고서 측은히 여기는 것은 氣니 이것이 이른바 '氣發'이요, 惻隱의 本은 仁이니 이것이 이른바 '理乘之'이다. 사람의 마음만 그런 것이 아니니, 天地의 造化도 모두 '氣化而理乘之'인 것이다. 그러므로 陰陽이 動靜함에 太極이 그것을 타는 것이니, 先·後를 말할 수 없는 것이다"[46]라고 한 것에 대해서는 갈암은 다음과 같이 반론한다.

> 무릇 理·氣는 진실로 서로 떠날 수 없다. 그러나 어린아이가 우물에 빠지는 것을 갑자기 보았을 때, 마음 가운데 본래 있는 理가 감촉함에 따라 발하는 것이다. 心은 理를 감싸고 있는데 머물러 있지 않고 일에 따라 발한다. 氣는 손발을 쓸 수 없다(이 말들은 朱子語를 節略한 것이다). 그렇다면 惻隱之心은 어찌 理가 발한 것이 아니겠는가? 원래 孟子의 本意

能無道器之分 …… 天道之元亨利貞 人性之仁義禮智 皆是形而上而全是理 故由是而出焉者 在天爲繼成通復之化 在人爲惻隱羞惡辭遜是非之情 若天之陰陽氣化 人之血氣軀殼皆是形而下而雜以查滓 故造化之施 或有夏寒冬熱之變 而所生人物 便有厚薄美惡 人心之發 或有中節不中節之差 而食色攻取 至於化物窮欲 此何爲而然哉 於穆不已之命 純粹至善之性 固無有不善 而以氣化騰倒 好惡無節 而有此常變淑慝之分也

46) 『栗谷全書』 卷10 頁5, 〈答成浩原〉 참조.

> 도 여기에서 벗어나지 않으니, 이제 四端을 氣發이라 함이 옳겠는가? 무릇 太極은 진실로 聲臭와 影響이 없으나, 사실은 '造化의 樞紐, 品彙의 根柢'가 되니, 사물이 있기 전부터 있으나 또한 사물이 있은 다음에도 있는 것이요, 陰陽의 밖에 있으나 또한 陰陽 가운데 流行하는 것이다(이것 역시 朱子語이다). 그렇다면 太極은 '空虛冥寂하여 다만 陰陽의 氣化에 실릴 뿐'만이 아닌 것이다. 그러므로 周濂溪는 "太極이 動하여 陽을 낳고, 靜하여 陰을 낳는다"라 하였고, 또 "動하되 動이 없고, 靜하되 靜이 없는 것은 神이다"라고 한 것이다. 朱子는 이 말을 풀어서 "이것은 動하여 陽을 낳고 靜하여 陰을 낳음에는 스스로 그 사이에 神이 있어서, 陰에도 속하지 않고 陽에도 속하지 않으니, 스스로 形氣의 밖에 超然하나 動·靜을 관통함을 말한 것이다. 그 體는 이와 같을 따름이다"라 하였다. 이것은 "太極에 스스로 動靜이 있다"는 말이니, 氣와 무슨 관계가 있겠는가? 이제 "陰陽이 動靜함에 太極이 그것을 탄다"고 한다면, 이것은 太極을 '하나의 虛無空寂한 물건'으로 여길 뿐이니, 그것이 옳겠는가?47)

위의 인용문은 매우 장황하나, 그 요점은 '太極의 能動性'을 주장하고 그에 입각하여 '理의 能發'을 주장한 것이다. 갈암은 '太極에 動靜이 있다'는 말을 '太極이 스스로 動靜한다'는 뜻으로 간주하고, '太極의 動靜은 氣와 아무런 관계가 없는 것'이라 설명했다. 이것은 '氣 없이도 理가 스스로 動靜한다'는 뜻이다. 같은 맥락에서 갈암은 惻隱之心이란 '어린

47) 『葛庵集』 卷18 頁9: 夫理氣固不相離 然方其乍見孺子入井時 心中本有之理隨觸而發 心包蓄不住 氣著脚手不得(此三轉語節略朱子語) 則惻隱豈非理之發耶 孟子元初本意固出於此 而今以四端爲氣之發則其可乎哉 夫太極固無聲臭影響之可言 然實爲造化之樞紐 品彙之根柢 在無物之前而未嘗不立於有物之後 在陰陽之外而未嘗不行於陰陽之中(此亦朱子語) 則不是空虛冥寂 但爲陰陽氣化所乘載而已也 故周子曰 太極動而生陽 靜而生陰 又曰 動而無動 靜而無靜 神也 朱子釋之曰 此說動而生陽 靜而生陰 自有箇神在其間 不屬陰不屬陽 自是超然於形氣之表 貫動靜而言 其體如是而已矣(朱子語止此) 此言太極自有動靜也 何關於氣乎 今曰陰陽動靜而太極乘之 則是以太極爲箇虛無空寂一物事而已 其可乎哉

아이가 우물에 빠지는 것을 보고 마음 가운데의 理가 발한 것'으로, 이때 '氣는 손발을 쓸 수 없다'고 하였다. '氣는 손발을 쓸 수 없다'는 것은 '理만의 獨自的 발현'이라는 뜻이다. 이러한 맥락에서 갈암은 惻隱之心과 氣를 결부시키는 것을 용납하지 않았다.

율곡이 "반드시 人心道心說에 입각하여 理氣互發說을 주장하고자 한다면, 차라리 羅整庵처럼 人心·道心을 體·用으로 보는 것이 나을 것이다. 人心道心體用論은 비록 그 名義는 잃었지만, 도리어 大本上에 있어서는 크게 잘못된 것이 아니다"[48]라고 한 것에 대하여 갈암은 다음과 같이 비판한다.

> 무릇 율곡이 말하는 '大本'이란 무엇인가? 理·氣가 渾淪하여 分開할 수 없다는 것이다. 무릇 理·氣는 본래 서로 依附하는 것이니, 陰陽을 떠나서는 진실로 理를 말할 수 없다. 그러나 마땅히 그 위에 나아가 그 本體는 원래 不相離이나 또한 일찍이 서로 섞이지 않음도 보아야 한다. 이제 不相離라는 이유로 다시 그 所從來는 각각 根柢가 있음을 변별하지 않고 "人心·道心은 그 근원이 하나이다. 이미 발하여 人欲으로 흐른 다음에야 바야흐로 人心·道心의 구별이 있는 것이다"라고 말한다면, 이것은 "未發의 즈음에는 理·氣가 하나로 섞여 있다가, 이미 발한 다음에야 바야흐로 天理와 人欲이 구별된다"는 뜻이 된다. 그렇다면 그 이른바 '大本'이란 장차 '맑은 물과 진흙을 함께 섞음(和泥帶水)'을 면치 못하여, 하나의 '잡탕 같은 물건'이 될 것이니, 어찌 큰 오류가 아니겠는가?[49]

---

48) 『栗谷全書』 卷10 頁9, 〈答成浩原〉 참조.

49) 『葛庵集』 卷18 頁12~13: 夫李氏所謂大本者何 理氣渾淪 不可分開之謂也 夫理氣自相依附 離了陰陽 固不可以理言 然就此上面 當見其本體元不相離 亦未嘗雜耳 今以不相離之故 而不復辨別其所從來者各有根柢 以爲人心道心其源則一 旣發而流於人欲然後方有人心道心之別云爾 則是未發之際 理氣混爲一物 及其旣發然後方揀別天理與人欲也 如此則其所謂大本者 將不免和泥帶水 爲一箇汨董底物事 豈不大謬乎

율곡은 '大本이 둘일 수는 없다'는 입장에서 理氣互發說을 비판한 것이었다. 또 羅整庵의 人心道心體用論은 人心·道心의 名義를 잃은 것이지만, 人心·道心을 하나의 근원으로 설정한 점에 있어서는 大本上의 오류를 범하지는 않았고, 이 점에 있어서는 理氣互發說보다 낫다고 평한 것이었다. 율곡이 '四端과 七情' 또는 '人心과 道心'을 '하나의 근원'에서 발하는 것이라고 주장함에 대해, 갈암은 율곡이 理·氣의 不相離만 생각하고 不相雜은 생각하지 않았다고 비판하면서, 그것은 결국 '和泥帶水'를 면치 못한다고 규정했다. 갈암은 이러한 맥락에서 '四端과 七情' 또는 '人心과 道心'은 所從來가 다르다'는 입장을 고수하는 것이다.

율곡이 "理氣說과 人心道心說은 모두 하나로 관통되는 것이다. 만약 '理·氣의 不相離'를 분명하게 깨닫는다면, 이것을 미루어 '人心·道心에 두 근원이 없음'도 알 수 있다. 오직 理·氣에 대해 투철하게 알지 못하여, 간혹 서로 분리되어 각각 한 곳에 있다고 여기기 때문에, 人心·道心에 대해서도 두 근원이 있는 것으로 의심하는 것이다"[50]라고 한 것에 대해서는 갈암은 다음과 같이 비판한다.

> 나는 생각건대 마음의 虛靈知覺에 두 본체가 있는 것은 아닌데, 그 知覺이 義理를 따라 나오면 道心이라 하고, 血氣를 따라 나오면 人心이라 한다. 知覺은 하나이나, 所從來는 각각 所主가 있으니, '하나의 마음으로서 두 모양이 있음(一心而有兩樣)'을 해치지 않는다. 그러므로 程子는 人心·道心을 天理·人欲으로 갈라 兩邊으로 나누어 말했고, 朱子 또한 人心은 血氣가 和合하여 생긴 것이요, 道心은 仁義禮智의 마음을 얻은 것이라 하여, 根本으로부터 이미 둘로 갈라서 말한 것이다. 대개 '天理와 人欲'은 '體는 같고 用이 다른 것'이 아니다. 이제 理·氣는 渾淪하여 分開할

50) 『栗谷全書』 卷10 頁11, 〈答成浩原〉 참조.

수 없다는 이유로 '人心·道心의 발함은 본래 一途'라고 말한다면, 이것은 天理와 人欲을 한 구역에 섞는 것이니, 性과 氣를 변별해내지 못하는 病痛이 있는 것이다.[51]

갈암은 율곡의 '人心과 道心이 하나의 근원'이라는 주장에 대해서 '天理와 人欲을 한 구역에 섞는 것'이라 비판했는데, 이는 앞의 '和泥帶水'라는 비판과 같은 뜻이다. 주자는 '마음의 虛靈知覺은 하나일 뿐'이라 했는데, 이러한 맥락에서 갈암 역시 '마음은 하나일 뿐'이라 하였다. 그런데 人心과 道心은 所從來가 다르니, 따라서 '마음에는 두 모양이 있다'는 것이다. 갈암의 '하나의 마음으로서 두 모양이 있음(一心而有兩樣)'은 일견 율곡의 '근원은 하나이되 흐름은 둘이다(源一而流二)'[52]라는 주장과 다르지 않은 것 같다. 그러나 율곡은 人心과 道心은 하나의 근원이기 때문에 '所從來가 다르다'고 말할 수 없다는 것이요, 갈암은 人心과 道心은 所從來가 다르기 때문에 '하나의 근원'이라고 말할 수 없다는 것이다. 갈암의 이러한 주장들에 대해 율곡의 입장에서는 어떻게 반론할 수 있을까? 이에 대해서는 잠시 뒤에 논의하기로 하자.

2) 克齋와의 논변

克齋 申益愰은 본래 旅軒 張顯光의 학풍 속에서 성장한 인물이었

---

51) 『葛庵集』 卷18 頁13~14: 愚謂心之虛靈知覺非有二體 而其知覺從義理上去者 謂之道心 從血氣上去者 謂之人心 知覺則一 而所從來者 各有所主 則不害其以一心而有兩樣也 故程子以人心道心 判爲天理人欲 分作兩邊說 朱子亦以爲人心者 血氣和合做成 道心是稟受得仁義禮智之心 自其根本而已劈做兩片說 蓋天理人欲 不是同體而異用者也 今以理氣渾淪不可分開之故 而謂人心道心之發 本是一途云爾 則是以天理人欲渾爲一區 有辨別性氣兩字不出之病

52) 『栗谷全書』 卷10 頁12, 〈答成浩原〉: 人心道心 夫孰非原於理乎 非未發之時 亦有人心苗脈 與理相對于方寸中也 源一而流二 朱子豈不知之乎

다.[53] 주지하듯이 여헌의 理氣經緯說은 퇴계설보다는 율곡설에 가까운 것인바, 따라서 한결같이 율곡설을 배척하고 퇴계설을 옹호한 葛庵은 마찬가지로 여헌설에 대해서도 비판적 입장을 견지하고 있었다.

어린 시절부터 여헌의 학풍 속에서 성장한 극재는 27세 때 전라도 光陽에 유배 중이었던 葛庵(당시 72세)을 찾아뵈었고, 이후 갈암에게 편지를 올려 性理說을 논변하기 시작했다.[54] 극재는 갈암과의 논변에서 栗谷說을 매우 긍정적으로 이해하고, 퇴계설과 율곡설을 양립시키고자 했다. 그러나 갈암은 율곡설과 퇴계설은 양립될 수 없다는 입장을 분명히 했고, 율곡설을 적극 비판하고 퇴계설을 옹호했다. 먼저 극재의 견해를 살펴보자. 극재는 다음과 같이 말한다.

> 대개 七情 외에 다른 情은 없는 것이다. 四端과 道心은 道義를 위해 발한 것이니 곧 七情의 善一邊이요, 人心은 口體를 위해 발한 것이니 곧 七情의 私一邊이다. 그렇다면 七情은 혹은 道義를 위해서 발하고, 혹은 口體를 위해서 발하는 것이니, 어찌 다만 口體를 위해 발한 人心과 같아서 다름이 없다고 하겠는가? 내가 '잘못 보면 어긋남이 있다'고 한 것은 이것이다.……

53) 克齋는 仁同(현 경상도 漆谷郡) 출신으로 그의 가문은 先代로부터 旅軒 張顯光과 밀접한 관계가 있었다. 극재 자신도 初年에는 朴蕃에게 受學했는데, 朴蕃은 극재에게 손수 退溪의 「天命圖說」·「聖學十圖」와 旅軒의 「經緯帖」을 베껴 한 권의 책으로 만들어 주었고, 극재는 이를 일생동안 간직하면서 복습했다고 한다. 이러한 맥락에서 안영상은 "克齋 가문의 학풍은 旅軒의 학문이라고 해도 과언이 아니요, 克齋는 退溪와 旅軒의 학설을 대립구도가 아닌 융합으로 이해하려는 의지가 자연스럽게 형성되었을 것"이라고 설명한 바 있다(안영상, 「대산 이상정의 渾淪·理發說의 착근에 있어서 旅軒說의 영향」, 『儒教思想研究』 제27집, 한국유교학회, 2006, 48~49쪽 참조).

54) 극재는 일련의 편지에서 旅軒說에 대해서는 별로 언급하지 않았고, 다만 栗谷說을 매우 긍정적으로 해석하였다. 이에 대해 안영상은 "旅軒說에 훈습된 결과일 것"이라고 설명하였다(안영상, 앞의 논문, 49쪽 참조). 사실 旅軒說과 栗谷說은 매우 근접하는 것이다. 이에 대해한 자세한 논의는 이 책의 제4장 〈旅軒 張顯光의 理氣經緯說과 그 비판〉 참조.

일찍이 退溪先生의 '四端은 理發, 七情은 氣發'이라는 말씀을 반복해서 생각해보니, 대개 四端이 발할 때에는 私僞가 침범하지 않아 純善無惡하고, 七情이 발할 때에는 간혹 私僞가 간섭하여 쉽게 惡으로 흐르므로, 각각 그 重點이 있는 곳에 나아가 分屬한 것이다. 어찌 참으로 '四端은 氣에서 나오지 않고, 七情은 理에서 근원하지 않는다'는 말이겠는가? 그 뜻은 대개 學者로 하여금 이른바 理發에 있어서는 擴充하고 氣發에 있어서는 節約하도록 하기 위함이었으니, 이것은 진실로 자세히 갖추어져 있어 재론의 여지가 없는 것이다.

그러나 栗谷의 학설 또한 스스로 直截하니, 그 大意는 '天下에는 理 없는 氣도 없고, 氣 없는 理도 없다. 四端·七情을 막론하고, 發하는 것은 氣요, 발하는 까닭은 理이다. 氣가 아니면 發할 수 없고, 理가 아니면 發할 바가 없다. 다만 그 발할 즈음에 濁氣에 가리면 흘러서 不善이 된다'는 것이니, 이것이 義理에 있어서 무슨 不可함이 있겠는가?

退溪는 자세히 갖추었고, 栗谷은 直截하니, 아마도 '並行해도 서로 어긋나지 않을 것'이다. 天下의 이치는 진실로 兩是가 없으나, 이것만큼은 兩是이다. 다만 栗谷이 退溪의 互發說에 대해 곧바로 '理一邊과 氣一邊이 각자 發出하는 病痛이 있다'고 한 것은 내가 이른바 '남이 말한 뜻을 충분히 이해하지 못했다'는 것이다. 만약 '栗谷이 退溪의 뜻을 모른 것이 아니요, 일부러 비방하고 배척하고자 하는 마음을 품은 것'이라고 말한다면, 栗谷을 너무 야박하게 대우하는 것 아니겠는가?[55)]

---

55) 『克齋集』 卷2 頁5~6, 〈上葛庵先生〉: 蓋七情之外無他情 四端與道心 其發爲道義 卽七情之善一邊也 人心其發爲口體 卽七情之私一邊也 然則七情之發 或爲道義 或爲口體 豈可與人心之只爲口體而發者同而無異哉 益愧所謂誤看則有差者此也 且四端 原於性命 七情生於形氣 …… 竊嘗反復以爲李先生所謂四端理發七情氣發者 蓋以四端之發 不犯私僞純善無惡 七情之發 或涉私僞 易流於惡 故各就其所重而分屬之耳 豈眞以爲四端不生於氣而七情不原於理乎 其意蓋使學者 於所謂理發者 欲其擴充 於所謂氣發者 欲其節約 此固詳備 不可容議 然栗谷之說 亦自直截 其大意以爲天下無無理之氣 亦無無氣之理 無論四端七情 發之者氣也 所以發者理也 非氣則不能發 非理則無所發 特其發之之際 掩於濁氣則流爲不善 此說於義理 有何不可哉 退溪則詳備 栗谷則直截 恐並行而不相悖 天下之理固無兩是 而此則兩是 但栗谷直以退溪互發之說 爲有理一邊氣一邊各自出來之病 是乃所

위의 첫째 문단에서는 '道心 · 人心'의 관계는 '四端 · 七情'의 관계와 다르다고 주장했다. '道心과 人心'은 '道義를 위한 것과 形氣를 위한 것'으로 分屬되니 '대립적 관계'라 할 수 있으나, 四端은 道義를 위한 것이요 七情은 道義와 形氣를 겸하는 것이므로 '四端과 七情'은 대립적 관계가 아니라 '七情이 四端을 포함하는 관계'라는 것이다.

둘째 문단에서는 退溪의 '理發 · 氣發'은 '理와 氣가 각각 스스로 발한다'는 뜻이 아니라 다만 '主理 · 主氣'의 뜻이라고 설명했다. 극재는 퇴계가 '主理 · 主氣'로 구분한 취지는 '四端은 擴充하고, 七情은 절제하라'는 뜻이었다고 부연하였다. 요컨대 도덕적 훈계의 차원에서는 主理 · 主氣의 논법이 긴요하다는 것이다.

셋째 문단에서는 율곡의 氣發理乘一途說에 대해 '簡明하면서도 義理에 부합한다'고 긍정했다. 율곡은 理와 氣는 不相離로서, 能發者(발하는 작용의 주체)는 氣이지만 所發者(발현되는 내용)는 理라는 관점에서 '氣發理乘一途'를 주장한 것인데, 극재는 이에 대해 원칙적으로 긍정하는 것이다.

넷째 문단에서는 퇴계설과 율곡설은 '둘 다 옳은 것'이기 때문에 충분히 兩立할 수 있다고 주장하였다. 다만 율곡은 退溪說을 충분히 이해하지 못했기 때문에, 退溪의 互發說에 대해 '理와 氣가 각자 發出한다는 病痛이 있다'고 비판했다는 것이다.

위의 둘째 문단의 論據, 즉 극재가 退溪의 互發說을 '主理 · 主氣'로 해석하는 까닭은 다음과 같은 것이었다.

> 그 뒤에 高峯이 舊見을 고쳐 〈後說〉 一篇을 지어 다시 退溪先生께 올렸는데, 그 가운데 한 文段은 오히려 前說을 고수하여 "七情은 비록 氣에 속한다고 하더라도, 理가 진실로 그 가운데 있다. 七情이 발하여 中節한

謂不能盡乎人言之意者也 若曰栗谷非不知退溪之意 而故以詆斥爲心 則待栗谷不太薄乎

> 것은 바로 天命의 性이요 本然의 體이니, 어찌 '이것은 氣가 발한 것으로서 四端과 다르다'고 하겠는가? 보내준 편지에서 '孟子의 喜, 舜의 怒, 孔子의 哀와 樂은 氣가 理를 따라 발한 것으로서 조금도 장애가 없는 것이다'라 하고, 또 '각각 所從來가 있다'고 한 것은 모두 未安한 것 같다. 무릇 發하여 모두 中節한 것을 和라 하니, 和가 곧 達道이다. 만약 과연 보내준 말씀과 같다면, 達道 또한 氣가 발한 것이라 말할 수 있겠는가?"라고 하였다. 이에 退溪先生은 "내 주장 가운데 '聖賢의 喜怒哀樂' 및 '각각 所從來가 있다'는 등은 과연 未安한 점이 있는 것 같으니, 감히 그 사이에 거듭 반복해서 생각해 보지 않을 수 있겠는가?"라고 답하였다. 대개 退溪先生은 이미 '理는 四端의 所從來, 氣는 七情의 所從來'라고 여겼던 것이니, 이른바 '각각 所從來가 있다'는 것은 마땅히 前後의 辨論을 통해서 밝힐 수 있는 것이요, 다만 이 한 마디만 홀로 未安했던 것이 아니다.[56]

극재는 퇴계가 뒤에 고봉의 反論을 수용하여, 기존의 '七情은 主氣이며, 理와 氣가 각자 發出한다'는 주장을 '未安'하게 여겼다는 점을 주목한 것이다. 극재는 이를 퇴계가 '四端 · 七情을 획일적으로 구분했던 논법'과 '理의 能發說'을 철회했다는 뜻으로 해석한 것이다.[57] 그런데 이 두 논점은 退溪說 全般과 관련된 것인바, 따라서 退溪說을 전반적으로 재해석해야 한다는 것이다. 극재는 이러한 맥락에서 퇴계의 '理發 · 氣發'을 다만 '主理 · 主氣'의 뜻으로 해석하게 된 것이다. 극재의 이러한

56) 『克齋集』 卷3 頁3~4, 〈上葛庵先生〉: 其後高峯旣改舊見 爲後說一篇 復上于先生 而其中一段 猶執前說曰 七情雖屬於氣 而理固自在其中 其發而中節者 乃天命之性 本然之體 則豈可謂是氣之發而異於四端耶 來書謂孟子之喜 舜之怒 孔子之哀與樂 是氣之順理而發 無一毫有碍及各有所從來等語 皆覺未安 夫發皆中節 謂之和 和卽所謂達道 若果如來說 則達道亦可謂是氣之發乎 先生答曰 鄙說中聖賢之喜怒哀樂及各有所從來等說 果似有未安 敢不三復致思於其間乎云云 蓋先生旣以理爲四端所從來之本 以氣爲七情所從來之本 則其所謂各有所從來者 當因前後辨論而可明 不應只此一語獨爲未安

57) 그러나 退溪는 最晩年에 '理의 體用論'을 정립하고 '理의 能發說'을 더욱 확고하게 주장했다. 이에 대한 자세한 논의는 이 책의 42~45쪽 참조.

해석이 이른바 '퇴계의 晩年定論'과 정확히 부합하는 것이라고 본다면, 극재의 주장대로 퇴계의 互發說과 율곡의 一途說은 충분히 양립할 수 있게 되는 것이다.

극재는 당시의 학자들이 退·栗을 兩立시켜 보지 않고 쉽게 栗谷說을 추종하는 까닭을 다음과 같이 설명하고 비판한다.

> 무릇 栗谷說을 따르는 자가 많은 것은 다름이 아니라, '理·氣는 서로 따르기 때문에 분리될 수 없다'는 것만 보고 '理發·氣發이라 말할 수 없다'고 의심하는 것이요, '四端은 이미 발한 다음의 이름이니, 氣가 아니면 운행될 수 없다'는 점만 보고 '理發이라 말할 수 없다'고 의심하는 것이며, '七情 가운데 渾淪해서 말하는 것은 理와 氣를 겸한다'는 것만 보고 '氣發이라 말할 수 없다'고 의심하는 것으로서, 이 셋이 실로 쉽게 사람들을 현혹시키기 때문이다. 청컨대 이에 대해 다시 간단히 논해 보겠다. 무릇 이른바 '理·氣'란 이미 一物이 아니요, 또 二物도 아니다. '二物이 아님에 입각해 綜合해서 말하면' 本然之性과 氣質之性은 二性이 아니요 氣質 가운데의 理가 바로 本然之性이며, 四端과 七情은 二情이 아니요 七情 가운데의 理가 바로 四端인 것이다. '一物이 아님에 입각해 分析해서 말하면' 本然之性은 理를 主로 한 것이니 四端은 곧 理發인 것이요, 氣質之性은 氣를 主로 한 것이니 七情은 곧 氣發인 것이다. 天下에는 진실로 氣 없는 理도 없으며, 理 없는 氣도 없다. 그러므로 理를 말하면 氣가 그 가운데 있고, 氣를 말하면 理가 그 가운데 있는 것이다. 그런데 本然之性과 四端을 반드시 理라 하고 氣라 하지 않음은 理가 主가 되어 純善無惡하기 때문이요, 氣質之性과 七情을 다만 氣라 하고 理라 하지 않음은 氣가 主가 되어 惡이 없을 수 없기 때문이다. 오직 純善無惡하기 때문에 곧바로 依據하여 擴充의 바탕으로 삼고, 오직 惡이 없을 수 없기 때문에 반드시 省察하여 節約의 노력을 보태야 하는 것이니, 여기에서 '理發·氣發의

참뜻'을 알 수 있다. 글을 보는 사람들은 이른바 '理發'이란 말을 보면 '氣가 없는 것 같다'고 여기고, '氣發'이란 말을 보면 '理가 없는 것 같다'고 여긴다. 그러므로 끝내 제대로 보고 설파하지 못하고, 항상 退溪說에 대해 의심을 품고 차라리 栗谷說을 따르는 것이니, 안타깝지 않을 수 있겠는가?[58]

극재는 '율곡설의 간명함'이 오히려 많은 사람들을 현혹시킨다고 보았다. 이에 대한 극재의 생각은, 율곡설은 사실 渾淪說에 치우친 것이기 때문에 충분하지 못하다는 것이었다. 극재는 理·氣가 一物도 아니요 二物도 아니라는 관점에서 渾淪說(종합적 설명)과 分開說(분석적 설명)을 모두 수용해야 한다고 주장한 것이다. 극재는 "善·惡, 公·私, 天理·人欲 등은 모두 '性·情 사이에 빚어지는 것'이니 마땅히 일관되게 이해해야 한다"[59]는 관점, 그리고 "聖賢의 말씀은 서로 같기도 하고 다르기도 하나, 각각 가리키는 바가 있고 서로 一貫되는 것"이라는 관점에서, '渾淪과 分開'라는 논법을 도입하여 '人心·道心과 四端·七情에 대한 일관된 해석'을 시도했다.[60]

---

58)『克齋集』卷3 頁4~5, 〈上葛庵先生〉: 大抵從栗谷者多 此無他 見理氣二者相循不離 而疑其不可謂理發氣發 見四端是已發後名非氣不行 而疑其不可謂理發 見七情之渾淪言者兼理與氣 而疑其不可謂氣發 此三者 實易惑故也 請於此復約而論之 夫所謂理氣者 旣非一物 亦非二物矣 自其非二物處合而言之 則本然之性氣質之性非二性 而氣質之中之理 便是本然之性也 四端之情七者之情非二情 而七情之中之理 便是四端之情也 自其非一物處分而言之 則本然之性主乎理 而四端卽其理之發也 氣質之性主乎氣 而七情卽其氣之發也 天下固無無氣之理 亦無無理之氣 故言理則氣在其中 言氣則理在其中 然本然之性 四端之情 必曰理而不曰氣者 以其理爲主而純善無惡也 氣質之性 七者之情 但曰氣而不曰理者 以其氣爲主而不能無惡也 惟其純善無惡 故直當憑據而爲擴充之地 惟其不能無惡 故必須省察而加節約之功 於此尤可以見理發氣發之實矣 觀者見其所謂理發則似乎無氣 見其所謂氣發則似乎無理 故終不能看得出說得破 每每生疑於退溪 而寧從栗谷之說 可不惜哉

59)『克齋集』卷3 頁5~6, 〈上葛庵先生〉: 善惡公私天理人欲等說 皆性情間物事 而當一齊理會者也

60) 극재는 이를 〈心性情竪看圖〉와 〈心性情橫看圖〉라는 두 개의 그림으로 표현했는데(『克

이제 극재에 대한 갈암의 비판을 살펴보자. 갈암은 우선 理·氣가 不相離임에도 불구하고 理와 氣를 나누어 말해야 하는 까닭을 다음과 같이 설명한다.

> 朱子는 "太極이란 陰陽을 떠나지 않고 말하는 것이나, 또한 陰陽과 섞지 않고 말하는 것"이라 했다. 무릇 '理·氣의 不相離와 不相雜'은 하늘과 사람 사이에 차이가 없다. 그러므로 하늘을 잘 말하는 사람은 반드시 사람에게서 징험하는 것이다. 청컨대 '天命·率性의 說'을 빌려서 '四端은 오로지 理를 말하는 것이요, 氣와 섞지 않은 것'이라는 증거를 밝히려 하는 바, 괜찮겠는가? 朱子는 대개 "'天命之謂性'은 '오로지 理를 말한 것'이다. 비록 그 안에 氣도 들어있으나, 理를 말하는 뜻이 비교적 많다. 만약 '氣를 겸해서 말한 것'이라 한다면, 문득 '率性之謂道'라고 말하지 않았을 것이다"라고 했다. 무릇 氣化를 말미암아 道라는 이름이 있는 것이니, 朱子도 '理는 氣를 타고 流行한다'는 것을 모르지 않았을 것이다. 그런데 道는 '性을 따르는 것(率性)'으로서 氣에 간히는 것이 아님을 밝히고자 한다면, 그 설명이 이와 같지 않을 수 없는 것이다. 孟子가 四端을 말한 것은 오로지 理를 말한 것으로, 氣와 섞지 않은 것이다. 그러므로 朱子는 '四端은 理發, 七情은 氣發'이라 한 것이다. 退溪의 경우는 '그 안에 氣도 들어있음'을 겸해서 말했기 때문에 '四端은 理發而氣隨之, 七情은 氣發而理乘之'라고 말함으로써, '그 來歷이 다름은 근본에서부터 이미 그러한 것'임을 밝힌 것이다.[61]

齋集』卷3 頁7~8, 〈上葛庵先生〉 참조), 〈竪看圖〉는 渾淪說을 표현한 것이요, 〈橫看圖〉는 分開說을 표현한 것이다.

61) 『葛庵集』 卷12 頁20~21, 〈答申明仲別紙〉: 朱子之言曰 太極者不離乎陰陽而爲言 亦不雜乎陰陽而爲言 夫理氣之不相離 亦不相雜 無間於天人 故曰善言天者 必有徵於人 請借天命率性之說 以明四端言理不雜氣之證 可乎 朱子蓋曰 天命之謂性 是專言理 雖氣亦包在其中 然說理意較多 若云兼言氣 便言率性之謂道不去 夫由氣化 有道之名 則朱子非不知理之乘氣而行 而欲明道之率性而不囿乎氣 則其說不得不如此也 孟子說出四端 專言理不雜乎氣 故朱子以爲四端理之發 七情氣之發 至於老先生 兼言氣亦包在其中 故乃曰四

갈암은 朱子도 '理가 氣를 타고 流行한다'는 것을 알았을 것임에도 불구하고, '天命 · 率性'을 말할 때에는 '理'에 중점을 두었다는 점을 상기시켰다. 마찬가지로 四端에는 氣가 포함되어 있지만, 天命 · 率性의 경우와 같이 氣를 배제하고 理만 가리켜 말한다는 것이다.[62] 이러한 맥락에서 갈암은 人心 · 道心과 마찬가지로 四端 · 七情도 主理 · 主氣로 분속시킴이 마땅하다고 보았던 것이다.

극재가 退溪의 '理發 · 氣發'은 '理와 氣가 각각 스스로 발한다'는 뜻이 아니라 다만 '主理 · 主氣'의 뜻이라고 설명한 것에 대해서, 갈암은 다음과 같이 '理動 · 氣動'의 뜻으로 풀이하면서 반론한다.

> 대개 비록 理는 事物과 渾淪하게 있어서 分開할 수 없으나, 그 합쳐진 곳에 나아가 분석해 말하면, 理는 스스로 理이고 氣는 스스로 氣이다. 그 사물에 감응하여 움직일 때도 각각 所主가 있으니, 혹은 理가 먼저 움직이고 혹은 氣가 먼저 움직여서, 感觸에 따라 發하여 스스로 그칠 수 없는 것이다. 그러므로 朱子는 "理는 氣 가운데 있다. 心은 理를 감싸고 있는데, 머물러 있지 않고 일에 따라 발한다. 氣는 손발을 쓸 수 없다"라 하였고, 또 "理에 스스로 動靜이 있으니, 氣와 무슨 관계가 있는가?"라고 했던 것이다. 이렇게 볼 때, '理는 作爲가 없다(理無爲)'는 주장을 膠守하여 '움직임은 반드시 氣를 말미암으니, 氣가 아니면 움직일 수 없다'고 말할 수 있겠는가?[63]

端理發而氣隨之 七情氣發而理乘之 以明其來歷不同 自其根本而已然

62) 갈암은 위의 〈答申明仲〉에서는 '理는 氣를 타고 流行한다'는 것을 당연한 사실로 전제하고, '主理 · 主氣'의 뜻으로 퇴계의 '理發 · 氣發'을 설명한 것이다. 그러나 갈암은 이보다 먼저 보낸 〈答申明仲〉에서는 '氣 없이 理가 홀로 流行한다'는 뜻을 분명히 했다. 이 점에 있어서 갈암설은 一貫性이 없다고 하겠다.

63) 『葛庵集』 卷12 頁11~12, 〈答申明仲別紙〉: 蓋雖理在物上渾淪 不可分開 然卽其合而析言之 則理自是理 氣自是氣 其感物而動 各有所主 或理先動 或氣先動 隨觸而發 不能自已 故朱子曰 理在氣中 心包蓄不住 氣著脚手不得 又曰 理自有動靜 何關於氣乎 由此言之 其可膠守理無爲之說 乃謂動必由氣 非氣不能動

앞에서 살핀 바 있듯이 갈암은 '理의 能動說'을 적극 옹호하였다. 위의 인용문도 역시 理動說에 입각하여 '四端은 理가 먼저 움직인 것, 七情은 氣가 먼저 움직인 것'이라고 주장한 것이다. 위의 인용문에서 '氣는 손발을 쓸 수 없다'고 한 것은 '理가 홀로 발했다'는 뜻이다. 요컨대 갈암의 論旨에 따르면, 四端은 '氣 없이 理가 홀로 발한 것'이다. 이러한 맥락에서 갈암은 '퇴계의 理發'을 '主理'의 뜻과 '理가 스스로 발한다(理動)'는 뜻을 겸하는 것으로 이해한 것이다.

극재가 율곡의 氣發理乘一途說을 '義理에 부합한다'고 인정한 것에 대해서 갈암은 다음과 같이 반론한다.

> 내가 그윽이 생각건대 그대가 栗谷을 尊信하는 점이 바로 여기에 있는데, 내가 栗谷에 대해 이해할 수 없는 점 또한 여기에 있다. 대개 율곡의 뜻은 항상 理를 '空虛冥漠하여 主宰함이 없다'고 여기고, '感應하고 發動하는 것'은 모두 '氣의 所爲'라고 여기는 것이다. 이것은 진실로 '理는 비록 形象도 없고 소리와 냄새도 없으나, 動靜을 꿰뚫어 지니지 않은 것이 없어서, 未發時에는 감추어져 있다가 已發의 즈음에 流行하는 것이니, 根本으로부터 枝葉에 이르기까지 모두 하나의 塗轍임'을 모르는 것이다. 그러므로 朱子는 일찍이 "四端이 아직 발하지 않았을 때 怵惕한 惻隱之心이 모두 그 안에 있는 것이요, 잠깐 사이에 발하여 나오는 것이 모두 곧 이 未發의 物事이다. 靜 또한 다만 이 物事요, 動 또한 다만 이 物事이다. 이것이 진실로 程子가 '性은 內·外가 없고, 體와 用은 一源이다.'라고 한 말의 뜻이다"라고 하였다. 이제 만약 理를 가리켜 "空虛冥漠하여, 감촉함에 따라 발할 수 없다"라 하고(朱子는 "四端은 모두 마음 가운데 본래 있는 理가 감촉함에 따라 발하는 것"이라 하였다), 氣에 대해서는 "기틀이 저절로 그러하니(機自爾), 말미암은 바가 없이 그러한 것이다"라고 하여(朱子는 "太古로부터 陰陽의 運行은 이렇듯 전개되는데, 이것은 누가 시킨 것

인가? 바로 '道'이다"라고 했다), 사물에 감촉하여 움직이는 것을 오로지 氣에 귀속시킨다면, 그것이 과연 朱子의 本旨와 背馳되지 않겠는가?[64]

갈암은 율곡의 氣發理乘一途說은 '理의 主宰(理가 氣를 부림)'도 모르는 것이요, '理가 스스로 발할 수 있음'도 모르는 것으로서, 결국 理를 '空虛冥漠한 死物'로 전락시키는 것이라고 비판하는 것이다.

극재가 "退溪說과 栗谷說은 '둘 다 옳은 것'이기 때문에 충분히 兩立할 수 있다"고 주장한 것에 대해서는, 갈암은 '율곡이 退溪說을 이치에 맞지 않는다고 비판한 여러 논설들'을 들어 반론하였다. 요컨대 율곡은 퇴계설과 자신의 설이 黑·白처럼 相反되어 양립할 수 없는 것으로 간주했으니, 극재가 退·栗을 兩立시키려 함은 語不成說이라는 것이다.[65]

위와 같은 論點을 두고 극재와 갈암은 약 5년간 10여회 이상의 왕복서한을 통해 논변했다. 논변은 서로 한 치의 물러섬도 없이 팽팽하게 진행되었다. 그러나 극재는 결국엔 "高峰의 '七情 가운데 中節한 것은 四端과 다르지 않다'는 주장은 退溪先生께 배척받지 않았다. 그러나 마침내 거듭 생각해보니, 그것은 分開說과는 부합되지 않는 점이 있는 것 같고, 또 支離하고 복잡한 폐단이 있다"고 하면서, 마침내 舊見을 버리고

---

64) 『葛庵集』 卷12 頁12~13, 〈答申明仲別紙〉: 愚竊以爲賢者之於栗谷所尊信 正在於此 淺陋之於栗谷所未曉 亦在於此 蓋栗谷之意 常以理爲空虛冥漠 無所主宰 其所以感應發動者 皆氣之所爲 實不知理雖無形象無聲臭 而該貫動靜 無所不有 斂藏於未發之時 流行於已發之際 從根本至枝葉 皆是一箇塗轍 故朱子嘗有言四端未發時 怵惕惻隱之心 皆在裏面 少間發出來 卽是未發底物事 靜也只是這物事 動也只是這物事 此實程子所謂性無內外 體用一源之意 今若指理爲空虛冥漠 不能隨觸而發(朱子曰 四端皆是心中本有之理 隨觸而發) 謂氣爲其機自爾 非有所自而然(朱子曰 從古以來 陰陽運行 恁地滾將去 是孰使之 乃道也) 專以感物而動者 歸之於氣 其於朱子之旨 果不爲背馳乎

65) 『葛庵集』 卷12 頁26, 〈答申明仲〉: 惟此數款說話 與老先生所言 每每相反 栗谷惟恐其言之不相反 至有黑白辛甘 一是一非 不可兩可而俱存之說 其欲岐而貳之者 不啻明白 雖謂之薰蕕氷炭之不相合 不爲過矣 今賢者必欲牽合而彌縫之 以爲兩是而不相悖 愚未知其何說也

갈암에게 승복했다.[66]

사실 극재가 말하는 渾淪說이란 心統性情論의 관점인 것이요, 分開說이란 人心道心論의 관점인 것이다. 대체로 人心道心論의 관점에서 보면 퇴계의 理氣互發說이 적합해 보이고, 心統性情論의 관점에서 보면 율곡의 氣發理乘一途說이 적합해 보이는 것이다. 극재는 이 두 맥락을 모두 고려하면서 退·栗을 '兩是'로 인정하고 지양시키고자 했던 것이다. 그러나 갈암은 心統性情論에 대해서는 별다른 고려 없이 人心道心論의 논지로 일관하면서 극재를 승복시켰던 것이다.

3) 葛庵說에 대한 비판

이제까지 갈암의 栗谷說에 대한 비판을 살펴보았다. 그렇다면 율곡의 입장에서는 갈암에 대해 어떻게 비판할 수 있을 것인가? 이제 마지막으로 이 점을 논의해 보기로 하자.

첫째, 갈암은 理·氣의 不相離와 不相雜에 있어서, 不相雜에 편중했고, 不相離에 대해서는 형식적으로 배려하는 데 그쳤다. 갈암 자신도 "무릇 理·氣는 본래 서로 依附하는 것이니, 陰陽을 떠나서는 진실로 理를 말할 수 없다"[67]고 했듯이, 理氣不相離의 실질적인 의미는 '理와 氣가 本然之妙(本)와 所乘之機(具)로서 긴밀하게 서로 의존한다'는 것이었다. 율곡이 퇴계의 互發說에 대해 '理와 氣를 분리시킨다'고 비판한 것은 이러한 맥락이었다. 이에 대해 갈암은 퇴계가 四端을 '理發而氣隨之'라 했던 만큼, 퇴계의 四端에 氣가 없는 것이 아니라고 반론하였다. 그

66) 『葛庵集』 卷13 頁11~12, 〈附申明仲答書〉: 七情中節 不異四端 高峯之說 不爲退陶所非 然終復思之 則與分別言之之意 似有所礙 而有支離纏繞之弊 故前稟別紙 並發其端矣 及承末誨 益祛舊疑

67) 『葛庵集』 卷18 頁12~13: 夫理氣自相依附 離了陰陽 固不可以理言

러나 이러한 설명은 理氣不相離를 형식적으로 배려한 것에 불과한 것이다. 갈암은 四端에 氣가 없는 것이 아니라 하면서도, 四端은 理가 발한 것이요, 理가 발하는 과정에 氣는 전혀 손발을 쓸 수 없다고 하였다. 四端의 발현 과정에 氣는 전혀 손발을 쓸 수 없는 것이라면, 氣는 군더더기에 불과한 것이다. '理의 能發'을 전제하는 한, 氣는 필수불가결한 존재로 인식되기 어려운 것이요, 이러한 맥락에서는 理氣不相離라는 명제를 형식적으로만 배려하게 되는 것이다.68)

둘째, 갈암의 '人心과 道心은 근원이 다르다'는 주장에 대해서는 '그것은 이미 二心이요, 一心이 아니다'라는 비판을 제기할 수 있다. 다시 말해 '人心과 道心은 근원이 다르다'고 한다면, 그것은 '모양만 다른 것'이 아니요, '본질적으로도 二心'인 것이다. 주자는 '마음의 虛靈知覺은 하나일 뿐'이라 하였다. 그런데 갈암은 四端은 理가 感發한 것이요, 七情은 氣가 感發한 것이라 하였다. 이는 분명 知覺(感發)의 주체를 둘로 삼는 것이니, 본질적으로 '二心'에 해당될 것이다. 요컨대 갈암은 '理氣不相離'를 형식상으로만 배려하는 것과 마찬가지로, '心은 하나일 뿐'이라는 명제에 대해서도 형식상으로만 배려하는 것이다.69)

셋째, 갈암의 '理의 能發說'이 '理는 形而上者'라는 주장과 어떻게 양립할 수 있는지도 문제이다. 전통적으로 '理는 形而上者요, 形而上者는 형체도 없고(無形) 작위도 없다(無爲)'고 전제되어 왔다. 갈암은 '理는 無爲'라는 기존의 주장을 '理의 體'를 설명하는 것으로 한정시키고, 用으

---

68) 갈암은 理氣不相離를 강조하는 율곡에게 '和泥帶水'라고 비판했거니와, 이것 역시 理의 能發說과 궤를 같이 하는 것이다. 한편, 理氣不相離를 고려하여 '四端에도 氣가 있는 것'이라고 한다면, 이것 역시 '和泥帶水'에 해당될 것이다.

69) 율곡설 비판에 있어서 갈암과 보조를 같이했던 우담조차도, 갈암의 '人心과 道心은 근원이 다르다'는 주장에 대해서는 '分別이 너무 지나치다'고 지적했다(『愚潭集』 卷4 頁1~2, 〈答李翼升〉: 台辨中 以爲不是人心道心本無二源者 則分別太過 有若眞以人心道心爲二源者然).

로서의 理는 '動靜(作爲)이 있다'고 주장했다. 그러면 '用으로서의 理'는 形而上者가 아니라는 말인가?[70]

넷째, 갈암의 '理의 주재'에 대한 해석도 많은 再論의 여지를 남겨두고 있다. 갈암은 '理의 주재'를 '理가 氣의 운동의 표준이 된다'는 뜻과 '理가 氣를 이러저러하게 운동하도록 시킨다(使之)'는 뜻을 겸하는 것으로 해석하고, '使之'를 부정하는 율곡에 대해 두 가지로 비판했다. 하나는, 주자는 분명 '使之'를 인정했다는 것이다. 갈암이 인용했듯이, 주자는 과연 "봄·여름은 陽이 되고 가을·겨울은 陰이 된다. 예로부터 지금까지 다만 저 陰陽일 뿐이니, 이것은 누가 그렇게 시킨 것(使之)인가? 바로 '道'이다"[71]라고 말한 바 있다. 그러나 '使之'에 대해서는 주자의 다른 설명들을 함께 살펴보아야 할 것이다. 예컨대 기호학파의 艮齋 田愚는 다음과 같이 논한 바 있다.

> 栗谷은 일찍이 "陰陽의 動靜은 '기틀이 저절로 그러한 것(機自爾)'이요, 그렇게 '시킴(使之)'이 있는 것은 아니다"라고 했는데, 이것을 蘆沙는 〈猥筆〉에서 깊이 論駁했다. 그러나 내가 보건대 朱子의 雅言은 "作用이 있으면 곧 形而下者이다"라는 것이다. 動靜은 作用이니, 그러므로 '기틀이 저절로 그러한 것(機自爾)'이다. 孔子는 분명히 "하늘이 사물을 낳음에, 심은 것은 북돋고 기운 것은 엎어버린다."고 했는데, 朱子는 도리어 "이것은 그렇게 시키는 존재가 있는 것이 아니다(非有物使之然). 다만 사물이 生

70) 갈암은 '理의 能動說'의 논거로서 주자의 '理에 動靜이 있다(理有動靜)'는 주장을 제시했으나, '理에 動靜이 있다'는 말과 '理가 動靜한다'는 말이 같은 뜻은 아닐 것이다. 갈암은 朱子는 "四端은 모두 마음 가운데 본래 있는 理가 감촉함에 따라 발하는 것"이라는 말을 제시하기도 했으나, 이것이 꼭 '理의 能發'을 의미하는 것이라고 단정할 수도 없다. 이 말을 율곡의 맥락에서 해석하자면, "四端은 氣가 外物에 감촉함에 따라 理가 발현된 것"이라고 이해할 수 있기 때문이다.

71) 『朱子語類』 卷74(중화서국본 1896쪽): 春夏爲陽 秋冬爲陰 從古至今 只是這箇陰陽 是孰使之然哉 乃道也

長할 때에는 스스로 자라나는 것인데 恰似 그것을 붙들어주는 존재가 있는 듯하며, 衰滅할 때에는 스스로 소멸하는 것인데 恰似 그것을 밀어 넘어뜨리는 존재가 있는 듯하니, 理가 스스로 이와 같은 것이다"[72]라고 했다. 孟子는 분명히 "하늘이 백성을 낳음에, 先知로 하여금 後知를 깨우치게 했다"고 했는데, 朱子는 도리어 "天理의 當然한 것이니, 마치 시킨 것 같은 것이다(若使之)"[73]라고 했다. 이것은 무슨 까닭인가? 다만 사람들이 '使' 字를 '作用'의 뜻으로 誤認하면 道에 크게 해롭기 때문이었다. 그러므로 별도로 '若' 字, '恰似' 字, '非有物使之然' 字를 두어 '作用의 시킴(使)'이 없음을 나타낸 것이다. 그러므로 "그렇게 시킴이 있는 것은 아니다"라는 말은, 栗谷이 어찌 傳受한 바 없이 함부로 말한 것이겠는가?[74]

위의 인용문에 보이듯이 주자가 '使之를 부정한 경우'는 더욱 많은 것이다. 따라서 우리는 주자의 설명들을 종합적으로 고찰할 필요가 있다. 다른 하나는 '使之'를 부정함은 '理의 주재'를 부정하는 것이요, 理를 '虛無空寂한 물건'으로 전락시킨다는 비판이었다. 그러나 율곡은 '機自爾'를 주장하면서도 결코 '理의 주재'를 부정하지 않았다.[75] 율곡은 다만 '理의 주재'를 '理가 氣의 운동의 표준이 된다'는 뜻으로 한정한 것이다.

72) 이 말은 『中庸章句大全』 제17장 朱子小註, 또는 『朱子語類』 卷63(중화서국본 1553쪽)에 보임.

73) 이 말은 『孟子集註』 萬章上 제7장 朱子註에 보임.

74) 『艮齋集』 前編 卷13 頁59, 〈猥筆辨〉: 栗翁嘗言 陰陽動靜 機自爾也 非有使之也 蘆沙猥筆深駁之 然以愚觀之 朱子雅言 纔有作用 便是形而下者 動靜者 作用也 故曰機自爾也 孔子分明說 天之生物 栽者培之 傾者覆之 而朱子卻言此非有物使之然 但物之生時 自長將去 恰似有物扶持他 及其衰也 自消磨去 恰似箇物推倒他 理自如此 孟子分明說 天之生民 使先知覺後知 而朱子卻言天理當然 若使之也 此何以故 只是恐人錯認使字爲作用之意 則害道大矣 故另下若字恰似字非有物使之然字 以見其無作用之使也 故曰非有使之也 栗翁豈無所受而妄言之哉

75) 율곡은 陰靜陽動은 기틀이 저절로 그러한 것(機自爾)이지만, 陰靜陽動하는 까닭은 理라 하였고, 어린아이가 우물에 빠지는 것을 보고 측은하게 여기는 것은 氣이지만, 측은하게 여기는 本은 仁(性)이라 하였다. 그렇다면 율곡의 理도 역시 虛無空寂한 것은 아닐 것이다.

만약 '理의 주재'를 '使之'를 겸하는 뜻으로 해석한다면, 여기에는 두 가지 문제점이 야기된다. '無爲한 理가 어떻게 氣를 부릴 수 있는가?' 하는 점과 '理가 氣를 이러저러하게 부린다면, 어찌하여 현실에는 惡이 횡행하는가?' 하는 점이 그것이다.[76)]

율곡이 '四端과 七情이 모두 氣發理乘'이라고 주장한 까닭은 '氣의 知覺作用을 통해서 本性이 실현된 것'이라는 점에 있어서는 四端과 七情이 마찬가지라고 보았기 때문이다. '氣의 지각작용을 통해서 本性이 실현된다'는 것은 곧 '心統性情'을 말한다. 주자가 "程伊川의 '性卽理'와 張橫渠의 '心統性情' 두 명제는 넘어뜨리고 두들겨도 깨지지 않을 것"[77)]이라고 확언한 바 있듯이, 心統性情論은 주자학의 핵심적 명제이다. 율곡은 바로 心統性情論에 입각해 四端과 七情을 '一途'라고 설명한 것이다. 그런데 갈암은 心統性情에 대해서는 뚜렷한 설명이 없이, 오로지 '公·私의 맥락'(人心·道心의 맥락)에서 논의를 전개하는 것이다. 갈암의 율곡에 대한 비판이 보다 타당한 것이 되기 위해서는 理氣互發說과 心統性情論이 어떻게 照應되는 것인지에 대해서도 충분히 설명했어야 하는 것이다.

5. 결론

갈암은 '理의 能發'과 '理·氣의 分開'를 강조함으로써 退溪說을 원형 그대로 가장 충실하게 계승하고자 했다. 갈암은 理氣互發說과 부합된다고 여겨지는 朱子의 여러 언설들을 찾아내 理氣互發說의 논거를 보강하

---

76) 이에 대한 자세한 논의는 拙著, 『畿湖性理學論考』, 심산, 2005, 456~458쪽 참조.
77) 『朱子語類』 卷5(중화서국본 93쪽): 伊川性卽理也 橫渠心統性情 二句 顚撲不破

고, 이를 바탕으로 栗谷이나 克齋에 대해 적극적으로 변론함으로써 退溪의 互發說을 옹호하였다. 사실 퇴계의 후학들은 누구나 理氣互發說을 옹호했다고 볼 수 있지만, 갈암의 경우는 다음과 같은 점에서 특별한 것이다. 첫째, 갈암은 퇴계의 理氣互發說을 原義 그대로 인식하고 옹호했다는 점이다. 둘째, 갈암은 퇴계의 理氣互發說을 옹호하는 데 유리한 여러 典據들을 발굴하여 理氣互發說의 論據를 강화했다는 점이다.

갈암은 또한 율곡설에 대한 가장 철저한 비판자요, 가장 정확한 비판자였다. 많은 영남 유학자들이 퇴계설을 옹호하고 율곡설을 비판했지만, 대부분의 경우 그들의 율곡설에 대한 비판은 適實性이 부족했던 것이다. 율곡이 퇴계의 互發說을 비판하는 핵심적인 논점은 '大本을 둘로 나눈다'는 것과 '無爲한 理가 어떻게 스스로 발할 수 있는가' 하는 점이었다. 율곡의 지론은 理는 形而上者이기 때문에 能發者로 규정할 수 없다는 것이요, 또 理를 能發者로 규정하면 우리 마음에 두 근본(主體)이 있게 된다는 것이었다. 퇴계가 理의 能發說을 주장한 것이 분명한 한 율곡의 이러한 비판은 충분한 이유가 있는 것이다. 그런데 大山이나 立齋는 퇴계의 理의 能發說에 대해서는 별다른 언급이 없이, 그저 '퇴계의 理發'은 '主理'를 뜻하는 것인데 율곡이 그것을 이해하지 못했다는 식으로 비판했던 것이다. 그러나 갈암은 '율곡의 퇴계에 대한 비판의 논점'을 분명하게 파악했고, 그에 합당하게 反論을 전개했다.[78]

사실 퇴계의 理氣互發說은 주자학 내부에서 상당한 논거를 찾을 수 있는 것이요,[79] 갈암이 그러한 논거들을 찾아내 互發說을 옹호한 것은

---

78) 갈암이 '理의 能動性'을 역설한 것은 '理의 能發'을 옹호하는 것이었고, '하나의 마음으로서 두 모양이 있다(一心而有兩樣)'고 한 것은 '互發說이 大本을 둘로 삼는 것이 아님'을 주장하는 것이었다. 갈암이 율곡에 대한 가장 정확한 비판자였다고 하여, 갈암의 율곡에 대한 비판이 그 자체로 모두 타당하다는 것은 아니다. 앞에서 지적한 바와 같이 율곡의 입장에서는 갈암에 대해 또 많은 반론을 제기할 수 있기 때문이다.

충분한 의미가 있는 것이다. 그러나 주자학에는 율곡의 氣發理乘一途論과 부합하는 논거 역시 풍부하다. 간단히 말해 주자의 人心道心說을 주목하면 理氣互發說이 근사해 보이고, 心統性情說을 주목하면 氣發理乘一途說이 근사해 보이는 것이다. 克齋는 이러한 맥락에서 퇴계설과 율곡설을 '兩是'로 규정했던 것이다. 그러나 갈암은 人心道心論을 주축으로 논지를 전개하고, 心統性情論의 맥락은 충분히 고려하지 않았다. 따라서 갈암의 성리설이 율곡학파를 心服시키기에는 어려웠던 것이다.[80]

論者가 생각하기에 사실 주자의 성리학은 수미일관 정합적인 체계가 못된다. 주자의 理氣論은 적어도 세 가지의 사고방식이 혼합된 것인바, '本과 具' 또는 '道와 器', '人心과 道心' 또는 '人欲과 天理', '所以然과 所然' 등이 그것이다. 이 세 가지 사고방식은 많은 부분 공통되기도 하지만, 또 적지 않게 상충되기도 한다.[81] 따라서 주자의 모든 언설을 하나도 빠짐없이 일관되게 해석해 내기란 불가능한 것이요, 따라서 자신의 입장에서 主旨를 찾아내고 取捨選擇함이 불가피한 것이다.[82] 갈암이 이 점을 인정했더라면 한편으로는 자신의 이론적 부담을 덜 수 있었을 것이요, 한편으로는 克齋와도 보다 진전된 담론을 펼 수 있었을 것이다.

갈암 이후 후학들의 전개양상을 살펴보면, 그의 아들 密庵 李栽(1657~1730)는 부친의 '理의 能發說'[83]과 '分開說'[84]을 더욱 강화했으

79) 이에 대한 자세한 논의는 이 책의 83~89쪽 참조.

80) 갈암이 人心道心論에 주축을 두고 心統性情論은 충분히 고려하지 않았다는 것이 갈암만의 한계는 아니다. 기호학파에서 心統性情論에 주축을 두고 『朱子語類』의 '理發 · 氣發'에 대해서는 손쉽게 '記錄의 오류일 것'이라고 치부했던 것도 마찬가지로 문제가 있는 것이다. 갈암이 누차 인용하고 있듯이 주자의 〈答蔡季通〉에는 분명 理氣互發說의 훌륭한 논거가 보이기 때문이다.

81) 이에 대한 자세한 논의는 拙著, 『畿湖性理學研究』 제1장 〈朱子 理氣論의 三重構造〉 참조.

82) 克齋의 兩是論이나 大山의 理主氣資論은 그 한 例였던 것이다.

83) 『密庵集』 卷3 頁7, 〈答權地主〉: 周子曰太極動而生陽靜而生陰 朱子曰理有動靜 故氣有動靜 若理無動靜 氣何自而有動靜乎 是則其動其靜 在理不在氣者 可推而知矣 理雖無情

나, 密庵의 外孫 大山 李象靖(1711~1781)은 '理主氣資論'에 입각해 '理의 能發說'을 부정하고,[85] 渾淪과 分開의 균형을 취하고자 했다.[86] 요컨대 '理의 能發說'은 葛庵 · 密庵 父子 이후로는 제대로 계승되지 못했으며,[87] 大山 이후 理主氣資論이 영남성리학의 새로운 潮流를 형성하게 되는 것이다. 이제 葛庵 성리설의 실천적 의미를 잘 보여주는 例로, 密庵의 다음과 같은 말을 인용하면서, 본고를 마치기로 한다.

> 先君子께서는 일찍이 "理로 主를 삼으면 마음이 넓고 의지가 공정하나, 我로 主를 삼으면 마음이 좁고 의지가 사사롭다"고 말씀하셨다. 나는 일찍부터 이런 말씀을 자주 듣고 기록해 두었으나, 오히려 그 의미를 깊이 알 수는 없었다. 근래에 苦淡窮寂을 겪으면서 그윽이 身心性情의 사이에서 증험해 보니, 다만 이 하나의 知覺이 '夜氣가 조금 맑아지고 아직 外物과 접촉하지 않았을 때'를 당해서는 간혹 '義理 쪽을 따라 感發하여' 自然스럽게 心地가 너그러워지고 심한 막힘이 없어서, 남들과 함께 하는 公共의 意思가 있게 되고, 또한 소통하여 快活한 意思가 있음을 깨달았다. 그러나 '낮 동안 昏亂하게 事物과 交接할 때'를 당해서는 '私的인 쪽을 따라 觸動하여' 輾轉하여 心地가 고착되거나 동요되어 혹은 冷情하거나 혹은 熾熱하고, 다만 내가 있음만 알고 남이 있음은 알지 못하며, 天下의 義理는 모두 사소하며 이 일만 오직 중대하다고 생각하였다. 이에 비로소 先賢의 가르침이 절실한 것임을 깨달았으며, 孔子가 "仁者는 근심하지 않으

意無造作 豈塊然若一箇死物 能靜不能動 而其發皆氣之所爲乎

84) 『密庵集』 卷23 頁37~38, 〈密庵自序〉: 自有四七理氣辨以來 李文成珥合理氣爲一物 其徒傳相祖述 以爲發前人所未發 先人嘗極力排之 而祖文成者不說 吾儕中號爲有知見者 猶未免聽瑩 將使後之人 不知理自有動靜體用 非小變也 乃與一二同志 反復辨難 以爲與其兼言理氣而致紛雜 無寧言理不言氣 以自附於孟子道性善之義

85) 『大山集』 卷39 頁8~9, 〈理氣動靜說〉 참조.

86) 『大山集』 卷39 頁25~26, 〈四端七情說〉 참조.

87) 密庵 이후에 '理의 能發說'을 옹호한 인물로는 淸臺 權相一(1679~1760)과 定齋 柳致明(1777~1861)을 들 수 있을 것이다.

나, 小人은 늘 근심한다"고 한 말씀도 또한 여기에서 나뉘는 것이었다. 이로써 '義에 깨닫느냐, 利에 깨닫느냐' 하는 것이 참으로 生·死의 갈림길임을 알 수 있었다. 만약 이 관문을 투철하게 타개하지 못한다면, 이른바 學問이란 모두 거짓이다. 그러나 진실로 먼저 마음에서 밝히지 않는다면, 또 어찌 정밀하게 골라 신중하게 지킬 수 있겠는가? 평소 이 뜻을 대략 알지 못했던 것은 아닌데, 일찍이 참된 노력을 기울이지 않고 悠悠하게 반평생을 살아서, 끝내 이런 사람이 됨을 면치 못했으니, 슬프도다!(朱子가 林擇之에게 보낸 편지에서도 "하나의 '我' 字는 진실로 '百病의 근원'이다. 만약 베어 넘어뜨리지 않는다면 접촉하는 곳마다 재앙을 일으킨다"고 했다.)[88]

88) 『密菴集』 卷10 頁1~2, 〈錦水記聞〉: 先君子嘗言以理爲主則心廣而意公 以我爲主則心狹而意私 栽早嘗習聞而私識之 猶未能深知其味也 近因苦淡窮寂 仍竊驗之身心性情之間 只此一箇知覺 當夜氣稍清 未與接物之際 或從義理上感發 則自然心地寬裕 無甚滯礙 有與物公共底意思 亦覺有流通快活底意思 當朝晝昏亂 事物交接時 從私徑上觸動 則輾轉心地膠擾 或寒或熱 只知有己 而不知有人 覺天下之義理皆小 而此事獨大 於是始覺先訓之爲切 而孔子所謂仁者不憂 小人長戚戚 其亦由此而分乎 是知喩義喩利 眞箇生死路頭 若不透打此關 所謂學者皆僞也 然苟不先明諸心 又何以精擇而謹守之乎 平生非不略知此意 未嘗實用其力 悠悠半世 終不免爲這樣人 悲夫(朱子與林擇之書曰 一我字眞是百病之根 若斫不倒 觸處作災怪也)

제3장 愚潭 丁時翰의 〈四七辨證〉과 그 비판

1. 서론

愚潭 丁時翰(1625~1707)은 葛庵 李玄逸(1627~1704)과 함께 퇴계설을 옹호하고 율곡설을 비판하는 데 앞장섰던 인물이다. 퇴계의 死後 약 100년이 지나면서 기호지방에서는 율곡의 성리설이 널이 퍼지고, 그에 입각해 퇴계설을 비판하는 풍조가 일고 있었는데, 우담과 갈암은 율곡설을 비판하고 퇴계설을 옹호하는 데 보조를 같이함으로써, 당시 학계의 흐름에 제동을 걸었던 것이다. 율곡설에 대해 먼저 포문을 연 것은 갈암이었다. 갈암은 1688년에 〈栗谷李氏論四端七情書辨〉을 지어 율곡설을 철저히 비판하였다. 이어서 우담은 1696년에 〈四七辨證〉을 지어, 율곡설을 다시 한 번 論斥하였다. 이 과정에서 이들은 의견을 교환하면서 서로를 격려하였다.

우담의 〈四七辨證〉은 栗谷이 牛溪에게 답한 편지 가운데 40여 조목을 뽑아 변척한 것으로, 갈암의 〈栗谷李氏論四端七情書辨〉보다도 훨씬

방대한 분량이다.[1] 위에서 언급한대로 〈四七辨證〉의 일관된 취지는 '퇴계설을 옹호하고 율곡설을 비판함'에 있었다. 우담은 〈四七辨證〉에서 退·栗을 비교하여 다음과 같이 주장한다.

> 내 생각에 退溪는 朱子를 祖述하여, 大本을 洞見하고 理를 主로 삼았다. 그러므로 言行에 드러난 것이 모두 溫良退讓의 意思였으며, 平生의 실천이 안팎으로 瑩徹하여, 마침내 東國의 儒宗이 되었다. 栗谷은 羅整庵을 祖述하여, 大本에 어두웠고 氣를 숭상하였다. 그러므로 言論에 드러난 것이 대부분 경솔하고 방자하게 남을 능멸하는 規模였으니, 그 流弊가 미친 바는 吾道의 큰 害가 되었다.[2]

위의 인용문은 〈四七辨證〉의 논조를 짐작하기에 충분한 내용이다. 〈四七辨證〉의 결론부 '總論'에서는 다음과 같이 말한다.

> 율곡이 말하는 '本原의 體'는 흐리멍덩하게 전체를 포괄하여 전혀 긴요한 점이 없고, 율곡이 말하는 '發見의 用'은 오로지 '氣' 字를 주장하고 다시는 理를 말하지 않는 것이다. 율곡은 한결같이 기분을 통쾌하게 하는 달변으로 방자하게 前賢을 비방했으니, 이것은 가라지풀이 묘목을 어지럽히고 紫色이 朱色을 어지럽힘과 같아서, 예로부터 聖賢이 서로 전한 心法으로 하여금 이미 밝아졌으나 다시 어두워지게 하였다. 나는 비록 어리석은 늙은이나, 道를 근심하는 一念에 모르는 척 눈감고 있을 수 없었다. 그리하여 나의 역량을 헤아리지 않고 함부로 說을 지어, 彼此 學術의 同異를 드러내고 吾儒와 異學의 得失을 분변한 것이다.[3]

---

1) 〈四七辨證〉은 『愚潭集』 卷7~8 두 卷에 걸쳐 실려 있다.

2) 『愚潭集』 卷7 頁33: 愚意退溪則祖述朱子 洞見大本而所主者理 故見諸言行者 莫非溫良退讓底意思 而平生行己表裏瑩徹 終爲東國之儒宗 栗谷則祖述整庵 昧於大本而所尙者氣 故發於言論者 類多輕肆淩人底規模 而流弊所及 大爲吾道之深害

위의 두 인용문은 우담의 기본 관점과 문제의식을 잘 보여주고 있거니와, 우담은 '吾道의 큰 害가 되는 異學을 비판하지 않을 수 없다'는 입장에서 율곡설을 변척한 것이다. 우담은 기본적으로 퇴계와 율곡을 '主理와 主氣'로 구분하거니와, 이러한 맥락에서 우담은 '主理(理의 主宰)'를 천명하는 데 역점을 두었다. 또 우담은 "율곡이 말하는 '本原의 體'는 흐리멍덩하게 전체를 포괄하여 전혀 긴요한 점이 없다"고 비판했거니와, 이는 '율곡이 渾淪만 알고 分開는 몰랐다'는 뜻이다. 그 대안으로 우담은 渾淪과 分開를 동시에 유의해야 한다고 역설한다. 한편 "율곡이 말하는 '發見의 用'은 오로지 '氣' 字를 주장하고 다시는 理를 말하지 않는 것"이라는 말은 '율곡이 氣發만 알고 理發은 몰랐다'는 뜻이다. 그 대안으로 우담은 理의 流行發現을 강조한다. 이러한 맥락에서 우담은 理의 主宰를 밝히는 것, 渾淪과 分開를 동시에 유의하는 것, 理의 流行發現을 밝히는 것 등에 심혈을 기울였다.

본고에서는 〈四七辨證〉을 중심으로 먼저 우담의 기본 입장을 살펴보고, 우담의 율곡에 대한 비판을 검토해 보기로 하겠다. 이어서 우담과 갈암의 同·異를 비교해 본 다음, 우담의 성리설이 지닌 문제점들을 지적해 보기로 하겠다.

2. 愚潭의 기본 입장

1) 理·氣의 動·靜과 離·合

3) 『愚潭集』 卷8 頁36: 其言本原之體者 鶻圇籠罩 都沒緊要 其言發見之用者 專主氣字 更不言理 一向逞氣騁辯 恣詆前賢 有若莠之亂苗 紫之亂朱 使從古聖賢相傳之心法 旣明復晦 雖以愚之昏耄 而憂道一念 有不容昧然 竊不自揆 妄爲之說 以著彼此學術之同異 以辨吾儒異學之得失

愚潭 丁時翰의 理氣論은 보통 '理主氣輔說'로 설명된다. 理는 氣의 主宰者요 氣는 理의 輔助者라는 것이다. 그런데 우담은 '理主'에 관해서는 많은 논의를 전개하고 있으나, '氣輔'에 대해서는 별다른 설명이 없다. 요컨대 그의 성리학은 '理의 主宰'를 옹호하는 데 주안점이 있는 것이다.

영남의 성리학자들이 흔히 그렇듯이 우담도 '理의 주재'를 '理가 氣(事物)를 명령함'으로 해석한다. 우담에 의하면 자연계의 變化가 순조롭게 이루어지고, 또 그 속에서 만물이 각각 性命을 바르게 하는 것은 理가 모든 것을 主宰하고 命令하기 때문이다.[4] 우담은 다음과 같이 말한다.

> 무릇 太極이 陰陽을 낳음에 天地가 자리를 잡았다. 하늘은 이 理를 얻어서 元亨利貞의 德이 四時 가운데 流行하니, 歲功의 變化가 어긋나지 않고 萬物이 각각 性命을 바르게 하는 것은 모두 '이 理가 流行하는 妙'인 것이다. 사람은 이 理를 얻어서 仁義禮智의 性이 事爲 사이에 발현하니, 三綱五倫이 항상 일정하고 百行과 萬善을 갖춘 것은 모두 '이 理가 發現하는 用'인 것이다.[5]

'理의 주재'는 자연계에서는 '歲功의 變化가 어긋나지 않고 萬物이 각각 性命을 바르게 함'으로 드러나고, 인간계에서는 '三綱五倫이 항상 일정하고 百行과 萬善을 갖춤'으로 드러난다. 우담은 이것들을 '理가 流行하는 妙'요, '理가 發現하는 用'이라 하였거니와, 理의 流行이나 發現은 곧 理가 만물을 主宰하는 과정인 것이다. 그런데 우담의 특징은 理의 流行과 發現을 理의 직접적 운동으로 규정한다는 데 있다. 다시 말해 '氣

4) 『愚潭集』 卷8 頁4: 理之主宰命物 變化各正之本源

5) 『愚潭集』 卷7 頁21: 夫太極是生兩儀而天地定位 天得是理而元亨利貞之德 流行於四時之中 歲功之變化不忒 萬物之各正性命 莫非此理流行之妙也 人得是理而仁義禮智之性 發現於事爲之間 三綱五典之有常 百行萬善之具備 莫非此理發現之用也

의 작용'을 매개로 理가 被動的으로 流行하고 發現한다는 것이 아니라, 理가 能動的으로 流行하고 發現한다는 것이다. 요컨대 우담은 理를 能動的 존재로 인식한다. 다만 理는 無形한 形而上者이기 때문에 理의 動·靜을 직접적으로 인식하기 어려울 뿐이라는 것이다. 우담은 다음과 같이 말한다.

> 무릇 理는 無形하여, 氣가 아니면 보기 어렵다. 그러므로 그 作用하고 流行하는 것은 모두 '氣의 所爲'로서 理는 관여함이 없는 것 같다. 그러나 이 理는 지극히 無하면서 지극히 有하고(至無而至有), 지극히 虛하면서 지극히 實하고(至虛而至實), 動하되 動이 없고(動而無動), 靜하되 靜이 없다(靜而無靜). 비록 氣를 타고 流行함이 저절로 그러하여(自然而然) 그 作爲하는 바가 있음을 볼 수 없으나, 性·情이 寂·感하는 즈음에 '理의 神妙한 作用이 무성하게 드러남'을 가릴 수 없다.[6]

위에서 '至無, 至虛, 無動, 無靜'이라 한 것은 '理의 형이상적 특징'을 설명한 말일 것이다. 理는 감각적으로는 인식되지 않기 때문에 '至無, 至虛, 無動, 無靜'인 것 같지만, 사실은 '至有, 至實'한 존재로서 스스로 動·靜한다는 것이다. 우담은 "性·情이 寂·感하는 즈음에 '理의 神妙한 作用이 무성하게 드러남'을 가릴 수 없다"는 것으로 이를 설명하였다. 理가 '至有, 至實'한 능동적 존재임은 性·情이 寂·感하는 즈음에만 드러나는 것이 아니다. 보다 근원적으로 氣(陰陽)의 動·靜은 理의 動·靜에 근거한다는 것이다. 우담은 다음과 같이 말한다.

---

6) 『愚潭集』 卷7 頁14: 夫理之無形 非氣難見 故其所作用流行者 皆若氣之所爲 理無與焉 而是理也至無而至有 至虛而至實 動而無動 靜而無靜 雖其乘氣流行 自然而然 不見其有所作爲 而性情寂感之際 理之神用 藹然呈露 有不可掩

> 周子는 "太極이 動하여 陽을 낳고, 靜하여 陰을 낳는다"고 하였고, 朱子는 "理에 動·靜이 있기 때문에 氣에 動·靜이 있다. 만약 理에 動·靜이 없다면 氣는 무엇을 말미암아 動·靜하겠는가?"라고 했다. 이것으로 보면 天地의 造化는 理가 動함에 氣가 動하고, 理가 靜함에 氣가 靜하는 것이다.[7]

위에 보이듯이 우담은 '理에 動靜이 있다'는 말을 '理가 動靜한다'는 뜻으로 해석하고, 氣의 動靜은 理의 動靜에 근거한다고 해석하였다. 周濂溪의 "太極이 動하여 陽을 낳고, 靜하여 陰을 낳는다"는 말에 대하여 朱子는 '太極은 本然之妙이며, 動靜은 所乘之機이다'라고 해석한 바 있다. '動靜은 所乘之機'라는 말은 '動靜은 太極이 탈 바의 기틀'이라는 말이니, 이 말은 太極의 動靜을 부정하는 뜻으로 풀이되기 쉽다. 그런데 우담은 이에 대해서 다음과 같이 설명한다.

> 朱子의 뜻은 대개 '氣機의 動靜이 아니면 太極의 動靜을 볼 수 없다'는 말이요, '太極은 動靜할 수 없어서, 氣의 動靜을 따라서 動靜한다'는 말이 아니다. 그러므로 반드시 '動靜者 所乘之機'라는 말 앞에 '太極者 本然之妙'라는 말을 붙였던 것인바, 이로써 氣機 가운데 動靜하는 것은 모두 '太極의 妙'임을 드러낸 것이다.[8]

우담은 주자의 '動靜은 所乘之機'라는 말을 '氣機의 動靜이 아니면 太極의 動靜을 볼 수 없다'는 뜻이라고 풀이하고, 이는 결코 '太極은 動靜

---

7)『愚潭集』卷7 頁24~25: 周子曰 太極動而生陽 靜而生陰 朱子曰 理有動靜 故氣有動靜 若理無動靜 氣何自而動靜乎 以此觀之 天地之化 理動而氣動 理靜而氣靜

8)『愚潭集』卷8 頁6: 朱子之意 槩謂非氣機之動靜 則太極之動靜 不可得而見也 非謂太極不能動不能靜 隨其氣之動靜而動靜也 是以又必以太極者本然之妙 加之於動靜者所乘之機之上 以見其動靜於氣機之中者 莫非太極之妙也

할 수 없다'는 뜻이 아니라고 해석한 것이다. 많은 학자들이 理의 능동성을 부정하는 또 하나의 논거는 朱子의 '理는 情意도 없고 造作도 없다'는 말이었다. 그런데 우담은 주자의 이 말에 대해서도 다음과 같이 해석한다.

> 朱子가 '理는 情意도 없고, 造作도 없다'고 한 것은 '생각하지 않아도 얻고, 힘쓰지 않아도 적중한다(不思而得 不勉而中)'는 말이나 '私意도 없고 期必함도 없다(無意無必)'는 말과 같은 것으로서, 그 氣를 타고 動靜함이 저절로 그러하여(自然而然), '情意와 造作의 자취가 없다'는 말이다. 이것은 理는 그윽하고 어둡고 고요하여 '萬化 · 萬事의 근본'이나 '氣를 명령하고 事物을 명령하는 주재자'가 될 수 없으니, '靜만 있고 動은 없다'는 뜻이 아니다. 張南軒의 '太極의 본체는 지극히 고요하다(至靜)'는 말에 대해, 朱子는 '옳지 않다'고 하였다. 張南軒이 또 '이른바 지극히 고요하다는 것은 未發 · 已發을 관통해서 말한 것'이라 하자, 朱子는 '그렇게 말하면 하나의 正當하지 못하고 비뚤어진 太極이 된다'고 비판하였다. 이것으로 보건대 어찌 '情意도 없고, 造作도 없다'는 말로 인해 '理는 모두 고요한 本體 가운데에만 갖추어져 있어서, 움직이는 作用의 사이에서는 流行하지 않는다'고 의심할 수 있겠는가?[9)]

우담은 '理는 情意도 없고, 造作도 없다'는 말을 '理의 운동은 지극히 자연스러워, 情意와 造作의 자취가 없다'는 뜻으로 해석하고, 그것은 결코 '理는 운동하지 않는다'는 뜻이 아니라고 주장하였다. 우담은 두 가지

---

9) 『愚潭集』 卷9 頁29, 〈壬午錄〉: 朱子理無情意無造作云者 猶言不思而得 不勉而中 無意無必 而以其乘氣動靜 自然而然 無有情意造作之跡云爾 非以爲窈冥昏默而不能爲萬化萬事之根 命氣命物之主 而靜有動無也 張南軒云 太極之體至靜 朱子曰 不是 又云所謂至靜者貫乎未發已發而言 朱子非之曰 如此却成一不正當尖斜太極 由此觀之 安可以無情意無造作之語 疑其理之都具於靜體之中 而不爲流行於動用之間乎

점을 들어 理의 능동성을 옹호했다. 첫째는 理는 '氣를 명령하고 事物을 명령하는 주재자'인바, 만일 理의 능동성을 부정한다면 그것은 理의 주재성을 부정하는 셈이라는 것이다. 둘째는 만약 理에는 '고요한 본체'만 있고 '움직이는 작용'이 없다고 한다면 그것은 '하나의 正當하지 못하고 비뚤어진 太極이 된다'는 것이다. 우담의 이러한 論旨에 대해서는 다양한 반론을 제기할 수 있겠거니와, 이에 대해서는 뒤에서 다시 논의하기로 하자.

이제 '理 · 氣의 離 · 合'에 대한 설명을 살펴보자. 우담은 성리학의 일반론에 따라 理 · 氣의 不離와 不雜을 동시에 강조한다. 우담은 다음과 같이 말한다.

> 理 · 氣는 본래 混融無間하여, 앞으로 소급해도 그 처음에 합쳐짐을 볼 수 없고, 뒤로 미루어 보아도 그 끝에 분리됨을 볼 수 없다. 理는 조짐이 없고 氣는 자취가 있으나, 어찌 氣 없는 理가 앞서거니 뒤서거니 하면서 事爲의 사이에 발현하는 경우가 있겠는가? 그런데 옛날부터 聖賢들은 渾融無間하여 先 · 後와 離 · 合을 나눌 수 없는 가운데서, 혹은 끊어서 말하고 혹은 나누어 말하여,[10] 理는 '氣를 命令하기만 하고, 氣의 命令을 받지는 않음'과 '氣 가운데 있으나 氣와 협잡하지 않음'을 밝혔다. 예컨대 孔子가 '易에 太極이 있으니, 이것이 陰陽을 낳는다'고 한 것과, 周子가 '太極이 動하여 陽을 낳고, 靜하여 陰을 낳는다'고 한 것은 陰陽 가운데서 도려내, '陰陽을 主宰하는 것'을 가리켜 '끊어서 말한 것'이요, 孟子가 性善의 性과 惻隱 · 羞惡 · 辭讓 · 是非의 情을 말한 것은 形氣 가운데서 발라내서, 그 形氣와 섞이지 않는 것을 가리켜 '나누어 말한 것'이다.[11]

10) 우담은 "且夫理氣爲物 本相循不離 雖不可謂有先後有離合 而古之聖人 截而言之之時 則似乎 有先後矣 分而言之之時 則似乎有離合矣"(『愚潭集』 卷7 頁22)라고도 했거니와, '끊어서 말한다'는 것은 계속 순환하여 본래 先 · 後가 없는 것을 특정한 時點을 기준으로 끊어서 말한다는 뜻이요, '나누어 말한다'는 것은 본래 離 · 合이 없는 것을 구별하여 말한다는 뜻이다.

우담은 "理 · 氣는 본래 混融無間하다"고 하여, 理 · 氣의 不離를 근본적인 사실로 인정한다. 우담에 의하면 理 · 氣는 본래 混融無間하여 先後와 離合이 없음에도 불구하고, 聖賢들이 理 · 氣를 나누어서 말한 취지는 '主宰者로서의 理의 위상'을 분명히 하려는 것이었다. 성리학의 일반론에 의하면 '理 · 氣의 不雜'이란 '理 · 氣는 각각 形而上者와 形而下者로서 그 본질이 다름'을 말하는 것이었다. 그런데 우담은 '理 · 氣의 不雜'을 '理는 主宰者'요 '氣는 被主宰者'라는 점을 분명히 하기 위한 명제라고 해석하는 것이다. 우담의 이러한 입장은 다음의 인용문에서도 확인된다.

> 朱子는 "비록 氣 가운데 있으나, 理는 스스로 理이고 氣는 스스로 氣여서, 서로 협잡하지 않는 것을 性이라 한다"고 하였다. 이것은 理 · 氣가 妙合한 가운데, '理는 항상 主宰者가 되고 氣는 항상 輔助者가 됨'과 '비록 氣 가운데 있으나 氣에 갇히지 않음'과 '氣를 命令하기만 하고, 氣의 命令을 받지는 않음'을 말한 것이요, 理 · 氣가 각각 한 곳에 있어서 서로 妙合하지 못한다는 말이 아니다.[12]

위의 인용문에서도 역시 '主宰者로서의 理'와 '被主宰者로서의 氣'를 구분한다는 것에 초점을 맞추어 '理 · 氣의 不雜'을 설명하였다. 理 · 氣는 항상 서로 妙合하고 있지만, '主宰者로서의 理'와 '被主宰者로서의 氣'를 구분하지 않을 수 없다는 것이 우담의 지론이었던 것이다.

---

11) 『愚潭集』 卷7 頁13: 理氣爲物 本混融無間 推之於前 不見其始之合 引之於後 不見其終之離 而理無眹氣有跡 安有無氣之理 或先或後 發見於事爲之間者乎 然而終古聖賢於渾融無間 不可分先後 離合之中 或截而言之 或分而言之 以明此理之命氣而不命於氣 在氣而不雜乎氣者 如孔子所謂易有太極 是生兩儀 周子所謂太極動而生陽 靜而生陰 是挑出陰陽之中 指其主宰乎陰陽者 截而言之也

12) 『愚潭集』 卷9 頁29, 〈壬午錄〉: 朱子雖在氣中 理自理氣自氣 不相夾雜之謂性云者 以其理氣妙合之中 理常爲主 氣常爲輔 雖在氣中 不囿於氣 命氣而不命於氣之云爾 非以爲理氣各在一處而不相妙合也

이상에서 理·氣의 動·靜과 離·合에 관한 우담의 설명을 살펴보았는바, 우담의 설명은 모두 '理는 氣의 命令者(主宰者)'임을 강조하는 것에 초점이 있었다. 즉 우담은 '理의 주재'를 '理가 氣를 명령함'으로 해석하거니와, '理가 氣를 명령한다'는 것은 곧 '理의 능동성'을 전제로 성립하는 것이다. 또 理·氣는 본래 혼융무간함에도 불구하고 理·氣를 不雜이라고 말하는 까닭은 주재자와 피주재자를 구별하려는 취지였다고 본다. 이 두 가지는 우담이 율곡을 비판하는 핵심 논점이기도 하다. 즉 율곡이 '理가 氣를 부린다(使之)'는 주장을 부정한 것에 대해서는 '理를 空寂한 虛無로 귀결시키는 것'이라고 비판하며,[13] 율곡이 '理·氣의 不離'를 강조한 것에 대해서는 '理의 주재를 부정함으로써 氣의 自用을 조장하고, 作用을 性으로 오인하는 것'이라고 비판한다.[14] 이에 대해서는 뒤에서 자세히 논하기로 하자.

2) 心合理氣와 理氣互發

우담은 '心'에 대한 이해에 있어서도, 영남성리학의 通論에 따라 '理와 氣의 결합'으로 규정한다. 또 心은 理·氣의 결합이라는 주장을 '理氣互發說'의 근본적 논거로 삼는다. 요컨대 心은 理·氣의 결합이므로, 心이 感發(知覺)함에 있어서도 당연히 理發과 氣發이 모두 있다는 것이다. 앞에서 살펴보았듯이 우담은 理의 能動性을 강조하거니와, 따라서 우담이 말하는 '理發'이란 '能發'과 '所發'의 뜻을 모두 겸하는 것이다. 우담에 의하면 理와 氣가 모두 '能發者(발하는 작용의 주체)'인 동시에 '所發者

13) 『愚潭集』 卷8 頁6: 今謂陰靜陽動 其機自爾 而其所以陰靜陽動者理也者 終未見所以動所以靜主宰之處 而未免於空寂虛無之歸 惡在其眞實無妄 能爲萬化之根者哉

14) 『愚潭集』 卷8 頁35: 若徒見理不離氣 而便以理氣爲非二物 徒見氣常載理 而便以理氣爲不可分 則氣自用事 理無管攝 蕩而至於作用是性之歸矣

(발현되는 내용)'인 것이다. 우담은 이처럼 理·氣의 互發을 주장하면서도 또한 '心은 본래 하나일 뿐'이라고 주장하는바, 여기에 그의 특징이 있다. 우담은 다음과 같이 말한다.

> 退溪가 말한 '理氣互發'이란 대개 '理·氣가 결합해서 心이 되는바, 理·氣가 混然한 一心 가운데, 감촉하는 바에 따라 발함에는 혹은 理가 발하는 때도 있고 혹은 氣가 발하는 때도 있어서, 서로 發現한다'는 말이다. '互發'이라는 두 글자를 말한 것은 '心에는 두 근본이 없음'을 더욱 분명히 한 것이다.[15]

위의 인용문은 '心合理氣'라는 인식을 바탕으로 '理·氣의 互發'을 옹호하는 것이다. 그런데 주목되는 것은 '互發'을 '心에는 두 근본이 없음'을 강조하는 논리로 해석하고 있다는 점이다. 理·氣를 모두 能發者로 규정하는 한, 理·氣의 互發을 주장하면 '心에는 두 근본이 있다'고 전제하는 것으로 보이기 쉽다. 예컨대 율곡은 퇴계의 理氣互發說을 '心에 두 근본이 있다'는 주장으로 해석하고 비판한 것이다.[16] 그리하여 大山 李象靖은 퇴계의 理發을 '所發'로 규정하여 '主理의 뜻'이라고 풀이하고 '心에는 하나의 근본이 있을 뿐'이라 하였던 것이다.[17] 그런데 우담은 理發을 '能發'로 해석하면서도 '互發'이란 '心에는 두 근본이 없음'을 밝힌 것이라고 주장하는 것이다. 이제 우담이 말하는 '互發의 의미'를 살펴보자.

---

15) 『愚潭集』 卷7 頁19: 退溪所謂理氣互發者 槩以爲理與氣合而爲心 理氣混然一心之中 隨所感而發 或有理發之時 或有氣發之時 互相發現云爾 其言互發二字者 益明此心之無二本矣

16) 율곡의 持論은 理는 所發者요, 氣는 能發者라는 것이었다. 율곡에 의하면, 理는 無形無爲한 形而上者이기 때문에 能發者일 수 없고, 理와 氣를 모두 能發者로 인정하면 '心에 두 근본이 있는 것'이 되기 때문에 더욱 납득할 수 없다는 것이다.

17) 『大山集』 卷39 頁26, 〈四端七情說〉: 二情之發 非齊頭俱動 竝轡偕出 又非各占一邊 而自爲動靜也 隨事而感 互相資乘 而但於其中 見其有主理主氣之分耳 亦何有二歧之疑哉

우담은 다음과 같이 말한다.

> 理·氣가 결합해서 心이 된다. 그러므로 先儒가 心을 논함에는, 혹은 理로 말하기도 하고 혹은 氣로 말하기도 하여, 오로지 理로 여기지도 않았고 오로지 氣로 여기지도 않았으니, 다만 '理·氣의 결합'인 것이다. 或者가 "心이 발하는 곳은 氣인가?"라고 묻자, 朱子는 "또한 다만 知覺일 뿐이다. 理와 氣가 결합해야만 知覺할 수 있다"고 답했다. 이것으로 보건대 一心 속에 理·氣가 渾淪한 가운데 知覺이 이루어지는 것이 혹은 性命에서 근원하고 혹은 形氣에서 생기어, 각각 가리켜 말하는 苗脈이 있는 것이다. 性命에서 근원한 것을 '道心'이라 하는데 '理發'이 그것이며, 形氣에서 생긴 것을 '人心'이라 하는데 '氣發'이 그것이니, 어찌 心을 오로지 氣로 여기고 或原·或生을 모두 氣發로 귀결시킬 수 있겠는가? 만약 그렇다면 朱子는 어찌 '氣發理乘一途'라고 말하지 않고, 知覺을 性命과 形氣로 나누어 말하여 "知覺이 耳目을 따라서 나온 것이 바로 人心이요, 知覺이 義理를 따라서 나온 것이 바로 道心이다"라고 말했겠는가? 그러므로 朱子가 知覺을 나누어 말한 것은 진실로 虞舜이 人心·道心을 命名한 뜻에 근본하여 推論한 것이요, 退溪는 한결같이 朱子의 말씀에 따른 것이다.[18)]

주지하듯이 율곡은 心을 氣로 규정하고, 주자의 或原·或生을 모두 氣發로 해석했다. 위의 인용문은 그에 대한 반론인 것이다. 우담은 '心은 理·氣의 결합'이라는 것, '心의 知覺도 理·氣의 결합을 통해서 이

---

18) 『愚潭集』 卷8 頁12: 理與氣合而爲心 故先儒之論心 或有以理言者 或有以氣言者 而不專是理 不專是氣 只是理氣之合也 或問於朱子曰 心之發處是氣否 曰也只是知覺 理與氣合便能知覺 由此觀之 理與氣渾淪於一心之中 而所以爲知覺者 或原性命 或生形氣 各有所指言之苗脈 原性命者 謂之道心而理發是也 生形氣者 謂之人心而氣發是也 何可專以心爲氣 而以或原或生 皆歸之氣發耶 若爾則朱子何不以氣發理乘一途言之 乃以性命形氣分言知覺 而謂知覺 從耳目上去 便是人心 知覺從義理上去 便是道心云耶 然則朱子所以分言知覺者 實是推本虞舜人心道心命名之意 而退溪則一從朱子之說耳

루어진다는 것'을 기본적인 사실로 간주한 다음, 주자의 或原·或生을 바로 理發·氣發로 해석한 것이다. 또 우담이 주자의 或原·或生과 퇴계의 理發·氣發을 같은 의미로 해석하는 데서도 드러나듯이, 우담은 四端七情論과 人心道心論은 본래 동일한 논리라고 해석한다.[19] 우담의 이러한 해석에 대해서 反論을 제기할 수 있는 소지도 충분하거니와, 이에 대해서는 뒤에서 다시 논의하기로 하자.

우담에 의하면 心은 본래 '하나'이지만 또한 心은 '理·氣의 결합'이므로 '道心·四端·本然之性'의 계열과 '人心·七情·氣質之性'의 계열이 구분된다. 여기서 본래 '하나'라는 사실을 주목하면 '渾淪說'이 성립하고, '理·氣의 결합'이라는 사실을 주목하면 '分開說'이 성립하거니와, 우담은 渾淪과 分開의 두 측면을 동시에 유의해야 함을 누누이 강조한다. 우담은 '본래 心은 하나요, 性·情도 각각 하나일 뿐'임에도 불구하고, 心·性·情을 각각 '理·氣의 두 계열'로 나누어 논하게 된 계기를 다음과 같이 설명한다.

> 〈樂記〉에서는 喜·怒·哀·懼·愛·惡·欲 七情을 통합해서 말했고, 『中庸』에서도 喜·怒·哀·樂으로 渾淪하게 情을 말했다. 대개 本體로 말하자면 性은 不善함이 없고, 性에서 발하는 情 또한 不善이 없다. 聖人의 마음은 寂·感의 즈음 참됨이 확립되고 밝음이 통달하여, 생각이나 노력을 기다리지 않으니, 진실로 四端의 擴充에 의지할 것이 없다. 그러나 衆人의 마음은 간혹 主靜存養을 통하여 未發의 中을 이루지 못하므로, 喜·怒·哀·懼·愛·惡·欲 七情이 밖에서 形氣와 감응할 때 그 當否를 살피고 검속하여 中庸에 부합하게 함으로써 그 性·情의 본래 善함을 회복하는 경우가 드물다. 그리하여 孟子는 氣質 가운데서 本然의 性·情을

19) 주지하듯이 율곡은 人心과 道心은 본래 相對시켜 立論한 것이지만, 四端과 七情은 그렇지 않은 것으로서 七情이 四端을 포함하는 관계라고 주장한 바 있다.

발라내어, 惻隱·羞惡·辭讓·是非의 情은 仁·義·禮·智의 本性에서 순수하게 곧바로 나온 것임을 말함으로써, 본래 善한 性과 不善이 없는 情은 애초에 聖·愚의 차이가 없음을 밝히고, 사람들로 하여금 기미를 살펴 확충함으로써 그 本性을 회복하도록 했으니, 이렇게 하면 보통 사람도 堯·舜이 될 수 있는 것이다. 이에 대해 朱子는 '孔子가 말하지 않은 바를 말한 것'이라 찬양하고, 그 뜻을 천명하여 '四端은 理가 발한 것, 七情은 氣가 발한 것'이라 하여, 나눌 수 없는 것을 나누어 말하여 學者들에게 보여주었다. 그런데 後學들 가운데 그 말을 바탕으로 그 뜻을 얻은 자가 적었다. 吾道가 이미 東方으로 옮겨옴에, 退溪先生께서 그것을 表章하고 祖述하여, 그림을 그리고 학설을 세우는 가운데 '四端은 理發而氣隨之, 七情은 氣發而理乘之'이라고 나누어 주석하였다. 이것은 渾淪한 一心 가운데 나아가 理·氣가 互發하고 相隨하는 妙를 나누어 말함으로써 孟子와 朱子가 남긴 뜻을 발명한 것이요, '七情은 四端을 통합하고, 四端은 七情 가운데 포함됨'을 모르고 새롭게 分開의 학설을 지어낸 것이 아니다.[20]

사람의 本性은 善하다는 것은 성리학의 대전제이다. 性이 善하다면 그것이 발한 情 또한 善할 것이다. 그런데 凡人의 경우에는 때때로 그렇지 못한 경우가 많은데, 이것은 '氣質'의 영향이라는 것이다. 그리하여 孟子는 氣質 가운데서 本然의 性·情을 발라내어, 本然之性과 四端을

---

20) 『愚潭集』 卷7 頁8~9: 樂記 統言喜怒哀懼愛惡欲七情 中庸 亦以喜怒哀樂渾淪言情 蓋以本體言之 性無不善 而情之發於性者 亦無不善 聖人之心 寂感之際 誠立明通 不待思勉 固無資於四端之擴充 而衆人之心 或未主靜存養 致其未發之中 則當喜怒哀懼愛惡欲七者之情 外感形氣之時 鮮能察其當否 約以合中 復其性情之本善 是以 孟子於氣質中 剔發本然之性情 以惻隱羞惡辭讓是非之情 粹然直出於仁義禮智之性者言之 以明本善之性 無不善之情 初不以聖愚而有異 使人審幾擴充 復其本性 自衆人而可至於堯舜 朱子贊其言以爲發孔子之所未發 闡其意以爲四端理之發 七情氣之發 剖析於不可分之地 昭示學者 而後學之因其語而得其心者 蓋寡矣 吾道旣東 退溪先生乃表章而祖述之 分註於建圖立說之中 而曰四端理發而氣隨之 七情氣發而理乘之 就渾淪一心之中 分言理氣互發相隨之妙 以發明孟子朱子之遺意 非不知七情之統四端四端之包在七情中而創爲分開之說也

별도로 논하게 되었던바, 우담에 의하면 맹자의 취지는 사람은 누구나 存養省察을 통해 聖人이 될 수 있음을 천명함에 있었다.

氣質을 배제하고 '本然之性과 四端'을 별도로 논하게 된 결과, 性에 대해서는 '本然之性과 氣質之性'으로, 情에 대해서는 '四端과 七情'으로 분석하게 되었거니와, 이것은 바로 '理와 氣'의 구분에 해당된다는 것이 우담의 견해이다.[21] 위의 인용문에서 말하는 '存養'은 바로 '理의 계열'을 보존하고 기르는 것이요, '省察'은 '理의 계열'인지 '氣의 계열'인지를 살펴서 '氣의 계열'을 검속하는 것이다. 이러한 맥락에서 사람은 누구나 存養省察을 통해서 聖人이 될 수 있다고 한다면, 그것은 결국 '理와 氣'의 구분 문제로 귀착되는 것이다. 우담은 이러한 관점에서 맹자의 四端論과 주자의 或原或生論의 의의를 확인하고, 퇴계의 理氣互發論은 그러한 전통을 정확하게 계승한 것이라고 주장했다.

위의 인용문에서는 주자가 '四端은 理之發, 七情은 氣之發'이라 한 것은 '나눌 수 없는 것을 나누어 말한 것'이라 했다. 우담에 의하면 心은 본래 '渾淪한 전체'이므로, 理와 氣로 分開할 수 없는 것이다. 그러나 存養省察의 공부를 위해서는 '理와 氣로 分開함'이 불가피하다는 것이다. 따라서 渾淪과 分開를 동시에 유의하는 것이 긴요하거니와, 퇴계의 互發說은 이 점에 있어서 朱子說보다도 진일보한 것이라고 본다. 우담은 다음과 같이 말한다.

> 退溪의 학설은 곧 朱子의 말을 조술한 것이요, 朱子의 餘意를 부연한 것이다. 朱子는 分明하고 直截하게 말했으나, 간단하게 '理發·氣發'이라

---

21) 『愚潭集』 卷7 頁11: 既已指出本然之性於氣質之中 則本然之性 主理而爲言者也 氣質之性 主氣而爲言者也 既已剔發四端於七情之中 則四端之謂之理發 猶本然之性之主理也 七情之謂之氣發 猶氣質之性之主氣也

고만 했다. 그러므로 退溪는 '理發' 아래에 '氣隨'를 덧붙였으니 '氣隨'란 '氣가 理를 따라서, 일찍이 理가 氣 없이 발하지 않음'을 밝힌 것이요, '氣發' 아래에 '理乘'을 덧붙였으니 '理乘'이란 '理가 氣를 타서, 일찍이 氣가 理 없이 발하지 않음'을 밝힌 것이다. 이것은 참으로 이른바 '分開하면서도 混淪을 해치지 않고, 混淪하면서도 分開를 해치지 않은 것'이다. 이에 대해 學者들이 그 趣旨의 귀결을 깊이 음미하고 그 幾微의 즈음을 정밀하게 살핀다면, 一心 가운데 理·氣가 互發하고 相須하는 妙가 저절로 그렇지 않을 수 없음을 명료하게 깨닫게 될 것이요, 또한 朱子의 말은 退溪를 얻음으로써 더욱 분명해졌음도 알게 될 것이다. 비록 初學이라도 약간의 識見이 있는 자는 결코 '理·氣는 離·合이 있으며, 사람의 마음에 두 근본이 있다'고 말하지는 않을 것이다. 하물며 退溪先生처럼 道體를 洞見한 분이 도리어 '理·氣 二物이 혹은 앞서고 혹은 뒤따르면서 두 갈래로 대립하여 각자 發出한다'고 여기셨겠는가?[22]

주자는 단순히 '四端은 理之發, 七情은 氣之發'이라고만 했으니, 이것은 문자상으로만 본다면 分開에 치우친 것이다. 그런데 퇴계는 '四端은 理發而氣隨之, 七情은 氣發而理乘之'라고 하여 각각 '氣隨'와 '理乘'을 덧붙였으니,[23] 이로써 分開와 渾淪의 두 측면이 모두 훌륭하게 표현되었다는 것이다.[24] 이처럼 퇴계는 혼륜과 분개 두 측면을 모두 유의한

---

22) 『愚潭集』 卷7 頁15: 夫退溪之說 卽祖述朱子之言 而推衍朱子之餘意也 朱子之言 非不分明直截 而以其單言理發氣發之故 退溪又於理發之下 繫之以氣隨 氣隨云者 明其氣之順理而理未嘗無氣而發也 氣發之下 繫之以理乘 理乘云者 明其理之乘氣而氣未嘗無理而發也 此眞所謂分開而不害爲混淪 混淪而不害爲分開者也 學者於此 翫繹其意趣之歸 精察其幾微之際 則一心之中 理氣互發相須之妙 瞭然在目 自不得不爾 而亦可見朱子之說 得退溪而益明矣 雖初學之士 稍有一班之見者 必不以理氣爲有離合 人心爲有二本 況以退溪先生之洞見道體 反謂理氣二物 或先或後 相對爲兩岐 各自出來也耶

23) 퇴계가 '氣隨'와 '理乘'이라 하여 달리 표현한 것에 대해, 우담은 '비유컨대 理는 將帥이고, 氣는 兵卒이므로, 그 貴·賤의 차이를 고려하여 달리 표현한 것'이라고 설명한 바 있다(『愚潭集』 卷4 頁3, 〈與李翼升〉: 理譬則將也 氣譬則卒徒 故於理發言氣隨 於氣發言理乘 其隨字乘字之有異者 只因其一貴一賤而下字不同而已).

것이므로, 퇴계의 互發說에 대해 '理·氣가 두 갈래로 대립하여 각자 發出한다'고 비판하는 것은 부당하다는 것이다.

이상에서 理·氣와 心·性에 대한 우담의 기본적인 입장을 살펴보았거니와, 우담의 이러한 論旨는 그 자체로 퇴계설을 옹호하고 율곡설을 비판하는 것이기도 하다. 이제 우담의 율곡에 대한 비판을 살펴보기로 하자.

3. 栗谷說에 대한 비판

우담은 〈四七辨證〉에서 율곡의 성리설을 40여 條目로 나누어 비판하였다. 우담이 스스로 정리하고 있듯이, 우담이 율곡설 가운데 핵심적으로 문제 삼는 것은 '人心道心相爲終始'·'發之者氣 所以發者理'·'理通氣局'이라는 3가지였다.[25] 따라서 이것들을 중심으로 논의를 진행하기로 한다.

1) '人心道心相爲終始'에 대한 비판

주지하듯이 율곡은 퇴계가 四端과 七情을 理發과 氣發로 分開한 것을 비판하고, 四端과 七情을 모두 '氣發而理乘之'로 설명했다. 이에 대해 牛溪는 주자의 人心道心論을 들어 퇴계의 互發論이 타당한 것이 아닌가 하는 의문을 제기했거니와, 이로부터 율곡과 우계의 논변이 시작된

---

24) 그러나 퇴계의 '渾淪'은 奇高峯의 비판을 수용하는 차원에서 '理·氣의 不離'를 형식상으로만 표현한 것'이요, 本質的인 의의는 없다고 볼 수도 있다. 이에 대한 자세한 논의는 拙著, 『畿湖性理學硏究』, 한울, 1998, 127~128쪽 참조.

25) 『愚潭集』 卷8 頁27: 以上所標出栗谷書中語 凡四十餘條 而撮其大略 則首言人心道心相爲終始 中言發之者氣所以發者理 終言理通氣局

것이었다. 율곡은 四端七情論은 人心道心論과 立論의 취지가 다르다는 입장에서, 사단칠정론과 인심도심론을 연계시키는 것을 반대하였다. 율곡은 자신의 기본적 관점을 다음과 같이 말한 바 있다.

> 心은 하나인데 '人心과 道心'으로 나누는 것은 '性命과 形氣'를 구별한 것이요, 情은 하나인데 '四端과 七情'으로 나누는 것은 '專言理와 兼言氣'의 차이인 것이다. 그러므로 人心과 道心은 서로 겸할 수 없으나 서로 終始가 되고, 四端은 七情을 겸하지 못하나 七情은 四端을 겸한다.…… 대개 人心·道心은 情·意를 겸해서 말하는 것이니, 情만을 지칭하는 것이 아니다. 七情은 사람의 마음이 움직일 때 일곱 가지가 있음을 통합해서 말한 것이요, 四端은 七情 가운데 善一邊을 골라서 말한 것이니, 서로 대립시켜서 말하는 人心·道心과는 진실로 다르다. 또한 情은 발한 것이 計較에 미치지 않은 것이니, 人心·道心이 서로 終始가 되는 것과는 다르다. 어찌 억지로 끌어다가 서로 준거로 삼을 수 있겠는가? 이제 兩邊으로 나누어 말하고 싶으면 마땅히 人心·道心의 說을 따르고, 善一邊을 말하고 싶으면 마땅히 四端의 說을 따르며, 兼善惡을 말하고 싶으면 마땅히 七情의 說을 따라야 할 것이니, 네모진 구멍에 둥근 장부를 끼우느라 紛紛하게 立論할 필요가 없는 것이다.[26)]

위의 인용문을 바탕으로 율곡의 입장을 정리하자면 다음과 같다. 첫째, 人心道心論과 四端七情論은 입론의 취지가 다르다. 즉 人心·道心

---

26) 『栗谷全書』 卷9 頁34~35, 〈答成浩原〉: 心一也而謂之道謂之人者 性命形氣之別也 情一也而或曰四或曰七者 專言理兼言氣之不同也 是故 人心道心 不能相兼而相爲終始焉 四端不能兼七情 而七情則兼四端 …… 蓋人心道心 兼情意而言也 不但指情也 七情則統言人心之動有此七者 四端則就七情中擇其善一邊而言也 固不如人心道心之相對說下矣 且情是發出恁地 不及計較 則又不如人心道心之相爲終始矣 烏可强就而相準耶 今欲兩邊說下 則當遵人心道心之說 欲說善一邊 則當遵四端之說 欲兼善惡說 則當遵七情之說 不必將枘就鑿 紛紛立論也

은 본래 性命과 形氣를 대립시켜서 입론한 것이나, 四端·七情은 그렇지 않다. 七情은 모든 감정을 통합해서 말한 것이고, 四端은 그 가운데 善一邊만을 골라서 말한 것이니, 四端과 七情은 대립하는 관계가 아니라 七情이 四端을 포함하는 관계이다.[27] 둘째, 四端·七情은 단순히 '情'의 차원에서 논하는 것이지만, 人心·道心은 '情'의 차원과 '意'의 차원을 겸해서 논하는 것이다.[28] 人心·道心은 意(計較)의 차원을 겸하는 것이기 때문에 서로 終始가 될 수 있다. 셋째, 따라서 人心道心論과 四端七情論은 서로 논의의 準據가 될 수 없다.

그러나 우담은 율곡의 이러한 입장을 모두 거부한다. 율곡이 四端七情論과 人心道心論은 입론의 취지가 다르다고 한 것에 대해, 우담은 다음과 같이 반론한다.

> 聖人이 形氣 가운데서 발라내서 道心을 말하고 形氣를 따르는 人心과 相對시켜 立名했으니, 四端이 비록 七情 가운데 포함되어 있으나 발라내서 말할 때엔 어찌 七情과 더불어 主理·主氣로 나누어 相對시켜 말할 수 없겠는가? 다만 七情은 理·氣를 겸한 것이기 때문에, 高峯과 栗谷은 항상 七情을 主氣라고 말하는 것을 未安하게 여긴 것이다. 그러나 '氣를 겸한다'고 말하면 이미 진흙탕과 관계되어 氣가 문득 用事하는 것이다. 이것이 朱子가 七情을 主氣로 여겨 四端과 대립시켜 말한 까닭이다.[29]

---

27) 따라서 율곡의 입장을 主理·主氣로 설명하자면, 人心은 主氣요, 道心은 主理이며, 四端은 主理요, 七情은 兼理氣인 것이다(『栗谷全書』 卷10 頁7~8, 〈答成浩原〉: 四端謂之主理 可也 七情謂之主氣 則不可也 七情包理氣而言 非主氣也(人心道心 可作主理主氣之說 四端七情 則不可如此說 以四端在七情中 而七情兼理氣故也)).

28) 율곡은 "未發은 性이요, 已發은 情이며, 發해서 計較商量하는 것은 意이다. 心은 性·情·意의 主宰者이므로, 未發·已發·計較를 모두 心이라 할 수 있다.(『栗谷全書』 卷9 頁35~36, 〈答成浩原〉: 大抵未發則性也 已發則情也 發而計較商量則意也 心爲性情意之主 故未發已發及其計較 皆可謂之心也)"고 설명한 바 있다.

29) 『愚潭集』 卷7 頁9~10: 聖人說出道心於形氣之中 相對立名於從形氣之人心 則四端雖包在七情中 而剔發言之之時 豈不可與七情分主理氣相對說下乎 第七情兼理氣 故高峯栗谷

人心·道心을 主理·主氣로 상대시키는 점과 四端을 主理로 규정하는 점에 있어서는 율곡과 우담이 일치한다. 문제가 되는 것은 七情이다. 율곡의 입장은 七情은 理·氣를 겸하는 것이기 때문에 主氣로 규정할 수 없다는 것이요, 따라서 四端과 七情은 主理·主氣로 상대시킬 수 없다는 것이다. 그러나 우담은 두 관점에서 七情을 主氣로 규정할 수 있다고 본다. 이미 七情 가운데서 善一邊(主理)인 四端을 발라냈으면, 이제 七情은 '그 나머지'를 지칭하는 것이라는 입장에서 主氣로 규정하는 것이요, 七情은 '氣를 겸한다'고 하면 이미 '氣(진흙탕)가 用事하는 것'이라는 입장에서 主氣로 규정하는 것이다.[30] 이러한 논지를 바탕으로 우담은 四端·七情 역시 主理·主氣로 상대시키고, 주자의 人心道心論(或生或原論)을 理氣互發論의 주요 準據로 삼았던 것이다.

율곡의 여러 說 가운데 우담이 가장 중요하게 문제 삼고 비판한 것은 人心道心相爲終始說이었다. 율곡의 相爲終始說이란 性命에서 나온 道心도 순조롭게 완수되지 못하고 私意를 개입시키면 人心이 되고, 形氣에서 나온 人心도 바른 이치를 어기지 않으면 道心이 된다는 것이었다.[31] 이에 대해 우담은 다음과 같이 반론한다.

무릇 人心·道心은 聖人이 이미 相對시켜 命名한 것으로, 본래 서로

每以七情之主氣而言爲未安 而纔說兼氣時 已涉於泥水 氣便用事 此朱子之以七情主氣而對言四端者也

30) '四端은 七情 가운데서 발라낸 것'이라 한다면, 四端과 七情을 對擧하는 것보다는 '七包四'로 규정하는 것이 논리적으로 타당할 것이다. 그런데 우담은 '四端을 발라낸 취지는 四端이 主理임을 밝히는 것이었으므로, 趣旨上 四端·七情을 主理·主氣로 對擧할 수 있다'고 주장하는 것이다.

31) 『栗谷全書』 卷9 頁34~35, 〈答成浩原〉: 人心道心 相爲終始者 何謂也 今人之心 直出於性命之正 而或不能順而遂之 間之以私意 則是始以道心 而終以人心也 或出於形氣 而不咈乎正理 則固不違於道心矣 或咈乎正理 而知非制伏 不從其欲 則是始以人心 而終以道心也

> 그 功을 이루는 것이니, '서로 終始가 된다'고 말할 수는 없다. 이제 만약 '道心으로 시작되어 人心으로 끝난다'고 한다면, 이것은 道心은 애초에 人心에 간여하지 않는다는 것이요, 오로지 道心이 滅息한 것을 人心으로 여기는 것이다. 또 '人心으로 시작되어 道心으로 끝난다'고 한다면, 이것은 人心은 애초에 道心에 바탕하지 않는다는 것이요, 곧바로 人心이 善하게 변한 것을 道心으로 여기는 것이다. 그렇다면 '人心은 위태롭고, 道心은 은미하다'는 幾微가 안으로부터 感通하는 始初에는 나누어지지 않았다가, 이미 발한 다음에야 天理와 人欲이 서로 勝負를 겨룸을 계기로 명칭을 얻게 되는 것이다. 이러한 주장은 虞舜이 命名하고 朱子가 註釋한 本意에 매우 어긋난다. 율곡이 人心과 道心을 相對시켜 설명하지 않음으로써 '두 갈래'라는 혐의를 피하고자 한 것은 사실 羅整庵의 견해에서 벗어나지 못하는 것이다.[32]

人心·道心은 '본래 相對시켜 立名한 것'이기 때문에 '서로 終始가 된다고 볼 수 없다'는 것이 우담의 기본 입장이다. 다시 말해 서로 終始가 된다면 두 갈래로 나누어 相對시킬 까닭이 없는바, 이미 人心·道心을 상대시켜 말했으니 그것들은 서로 終始가 될 수 없다는 것이다. 이러한 맥락에서 우담은 相爲終始說은 聖賢들이 人心·道心을 상대시켜 입론한 취지에 어긋나는 것이라고 규정했다.[33] 위에서는 "율곡이 人心과 道心을 相對시켜 설명하지 않음으로써 '두 갈래'라는 혐의를 피하고자 한 것"이라 하였다. 여기서 알 수 있듯이 우담은 人心道心相爲終始說은 人

32) 『愚潭集』 卷8 頁29~30: 夫人心道心 聖人旣已相對立名 則自可交致其功 不可相爲終始 今若云始以道心 終以人心 則是道心初不干於人心 而專以道心之歸於滅息者爲人心矣 若云始以人心 終以道心 則是人心初不資於道心 而直以人心之變而之善者 爲道心矣 夫如是則人心道心危微之幾 不分於由中感通之初 而旣發之後 乃因天理人欲迭相勝負者而得名 其所爲說 殊非虞舜命名 朱子註釋之本意 而其不欲相對說下 以避二岐之嫌者 則實不外於整庵之見矣

33) 『愚潭集』 卷7 頁10: 人心道心相爲終始者 似違朱子相對說下之本意

心道心相對說을 부정하는 것이요, 人心道心相對說의 부정은 人心道心二歧說을 부정하는 것이라고 해석한 것이다. '相對'나 '二歧'는 互發論과 매우 친근한 용어이거니와, 우담이 율곡의 相爲終始說을 강력하게 비판하는 까닭은 여기에 있었던 것이다.

그러나 율곡이 분명 人心 · 道心의 相對說을 긍정한 데서 드러나듯이, 율곡의 입장은 '二歧說'을 거부하는 것일 뿐 '相對說'을 거부하는 것은 아니었다. 율곡의 입장은, 주자는 "마음의 虛靈한 知覺은 하나일 뿐"이라는 전제 아래 人心 · 道心을 或生 · 或原으로 상대시킨 것이므로 '두 갈래'로 볼 수 없다는 것이요, 또 人心 · 道心은 서로 終始가 되기 때문에 '두 갈래'로 볼 수 없다는 것이었다. 주자는 또한 "배고프면 먹고자 하고 목마르면 마시고자 하는 것은 人心이요, 먹고 마심의 바름을 얻은 것은 道心이다"[34]라고 한 바 있으니, 相爲終始說은 주자의 견해와도 잘 합치되는 것이다.

우담은 율곡이 '七情은 四端을 포함한다'는 맥락에서 四端과 七情을 서로 배속시킨 것에 대해서도 비판한다. 우담은 다음과 같이 말한다.

> 渾淪으로 말하면 비록 '七情이 四端을 포함한다'고 말할 수 있으나, 相對시켜 말한 다음에야 각각의 뜻을 發明할 수 있으니, 끝내 하나로 뒤섞을 수 없는 것이다.…… 朱子와 退溪의 뜻은 애초에 '七情이 四端을 포함한다'는 것을 모르지 않았으나 끝내 '七情을 四端에 분배할 수 없다'는 것이었다. 이제 栗谷은 七情을 仁 · 義 · 禮 · 智에 분속시키고 四端을 七情에 比準했으니, 이처럼 立說함이 어찌 조금 近似한 점이 없으랴마는, 하나하나 分屬시켜 서로 比準하는 것은 牽强附會의 헛수고일 뿐 자연스럽게 配合되는 妙를 볼 수 없다.[35]

34) 『朱子語類』 卷78(중화서국본, 2011쪽): 饑欲食 渴欲飮者 人心也 得飮食之正者 道心也

율곡이 四端과 七情을 서로 배속시켜 설명한 것은 '七情이 四端을 포함한다'는 것을 강조하기 위함이었던바, 이에 대해 우담은 두 가지 관점에서 비판하는 것이다. 첫째는 四端과 七情을 하나하나 배속시키는 것이 약간의 近似한 점은 있으나 자연스럽지 못하다는 것이다. 둘째는 四端과 七情을 서로 배속시켜 양자의 渾淪을 강조하면, 四端 · 七情의 본래 의미를 밝힐 수 없다는 것이다. 우담의 지론은 四端과 七情의 본래 의미를 밝히려면 양자를 分開(相對)시켜 논할 수밖에 없다는 것이다.

이제까지 고찰한 우담의 율곡설 비판은, 우담 자신의 입장을 잘 드러낸 것일 수는 있어도, 율곡설의 부당성을 입증하지는 못하는 것들이다. 우담의 비판 가운데 율곡설의 문제점을 정확히 거론한 것으로는 다음의 예를 들 수 있다. 율곡은 人心 · 道心에 대해 "情 가운데 性命의 本然을 곧게 완수하는 것은 道心으로 지목하여 사람들로 하여금 存養擴充하게 하고, 形氣에 가리어 性命의 本然을 곧게 완수하지 못하는 것은 人心으로 지목하여 사람들로 하여금 그 過 · 不及을 살펴 절제하도록 했다"[36] 고 설명한 바 있다. 이에 대해 우담은 다음과 같이 비판한다.

> 形氣에 가린 것을 人心이라 하고, 形氣에 가리지 않은 것을 道心이라 함은 虞舜이 命名하고 朱子가 註釋한 本意가 아니다. 무릇 上智도 人心이 없을 수 없으니, 上智의 人心은 애초에 形氣에 가리지 않은 것이나, 形氣를 따라 생긴 것이기 때문에 人心이라 명명한 것이다. 下愚도 道心이 없을 수 없으니, 下愚의 道心은 비록 氣稟에 구애된 가운데 발한 것이나,

35) 『愚潭集』 卷7 頁31~32: 渾淪言之 則七情雖可曰包四端 而對說之後 則各是發明一義 終未可滾合爲一 …… 朱子退溪之意 初非不知七情之包四端 而終不能以七情分配四端也 今栗谷乃以七情分屬於仁義禮智 而四端準于七情 如此立說 豈無一二近似 而其欲一一分屬相準 徒有牽强附會之勞 未見天然配合之妙

36) 『栗谷全書』 卷10 頁12~13, 〈答成浩原〉: 情之直遂其性命之本然者 目之以道心 使人存養而充廣之 情之掩乎形氣而不能直遂其本然者 目之以人心 使人審其過不及而節制之

그 本體의 밝음은 일찍이 息滅한 적이 없으므로 道心이라 명명한 것이다. 애초에 '形氣의 가림과 가리지 않음'으로 人心·道心을 나누어 말한 것이 아니니다.[37]

위의 인용문은 人心과 道心을 '形氣의 가림과 가리지 않음'으로 구분할 수 없는 까닭을 잘 설명하고 있다. '形氣의 가림과 가리지 않음'으로 人心·道心을 구분한다면 또 하나의 문제가 야기되거니와, 人心은 항상 惡한 것으로 인식될 수밖에 없다는 것이 그것이다.[38]

2) '發之者氣 所以發者理'에 대한 비판

주지하듯이 퇴계는 '四端은 理發而氣隨之, 七情은 氣發而理乘之'라고 설명한 것에 반해, 율곡은 四端과 七情을 모두 '氣發而理乘之'라고 설명하였다. 율곡의 '氣發而理乘之'는 '발하는 작용의 주체는 氣이지만, 氣가 발하는 까닭은 理에 있다(發之者氣, 所以發者理)'는 주장과 궤를 같이 하는 것으로서, '氣의 작용을 통해 理가 실현된다'는 뜻이었다. 율곡이 퇴계의 互發說을 비판하는 주된 이유는 두 가지였던바, 첫째는 互發說은 理와 氣를 分屬시킴으로써 '근본을 둘로 삼는다'는 것이었고, 둘째는 理는 無爲이므로 能動的으로 발할 수 없다는 것이었다. 우담은 첫째 논점에 대해서는 '퇴계의 互發說은 결코 根本을 둘로 삼는 것이 아니요, 다만 渾淪과 分開를 동시에 유의한 것'이라는 논지로 변론했고, 둘째 논

37) 『愚潭集』 卷7 頁36: 以掩乎形氣者 謂之人心 以不掩乎形氣者 謂之道心 此非虞舜命名朱子註釋之本意也 夫上智不能無人心 則上智之人心 初不掩於形氣 而以其從形氣而生故名之以人心 下愚不能無道心 則下愚之道心 雖發於氣稟所拘之中 而以其本體之明有未嘗息者 故名之以道心 初非以形氣之掩與不掩 分言人心道心也

38) 이에 대한 자세한 논의는 拙著, 『畿湖性理學研究』, 91~93쪽 참조.

점에 대해서는 율곡의 '理는 無爲'라는 주장 자체가 그릇된 것이라고 비판했다. 이제 둘째 논점에 대해서 더 자세히 살펴보기로 하자.

우담이 理를 '能動的 존재'로 규정함은 앞에서 이미 살펴본 바 있다. 율곡의 '理는 無爲'라는 주장에 대해 우담은 다음과 같이 비판한다.

> 만약 栗谷의 말처럼 氣가 발하는 까닭인 理는 寂然한 가운데 갖추어져 있고 발하는 때엔 氣만 발하고 理는 발하지 않는다면, 日用應事의 사이에는 氣의 作用만 있고 다시 道의 流行은 없는 것이니, 장차 善을 밝히고 자신을 참되게 하는 工夫가 없어질 것이다. 栗谷이 '발하지 않는 것은 理, 발하는 것은 氣'라고 여긴 것은 또 羅整庵이 (人心과 道心을) 體·用에 分屬시킨 것과 정확히 符合한다. 대개 栗谷의 所論은 항상 理는 無爲요 氣는 有爲라 하여 '氣' 字를 주장함이 너무 지나쳐서, 무릇 發用流行하는 곳은 모두 氣로 돌리고 그윽하고 침묵하는 곳은 모두 理로 돌린다. 그러므로 이미 한갓 '寂然한 가운데 갖추어진 것'을 '發하는 까닭인 本'이라 하고, 또 理가 氣質에 墮在한 이후 '흩어져서 萬殊가 되는 用'은 다만 '氣에 있다'고 하는 것이다.[39]

우담은 만약 理가 無爲한 존재라서 스스로 流行하지 못한다고 한다면, 理는 未發時에만 존재하고 已發時에는 존재하지 않는다는 꼴이 된다고 본 것이다.[40] 그것은 '日用應事를 모두 氣의 작용에 一任하는 것'이요, 따라서 '善을 밝히고 자신을 참되게 하는 工夫'를 부정하는 결과를

---

39) 『愚潭集』 卷8 頁33: 若如栗谷之說 氣之所以發之理 具於寂然之中 而發之之時 氣徒發而理不發 則日用應事之間 只有氣之作用 更無道之流行 將無以爲明善誠身之工夫 而其以不發者爲理 發之者爲氣者 又與整庵分屬體用之論 正相符合矣 蓋栗谷所論 每以理無爲氣有爲 而主張氣字太過 凡於發用流行之處 皆歸之於氣 窈冥昏默之地 皆歸之於理 故旣以徒具於寂然者 爲所以發之本 而又以爲理墮在氣質以後 散殊之用 只在於氣

40) 이것을 영남성리학자들은 흔히 '理를 死物로 誤認한다'고 설명한 것이다. 已發時에 스스로 流行發現하지 못하는 理는 '죽은 물건'이나 마찬가지라는 뜻이다.

초래한다는 것이다. 우담은 다음과 같이 말하기도 한다.

> 원래 栗谷의 所見은 '자취가 있는 氣가 作用發現하는 곳'만 중시하고, '조짐이 없는 理가 動靜流行하는 妙'는 투철하게 살피지 못하여, '氣' 字를 주장함이 너무 지나친 것이다. 四端·七情의 發을 모두 氣로 돌림에 이르러서는 理는 한갓 寂然不動한 性에만 갖추어져 있고 感而遂通하는 情에서는 발하지 못한다고 인식한 것이다. 그러므로 栗谷이 말하는 '發하는 까닭으로서의 理'는 內·外가 斷絶되어, 理와 氣가 서로 管攝하지 않는 것이다.[41]

우담은 율곡설에 대해 '內·外가 斷絶되어, 理와 氣가 서로 管攝하지 않는 것'이라고까지 비판하였다. 율곡의 氣發理乘論은 '性이 발하여 情이 된다(性發爲情)'는 성리학의 기본 명제에 입각한 것으로서, 발하는 작용의 주체는 氣이므로 '氣發'이요, 理는 氣의 작용을 타고 발현되므로 '理乘'이라 한 것이었다.[42] 율곡의 이러한 설명들을 유의한다면 결코 '內·外가 斷絶되어, 理와 氣가 서로 管攝하지 않는 것'이라고는 말할 수 없는 것이다. 그런데도 우담은 율곡의 이러한 설명들을 모두 무시하였다.

우담의 기본 입장은 理를 無爲로 규정하는 것은 理發을 부정하는 것이요, 理發을 부정하면 '內·外가 斷絶되어, 理와 氣가 서로 管攝하지 않는' 결과를 초래한다는 것이다. 그러나 율곡의 기본 입장은 '理의 無

---

41) 『愚潭集』 卷7 頁14~15: 原其所見 則只於有跡之氣作用發現之處見得重 其於無眹之理動靜流行之妙看未透 主張氣字太過 至以四七之發 皆歸之氣 而認理爲徒具於寂然不動之性 不發於感而遂通之情 故其云所以發之理 則內外斷絶 理與氣不相管攝

42) 『栗谷全書』 卷10 頁28~29 〈答成浩原〉: 朱子曰 心之虛靈知覺 一而已矣 或原於性命之正 或生於形氣之私 先下一心字在前 則心是氣也 或原或生而無非心之發 則豈非氣發耶 心中所有之理 乃性也 未有心發而性不發之理 則豈非理乘乎 …… 凡性發爲情 只是氣發而理乘等之言 非珥杜撰得出 乃先儒之意也

爲'를 주장하는 것일 뿐, 단순히 '理發'을 부정하는 것은 결코 아니었다. 다시 말해 율곡은 '能發'이라는 맥락에서의 理發은 부정하지만, '所發'이라는 맥락에서의 理發은 분명히 긍정한 것이다. 율곡의 이러한 입장은 "발하는 것은 氣이지만, 발하는 까닭은 理이다(發之者氣也 所以發者理也)"라는 말 다음에 바로 이어서 "氣가 아니면 발할 수 없고, 理가 아니면 발할 바가 없다(非氣則不能發 非理則無所發)"[43]고 덧붙인 데서 잘 드러난다. 그런데 우담은 이에 대해 다음과 같이 비판한다.

> 생각건대 율곡의 뜻은 대개 氣가 발하는 까닭으로서의 理가 未發時에 갖추어져 있는데, 理는 無爲이고 氣는 有爲이기 때문에 발하는 때에는 다만 氣發만 말할 수 있고 理發로 말할 수는 없다는 것이다. 이것은 비록 近似하나, 聖賢의 本旨로 헤아려보면 아마도 부합하지 않는 것 같다.…… 이제 聖賢의 說로 理發의 뜻을 밝히겠다. 무릇 太極이 陰陽을 낳음에 天地가 자리를 잡았다. 하늘은 이 理를 얻어서 元亨利貞의 德이 四時 가운데 流行하니, 歲功의 變化가 어긋나지 않고 萬物이 각각 性命을 바르게 하는 것은 모두 '이 理가 流行하는 妙'인 것이다. 사람은 이 理를 얻어서 仁義禮智의 性이 事爲 사이에 발현하니, 三綱五倫이 항상 일정하고 百行과 萬善을 갖춘 것은 모두 '이 理가 發現하는 用'인 것이다. 그러므로 예로부터 聖賢은 理를 밝히고자 立言함에, 그윽하고 침묵하는 곳에서 말하지 않고, 반드시 發現流行하는 곳을 가리켜 말했던 것이다. 예컨대 『周易』의 '繼之者善'은 天心의 理가 움직이는 곳이요, 〈虞書〉의 '道心'은 人心의 理가 발하는 곳이며, 孔子의 '一貫之道'나 孟子의 '四端' 또한 사람의 마음에 나아가 理가 流行發現하는 妙를 보여준 것이다.[44]

43) 『栗谷全書』 卷10 頁5, 〈答成浩原〉: 大抵發之者氣也 所以發者理也 非氣則不能發 非理則無所發

44) 『愚潭集』 卷7 頁20~21: 竊詳栗谷之意 槩以爲氣之所以發之理 具於未發之前 而理無爲氣有爲 故發之之時 則只可以言氣發 不可以言理發云爾 此雖近似 而揆以聖賢之旨 恐有

위에 보이듯이 우담은 율곡의 '能發 · 所發'에 대해서는 구체적 논의가 없이 단순히 '理發'을 주장하는 것이다. 우담이 위에서 理發의 例로 열거한 것들은 율곡도 모두 인정하는 것인바, 율곡은 다만 이것들을 所發로 해석하는 것이다. 율곡의 "氣가 아니면 발할 수 없고, 理가 아니면 발할 바가 없다(非氣則不能發 非理則無所發)"는 말은 能發者는 氣이지만 所發者는 理라는 것, 즉 氣의 작용을 통해 발현되는 내용은 理라는 것을 분명히 한 것이다.

율곡의 '氣發而理乘之'에서 '氣發'은 '能發'을 표현한 것이요 '理乘'은 '所發로서의 理發'을 표현한 것이다. 이러한 맥락에서 율곡은 "四端 또한 '氣發而理乘之'이다. 왜냐하면 어린아이가 우물에 빠지는 것을 본 다음에 惻隱之心을 발하는 것인데, 보고서 惻隱히 여기는 것은 氣이니, 이것이 이른바 '氣發'이며, 惻隱의 本은 仁이니, 이것이 이른바 '理乘'이다"[45]라고 했던바, 우담은 이에 대해 다음과 같이 비판한다.

> 孟子가 四端을 말한 것은 氣稟 가운데 나아가 仁義禮智의 性에서 곧장 발한 것을 지칭한 것이니, 그것이 '理發'이 됨은 훤히 알 수 있다. 그런데 율곡은 "四端은 '氣發理乘'이다. 보고서 惻隱히 여기는 것은 氣이니, 이것이 이른바 '氣發'이며, 惻隱의 本은 仁이니, 이것이 이른바 '理乘'이다"라고 한다. 그렇다면 仁의 體는 한갓 惻隱의 本이 될 뿐 發하여 惻隱之心이 되지 못하는 것 같으니, 孟子의 本意가 아닌 것 같다. 무릇 보는 것은 진실

所不合也 …… 今且以聖賢之說 明理發之義 夫太極是生兩儀而天地定位 天得是理而元亨利貞之德 流行於四時之中 歲功之變化不忒 萬物之各正性命 莫非此理流行之妙也 人得是理而仁義禮智之性 發現於事爲之間 三綱五典之有常 百行萬善之具備 莫非此理發現之用也 是以從古聖賢立言明理 不在於窈冥昏默 而必指其發現流行之處 如大易所謂繼之者善 是天心之理動處也 虞書所謂道心 是人心之理發處也 孔子之言一貫 孟子之論四端亦就人心上 開示理之流行發現之妙

45) 『栗谷全書』 卷10 頁5, 〈答成浩原〉: 四端亦是氣發而理乘之也 何則 見孺子入井然後乃發惻隱之心 見之而惻隱者氣也 此所謂氣發也 惻隱之本則仁也 此所謂理乘之也

> 로 氣이나, 惻隱之心은 仁이 發한 것이다. 惻隱의 本이 이미 仁이라면, 仁이 발하여 惻隱之心이 되는 것을 어찌 '理發'이라 하지 않을 수 있겠는가? 仁은 진실로 발하지 않고 다만 本만 된다면, 그 이른바 '理乘'도 또 어디에서 '乘之'의 뜻을 볼 수 있겠는가?46)

율곡도 '性發爲情'이라는 맥락에서 '仁이 발하여 惻隱之心이 된다'고 보는 것이다. 율곡이 四端을 氣發理乘이라 한 것은 바로 '仁이 발하여 惻隱之心이 되는 과정'을 理氣論으로 설명한 것이다. 율곡의 설명에 따르면 仁이라는 本性이 氣의 知覺作用을 통해서 惻隱之心이라는 情으로 발현되는 것이다. 그런데 우담은 '仁이 발하여 惻隱之心이 됨'을 곧 '理發'이라고 규정하고, 따라서 율곡이 理發을 부정함은 잘못이라고 비판하는 것이다.

다시 말하거니와 율곡은 단순히 理發을 부정하는 것이 아니었고, 다만 理를 能發者로 규정함을 반대하는 것이었다. 만약 우담이 能發과 所發을 구별하는 율곡의 논지를 정확히 파악했다면, 우담은 '理는 所發者에 불과한 것이 아니라 能發者이기도 하다'는 것을 입증한 다음 율곡이 理의 能發을 부정하는 것만 비판의 대상으로 삼았어야 했다. 그런데 우담은 율곡설에 대해 "무릇 發用流行하는 곳은 모두 氣로 돌리고 그윽하고 침묵하는 곳은 모두 理로 돌린다"고 해석하고, 이것은 '內 · 外가 斷絶되어, 理와 氣가 서로 管攝하지 않는 것'이라고 비판하였다. 이것은 '율곡이 所發로서의 理의 流行發現을 분명히 인정한 것'을 외면한 것이

46) 『愚潭集』 卷7 頁23~24: 孟子之言四端 就氣稟中指出其直發於仁義禮智之性者 旣發於仁義禮智之性 則其爲理發 曉然易見 而今乃以四端爲氣發理乘 謂見之而惻隱者氣也 此所謂氣發 惻隱之本則仁也 此所謂理乘 有若仁之體徒爲本於惻隱 而不得發而爲惻隱者然 似非孟子之本意也 夫見之者固氣也 而惻隱者仁之發也 惻隱之本旣是仁也 則仁發而爲惻隱者 何可不謂之理發乎 仁苟不發而徒爲之本 則其所謂理乘者 又於何處見其乘之之意乎

다. 이렇게 볼 때, 율곡의 '發之者氣 所以發者理'에 대한 우담의 일련의 비판들은 별로 타당성이 없는 것이다. 우리는 다만 우담과 율곡이 '理의 有爲·無爲 문제'에 대해 견해를 달리하고 있었다는 것만을 확인할 수 있는 것이다.[47]

3) '理通氣局'에 대한 비판

율곡의 '理通氣局'이란 理는 形而上者요 氣는 形而下者라는 관점에서 理와 氣의 특성을 구별한 명제였다. 즉 理는 時空의 제한을 받지 않는 形而上者이기 때문에 '通한 존재'요, 氣는 時空의 제한을 받는 形而下者이기 때문에 '局한 존재'라는 것이다. 율곡은 理通氣局이라는 관점에서 理一分殊를 설명하였다. 理는 본래 하나이지만(理一), 다양한 양상의 氣와 결합하면 理도 다양한 양상으로 표출된다는 것이다(分殊). 그러나 현실에 있어서 理가 다양한 양상으로 표출되었다고 하여, 理의 본래 모습이 변한 것은 아니라는 것이다. 요컨대 理는 현상적으로는 氣의 영향을 받아 다양하게 표출되지만, 본질적으로는 氣의 영향을 받지 않는 존재이므로 理의 본 모습은 변화가 없다는 것이다. 이처럼 본질적으로 변화하지 않는 理의 특징을 율곡은 '理通'이라 한 것이다. 그러나 우담은 율곡의 理通氣局論에 대해서도 비판을 멈추지 않았다. 우담이 理通氣局을 비판하는 논점은 대략 세 가지였다. 理通氣局은 그 자체가 성립할 수 없는 논리라는 것, 理通氣局이라 하면 理氣의 相須相待가 불가능해진다

47) 김낙진은 "그(우담)는 사단과 칠정의 근본은 모두 理이고 작위자는 氣라는 이이의 주장을 긍정하였다"고 설명한 바 있다(김낙진, 「愚潭 丁時翰의 理 주재의 철학」, 『한국철학논집』 제22집, 한국철학사연구회, 2007, 276쪽). 그러나 論者는 무엇을 근거로 이렇게 설명하는 것인지 궁금하다. 우담이 율곡의 '發之者氣 所以發者理'를 중점적으로 비판하고 있다는 사실을 고려한다면, 김낙진의 주장은 再考되어야 마땅할 것이다.

는 것, 理通이라 하면 人貴物賤을 설명할 수 없다는 것 등이 그것이다.

먼저 '理通氣局은 그 자체가 성립할 수 없는 논리'라는 비판을 살펴보자. 우담은 다음과 같이 말한다.

> 무릇 天·地의 사이에는 하나의 理와 하나의 氣가 있을 뿐이니, 그러므로 湛一淸虛之氣는 太極本然之體와 渾融無間한 것이다. 그런데 理에 動靜이 있어서 氣가 陰陽으로 나뉘어 升降飛揚함에 萬物을 낳으니, 氣에는 偏·全과 淸·濁의 다름이 있고 理에는 昏·明과 開·塞의 다름이 있는 것이다. 그렇다면 萬物一原之處에서는 太極本然之體와 湛一淸虛之氣가 모두 隔礙가 없는 것이니, '通·局이 있다'고 말할 수 없으며, 萬物異體之時에는 理의 昏明開塞과 氣의 偏全淸濁이 모두 定分이 있으니, 또한 '하나는 通하고 하나는 局하다'고 말할 수 없다.[48]

위에서 말하는 '湛一淸虛之氣'는 '本然之氣' 또는 '氣一'을 뜻하고, '太極本然之體'는 '本然之理' 또는 '理一'을 뜻한다. 또 '昏明開塞이 있는 理'는 '分殊之理' 또는 '流行之理'를 뜻하고 '偏全淸濁이 있는 氣'는 '分殊之氣' 또는 '流行之氣'를 뜻한다. 위의 인용문에 나타난 우담의 기본 입장은 두 가지로 요약된다. 첫째는 本然之理는 本然之氣와 짝하고 流行之理는 流行之氣와 짝한다는 것이다. "湛一淸虛之氣는 太極本然之體와 渾融無間하다"는 말과 "氣에는 偏·全과 淸·濁의 다름이 있고, 理에는 昏·明과 開·塞의 다름이 있다"는 말은 이러한 입장을 표현한 것이다. 둘째는 一原處에서는 理·氣가 모두 通하고 流行處(異體之時)에서는

---

48) 『愚潭集』 卷8 頁33~34: 夫天地之間 一理一氣而已 故湛一淸虛之氣 渾融無間於太極本然之體 而理有動靜 氣判陰陽 升降飛揚 是生萬物 氣有偏全淸濁之各異 而理有昏明開塞之不同 然則萬物一原之處 太極本然之體 湛一淸虛之氣 俱無隔礙 不可謂之有通有局也 萬物異體之時 理之昏明開塞 氣之偏全淸濁 皆有定分 亦不可謂之一通一局也

理·氣가 모두 局하다는 것이다. 위의 인용문의 후반부는 이러한 입장을 표현한 것이다. 우담은 이러한 두 관점에서 율곡의 理通氣局을 語不成說로 규정했다. 우담의 이러한 논리는 일견 至當해 보이나, 理는 形而上者요 氣는 形而下者라는 점을 분명히 인식한다면[49] 거의 수긍하기 어려운 내용이다.[50]

다음, '理通氣局이라면 理·氣의 相須相待가 불가능해진다'는 비판을 살펴보자. 우담은 다음과 같이 말한다.

> 율곡이 말하는 '理通'은 한갓 寂滅虛無한 곳에 귀착되어 安頓著落할 곳이 없다. 하물며 율곡이 말하는 '발하는 까닭으로서의 理'는 비록 '기를 탄다(乘氣)'고 말해도 항상 한갓 寂然한 가운데에만 갖추어져 있어 感通하는 즈음에는 발하지 못한다 하고, '理通'은 비록 '통하지 않는 바가 없다'고 말해도 또한 '理는 그윽하고 어두운 곳에서 말하고 氣는 조잡하고 얕은 곳에서 말함'을 면치 못한다. 따라서 理와 氣가 항상 斷絶되어, '相須하여 體가 되고, 相待하여 用이 됨'을 이룰 수 없으며, 끝내 '渾淪한 가운데 저절

49) 流行處(현실의 세계)에서는 氣의 다양성으로 인해 理도 다양한 양상으로 표출된다. 그러나 그것은 표면적으로만 그럴 뿐 理의 본 모습은 변함이 없는 것이다. '理와 氣'를 '맑은 물과 유리컵'에 비유한다면, 본래 맑은 물은 노란색 유리컵에 담기면 노랗게 보이고, 파란색 유리컵에 담기면 파랗게 보인다. 그러나 그것은 표면적으로만 그렇게 보일 뿐 실제로 맑은 물이 노랗고 파랗게 변한 것은 아니다. 이것을 율곡은 '理通'이라 한 것이다. 만약 氣의 다양성에 따라 理의 본 모습도 변한다고 한다면, 이것은 理와 氣가 서로 본질적인 영향을 끼치는 것이다. 그런데 어떻게 形而上者인 理와 形而下者인 氣가 서로 본질적인 영향을 끼칠 수 있는 것인가? '理와 氣는 서로 본질적인 영향을 끼칠 수 없다'는 것을 전통 성리학에서는 '理와 氣는 서로 挾雜하지 않는다(理氣不相雜)'고 표현했다.

50) 유성선은 "우담이 율곡의 理通說을 반박한 요점은 사람에게서만큼은 氣와 不相離하되 挾雜하지 않는 理를 인정하기 위해서이다"라고 설명한 바 있다(유성선, 「愚潭 丁時翰의 栗谷 理氣·四七論 批判과 그 地坪」, 『栗谷思想硏究』 제14집, 율곡학회, 2007, 123쪽). 그러나 論者가 생각하기에 '인간의 존귀함을 강조하기 위해 理通說을 비판했다'는 설명은 성립할 수 있어도, '氣와 挾雜하지 않는 理를 인정하기 위해서 理通說을 비판했다'는 설명은 성립할 수 없을 것 같다. 論者가 생각하기에 理通說을 부정하면 오히려 理와 氣가 협잡하는 것이 되기 때문이다.

로 分開가 있고, 分開한 가운데 저절로 渾淪이 있는 妙'를 알지 못했다.[51]

위의 인용문은 理通氣局論과 氣發理乘論을 결부시켜 '理·氣가 항상 斷絶된다'고 비판한 것이다. 氣發理乘에 대해서는 理가 未發時에만 갖추어져 있고 已發時에는 발하지 못한다고 해석하고, 따라서 已發時에는 氣만 있는 것이 되므로 理·氣가 단절된다고 보는 것이다. 理通氣局에 대해서는 '理는 그윽하고 어두운 곳에서 말하고, 氣는 조잡하고 얕은 곳에서 말한다'고 비판했는바, 이는 '本體의 세계에서는 理만 인정하고, 流行의 세계에서는 氣만 인정함'으로써 '理·氣를 단절시킨다'는 비판이다. 그러나 이러한 비판이 율곡의 논지를 정확히 파악한 것인지는 의문이다. 氣發理乘에 있어서 율곡은 분명 '理乘'을 '理의 乘氣流行'으로 설명했다. 氣發理乘에 있어서 율곡이 부정하는 것은 '理의 能發'이었을 뿐이니, 所發의 차원에서는 理도 분명 발현되는 것이었다. 다음 理通氣局에 있어서 율곡은 분명 流行의 세계에서의 '理의 實在'를 인정했다. 理通氣局에 있어서 율곡이 부정하는 것은 '理의 국한성'이었으니, 流行의 세계에서 理는 分殊로 드러나지만 '理의 本質은 변함이 없다'는 것이었다. 이렇게 본다면 우담의 '氣發理乘과 理通氣局은 理·氣를 단절시킨다'는 비판 역시 타당하다고 볼 수는 없겠다.

다음, '理通이라 하면 人貴物賤을 설명할 수 없다'는 비판을 살펴보자. 우담은 다음과 같이 말한다.

栗谷이 말하는 '理通'은 항상 萬物이 各一其性인 가운데 一理를 함께

---

51)『愚潭集』卷8 頁35~36: 其所謂理通者 徒歸寂滅虛無之地 未有安頓著落之處 而況其云所以發之理者 雖曰乘氣 而每以徒具於寂然之中 不發於感通之際爲言 其云理通者 雖曰無所不通 而又未免言理於窈冥 言氣於粗淺 則是理是氣 常隔斷阻絶 不能相須以爲體 相待以爲用 而終未見渾淪之中自有分開 分開之中自有渾淪之妙矣

> 얻었으니 理는 通하지 않음이 없다는 말이었다. 萬物은 진실로 一理를 함께 얻었으나, 이미 얻은 다음에는 '事物은 막히고 사람은 통하는 것(物塞人通)'이다. 그러므로 本然의 體는 다만 사람에게서만 볼 수 있는 것이요, 事物에게서는 볼 수 없는 것이다. 사물이 각각 그 본성을 완수함은 모두 사람의 參贊位育之功에 말미암으니, 이것이 사람의 理는 사물에 통할 수 있으나, 事物의 理는 서로 통할 수 없는 까닭이다. 이제 만약 '糟粕煨燼과 枯木死灰 가운데 本然의 妙는 스스로 변함이 없다'고 말한다면, 사람과 사물 사이에 貴·賤의 다름이 없는 것이요, 이 理는 適用의 실제가 없는 것이다.[52]

우담의 위와 같은 설명 역시 일견 至當해 보이나, 이에 대해 다양한 반론을 제기할 수 있다. 첫째, 우담의 주장대로 '사람의 理는 사물에 통할 수 있으나, 事物의 理는 서로 통할 수 없다'고 하자. 그렇다면 그 까닭은 理에 있는 것인가, 氣에 있는 것인가? 다시 말해 사람이 '參贊位育' 할 수 있는 까닭은 理에 있는 것인가, 氣에 있는 것인가? 이에 대해 율곡은 '사람은 淸粹한 氣質을 타고 났기 때문에 參贊位育할 수 있다'고 보는 것인바, 우담은 무엇이라 답할 것인가? 둘째, '糟粕煨燼과 枯木死灰 가운데 本然의 妙는 스스로 변함이 없다'는 말을 부정한다면, 이는 분명 '糟粕煨燼과 枯木死灰 가운데 있으면 理도 따라서 변한다'는 뜻일 것이다. 이 말을 '聖·愚의 本然之性'에 적용시켜 보자. 사람의 本然之性은 氣質에 따라 변한다고 한다면 '氣質이 淸粹한 聖人의 本然之性은 淸粹하나, 氣質이 濁駁한 愚人의 本然之性은 역시 따라서 濁駁하게 변한다'는 말이 될 것이다. 우리는 이러한 논리를 수긍할 수 있는가? 本然

---

52) 『愚潭集』 卷8 頁34: 栗谷所謂理通者 每言於萬物各一其性之中 以爲同得一理 理無不通 萬物固同得一理 而旣得之後 物塞人通 故本然之體 只可見於人 不可見於物 而物之所以各遂其性者 莫不由人參贊位育之功 此所以人之理可通於物 而物之理不可以相通也 今若謂糟粕煨燼枯木死灰之中 本然之妙 不害自若云爾 則人物無貴賤之殊 此理無適用之實

之性이 氣質에 따라 변한다면, 애초에 本然之性과 氣質之性을 구분해서 논의할 필요도 없었을 것이다. 셋째, 율곡의 理通氣局은 결코 人貴物賤을 부정하는 것이 아니다. 다만 율곡은 人·物의 貴·賤을 理通의 차원에서 설명하지 않고 氣局의 차원에서 설명하는 것이다. 理는 通한 존재이므로 理의 차원에서는 人·物의 貴·賤을 논할 수 없으나, 氣는 局한 존재이므로 氣의 차원에서는 貴·賤이 나뉜다는 것이다. 氣質이 청수하면 本然의 理(性)를 실현할 수 있으나 氣質이 濁駁하면 本然의 理(性)를 실현할 수 없으니, 여기에서 貴·賤이 나뉘게 되는 것이다. 이러한 맥락에서 율곡은 '修養論'의 핵심을 '濁駁한 氣質을 淸粹한 氣質로 變化시킨다'는 것으로 귀결시켰던 것이다.

4. 愚潭說에 대한 비판

이제까지 우담 성리학의 주요 논지와 우담의 율곡에 대한 비판을 살펴보았다. 이제 우담설이 지닌 문제점을 검토하기로 하겠거니와, 그에 앞서 우담설과 葛庵·大山의 설을 비교해 보기로 하자.

1) 愚潭과 葛庵·大山

갈암은 1688년(62세)에 〈栗谷李氏論四端七情書辨〉을 지었고, 우담은 1696년(72세)에 〈四七辨證〉을 지었던바, 두 사람은 서로 각자의 논설을 검토하면서 의견을 교환하였다. 이처럼 우담과 갈암은 율곡설을 비판하는 데 있어서 보조를 같이 했으나, 두 사람 사이에는 견해의 차이가 있었다. 즉 理의 能發을 주장함으로써 퇴계의 互發說을 옹호한 점에 있어서는 견해를 같이 했으나, 渾淪과 分開에 있어서는 견해를 달리했던 것이다. 갈암은 원론적으로는 渾淪과 分開를 모두 유의해야 한다고 하면서도 실제로는 分開에 치우쳤던바, 이에 대해 우담은 다음과 같이 지적하였다.

> 人心·道心은 이미 形氣에서 생기고 性命에서 근원한 구별이 있으며, 四端·七情에도 또한 理發과 氣發의 구분이 있으니, 朱子가 '갈라서 두 조각으로 삼는다'고 한 것이나 退溪가 '각각 苗脈이 있다'고 한 것은 진실로 그러한 것이다. 그런데 그대의 변론에서 '人心·道心에는 본래 두 근원이 없다'는 것을 옳지 않게 여긴 것은 分別이 너무 지나쳐 '참으로 人心·道心에 두 근원이 있다'고 여긴 것 같다. 대개 性命과 形氣는 一原에서 함께 나오고 耳目口鼻의 법칙은 스스로 一性이 渾然한 가운데 갖추어져 있으니, 이것이 이른바 '沖漠無朕 萬象森然已具'로서, 애초에 '相對하여 두 근원이 되는 이치'는 없다. 그런데 사물과 감응하는 즈음 性命의 발함은 微妙하여 드러나기 어렵고 形氣의 발함은 危殆하여 어긋나기 쉽기에, 聖人은 一性 가운데 理·氣가 妙合한 心에 나아가 主理와 主氣로 나누어 말함으로써, 사람들로 하여금 기미를 살펴 노력하도록 한 것뿐이다. 그렇다면 朱子가 '갈라서 두 조각으로 삼는다'고 한 것이나 退溪가 '각각 苗脈이 있다'고 한 것이 '心에 두 근원이 있다'고 여긴 것이 아님은 스스로 묵묵히 알 수 있겠다. 이제 만약 다만 '兩片'이나 '각각 苗脈이 있다'는 설에 근거하여 '人心·道心에 본래 두 근원이 없다'는 주장을 배척한다면, 다만 '天道와 人心은 하나의 근본'이라는 뜻에 어긋날 뿐만 아니라, 또한 栗谷이 退溪의 말씀을 '心에 두 근본이 있다는 말'이라고 비판한 것에 대해서도 변명하기 어려울 것 같다.[53]

---

53) 『愚潭集』 卷4 頁1~2, 〈與李翼升〉: 人心道心 旣有生形氣原性命之別 四端七情 亦有理發

우담의 지론은 '心은 본래 하나이므로, 人心과 道心을 근원이 다른 것으로 규정할 수는 없다'는 것이다. 다시 말해 '인심과 도심은 근원은 같지만, 각각 苗脈이 있어서 두 갈래로 나뉘는 것뿐'이라는 것이다.[54] 우담의 위와 같은 지적에 대해, 갈암은 자신의 견해를 굽히지 않고 다음과 같이 답변하였다.

> 心은 비록 하나이지만, 그 所從來에는 각각 根源과 苗脈이 있는 것이니, 비록 '人心과 道心은 본래 한 근원이 아니요, 理와 氣를 兩邊으로 나누어서 말한다'고 하더라도 지나친 것이 아니다. 그대의 견해는 '理와 氣는 渾淪하여 分別이 없다는 뜻'을 주장함이 너무 지나치니, 돌고 돌아 결국엔 '理氣一物說'에 빠지는 것이 아니겠는가?[55]

渾淪을 강조하는 우담에 대해, 갈암은 그것이 결국엔 '理氣一物說'에 빠지는 것이라고 반론한 것이다. 이에 대해 우담은 다시 다음과 같이 답변하였다.

氣發之分 朱夫子所謂劈做兩片說 退溪先生所謂各有苗脈者 固其然矣 而台辨中以爲不是人心道心本無二源者 則分別太過 有若眞以人心道心爲有二源者然 蓋性命形氣同出一原耳目口鼻之則 自具於一性渾然之中 此所謂沖漠無眹 萬象森具者也 初無相對爲二源之理而感物之際 性命之發微妙而難見 形氣之發危殆而易差 故聖人就一性中理氣妙合之心 主理主氣而分言之 使人審幾用工而已 然則朱子劈做兩片 退溪各有苗脈之說 非以爲心有二源者 自可默契矣 今若只據此兩片苗脈之說 以斥人心道心本無二源之論 則非但有違於天道人心一本之意 亦恐未足以卞明栗谷之以退溪之言爲心有二本之譏也

54) 우담의 이러한 주장도 매우 이해하기 곤란한 것이다. '각각 苗脈이 있다'는 말을 붙이지 않고 단순히 '하나의 心이 두 갈래로 나뉜다'고 설명하면, 그것은 쉽게 이해할 수 있다. 그러나 '각각 苗脈이 있어서 두 갈래로 나뉜다'고 하면, 그것은 '인심과 도심은 根源이 다르다'는 뜻으로 이해될 수 있다. 論者는 '苗脈'과 '根源'은 사실상 같은 의미라고 본다.

55) 『葛庵集』 卷8 頁23~24, 〈答丁君翊別紙〉: 心雖一也 而其所從來 各有根源苗脈 則雖曰人心道心 本非一源 理氣二物 分作兩邊說 不爲過矣 高明之見 主張理氣渾淪無分別之意太過 無乃輾轉馴致 流入於理氣爲一物之說邪

나의 말에서도 또한 "妙合한 가운데, 理는 항상 主宰者가 되고, 氣는 항상 輔助者가 된다. 理는 비록 氣 가운데 있으나 氣에 갇히지 않는다"고 했으니, 감히 理·氣를 一物로 여겨서 分別하지 않은 것이 아니다.[56]

우담은 자신도 主宰者인 理와 輔助者인 氣를 분명히 구분하고 있는 바, 자신이 결코 理氣一物說을 주장하는 것은 아니라고 변명한 것이다.

이제 우담과 大山의 입장을 비교해 보자. 대산은 우담과 마찬가지로 渾淪과 分開를 동시에 유의할 것을 강조하였다. 우담과 대산이 구분되는 점은, 우담은 理의 能發을 인정하나, 대산은 理의 能發을 부정한다는 점이다. 그리하여 대산은 퇴계의 互發을 '理와 氣가 각각 능동적으로 발한다'는 뜻으로 해석하지 않고, 다만 '四端은 主理, 七情은 主氣'라는 뜻으로 풀이하였다. 대산은 다음과 같이 말한다.

理와 氣는 서로를 따라서 분리할 수 없다(相循不離). 氣는 (理의) 材具가 되고 理는 (氣의) 主宰가 된다. 그 動靜하는 기틀의 妙는 본래 두 갈래가 없으나, 그 나아가는 바에 따라서 主로 삼는 바가 다른 것이다. 예컨대 갓난아이나 宗廟의 일을 느끼면 仁이나 禮의 理가 발현되는데, 氣가 진실로 그 材料가 되지만 그러나 主로 삼는 바는 理에 있는 것이다. 그러므로 '理發'이라 하는 것이다. 聲色과 臭味의 사사로움을 느끼면 形氣의 欲望이 발동하는데, 理가 진실로 거기에 타고 있지만 그러나 主로 삼는 바는 氣에 있는 것이다. 그러므로 '氣發'이라 하는 것이다. 대개 기틀의 妙는 비록 하나이지만, 저절로 理發과 氣發의 구분이 있는 것이다. 그러나 또한 理發과 氣發로 구분된다고 하여 마침내 기틀도 다를 것이라고 의심하는 것은 잘못이다.[57]

---

56) 『愚潭集』 卷4 頁13 〈答李翼升別紙〉: 鄙說亦謂妙合之中 理常爲主 氣常爲輔 雖在氣中 不囿於氣云爾 則非敢認爲一物而無所分別也

'理와 氣는 서로를 따른다(相循)'는 것은 '理와 氣는 서로를 필요로 한다(相須)'는 것으로, 그 까닭은 '氣는 理의 材具이고, 理는 氣의 主宰者이기 때문'이다. '理主氣資'는 대산의 지론이거니와, 이러한 관점에서는 '氣 없이도 理가 스스로 발한다'는 주장이 성립할 수 없는 것이다. 요컨대 대산은 '理主氣資'라는 관점에서 理의 能發을 부정하고, '理·氣의 互發'을 다만 '主理·主氣의 뜻'이라고 풀이한 것이다.

이상의 내용을 정리하자면, 갈암은 理와 氣를 모두 能發者로 규정하고 理·氣의 分開에 치중했으나, 우담은 理와 氣를 모두 能發者로 규정하면서도 理·氣의 渾淪을 동시에 강조한 것이다. 대산에 이르러서는 퇴계적인 互發論의 색채가 더욱 약화되었던바, 대산은 理의 能發을 부정하고 渾淪과 分開를 동시에 유의하는 방향으로 나갔던 것이다.

2) 愚潭說에 대한 비판

이제 마지막으로 우담의 성리설이 지닌 문제점들을 살펴보기로 하자. 우담의 성리설에 대해, 우리는 그 整合性을 문제 삼을 수도 있고, 이와는 별개로 이론 자체의 문제점을 지적할 수도 있다.

첫째, '理의 能發說'과 '理主氣輔說'의 정합성 문제이다. 우담은 理를 能發者로 규정하면서도, 항상 '理는 氣를 타고 流行한다'고 주장한다. 우담은 '퇴계의 理發氣隨'에 대해서도 "退溪는 '理發' 아래에 '氣隨'를 덧붙였으니, '氣隨'란 '氣가 理를 따라서, 일찍이 理가 氣 없이 발하지 않

57) 『大山集』 卷40 頁17, 〈讀聖學輯要〉: 理氣相循不離 氣爲之材具 而理爲之主宰 其動靜機緘之妙 本無二致 然隨其所就 而所主不同 如赤子宗廟之事感 則仁禮之理發焉 氣固爲之材料 然所主者在於理 故曰理發 聲色臭味之私感 則形氣之欲動焉 理固爲之乘載 然所主者在於氣 故曰氣發 蓋機緘之妙雖一 而自有互發之分 又不可以互發之分 而遂疑其機緘之或異也

음'을 밝힌 것"이라 하였다. 그런데 理가 能發者라면 理는 왜 氣를 타고 流行하는가? 다시 말해 理가 氣를 타고 流行할 필요가 무엇인가? 理가 能發者라면 '輔助者인 氣'는 무슨 존재의미를 지니는가? 論者가 생각하기에 퇴계의 互發說에 있어서 '氣隨'와 '理乘'은 본질적인 의미를 지니지 못하는 것이었다. 퇴계는 다만 奇高峯이 理氣不相離를 강조한 것을 받아들여 형식적으로 '氣隨'와 '理乘'을 첨언한 것이다.[58] 우담은 '理主氣輔'를 주장하면서, '理主'의 의의에 대해서는 누누이 역설했지만 '氣輔'의 의의에 대해서는 별다른 설명을 하지 않았다. 사실, 理를 능동적 존재로 규정하는 한 '輔助者로서의 氣의 역할'은 부각되기 어려운 것이다.[59]

둘째, '理氣互發論'과 '心一本論'의 정합성 문제이다. 우담은 '마음의 근본은 하나'라는 입장에서 갈암의 '人心과 道心은 근원이 다르다'는 주장을 비판했다. 요컨대 우담의 입장은 '마음의 근본은 하나'이지만 '마음은 理·氣가 합쳐진 것'이므로 '理發과 氣發이 나뉜다'는 것이었다. 그런데 理와 氣를 각각 能發者로 규정한다면 '하나인 마음'은 이미 '두 근원(근본)을 지닌 것'이 아니겠는가?[60]

셋째, '四端을 理發而氣隨之로 설명하는 것'과 '四端은 純善하다는 것'의 정합성 문제이다. 우담은 "七情은 理·氣를 겸한 것이기 때문에, 高峯과 栗谷은 항상 七情을 主氣라고 말하는 것을 未安하게 여긴 것이다. 그러나 '氣를 겸한다'고 말하면 이미 진흙탕(泥水)과 관계되어 氣가 문득 用事하는 것이다. 이것이 朱子가 七情을 主氣로 여겨 四端과 대립시킨

58) 이에 대한 자세한 논의는 拙著, 『畿湖性理學研究』, 126~128쪽 참조.

59) 이 점에서 우담의 理主氣輔說은 旅軒의 理氣經緯說이나 大山의 理主氣資說과 구분된다. 旅軒이나 大山은 모두 理의 能動性을 부정하기 때문에 '緯·資로서의 氣의 위상'을 주목하는 것이다.

60) 그러나 大山처럼 '理의 能發'을 부정하고 '互發'을 다만 '主理·主氣'의 뜻으로만 해석한다면, 互發說과 心一本論을 양립시킬 수 있는 것이다.

까닭이다"라고 말한 바 있다. 氣를 '진흙탕'이라고 폄하한다면, 四端에 '氣隨'를 덧붙이는 이유는 무엇인가? 氣를 '진흙탕'이라 한다면, 주자의 '四端 理發'에 퇴계가 '氣隨'를 덧붙인 것은 이론적으로 進步한 것이 아니라, '四端의 純善을 해치는 것'이 아닌가? 氣를 '진흙탕'이라 한다면, '四端을 理發而氣隨之로 설명하는 것'과 '四端은 純善하다는 것'이 어떻게 양립할 수 있으며, '氣輔'의 의미는 어디서 찾을 수 있는 것인가?

넷째, '理의 주재'를 '命令'으로 해석하는 문제이다. '理의 주재'를 '理가 氣를 명령함'으로 해석하기 위해서는 '理의 能動性'을 전제해야 한다. 실로 우담은 理의 能動性을 역설했던바, 그 근본 취지는 바로 '理가 氣를 명령한다'는 것을 뒷받침하는 데 있었다. '理가 과연 능동적 존재인가?'의 문제는 차치하기로 하자. '理의 주재'를 '命令'으로 해석할 때 야기되는 또 하나의 문제는 '현실의 惡'을 설명할 수 없다는 점이다. 理가 氣를 명령한다면 현실에는 왜 惡이 횡행하는가? 이것은 '氣가 理의 명령을 따르지 않기 때문'이라고 한다면, 이미 理의 主宰性은 무의미해지는 것이 아닌가? 우담은 율곡의 '機自爾'에 대해 '理의 主宰를 부정함으로써 理를 空寂한 虛無로 귀결시키는 것'이라고 비판했으나,[61] 理의 主宰를 命令으로 해석하면 현실의 惡을 설명할 수 없는 것이다. 우담은 朱子가 "理는 진실로 不善이 없다. 다만 氣質에 부여되면 문득 淸濁 偏正 剛柔 緩急의 不同이 생기게 된다. 대개 氣는 강하고 理는 약하여, 理는 氣를 管攝할 수 없다"[62]고 말한 까닭을 깊이 음미해보아야 할 것이다.

---

61) 율곡의 機自爾說이 결코 理의 주재를 부정한 것은 아니다. 율곡은 다만 '理의 주재'를 '命令(使之)'으로 해석하는 것을 반대한 것이다. 율곡은 '理의 주재'를 '理는 氣의 운동의 표준이 된다'는 뜻으로 해석했거니와, 이는 朱子의 지론과도 부합하는 것이었다(이에 대한 자세한 논의는 拙著, 『畿湖性理學論考』, 심산, 2005, 138~142쪽, 172~175쪽 참조).

62) 『朱子語類』 卷4(중화서국본 71쪽): 理固無不善 纔賦於氣質 便有淸濁偏正剛柔緩急之不同 蓋氣强而理弱 理管攝他不得

다섯째, 形而上者인 理와 形而下者인 氣를 구분하는 문제이다. 우담은 율곡의 氣發理乘論을 비판함에 있어서는 '天地의 造化는 理가 動함에 氣가 動하고, 理가 靜함에 氣가 靜하는 것'이라 하였고, 理通氣局論을 비판함에 있어서는 '一源에서는 理·氣가 모두 通하고, 異體(分殊)에서는 理·氣가 모두 局하다'고 주장하였다. 요컨대 우담의 주장에 따르면, 理도 動·靜하고 氣도 動·靜하며, 理에도 通·局이 있고 氣에도 通·局이 있는 것이다. 그렇다면 形而上者인 理와 形而下者인 氣는 어떻게 구분되는 것인가?[63] 우담은 또 율곡의 "氣를 타고 流行하는 理 가운데 理의 本體가 존재한다"는 주장을 誤謬로 규정하고,[64] "氣를 타고 流行하여 參差不齊하게 된 다음에는 진실로 '本然의 妙가 없는 곳이 없다'고 말할 수 없다"[65]고 주장했다. 우담의 입장은 參差不齊한 氣를 타면 理도 역시 參差不齊하게 된다는 것인바,[66] 그렇다면 理와 氣는 서로 협잡한다는 것인가?

여섯째, '知覺의 主體'에 대한 해석 문제이다. 우담은 주자의 "理와 氣가 결합해야만 知覺할 수 있다"는 말을 互發說의 논거로 제시하고, 주자의 '或生·或原'을 '性命에도 知覺이 있고, 形氣에도 知覺이 있음'을 밝

63) 율곡은 理는 無爲하고 氣는 有爲하므로 '氣發理乘'인 것이며, 理는 無形하고 氣는 有形하므로 '理通氣局'이라 한 것이었다. 즉 율곡의 논리는 形而上者와 形而下者의 구분에 철저했던 것이다. 우담은 理通氣局을 비판하면서 '理一과 氣一이 짝하고, 理分殊와 氣分殊가 짝한다'고 해야만 '理·氣의 相須相待'가 성립할 수 있다는 입장을 보여주었다. 훗날 畿湖學派의 鹿門 任聖周도 이렇게 주장한 바 있다. 그러나 이러한 주장은 지극히 圖式的인 論法일 뿐, '形而上者로서의 理의 특징'을 전혀 이해하지 못한 것이다(이에 대한 자세한 논의는 拙著, 『畿湖性理學硏究』, 327~336쪽 참조.)

64) 『愚潭集』 卷8 頁27: 其曰本體之中流行具焉者 是矣 而其曰流行之中本體存焉者 非矣

65) 『愚潭集』 卷8 頁4: 夫乘氣流行 參差不齊之後 則固不可謂本然之妙無乎不在

66) 우담의 이러한 견해에 대해서는 그의 제자 畏庵 李栻(1659~1729)조차도 찬성하지 않았으며, 그리하여 오랜 기간 논변을 거듭하게 되었다. 이에 대한 자세한 논의는 김낙진, 「우담 정시한과 외암 이식의 체용론과 인물성 논의」, 한국사상사연구회 편, 『인성물성론』, 한길사, 1994, 111~144쪽 참조.

힌 것이라고 풀이하였다.[67] 그러나 "理와 氣가 결합해야만 知覺할 수 있다"는 말이 과연 '理(性命)도 知覺하고, 氣(形氣)도 知覺한다'는 뜻인지도 따져보아야 한다. 주자는 "지각되는 바는 心의 理요, 능히 지각하는 것은 氣의 靈이다"[68]라고도 한 바 있는데, 이에 따르면 허령한 氣의 지각작용을 통해 心의 理가 지각되는 것이다. 주자의 이 말에 근거한다면, 비록 우담처럼 心을 '理·氣의 결합'으로 규정한다고 하더라도, 理와 氣가 모두 지각의 주체일 수는 없는 것이다. 주자의 "知覺이 耳目을 따라서 나온 것이 바로 人心이요, 知覺이 義理를 따라서 나온 것이 바로 道心이다"라는 말에 있어서도, 耳目과 義理는 能覺者가 아니라 所覺者로 보아야 할 것이다. 주자의 이 말은 或生·或原을 달리 설명한 것인바, 이것으로 본다면 주자의 或生或原論도 能發者를 둘로 구분한 것이 아니라 所發者를 둘로 구분한 것이다.[69] 論者의 이러한 해석이 타당하다면 우담의 理發說(理의 能發說)은 그 중요한 토대를 상실하는 것이다.

5. 결론

우담의 성리학은 시종일관 퇴계설을 옹호하고 율곡설을 비판하는 것이었다. 우담은 理의 能動性을 강조하고, 理의 主宰를 理가 氣를 命令함으로 해석했으며, 理·氣의 渾淪과 分開를 동시에 유의해야 함을 역

---

67) 『愚潭集』 卷8 頁30: 朱子於人心道心 旣以或原或生 明其性命形氣之互有知覺

68) 『朱子語類』 卷5(중화서국본 85쪽): 所覺者 心之理也 能覺者 氣之靈也

69) 〈中庸章句序〉의 "心之虛靈知覺 一而已矣 而以爲有人心道心之異者 則以其或生於形氣之私 或原於性命之正 而所以爲知覺者不同"라는 말에 따르면, 人心은 '形氣의 私에서 나온 知覺'이요 道心은 '性命의 正에 근원한 知覺'이다. 그러면 여기에서 '形氣의 私'와 '性命의 正'은 能覺者인가, 所覺者인가? 論者는 전후의 문맥상 '所覺者'로 보는 것이 타당하다고 본다.

설했다. 우담은 人心道心說을 四端七情說과 같은 맥락으로 규정하고, 주자의 或生或原論을 퇴계의 理氣互發說을 옹호하는 주요 논거로 삼았다. 율곡설을 비판함에 있어서는 人心道心相爲終始說 · 氣發理乘論 · 理通氣局論 등을 집중적으로 거론하였다. 즉 人心道心相爲終始說에 대해서는 본래 인심과 도심을 상대시켜 입론한 취지를 무시하는 것이라 비판하였고, 氣發理乘論에 대해서는 理를 空寂한 虛無로 귀결시키며 理와 氣를 단절시킨다고 비판했으며, 理通氣局論에 대해서는 理와 氣를 단절시키고 人貴物賤을 설명할 수 없다고 비판했다. 그러나 우담의 율곡에 대한 비판은 대부분 그 타당성을 인정하기 어려운 것이었다. 뿐만 아니라 우담의 성리설은 많은 문제점을 지니고 있는바, 대표적인 것으로는 '形而上者인 理와 形而下者인 氣의 구분이 애매해진다'는 점을 들 수 있다. 우담은 理도 動 · 靜하고 氣도 動 · 靜하며, 理에도 通 · 局이 있고 氣에도 通 · 局이 있다고 주장했거니와, 그렇다면 形而上者인 理와 形而下者인 氣를 어떻게 구분할 것인지가 문제되는 것이다.

우담은 율곡을 비판하고 퇴계를 옹호하는 데 있어서 갈암과 보조를 같이 했다. 그러나 갈암과 우담은 理 · 氣의 渾淪과 分開에 대해서는 견해를 달리했던바, 우담은 보다 渾淪을 강조하고 갈암은 보다 分開를 강조했다. 그런데 우담이 渾淪을 강조한 것은 文字上에 그칠 뿐, 渾淪의 필연성에 대한 설명이 충분하지 못했다. 우담은 자신의 理氣觀을 '理主氣輔(理는 氣의 主宰者이고, 氣는 理의 輔助者이다)'로 표현한 바 있거니와, 理主氣輔라는 관념은 理氣渾淪說의 훌륭한 논거가 될 수 있는 것이다. 그런데 우담은 '理主'에 대해서는 누누이 역설했으나, '氣輔'에 대해서는 별다른 설명을 제시하지 않았다. 우담이 진실로 理主氣輔라는 관념에 충실했더라면, 율곡설에 대해서도 보다 적극적으로 의미를 부여할 수 있었을 것이다.[70]

'理主氣輔'라는 관념은 율곡설과 회통할 수 있는 훌륭한 통로가 될 수 있는 것이었으나,[71] 우담의 전반적인 입장과는 잘 부합되지 않는 것이었다. 우담은 理의 能動性을 강조하여 퇴계의 理發을 '理의 能發'로 해석했다. 이처럼 理의 能動性을 강조하는 한, '氣輔'의 필요성(필연성)을 확보할 수 없는 것이다. 요컨대 '理主氣輔'는 우담 자신의 입론이었지만, 우담은 '理主氣輔'라는 관점에 충실하지 않았던 것이다. 이러한 맥락에서 '理主氣輔'를 우담의 성리학을 대변하는 명제로 내세우기는 곤란한 것이다.

70) 훗날 大山 李象靖은 '理主氣資'라는 관점에서 理·氣의 渾淪과 分開를 동시에 강조했고, 퇴계의 理發·氣發을 다만 主理·主氣의 뜻으로만 해석했다. 요컨대 理主氣資를 대전제로 삼는 대산의 성리설은 율곡의 성리설과 會通할 수 있는 소지가 풍부한 것이었다. 그런데 대산의 理主氣資說은 우담의 理主氣輔說을 계승한 것이라 한다(유명종, 『朝鮮後期性理學』, 이문출판사, 1985, 342쪽 참조). 최영성 역시 愚潭과 大山의 傳承 관계를 주목하고 "정시한의 성리설은 그의 본지나 의도와는 별개로 후학들에게 직, 간접으로 전수되어 나중에는 퇴계학파와 율곡학파가 하나로 만날 수 있는데 초석을 놓기도 하였다"고 설명한 바 있다(최영성, 「17~18세기 한국유학과 愚潭 丁時翰」, 『한국철학논집』 제22집, 한국철학사연구회, 2007, 166쪽).

71) 김낙진은 우담의 성리설에 대해, 퇴계가 강조한 '理의 주재'와 율곡이 강조한 '理가 유일한 근본'이라는 주장을 동시에 만족시킬 수 있는 이론을 구상한 것이라고 규정하고, "크게 보면 그의 철학은 퇴계학을 중심으로 율곡학의 기본 정신을 흡수한 것인데, 이 선택은 퇴계학자 중에서도 특별한 것이었다"고 설명한 바 있다(김낙진, 「愚潭 丁時翰의 理 주재의 철학」, 266쪽). 그러나 論者는 이러한 설명에 크게 동의하지는 않는다. 우담의 기본입장은 철저하게 율곡설을 비판하는 것이었고, 그 주요 논지는 결코 퇴계설을 벗어나는 것이 없기 때문이다. 김낙진은 "이황과 이이의 주된 입장을 동시에 충족시키고자 하는 정시한은 이황의 철학에 이미 두 요소가 갖추어져 있다고 믿는다"(앞의 논문, 270쪽)고도 설명했다. 論者는 "이황의 철학에 이미 두 요소가 갖추어져 있다고 믿는 것"이야 말로 정시한의 기본입장이라고 본다. 이러한 입장에 따르면 '퇴계는 모든 것을 두루 원만하게 설명했는데, 율곡은 퇴계를 편협되게 오해한 것'이라는 비판이 성립하는 것이다.

제4장 旅軒 張顯光의 理氣經緯說과 그 비판

1. 서론

旅軒 張顯光(1554~1637)의 性理學은 理氣經緯說로 집약된다. 그는 '理와 氣'를 '經(날줄)과 緯(씨줄)'에 비유하고, 종래의 性理說은 물론 유교의 四書五經까지 모두 경위설의 관점에서 이해하였다. 그의 이러한 입장은 다음의 인용문에 잘 나타나 있다.

> 前聖과 後聖이 비록 일찍이 經·緯로 理·氣를 말씀한 바는 없으나, 그들이 하신 말씀과 드리운 가르침의 大要를 탐구해 보면, 모두가 '經·緯의 뜻'이요, '經을 主로 삼아 緯를 다스리는 법도'였던 것이다.[1]

"前聖과 後聖이 일찍이 經·緯로 理·氣를 말씀한 바는 없다"고 하였듯이, 經緯說은 여헌의 創案이다. 경위설의 취지는 둘로 요약할 수 있

---

1) 『旅軒性理說』 卷4 頁66: 前聖後聖 雖未嘗以經緯言理氣矣 而所立之言 所垂之訓 究其大旨要歸 則無非經緯之義 主經治緯之道

다. 첫째는 經·緯가 서로 불가결하듯이, 理와 氣도 서로 불가결하다는 것이다. 모든 옷감은 날줄과 씨줄의 交織으로 만들어지거니와, 마찬가지로 宇宙와 萬物의 生成과 變化는 모두 理와 氣의 상호 결합으로 이루어진다는 것이다. 둘째는 經과 緯가 서로 불가결한 가운데도 經을 主로 삼아 緯를 다스려야 하듯이, 理를 主로 삼아 氣를 다스려야 한다는 것이다. 이 둘 가운데 첫째의 논리는 退溪의 理氣互發說에 대한 비판을 함축하고 있었다. 이로써 알 수 있듯이, 여헌의 성리설은 퇴계설을 추종하는 영남성리학의 일반론과는 매우 다른 것이었고, 오히려 율곡의 理氣妙合論에 근접하는 것으로 보인다. 그러나 둘째의 논리는 主理說을 피력한 것으로, 이러한 관점에서는 퇴계설과도 부합될 수 있는 여지가 많은 것이다.

사정이 이러하다 보니 여헌의 성리학에 대한 오늘날 학계의 성격 규정은 매우 엇갈리는 편이다. 여헌의 理氣經緯說에 대해, 혹자는 '道一元論'이라고 규정하고, 혹자는 '理一元論'이라고 규정하며, 혹자는 '理氣一元論'이라고도 규정한다. 또 여헌의 성리학 전반에 대해, 혹자는 '대체로 栗谷의 학설을 지지하는 것'이라고 평가하고, 혹자는 '退溪의 主理論에서 크게 벗어나지 않는 것'이라고 평가하며, 혹자는 '退·栗의 성리학을 절충한 것'이라고 평가하고, 혹자는 '제3의 입장에 해당되는 것'이라고 평가한다.[2)]

2) 여헌의 성리학에 대한 오늘날 학계의 평가는 김용헌의 「여헌 성리설에 대한 재검토」(고려대 민족문화연구원 한국사상연구소편, 『여헌 장현광의 학문세계 - 우주와 인간』, 2004 所載)의 序頭(12~14쪽)에 잘 정리되어 있다. 김용헌의 정리를 요약하자면 다음과 같다. 여헌의 理氣論에 대해서는, 유명종·이홍룡·금장태는 '道一元論'으로 규정했고, 유권종·김낙진은 '理一元論'으로 규정했으며, 이희평은 '理氣一元論(理氣一原論)'으로 규정했다. 여헌 성리학 전반에 대해서는, 다카하시 도루(高橋亨)·현상윤은 栗谷說에 가까운 것으로 보았으나, 유명종·이홍룡·금장태 등은 退溪說에 가까운 것으로 보았다. 한편, 배종호는 '退·栗을 절충한 것이었지만 栗谷說에 가까운 것'으로 평가했고, 이완재는 '退·栗을 종합 지양하려는 시도였지만 철저한 主理說이었다'고 평가했으며, 유권종·이희평은 '제3의

本考에서는 여헌에 대한 이러한 다양한 평가들을 염두에 두고, 여헌의 理氣經緯說을 다시 검토해 보기로 하겠다. 논의의 순서는 다음과 같다. 먼저 여헌의 理·氣 개념에 대한 해명을 고찰하고, 理氣經緯說을 고찰할 것이다. 다음, 여헌의 理氣經緯說이 그의 心性情論에 어떻게 적용되는지를 고찰하고, 그 실천적 의미를 고찰할 것이다. 다음, 여헌의 理氣經緯說을 退·栗의 성리설과 비교 논의하고, 마지막으로 여헌의 理氣經緯說이 지닌 문제점들을 논할 것이다. 여헌의 理氣經緯說은 그것이 독창적인 것인 만큼 성리학의 전통적 이론체계와는 어긋나는 점들도 많다. 본고에서는 특히 여기에 초점을 두고 그 得失을 논할 것이다.[3)]

2. 理氣經緯說에 대한 고찰

1) 理·氣 개념의 해명

여헌의 性理學은 '理는 하나'라는 것, '氣도 하나'라는 것, 그리고 '理와 氣도 본래 하나'라는 것을 그 출발점으로 삼는다. 우선 理도 하나요,

---

입장'으로 평가했다. 한편, 여헌 성리학에 대한 기존의 연구는 비교적 풍부한 편인바, 고려대 민족문화연구원 한국사상연구소에서는 그 가운데 30편을 뽑아 『여헌 장현광의 학문세계 - 우주와 인간』, 『여헌 장현광의 학문세계 2 - 자연과 인간』이라는 두 권의 책으로 예문서원에서 간행하였다.

3) 여헌의 성리설이 퇴계의 理氣互發論에 동조하지 않은 것인 만큼, 퇴계의 後學들 가운데는 여헌의 성리설을 비판하는 사람들이 많았거니와, 그 대표적 인물로는 活齋 李榘(1613~1654)를 들 수 있다. 그러나 活齋의 여헌 비판은 일방적으로 퇴계의 互發說을 옹호하는 데 주안점이 있을 뿐(이에 대한 자세한 논의는 김용헌, 「活齋 李榘의 張顯光 성리설 비판」, 『儒敎思想研究』 제27집, 한국유교학회, 2006 참조), 여헌 성리설의 근본적 문제점은 오히려 충분히 유의하지 못한 것으로 보인다. 本考에서는 여헌 성리설의 근본적 문제점들을 규명해 보고자 한다.

氣도 하나라는 주장을 살펴보자.

> 理는 '큰 것과 작은 것'을 관통한다. 큰 것으로 말하자면 '萬物統體一太極'이 그것이니, 이것은 '造化의 原頭處'를 가리킨 것이다. 작은 것으로 말하자면 '萬物各具一太極'이 그것이니, 이것은 '人·物에 부여된 것'을 가리킨 것이다. 그러나 가리켜 말하는 바에 크고 작음이 있는 것이요, 理에 크고 작음이 있는 것이 아니니 곧 '하나의 理'이다. 氣는 '形質과 運行'을 겸비한다. 그러므로 '가볍고 맑은 것이 하늘이 되고 무겁고 탁한 것이 땅이 된다'는 것은 形質로 말하는 것이요, '陰陽이 往來하면서 昇降屈伸한다'는 것은 運行으로 말하는 것이다. 그러나 形質은 運行의 기틀을 싣고 있고, 運行은 形質 가운데 있으니 '하나의 氣'이다.[4)]

주지하듯이 성리학에서 理는 天地自然의 理法으로서, 萬物은 이 理를 각자의 本性으로 지닌다고 설명해 왔다. '萬物統體一太極'과 '萬物各具一太極'은 이것을 뒷받침하는 논리였던바, '萬物統體一太極'은 만물이 全體의 차원에서 하나의 理에 포섭됨을 뜻하고, '萬物各具一太極'은 만물이 個體의 차원에서 하나의 理를 각각의 本性으로 지님을 뜻한다. 여헌에 의하면 統體一太極과 各具一太極이 사실은 별개가 아니므로, '理는 하나일 뿐'이라는 것이다.

또 성리학에서 氣는 天地自然의 材具로서, 萬物은 이 氣를 통해서 具體化(現實化)된다고 설명해 왔다. 萬物은 運動變化하면서 자신의 形體를 드러내는바, 氣의 有形함과 有爲함은 이를 뒷받침하는 논리였다. 여

4) 『旅軒性理說』 卷5 頁2: 理通大小 故或大言之 萬物統體一太極 是也 是指其造化原頭者也 或小言之 萬物各具一太極 是也 是指其人物賦予者也 然所指而言者有大小 理非有大小 卽一理也 氣兼形質運行 故如輕淸爲天 重濁爲地者 以形質言也 陰陽往來 昇降屈伸者 以運行言也 然爲形質者 載運行之機 爲運行者 在形質之中 莫非一氣也

헌이 말하는 '形質'은 '氣의 有形함'을 뜻하는바, 이를 통해서 만물의 形體가 이루어진다. 또 여헌이 말하는 '運行'은 '氣의 有爲함'을 뜻하는바, 이를 통해서 만물의 運動變化가 이루어진다. 그런데 여헌에 의하면 形質은 運行의 기틀을 싣고 있고, 運行은 形質 가운데 있으므로, '氣는 하나일 뿐'이라는 것이다.

'全體와 個體를 막론하고 理는 하나'라는 것과 '形質과 運行을 막론하고 氣는 하나'라는 것은 성리학의 전통적 논리에서 조금도 벗어나는 것이 아니다. 여헌의 특징은 '理와 氣도 본래 하나'라는 것에 있다. 여헌은 理·氣를 '하나의 道'에 귀속시킴으로써 理·氣가 본래 하나라는 주장의 논거를 마련한다. 주자는 理氣論을 기존의 道器論으로 해석하여 理는 道요, 氣는 器라고 설명한 바 있는데,[5] 이와 달리 여헌은 理·氣를 '道의 두 측면'으로 파악하는 것이다. 여헌의 理氣經緯說은 이러한 인식에서 출발한다.

여헌에 의하면 '道'란 '天·地·人 三才와 萬物이 모두 함께 말미암는 바'로서, '體와 用'을 겸비한 것이다. 그런데 '道'라는 한 글자로는 그 '體·用'을 모두 밝히기에 부족하므로, '理·氣'라는 개념을 도입하게 되었다는 것이다. 여헌은 다음과 같이 말한다.

> 三才와 萬物이 三才와 萬物이 되는 까닭은 '道'일 뿐이니, 이 道가 없으면 三才와 萬物도 없다. 이 道가 있으므로 이에 三才와 萬物이 있는 것이니, 道는 어찌 위대한 것이 아니겠는가? 그런데 본래는 그 글자가 없었기에 '道路'라는 말에서 '道' 字를 빌려와 이름 지은 것이다. 道는 '三才와 萬物이 함께 말미암는 바'로서, 과거로 소급해도 그 시작을 알 수 없고, 장래

5)『朱子大全』卷58 頁5, 〈答黃道夫〉: 天地之間 有理有氣 理也者 形而上之道也 生物之本也 氣也者 形而下之器也 生物之具也

> 를 미루어 보아도 그 끝을 알 수 없다. 그러므로 古今을 관통하여 사람들이 함께 볼 수 있는 것을 빌려 이름 지은 것이다.…… 이른바 理란 곧 이 道의 理요, 氣란 곧 이 道의 氣이다. '理' 또한 본래 그 글자가 없었는데, '玉을 다스릴 때의 理'를 빌려 이름 지은 것이다. '理의 理됨'은 '萬有의 근본이 됨'에 있다. 사물의 脈理 가운데 오직 玉이 가장 정밀하기 때문에, 이 글자를 빌린 것이다. '氣' 또한 본래 그 글자가 없었는데, '雲氣의 氣'를 빌려 이름 지은 것이다. '氣의 氣됨'은 '萬有를 이룸'에 있다. 사물의 變化 가운데 오직 雲氣가 가장 왕성하기 때문에 이 글자를 빌린 것이다. 理는 道의 理요, 氣는 道의 氣인바, 하나의 '道' 字로는 그 '體 · 用의 妙'를 밝힐 수 없기 때문에, 또 반드시 '理' 字와 '氣' 字로 그 이름을 나눈 것이다.[6)]

여헌에 의하면 道란 '萬有로 하여금 萬有가 되게 하는 근거'이다. 그런데 '萬有가 萬有가 됨'에는 '존재의 근본이 되는 것'과 '운동변화를 통해 존재를 이루는 것'이 있다. 前者는 '道의 體'요, 後者는 '道의 用'이다. 그런데 '道'라는 한 글자로는 이 두 측면을 모두 밝히기가 어려우므로, '理 · 氣'라는 글자를 도입하여, 하나의 道를 두 측면으로 나누어 설명하게 되었다는 것이다.

여헌은 '理의 역할'을 '萬有의 근본이 됨'으로 설정했거니와, 여헌은 이것을 다시 '理는 氣의 所以然임' · '理는 氣를 主宰함' 등으로 풀이했다. 또 '氣의 역할'을 '萬有를 이룸'으로 설정했거니와, 여헌은 이것을 다시 '氣는 理의 所能然임' · '氣는 理를 成就함' 등으로 풀이했다. 우선 理 ·

---

6) 『旅軒性理說』 卷4 頁1: 三才萬物之所以爲三才萬物者 曰道而已矣 無此道 則無三才萬物矣 而有此道 故乃有三才萬物 則道之爲道 豈不大矣哉 然而本無其字 遂借道路之道而名焉 以其三才萬物之所共由 而極之於旣往之前 莫極其始 窮之於將來之後 莫窮其終 故借其古今通行人所共見者名之 …… 所謂理 所謂氣 卽此道之理 此道之氣也 理亦本無其字 而借治玉之理名焉 以理之爲理 爲萬有之所宗 而物之有脈理 惟玉最密 故借之 氣亦本無其字 而借雲氣之氣名焉 以氣之爲氣 爲萬有之所成 而物之有變化 惟雲氣最盛 故借之 理爲道之理 氣爲道之氣 不可以一道字而明其體用之妙 故又必以理字氣字而分其名

氣를 '所以然과 所能然'으로 풀이한 경우를 보자.

> 理는 氣의 所以然이며, 氣는 理의 所能然이다. 所以然이 있음으로 말미암아 所能然이 있는 것이니, 理·氣는 각각의 條路가 있는 것이 아니다. 오직 그 所以然이 있으면 반드시 그 所能然이 있어서 用이 되며, 그 所能然이 있으면 반드시 그 所以然이 있어서 主가 된다. 그러므로 理는 氣가 없는 理가 없으며, 氣는 理가 없는 氣가 없다.[7)]

여헌은 理·氣를 각각 所以然과 所能然으로 풀이하고, 다시 所以然은 所能然의 主가 되고, 所能然은 所以然의 用이 된다고 설명하였다. 그런데 위의 인용문에서는 '主'와 '用'의 뜻이 분명히 드러나지 않는다. 그 뜻은 다음의 인용문을 통해서 알 수 있다.

> 무릇 理는 氣를 主宰하고, 氣는 理를 成就한다. '主宰'란 '樞紐와 根柢가 됨'을 말하고, '成就'란 '功用과 事業이 됨'을 말한다. 理로서 氣의 功用事業이 없으면 어찌 無極太極의 至尊至貴한 全體가 되겠는가? 氣로서 理의 根柢樞紐가 없으면 어찌 天地人物의 至盛至備한 大用이 있겠는가?[8)]

위의 인용문에서 알 수 있듯이 '主'란 '主宰'를 뜻하고 '用'이란 '成就'를 뜻한다. '主宰'란 理가 所以然으로서 氣의 作用을 주재함을 뜻하고, '成就'란 氣가 所能然으로서 理를 구체적으로 실현함을 뜻한다. 따라서

---

7) 『旅軒性理說』 卷4 頁62: 夫理自是氣之所以然 氣自是理之所能然 由其有所以然者 爲其所能然者 則理氣正不是有各條路者也 而惟其有所以然 則其必有所能然者爲之用 有所能然則其必有所以然者爲之主 故理無無氣之理 氣無無理之氣

8) 『旅軒性理說』 卷4 頁30: 夫理則主宰乎氣 氣則成就乎理 主宰者 爲樞紐根柢之謂也 成就者 爲功用事業之謂也 理矣而不有氣之功用事業 其何得而爲無極太極至尊至貴之全體哉 氣矣而不有理之根柢樞紐 其何得而有天地人物至盛至備之大用哉

理 · 氣를 '所以然과 所能然'으로 설명하는 것은 '理는 氣를 主宰하고, 氣는 理를 成就한다'와 같은 뜻이 되는 것이다.

'氣는 理를 구체적으로 실현하는 작용을 한다'는 말에 대해서는 더 이상의 설명이 필요 없을 것이다. 그러나 '理는 氣를 主宰한다'는 말의 의미는 아직 명확하지 않은바, 이제 여헌이 말하는 '理의 주재'가 무슨 뜻인지 살펴보기로 하자. 위의 인용문에서는 전통적인 설명방식을 따라 '理의 주재'를 '理가 氣의 樞紐根柢가 됨'으로 풀이하였다. '樞紐根柢'란 주자의 '造化의 樞紐, 品彙의 根柢'라는 말을 요약한 것인바, '品彙의 根柢'란 理가 '萬物의 존재근거'임을 뜻하고, '造化의 樞紐'란 理가 '만물의 운동변화의 가능근거'임을 뜻한다. 여기서 '운동변화의 가능근거'라는 말의 뜻이 다시 문제되거니와, 그것은 단순히 '氣의 운동변화를 가능하게 한다'는 뜻이 아니요, '氣의 운동이 一陰一陽이라는 法則性을 지닐 수 있게 한다'는 뜻이었다.[9] 여헌도 이러한 맥락에서 理의 주재를 설명한다. 즉 여헌은 『周易』의 '一陰一陽之謂道'를 풀이함에 있어서 "陰 · 陽은 氣이고, 한 번은 陰이 되고 한 번은 陽이 되는 까닭은 理이며, 道는 理 · 氣를 통합한 명칭이다"[10]라고 했거니와, 여기에서 여헌이 理를 '一陰一陽이라는 법칙적 운동의 가능근거'로 인식하고 있음을 알 수 있다.

주자는 太極의 '極'을 '至極하다'는 뜻과 '標準'이라는 뜻을 겸하는 것으로 풀이했다.[11] 주자는 또 理를 作爲가 없는 形而上者로 규정했거니와, 이러한 맥락에서 주자가 말하는 '理의 주재'는 '理가 氣의 법칙적 운동의 표준이 된다'는 제한적인 의미만 지니는 것이었다. 요컨대 주자의

---

9) 이에 대한 자세한 논의는 拙著, 『畿湖性理學論考』, 심산, 2005, 139~141쪽 참조.

10) 『旅軒性理說』 卷4 頁42: 陰陽 氣也 有以一一之者 理也 道則通理氣之名也 繼之成之者 氣也 曰善曰性者 理也

11) 『朱子大全』 卷72 頁14, 〈皇極辨〉: 極者 至極之義 標準之名 常在物之中央 而四外望之以取正焉者也

경우 '理의 주재'란 '理가 氣의 운동의 표준이 됨'으로 그치는 것이요, '氣로 하여금 표준인 理를 따르도록 한다(主張, 使之)'는 적극적인 의미는 없었던 것이다. 그러나 여헌은 太極의 '極'을 '統攝하지 않음이 없다'는 뜻으로 풀이했거니와,[12] 여헌의 경우 '理의 주재'는 보다 적극적인 의미를 지니는 것이었다. 즉 여헌은 '理의 주재'를 '理가 氣의 標準이 된다'는 의미뿐만 아니라 '理가 氣를 主張한다'거나 '理가 氣를 부린다(使之)'는 뜻으로도 해석하는 것이다. 여헌은 다음과 같이 말한다.

> 만약 이 理가 과연 天地萬物에 붙어 있지 않다면, 하늘은 무엇으로부터 하늘이 되며, 땅은 무엇으로부터 땅이 되며, 萬物은 무엇으로부터 萬物이 되겠는가? 理 또한 어떠한 사물을 主張하여 理가 되겠는가? 이미 위로는 하늘이 있고, 아래로는 땅이 있으므로 天地의 事業이 있으며, 가운데에는 人物이 있으므로 人物의 事業이 있는 것이다. 그렇다면 天地는 스스로 天地인 것이 아니요, 人物은 스스로 人物인 것이 아니다. 거기에는 반드시 '主張하여 綱領이 되는 것'과 '根柢로서 樞紐가 되는 것'이 있으니, 이 理가 바로 그것이다. 理에 마땅히 하늘이 있어야 하므로 이에 하늘이 있으며, 理에 마땅히 땅이 있어야 하므로 이에 땅이 있으며, 理에 마땅히 사람과 만물이 있어야 하므로 이에 사람과 만물이 있는 것이다. 天地와 人物의 形體를 보고 天地와 人物의 事業을 살피면, 그 理를 알 수 있다.[13]

---

12) 『旅軒性理說』 卷5 頁6: 孔子謂之太極 極是無所不統之義也 而又加太字於其上 則大是無所復加之義也

13) 『旅軒性理說』 卷4 頁5: 若曰 此理果不寓著於天地萬物 則天何從而爲天 地何從而爲地 萬物何從而爲萬物乎 理又主張乎何事何物而爲理乎 夫旣上焉而天 下焉而地 以之有天地事業 中焉而人物 以之有人物事業 則天地不自天地 人物不自人物 其必有主張而綱領之者矣 其必有根柢而樞紐之者矣 卽此理是也 理當有天 故斯有天 理當有地 故斯有地 理當有人與萬物 故斯有人與萬物 觀天地人物之形體 而察天地人物之事業 則其理斯可得而識矣

위의 인용문에서 '主張하여 綱領이 되는 것'과 '根柢로서 樞紐가 되는 것'은 '理의 주재'를 뜻하는 말이거니와, 여헌은 "理에 마땅히 天·地가 있어야 하므로 이에 天·地가 있으며, 理에 마땅히 人·物이 있어야 하므로 이에 人·物이 있는 것"이라 하여, '理의 주재'를 적극적인 차원에서 해석하였다. 여헌은 다음과 같이 말하기도 한다.

> 氣는 理 가운데서 나온 것이다. 理는 없는 때가 없으므로, 氣도 끊이는 때가 없다. 그 運行은 앞에 나온 것이 다하면 뒤에 나오는 것이 있고, 그 形質은 앞에 있던 것이 끝나면 뒤에 있는 것이 시작된다. 이미 이으면 또 다하고, 이미 다하면 또 이으며, 이미 끝나면 또 시작되고, 이미 시작되면 또 끝나니, 어느 때인들 끊임이 있겠는가? 대개 氣의 發動은 運行이며, 氣의 凝結은 形質이다. 發動하는 것이 運行한 다음에야 運行하는 것이 凝結하여 形質이 되고, 凝結한 것이 形質이 된 다음에야 形質이 또 스스로 發動하여 運行하는 것이다. 이렇게 하여 性情의 事業이 전개되거니와, 누가 發動하게 시키며 누가 凝結하게 시키는 것인가? 바로 하나의 理일 뿐이다. 그렇다면 '氣에 運行이 있음'은 바로 '이 理의 運行'인 것이며 '氣가 形質이 됨'은 바로 '이 理의 形質'인 것이다.[14)]

위에 보이듯이 여헌은 理를 '氣로 하여금 發動하게 시키고, 凝結하게 시키는 존재'로 설명했다. '氣가 形質을 이루고 運行하는 것'은 모두 '理의 부림(使之)'에서 연유한다는 맥락에서, 여헌은 '氣의 運行'은 곧 '理의

---

14) 『旅軒性理說』 卷5 頁20~21: 氣者 理中生出者也 理無時而不在 故氣無時而有息 其爲運行也 前出者盡則後出者繼 其爲形質也 前有者終則後有者始 旣繼而又盡 旣盡而又繼 旣終而又始 旣始而又終 其何時而息絶哉 盖氣之發動者 是運行也 氣之凝結者 是形質也 發動者 有運行然後 於是運行者 凝結而爲形質 凝結者 爲形質然後 形質又自有發動而運行焉 性情事業 斯所以存矣 孰使之發動 孰使之凝結哉 乃一理而已 然則氣焉有運行者 便是此理之運行也 氣焉爲形質者 便是此理之形質也

運行'이며, '氣의 形質'은 곧 '理의 形質'이라고까지 말했다. 위의 인용문은 '氣는 理 가운데서 나온 것'이라는 말로 시작되거니와, 여헌이 이처럼 '理의 주재'를 적극적인 의미로 해석하는 것은 '氣는 理에서 나온 것'이라는 생각과 밀접한 연관이 있다. '氣는 理에서 나온다'는 생각은 또 '理와 氣는 본래 하나'라는 생각과 연결된다. 여헌은 다음과 같이 말한다.

> 氣가 形器를 이루지 않은 것을 理라 하며, 理가 形器를 이룬 것을 氣라 한다. 形器를 이루지는 않았지만 形器를 이룰 수 있는 바가 있기 때문에 '理'라 하며, 그 形器를 이룸은 반드시 形器로 드러나지 않는 것에 바탕하므로 '氣'라 한다. 이것이 바로 理는 氣의 理가 되고 氣는 理의 氣가 되는 것이다. 이 氣로 인해 理라는 이름이 있고, 이 理로 인해 氣라는 이름이 있으니, 이른바 '理·氣는 二物이 아니다'라는 말은 그 뜻에 있어서는 不可하지 않다. 다만 '物'이란 글자는 마땅히 '理·氣'에 붙일 수 없는 것이다.15)

"氣가 形器를 이루지 않은 것을 理라 하며, 理가 形器를 이룬 것을 氣라 한다"면 理와 氣는 본질적으로 하나인 것이다. 이러한 맥락에서 여헌은 '理·氣는 二物이 아니다'라는 말을 원칙적으로 수긍했다. 그런데 理와 氣라는 '두 명칭'이 생긴 것은 '본래 하나인 것'의 '서로 다른 측면'을 지칭하기 위한 것이므로, 理와 氣의 구분을 무시할 수도 없다는 것이다. 이런 맥락에서 여헌은 理와 氣를 '하나이면서 둘(一而二), 둘이면서 하나(二而一)'라고 설명한다.

---

15) 『旅軒性理說』 卷5 頁11: 氣之未形未器之謂理 理之爲形爲器之謂氣 以其未形未器 而有所可以形可以器者 故謂之理 以其爲形爲器 而必因於所不形所不器者 故謂之氣 此乃理爲氣之理 氣爲理之氣 因是氣而有理之名 因是理而有氣之名 所謂理氣非二物者 其義則未爲不可也 但物字 非所當著得於理氣者也

理·氣는 어찌하여 '一而二, 二而一'이라 하는가? 무릇 氣는 理의 氣이다. 氣는 理에서 나온 것으로, 理로 主를 삼고 항상 理 가운데서 운행한다. 이것은 바로 緯는 經에서 나오고, 經은 緯로써 운행됨과 마찬가지니, 그러므로 '一'이라 말할 수 있다. 오직 理를 가리킬 때는 理라 하고 氣라 할 수 없으며, 氣를 가리킬 때에는 氣라 하고 理라 할 수 없으니, 하나의 經과 하나의 緯가 구분이 없을 수 없으므로, '二'라고 말하지 않을 수 없다.[16)]

理·氣를 '一而二, 二而一'로 규정하는 것은 다른 성리학자들에게서도 종종 볼 수 있는 내용이다. 다만 다른 사람들은 理·氣가 사실적으로 분리될 수 없다는 점에서 '하나'라 하고, 理·氣의 본질이 다르다는 점에서 '둘'이라 했던 것이다. 그러나 여헌은 理·氣가 본질적으로 같다고 보아 '하나'라 하고, 다만 가리키는 바가 다르다는 점에서 '둘'이라 하는 것이다.

이상에서 살핀 바와 같이 여헌의 理氣論은 매우 독특한 것이다. 여헌은 자신의 독특한 理氣論을 經緯說로 체계화했다. 이제 理氣經緯說을 살펴보자.

2) 理氣經緯說의 전개

여헌이 理·氣를 논하는 대전제는 '理·氣는 하나의 道에 포섭된다'는 것이었다. 즉 理·氣를 합쳐서 말할 때는 '道'라 하고, 道를 '體·用'과 '本·末' 등으로 분석해서 말할 때에는 '理·氣'라 한다는 것이다.[17)] 여헌은 理·氣를 '體·用'과 '本·末'의 관계로 비유할 뿐만 아니라, '源·

16)『旅軒性理說』卷5 頁23~24: 理氣 何以謂之一而二二而一者也 夫氣者 理之氣也 氣出於理 以理爲主 而常在理中行 便是緯以經出 經以緯行 故可謂之一也 惟其指理謂理 不當謂之氣 指氣謂氣 不當謂之理 一經一緯 不得無分 則不可不謂之二也

17)『旅軒性理說』卷5 頁2: 合理氣而名之 卽所謂道也 其以體用本末分之 然後謂之理謂之氣

流'와 '綱 · 目'의 관계로도 비유한다. 그리고 이 모든 관계를 포괄할 수 있는 비유로 '經 · 緯'라는 개념을 제시하는 것이다. 우선 理 · 氣를 '體 · 用'의 관계로 해명하는 내용을 보자.

> 무릇 體 · 用으로 理 · 氣를 말하면, 理는 形質과 運行이 없으나, 氣는 形質과 運行이 있다. 만약 형질과 운행이 없는 가운데 이 理가 있어서 형질과 운행의 理가 되지 않는다면, 형질과 운행이 있는 氣는 무엇을 準則으로 하여 형질의 模範으로 삼을 것이며, 무엇을 柄要로 하여 운행의 機軸으로 삼을 것인가? 이것이 곧 氣는 理를 體로 삼는 것이다. 만약 氣의 형질과 운행이 없다면, 형질과 운행이 없는 理는 어떻게 器物과 法象을 이룰 것이며, 어떻게 變化와 功用을 이룰 것인가? 이것이 곧 理는 氣를 用으로 삼는 것이다. 그런데 用 없는 體는 스스로 體가 될 수 없고, 體 없는 用 또한 用이 될 수 없으니, 體와 用은 어찌 서로 없을 수 있겠는가?[18)]

현실 세계의 모든 현상은 '氣의 形質과 運行'으로 빚어진 것이다. 그런데 만약 그 '형질과 운행을 규제하는 理'가 없다면, 氣의 형질과 운행은 무질서한 혼란상을 연출하는 데 불과할 것이다. 또한 氣의 형질과 운행이 없다면, 형질과 운행의 理는 결코 현실에 드러날 수 없는 것이다. 위에서 말하는 '器物과 法象을 이루고, 變化와 功用을 이룸'은 氣의 형질과 운행을 통해 모범으로서의 理가 실현된 것이다. 요컨대 理가 없다면 氣는 모범으로 삼을 바가 없고, 氣가 없다면 理는 스스로를 실현할 수 없는 것이다. 여헌은 '理가 氣의 模範(準則)이 됨'을 '體'라 하고, '氣

---

18) 『旅軒性理說』 卷5 頁2: 夫以體用言理氣者 理則無形質 無運行 氣則有形質 有運行 氣之有形質有運行者 若不有此理在於無形質無運行之中 而爲形質運行之理 則其何所準則 而能爲形質之模範 何所柄要而能爲運行之機軸歟 卽氣之以理爲體者也 理之無形質無運行者 若不有此氣爲之形質爲之運行 則其何得而有器物法象 何得而有變化功用歟 卽理之以氣爲用者也 然而無用之體 自不得以爲體 無體之用 亦不得以爲用 則體用豈得相無乎

가 理를 실현함'을 '用'이라 하면서 '理 · 氣의 相互不可缺'을 강조한 것이다. 이제 理 · 氣를 '本 · 末'의 관계로 해명하는 내용을 보자.

> 本 · 末로 理 · 氣를 말하면, 形質의 큰 것은 天 · 地가 되고 작은 것은 人 · 物이 되며, 運行의 큰 것은 天 · 地에 있어서 寒暑晝夜가 되고 작은 것은 人 · 物에 있어서 動靜語默이 된다. 그런데 天地의 道에 있어서 陰陽剛柔가 일정한 것은 그 實이고, 푸르고 두터운 形質은 그 具이며, 生長收藏이 그때를 잃지 않음은 運行의 實이고, 晦明과 昇降의 변화는 그 具이다. 또 人物의 道에 있어서 性命彛倫의 법칙을 다함은 그 實이고, 빽빽하게 무리지은 形質은 그 具이며, 禮義恭敬이 그 절도를 잃지 않음은 運行의 實이고, 視聽과 言動의 用은 그 具이다. '實'은 그 '本'이며, '具'는 그 '末'이다. 이것이 곧 氣는 理를 本으로 삼고, 理는 氣를 末로 삼는 것이다. 그런데 末 없는 本은 스스로 本이 될 수 없고, 本 없는 末 또한 末이 될 수 없으니, 本과 末은 어찌 서로 없을 수 있겠는가?[19]

여헌은 여러 경우의 '實'과 '具'를 반복적으로 대비하고, '實'은 '本'이며 '具'는 '末'이라고 했다. 여헌은 '일정함, 때를 잃지 않음, 법칙을 다함, 절도를 잃지 않음' 등을 '實'이라 했거니와, 이로 볼 때 '일정한 법칙성'을 '本'으로 비유한 것 같다. 또 여헌은 '天地의 푸르고 두터운 形質, 人物의 빽빽하게 무리지은 形質, 天地의 晦明과 昇降의 변화, 人物의 視聽과 言動' 등을 '具'라 했거니와, 이로 볼 때 '현상계를 구성하는 재료와

---

19) 『旅軒性理說』 卷5 頁2~3: 其以本末言理氣者 形質之大者天地 小者人物 運行之大者 在天地爲寒暑晝夜 小者在人物爲動靜語默 然天地之道 陰陽剛柔 有其常者 其實也 若蒼蒼膴膴之形質 其具也 生長收藏之不失其時者 運行之實也 而晦明昇降之變 其具也 人物之道 性命彛倫之盡其則者 其實也 若群群林林之形質 其具也 禮義恭敬之不失節者 運行之實也 而視聽言動之用 其具也 實其本也 具其末也 此則氣以理爲本 理以氣爲末者也 然而無末之本 自不得以爲本 無本之末 亦不得以爲末 則本末豈得相無乎

그 작용'을 '末'로 비유한 것 같다.[20] 여헌은 '本·末'의 비유에서도 '本·末의 相互不可缺'을 들어 '理·氣의 相互不可缺'을 강조하였다.

여헌은 '體·用'과 '本·末' 외에 '물의 源·流'나 '그물의 綱·目'에 비유하는 것도 理·氣의 관계를 해명하는 데 도움이 된다고 보았다. 그러나 體·用, 本·末, 源·流, 綱·目 가운데 어느 하나의 비유만으로는 理·氣의 관계를 충분히 해명하기에 부족하다고 보고, 이 네 가지를 모두 포괄하는 '가장 친절하고 적당한 비유'로서 '經·緯의 비유'를 제시한 것이다.[21] 이제 經·緯의 비유를 살펴보자. 여헌은 經·緯에 대해서 다음과 같이 설명한다.

> 經(날줄)은 옷감을 짤 때의 세로줄로서 바디에 꿰는 것이요, 緯(씨줄)는 옷감을 짤 때의 가로줄로서 북에 감는 것이다. 經은 始終을 관통하여 바뀜이 없고, 緯는 한번은 왼쪽으로 한번은 오른쪽으로 반복 왕래하여 曲折을 갖춘다.…… 經으로 세로를 만들고 緯로 가로를 만드니, 經이 아니면 緯가 나올 수 없고, 緯가 아니면 經을 이을 수 없다. 經·緯가 갖추어진 다음에야 布帛의 쓰임새가 이루어진다.…… 經이 있으면 緯가 있어서, 經이 없는 緯도 없고, 緯가 없는 經도 없다. 經은 始終을 관통하나 한 오라기라도 혹 緯에서 분리됨이 없고, 緯는 左右를 반복 왕래하나 한 오라기

20) 論者는 아직 '本·末'의 비유가 뜻하는 本旨를 파악하지 못했으며, 또 '本·末'의 비유와 '體·用'의 비유 사이의 차이도 이해하지 못했다. 한편, 여헌은 '實 = 本 = 理, 具 = 末 = 氣'의 등식을 설정한 것인데, 주자는 〈答黃道夫〉에서 '道 = 本 = 理, 器 = 具 = 氣의 등식'을 설정한 바 있다. 주자학에 있어서 本末論과 本具論은 전혀 지평이 다른 것으로, 本末論은 실천적 차원에서 先·後와 輕·重을 논하는 것이고, 本具論은 형이상학적 차원에서 形相과 質料를 논하는 것이다(이에 대한 자세한 논의는 拙著, 『朱子學의 길』, 심산, 2007, 139~141쪽 참조).

21) 『旅軒性理說』 卷5 頁3: 理氣不惟以體用本末言之 皆各有可喩之義 又以水之源流 網之綱目取比 而亦似有相發之端焉 …… 然而以四者單擧而比之 雖各不足以盡其義焉 而亦須或擧體用言 或擧本末言 或以源流 或以綱目言之 而兼取竝比 然後理之所以理乎氣 氣之所以氣乎理者 參互觀驗 有可以得其實矣 至於經緯之說 則稽諸傳記取用之義 而以擬於理氣 則實有符合之妙 最爲親切的當焉 非若體用本末源流綱目之各近一義而已矣

라도 혹 經에 어긋남이 없으니, 서로 기다려서 병행함으로써 성취되는 것이다. 그러나 經과 緯가 모두 실(絲)임은 동일하니, 서로 다른 두 물건이 아니다.…… 무릇 經·緯는 비록 서로 분리되지 않으나, 그 세로와 가로의 형세에는 이미 體·用의 구분이 있다. 經의 세로줄은 진실로 항상 일정하나, 經 가운데서 緯가 착종하면서 두루 행함에는 出入과 得失의 단서가 없을 수 없다. 이에 반드시 '經에 준거해서 緯를 다스리는 법도'가 있는 것이니, 그 나간 것을 제어하여 그 倫紀 속으로 들어오게 하고, 그 잃은 것을 바로잡아 그 일정함을 얻게 한 다음에야, 그 일이 순조롭고 그 功이 이루어진다. 經·緯의 뜻이 이와 같기 때문에, 이 두 글자를 끌어다가 理·氣에 견준다면 近似할 것이다.[22)]

위의 인용문을 바탕으로 여헌이 '經·緯의 비유'를 통해 말하고자 하는 취지를 정리하자면 다음과 같다. 첫째, 經·緯는 '상호 不可缺'하다는 점이다. 여헌은 理·氣 역시 '상호 불가결한 존재'라는 점을 누누이 강조한다. 둘째, 經·緯는 '본래 동일한 실'이라는 점이다. 여헌은 理·氣 역시 '본질상 동일한 존재'라고 본다. 셋째, 經은 始終을 관통하는 것으로 늘 일정하나, 緯는 좌우를 왕래하며 변화한다는 점이다. 여헌은 시종을 관통하는 經을 體로 규정하고, 좌우를 왕래하는 緯를 用으로 규정하면서, 이러한 맥락에서 理·氣 역시 '體·用의 관계'로 규정한다. 넷째, 緯가 좌우를 왕래할 때에는 들쭉날쭉 고르지 못한 현상이 빚어지기도 하

---

22) 『旅軒性理說』 卷4 頁1~2: 經卽織縷之縱而在柚者也 緯卽織絲之橫而在杼者也 經則自始至終 通貫在達 而無有變易 緯則一左一右 反覆往來 而須備曲折 …… 經以縱之 緯以橫之 非經則無以出緯 非緯則無以承經 經緯旣備 然後布帛之用行矣 …… 有經則有緯 未有無經之緯 又未有無緯之經 經之通貫直達者 未有一縷之或離於緯 緯之反覆往來者 未有一縷之或違於經 相須以就 竝行以成焉 然其爲絲則一也 其爲物則非二也 …… 夫經緯 雖不相離 而其縱橫之勢 旣有體用之分 則經之縱者 固常一矣 而緯之所以錯綜旁行於經之中者 不能無出入得失之端焉 此必有治緯準經之道 而制其出者 使入其倫 矯其失者 使得其常 然後其事順而其功成矣 經緯之義如是 故提此二字 擬之於理氣 則竊以爲似乎近矣

거니와, '늘 일정한 經을 준칙으로 삼아 들쭉날쭉한 緯를 다스려야 한다'는 것이다. 여헌은 이러한 맥락에서 '理는 氣의 模範(準則)'이라고 규정한다. 이상의 내용은 여헌 理氣論의 대강을 규정하는 요소들이다. 여헌은 經緯說에 비추어 자신의 理氣論을 다음과 같이 전개한다.

> 理는 바로 道의 經이요, 氣는 바로 道의 緯이다. 經이 되고 緯가 됨은 비록 구별되나 동일한 실이니, 그 근본을 둘로 여길 수 있겠는가? 理가 되고 氣가 됨은 비록 구분되나 동일한 道이니, 그 근원을 둘로 여길 수 있겠는가? 그 常一한 것을 가리켜 理라 하고, 그 變化하는 것을 가리켜 氣라 하니, 理는 진실로 氣의 經이요, 氣는 진실로 理의 緯이다. 理는 어찌 氣를 管攝하지 않는 理가 있겠으며, 氣는 어찌 理에 근본하지 않는 氣가 있겠는가? 오직 理는 변화가 없어서 항상 일정하나, 氣는 변화가 있어서 고르지 못하므로, '理自理, 氣自氣'라고 의심하는 것이다. 그러나 변화가 없는 것은 변화가 있는 것의 體가 되고, 변화가 있는 것은 변화가 없는 것의 用이 되며, 항상 일정한 것은 고르지 못한 것의 本이 되고, 고르지 못한 것은 항상 일정한 것의 末이 된다. 다만 그 用이 體에서 분리됨에 간혹 치우치게 이기는 폐단이 생기고, 末이 本에서 멀어짐에 간혹 옆으로 어긋나는 폐단이 생기는 것이다. 그러므로 用이 體를 이기고 末이 本을 어긴 다음에 道가 그 일정함을 잃고, 緯와 經이 相反됨에 비로소 理를 어기는 氣가 있게 된다. 그 理를 어기는 氣를 보고 문득 理 바깥에 氣가 있다고 여김은 진실로 道를 모르는 것이다. 오직 氣는 理에서 나온 것인데, 理를 어기는 氣가 있는 것은 무슨 까닭인가? 곧 經인 理는 변화가 없지만 緯인 氣는 변화가 있거니와, 그리하여 변화가 없는 것은 항상 일정하고 곧으나 변화가 있는 것은 수만 번 굽혀져서 차이가 많기 때문이다. 그렇다면 經에 어긋나는 緯는 어떻게 분변할 것인가? 또한 그 經에 근거해서 아는 데 불과하다. 緯는 經에서 나왔으므로, 緯가 능히 經을 準則으로 삼는 것은 緯의 바름이요, 經에 지나치는 것은 준칙으로 삼는 것이 아니며, 經에 미

> 치지 못하는 것도 또한 준칙으로 삼는 것이 아니다. 이에 그 지나친 것을 마름질하여 지나치지 않게 하고, 미치지 못하는 것을 이끌어 미치게 하는 것이니, 모두 '經의 항상 일정함'을 主로 삼아 그 準則을 이루는 것이다. 그러므로 經에 어긋나는 緯는 어긋난 채 끝날 수 없고, 마침내 돌아가 經을 준칙으로 삼는 것이니, '經의 항상 일정함'은 진실로 自若한 것이다. 이것으로 理·氣를 논한다면 어찌 멀겠는가?[23)]

여헌은 '理는 道의 經, 氣는 道의 緯'라 규정하고, 經·緯가 동일한 실에서 나온 것이므로 그 근본을 둘로 여길 수 없는 것처럼, 理·氣도 동일한 道에서 나온 것이므로 그 근원을 둘로 여길 수 없다고 보았다. 여헌은 이처럼 理·氣의 근원적 통일성을 강조하면서도, 또한 理·氣의 차이를 결코 무시하지 않았다. 經·緯가 모두 동일한 실에서 나왔지만 그 성격과 역할이 다르듯이, 理·氣도 동일한 道에서 나왔지만 그 성질과 역할이 다르다는 것이다.

理·氣의 성질이 다른 점은 理는 항상 일정하나 氣는 끊임없이 변화한다는 데 있다. 여헌은 이러한 성질의 차이를 곧바로 體·用과 本·末의 관계로 규정하고, 그에 입각하여 理·氣의 역할이 다름을 설명하였

---

23) 『旅軒性理說』 卷4 頁2~3: 理乃道之經也 氣乃道之緯也 爲經爲緯者雖別 而同是絲也 則其可以二其本乎 爲理爲氣者雖分 而同是道也 則其可以二其源乎 指其常一者而謂之理 指其變化者而謂之氣 則理固經於氣 而氣固緯於理矣 理豈有不管氣之理 氣豈有不本理之氣哉 惟以理則無變而常一 氣則有變而不齊 故疑於理自理氣自氣也 然無變者 爲有變者之體 而有變者 爲無變者之用也 常一者 爲不齊者之本 而不齊者 爲常一者之末也 但其用分於體 或有偏勝之弊 末遠於本 或有橫戾之端 故用勝於體 末戾於本 然後道失其常 緯與經反 而始有違理之氣矣 見其違理之氣 便以爲理外有氣 則是實不知道者也 惟其氣出於理 而乃有違理之氣者 何也 卽所謂理之爲經者無變 而氣之爲緯者有變 故無變者一直而常然 有變者萬曲而多差故也 然則緯之反於經者 何以辨之 亦不過曰據其經而知之耳 緯出於經 故緯之能準于經者 緯之正也 過於經 非準也 不及於經 亦非準也 於是 裁其過者而使之不過 引其不及者而使之能及 盖莫非經之常一者爲之主 而致其準也 故緯之反於經者 不能終於反 而畢竟歸準於經 則經之常一者固自若也 以此而論理氣 夫豈遠哉

다. 始終(上下)을 관통하는 날줄(經)은 씨줄(緯)이 좌우로 반복해서 왕래함에 있어서 그 운동의 幅을 설정해 주거니와, 이런 맥락에서 理의 역할은 氣의 운동변화에 模範(준칙)이 되는 것이며, 氣의 역할은 形質과 運行을 통해 理가 제시하는 모범을 실현하는 것이다.

여헌은 經·緯의 비유는 '현상계의 惡'을 설명함에 있어서도 유용하다고 보았다. 옷감을 짜는 데 있어서는 날줄이 설정한 좌우의 幅을 씨줄이 어길 때 不良品이 생긴다. 이와 마찬가지로 氣의 形質과 運行이 理가 제시하는 모범(준칙)을 어길 때, 惡이 생기는 것이다. 위의 인용문에 보이듯이 여헌은 惡을 '過·不及의 문제'로 설명했다. 이것은 善과 惡이 별도의 근원에서 유래한다는 논리를 부정하는 것이다. 여헌의 입장에서 보자면 氣의 운동이 理가 제시하는 準則에 따를 때(中節) 善이 되는 것이요, 그에 벗어날 때(不中節) 惡이 되는 것이다.

善·惡을 '中節과 不中節'의 논리로 설명하는 여헌은, 經·緯에 있어서 날줄을 준칙으로 삼아 씨줄을 다스려야 하듯이, 理·氣에 있어서는 理를 준칙으로 삼아 그에 알맞게 氣를 통제한다는 것을 실천의 원칙으로 제시했다. 여기에서 '主宰者로서의 理의 위상'이 다시 확인되는 것이다. 한편, 여헌은 理·氣를 經·緯로 비유함으로 인해 생길 수 있는 불필요한 오해들을 우려하여 다음과 같이 당부하였다.

> 經·緯의 뜻은 반드시 活看하는 것이 중요하다. 옷감의 經·緯에 얽매여서, 形質에 집착하여 理·氣의 經·緯를 탐구하면 안 된다. 다만 하나는 세로줄이요 하나는 가로줄이며, 하나는 일정하지만 하나는 변한다는 뜻을 취해 萬事萬物에 미루어 나간다면, 그 '서로 기다리고 서로 갖추어주는 妙(相須相備之妙)'를 터득할 수 있을 것이다.[24]

---

24) 『旅軒性理說』 卷4 頁12: 經緯之義 要須活認得 不可泥從布帛之經緯上 執定形質 以求之

위의 인용문은 이제까지 살핀 經緯說의 취지를 다시 확인시켜주는 것이다. 이제 위의 인용문을 염두에 두면서 이상의 내용을 정리해 보자. 여헌이 理·氣를 논함에 있어서 經·緯의 비유를 가장 선호한 이유는 다음과 같은 점들을 강조하기 위함이었다.

첫째, 經과 緯가 서로 不可缺하듯이 理와 氣도 서로 不可缺하다는 점이다. 여헌은 經·緯의 비유를 통해 '理와 氣가 서로를 기다리고 서로를 갖추어준다'는 점을 강조하고자 했던 것이다. 經緯說에 내포된 理氣體用論은 특히 이 점을 강조하는 것이었다.[25]

둘째, 經·緯가 동일한 실의 두 양상으로서 본래 둘이 아니듯이, 理·氣도 동일한 道의 두 양상으로서 본래 둘이 아니라는 점이다. 이는 여헌이 기존의 '人·馬의 비유'를 비판하는 論旨를 통해 더욱 분명히 알 수 있다. 여헌은 先儒들이 理·氣를 人·馬로 비유한 것에 대해, '人·馬의 비유'는 '理·氣를 兩物(二本)로 오해하게 할 우려가 있다'고 비판하고, 그 대안으로 '經·緯의 비유'를 제시한 것이다.[26]

셋째, 經·緯의 비유는 '理·氣의 근원적 통일성'[27]을 함축함과 동시에 '理·氣의 차이점'도 충분히 시사하고 있다는 점이다. 여헌은 經·緯에 대해 "하나는 세로줄이요 하나는 가로줄이며, 하나는 일정하지만 하나는 변한다"고 했던바, 이것은 理·氣의 차이점을 밝힌 것이었다.

於理氣之經緯也 只取一縱一橫 一常一變之義 推之於萬事萬物 則可以得其相須相備之妙矣

25) 『旅軒性理說』 卷4 頁12: 氣之大本曰理 理之大用曰氣 氣若無是理 何從而爲是氣 理若無是氣 何據而爲其理哉 氣有理爲之本 理有氣爲之用 此其經緯之義也

26) 『旅軒性理說』 卷5 頁11~12: 先儒以人馬喩理氣 理比之人 氣比之馬 理之乘氣 若人之乘馬 理不能自行 乘氣而行 猶人不能自行 乘馬而行也 此喩近矣 則莫不以爲善喩矣 竊以爲人與馬 本是兩物耳 若理氣則非如人與馬之爲兩物者也 …… 但以兩物比理氣 恐人生疑於理氣之二本也 人雖乘馬 或有無馬而徒行者 理果有不待氣而自行者乎 此固人馬理氣之不可相喩者也 天下未有不經而能緯 不緯而能經者矣

27) 여헌의 經緯說은 理·氣의 '근원적 統一性'뿐만 아니라 '근원적 同一性(本質的 同一性)'까지 함축하는 것이었다. 이에 대해서는 뒤에서 다시 논의하기로 하자.

넷째, 經·緯의 비유는 당위적 실천의 방향을 모색함에 있어서도 매우 적합하다는 판단이었다. 여헌은 '일정한 세로줄을 기준으로 가변적인 가로줄을 다스려야 한다'는 논리에 입각하여 '理를 모범(준칙)으로 삼아 氣를 다스려야 한다'는 실천론을 제시하였다.

3. 心·性·情의 해명과 主經治緯

1) 理氣經緯說에 입각한 心·性·情의 해명

이제 여헌의 理氣經緯說이 그의 心性情論과 實踐論에 어떻게 반영되고 있는지 살펴보자. 心에 대한 성리학의 전통적인 설명은, 心은 '氣의 精爽'으로, '知覺'을 통해 性·情을 발휘하면서 몸을 主宰한다는 것이었다. 여헌 역시 이러한 관점에서 心을 이해한다.

> 心은 무릇 有形한 사물이 모두 지니는 것인바, 氣의 精英으로서 性命이 머무는 곳이다. 心은 한 몸 가운데의 主宰者로서, 안에 있으면서 밖을 통제하고, 하나이면서 萬事에 대응하는 존재이다.…… 心은 五臟의 우두머리로서 몸 가운데 있으나, 神明이 집으로 삼는 바요, 知覺이 나오는 곳이며, 性·情을 통섭하는 존재이다. 그러므로 비록 크기는 方寸에 불과하지만, 九竅와 四肢와 百骸와 숱한 關節이 모두 마음의 명령에 따르니, 그리하여 '몸의 君主'라고 말한다.[28]

---

28) 『旅軒集』 卷6 頁22, 〈心說〉: 心者 凡爲物有形者之所必有也 氣之精英而性命之所寓也 卽一體中主宰也 居中而統外者也 自一而應萬者也 …… 以其爲五臟之首 居一身之中 神明所舍 知覺所出 性情所統 故其方雖寸 而九竅四肢百骸衆節 無不受令而應旨 此其所以目之以形之君也

위와 같은 心에 대한 설명은 성리학의 전통적 입장과 조금도 다름이 없다. 그러나 여헌의 性·情에 대한 설명은 자못 특이하다.

> 理·氣는 天·地와 人·物에 있는 것을 통합해서 말한 것이요, 性·情은 人·物에 있는 것을 가리켜 말한 것이다. 그러나 性은 곧 理이고, 情은 곧 氣이며, 理가 發한 것이 氣이고, 性이 發한 것이 情이다. 理·氣와 性·情은 곧 하나의 道이다. 氣는 理를 말미암아 發하고, 理는 氣로써 운행되며, 情은 性을 말미암아 發하고, 性은 情으로써 운행되니, 다만 '發하기 前'과 '發한 後'로 그 名目을 달리하는 것이다.[29]

위의 내용은 두 가지 점에서 전통적인 설명방식과는 다르다. 첫째는 '性과 情'을 각각 '理와 氣'로 규정했다는 점이다. 전통적인 규정방식에 의하면 '理·氣'는 '形而上者와 形而下者'라는 범주 속하는 개념이며, '性·情'은 '未發者(發하기 前)'와 '已發者(發한 後)'라는 범주에 속하는 개념이었다. 전통 성리학에서 '性·情'을 '理·氣'로 규정한 예는 찾아보기 힘들다.[30] 둘째는 理가 發한 것이 氣라 하여, 理와 氣의 관계 역시 '未發者와 已發者'의 관계로 규정했다는 점이다. 전통 성리학에서 '理와 氣'의 관계를 '未發者와 已發者'의 관계로 규정한 예도 찾아보기 힘들다. 전통 성리학에서 '理·氣'와 '性·情'은 범주를 달리하는 개념이었음에도 불구하고, 여헌은 理氣經緯說을 性情論에 일관되게 관철시키고자 '理·氣'와 '性·情'을 동일한 범주로 간주한 것이다. 그러나 여헌의 이러한 시도는 전통적인 이론 체계를 무시한 것일 뿐만 아니라, 여헌의 이론 체

---

29) 『旅軒性理說』 卷5 頁16: 理氣 以在天地人物者而統言之 性情以在人物者而指言之 然性卽理也 情卽氣也 理發者 氣也 性發者 情也 理氣性情卽一道也 而氣由理發 理以氣行 情由性發 性以情行 特以其發前發後 而異其名目焉

30) 전통 성리학에서 '性'은 물론 '理'로 규정되었으나, '情'은 단순히 '氣'로 규정되지 않았다. '情'은 '性이 心의 지각작용을 통해 현실로 드러난 것'이라고 설명되었던 것이다.

계 내부에서도 많은 모순을 야기한다. 이에 대해서는 뒤에서 다시 논하기로 하자.

이제 心·性·情에 대한 분석적 논의들을 살펴보자. 성리학에서는 心에 대해서는 人心과 道心으로, 性에 대해서는 本然之性과 氣質之性으로, 情에 대해서는 四端과 七情으로 분석해서 논하는데, 이러한 분석적 논의는 理氣論과 밀접하게 관련된 것이었다. 이러한 맥락에서 理·氣를 經·緯로 이해하는 여헌은 이러한 논의들에 모두 經緯說을 적용시키고 있다.

먼저 人心道心論을 살펴보자. 人心道心論이 性理學의 주요 論題로 등장한 이래 실로 다양한 이론들이 분분하게 등장했거니와, 여헌 또한 經緯說에 입각하여 독특한 이론을 전개했다. 우선 여헌의 다음과 같은 말을 보자.

> 人心 밖에 道心이 없고, 道心 밖에 人心이 없다. 人心은 道心의 器요, 道心은 人心의 理이며, 人心은 形氣이고, 道心은 性命이다. 그런데 形氣는 곧 性命의 形氣이며, 性命은 곧 形氣의 性命이니, 形氣 밖에 별도로 性命이 있는 것도 아니며, 性命 밖에 별도로 形氣가 있는 것도 아니다. 形氣가 있기 때문에 性命이 있으며, 性命이 있기 때문에 形氣가 있다. 形氣가 없으면 性命도 없고, 性命이 없으면 形氣도 없다. 人心과 道心을 둘로 여길 수 있겠는가?[31]

여헌은 人心과 道心을 각각 形氣와 性命으로 규정하고, 理氣經緯의 논리를 그대로 人心道心論에 투영시키고 있거니와, 그 핵심은 性命과

31) 『旅軒集』 卷6 頁14, 〈人心道心說〉: 人外無道 道外無人 人卽道之器也 道卽人之理也 人是形氣 道是性命也 而形氣 卽其性命之形氣也 性命 卽其形氣之性命也 不是形氣之外別有性命 而性命之外 別有形氣也 有是形氣 故有是性命 有是性命 故有是形氣 無形氣則無性命 無性命則無形氣矣 其可二之哉

形氣의 상호 불가결성을 들어 人心과 道心의 '근원적 통일성'을 강조하는 것이다. 주자의 人心道心論도 人心과 道心의 근원적 통일성을 전제한 것인 만큼, 여헌의 이러한 주장이 그 자체로 특별한 것은 아니라 하겠다. 그런데 여헌은 위의 인용문에 이어 다음과 같이 말한다.

> 능히 知覺할 수 있는 것은 心이요, 知覺이 곧바로 性命의 正에서 나온 것은 道心이며, 知覺이 形氣의 私에서 나온 것은 人心이다. 形氣와 性命은 모두 사람에게 반드시 있는 것이요, 서로 없을 수 없는 것이다. 그러므로 心의 知覺에는 반드시 곧바로 性命에서 나온 것도 있고 또한 반드시 形氣에서 나온 것도 있다. 그런데 性命은 곧 形氣 가운데의 性命으로서, 곧바로 性命에서 나온 知覺도 반드시 形氣를 바탕으로 발하는 것이니, 道心 또한 人心이라 말할 수 있다. 形氣는 곧 性命 가운데의 形氣로서, 形氣에서 나온 知覺도 반드시 性命을 근본으로 발하는 것이니, 人心 또한 道心이라 말할 수 있다. 사람이 진실로 그 形氣를 삼가, 감히 그 形氣를 사사롭게 하지 않고 한결같이 性命의 理를 따른다면, 이른바 人心이 모두 道心의 流行이 되고, 形氣도 性命 가운데의 形氣가 됨을 잃지 않을 것이니, 어찌 人心과 道心을 구분해 말할 필요가 있겠는가?[32]

위의 인용문에서 주목되는 내용은 "곧바로 性命에서 나온 知覺도 반드시 形氣를 바탕으로 발하는 것이니, 道心 또한 人心이라 말할 수 있다. 形氣에서 나온 知覺도 반드시 性命을 근본으로 발하는 것이니, 人

---

32) 『旅軒集』 卷6 頁14~15, 〈人心道心說〉: 能知覺者心也 知覺之直從性命之正者 道心也 知覺之須因形氣之私者 人心也 形氣性命 皆吾人所必有而不容相無者 故心之知覺 卽必有直從性命者 亦必有須因形氣者焉 然而性命 卽其形氣中性命 而知覺之直從性命者 必因形氣而發 則道心亦可謂之人心也 形氣 卽其性命中之形氣 而知覺之須因形氣者 必本性命而發 則人心亦可謂之道心也 人苟能敬愼其形氣 不敢自形其形 自氣其氣 一惟率性命之理 則其所謂人心也者 莫非道心之流行 而形氣不失爲性命中之形氣矣 何必人心道心之分說哉

心 또한 道心이라 말할 수 있다"는 주장이다. 이것은 性命과 形氣의 상호 불가결성을 들어 人心과 道心을 그대로 등치시킨 것이다. 여헌의 이러한 주장은 일견 율곡의 '人心道心相爲終始說'을 연상하게 한다. 그러나 율곡의 지론은 道心도 발하는 과정에 私意가 개입하면 人心으로 귀결되고, 人心도 발하는 과정에서 正理를 어기지 않으면 道心으로 귀결된다는 것이었다.[33] 요컨대 율곡은 結果論으로서 人心道心相爲終始說을 주장한 것이나, 여헌은 결과의 여하에 관계없이 人心과 道心을 등치시킨 것이었으니, 兩者는 서로 本旨를 달리하는 것이다. 여헌은 다음과 같이 말하기도 한다.

> 人心은 '道의 緯'로 말하는 것이니, 곧 마음에 있어서 七情의 情으로서, 五常의 用이 되는 것이 그것이다. 道心은 '道의 經'으로 말하는 것이니, 곧 마음에 있어서 五常의 性으로서, 七情의 주재자가 되는 것이 그것이다.…… 人心은 道心으로부터 나오는 것이요, 道心은 人心에 의해 실행되는 것이다. 道心은 곧 사람의 性이요, 人心은 곧 性의 情이다. 性은 理로서 밝히기 어렵고, 情은 氣로서 쉽게 뜨거워진다. 쉽게 뜨거워지는 것은 위태롭고, 밝히기 어려운 것은 은미하다.[34]

"人心은 道心으로부터 나오고, 道心은 人心에 의해 실행된다"고 함은 경위설의 전형적인 논법이다. 이처럼 人心·道心을 經·緯의 관계로 해

---

33) 『栗谷全書』 卷9 頁34~35, 〈答成浩原〉: 人心道心 相爲終始者 何謂也 今人之心 直出於性命之正 而或不能順而遂之 間之以私意 則是始以道心 而終以人心也 或出於形氣 而不咈乎正理 則固不違於道心矣 或咈乎正理 而知非制伏 不從其欲 則是始以人心 而終以道心也

34) 『旅軒性理說』 卷4 頁37~38: 人心以道之緯者言 卽七情之情於心 而爲五常之用者 是也 道心以道之經者言 卽五常之性於心 而爲七情之主者 是也 …… 人心自道而出者也 道心以人而行者也 道心卽人之性也 人心卽性之情也 性爲理而難明 情爲氣而易熾 易熾者危 難明者微

명하면, 양자의 상호 불가결성이 더욱 뚜렷해진다. 또한 전통 성리학에 있어서 인심도심론의 실천적 귀결은 '도심을 준칙으로 삼아 인심을 다스린다'는 것이었는데, 經緯說의 실천적 의미도 '經을 준칙으로 삼아 緯를 다스린다'는 것이었다. 이러한 맥락에서 여헌은 人心道心論을 經緯說로 해석함에 있어서 더욱 확신을 갖게 되었을 것이다. 문제는 여헌이 人心道心論에 經緯說을 적용시키는 것으로 그치지 않고, 더 나아가 '道心과 人心'의 관계를 '性과 情'의 관계로까지 규정했다는 점이다. 여헌은 性을 理로, 情을 氣로 규정하고 있으니, 道心 · 人心을 性 · 情의 관계로 규정함은 理 · 氣의 관계로 규정함과 같은 맥락인 것이다. 여헌의 이러한 규정은 理氣經緯說을 관철시키는 데는 도움이 될지라도, 心 · 性 · 情에 대한 전통적 논의 구도를 무너뜨리는 것이다.

이제 '本然之性(天地之性)과 氣質之性'에 대한 설명을 살펴보자. 여헌은 '본연지성과 기질지성' 역시 '經과 緯'의 관계로 파악한다.[35] 여헌에 의하면 本性은 본래 善할 뿐이다. 그런데 本性은 반드시 氣의 작용을 매개로 발현되거니와, 따라서 衆人의 경우엔 '飛揚奔逸 流悖蕩失'을 면하기 어렵다는 것이다.[36] 이러한 맥락에서 여헌은 '본연지성과 기질지성'을 구분하게 된 취지를 다음과 같이 설명한다.

> 두 性으로 나누어 그 이름을 달리 한 까닭은 사람들이 '氣質에 善 · 惡이 있음'으로 인해 '本然之性에도 스스로 善惡이 있다'고 의심할까 두려웠기 때문이다. '天地之性'은 곧 원래 天地에서 받은 理로서, 다만 스스로 善만 있고 惡은 없는 것이다. '氣質之性'은 곧 이미 形氣가 있어서 스스로

35) 『旅軒性理說』 卷4 頁62: 天地之性 卽本於天地之經 而爲在人之經者也 氣質之性 卽得於天地之緯 而爲在人之緯者也

36) 『旅軒性理說』 卷4 頁64: 凡其所性之感動流出者 必由於形氣之機 而惟聖人中和備德之外 衆人則其有過不及之偏係者 或爲之淵氷焉 或爲之焦火焉 飛揚奔逸 流悖蕩失

一物이 된 다음에 發動하여 스스로 이미 善도 있고 惡도 있는 것이다. 이 것은 실로 '經을 主로 삼아 緯를 다스리려는 뜻'이었던바, 어찌 실제로 본래 두 性이 있겠는가?[37]

여헌에 의하면 本性은 善할 뿐이요 惡은 本性이 발하는 과정에 개입하는 氣質로 인한 것이다. 이 점을 명확히 하기 위하여 본연지성과 기질지성을 구분하게 되었던 것인바, 그 취지는 '本性을 主로 삼아 氣質을 다스리고자 함'에 있다는 것이다.

이제 여헌의 四端七情論을 살펴보자. 여헌은 經緯說에 입각해 理氣互發論을 부정하고 '七情은 四端을 포함한다'는 입장을 견지한다. 여헌은 다음과 같이 말한다.

> 七情 바깥에 다른 情은 없으니, 四端은 결코 七情의 구역을 벗어나지 않는다. 종합해서 말하면 四端·七情이 모두 理가 발한 것이니, 왜냐하면 七情도 性의 用이기 때문이다. 四端·七情이 모두 氣에 속하니, 왜냐하면 四端 또한 七情 가운데의 已發이기 때문이다.[38]

理·氣를 經·緯의 관계로 규정하는 한 理氣互發論(理氣二元論)은 성립할 수 없는 것이요, 따라서 四端과 七情은 一元的으로 설명될 수밖에 없는 것이다. 이러한 맥락에서 여헌은 七情을 情의 總名으로, 四端

---

37) 『旅軒性理說』 卷4 頁64: 所以分兩性而異其目者 恐人以氣質之有善惡 因疑夫本然之性之亦自有善惡也 所謂天地之性 卽指其元初所受乎天地之理 只自有善無惡者也 所謂氣質之性 卽指其旣有形氣 自爲一物之後 發動自已有善有惡者也 此實所以爲主經治緯之義也 然其實 則本豈有兩性哉

38) 『旅軒性理說』 卷4 頁53~54: 七情之外無他情也 四端斷不出七者之區域矣 合而言之 四端七情 皆理之發也 何則七情爲性之用也 四端七情 皆屬於氣也 何則四端亦七情中已發也

을 七情 가운데의 善一邊으로 규정하는 것이다. 또 理氣經緯說에 입각하면 '發하는 작용의 주체'는 '所能然인 氣'이고, '발현되는 내용'은 '所以然인 理'이다. 위에서 '四端 · 七情이 모두 理가 발한 것'이라 함은 '발현되는 내용'이 理임을 뜻하며, '四端 · 七情이 모두 氣에 속한다'고 함은 '發하는 작용의 주체'는 氣임을 뜻한다. 이러한 맥락에서 여헌의 지론은 '발현되는 내용'의 측면에서는 四端과 七情이 모두 理發이고, '發하는 작용의 주체'라는 측면에서는 四端과 七情이 모두 氣發이라는 것이다. 여헌은 '七情 또한 理發인 까닭'을 다음과 같이 설명한다.

> 七情을 理發이라 말하는 까닭은 무엇인가? 七情의 감응은 '순응함과 거역함' 두 가지 경우를 벗어나지 않는다. 愛는 순응함에서 발하고, 喜는 사랑함에서 발하며, 樂은 기뻐함에서 이루어지니, 이 셋은 '순응하는 경우'로서 모두 사람들이 바라는 바이다. 惡는 순응하지 않음에서 발하고, 怒는 미워함에서 발하며, 哀는 순응하는 바를 잃음에서 발하니, 이 셋은 '거역하는 경우'로서, 모두 사람들이 바라지 않는 바이다. 그 순응하는 바를 따라서 순응하고 거역하는 바를 따라서 거역함은 '理의 常'이 아니겠는가? 귀가 소리를 원하고, 눈이 색깔을 원하며, 코가 냄새를 원하고, 입이 맛을 원하며, 四肢가 安逸을 원하는 것도 모두 理로서, '理의 常'에서 나온 것이니, '性 밖의 일'이라고 말할 수 있겠는가? 그러므로 그 性을 '大本'이라 하고, 그 情을 '達道'라 하는 것이다. 만일 과연 '이 理의 一定不易한 법칙'에 순응하여 반드시 그 일과 그 때와 그 절도에 따라 발한다면, 情은 그 性에 순응하고 緯는 그 經을 준칙으로 삼아 '道의 至善'이 될 것이다. 이것이 바로 '치우치지도 않고 기대지도 않으며 過 · 不及이 없는 中庸으로서, 天地를 자리잡게 하고 萬物을 기른다'는 것이다. 오직 사람들이 自己만을 알기 때문에 쉽게 私로 흘러서, 그 일과 그 때와 그 절도가 아닌데도 七情이 발한 경우에는 氣로서 理에 어긋나고 情으로서 性에 어긋나니, 곧 '經을

한 하나'이지만, 또한 所主에 따라 '分開해서 둘로 볼 수 있다'는 것이다. 대산의 이러한 입장은 〈四端七情說〉에 잘 나타나 있다. 〈四端七情說〉에서는 四端 · 七情에 관한 古經과 先儒의 학설을 渾淪說에 해당되는 것과 分開說에 해당되는 것으로 분류하여 소개하고, 각각에 대해 논평한 다음, 양자를 종합해서 자신의 의견을 제시하고 있다. 먼저 渾淪說에 대한 대산의 논평을 살펴보자.

> 사람은 天地의 氣를 품수하여 形體가 되고, 天地의 理를 얻어서 本性이 되며, 理와 氣가 합쳐진 것이 마음(心)이 된다. 그러므로 寂 · 感과 動靜의 즈음에 相須하여 體 · 用이 되는 것이다. 아직 발하지 않았을 때에는 하나의 本性이 渾然하고, 이미 발했을 때에는 七情이 서로 번갈아 작용하니, 이것이 바로 이 마음의 全體와 大用이요, 孟子가 말한 四端도 또한 그 가운데 포함되어 있다. 이것이 『中庸』·『大學』·〈樂記〉의 가르침이요, 周子 · 程子 · 朱子가 서로 계승하여 학설을 세운 것이니, 退溪先生의 이른바 '渾淪하여 말한 것'이 이것이다.[36]

대산은 사람의 본성은 理요, 몸은 氣이며, 마음은 理와 氣가 합쳐진 것이라고 설명했다. 성리학의 대전제에 따르면, 본성이 마음의 작용을 통해 情으로 발하는 것인데, 性(寂 · 靜)을 體라 하고 情(感 · 動)을 用이라 한다(性體情用). 위에서 "寂 · 感과 動 · 靜의 즈음에 相須하여 體 · 用이 된다"고 한 것은 性이 情으로 발하는 과정은 '理 · 氣의 相須'를 통해 이루어진다는 것으로서, 이는 대산의 지론인 '理主氣資'를 재확인하

36) 『大山集』 卷39 頁21, 〈四端七情說〉: 人稟天地之氣以爲體 得天地之理以爲性 而理氣之合則爲心 故其寂感動靜之際 相須而爲體用 未發而一性渾然 已發而七情迭用 是乃此心之全體大用 而孟子所謂四端者 亦包在其中矣 此中庸大學樂記之旨 而周程朱氏相因而爲說 退陶先生所謂渾淪言之者 是也

는 것이다. 대산은 理主氣資라는 점에 있어서는 七情과 四端이 같다고 보는 것이다. 대산은 또한 未發일 때에 하나의 本性이 渾然한 것을 '마음의 全體'라 하였고, 已發일 때에 七情이 서로 번갈아 작용하는 것을 '마음의 大用'이라 하였다. 대산이 '하나의 本性이 渾然함'을 '마음의 全體'라고 말한 것은 七情이나 四端이 모두 '하나의 本性'에서 발하는 것임을 강조하기 위한 것이요, '七情'을 '마음의 大用'이라고 규정한 것은 七情 밖에 별도의 情이 없음을 강조하기 위한 것이다. 마음의 大用은 七情일 뿐이라고 본다면, 이러한 맥락에서는 四端도 七情에 포함되는 것이다. 요컨대 '理主氣資'라는 맥락에서는 四端과 七情이 동일한 것이며, '마음의 大用은 七情일 뿐'이라는 맥락에서는 四端은 七情에 포함되는 것이다. 이것이 이른바 渾淪說로서, 退溪의 '渾淪하여 말한 것'이라는 설명도 이러한 취지라는 것이다.

다음, 分開說에 대한 대산의 논평을 살펴보자. 대산은 다음과 같이 말한다.

> 理가 氣 가운데 墮在함으로써 '性'이라는 이름이 생긴 것이요, 理의 動靜은 또한 氣를 타고서 流行하는 것이니, 진실로 일찍이 서로 떠날 수 없는 것이다. 그러나 理는 公하고 氣는 私하며, 理는 形迹이 없고 氣는 形迹이 있으며, 理는 不善이 없고 氣는 쉽게 惡으로 흐른다. 그러므로 그 느끼는 바에 正·私가 있음을 보고 그 발하는 바에 賓·主가 있음을 탐구해 보면, 또한 (理發과 氣發이라는) 分別이 없을 수 없다. 대개 惻隱·羞惡·辭讓·是非의 四端은 仁·義·禮·智의 性에서 발현된다. 그 발현하는 바탕은 氣이나, 主로 삼는 바는 理에 있다. 喜·怒·哀·懼·愛·惡·欲의 七情은 形氣의 私에서 발현된다. 그 타고 있는 것은 理이나, 主로 삼는 바는 氣에 있다. 四端은 반드시 理가 발함에 완수되지 못하고 氣에 가린 다음에야 흘러서 惡이 되고, 七情은 반드시 發한 것이 中節한 다음에야 善이 된다. 그런데 七情의 善이라는 것도 또한 다만 '理에 따라서 조

> 금이라도 방해됨이 없는 것'일 뿐이다. 이것이 朱子의 '理發 · 氣發의 학설'이요, 退溪先生이 글과 그림으로 그것을 發明한 것이니, 이른바 '分別해서 말한 것'이다.[37]

위에서 "理가 氣 가운데 墮在함으로써 '性'이라는 이름이 생긴 것"이라 한 것은 '理와 氣의 不相離'를 상기시키는 것이요, "理의 動靜은 또한 氣를 타고서 流行하는 것이니, 진실로 일찍이 서로 떠날 수 없는 것"이라 한 것은 '理主氣資'를 설명한 것이다. '理氣不相離'와 '理主氣資'를 강조하는 것은 渾淪說의 맥락이다. 理 · 氣는 이렇게 渾淪하지만 "그러나 理는 公하고 氣는 私하며, 理는 形迹이 없고 氣는 形迹이 있으며, 理는 不善이 없고 氣는 쉽게 惡으로 흐른다"는 것이다. 따라서 대산은 '서로 떠날 수 없는' 가운데도 내용상으로는 理發과 氣發이라는 '分別'이 없을 수 없다고 보는 것이다.

대산에 의하면 理主氣資로서 理와 氣가 함께 작용하는 것은 四端과 七情이 같지만, 내용적으로는 四端은 理가 主가 되는 것이요 七情은 氣가 主가 된다는 것이다. 즉 四端은 '도덕적 本性'에서 유래하며, 七情은 '形氣의 사사로운 欲望'에서 유래한다는 것이다. 따라서 四端과 七情이 '理主氣資의 방식으로 발현함은 같다'는 관점에서는 양자를 '統合'해 볼 수 있지만, '내용적으로 主가 되는 것은 다르다'는 점에서는 양자를 '分別'해 보아야 한다는 것이다. 이러한 맥락에서 주자와 퇴계는 四端 · 七情을

---

37) 『大山集』 卷39 頁24~25, 〈四端七情說〉: 理墮在氣中 而有性之名 其動靜 又乘氣而流行 則固未嘗相離也 然理公而氣私 理無形而氣有迹 理無有不善而氣易流於惡 故觀其所感之有正私 而究其所發之有賓主 則亦不能無分耳 蓋惻隱羞惡辭讓是非之端 發於仁義禮智之性 其所資而發者 氣也 然所主則在乎理 喜怒哀懼愛惡欲之情 發於形氣之私 其所乘而行者 理也 然所主則在乎氣 四端必理發未遂而爲氣所揜 然後流而爲惡 七情必發而中節 然後爲善 而其所謂善者 亦只是順理而無一毫有礙焉耳 此朱子理發氣發之說 而退陶先生著圖爲書 以發明其說 所謂分別言之者也

'渾淪한 것'으로 말하는 동시에 또 '分開'해서 말하게 되었다는 것이다.

이제 대산의 '종합적 관점'을 살펴보자. 대산은 '渾淪(統合)과 分開(分別)'를 종합해서 다음과 같이 설명한다.

> 무릇 사람에게는 '하나의 마음(一心)'이 있고, 마음은 '하나의 본성(一性)'을 지니고 있다. 性이 발한 것이 情이니, 情 또한 하나일 뿐이다. 이제 情을 갈라서 둘로 여김은 '二歧의 病'에 가깝지 않은가? 또한 이미 둘로 여긴다면 다시는 '渾淪한 것'이라 말할 수 없는 것인가? 그렇지 않다. 性이 마음 안에 있을 때에는 진실로 氣를 인해서 바탕으로 삼고, 움직여서 情이 될 때에도 또한 氣를 끼고서 바탕으로 삼는다. 그러므로 통합해서 未發者를 大本으로 삼고 已發者를 大用으로 삼을 때에는 七情을 말하면 四端이 그 가운데 있는 것이다. 그 통합된 것에 나아가 분석해 말하면, 하나의 情 가운데, 性命의 바름에 근원한 것은 粹然하여 不善이 없고, 形氣의 대상에서 근원한 것은 사사로워 간혹 不善하다. 그 私·正의 구분은 根本으로부터 이미 그러한 것이니, 비록 渾淪하게 섞고자 해도 그럴 수 없는 것이다. 그러나 四端을 따르는 것은 곧 七情의 氣요, 七情을 타는 것은 곧 四端의 理로서, 妙合混融하여 원래 서로 분리되지 않으니, 또한 彼·此의 간격이 있겠는가? 다름에 나아가 같음이 있음을 보기 때문에 渾淪하게 말하는 경우도 있고, 같음에 나아가 다름이 있음을 보기 때문에 分別해서 말해도 되는 것이다. 이른바 '一而二, 二而一'이라는 것이 그것이다. 이 두 情이 발함은 머리를 나란히 함께 움직이고 고삐를 나란히 함께 나옴도 아니요, 또한 각각 一邊을 차지하고 스스로 動靜하는 것도 아니다. 사물에 따라서 감응함에 '서로 바탕이 되고 서로 타는 것(互相資乘)'이다. 다만 그 가운데 主理와 主氣의 구분이 있음을 보는 것이니, 또한 어찌 '두 갈래(二歧)'라는 의심을 하겠는가?[38]

---

38)『大山集』卷39 頁25~26, 〈四端七情說〉: 夫人有一心 心具一性 性之發爲情 則亦一而已矣 今判而二之 不幾於二歧乎 且旣二之矣 則亦不可以復渾言歟 曰非然也 性之在中也

위에서 “性이 마음 안에 있을 때에는 진실로 氣를 인해서 바탕으로 삼고, 움직여서 情이 될 때에도 또한 氣를 끼고서 바탕으로 삼는다”고 한 것은 ‘理主氣資’를 설명한 것이다. 대산은 理主氣資라는 점에서는 四端과 七情이 동일하므로, 양자를 통합해 볼 수 있다고 하였고, 이러한 맥락에서는 ‘七情이 四端을 포함한다’고 보았다. 그러나 四端은 ‘性命의 바름에 근원한 것’으로 粹然하여 不善이 없고, 七情은 ‘形氣의 욕망에 근원한 것’으로 사사로워 간혹 不善하다는 것이다. 이렇게 볼 때, 대산이 理發(主理)과 氣發(主氣)을 구분함은, 理와 氣가 각각 發用한다는 것이 아니라, 각각의 所從來를 구분함일 뿐이라는 것이 분명해진다. 대산은 四端이나 七情이 모두 ‘사물에 따라서 감응함에 서로 바탕이 되고 서로 타는 것(互相資乘)’이라는 입장에서, 四端과 七情을 二元的으로 규정하는 것을 명백히 반대했다. 대산의 이러한 입장은 “이 두 情이 발함은 머리를 나란히 함께 움직이고 고삐를 나란히 함께 나옴도 아니요, 또한 각각 一邊을 차지하고 스스로 動靜하는 것도 아니다”라는 말에서 분명하게 확인된다. 대산은 다만 所從來가 다름으로 인해 ‘四端과 七情’은 ‘主理와 主氣’로 구분된다고 보는 것이었다.[39]

四端과 七情의 관계는 일면적으로 규정할 수 없고, 반드시 두 측면을 동시에 보아야 한다는 것이 대산의 지론이었다. 대산은 그 두 측면을

固因氣以爲地 而其動而爲情也 又挾氣以爲資 故統以未發者爲大本 已發者爲大用 則言七而四在其中 卽其合而析言之 則一情之中 其原乎性命之正者 粹然而無不善 其緣乎形氣之境者 私而或不善 其私正之分 自根本而已然 雖欲渾而雜之 而不可得也 雖然四端之所隨 卽七情之氣 而七情之所乘 卽四端之理也 妙合混融 元不相離 則又豈有彼此之間隔哉 就異而見其有同 故渾淪言之者有之 就同而見其有異 故分別言之而無不可 所謂一而二二而一者也 且二情之發 非齊頭俱動 竝轡偕出 又非各占一邊 而自爲動靜也 隨事而感互相資乘 而但於其中 見其有主理主氣之分耳 亦何有二歧之疑哉

39) 다만 『大山集』 卷8 頁26, 〈答權希元 別紙(庚寅)〉에는 “蓋性命形氣 相須而互有發用 故理發而氣未嘗不隨 氣發而理未嘗不乘”이라는 말이 보인다. 이 말은 퇴계의 互發說과 다름이 없는 것으로서, 그의 持論과는 어긋나는 것 같다.

'統合의 관점'과 '分別의 관점'으로 설명했다. 統合論이란 '理主氣資'를 두고 말하는 것으로, 理主氣資라는 관점에서는 四端과 七情이 같다는 것이다. 대산은 특히 통합론의 관점에서는 '七情을 말하면 四端이 그 가운데 있는 것'이라고까지 말했다. 이것은 율곡이 '氣發理乘一途'를 말하고 '七情이 四端을 포함한다'고 한 것과도 궤를 같이 한다. 그러나 四端과 七情은 그 所從來가 다르므로, 主理와 主氣로 分別하지 않을 수 없다는 것이다. 이러한 생각을 종합한 것이 위의 "다름에 나아가 같음이 있음을 보기 때문에 渾淪하게 말하는 경우도 있고, 같음에 나아가 다름이 있음을 보기 때문에 分別해서 말해도 되는 것이다. 이른바 '一而二, 二而一'이라는 것이 그것이다"라는 말이다.

대산에 의하면, 四端과 七情은 '統合'해서 보자면 '하나'이고, '分析'해서 보자면 '둘'인 것이다. 그런데 先儒들은 대개 두 측면을 동시에 고려하지 않고, 어느 한 쪽으로 치우치고 있었다는 것이다. 단적으로 말해 율곡학파의 경우는 '理·氣의 不離'만을 보고 '四端 역시 氣發이다'라고 하였으니, 이는 '하나만 알고 둘은 모르는 것'으로서 '분별이 없는 폐단'에 빠지는 것이다. 퇴계학파(權淸臺 등)의 경우는 '理·氣의 分開'만을 주장해서 四端과 七情을 統一시켜 보지 못하고 '七情은 性이 發한 것이라 말할 수 없다'고까지 하였으니, 이는 '다름만을 알고 같음은 모르는 것'으로서 '실정에 맞지 않는 폐단'에 빠지는 것이다.[40]

이제까지 살핀 바와 같이 대산은 渾淪說을 전제로 分開說을 개진하고 分開說을 전제로 渾淪說을 승인하여, 四端과 七情의 관계를 '一而二, 二而一'로 규정했다. 대산의 이러한 입장은 퇴계가 고봉과의 논변을 통

---

40) 『大山集』 卷39 頁26~27, 〈四端七情說〉: 彼見理氣之不離 而謂四端亦氣發者 固見一而不知二 其弊也 鶻圇無別 而其或專主分開 不相統一 至謂七情不可謂性發 則又見異而不知同 其弊也 闊疎不情

해 정립한 입장이기도 하였다. 그러나 대산의 사단칠정론이 퇴계와 완전히 일치하는 것은 아니다. '理의 能發' 문제에 있어서는 두 사람의 견해가 어긋나는 것이다. 그런 만큼 대산의 입장은 退·栗 모두에 대해 부분적으로는 긍정하고 부분적으로는 비판하는 것이다. 四端七情論에 있어서의 대산과 退·栗의 同異에 대해서도 다음 節에서 논하기로 하자.

5. 大山과 退·栗의 同異 문제

1) 理의 주재와 動靜의 문제

이제 '理의 주재와 動靜 문제'에 관한 대산과 退·栗의 입장을 비교해서 논하기로 하자. 먼저 앞에서 살핀 바 있는 대산의 입장을 다시 정리해 보자. 대산에 의하면 '理가 氣를 주재한다'는 것은 두 가지를 의미한다. 하나는 理는 '氣가 능히 動靜할 수 있는 까닭'이 된다는 것이요, 하나는 理는 '氣의 動靜이 그 질서를 잃지 않는 까닭'이 된다는 것이다. 한편, '動靜'에 대한 대산의 지론은 動靜 자체는 氣에 속하지만, 氣의 動靜은 理의 主宰에 의거한다는 것이다. 다시 말해 현상적으로 동정하는 주체는 氣이지만, 氣로 하여금 동정하게 하는 근원적 주체는 理라는 것이다. 따라서 '동정의 주체'는 관점에 따라 氣라고 말할 수도 있고, 理라고 말할 수도 있다는 것이다. 대산은 그러면서도 '理의 동정'을 '理가 현상적으로(실제로) 동정한다'고 이해하는 것을 경계하였다. 실제로 동정하는 것은 氣일 따름인데, 다만 그 氣가 동정하는 까닭은 理의 주재에 의한 것이므로 '理에 동정이 있다'고도 말할 뿐이라는 것이다. 대산은 이러한 관점에서 '氣의 운동은 氣의 자연적 속성에서 기인한다'는 '機自爾說'이나 '理 자체가 氣처럼 운동한다'는 '理動說'을 모두 비판한다. 機自爾說은 '理를 死物로 오인하는 것'이며, 理動說은 '無位眞人이 東에 번쩍, 西에 번쩍하면서 自由自在로 萬事를 주재한다'는 주장처럼 허황되다는 것이다. 대산의 이러한 주장은 栗谷說을 비판하는 것일 뿐만 아니라, 退溪說에 대해서도 일정부분 제한을 가하는 것이다. 대산은 특히 율곡에 대해 다음과 같이 비판하였다.

> 대개 理는 活物이다. 비록 氣를 타고서 動靜하나, 그 發揮運用을 主宰하는 *妙*는 바로 至神之用인 것이다. 그러므로 '作爲가 없으나 作爲하는 것(無爲而爲)'이니, 泯然한 無爲가 아니요, '주재하지 않으면서 주재하는 것(不宰而宰)'이니, 冥然한 無宰가 아니다. 이제 모름지기 '비록 無爲이나 저절로 主宰의 *妙*가 있음'과 '비록 主宰하나 그 本體의 無爲함은 변함이 없음'을 알아야 하니, 그런 다음에야 바야흐로 '道體의 온전함'을 논하는 데 참여할 수 있다.[41]

위의 대산의 입장을 정리하자면, 理는 至神之用을 지닌 活物이라는 것, 理의 至神之用은 '主宰'를 통해서 드러난다는 것, 그런데 理의 주재는 형이하자인 氣의 作爲와는 다른 차원으로서 '無爲而爲, 不宰而宰'에 해당된다는 것이다. 대산의 이러한 주장 자체는 至當한 것이라 하겠다. 문제는 위의 주장이 율곡에 대한 비판론으로 적실성이 있느냐 하는 점이다. 論者는 율곡이 '理의 주재'를 부정하지 않은 한, 위와 같은 비판을 율곡에게 적용시키는 것은 무의미하다고 본다. 이제 이 문제를 논해 보

41) 『大山集』 卷40 頁23, 〈讀聖學輯要〉: 蓋理是活物 雖乘氣而爲動靜 而其發揮運用之妙 則乃其至神之用耳 故無爲而爲 非泯然無爲也 不宰而宰 非冥然無宰也 今須見得雖是無爲而自有主宰之妙 雖有主宰 而其本體之無爲者自若 然後方可與語夫道體之全矣

기로 하자.

'氣의 운동'을 '機自爾'로 설명하는 율곡은 '理의 주재'를 '理가 氣의 운동의 標準으로서, 氣가 如此如彼하게 운동할 수 있게 해주는 까닭'으로 설명하였다.[42] 반면에 대산은 '理의 주재'를 '氣가 능히 動靜할 수 있는 까닭이 됨'과 '氣의 動靜이 그 질서를 잃지 않는 까닭이 됨'이라는 두 맥락을 동시에 의미하는 것으로 설명했다.[43] 이것으로 볼 때, 後者에 있어서는 대산과 율곡이 合致되지만, 前者에 있어서는 대산과 율곡이 相反되는 것이다. 다시 말해 대산과 율곡의 핵심적인 차이는 '氣가 동정하는 것 자체'를 '機自爾'로 설명하느냐, '理가 주재한 결과'로 보느냐 하는 것이다. 대산은 氣가 동정하는 것 자체도 '理의 주재'에 의한 것이라고 보아,[44] 율곡의 '機自爾說'을 비판했다. 機自爾說이란 氣의 동정 자체는 '氣의 자연적 속성에 따른 것'이라는 설명이다. 즉 율곡에 의하면 '동정' 자체는 '氣의 자연적 속성'에 해당되는 것이다. 율곡은 다만 氣의 운동이 '一動一靜'이라는 '순환적 법칙성'을 띠는 것은 '理의 주재'에 의한 것이라고 보았다.

그렇다면 대산과 율곡의 대립된 입장 가운데 어느 것이 더 타당하다고 볼 것인가? 論者가 보기에 율곡의 機自爾說은 이론적으로 아무런 하자가 없는 것이다. 따라서 논자는 대산의 주장에 대해 세 가지의 문제를 제기해 보고자 한다.

첫째, 대산은 機自爾說은 '理를 死物로 오인하는 것'이라고 비판했다.

---

42) 이에 대한 자세한 논의는 拙著, 『畿湖性理學論考』, 심산, 2005, 169~175쪽 참조.

43) 『大山集』 卷39 頁8, 〈理氣動靜說〉: 理也者 所主以動靜之妙也 …… 據其所主之妙而言 則其所以能動而能靜 與動靜之不失其序者 皆此理本然之妙也

44) 정확히 말하자면 대산은 '氣가 動靜할 수 있는 것'은 '理의 주재'에 의한 것이라 하였는바, 이는 '氣가 動靜하는 것' 자체도 '理의 주재'에 의한 것이라고 보는 것이다. 만일 그렇지 않다면, 대산이 율곡의 機自爾說을 비판할 이유가 없는 것이다.

대산의 주장은 理는 活物로서 氣에 운동의 능력을 부여한다는 것이다.[45] 대산의 이러한 주장에 대해서는 "形而上者인 理가 어떻게 形而下者인 氣에 운동능력을 부여할 수 있는가?"라는 물음을 제기할 수 있다. 이는 古今의 形而上學에서 흔히 봉착되는 근본 문제로서, 납득할 만한 답변이 결코 쉽지 않은 것이다.[46]

둘째, 만약 대산의 주장대로 '理의 주재'란 '氣의 動靜이 그 질서를 잃지 않는 까닭이 됨'뿐만 아니라 '氣에 운동의 능력을 부여함'까지도 의미한다면, 따라서 氣의 운동은 '氣의 자연적 속성에 의한 것(機自爾)'이 아니라면, 이것은 '氣의 운동 全般'을 모두 理가 주재한다는 뜻이 된다. 그렇다면 "純善한 理가 氣의 운동 전반을 모두 주재하는데, 어찌하여 惡이 생기는 것인가?"라는 물음에 봉착하게 된다. 純善한 理가 氣의 운동 전반을 주재한다고 주장하는 한, 현실의 惡은 납득할 수 없는 것이다.

셋째, '理의 주재'를 '氣에 운동의 능력을 부여함'으로 설명하는 것은 주자의 설명과도 어긋난다는 점이다. 대산의 〈理氣動靜說〉에 인용된 주자의 여러 언설들은 '理의 주재'를 다만 '氣의 動靜이 그 질서를 잃지 않는 까닭이 됨' 즉 '氣의 운동이 一動一靜이라는 순환적 법칙성을 띠게 되는 근거'로 설명한 것이다. 즉 주자도 '理의 주재'를 결코 '氣에 운동의 능력을 부여한다'는 뜻으로 설명하지는 않은 것이다. 주자의 이러한 입장은 다음의 인용문에서도 분명히 알 수 있다.

---

45) 理를 '死物'이 아닌 '活物'이라 할 때, '死物과 活物의 의미'가 무엇인지도 문제 삼을 수 있다. '死 · 活'은 보통 形而下의 영역에 해당되는 것으로 간주되기 때문이다. 그러나 이 문제는 論外로 하자.

46) 주지하듯이 西洋哲學에서는 그 자신은 움직이지 않으면서 다른 것을 움직이게 하는 '不動의 動者(unmoved mover)'를 상정하였고, 기독교 神學에서는 '神(God)'이 바로 '不動의 動者'라고 설명해 왔다.

'一陰一陽을 일컬어 道라 한다(一陰一陽之謂道)'라는 말에서, 陰陽은 氣요, 道가 아니다. 陰陽이 되게 하는 까닭이 바로 道이다. 만약 다만 '陰陽을 일컬어 道라 한다(陰陽之謂道)'고 했다면, 陰陽이 道일 것이다. 이제 '一陰一陽'이라고 했으니, 이는 '一陰이 다하면 또 一陽이 와서 往來와 循環이 그치지 않는 것'이 바로 '道'라는 것이다.[47]

『周易』繫辭傳에서는 이미 '形而上者를 道라 한다'고 했고, 또 '一陰一陽을 일컬어 道라 한다'고 했으니, 이것이 어찌 곧바로 陰陽을 形而上者로 삼은 것이겠는가? 바로 이것으로써 '一陰一陽'은 비록 '形器'에 속해도 그러나 그 '한번은 陰이 되고 한번은 陽이 되는 까닭'은 바로 '道體의 所爲'임을 볼 수 있다.[48]

위에서 말하는 '道體의 所爲'란 바로 '理의 주재'를 뜻할 것이다. 위의 두 인용문에 보이듯이 주자는 한결같이 '一陰一陽'이라는 '순환적 법칙성'의 근거를 '道'로 설명한 것이다. 이렇게 볼 때, 대산이 '理의 주재'를 '一動一靜이라는 순환적 법칙성의 근거가 됨'이라고 설명하는 데 그치지 않고 '氣에 動靜의 능력을 부여함'이라고까지 해석한 것은 주자의 본지와도 어긋나는 것이다.

이제 대산과 퇴계의 同異에 대해 살펴보자. 첫째, '理의 體用'에 관한 이해 문제이다. 대산이 '理의 體 · 用'을 '本體의 無爲'와 '至神의 妙用'으로 설명하는 것은 퇴계설을 그대로 수용한 것처럼 보이지만, 사실은 퇴

47) 『性理大全』 卷1 頁16, 〈太極圖說解〉: 一陰一陽之謂道 則陰陽是氣不是道 所以爲陰陽者乃道也 若只言陰陽之謂道 則陰陽是道 今曰一陰一陽 則是一陰了又一陽 往來循環不已者 乃道也

48) 『性理大全』 卷1 頁16, 〈太極圖說解〉: 大傳旣曰 形而上者謂之道矣 而又曰 一陰一陽之謂道 此豈直以陰陽爲形而上者哉 正所以見一陰一陽 雖屬形器 然其所以一陰而一陽者是乃道體之所爲也

계설에 대해서도 일정 부분을 제한하는 것이다. 퇴계는 "情意와 造作이 없는 것은 理의 本然之體이고, 경우에 따라 발현하여 이르지 않음이 없는 것은 理의 至神之用이다"[49]라고 했다. 즉 퇴계는 '理의 能發·能生·能到'를 '理의 至神之用'으로 설명한 것이다. 그러나 대산은 '理의 至神之用'을 인정하면서도, 그것을 '能發·能生·能到'처럼 '理가 스스로 發用하는 것'으로 설명함은 반대한다.[50] '理主氣資'에 입각해 理의 능동성을 근원적으로 부정하는 대산은 다만 '理가 氣를 주재함' 자체를 '理의 至神之用'으로 규정하는 것이다.[51] 둘째, '理의 주재'에 대한 해석 문제이다. 퇴계는 다음과 같이 말한 바 있다.

> 太極에 動靜이 있음은 太極이 스스로 動靜하는 것이며, 天命이 流行하는 것은 天命이 스스로 流行하는 것이니, 어찌 다시 (太極과 天命을) 부리는 존재(使之者)가 있겠는가? 다만 태극과 음양오행이 妙合해 엉겨 萬物을 化生하는 곳에 나아가 보면, 運用을 主宰하여 이와 같게 만드는 존재가 있는 것 같기도 하니, 곧 『書經』에서의 이른바 "惟皇上帝 降衷于下民"과 程子의 이른바 "以主宰 謂之帝"라는 말이 그것이다. 대개 理·氣가 妙合하여 만물을 命令할 때, 그 '神用'이 저절로 이와 같은 것이다. 天命이 流行하는 곳에 별도로 '부리는 존재'가 있다고 말할 수는 없다. 이것은 理는 極尊無對하여, 만물을 명령하기는 하지만 만물로부터 명령을 받지는 않기 때문이다(命物而不命於物).[52]

---

49) 『退溪全書』 卷18 頁31, 〈答奇明彦 別紙〉: 無情意造作者 此理本然之體也 其隨寓發見而無不到者 此理至神之用也

50) 『大山集』 卷6 頁19, 〈答權淸臺〉: 近世爲理氣之說者 其主於不相離 則殆認理爲枯槁死物 凡動靜闔闢 皆氣機之自爾 固失之遠矣 而病其爲此 則又若以理爲與氣相對而各自發用 恐是矯枉過直 是亦枉而已矣

51) 『大山集』 卷39 頁9, 〈理氣動靜說〉: 蓋理 …… 實主於氣 故謂之無動靜也 而其至神之妙用 又未嘗或損也

52) 『退溪集』 卷13 頁17, 〈答李達李天機〉: 太極之有動靜 太極自動靜也 天命之流行 天命之自流行也 豈復有使之者歟 但就無極二五 妙合而凝 化生萬物處看 若有主宰運用 而使其

위의 인용문에서 퇴계는 理 자체가 '最高의 주재자'로서, 만물을 주재하기만 하고, 만물로부터 주재를 받지는 않는다고 설명하였다. 그런데 위에 보이듯이 퇴계가 말하는 '理의 주재'란 '사물을 命令함' 또는 '사물을 부림(使之)'을 뜻하는 것이다. 이것은 대산이 '理의 주재'를 '氣가 능히 動靜할 수 있는 까닭이 됨' 및 '氣의 動靜이 그 질서를 잃지 않는 까닭이 됨'으로 해석하는 것과는 분명 다른 것이다.

대산의 퇴계설에 대한 인식은 '矯枉過直'[53]이라는 한마디에 잘 집약되어 있다. 퇴계는 '理의 위상'을 강화하려고 理를 '스스로 發用하는 자족적 존재'로 승격시키고, 만물의 命令者로 추앙하였다. 대산은 퇴계의 이러한 노력을 '矯枉過直'으로 규정한 것이다. 퇴계에 비해 대산은 '理의 능동성'을 부정함으로써 '理의 위상'을 '氣의 주재자'로 한정시키고, '理를 실현하는 資具'라는 맥락에서 '氣의 위상'을 높이고자 했던 것이다.[54]

2) 四端 · 七情의 문제

대산은 四端과 七情의 관계를 '一而二, 二而一'로 규정했거니와, 四端 · 七情에 관한 대산의 지론은 渾淪說을 전제로 分開說을 개진하고 分開說을 전제로 渾淪說을 승인하는 것이었다. 互發論이 상징하듯이 퇴계는 본래 四端과 七情을 二元的 관점에서 이해했고, 一途論이 상징하듯이 율곡은 시종일관 四端과 七情의 一元性을 강조했다. 그런데 대산

如此者 卽書所謂惟皇上帝降衷于下民 程子所謂以主宰謂之帝 是也 蓋理氣合而命物 其神用自如此耳 不可謂天命流行處 亦別有使之者也 此理極尊無對 命物而不命於物故也

53) 『大山集』 卷6 頁19, 〈答權淸臺〉: 近世爲理氣之說者 其主於不相離 則殆認理爲枯槁死物 凡動靜闔闢 皆氣機之自爾 固失之遠矣 而病其爲此 則又若以理爲與氣相對而各自發用 恐是矯枉過直 是亦枉而已矣

54) 『大山集』 卷39 頁41, 〈晩修錄〉: 古人雖說理貴氣賤 此氣字 亦不可將來低看了 余觀世上一般沒氣底人 縱有好意 便擔著不起 終不得做事 看來須是養氣

은 '一而二, 二而一'의 논리로 양자를 지양시키고자 한 것이다. 대산은 다음과 같이 말한다.

> 저 理·氣의 不離를 보고 四端 또한 氣發이라고 말하는 자는 진실로 하나만 알고 둘은 모르는 것이니, 그 폐단은 '애매하여 분별이 없는 것(鶻圇無別)'이다. 혹자는 오로지 分開를 주장하여 서로 統一시키지 못하고 '七情은 本性이 발한 것이라 말할 수 없다'고까지 하니, 이것은 다름만 보고 같음은 알지 못하는 것으로서, 그 폐단은 '거칠어 실정에 맞지 않는 것(闊疎不情)'이다. 모름지기 사방이 모두 平靜될 때까지 心氣를 평정하게 다스려서, 統合하여 하나로 모아 간격이 없게 하고, 分析하여 정밀함을 극진히 하여 혼란하지 않게 한 다음에야, 두루 정당하여 한쪽으로 치우치는 폐단에 빠지지 않는 것이다.[55]

위의 인용문은 渾淪을 강조한 栗谷學派의 견해는 물론 分開를 강조한 일부 退溪學派의 견해를 모두 한쪽으로 치우친 논리라고 비판하고, 양자를 종합하는 관점을 제시하는 것이다. 단적으로 말해 퇴계학파의 일부에서는 '理·氣의 分開'만을 주장해서 四端과 七情을 統一시켜 보지 못하고 '七情은 本性이 發한 것이라 말할 수 없다'고까지 했으니,[56] 이는 '다름만을 알고 같음은 모르는 것'으로서 '실정에 맞지 않는 폐단'에 빠졌다는 것이다. 그리하여 대산은 '一而二, 二而一'의 논리를 전개하는 바, 이러한 논리 자체는 퇴계의 晩年說과 일치하는 것이다. 그러나 대산의 사단칠정론 全般이 퇴계의 晩年說과 일치하는 것은 아니다. 퇴계는

---

55) 『大山集』 卷39 頁26~27, 〈四端七情說〉: 彼見理氣之不離 而謂四端亦氣發者 固見一而不知二 其弊也 鶻圇無別 而其或專主分開 不相統一 至謂七情不可謂性發 則又見異而不知同 其弊也 闊疎不情 須是平心易氣 四平放下 合之會于一而無間 析之極其精而不亂 然後方是周徧亭當 不落於一偏之弊矣

56) 여기에 해당되는 退溪學派의 인물로는 葛庵 李玄逸, 淸臺 權相一 등을 꼽을 수 있겠다.

끝내 '理의 能發'을 포기하지 않았고, 대산은 끝내 '理의 能發'을 인정하지 않았다는 점에서는 서로 차이가 있는 것이다.

대산은 율곡학파에 대해서는 '理·氣의 不離'만을 보고 '四端 역시 氣發'이라 했으니, 이는 '하나만 알고 둘은 모르는 것'으로서 '분별이 없는 폐단'에 빠진 것이라고 비판했다. 대산은 특히 율곡에 대해서는 다음과 같이 더욱 상세하게 立論하였다.

> 理와 氣는 서로를 따라서 분리할 수 없다(相循不離). 氣는 (理의) 材具가 되고 理는 (氣의) 主宰가 된다. 그 動靜하는 기틀의 妙는 본래 두 갈래가 없으나, 그 나아가는 바에 따라서 主로 삼는 바가 다른 것이다. 예컨대 갓난아이나 宗廟의 일을 느끼면 仁이나 禮의 理가 발현되는데, 氣가 진실로 그 材料가 되지만 그러나 主로 삼는 바는 理에 있다. 그러므로 '理發'이라 하는 것이다. 聲色과 臭味의 사사로움을 느끼면 形氣의 欲望이 발동하는데, 理가 진실로 거기에 타고 있지만 그러나 主로 삼는 바는 氣에 있다. 그러므로 '氣發'이라 하는 것이다. 대개 기틀의 妙는 비록 하나이지만, 저절로 理發과 氣發의 구분이 있는 것이다. 그러나 또한 理發과 氣發로 구분된다고 하여 마침내 기틀도 다를 것이라고 의심하는 것은 잘못이다.[57]

'理와 氣는 서로를 따른다(相循)'는 것은 '理와 氣는 서로를 필요로 한다(相須)'는 것으로, 그 까닭은 '氣는 理의 材具이고, 理는 氣의 主宰者이기 때문'이다. 이처럼 理와 氣는 본래 '不相離'의 관계이기 때문에, '그 動靜하는 기틀의 妙는 본래 두 갈래가 없다'고 하는 것이다. 이상의 내

57) 『大山集』 卷40 頁17, 〈讀聖學輯要〉: 理氣相循不離 氣爲之材具 而理爲之主宰 其動靜機緘之妙 本無二致 然隨其所就 而所主不同 如赤子宗廟之事感 則仁禮之理發焉 氣固爲之材料 然所主者在於理 故曰理發 聲色臭味之私感 則形氣之欲動焉 理固爲之乘載 然所主者在於氣 故曰氣發 蓋機緘之妙雖一 而自有互發之分 又不可以互發之分 而遂疑其機緘之或異也

용은 본래 율곡의 입장이기도 하였다. 따라서 이러한 점들에 있어서는 대산이 율곡과 견해를 같이 하는 것이다. 대산이 율곡을 비판하는 점은, 이처럼 '理와 氣가 不相離로서, 動靜하는 기틀은 하나일 뿐'이라 하더라도, 四端과 七情은 또한 所主가 다르다는 점이다. 다시 말해 四端이나 七情이나 '감정이 발현되는 방식' 자체는 같다는 것이요, 이 점에서는 대산도 율곡의 '氣發理乘一途'를 인정하는 셈이다. 그러나 四端과 七情은 감정의 내용상 '主가 되는 것'이 다르다는 것이 대산의 지론이다. 四端은 어린아이를 보호하고 宗廟의 禮를 행하는 등 '도덕적인 것'이 主가 되고, 七情은 聲色과 臭味의 '육체적 욕망'이 主가 된다는 것이다. 이처럼 四端과 七情은 所主가 다르므로, 이러한 맥락에서 '理發'과 '氣發'로 구분하지 않을 수 없다는 것이다. 요컨대 대산은 '理·氣의 不離'를 전제로 所主에 따라 理發과 氣發을 나누는 것이다.

대산은 율곡에 대해 "理發과 氣發로 구분된다고 하여 마침내 기틀도 다를 것이라고 의심하는 것은 잘못이다"라고 하였다. 대산에 의하면 퇴계의 互發說은 '四端과 七情은 서로 발하는 기틀이 다르다'는 뜻이 아니라는 것이다. 그러나 앞의 서론에서 고찰한 바 있듯이, 퇴계는 '理도 氣처럼 發用한다'는 주장을 끝까지 포기하지 않았다. 즉 퇴계의 互發說은, 대산의 주장처럼 '所主에 따라 理發과 氣發을 구분함'에 그치는 것이 아니고, 근원적으로 '理와 氣가 각각 發用한다'고 보는 것이다.[58] 따라서 율곡이 퇴계를 오해했다고 볼 수는 없는 것이다. 한편, 대산의 위와 같은 논리는 퇴계설을 '제한적으로' 수용하는 방식이기도 하다. 퇴계는 분

58) 퇴계는 四端과 七情을 理發과 氣發로 구분하면서도 그것이 '두 갈래에서 나온 것'은 아니라고도 한 바 있다(『退溪集』 卷36 頁1, 〈答李宏仲問目〉: 情之發 或主於氣 或主於理 氣之發 七情是也 理之發 四端是也 安有二致而然耶). 대산의 입장은 여기에 근거했을 것이다. 그러나 퇴계가 이렇게 말한 경우가 있다고 하더라도, 퇴계의 互發說이 분명 '두 갈래 길'에 해당된다는 것에 대해서는 論難의 여지가 없을 것이다.

명 '理의 能發'을 인정했다. 理는 氣 없이도 홀로 발할 수 있다는 것이었다. 따라서 퇴계의 互發說은 분명 理發과 氣發이라는 '두 기틀'을 동시에 인정하는 것이었다. 이렇게 본다면 대산이 '理·氣의 不離'를 전제로 '所主에 따라 理發과 氣發로 구분함'은 退·栗 모두에 대해서 제한적으로 비판하는 동시에 제한적으로 수용하는 것이라 하겠다.

6. 결론

대산은 理主氣資論을 宗旨로 삼고, 그에 입각해 퇴계설과 율곡설을 지양시키려 하였다. 대산의 관점에서 볼 때, '理의 能動性'을 전제로 하는 퇴계의 理發說은 '氣資'를 외면하는 것이다. 理主氣資論에 입각할 때, 理는 形而上者로서 스스로 운동할 수 없는 것이요, 따라서 반드시 氣를 자료로 삼아야 하는 것이다. 대산은 이러한 입장에서 權淸臺의 '理動說'을 비판했거니와, 이러한 비판은 사실 퇴계의 理發說에도 그대로 적용되는 것이다. 대산은 율곡에 대해서는 '理主'를 외면했다고 비판했다. 즉 율곡의 機自爾說은 근본적으로는 '理가 動靜을 주재하는 것'임을 무시했다는 것이다. 이러한 맥락에서 대산은 '理主'를 통해서 율곡설을 시정하고 '氣資'를 통해서 퇴계설을 보완함으로써, 양자를 지양시키려고 한 것이다. 한편 대산은 四端·七情을 설명함에 있어서는 渾淪說과 分開說을 지양시켜 '一而二, 二而一'의 논리를 취했다. 대산이 '渾淪과 分開'를 지양시키고자 한 것으로 보면, 일견 대산이 퇴계의 晩年說을 충실히 계승하는 것 같다. 그러나 끝내 퇴계는 '理의 能發'을 포기하지 않았고, 대산은 '理의 能發'을 인정하지 않았다는 점에서는 서로 본질적인 차이가 있는 것이다.

이제까지 살펴본 대산의 성리학은 퇴계 晩年說의 테두리 안에 있는 것으로 규정될 수 없다. 대산의 성리학은 오히려 퇴계 初年說에 가까운 것이요, 특히 理主氣資論 자체는 율곡설과도 회통할 수 있는 것이다. 대산이 율곡을 비판하는 주요 논점은 둘이었다. 첫째는 율곡이 '機自爾'를 주장함은 '理의 주재'를 부정하는 것이요, '理의 주재'를 부정함은 理를 死物로 오인하는 것이라는 비판이었다. 그러나 율곡은 분명 '理의 주재'를 인정했다. 율곡은 '機自爾'와 '理의 주재'를 양립시키고 있었던 것이다. 둘째는 율곡이 '퇴계의 互發說'을 '두 개의 기틀을 인정하는 것'으로 간주함은 오해라는 비판이었다. 그러나 퇴계는 분명 '理와 氣는 각각 發用한다'는 생각을 버리지 않았으며, 율곡은 이것을 비판한 것이다. 따라서 위와 같은 대산의 율곡에 대한 비판은 타당성이 없는 것이다. 다만 위와 같은 비판을 통하여 대산의 입장을 추론해 볼 수 있는바, 대산의 입장은 오히려 율곡의 입장과 상통하는 것이다. 이제 마지막으로 이 문제를 논해 보기로 하자.

이병도는 "대산의 주장은 퇴계의 학설을 반복 부연하여 主理論 일변도의 체계를 가진 것으로 그다지 새로운 점은 없다"[59]고 평한 바 있다. 그러나 대산이 '理의 능동성'을 명확히 부정한 것만으로도 퇴계의 학설과 대산의 학설은 구별될 필요가 있다. 한편 김우형에 의하면 葛庵 李玄逸, 密庵 李栽, 淸臺 權相一 등은 퇴계의 노선을 충실히 따른 인물들로서, 이들이 퇴계학파 내부의 '정통적 노선'에 해당된다. 반면에 대산의 경우 단순히 퇴계의 노선을 고수하는 입장이 아닌 '독자적 노선'에 해당되는 것으로서, 대산은 '程朱理學 본래의 노선을 포괄적으로 전망하고자

59) 이병도, 『韓國儒學史』, 아세아문화사, 1989, 192쪽.

했다'는 것이다.[60] 論者도 김우형의 이와 같은 주장에 크게 공감한다. 그러나 다음과 같은 점들에 있어서는 김우형과 견해를 달리하지 않을 수 없다.

첫째, 김우형은 대산의 성리학과 그 원형으로서의 程朱理學을 '理氣二元論'으로 규정했다.[61] 그러나 논자가 생각하기에 '理主氣資'에 입각하면 理와 氣 어느 것도 '독자적으로 존립할 수 있는 實體'가 아니다. '理氣互發'을 주장하는 퇴계의 경우는 '理氣二元論'으로 규정함이 마땅하나, 그것을 비판하는 대산의 경우는 그럴 수 없다는 것이 논자의 견해이다.

둘째, 김우형은 程朱學의 '理'를 '운동성과 작용성'을 지닌 것으로 규정했다. 김우형은 "그(이상정)의 주된 논점은, 비록 인식상에서 理와 氣가 각각 발현(發)하는 운동성을 가진다고 하더라도, 理와 氣의 실재론적 차원에서의 상호 필수적 대대성(理氣相須相待)을 인식해야 한다는 것"이라고도 하였다.[62] 논자가 생각하기에 김우형의 이러한 설명은 문제가 많다. 우선 "인식상에서 理와 氣가 각각 발현(發)하는 운동성을 가진다"는 설명이 '理와 氣는 각각 發用하는 것이 아니다'라는 대산의 持論과 부합할 수 있는가? 김우형은 '理의 주재'를 곧 '발동성과 운동성'으로 해석하고, 程朱나 대산의 理를 '발동성과 운동성을 지닌 것'으로 설명한 것이었다.[63] 논자가 보기에 이러한 설명은 두 가지 문제가 있다. 첫째, 운동성과 발동성을 理에도 적용시키면, 氣의 운동성 · 발동성과 혼동을 일으켜 이해를 어렵게 만든다. 둘째, '理의 주재'를 '운동성 · 발동성 · 작용성' 등의 말을 동원하여 설명하는 것은 대산이 '理의 주재'를 '無爲而爲,

---

60) 김우형, 「大山 李象靖의 理氣論」, 『東方學志』 제113집, 연세대학교 국학연구원, 2001, 33~37쪽, 61쪽 참조.
61) 김우형, 「大山 李象靖의 理氣論」, 30쪽.
62) 김우형, 「大山 李象靖의 理氣論」, 41쪽.
63) 김우형, 「大山 李象靖의 理氣論」, 41쪽.

不宰而宰'라고 설명한 취지와도 어울리지 않는다. 대산은 '理의 주재'는 운동 · 발동 · 작용 등의 차원에 속하는 것이 아니기 때문에 '無爲而爲, 不宰而宰'라고 했던 것이 아니겠는가? 셋째, 논자가 생각하기에 程朱學에 있어서의 '理의 주재'는 결코 어떠한 종류의 작용도 포함하지 않는 것이다. 따라서 '理의 주재'에 굳이 '작용 · 운동' 등의 개념을 원용할 필요가 없다는 점이다. 주자학에 있어서 '理의 주재'란 다만 '理가 氣의 운동의 표준이 됨'을 뜻할 뿐이었다. 율곡도 '理의 주재'를 이렇게 이해하고, '理의 주재'와 '機自爾'를 양립시킨 것이다.

셋째, 김우형은 "이상정은 퇴계학파나 율곡학파를 포괄하는 이론체계를 세우기 위해서 朱熹와 程頤의 철학까지 포괄하는 程朱理學 전체의 이론적 체계화를 모색하고 있는 것"이라 하였다.[64] 그러나 대산이 程朱學에 대해서 비판적인 異意를 제기하고 이론적으로 보완하여 조금이라도 새로운 체계를 제시하지 않은 한, "程朱理學 전체의 이론적 체계화를 모색했다"고 말할 수 없는 것이다. 논자가 생각하기에 대산은 다만 '程朱理學의 本旨에 입각해 退 · 栗을 재단하고 지양시키려 했던 것'이다. 그런데 대산이 율곡을 비판했던 것은 적실성이 없었던바, 다만 그 비판의 '본래 취지'[65]만을 살려낸다면, 대산의 성리학은 율곡설과도 어렵지 않게 회통할 수 있는 것이다.

64) 김우형, 「大山 李象靖의 理氣論」, 45쪽.
65) 여기서 말하는 대산의 '본래 취지'란 '理의 주재를 망각하지 말라'는 것과 '四端과 七情을 理와 氣가 각각 發用하는 것으로 보지 말라'는 것이었다.

제7장 立齋 鄭宗魯의 理强氣弱論과 公七情理發論

1. 서론

立齋 鄭宗魯(1738~1816)는 愚伏 鄭經世의 6代孫이다. 입재는 가학연원상 退溪學派 중 屛派(西厓 柳成龍의 학맥)에 속했으나, 虎派(鶴峯 金誠一 계통)의 중추적 인물이었던 大山 李象靖(1711~1781)의 門人이 됨으로써, 虎 · 屛 양파의 학자들과 폭넓게 교유하게 되었다.[1)]

입재의 성리학은 대산의 '理主氣資'를 근본으로 한다. 대산의 理主氣資論은 '理의 主宰'를 강조하면서 동시에 '理의 능동성'을 부정하는 것으로, 사실 여러 면에서 栗谷學派의 持論과도 매우 부합하는 것이다. 그런데 입재는 대산의 성리학에서 한 걸음 더 나아가, '心은 氣(氣의 精爽)' 임을 분명히 함과 동시에 '七情에는 氣發뿐만 아니라 理發도 포함되어 있다'고 주장하였다. 이러한 주장들은 율곡학파의 持論에 더욱 근접하는 것이다. 그런데 입재는 율곡 성리학에 대해 거의 首肯하는 점이 없이 批

1) 최영성, 『한국유학통사』 下, 심산, 2006, 156쪽 참조.

判 일변도의 태도를 보여주었다. 또한 입재는 '理의 주재'를 더욱 강조하면서, 종래의 理弱氣强論을 뒤집어 '理强氣弱論'을 주창하기도 하였다. 그리하여 우리는 입재의 宗旨가 무엇인지를 파악하기가 쉽지 않다.

오늘날 학자들의 입재에 대한 평가도 相反되는 양상을 보여준다. 玄相允은 입재의 '心是氣'論과 '七情 가운데 公正한 것은 理發로 보아야 한다'는 주장은 主理論을 宗旨로 하는 嶺南性理學에서는 찾아보기 어려운 것이라고 지적하고, 입재의 성리학을 '退栗折衷論'으로 규정했다.[2] 裵宗鎬 역시 같은 맥락에서 입재를 退栗折衷論者로 분류했다.[3] 그러나 劉明鍾은 입재가 '理의 能動說(能發說)'과 '理生氣說'을 주장했다고 보아 '主理論者'로 규정했으며,[4] 崔英成 역시 같은 맥락에서 입재가 退溪說과 主理論의 범주를 벗어나지 않았다고 규정한다.[5] 다만 崔在穆은 입재가 '理의 能動說(能發說)'과 '理生氣說'을 주장했다고 보아 '主理論者'로 규정하면서도, 입재가 四端七情論에 있어서는 '독자적인 논의'의 가능성을 제시했다고 평했다.[6]

입재는 영남학파에서 결코 작지 않은 위상을 차지하는 인물이다. 그럼에도 불구하고 그의 성리학은 영남학파의 일반론과는 다른 특징들을 지니고 있다. 그런데 아직까지 입재의 성리학에 대한 본격적인 논의는 거의 全無한 상태이다.[7] 本考에서는 입재의 성리학을 두루 검토하면서 입재의 宗旨를 추적하고, 아울러 입재와 율곡의 지론을 대조해 봄으로

---

2) 현상윤, 『朝鮮儒學史』, 현음사, 1982, 404~405쪽.
3) 배종호, 『韓國儒學史』, 연세대학교 출판부, 1983, 154~155쪽.
4) 유명종, 『朝鮮後期 性理學』, 이문출판사, 1985, 306쪽.
5) 최영성, 『한국유학통사』 下, 156쪽.
6) 최재목, 「立齋 鄭宗魯의 생애, 성리사상, 문제의식」, 『東方漢文學』 제25집, 동방한문학회, 2003, 63~76쪽.
7) 論者가 파악하기에 입재의 성리학에 대한 오늘날의 논문은 앞의 최재목의 논문이 唯一한 것 같다.

써 두 사람의 同異點을 규명해 보고자 한다. 이를 통해서 입재와 퇴계와의 同異點도 자연스럽게 부각될 것이다.

2. 立齋의 기본 입장

1) 理主氣資論의 祖述

입재의 性理學은 그 大綱에 있어서 대산의 理主氣資論을 祖述하는 것이다.[8] 대산은 퇴계의 성리학을 조술하면서도, 퇴계의 '理의 能發說'에 대해서는 '理主氣資'라는 관점에서 비판적으로 이해했는데, 입재도 이러한 관점을 그대로 계승하고 있다. 입재가 대산의 理主氣資論을 바탕으로 삼고 있다는 점은 다음과 같은 점에서 확인된다. 첫째는 '理·氣의 不離와 不雜'을 동시에 강조한다는 점이다. '理主氣資'라는 관점에서는 理·氣의 不離와 不雜을 동시에 인식할 것을 강조하면서도 특히 '不離'를 더욱 강조하는데, 이는 입재의 경우도 마찬가지이다. 둘째는 '理의 動·靜'에 대한 해석에 있어서 '理의 能動性'을 부정한다는 점이다. 理主氣資의 관점에서는 실제로 動·靜하는 것은 氣요, 理는 다만 '氣의 動·靜을 主宰하는 존재'라고 인식한다. 입재 역시 이러한 입장을 견지한다. 셋째는 四端·七情에 관한 설명에 있어서 '能發者(發하는 작용의 주체)는 氣일 뿐'이라고 인식하는 것이다. 대산은 理氣互發論을 옹호하면서도, 四端(理發)의 경우도 能發者는 氣라고 주장했는데, 입재도 이러한 입장을 견지한다. 물론 위의 세 논점은 서로 유기적으로 연결된 것이다.

8) 大山의 '理主氣資論'에 대한 자세한 논의는 이 책의 303~311쪽 참조.

이제 입재의 이러한 입장을 확인해 보기로 하자. 입재는 理·氣의 不離와 不雜을 동시에 유의해야 함을 강조하여, 다음과 같이 말한다.

> 대개 理·氣 두 물건은 비록 서로 섞이지 않지만(不雜), 또한 서로 떨어지지도 않으니(不離), 分開해서 보아도 되고, 渾融해서 보아도 된다. 그러나 이미 分開해 보아 理가 氣와 섞이지 않음을 깨달았다면, 또 반드시 渾融해 보아 理란 원래 氣와 떨어지지 않으니 氣의 動·靜이 곧 理의 動·靜임을 터득한 다음에야 바야흐로 밝게 되는 것이다. 그러므로 孔子는 "形而上者를 道라 하고, 形而下者를 器라 한다"고 하였고, 이에 대해 程子는 "모름지기 이와 같이 말해야 한다. 그러나 器 또한 道이고, 道 또한 器이다"라고 풀이한 것이다. "모름지기 이와 같이 말해야 한다"고 한 것은 道와 器는 본래 서로 섞이지 않으니, 分開해 보지 않을 수 없기 때문이다. "器 또한 道이고, 道 또한 器이다"라고 한 것은 道와 器는 본래 서로 떨어지지 않으니, 混融해 보지 않을 수 없는바, 항상 分開시키는 것은 잘못이기 때문이다.[9]

주지하듯이 朱子學에 있어서 '理·氣의 不雜'이란 '理와 氣는 각각 形而上者와 形而下者로서 본래 그 성질이 다름'을 말하고, '理·氣의 不離'란 '理와 氣는 사실적(현실적)으로 서로 분리될 수 없음'을 말한다. 이러한 맥락에서 입재는 孔子의 "形而上者를 道라 하고, 形而下者를 器라 한다"는 말을 '理·氣의 不雜'을 말하는 것으로, 程子의 "器 또한 道이고, 道 또한 器이다"라는 말을 '理·氣의 不離'를 말하는 것으로 설명하

9) 『立齋集』 卷24 頁6, 〈太極動靜說〉: 蓋以理氣二物 雖不相雜 而亦不相離 分開看亦得 渾融看亦得 然旣已分開看 見得此理之不雜乎氣 則又須渾融看 見得所謂此理者元不離乎此氣 而此氣之動靜 卽此理之動靜 然後方爲洞然 故孔子曰形而上爲道 形而下爲器 程子贊之曰須著如此說 然器亦道道亦器 所以須著如此說者 以道器之本不相雜 不可不分開看也 所以謂器亦道道亦器者 以道器之本不相離 不可不混融看 而常分開不得故也

고, 이 두 측면을 항상 동시에 고려해야 함을 강조한 것이다.

'理・氣의 不雜'은 理와 氣는 본질이 다름을 논리적으로 구분하는 것으로(分開), 이러한 관점에서는 '理가 氣보다 우선한다'는 이론이 도출된다. 반면에 '理・氣의 不離'는 理와 氣를 사실적(현실적)으로 통합시키는 것으로(混融, 渾融) 이러한 관점에서는 '現實을 主導하는 것은 氣이다'라는 이론이 도출된다. 그런데 입재는 '원리적 不雜論'에 대해서는 '懸空說'이라고 규정하고, 더욱 중요한 것은 '사실적 不離論'이라는 입장을 견지한다. 입재의 다음과 같은 말을 보자.

> 대개 一原으로부터 말하면 天下의 理는 모두 먼저 理가 있고 난 다음에 氣가 있는 것이다. 이제 '사람이 있기 전에 먼저 사람이 되는 理가 있다'고 말하는 것은 옳으나, 이것은 또한 다만 '懸空說'일 뿐이다. 만물을 낳음에 이르러서는 반드시 氣가 모인 것을 바탕으로 삼은 다음에야 氣의 理가 바야흐로 부여될 수 있다. 그러므로 朱子는 이미 "오직 사람은 태어날 때에 바르고 통한 氣를 얻었다. 그러므로 그 性이 가장 貴한 것이 된다"고 하였고, 또 이어서 "方寸의 사이가 虛明洞澈하여 萬理를 모두 갖추고 있다"고 하였다. 주자가 반드시 먼저 '바르고 통한 氣'를 말한 다음에야 바야흐로 '그 性이 가장 貴한 것이 됨'을 말하고, 먼저 '虛明洞澈'을 말한 다음에야 바야흐로 '萬理를 모두 갖추고 있음'을 말한 것이 과연 아무런 까닭없이 그랬겠는가?[10]

주지하듯이 '一原으로부터'는 '理・氣 不雜의 관점'을 뜻하고, '만물을

10) 『立齋集』 卷25 頁14, 〈理氣心性說〉: 蓋自一原而言之 天下之理 莫不先有理而後有氣 今謂未有人之前 先有爲人之理 則可 然亦只是懸空說而已 及其生物 則必因是氣之聚而後是氣之理 方得以賦焉 故朱子旣曰 惟人之生 得其氣之正且通者 故其性爲最貴 而又係之曰 方寸之間 虛明洞澈 萬理咸備 其必先言正且通者而後 方言其性爲最貴 先言虛明洞澈而後 方言萬理咸備者 果無所以而然乎哉

낳음에 이르러서는'은 '理·氣 不離의 관점'을 뜻한다. 입재는 이른바 '理先氣後'에 대해, 그것은 다만 '一原'이라는 관점에서 성립하는 '懸空說'일 뿐이라고 단정했다. '懸空說'이란 분명 '원리적, 추상적 차원의 논리로서, 구체적 현실과는 동떨어진 주장'이라는 의미일 것이다. 즉 입재는 '理가 먼저 존재하고 氣는 그 다음에 존재한다'는 주장을 원리적 차원에 한정해서만 타당하다고 승인한 것이다. 위의 인용문의 핵심 내용은 "만물을 낳음에 이르러서는 반드시 氣가 모인 것을 바탕으로 삼은 다음에야 氣의 理가 바야흐로 부여될 수 있다"는 것이다. "만물을 낳음에 이르러서는"이라는 말은 '만물의 生生이 이루어지는 現實의 세계에서는'이라는 뜻이다. 또 "반드시 氣가 모인 것을 바탕으로 삼은 다음에야 氣의 理가 바야흐로 부여될 수 있다"는 말은 '먼저 氣가 갖추어져 있어야만 理가 부여될 수 있다'는 말이다. 요컨대 현실의 세계에서 理가 실현될 수 있는 바탕은 氣이므로, 理를 실현하기 위해서는 먼저 氣를 갖추어야 한다는 말이다. 입재는 주자가 반드시 먼저 '바르고 통한 氣'를 말한 다음에야 바야흐로 '그 性이 가장 貴한 것이 됨'을 말하고, 먼저 '虛明洞澈'을 말한 다음에야 바야흐로 '萬理를 모두 갖추고 있음'을 말한 것은 '반드시 까닭이 있을 것'이라는 말로 자신의 주장을 뒷받침했다.

원리적으로는 理가 우선하지만, 현실적으로는 氣가 우선한다는 것은 주자학의 持論이었다. 입재의 주장도 물론 이러한 지론을 벗어나는 것은 아니다. 그런데 '원리적으로는 理가 우선한다'는 주장에 대해서 입재가 특별히 '懸空說'이라고 확언한 점이 중요한 것이다. 즉 위의 인용문에서 입재가 강조하고자 했던 것은 '현실에 있어서는 氣가 뒷받침되어야 理가 갖추어지고 실현될 수 있다'는 내용이었다. 이러한 주장은 '氣는 理를 실현하는 바탕(氣資)'임을 확인함과 동시에, '현실을 주도하는 것은 氣임'을 확인하는 것이었다.

입재는 '理 · 氣의 動 · 靜' 문제에 대해서도 '不離 · 不雜'을 동시에 유의해야 한다는 관점에서 접근한다. '理 · 氣의 動 · 靜' 문제는 당시의 학계에서 실로 중요한 논란거리였던바, 입재는 당시의 학자들이 흔히 범하는 오류를 다음과 같이 둘로 분류하여 논한다.

> 요즘 사람들은, 或者는 치우치게 不雜만을 주장하여 '이른바 太極이란 다만 動 · 靜의 本然之妙임'을 모르고, 理가 참으로 능히 스스로 動 · 靜하는 것으로 여긴다. 이것은 '無位眞人이 그 속에 앉아 있다'는 것과 같으니, 虛蕩한 데 빠져 실정과 이치에 맞지 않는다. 或者는 치우치게 不離만을 주장하여 '이른바 動 · 靜의 기틀이란 다만 太極이 그렇게 시키는 것임'을 모르고, 氣가 스스로 능히 그렇게 動 · 靜하는 것이요 理는 다만 그 위에 타고 있는 것이라고 여긴다. 이것은 '하나의 죽은 사람이 말 등에 실려 있다'는 것과 같으니, 치우치고 막힌 데 빠져 活絡이 없다. 이 두 폐단이 모두 심각하다.11)

입재가 말하는 두 오류 가운데, 前者는 영남학파 가운데 '理가 실제로 운동한다'고 주장하는 부류를 지목한 것이요, 後者는 '氣의 운동은 機自爾일 뿐'이라고 신봉하는 기호학파를 지목한 것이다. 입재는 前者에 대해서는 理를 '無位眞人'처럼 神格化시키는 것으로서 이것은 실정과 이치에 맞지 않는다고 비판하는 것이며, 後者에 대해서는 理를 '하나의 죽은 사람'처럼 格下시키는 것으로서 이것은 理의 活潑潑함을 모르는 것이라고 비판하는 것이다.12)

---

11) 『立齋集』 卷24 頁7, 〈太極動靜說〉: 今人 或偏主不雜者 不知所謂太極只是動靜本然之妙 而以爲理眞能自動靜 有若無位眞人坐在裏許者然 此則失之虛蕩而無情理 其偏主不離者 不知所謂動靜只是太極使然之機 而以爲氣自能乃爾 理但乘載於其上 有若一箇死人馱在馬背者然 此則失之偏滯而無活絡 二者之流弊 俱爲不淺

12) 立齋의 이러한 論旨는 大山의 持論을 그대로 따른 것이다(『大山集』 卷39 頁9, 〈理氣動

입재의 기본입장은 '理가 氣처럼 실제로 운동하는 것은 아니지만, 氣의 운동은 理가 그렇게 主宰한 것'이라는 것이다. 理가 氣처럼 실제로 운동하는 것은 아니라면, 理의 실현은 氣의 운동에 의지하지 않을 수 없다. 주자의 말로 표현하자면 '氣는 理가 타는 기틀인 것'(動靜者 所乘之機)이다. 그런데 氣의 운동이 이러저러하게 전개되는 것은 理가 그렇게 주재하기 때문이다. 다시 말해 氣의 운동의 本然한 모습은 理가 제공하는 것이다. 주자의 말로 표현하자면 '理는 氣의 운동의 本然의 모습인 것'(太極者 本然之妙)이다. 대산은 '動靜者 所乘之機'를 '氣資'라고 설명하고, '太極者 本然之妙'를 '理主'라고 설명했는데, 이러한 생각은 입재의 경우에도 그대로 관철되는 것이다.

입재는 '四端理發'을 설명하는 데에도 위와 같은 논리를 적용시킨다. 요컨대 입재는 理氣互發論을 지지하면서도, '理의 能發說'은 수긍하지 않는다. 입재는 다음과 같이 말한다.

> 四端은 진실로 '理가 發한 것'으로서, 이는 '理를 主로 해서 말한 것'이다. 그러므로 '理가 發한 것'이라고 말하는 것인데, 사실은 四端 또한 일찍이 '氣가 없이 (理가) 스스로 발한 것'이 아니다. 이제 四端을 오로지 '不相雜의 理'로 귀속시켜 '氣 없이 스스로 발한 것'처럼 말한다면, 未安하지 않을 수 있겠는가?[13)]

입재에 의하면 四端을 理發이라고 하는 것은 '四端의 所主는 理'라는 것을 뜻하는 것이요, 결코 '四端은 氣 없이 理가 스스로 발한 것'이라는

靜說〉 참조).

13) 『立齋集』 卷11 頁20, 〈答蔡篮範 別紙〉: 四端固是理之發 而此是主理而言之 故以爲理之發者此也 其實四端亦未嘗無氣而自發 今乃以是專歸之不相雜之理 而有若無氣而自發者然 得無未安矣乎

뜻이 아니다. 四端 역시 氣(心)의 知覺作用을 통해 발하는 것인데,[14] 그러한 知覺作用을 통해 '天理의 公正함'이 실현되었기 때문에 '理發'이라고 한다는 것이다.

이상에서 입재 성리학의 기본 입장을 개괄해 보았거니와, 이는 大山의 理主氣資論을 조술하는 것이다. 그런데 입재의 성리학이 대산의 학설을 그대로 따르기만 하는 것은 아니다. 입재는 '理의 主宰'를 한층 강조하여 '理强氣弱說'을 주창하였고, '理氣互發'에 대한 설명에 있어서도 여러 가지 점에서 대산과는 다른 면모를 보여준다.

2) '心의 出入'에 대한 해석과 그 함의

『孟子』에는 孔子의 "잡으면 보존되고 놓으면 잃어버려, 나가고 들어옴이 일정한 때가 없어서, 그 있는 곳을 알 수 없다는 것은 오직 마음을 일컬은 것이다"[15]라는 말이 보인다. '마음은 잡으면 보존되고, 놓으면 잃어버린다'거나 '마음이 나가고, 들어온다'는 말은 평범하게 생각하면 자연스러운 말이지만, 그 뜻을 정확히 캐묻기 시작하면 매우 이해하기 어려운 말이 된다. 그리하여 이 문장은 많은 논변을 야기했거니와, 예컨대 范純夫의 딸이 이 문장을 읽고서 "孟子는 心을 알지 못했다. 心에 어찌 出・入이 있겠는가?"라고 평했다는 것은 유명한 고사이다. 范氏女의 이 말을 듣고, 程伊川은 "그녀가 비록 孟子는 알지 못했지만, 도리어 능히 心을 알았다"고 평했다. 정이천은 "마음에 어찌 '出・入'이 있겠는가? 또한 '잡느냐・놓느냐'로 말하는 것이다"라고 보았던 것이다.[16]

---

14) 『立齋別集』 卷3 頁22~23, 〈答權思遠別紙〉: 心是統性情底物事 則性發之際 必有知覺先之 然後方發而爲情者 乃自然之理也 然雖有知覺先之 而其發而爲情者卽性也

15) 『孟子』 告子上 8: 孔子曰 操則存 舍則亡 出入無時 莫知其鄕 惟心之謂與

16) 『心經附註』 卷3, 〈孟子牛山之木章〉 참조.

'마음의 出·入'을 평범하게 해석하자면, '出'은 '마음을 놓고 있는 것(放心)' 또는 '어떤 外物에 마음이 팔린 것'을 뜻하며, '入'은 '긴장하여 마음을 추스르는 것' 또는 '外物의 유혹을 물리치고 本心을 지키는 것'을 뜻할 것이다. 그런데 입재는 '마음의 出·入'을 다음과 같이 독특하게 해석한다.

> '마음의 出·入'은 '몸(軀殼)의 內·外'로 말하는 것이 진실로 옳으나, 오히려 십분 精微한 곳에는 이르지 못한 것 같다. 대개 '出'이란 '理의 밖으로 나감'을 말하고, '入'이란 '理의 안으로 들어옴'을 말한다. 사람의 마음에는 動·靜이 있거니와, 마땅히 움직여야 할 때 움직이고 마땅히 고요해야 할 때 고요한 것은 모두 '理의 自然'이다. 이미 움직인 다음에는 마땅히 여기에 있어야 함에 여기에 있고, 마땅히 저기에 있어야 함에 저기에 있는 것 또한 '理의 自然'이다. 그러므로 사람의 마음은 다만 마땅히 '自然의 理'를 따를 뿐인 것이다. 그 고요할 때를 당해서는 반드시 寂然不動한 것이 바로 理를 따르는 것이다. 왜냐하면 이때의 理는 마땅히 이와 같기 때문이다. 움직일 때를 당해서는 반드시 感應하는 바에 따라서, 마땅히 여기에 있어야 함에 여기에 있고, 마땅히 저기에 있어야 함에 저기에 있는 것이 바로 理를 따르는 것이다. 왜냐하면 이때의 理가 또한 마땅히 이와 같기 때문이다. 理가 마땅히 이러함에 마음 또한 이러하면, 이것이 '마음이 理 안에 있는 것'으로서 '入'이라 말할 수 있다. 理는 마땅히 이러한데 마음은 이러하지 않다면, 이것이 '마음이 理 밖에 있는 것'으로서 '出'이라 말할 수 있다. 이제 또 '움직이는 곳'으로 말해보자. 생각이 일고 있는데, 만약 理로 보아 마땅히 생각해야 할 것이라면, 비록 하늘의 높음과 땅의 넓음이라도 스스로 '理 안에 있는 것'인바, 마음이 여기에 있는 것은 여전히 '入'인 것이다. 만약 理로 보아 마땅히 생각해서는 안 되는 것이라면, 비록 나의 五臟六腑를 생각하여 결코 몸 밖으로 나가지 않았다 하더라도 도리어 '理

의 밖'이 되는 것이니, 마음이 여기에 있는 것은 이미 '出'인 것이다.[17]

입재는 '마음의 出・入'을 '마음이 몸 밖으로 나가고, 몸 안으로 들어옴'으로 해석하는 것은 정밀하지 못하다고 보았다. '마음이 理에 어긋난 것'을 '出'이라 하고, '마음이 理에 합당한 것'을 '入'이라 해석하는 것이 타당하다는 것이다. 입재는 퇴계가 『聖學十圖』 〈第8心學圖〉에서 "잠깐 사이에 한 생각이 조금이라도 어긋나면 또한 '放心'인 것이다. 顔子도 오히려 석 달 뒤에는 仁을 어기지 않을 수 없었는데, '어기지 않을 수 없음'은 '放心'에 해당된다. 오직 顔子는 생각이 어긋나면 바로 알 수 있었고, 알면 바로 다시 싹트지 못하게 하였으니, 이는 또한 '求放心'에 해당된다"[18]라고 한 말을 바탕으로 이러한 견해를 정립하게 되었다. 입재는 다음과 같이 말한다.

> 老先生께서는 顔子가 '석 달 뒤에는 仁을 어기지 않을 수 없었음'을 들어 "다만 어기지 않을 수 없었다면 이미 '달아남(放)'이다"라고 하셨다. 여기서의 '달아남'이란 어찌 '몸 밖으로 달아남'을 뜻하겠는가? 다만 '잠시 理에서 어긋남'을 뜻하는 것이다. 또한 책을 읽을 경우, 上句를 본 다음에 바야흐로 下句를 보는 것이 '當然한 理'이다. 그런데 혹 먼저 下句를 본다면

17) 『立齋集』 卷24 頁15, 〈心出入說〉: 心之出入 以軀殼內外言之 固是 然猶似未說到十分精微處 蓋出者 出於理之外也 入者 入於理之內也 人心有動有靜 當動而動 當靜而靜 皆理之自然 旣動之後 當在此而在此 當在彼而在彼 亦理之自然 故人心 只當順其自然之理 當其靜也 必須寂然不動 方是順此理底 何者 此時之理 合如此故也 及其動也 必須隨感而應 當在此而在此 當在彼而在彼 方是順此理底 何者 此時之理 亦合如此故也 理合如此而心亦如此 則是爲心在理內 而可謂之入 理合如此而心不如此 則是爲心在理外 而可謂之出 今且以動處言之 當其有思之時 若是理所當思 則雖天之高地之遠 自在理內 而心之在此 依舊是入者也 若是理所不當思 則雖令思吾之五臟六腑 其不出於軀殼之外 有如是焉 却爲理外 而心之在此 已是其出者也

18) 『退溪集』 卷7 頁30: 瞬息之頃 一念少差 亦是放 顔子猶不能無違於三月之後 只不能無違 斯涉於放 惟是顔子纔差失 便能知之 纔知之 便不復萌作 亦爲求放心之類也

> 이미 理에 어긋난 것으로서, '理 밖으로 나간 것'이다. 理 밖으로 나갔다면 바로 '달아남'인 것이다.[19]

퇴계는 '仁을 어긴 것'을 放心이라 했다. 이에 대해 입재는 여기서의 '放心'은 '마음이 몸 밖으로 달아남'을 뜻하는 것이 아니라, '마음이 理를 어김'을 뜻한다고 해석하였다.[20] '放心'이란 '마음이 理를 어김'이라고 한다면, '操心' 또는 '存心'이란 바로 '마음이 항상 理를 따르게 함'일 것이다. 이러한 맥락에서 보자면 '人欲을 막고 天理를 보존함(遏人欲 存天理)'이 바로 마음을 다스리는 요점이 될 것이다.

입재는 '마음'을 '本然之心과 氣質之心'으로 나누어 논하는데,[21] 이는 그의 '心의 出·入'에 대한 해석과 맥락을 같이 한다. 즉 '理를 따르는 마음'은 本然之心이고, '理를 어기는 마음'은 氣質之心이라는 것이다. 입재는 다음과 같이 말한다.

> 나는 일찍이 '出·入' 두 글자는 다만 마음이 '理를 따르는가(順理), 어기는가(違理)'라는 관점에서 이해하는 것이 옳다고 여겼다. '마음을 잡고 보존하는 방법' 역시 '항상 마음으로 하여금 理를 따라서 어기지 않도록 함'보다 나은 것이 없다.…… 明德에 관한 설명도 朱子가 『大學章句』에서 풀이한 것은 '本然之心'으로 말한 것이다.…… 혹은 '道心'이라 하고 혹은 '人心'이라 하며, 혹은 '大人心·赤子心·公心·私心'이라 하여, 이러한 명

---

19) 『立齋集』 卷24 頁15~16, 〈心出入說〉: 老先生 以顔子不能無違於三月之後 謂只不能無違已是放 此放字 豈放於軀殼外之放乎 只是乍違於理 且如讀書 看上句後 方看下句 是當然之理 而或先看下句 則已是違於理 而爲出於理外也 纔出理外 便是放

20) 朱子도 이러한 취지로 '心의 存·亡'을 설명한 바 있다(『心經附註』 卷3 頁3: 存者 只是於應事接物之時 事事中理 便是存 若只是兀然守在這裏 忽有事至吾前 操底便散了 却是舍則亡也).

21) 立齋보다 한 세기 앞서, 畿湖學派의 巍巖 李柬(1677~1727)도 마음을 '本然之心과 氣質之心'으로 나누어 논한 바 있다.

칭들이 허다한데, 이것은 왜 그런가? 氣質이 수만 가지로 다르기 때문이다. 무릇 '心'과 '明德'을 막론하고, 반드시 먼저 '本然'과 '氣質'을 구분한 다음에야 이것들을 말할 수 있으니, 그래야만 橫說竪說이 모두 曲當하게 된다.[22]

입재는 '氣'에 대해서도 '本然之氣와 氣質之氣'로 나누어 논했다.[23] 뒤에서 다시 논하겠지만 입재는 虛靈하거나 淸粹하여 '理를 따르는 마음'을 本然之心이라 하였고, 濁駁하여 '理를 어기는 마음'을 氣質之心이라 하였다. 위의 인용문에서는 "반드시 먼저 '本然'과 '氣質'을 구분한 다음에야 이것들을 말할 수 있으니, 그래야만 橫說竪說이 모두 曲當하게 된다"고 했거니와, '本然과 氣質'의 구분은 입재의 성리학에서 매우 중요한 논법이다. 입재의 '理發 · 氣發'에 대한 해석도 바로 '本然 · 氣質'의 구분과 맥락을 같이 한다.

요컨대 입재는 '心의 出 · 入'을 판단하는 준거를 '順理 · 違理'에 두었고, 이러한 관점에서 '公心과 私心' · '道心과 人心'을 설명할 뿐만 아니라 '本然之心과 氣質之心' · '本然之氣와 氣質之氣'를 구분하였다. 입재는 또 '本然과 氣質'의 맥락에서 '理發과 氣發'을 해명하였다. 이는 바로 입재가 '人心道心論'의 구도 아래 '理氣互發論'을 전개하고 있다는 점을 의미한다. 그런데 입재는 '心統性情'이라는 맥락에서는 四端과 七情이 모두 '心의 지각작용'을 통해 발하는 것이라는 점을 강조한다. 마음의 지각작용을 통하지 않고 '理가 스스로 발하는 경우'는 없다는 것이다.[24]

---

22) 『立齋集』 卷15 頁8~9, 〈答金儀天〉: 愚嘗謂出入二字 只於此心之順理違理處認取可矣 操存之法 亦莫如恒使之順理而不違理 …… 至於明德之說 朱子大學章句所釋 是以本然之心言之也 …… 或謂之道心或謂之人心 又或謂之大人心赤子心公心私心 如此等稱謂不一而足 是何也 氣質有萬不同故也 大抵不論心與明德 必先分別得本然與氣質 然後方可與語於此 橫說竪說 無不曲當

23) 『立齋集』 卷18 頁24, 〈答李而拱別紙〉: 譬之火 本然之氣 是地二天七之火 氣質之氣 是火之在木而爲楡柳棗杏桑柘柞楢槐檀等許多火者是也

24) 『立齋集』 卷12 頁16, 〈與李東璧 別紙〉: 又感於物而動 非但七情爲然 四端亦然 豈有不

요컨대 입재는 心統性情論과 人心道心論을 모두 고려하면서 '四端 · 七情'과 '理發 · 氣發'에 대한 정합적 해석을 모색했던 것이다.

3) '主宰'에 대한 다각적 논의

성리학의 理氣心性論을 이해함에 있어서 많은 논란을 야기하는 개념 가운데 하나는 '主宰'이다. 주자는 세 맥락에서 '主宰'를 논했다. '理가 氣의 운동의 標準(法則)이 됨'에 대해서는 '理는 氣의 本然之妙'라 하였고(理의 主宰), '心(氣의 精爽)이 性 · 情을 主宰함'에 대해서는 '心統性情'이라 하였으며(氣의 主宰), 또 '敬으로 心을 主宰하라'고도 말했다(敬의 主宰).[25] 입재 역시 이와 같은 세 맥락에서 '主宰'라는 용어를 쓴다.

입재는 '理의 主宰'를 '理가 氣의 운동의 標準(法則)이 됨'으로 설명하는 데서 더 나아가 '理가 氣를 부림(使之)'이라고까지 설명한다. 氣의 一動一靜은 모두 '理가 그렇게 시킨 것'이라는 말이다. 입재는 이러한 맥락에서 '理强氣弱'을 주장했거니와, 이에 대해서는 다음 節에서 고찰하기로 하자.

주자학에서 心統性情論은 '氣의 현실적 주도권'을 강조하는 논리였다. 性(理)은 純善하지만 스스로 발할 수 없고, 오직 心(氣의 精爽)의 지각작용을 통해서만 발한다는 것이요, 心의 맑고 흐림에 따라 현실(情)의 善 · 惡이 결정된다는 것이다. 입재 역시 心을 '氣의 精爽'으로 해석하면서 心統性情論을 수용한다. 입재가 "朱子가 반드시 먼저 '바르고 통한 氣'를 말한 다음에야 바야흐로 '그 性이 가장 貴한 것이 됨'을 말하고, 먼

感於物而自動之理哉

25) 이에 대한 자세한 논의는 拙著, 『畿湖性理學論考』, 제4장 〈朱子에 있어서 理와 氣의 相互主宰와 그 의의〉 참조.

저 '虛明洞澈'을 말한 다음에야 바야흐로 '萬理를 모두 갖추고 있음'을 말한 것이 과연 아무런 까닭 없이 그랬겠는가?"라고 했던 것은 心統性情論의 맥락에서 '氣의 현실적 주도권'을 강조한 것이었다.

'心이 性·情을 主宰한다'는 말은 '마음이 몸을 주재한다'는 것과 같은 말이다. 몸의 행위는 마음이 주재하는 것이요, 그것은 동시에 자신의 本性을 感情으로 드러내는 것이기도 하기 때문이다. 그런데 '心의 出·入'에 대한 해석에서도 보았듯이, 입재는 '마음이 한결같이 理를 따라야 한다'고 주장한다.[26] '마음이 理를 따르도록 함'을 朱子나 退溪는 '敬'으로 설명했다. 입재도 이러한 맥락에서 "敬은 一心의 主宰요, 萬事의 根本이며, 聖學의 처음과 끝이 되는 것"[27]이라고 주장했다. 敬으로 마음을 주재해야만, 마음이 理에 맞게 몸(性·情)을 주재할 수 있다는 뜻이다. 이 점에 있어서는 朱子·退溪나 立齋의 持論이 같은 것이다.

'主宰'에 대한 위와 같은 세 맥락의 논의에 있어서, 입재와 주자가 다른 점은 '理의 주재'에 있다. 주자는 '理의 주재'를 '理가 氣의 운동의 標準(法則)이 됨'으로만 설명하고, '理가 氣를 부림(使之)'으로는 설명하지 않았다. 율곡도 주자와 같은 맥락에서 '理의 主宰'를 '理가 氣의 운동의 標準(法則)이 됨'으로 설명하고, '使之'를 명백히 부정했다. 그런데 입재는 '使之를 부정함'은 곧 '理의 主宰를 부정함'이라고 간주했던 것이다.

---

26)『立齋集』卷16 頁7~8,〈答南子皜〉: 夫人於日用之間 事物之來 雖有千頭萬緖 而吾之所以應酬之者 不過順其理之當然而已 理如是則如是 理如彼則如彼 一循其當然之則 而吾無所容心焉 尙何躁迫之足憂乎

27)『立齋先生別集』卷5 頁7~8,〈自軒記〉: 敬者一心之主宰 萬事之根本 而聖學之所以成始而成終者也

2. '理强氣弱'과 '理化 · 氣化'

1) 理의 主宰와 理强氣弱

性理學에서 '理의 위상'이란 '理는 氣의 主宰者'라는 것이었다. 대산은 '理의 주재'를 '氣가 능히 動 · 靜할 수 있는 까닭이 됨'으로 설명했다. 그런데 입재는 한 걸음 더 나아가 '氣의 動 · 靜은 理가 그렇게 시킨(使之) 것'이라고 주장한다.[28] 氣의 動 · 靜은 모두 理가 그렇게 시킨 것이라면, 氣는 主人(理)의 명령을 받드는 從僕인 셈이다. 이러한 맥락에서 입재는 종래의 '理弱氣强說'을 뒤집어 '理强氣弱說'을 주창하였다. 이제 입재의 이러한 주장들을 살펴보기로 하자.

'理의 主宰'에 대한 논의는 무엇보다도 '理 · 氣의 動 · 靜'에 대한 설명에서 잘 드러난다. 입재는 다음과 같이 말한다.

> 朱子가 '理에는 動靜이 있다'고 논한 것은 무릇 6條가 있으며, '理에는 動靜이 없다'고 논한 것은 무릇 7條가 있다. 大山先生께서 분류해서 모으고 '한 편의 論說'을 지어 말씀하시기를, "天地의 사이에는 다만 理 · 氣의 動靜이 있을 뿐이다. 理는 '動靜의 主가 되는 妙'이고, 氣는 '動靜의 바탕이 되는 材具'이다. 그러므로 그 '主가 되는 妙'에 근거해서 말하면, 그 '능히 動靜할 수 있는 까닭' 및 '動靜이 그 질서를 잃지 않는 까닭'은 모두 理의 '本然之妙'인 것이다. 그 '바탕이 되는 형세'에 근거해서 말하면, 動은 陽의 열림이요, 靜은 陰의 닫힘으로서, 動靜은 모두 形而下者요, 理는 다만 그 위에 타고서 '그 發揮와 運用을 主宰하는 妙'인 것이다"라고 하였다. 이것으로 말하자면 理의 動靜은 비록 形跡이 없지만, 天下와 萬古에 있어

28) 『立齋集』 卷24 頁5~6, 〈太極動靜說〉: 陽之動 固太極使之動 …… 陰之靜 固太極使之靜

서 무릇 氣가 動靜하는 까닭은 모두 이 理의 所爲인 것이다.[29]

위에서 말하는 大山의 '한 편의 論說'이란 〈理氣動靜說〉[30]로서, 그 요지는 '실제로 動靜하는 것은 氣이지만, 그것은 理가 그렇게 主宰한 것'이라는 것이다. 따라서 '실제로 動靜하는 것은 氣'라는 관점에서는 '理에는 動靜이 없다(理無動靜)'고 말하며, '氣의 動靜은 理가 그렇게 主宰한 것'이라는 관점에서는 '理에는 動靜이 있다(理有動靜)'고 말한다는 것이다. 대산은 '理主氣資論'에 입각하여 '理 · 氣의 動靜'을 이렇게 해명했거니와, 위에 보이듯이 입재도 기본적으로 이러한 입장을 취하는 것이다.

위의 인용문에서는 '本然之妙'로서의 '理의 主宰'를 '氣가 능히 動靜할 수 있는 까닭' 및 '氣의 動靜이 그 질서를 잃지 않는 까닭'이 됨으로 설명했다. 같은 맥락에서 입재는 다음과 같이 말하기도 한다.

氣는 '機'가 되고, 理가 문득 그것에 타는(乘) 것이니, 先儒의 말씀 또한 이와 같다. 그러나 다만 이른바 理란 '造化의 樞紐'요 '品彙의 根柢'이다. 저 造化와 品彙는 모두 理가 그 樞紐 · 根柢가 됨에서 말미암는 것으로, 하나라도 간혹 어길 수 없는 것이니, 理가 그것들을 主宰함은 분명한 것이다. 비록 그러하나 이 '乘' 字 또한 所從來가 있으니, 〈太極圖說解〉에서 "太極은 本然의 妙요, 動靜은 탈 바의 기틀이다(太極者本然之妙 動靜者所乘之機)"라고 말하지 않았던가? 대개 理와 氣는 비록 서로 섞이지 않지만, 원래 서로 떨어지지 않는 것이다. 그러므로 '本然之妙'란 '動靜의 本然

29) 『立齋集』 卷11 頁20~21, 〈答蔡箎範 別紙〉: 朱子論理有動靜者凡六條 論理無動靜者凡七條 而大山先生各爲之類聚 因著一說曰 天地之間 只有理氣之動靜 理也者 所主以動靜之妙也 氣也者 所資以動靜之具也 故據其所主之妙而言 則其所以能動而能靜 與動靜之不失其序者 皆此理本然之妙也 以其所資之勢而言 則其動者卽陽之闢 其靜者卽陰之闔 二者皆形而下者 而理特乘載於其上 以主其發揮運用之妙耳 以此言之 理之動靜 雖無形跡 而通天下亘萬古 凡氣之所以動靜者 皆此理之所爲也

30) 〈理氣動靜說〉은 『大山集』 卷39 頁5~10에 보인다.

之妙'임을 말한 것이며, '所乘之機'란 '太極이 탈 바의 기틀'임을 말한 것이다. 모름지기 이렇게 立說한 다음에야 바야흐로 저 '機'는 '太極이 탈 바'이며 저 '妙'는 '어디에 가든 있지 않음이 없음'을 알게 된다.[31]

입재는 '本然之妙'를 '動靜의 本然之妙'로 해석하고, 이는 '造化의 樞紐'·'品彙의 根柢'와 같은 말로서, 모두 '理가 氣를 主宰함'을 뜻한다고 설명했다. 氣의 動靜은 '一動一靜'이라는 '循環的 法則性'을 지니는데, 이러한 순환적 법칙성은 '본래 그러한 것'이므로 '本然'이라 한다. '動靜의 本然之妙'란 '氣의 動靜이 본래 그러할 수 있게 하는 妙'라는 말로서, 이것이 바로 '理의 主宰'라는 것이다. '造化의 樞紐'·'品彙의 根柢'도 같은 뜻이다. '造化'란 이 세계의 '온갖 운동변화'를 뜻하고, 品彙란 '萬物'을 뜻하며, '樞紐'란 '가능근거'를 뜻하고, '根柢'란 '존재근거'를 뜻한다. 따라서 '造化의 樞紐'·'品彙의 根柢'란 이 세계의 '온갖 운동변화의 가능근거'요, '수많은 사물들의 존재근거'라는 뜻이다. 이 세계의 '온갖 운동변화'는 결국 一動一靜을 벗어나지 않는다는 것, 그리고 '萬物' 역시 一動一靜의 과정 속에서 生生한다는 것이 성리학의 대전제이다. 따라서 온갖 造化와 品彙는 모두 '氣의 一動一靜'으로 수렴되는데, 氣의 一動一靜은 바로 理가 그렇게 主宰하기 때문이라는 것이다. 입재의 이러한 생각은 다음의 인용문에서 더욱 분명히 드러난다.

대개 陰·陽 兩端은 끝없이 循環하니, 動이 極에 달하면 다시 靜하지 않을 수 없고, 靜이 極에 달하면 다시 動하지 않을 수 없다. 一動一靜이

---

31) 『立齋集』 卷14 頁13, 〈答姜公敍別紙〉: 氣爲之機而理便乘載 先儒之言亦如此 然但所謂理者 是造化之樞紐 品彙之根柢也 這造化品彙皆由於理之爲樞紐根柢 而無一之或違越焉 則理之主宰他明矣 雖然此乘字亦有所從來 圖說解其不曰太極者本然之妙 動靜者所乘之機乎 盖理與氣雖不相雜 而元不相離 故其曰本然之妙 是謂動靜本然之妙也 其曰所乘之機 是謂太極所乘之機也 須如此立說 然後方見這機爲太極所乘 而這妙方無所往而不在矣

서로 그 뿌리가 되어, 陰·陽이 나뉨에 兩儀가 정립됨은 萬古에 걸쳐 항상 그런 것이요, 天下의 허다한 사물이 모두 이것을 어길 수 없다. 이것은 하나의 일정한 理가 (氣의) 運用을 主宰하여 우주에 떠받치는 기둥을 세우지 않고 능히 이럴 수 있겠는가? 그러므로 聖賢은 이것을 보고 그 至極한 理를 '太極'이라 이름 한 것이다. 비록 '太極'이라 이름 했어도, 그 실상은 소리와 냄새를 말할 수 없으므로, 또 '無極'이라 말한 것이다.…… 저 動靜을 곧바로 음양에 귀속시키면, '陰陽이 스스로 動靜하는 것'이 되어, 그 사이에서 太極은 主宰함이 없는 것처럼 된다.[32]

입재에 의하면 氣의 운동이 一動一靜이라는 순환적 법칙성을 지니는 것은 理가 氣의 운용을 그렇게 主宰하기 때문이다. 입재는 '理의 주재'를 '우주를 떠받치는 기둥'에 비유했는데, 이는 '理의 주재'가 아니라면 우주는 存立할 수 없다는 의미일 것이다. 입재는 또 "저 動靜을 곧바로 음양에 귀속시키면, '陰陽이 스스로 動靜하는 것'이 되어, 그 사이에서 太極은 主宰함이 없는 것처럼 된다"고 했는데, 이는 율곡의 機自爾說을 비판하는 것이다.

理의 主宰를 강조하는 입재는 마침내 氣의 動靜이란 모두 理가 '그렇게 시킨 것(使之)'이라고 설명한다.

무릇 理는 일찍이 動이 없는데 지금 '動' 字를 理에 귀속시킴으로써 理가 (氣의) 動을 주재하여 (氣로) 하여금 陽을 낳게 시키는 것임(使之生陽)

---

32) 『立齋集』 卷17 頁26~27, 〈答康思彦太極疑義問目〉: 盖以陰陽二端 循環不窮 動極則不得不復靜 靜極則不得不復動 一動一靜之互爲其根 分陰分陽而兩儀立焉者 自是亘萬古常然 而天下許多物事 率皆違越他不得 是非有一箇定理爲之主宰運用撐拄建立於宇宙而能如是乎 是以聖賢有見於此 而以其爲至極之理 名之曰太極者此也 雖名之曰太極 而實無聲臭之可言 故又名之曰無極者此也 …… 以這動靜 直歸之陰陽 有若陰陽自動自靜 而太極則無以主宰乎其間者然

을 밝힌 것이요, 理는 일찍이 靜이 없는데 지금 '靜' 字를 理에 귀속시킴으로써 理가 (氣의) 靜을 주재하여 (氣로) 하여금 陰을 낳게 시키는 것임(使之生陰)을 밝힌 것이다.[33]

입재에 의하면 理 자체는 動靜하지 않음에도 불구하고, 動靜을 理에 귀속시킨 까닭은 理가 氣의 動靜을 主宰하고 있음을 밝히려는 것이었다. 위에 보이듯이 입재는 '理의 주재'를 '理가 氣를 그러하도록 시킴(使之)'으로 설명했다. 氣의 一動一靜은 모두 理가 그렇게 시킨 결과라는 것이다. 이러한 맥락에서 입재는 종래의 '理弱氣强說'을 비판하고, 오히려 '理强氣弱說'을 주창한다.

理는 形體와 作爲가 없고, 氣는 形體와 作爲가 있다. 그러므로 범범하게 보면, 有形有爲한 것(氣)은 항상 强하고 無形無爲한 것(理)은 항상 弱하다. 弱이 지극하면 때때로 거의 絶滅하게 되고, 强이 지극하면 때때로 挽回할 수 없는 것 같다. 그러므로 세상의 論者들은 항상 "理는 弱하고 氣는 强하다. 氣는 理를 이길 수 있으나 理는 氣를 이길 수 없다"고 말한다. 그러나 나는 '理보다 强한 것은 없고 氣보다 弱한 것은 없다'고 본다. 氣가 理를 이김은 暫時일 뿐이요, 理가 氣를 이김은 萬世에 걸쳐 必然之勢인 것이다. 어찌 天 · 地의 理 · 氣를 살피지 않는가? 무릇 하늘은 심원하게 위에서 운행하고, 땅은 유순하게 아래에 처하니, 그 元氣가 어떠한가? 그러나 오직 太極이 그것을 主宰하여, 저와 같게 시키는(使之) 것이다. 그러므로 一闔一開와 一終一始가 몇천만 번이나 변하는지 알 수 없으나, 끝내 하늘은 하늘이 되고 땅은 땅이 되어, 일찍이 땅이 하늘이 되고 하늘이 땅이 되는 때가 없었으니, 理의 莫强함을 여기에서 볼 수 있다. 비

33) 『立齋集』 卷24 頁4, 〈太極動靜說〉: 夫理未嘗有動 而今以動字屬之理者 以明理之爲主乎動而使之生陽也 理未嘗有靜 而今以靜字屬之理者 以明理之爲主乎靜而使之生陰也

록 四時로 말하더라도, 春夏秋冬은 각각 그 차례를 따르고, 生長收藏은 각각 그 재능을 드러내니, 그 運行의 元氣는 또 어떠한가? 그러나 오직 太極이 그것을 主宰하여 그렇게 시키는(使之) 것이다. 그러므로 비록 간혹 추워야 하는데 덥고 더워야 하는데 추운 때가 있으며, 이와 같은 경우가 몇 번이고 되풀이되어 돌아가지 않는 것 같으나, 마침내는 그 常道를 회복하니, 결국엔 봄은 봄, 여름은 여름, 가을은 가을, 겨울은 겨울이 된 다음에 그치는 것이요, 일찍이 추위와 더위가 마침내 영원히 바뀐 때는 없다. 理의 莫强함을 여기에서 또 볼 수 있다.[34]

위에서 말하는 '氣가 理를 이김'이란 氣가 理의 法則性을 따르지 않는 逸脫 현상을 말할 것이다. 입재는 氣의 逸脫이 종종 빚어지나, 그것은 一時的인 현상일 뿐이요, 결국엔 理의 法則性이 관철된다고 보았다. 따라서 진실로 영원히 강한 것은 氣가 아니라 理라는 것이다.

이제 이상의 내용을 요약해 보자. 입재에 의하면 '理·氣의 動靜' 문제에 있어서 실제로 動靜하는 것은 氣요, 理 자체가 動靜하는 것은 아니다(理無動靜). 그러나 氣의 動靜은 理가 그렇게 主宰하는 것이니, 따라서 '理에는 動靜이 있다(理有動靜)'고 말하는 것이다. 이러한 설명은 退溪의 理의 能發說과는 부합되기 어려운 것이요, 오히려 栗谷의 持論과 잘 부합되는 것이다.[35] 입재가 '理의 주재'를 '氣의 운동의 標準(本然

34) 『立齋集』 卷24 頁20~21, 〈理强氣弱說〉: 理無形而氣有形 理無爲而氣有爲 故泛而觀之 有形有爲者常强 而無形無爲者常弱 弱之至則有時乎幾於絶滅 强之至則有時乎若不可挽回 故世之論者 每謂理弱而氣强 氣能勝理而理不能勝氣 然愚則以爲莫强於理 而莫弱於氣 氣之勝理也暫焉而已 理之勝氣也 亘乎萬世而有必然之勢 胡不觀於天地之理氣乎 夫天於穆而運於上 夫地隤然而處於下 其元氣爲何如 然惟其有太極主之 使其如彼 故一闔一開一終一始者 不知其幾千萬變 而終是天爲天地爲地 未嘗有地爲天天爲地之時 理之莫强 於此已可見矣 雖以四時言之 春夏秋冬 各順其序 生長收藏 各效其能 是其運行之元氣亦何如 然惟其有太極主之 而使其然 故雖或有當寒而熱 當熱而寒之時 如是者無幾 而不旋踵卒復其常 終得春爲春夏爲夏秋爲秋冬爲冬而後已 未嘗有寒熱遂永變之時 理之莫强 於此又可見矣

之妙, 一動一靜이라는 순환적 법칙성)이 됨'으로 해석한 것도 율곡의 持論과 차이가 없는 것이다.[36] 입재와 율곡의 본질적인 차이는 '使之'에 있다. 율곡은 '理의 주재'를 인정함에도 불구하고 '使之'를 부정함에 반하여, 입재는 '理의 주재'를 '氣를 이러저러하게 시킴(使之)'으로도 해석한 것이다.

입재의 '理强氣弱說'도 그 大綱은 주자의 持論과 어긋나는 것이 아니다. '理弱氣强'을 주장한 주자 역시 氣의 운동이 결국엔 理가 제시하는 法則性을 벗어날 수 없다고 보았기 때문이다. 주자는 다만 '氣의 一時的인 逸脫을 理가 막을 수 없다'는 관점에서 理弱氣强을 주장했던 것이다.[37] 그러나 입재는 '理의 주재'를 '使之'로 해석하고, 氣는 결국 理가 제시하는 法則性을 어길 수 없으므로, 진실로 강한 것은 氣가 아니라 理라고 주장하는 것이다.

2) 互發論의 자연철학적 확대: 理化와 氣化

율곡이 퇴계의 理氣互發論을 비판함에 있어서 제시했던 주요 논거 가운데 하나는 "人間의 마음이 발하는 것은 天地의 造化가 실현되는 것과 같은 맥락인바, 天地의 造化에는 理化·氣化의 구별이 없으므로, 우리의 마음에도 理發·氣發의 구별이 있을 수 없다"는 것이었다.[38] 이에 대하여 입재는 "天地의 造化에는 理化와 氣化의 구별이 있으며, 따라서

---

35) 그런데 立齋는 栗谷이 氣의 動靜을 '機自爾'로 설명하고 '理의 使之'를 부정한 것을 비판하였다. 이 점에 있어서는 立齋가 栗谷의 持論을 충분히 이해하지 못한 것으로 보인다. 율곡의 입장은 陰陽은 스스로 動靜하는데(機自爾), 그 動靜이 '一動一靜'이라는 '순환적 법칙성'을 지니는 것은 '理의 주재' 때문이라는 것이었다.

36) 이에 대한 자세한 논의는 拙著, 『畿湖性理學論考』, 심산, 2005, 169~175쪽 참조.

37) 『朱子語類』 卷4(中華書局本, 71쪽): 理固無不善 纔賦於氣質 便有淸濁偏正剛柔緩急之不同 蓋氣强而理弱 理管攝他不得

38) 『栗谷全書』 卷10 頁5, 〈答成浩原〉: 天地之化 卽吾心之發也 天地之化 若有理化者氣化者 則吾心亦當有理發者氣發者矣 天地旣無理化氣化之殊 則吾心安得有理發氣發之異乎

人間의 마음이 발하는 데에도 理發과 氣發이 구별된다"고 반론한다. 먼저 입재가 天地의 造化를 理化와 氣化로 구분하는 논거를 살펴보자. 입재는 人間의 本性을 本然之性과 氣質之性으로 구분하는 논법을 天地에 그대로 적용시켜, 다음과 같이 말한다.

> 대개 天地에 나아가 자세히 살펴보면 天地 또한 本然과 氣質의 차이가 있다. 本然之性은 곧 周濂溪가 말한 '本體'이니, 애초에 陰陽과 섞이지 않은 것으로, 萬古에 걸쳐 항상 그러한 것이다. 氣質之性은 곧 周濂溪가 말한 '陰陽五行이 變合하여 萬物을 化生하는 것'이다. 이것은 혹은 本體를 따르기도 하고 혹은 本體를 어기기도 한다.[39)]

입재에 의하면 人間에게 本然之性과 氣質之性의 구별이 있듯이, 天地에도 本然之性과 氣質之性의 구별이 있다. '天地의 本然之性'이란 주렴계가 〈太極圖說〉에서 말한 '本體'라 했는바, 입재는 이를 다시 '元亨利貞'으로 설명했다. '天地의 氣質之性'이란 역시 〈太極圖說〉에서 말한 '陰陽五行이 變合하여 萬物을 化生하는 것'으로,[40)] 입재는 이를 다시 '本體를 따르는 경우'와 '本體를 어기는 경우'로 구분했다. 입재는 이렇게 天地의 本然之性과 氣質之性을 구분한 다음, 天地의 本然之性이 발한 것이 '理化'요, 天地의 氣質之性이 발한 것이 '氣化'라고 주장한다. 먼저 '理化'에 대한 설명을 보자.

---

39) 『立齋集』 卷13 頁26, 〈答黃次野〉: 盖就天地上仔細看 則天地亦有本然氣質之異 本然之性 卽濂溪所指本體 而初不雜乎陰陽 亘萬古常然者也 氣質之性 卽濂溪所謂陰陽五行 變合生化者 而斯則或順乎本體 或拂乎本體者也

40) 立齋는 다른 곳에서는 '天地의 氣質之性'을 단순히 '陰陽五行'이라고도 설명하였다(『立齋集』 卷23 頁9, 〈答柳元若別紙〉: 天地之性 亦有本然氣質之異 本然之性 是元亨利貞 氣質之性 是陰陽五行). 그렇다면 '天地의 氣質之性'은 '陰陽五行'이요, '天地의 氣化'는 '陰陽五行이 變合하여 萬物을 化生하는 것'이라고 설명하는 것이 더욱 타당할 것이다.

> 本體로부터 말하면 곧 이른바 元亨利貞으로서, 그것이 발하면 溫暑凉寒이 되니, 이것으로 능히 生長收藏하고, 이것으로 春夏秋冬이 되는 것이다. 이것은 모두 實理의 流行으로서, 純粹至善하여 애초에 조금의 不善도 섞이지 않은 것이다. 이것뿐만이 아니다. 그 발함에는 또 구름·맑음·비·우레·서리·눈·바람 등이 때때로 번갈아가며 溫暑凉寒의 사이에 나타나 春夏秋冬의 시절에 生長收藏의 功을 이루도록 돕는데, 이 또한 모두 實理의 流行으로서, 純粹至善하여 애초에 조금의 不善도 섞이지 않은 것이다. 이것이 이른바 理化로서, 오직 本然之性이기 때문에 溫暑凉寒과 구름·맑음·비·우레·서리·눈·바람 등을 막론하고 그 發함에 따라 움직임이 모두 이와 같은 것이다.[41)]

理化란 本體가 발한 것, 즉 元亨利貞이 발한 것으로서, 春夏秋冬에 따라 溫暑凉寒이 조금도 어긋나지 않게 전개되어 生長收藏이 순조롭게 완수되는 것이다. 여기에는 陰陽五行의 雜駁함이 조금도 개입하지 않아 純粹至善할 뿐이니, 이것은 '實理의 流行' 그 자체라 할 수 있다는 것이다. '氣化'에 대해서는 다음과 같이 설명한다.

> 氣質로부터 말하면 곧 周濂溪가 말한 '陰陽五行이 變合하여 萬物을 化生하는 것'이다. 그 發함이 理를 따르면 溫暑凉寒에 어긋남이 없어서 生長收藏을 순조롭게 함으로써 春夏秋冬을 이루게 하니, 그것이 氣質의 所爲임을 볼 수 없다. 그러나 만일 理를 따르지 않으면 따듯해야 하는데 따듯하지 않고, 더워야 하는데 덥지 않으며, 서늘해야 하는데 서늘하지 않

41)『立齋集』卷13 頁26, 〈答黃次野〉: 自本體而言 則卽所謂元亨利貞 而其發也爲溫暑凉寒 以之而能生長收藏 以之而爲春夏秋冬者 無非實理之流行 而純粹至善 初無毫髮不善之雜 不寧惟是 其發也 又有陰晴雨雷霜雪風等間見 迭出於溫暑凉寒之間 以佐其生長收藏之功 於春夏秋冬之時者 亦無非實理之流行 而其純粹至善也 亦無毫髮不善之雜焉 此卽所謂理化 而惟其有本然之性 故無論溫暑凉寒與陰晴雨雷霜雪風等 隨其所發而動皆如此

> 고, 추워야 하는데 춥지 않아, 實理의 流行을 방해하여 완수되지 못하게 하니, 이에 그것이 氣質의 所爲임이 이미 분명해진다. 이른바 구름·맑음·비·우레·서리·눈·바람 등도 그 발함이 理를 따르지 못하여 또한 이렇게 된다. 진실로 理를 따르지 않으면 무릇 그것이 生長收藏과 春夏秋冬의 사이에 발할 때 모두 常道에 어긋나게 되니, 혹은 비가 내려야 하는데 내리지 않고, 혹은 우레가 쳐야 하는데 치지 않으며, 혹은 서리가 내려야 하는데 내리지 않고, 혹은 눈이 내려야 하는데 내리지 않으며, 구름·맑음·바람 등도 모두 마땅함을 잃어, 그것이 氣質의 所爲인 것이 더욱 분명해진다. 이것이 이른바 氣化로서, 오직 氣質之性이기 때문에 그 발함에 理를 따르지 않음이 문득 이와 같게 되는 것이다.[42]

氣化란 '陰陽五行이 變合하여 萬物을 化生하는 것'인데, 여기에는 다시 그것이 '理(本體)를 따르는 경우'와 '理를 어기는 경우'로 구분된다. '理를 따르는 氣化'는 역시 春夏秋冬에 따라 溫暑凉寒이 조금도 어긋나지 않게 하여 生長收藏이 순조롭게 완수되게 하니, 이 경우에는 그것이 '氣質의 所爲'임을 볼 수 없다. 요컨대 '理를 따르는 氣化'는 '理化'와 차이가 없다는 말이다.[43] '理를 어기는 氣化'는 溫暑凉寒이 제때를 잃어 生長收藏이 제대로 완수되지 못하게 하니, 이 경우에는 그것이 '氣質의

---

42) 『立齋集』 卷13 頁26~27, 〈答黃次野〉: 自氣質而言 卽濂溪所謂陰陽五行 變合生化者 而其發也順乎理 則其於溫暑凉寒 無所違逆 而以順夫生長收藏 以成夫春夏秋冬者 泯然乎不見其爲氣質之爲也 如其不順乎理 則當溫而不溫 當暑而不暑 當凉而不凉 當寒而不寒 使夫實理之流行者 爲其所拘而不得遂焉 於是乎其爲氣質之所爲也 已不啻分明 而所謂陰晴雨雷霜雪風等 其發也不能順理 亦如是焉 苟其不順則凡其發見於生長收藏春夏秋冬之間者 一切反常 或當雨而不雨 或當雷而不雷 或當霜而不霜 或當雪而不雪 以至陰也晴也風也 無不失其當 而其爲氣質之所爲也 尤不啻分明焉 此卽所謂氣化 而惟其有氣質之性 故其發而不順理處 便至於如此

43) 『立齋集』 卷23 頁9, 〈答柳元若別紙〉: 天地之性 亦有本然氣質之異 本然之性 是元亨利貞 氣質之性 是陰陽五行 故其從本然之性而發者 生長收藏亘萬古得其常 其從氣質之性而發者 若其淸明純粹則寒暑災祥 皆得其正 其化之純 與發於本然之性者無異 若不能淸明純粹則寒暑災祥 有時乎不得其正 其化之不純 與發於本然之性者不同

所爲'임을 분명히 알 수 있다. 다시 말해 '理를 따르는 氣化'는 '實理의 流行을 따르는 氣化'요, '理를 어기는 氣化'는 '實理의 流行을 방해하는 氣化'인 것이다.

입재는 이처럼 '天地의 造化'에는 理化와 氣化가 모두 있다고 설명하고, 따라서 '인간의 마음'에도 理發과 氣發이 있는 것이라고 주장한다. 그런데 입재의 설명방식을 보면, 그것은 天地의 造化에 理化와 氣化가 있다는 것으로부터 인간의 마음에도 理發과 氣發이 있다는 것을 추론한 것이라기보다는, 기존에 인간의 마음을 설명하고자 정립되었던 '本然之性 · 氣質之性' 이론과 '理發 · 氣發' 이론을 天地의 造化에까지 확대시켜 적용한 것이다. 여하간 입재의 '理化 · 氣化' 이론은 '天地와 人間을 일관된 논리로 설명해야 한다'는 '철학의 일반적 요구'를 반영한 것이라는 점에 그 의의를 부여할 수 있겠다.

4. 心是氣論과 公七情理發論

1) '心是氣'論

『朱子語類』에는 '心爲太極'이란 말도 보이고, "性은 太極과 같고, 心은 陰陽과 같다"는 말도 보이거니와, 그리하여 後學들은 心에 대해서 다양한 주장을 펴게 되었다. 혹자는 心은 '氣(氣의 精爽)'인데 性(理)을 담고 있으므로 '合理氣'로 볼 수도 있다고 주장하고, 혹자는 心은 본래 '合理氣'라고 주장하며, 혹자는 心은 곧 '理'라고 주장한다. 율곡학파는 첫째의 입장을 취했다. 퇴계학파는 대체로 둘째의 입장을 취했으나, 寒洲

李震相은 '心卽理'를 주창했다. 그런데 입재는 첫째의 입장을 지지했다. 입재는 분명 퇴계학파에 속하거니와, 따라서 입재의 이러한 견해는 매우 특징적인 것이다. 먼저 〈答姜子惠問目〉에 보이는 다음과 같은 問答을 살펴보자.

> 姜子惠 問: 朱子는 '心爲太極'이라 하였고, 또 "心은 性에 견주면 약간 자취가 있다"고 했다. 太極은 이미 形跡이 없으니, '약간 자취가 있다'는 뜻은 무엇을 形容한 것인가?
>
> 立齋 答: 心이 갖추고 있는 것은 天理 아닌 것이 없으니, 그러므로 朱子는 '心爲太極'이라 한 것이다. 그러나 또 "性은 太極과 같고, 心은 陰陽과 같다"고 말씀하지 않았던가? 心이 갖춘 것이 비록 天理라 하더라도, 心이란 결국 '氣의 精爽'이다. 그러므로 비록 그것이 虛靈不昧하여 神明함을 헤아릴 수 없더라도, 寂感과 動靜의 즈음에 스스로 약간의 자취가 있음을 면할 수 없으니, 太極이 전혀 形跡이 없는 것과는 같지 않다. 대개 陰陽은 理와 견주면 또한 현저하게 자취가 있다. 그러므로 비록 그 精爽이 理를 갖추고 있더라도, 다만 이른바 虛靈과 神明은 이미 약간의 자취가 있는 것이다.[44]

姜子惠는 '心爲太極'이라는 말을 '心은 理'라는 뜻으로 이해하고, 이러한 관점에서 '心에 자취가 있다'는 말을 문제 삼은 것이다. 心이 理라면 '전혀 자취가 없다'고 말해야 할 것인데, '약간의 자취가 있다'고 했으니, 그 까닭이 궁금했던 것이다. 그런데 입재는 '心爲太極'을 '心이 곧 理'라는 말로 이해하지 않고, '心이 天理를 갖추고 있다'는 뜻으로 이해했다.

---

44) 『立齋集』 卷11 頁23, 〈答姜子惠問目〉: (問) 朱子曰心爲太極 又曰心比性則微有跡 太極既無形跡 則微有跡之義 何以形容 (答) 心之所具 無非天理 故朱子云然 然又不曰性猶太極 心猶陰陽矣乎 心之所具 雖無非天理 而心者終是氣之精爽 故雖其虛靈不昧 神明不測 而寂感動靜之際 自不免乎微有跡 不似太極都無形跡者此耳 蓋陰陽比理 亦顯有跡者 故雖其精爽之具夫理 而只所謂虛靈神明 已是微有跡

心 자체는 '氣의 精爽'으로서, '氣의 精爽'이므로 '약간의 자취가 없을 수 없다'는 것이 입재의 논지였다.

입재는 程子의 "心은 穀種(곡식의 씨앗)과 같으니, 生長의 性이 바로 仁이다"45)라는 말에 입각하여 心과 性의 관계를 다음과 같이 설명한다.

> 穀種으로 말하자면 껍질 속에 있으면서 단단하게 여문 것이 모두 生氣이다. 그러므로 根莖花葉의 理가 실로 모두 그 가운데 갖춰진 것이니, 이 것이 바로 生長의 性이다. 만약 저 生氣가 아니라면, 이 理가 또 어디에 갖춰지겠는가? 程子가 이것을 취해 마음을 비유한 것은 또한 대개 '心의 氣'를 가리켜 말한 것이다. 오직 이른바 氣란 穀種과는 크게 다르니, 方寸에 가득 찬 '氣의 精爽'은 虛明洞澈한 것이다. 그러므로 父子에 있어서는 溫和慈愛의 理가 발하여 저절로 '親'하지 않을 수 없고, 君臣에 있어서는 斷制裁割의 理가 발하여 저절로 '義'하지 않을 수 없으며, 夫婦에 있어서는 分別是非의 理가 발하여 저절로 '別'하지 않을 수 없고, 長幼에 있어서는 恭敬撙節의 理가 발하여 저절로 '序'하지 않을 수 없으며, 朋友에 있어서는 네 가지가 합쳐진 誠實의 理가 발하여 '信'하지 않을 수 없는 것이다. 만약 이 理가 氣에 갖추어져 있지 않고, 氣의 精爽이 이와 같지 않다면, 비록 五倫이 있더라도 또한 冥然하여 알지 못하고 頑然하여 깨닫지 못할 것이니, 禽獸草木과 어떻게 다르겠는가?46)

입재는 程子의 "心은 穀種과 같으니, 生長의 性이 바로 仁이다"라는

45) 『二程全書』 卷18 頁3: 心譬如穀種 生之性便是仁也

46) 『立齋集』 卷25 頁13~14, 〈理氣心性說〉: 以穀種言之 彼其在於皮殼之內 而穎栗堅實者 全是生氣 故根莖花葉之理 實具於其中 是則所謂生之性 而若非這生氣 則此理又何從而具乎 程子之取此以譬於心 蓋亦指心之氣而言也 惟其所謂氣者 與彼絶異 精爽之盈於方寸間者 虛明而洞澈 故於父子則溫和慈愛之理發 而自不能不親 於君臣則斷制裁割之理發 而自不能不義 於夫婦則分別是非之理發 而自不能不別 於長幼則恭敬撙節之理發 而自不能不序 於朋友則合四者誠實之理發 而自不能不信 向若此理之不具於氣 而氣之精爽不如是 雖有五倫 亦冥然不知 頑然莫覺 而與禽獸草木 又何以異哉

말을 '마음은 씨앗과 같은 것으로서, 씨앗 속에 生理(生長의 性)가 갖추어져 있다'는 뜻으로 이해했다. 그리고 씨앗을 '生氣'로 규정하고, 이 生氣 속에 '生理'가 갖추어진 것이요, 生氣가 있으므로 生理가 발현될 수 있다고 보았다. 입재는 이러한 설명을 '心과 性'에 적용시켜 '心은 氣의 精爽으로서, 그 안에 理(性)를 갖추고 있다'는 논리와 '心은 氣의 精爽이기 때문에 그 안에 갖추어진 理(性)를 발현시킬 수 있다'는 논리를 전개했다. 心은 '氣의 精爽'이기 때문에 虛明洞澈하고, 虛明洞澈하기 때문에 '溫和慈愛의 理・斷制裁割의 理' 등을 발현시켜 '親과 義' 등으로 구현할 수 있다는 것이다. 따라서 입재가 '心合理氣'를 수용한다 하더라도, 그것은 心자체가 '合理氣'라는 것이 아니라 '氣인 心' 속에 '理인 性'이 갖추어져 있다는 뜻이 된다.

입재가 心을 氣로 이해했다는 것은 그의 '明德'에 대한 설명에서 더욱 분명하게 드러난다.[47] 주자는 『大學』의 '明德'에 대해 "虛靈不昧하여 衆理를 갖추고 萬事에 응하는 것(虛靈不昧 以具衆理而應萬事者)"이라고 설명한 바 있다. 그런데 主理的 입장에서 心을 이해하는 사람들은 종종 '虛靈'을 둘로 나누어 '虛는 理, 靈은 氣'라고 설명했다.[48] 이에 대해 입재는 다음과 같이 비판한다.

47) 주자는 『大學』의 '明德'에 대한 주석에서는 "明德者 人之所得乎天 而虛靈不昧 以具衆理而應萬事者也"라 하였고, 『孟子』의 '盡心'에 대한 주석에서는 "心者 人之神明 所以具衆理而應萬事者也"라 하였는데, 이러한 맥락에서 心에 대한 이해는 明德에 대한 이해와 밀접하게 연결된다. 입재는 '氣'를 本然之氣와 氣質之氣로 구분하고, '明德'을 本然之氣(本然之氣의 精爽)로 설명했다(『立齋集』 卷18 頁25, 〈答李而拱別紙〉: 盖虛靈是本然之氣之精爽 而所謂本然之氣 乃陰陽五行之秀 元來正且通者也 惟其如是 故其精爽之虛靈如是 而可名之曰明德). 입재는 '心'도 本然之心과 氣質之心으로 나누어 보았다(『立齋集』 卷23 頁10, 〈答柳元若別紙〉: 所謂方寸者 雖固是神明之舍 而其具性命之正者 是本然之心 其有形氣之私者 是氣質之心也 夫性旣有本然氣質之異 則心之有本然氣質之異者亦其宜也). 요컨대 입재는 '明德'을 '本然之心' 또는 '本然之氣'로 이해하는 것이다.

48) 退溪도 '虛는 理요, 靈은 氣이다'라는 생각을 품고 있었다. 이에 대한 자세한 논의는 拙著, 『畿湖性理學論考』, 375~376쪽 참조.

이른바 '虛靈不昧'란 결국 形象이 있는 물건이니, 아마도 그 가운데 나아가 '虛는 理, 靈은 氣'라고 말할 수 없을 것 같다. 그러므로 나는 일찍이 虛를 아울러 氣에 소속시키고, 虛靈不昧가 바로 明德의 모습이라고 여겼던 것이다. 그러므로 冲漠無眹은 明德의 體가 되고, 神明不測은 明德의 用이 된다. 대개 冲漠無眹한 것은 虛靈不昧의 가운데 있으면서 神明不測한 즈음에 발현되는 것이니, 일찍이 虛靈不昧가 氣에 속한다고 하여 갖추어지지 못하거나 두루 드러나지 못하는 것이 아니다. 이제 만약 '虛는 理, 靈은 氣'라고 한다면, 이른바 '虛'란 이미 '理의 虛'가 아니요 '靈' 또한 '理를 벗어나서 스스로 靈한 것'처럼 되니, 말이 쪼개져서 다시는 渾全한 뜻이 없게 된다. 뿐만 아니라 아마도 理·氣 兩者가 모두 '相須의 뜻'을 잃어서, 體는 그 用에 사무치지 못하고, 用은 그 體에 근원하지 못할 것이니, 매우 未安하지 않겠는가?[49]

主理的 입장에서 心을 이해하는 사람들은 또한 '虛靈不昧 以具衆理'를 종종 '明德은 衆理를 갖추고 있기 때문에 虛靈하다'고 풀이했는데,[50] 입재는 이에 대해서도 명백히 반대했다.

지난해에 道院[51]에서 듣자하니, 여러 院生들에게 '明德'을 물었는데,

---

49) 『立齋集』 卷13 頁11, 〈答黃次野〉: 所謂虛靈不昧者 畢竟是有形象物事 則恐不可就其中獨把虛字爲理而靈字爲氣 故愚嘗幷虛字而屬之氣 以爲虛靈不昧 是明德之像 故冲漠無眹爲其體 神明不測爲其用 盖冲漠無眹者 在於虛靈不昧之中 而發於神明不測之際 未嘗以虛靈不昧者之屬於氣 而有所不具而不周也 今若以虛而爲理 以靈而爲氣 其所謂虛者 旣非理之虛 而所謂靈者 似亦外理而自靈 不但爲說破碎而無復渾全之意 亦恐理氣二物 皆失其相須之義 體不達於其用 而用不源於其體矣 無乃未安之甚乎

50) 畿湖學派에서도 '明德主理'를 주장하는 重菴 金平默 등은 '明德은 衆理를 갖추고 있기 때문에 虛靈하다'고 풀이했다(『重菴集』 卷37 頁21: 心之虛靈 …… 若此理不具 則是不虛不靈者也). 이에 대한 자세한 논의는 拙著, 『畿湖性理學論考』, 405~406쪽 참조.

51) '道院'은 立齋의 故鄕 尙州에 있는 '道南書院'을 지칭하는 것 같다. 道南書院은 圃隱 鄭夢周, 寒暄堂 金宏弼, 一蠹 鄭汝昌, 晦齋 李彦迪, 退溪 李滉, 西厓 柳成龍 등을 奉享했었다고 한다.

> '衆理를 갖추고 있기 때문에 虛靈不昧하다(具衆理 故虛靈不昧)'는 답변을 매우 옳게 여겼다고 한다. 그 見解가 倒置된 것임은 논하지 않더라도, 그것은『大學章句』本文의 가르침과도 매우 심하게 어긋난다. 살피건대 이와 같다면, 朱子는 왜 "衆理를 갖추고 있기 때문에 虛靈不昧하다(具衆理 故虛靈不昧)"고 말하지 않고, 반드시 "虛靈不昧하여 衆理를 갖추고 있다(虛靈不昧 以具衆理)"고 말했겠는가?[52]

입재는 '衆理를 갖추고 있기 때문에 虛靈不昧하다'는 해석은 '거꾸로 된 해석'으로서 '주자의 本文과도 어긋난다'고 단언했다. 明德이 '虛靈不昧'하다는 것은 대전제이다. 그런데 明德이 '그 자체로 虛靈不昧한 것'인지, 아니면 '衆理를 갖추고 있기 때문에 虛靈不昧한 것'인지가 문제되는 것이다. 主理論者들이 '衆理를 갖추고 있기 때문에 虛靈不昧한 것'이라고 주장하는 것은 虛靈不昧의 근거를 理로 설정하는 것이다. 心(明德)이 虛靈不昧하다는 것은 대전제라고 했거니와, 理를 虛靈不昧의 근거로 설정한다면, 理는 心을 구성하는 데 있어서 필수적인 요소가 되는 것이다. 主理論者들은 흔히 이러한 뜻으로 '心合理氣'를 주장하는 것이다.[53] 그러나 입재는 心은 본래 '氣의 精爽'이라고 전제하고, 氣의 精爽이기 때문에 虛靈不昧한 것이요, 虛靈不昧하기 때문에 理를 갖출 수 있고 萬事에 응할 수 있는 것이라고 설명했다. 이것은 '心' 자체가 '合理氣'인 것이 아니라 '氣인 心' 속에 '理인 性'이 갖추어져 있다는 설명과 같은 맥락

52)『立齋集』卷25 頁14,〈理氣心性說〉, "向年聞自道院, 問明德於諸生, 而以具衆理故虛靈不昧之對爲甚是云. 未論見解之倒置, 其不合於章句本文之指, 亦甚矣. 審如是, 朱子何以不曰, 具衆理故虛靈不昧, 而必曰, 虛靈不昧以具衆理云云耶?"

53) 立齋는 "만약 虛는 理요, 虛이기 때문에 衆理를 갖추고 있다"고 주장한다면, 이것은 '理가 理를 갖추고 있다'는 말이 되므로, 語不成說이라고도 비판했다(『立齋集』卷18 頁24,〈答李而拱別紙〉: 虛靈不昧 固是心矣 而所謂虛靈 卽氣之精爽也 若以虛爲理則虛故具衆理云者 是謂以理而具理也 奚可哉).

이다. 마침내 입재는 다음과 같이 말한다.

> 무릇 사람의 心은 '理·氣가 합쳐져서 이루어진 것'이니, 진실로 理를 버리고 오로지 氣만으로 말하는 것은 不可하다. 또한 이미 心이 이루어진 다음에는 더욱 마땅히 理를 主로 하여 말해야 하니, '氣' 字로 心의 主를 삼는 것은 不可하다. 그러나 사람의 心이 사물들과 달리 性을 지니고 있다는 점과 性이 사람에게만 특별히 心에 갖추어져 있는 까닭을 논하자면,[54] 실로 나의 말과 같을 것이요, 이것은 또한 나의 말이 아니라 바로 朱子의 말이다. 또한 하물며 ('心은 氣'라는) 朱子의 말은 '氣의 精爽'이라는 한 구절만 있는 것이 아님에랴. 주자는 또한 일찍이 "心은 陰陽과 같고, 性은 太極과 같다"고 했으며, 또한 "心은 理에 견주면 약간 자취가 있고, 氣에 견주면 또한 自然히 靈妙하다"고도 했다. 心을 '陰陽과 같다'고 한 것은 이미 '氣로써 말한 것'이니, 그러므로 '理에 견주면 약간 자취가 있다'고 말한 것이다. 心을 '氣에 견주면 또한 自然히 靈妙하다'고 한 것은 또한 心이 (단순한 氣가 아니라) '氣의 精爽'임을 말한 것이니, 이것은 바로 鬼神은 氣이되 만약 그 靈妙한 측면을 말하려면 반드시 '氣의 良能'이라고 말하는 것과 일반이다.[55]

---

54) 이 부분은 주의해서 이해해야 한다. 여기서 말하는 性은 물론 五常을 지칭하거니와, 입재는 사람의 五常은 '仁義禮智'이지만, 사물의 五常은 '生長收藏'일 따름이라고 보았다(더 구체적으로 말하면 禽獸의 五常은 '蠢動休息'이고, 草木의 五常은 '萌達悴斂'이다). 따라서 사물의 五常은 인간의 五常과 다르다는 것이다(『立齋集』 卷24 頁7~8, 〈五常說〉; 『立齋集』 卷25 頁10, 〈理氣心性說〉 참조). 이러한 맥락에서 입재가 여기에서 말하는 '性'은 '仁義禮智의 五常'을 뜻하는 것이다.

55) 『立齋集』 卷25 頁15, 〈理氣心性說〉: 夫人之心 合理氣而成 固不可舍理而專言氣 且既成心之後 則又當主理而言 不可以氣字爲心之主 然若其心之所以異於物而具夫性 及性之所以特於人而具於心之故 則實是如愚之說 而抑非愚之說也 乃朱子之說也 又況朱子之說 非獨氣之精爽一句而已 亦嘗以心謂猶陰陽 而以性謂猶太極 又曰 心比理則微有跡 比氣又自然靈 其謂之猶陰陽者 已是以氣焉 故有此比理微有跡之語 而比氣則又自然靈云者 又以其爲精爽而言也 正如鬼神是氣 而若言其靈處 則須以良能言一般

입재가 "무릇 사람의 心은 '理·氣가 합쳐져서 이루어진 것'이니, 진실로 理를 버리고 오로지 氣만으로 말하는 것은 不可하다"고 한 것은 主理論者들의 주장을 일단 승인하는 것이다. 그런데 앞에서 논한 것처럼 '心合理氣'란 두 맥락에서 해석될 수 있는바, 입재의 입장은 '心 자체가 理와 氣로 구성된다'는 것이 아니라 '氣(氣의 精爽)인 心에는 理인 性이 갖추어져 있다'는 것이었다.

입재가 心 자체는 氣(氣의 精爽)로 규정한다는 것은 "사람의 心이 사물들과 달리 性을 지니고 있다는 점과 性이 사람에게만 특별히 心에 갖추어져 있는 까닭을 논하자면, 실로 나의 말과 같을 것"이라 한 것에서 더욱 분명해진다. 여기에서 '나의 말'이란 '心은 氣의 精爽'이라는 말을 지칭한다. 입재에 의하면 心은 氣의 精爽이기 때문에 仁義禮智의 本性을 갖추고 발현시킬 수 있는 것이다. 입재는 心은 '氣의 精爽'이라는 말은 자신의 말이기 전에 朱子의 말이라고 상기시켰고, 또 주자가 心을 氣로 설명한 것은 非一非再함을 상기시켰다. 입재는 다음과 같이 말하기도 한다.

> 心이 氣에 속하는 것임은 매우 분명하다. 오직 그것은 理를 갖추고 있는데, 理가 그 안에 갖추어져 있기 때문에 '合理氣'라고도 말하는 것이다.…… 만약 '心' 字에 나아가 평범하게 논하자면 결국 이것은 氣 一邊의 사물이다. 그러므로 古人들이 이렇게 말한 것은 헤아릴 수 없이 많다. 대개 心을 완전하게 말하자면 진실로 '合理氣'라고 해야 할 것이나, 만약 그 가운데 나아가 分別해서 말하자면 '理는 性'이요 '氣는 心'이니, 心을 理로 여길 수 없음은 분명하다.[56]

56) 『立齋集』 卷19 頁30, 〈答李聖應心理氣辨〉: 心之爲屬於氣之物事 不啻甚明 惟其具夫理 而理具於其中 故謂之以合理氣者此耳 …… 若就心字而平論之 則終是氣一邊物事 故古人之如是言之者 有不勝其多 盖專言心則固當曰合理氣 而若就其中分別言之則理是性氣是心 而其不可以心爲理也決矣

이상의 내용들로 볼 때, 입재는 心 자체는 氣(氣의 精爽)로 설명하고, 心(氣) 가운데 性(理)이 갖추어져 있다고 보았음이 분명할 것이다. 따라서 입재의 입장에서는 '心合理氣'라는 명제도 '心 자체가 理와 氣로 구성된다'는 뜻이 아니라 '心 자체는 氣이되, 그 안에 理가 들어 있다'(氣인 心은 理인 本性을 담고 있다)는 뜻이 되는 것이다.

입재가 心을 氣로 규정함은 '事實的 관점'의 해명인 것이다. '當爲的 實踐의 차원'에서는 입재도 '理를 心의 主로 삼아야 한다'고 주장한다. 앞에서 입재의 "이미 心이 이루어진 다음에는 더욱 마땅히 理를 主로 해서 말해야 하니, '氣' 字로 心의 主를 삼는 것은 不可하다"는 말을 소개했거니와, 이것은 '당위적 실천의 차원'에서 하는 말이다. 즉 心 자체는 氣라 하여도 실천의 차원에서는 本性(理)을 主로 삼아야 한다는 것이요, 心(氣) 자체가 '自用(제멋대로 작용함)'하게 해서는 안 된다는 뜻이다. 입재는 다음과 같이 말하기도 한다.

> 心은 진실로 '氣의 精爽'이다. 그런데 (心은) 性·情을 통섭하여 一身을 주재하니, 이것이 바로 '事物을 命令하지만, 사물로부터 命令을 받지는 않는다'는 것이다. 따라서 마땅히 '理가 主가 된다'고 말해야지 '氣가 主가 된다'고 말해서는 안 된다.[57)]

> 오직 理는 진실로 造化의 樞紐요 品彙의 根柢로서, 天地萬物이 끝내는 이것을 어길 수 없다.…… 그러므로 周子는 〈太極圖〉에서 특별히 이것을 밝혀 天下萬世에 보여줌으로써, 무릇 聖學에 종사하는 사람들로 하여금 모두 이 理를 알고 이 理를 실천하여, 그 氣를 다스림으로써 이 理를 따르게 한 것이다. 그러한 즉 心은 진실로 氣의 精爽이나, 거기에는 濁駁한 것이

57) 『立齋集』 卷21 頁7, 〈答權肅如大學問目〉: 心固是氣之精爽 而統性情爲主於身 則是乃命物 而不命於物者也 當曰理爲之主 而不可曰氣爲之主

방해함이 있음을 알고, 항상 오직 이 理를 主로 삼아야 할 것이다. 이것이 바로 聖學의 지극히 절실한 요점이요, 잠시라도 소홀히 할 수 없는 것이다.[58)]

첫째 인용문은 心은 氣라는 점을 분명히 하면서도, 心이 性·情 또는 一身을 주재할 때에는 '마땅히 理를 主로 삼아야 한다'고 주장한 것이다. 이것은 心 자체는 氣이지만, 心은 理를 主로 삼아 性情 또는 一身을 주재해야 한다는 뜻이다. 같은 맥락에서 둘째 인용문에서는 '聖學의 본령'을 '氣를 다스려서 理를 따르게 하는 것'이라고 설명했다. 心은 '氣의 精爽'이라는 말은 '心은 본래 善하다'는 뜻을 지닌다. 그런데 '氣의 精爽'은 '濁駁한 氣'에 의해 종종 침해되기 때문에, 心을 항상 신뢰할 수는 없다는 것이다. 이러한 맥락에서 입재는 氣(心)를 다스려서 항상 오직 理를 따르게 해야 한다고 주장하였다.[59)]

이제 이상의 논의를 정리해 보자. 입재는 心은 氣라고 보았다. 다만 '心이 性(理)을 갖추고 있다'는 점에서는 '合理氣'로도 설명할 수 있다는 것이다. 입재는 事實的 관점에서 心을 해명함에 있어서는 心을 氣라고 주장하고, 當爲的 관점에서 실천의 방향을 제시함에 있어서는 '理를 마음의 主로 삼아야 한다'고 보았던 것이다.

2) 心統性情과 理氣互發에 대한 해석

---

58) 『立齋集』 卷19 頁30, 〈答李聖應心理氣辨〉: 然惟是此理 實爲造化之樞紐 品彙之根柢 而天地萬物 畢竟違越他不得 …… 故周子之太極圖 特揭此以示夫天下萬世 使凡從事於聖學者 皆有以識此理踐此理 而治其氣以順乎此理 則心固是氣之精爽 而慮其有濁駁者害之 常常惟此理之是主 是乃聖學之至要且切 而不可頃刻忽焉者

59) 畿湖學派의 艮齋 田愚(1841~1922)도 정확히 이러한 관점에서 '心本善不可恃論'과 '性師心弟說'을 주창한 것이다. 이에 대한 자세한 논의는 拙著, 『畿湖性理學論考』, 297~306쪽 참조.

韓國 性理學에서 四端·七情 문제를 논의함에 있어서 心統性情論은 人心道心論과 함께 이론 전개의 중요한 準據였었다. 즉 四端·七情의 理發·氣發 문제를 설명하는 방식과 人心道心論·心統性情論에 대한 해석은 서로 밀접하게 연결되었던 것이다.[60] 그런데 입재의 경우 四端七情論에 대해서는 매우 자세하고 풍부한 논의를 남겼으나, 人心道心論·心統性情論에 대해서는 별다른 논의를 남기지 않았다. 이는 입재가 人心道心論·心統性情論에 있어서는 기존의 해석을 그대로 수용하고 있었다는 의미일 것이다.

心統性情論에 대한 기존의 해석은 '사실적 해석'과 '당위적 해석'으로 大別해 볼 수 있다. 주자는 '心統性情'을 대부분 '心이 性을 지니고 있으면서 知覺作用을 통해 情으로 발현시킴'으로 해석했으나,[61] 한편으로는 '心이 性을 節度에 맞게 情으로 발현시킴'으로 해석하기도 했다. 前者는 事實的 해석이요, 後者는 當爲的 해석이다. 이는 퇴계의 경우도 마찬가지이다. 또 사실적 해석에서는 心이 氣로 규정되나, 당위적 해석에서는 理의 역할이 강조된다.[62] 그런데 입재의 경우 心統性情에 대한 당위적 해석은 찾아보기 어렵다.[63] 요컨대 心을 氣로 규정하는 입재는 心의

60) 율곡은 '四端·七情'과 '人心·道心'은 범주가 다르다고 보았으며, '人心·道心'조차 心統性情論에 입각해서 해석하였다(氣發理乘一途論). 그러나 영남학파에서는 心統性情論을 무시하지 않으면서도 人心道心論에 입각해서 理氣互發論을 전개하였다.

61) 흔히 주자 '心統性情論'에서 '統'은 '包含'과 '主宰'의 뜻을 겸하는 것이라고 해석한다. '포함'이란 '心이 性·情을 담고 있다'는 것으로서, 이는 '包含該載·盛貯該載' 등으로도 표현된다. '主宰'란 '心이 性·情을 맡아서 운용한다'는 것으로, 이는 '敷施發用·管攝' 등으로도 표현된다. 그런데 포함과 주재는 별개의 사실이 아니다. 性·情은 心에 담겨 있기 때문에 心에 의해 운용되는 것이다. 주자는 이것을 간단히 "心의 知覺이란 곧 이 理를 갖추고 이 情을 행하는 것"(『朱子大全』 卷55 頁1, 〈答潘謙之〉: 心之知覺 卽所以具此理而行此情也)이라고 설명했다.

62) 이에 대한 자세한 논의는 이 책의 61~69쪽 참조.

63) 다만 입재의 〈與李東璧 別紙〉에는 "又感於物而動 非但七情爲然 四端亦然 豈有不感於物而自動之理哉 至於其中節不中節 惟在乎心之宰不宰云者 却甚的確 可見用工於此 已不淺鮮"(『立齋集』 卷12 頁16~17)라는 내용이 보인다. 입재는 이동벽의 "그 中節과 不中

'統'을 '包含과 知覺'이라는 事實的 관점에서 이해한 것이다. 다음의 인용문을 보자.

> 원래 性·情을 '統'하는 것이 心이니, '움직이는 것'은 '心'이라고 말해도 되고 '情'이라고 말해도 된다. 또 性과 知覺을 합쳐서 '心'이라고 이름붙인 것이니, '움직일 수 있게 하는 것'은 '性'이라 말해도 되고 '知覺'이라고 말해도 된다. 대개 이른바 '움직이는 것'은 진실로 情이요 心이다. 그런데 그보다 먼저 知覺이 있지 않다면 情이 무엇을 따라 움직이겠으며, 그 안에 性이 있지 않다면 心 또한 무엇을 따라 움직이겠는가? 이것이 이른바 '움직일 수 있게 하는 것'이다. 그런데 사실은 '情의 움직임'이 곧 '心의 움직임'이요, '心의 움직임'은 곧 '知覺이 그렇게 시킨 것'이며, '知覺이 그러한 것'은 또 '性이 그렇게 시킨 것'이니, 둘이 있는 것이 아니다.[64]

위에서 '心'이라고 말해도 되고 '情'이라고 말해도 된다거나, '性'이라 말해도 되고 '知覺'이라고 말해도 된다는 것은 '心·情·性·知覺' 등을 엄밀히 구분하지 않아도 된다는 뜻인바, 이는 '心이 性·情을 포함한다'는 맥락을 말한 것이다. 주자의 '心統性情'은 '心이 知覺作用을 통해 性을 情으로 발현시킨다'는 뜻도 지녔는데, 위의 '움직이는 것'이나 '움직일 수 있게 하는 것' 등은 '心의 지각작용'을 설명하는 것이다. 또 '둘이 있는 것이 아니다'라는 말은 '心의 지각작용'은 性·情과 밀접하게 연관된 것으로서 '心만의 독자적 작용'이 아니라는 뜻이요, 이는 '心의 지각작용'

節은 오직 心의 主宰 與否에 달려있다"는 주장을 매우 적확하다고 승인한 것인데, 여기에서의 '心의 主宰'는 '當爲的 主宰'로 해석된다.

64) 『立齋集』 卷18 頁22~23, 〈答李而拱別紙〉: 然元來統性情者是心 則是其動底謂之心亦得 而謂之情亦得 合性與知覺而有心之名 則是其會動底謂之性亦得 而謂之知覺亦得 盖所謂動底固是情固是心 然非有知覺在乎其先 是情也何從而動 非有性在乎其中 是心也亦何從而動 是則所謂會動底而其實情之動 卽心之動 心之動 卽知覺之使然 知覺之然 又性之使然 而非有二也

을 '心이 性·情을 포함한다'는 것과 연결시킨 것이다.

위의 인용문을 통해서 우리는 입재가 心統性情의 '統'을 包含과 主宰(운용, 지각작용)라는 전통적 맥락에서 이해하고 있음을 확인할 수 있다. '統'을 包含과 主宰(운용, 지각작용)로 해석한다면, '統의 主體'인 心은 氣로 규정됨이 자연스러운 것이다.[65] 이제 입재의 다음과 같은 말을 보자.

> 心은 性·情을 '統'하는 존재이다. 따라서 性이 발하는 즈음에는 반드시 먼저 知覺이 있은 다음에 바야흐로 발하여 情이 되는 것이 自然의 이치이다. 그러나 비록 먼저 知覺이 있다고 하더라도, 그 발하여 情이 되는 것은 곧 性이다.[66]

위의 인용문에서는 心의 '統'을 '知覺'으로 해석하고, 心의 지각작용이란 '性을 情으로 발현시키는 과정'이라고 설명했다. 입재에 의하면 性은 스스로 발하는 것이 아니라 心의 지각작용을 통해서 발하며, 情이란 心의 지각작용 자체를 뜻하는 것이 아니라 지각작용을 통해 性이 발한 것을 뜻한다. 이 말을 보다 정확히 이해하기 위해서는 '能發(발하는 작용의 주체)'과 '所發(발현되는 내용)'이라는 개념을 도입할 필요가 있다. "性이 心의 지각작용을 통해 발한 것이 情이다"라는 말에서, '발하는 작용의 주체'는 心이며, '발현된 내용'은 性인 것이다. 요컨대 情은 能發이라는 관점에서는 '心(氣)이 발한 것'이며, 所發이라는 관점에서는 '性(理)이 발한 것'이다. 입재는 七情은 물론이요, 四端 역시 '心의 지각작용'을

65) 華西 李恒老나 寒洲 李震相 등은 '統'은 '主宰'요, 主宰는 '命令'을 뜻한다고 해석하고, 따라서 '統'의 주체인 心은 理일 수밖에 없다고 주장하였다(이에 대한 자세한 논의는 拙著, 『畿湖性理學論考』, 313~326쪽 참조).

66) 『立齋別集』 卷3 頁22~23, 〈答權思遠別紙〉: 心是統性情底物事 則性發之際 必有知覺先之 然後方發而爲情者 乃自然之理也 然雖有知覺先之 而其發而爲情者卽性也

통해 발한다고 보았다. 입재의 다음과 같은 말들을 보자.

> 四端・七情의 움직임에는 모두 感應한 사물이 있는 것이다. 그러므로 간혹 비록 지금은 사물이 없더라도 반드시 이전에 감응했던 사물이 있어서 지금에 이르러 움직이게 하는 것이다. 어찌 사물에 감응하지 않고 스스로 움직이는 이치가 있겠는가?[67]

> 心으로 말하자면, 四端에 있어서도 어디엔들 그 知覺이 없겠는가? 바야흐로 그 惻隱이 발할 때, 비록 '그것이 惻隱함을 지각하는 것은 心이다'라고 말해도 된다.[68]

> 四端은 진실로 理가 발한 것이다. 그런데 이것은 '理를 主로 해서 말하기 때문에 理發이라고 말한다'는 것이니, 사실은 四端 또한 일찍이 氣 없이 스스로 발하는 것이 아니다. 이제 이것을 오로지 '不相雜의 理'에 귀속시켜 '氣 없이 스스로 발한 것'처럼 여긴다면, 未安하지 않겠는가?[69]

위의 첫째 인용문에서 말하는 '움직임'이란 '發'을 뜻하고, '感應'이란 '지각작용'을 뜻한다. 입재는 四端・七情이 모두 사물과 감응해서 움직이는 것이라 했는데, 이는 四端・七情이 모두 心의 지각작용을 통해서 발한다는 뜻이다. 둘째 인용문에서는 四端 역시 心의 지각작용을 통해서 발한다는 것을 더욱 분명히 말했다. 셋째 인용문에서는 四端은 '理發'

---

67) 『立齋集』 卷18 頁31, 〈與權思遠別紙〉: 四七之動 大抵皆有物感之也 故或雖於目下若無物 而必其於旣往有物以感之者存 至是使動耳 豈有無物感而自動之理耶

68) 『立齋集』 卷22 頁31, 〈答崔象龍朱書節要問目〉: 以心言 則其知覺 於四端何所不在耶 方其惻隱之發也 雖曰覺其爲惻隱者心 亦未爲不可

69) 『立齋集』 卷11 頁20, 〈答蔡笙範別紙〉: 四端固是理之發 而此是主理而言之 故以爲理之發者此也 其實四端亦未嘗無氣而自發 今乃以是專歸之不相雜之理 而有若無氣而自發者然 得無未安矣乎

이라는 것, 그런데 그 理發이란 다만 '理를 主로 해서 말한다'는 뜻이지, 결코 '氣 없이 理가 스스로 발한다'는 뜻이 아니라고 확언하였다. 다시 말해 四端을 理發이라고 말하는 것은 다만 '所發'의 맥락일 뿐이요, 결코 '能發'의 맥락이 아니라는 것이다. 입재의 이러한 주장들은 모두 '心統性情에 대한 事實的 해석'에 입각하여 성립하는 것이다.

이제까지 고찰한 바와 같이 입재는 四端·七情이 모두 '心(氣)의 지각 작용'을 통해 발하는 것이라고 보았다. 그런데 입재는 또한 퇴계의 四端은 理發이요 七情은 氣發이라는 持論을 적극 옹호한다. 그렇다면 입재에게 있어서 理發과 氣發이란 무슨 뜻인가? 이제 이 문제를 살펴보기로 하자.

앞에서 살펴보았듯이 입재는 天地의 造化에도 '理化와 氣化'가 있다고 주장했다. 입재는 "사람과 天地는 본래 두 이치가 아니므로, 天地에 理化가 있기에 사람에게도 理發이 있으며, 天地에 氣化가 있기에 사람에게도 氣發이 있다"[70]고 주장한다. 요컨대 사람의 理發은 천지의 理化와 맥락을 같이 하며, 사람의 氣發은 천지의 氣化와 맥락을 같이 한다는 것이다. 입재는 이러한 입장에서 理發과 氣發을 다음과 같이 설명한다.

> 사람의 仁義禮智는 곧 天地의 元亨利貞이며, 仁義禮智가 발하여 愛恭宜別 및 喜怒哀懼愛惡欲이 됨은 곧 元亨利貞이 발하여 溫暑涼寒 및 雨露霜雪과 구름·맑음·바람 등이 되는 것이다. 또 사람이 이로써 親戚에게 敦厚하고 차례를 매겨서 꾸미며 義·利를 판단하여 제어하고 善·惡에 대해 是·非를 판단함은 天地가 生長收藏으로 春夏秋冬을 이루는 것과 같은 實理의 流行으로서, 純粹至善하여 애초에 조금도 不善이 섞이지 않은 것이다. 이것이 이른바 '理發'이 아니고 무엇인가? 사람의 淸濁粹駁은

70)『立齋集』卷13 頁28, 〈答黃次野〉: 盖人與天地 元無二理 故由天地之有理化 而人亦有理發 由天地之有氣化 而人亦有氣發

곧 天地의 陰陽五行이다. 그 가운데 지극히 淸粹한 사람은 仁義禮智의 性과 애초에 조금도 隔蔽 없이 하나가 됨으로써, 愛恭宜別 및 喜怒哀懼愛惡欲으로 하여금 모두 그 本來面目을 드러낼 수 있게 하니, 天理가 그대로 드러난 것처럼 순수하여 그것이 氣質의 所爲임을 볼 수 없다. 그러나 간혹 濁駁하여 理를 따르지 않으면, 마땅히 사랑해야 함에도 사랑하지 않고, 마땅히 공손해야 함에도 공손하지 않으며, 마땅히 알맞아야 함에도 알맞지 못하고, 마땅히 구별해야 함에도 구별하지 않아서, 愛恭宜別로 하여금 그 本來面目을 드러낼 수 없게 하며, 喜怒哀懼愛惡欲이 발함에 있어서도 또한 모두 어긋나고 뒤집힌다. 여기에는 비록 심하거나 심하지 않은 차이는 있지만, 그것이 理를 따르지 않은 것임은 마찬가지이니, 이것이 곧 이른바 '氣發'이다.…… 무릇 理·氣는 비록 서로 섞이지 않지만, 또한 일찍이 서로 떠나지도 않으니, 理 없는 氣도 없고 氣 없는 理도 없다. 따라서 理發 가운데 진실로 저절로 氣가 있어서 理를 따르는 것이며, 氣發 가운데 또한 理가 있어서 氣를 타는 것이다. 그러나 반드시 이처럼 分開하여 그것이 '理가 主가 되어 氣와 섞이지 않은 것'임을 밝힌 다음에야 이 理의 본래 善함이 바야흐로 발휘될 수 있다. 그 간혹 不善한 것은 모두 氣의 所爲요, 理의 所爲가 아니다.[71]

---

71) 『立齋集』 卷13 頁27~28, 〈答黃次野〉: 在人之仁義禮智 卽天地之元亨利貞 仁義禮智之發而爲愛恭宜別及喜怒哀懼愛惡 欲卽元亨利貞之發而爲溫暑涼寒及雨露霜雪陰晴風等 而其以之敦厚於親戚 節文於倫序 斷制於義利 是非於善惡者 又與夫生長收藏 以成春夏秋冬 同一實理之流行 而純粹至善 初無毫髮不善之雜 此非所謂理發而何 在人之淸濁粹駁卽天地之陰陽五行 而其至淸至粹者 於仁義禮智之性 初無些子隔蔽 而與之爲一 使夫愛恭宜別及喜怒哀懼愛惡欲 皆得呈露其本來面目 而純然爲赤骨立底天理 泯然不見其爲氣質之爲也 如其或濁或駁而不順乎理者 則當愛而不愛 當恭而不恭 當宜而不宜 當別而不別 使此四者 旣不得呈露其本來面目 而其爲喜怒哀懼愛惡欲之發 亦皆乖戾顚錯 雖有甚不甚之不同 而其爲不順乎理則一焉 此卽所謂氣發 …… 大抵理與氣 雖不相雜 而亦未嘗相離 未有無理之氣 亦未有無氣之理 則理發中固自有氣而隨之矣 氣發中亦自有理而乘之矣 然必如是分開 以明其理爲主而不雜於氣 然後此理之本善 方可發揮 而其或有不善處皆此氣之所爲 而非此理之所爲

위에서 愛恭宜別은 四端을 말하고, 喜怒哀懼愛惡欲은 七情을 말한다. 입재는 理發에 있어서도 四端과 七情을 모두 언급하고, 氣發에 있어서도 四端과 七情을 모두 언급했다. 입재는 또 理發에도 氣가 있고, 氣發에도 理가 있다고 하였다. 그리고 理發은 純善으로 규정하고, 氣發은 善·惡이 공존하는 것으로 규정했다. 四端과 七情을 단순히 理發과 氣發로 구분하지 않고, 또 理發에도 氣가 있고 氣發에도 理가 있다고 하면서, 그럼에도 불구하고 理發은 純善하고 氣發은 善·惡이 공존한다고 하니, 도대체 어떤 맥락에서 이러한 논리가 성립하는 것인지 이해하기가 쉽지 않다.

위의 인용문을 제대로 이해하기 위해서는 입재가 氣를 '本然之氣'와 '氣質之氣'로 나누고 있다는 점을 상기해야 한다. 입재는 本然之氣와 氣質之氣를 다음과 같이 설명한다.

> 火에 비유하자면, 本然之氣는 '地二天七의 火'요, 氣質之氣는 느릅나무·버드나무·대추나무·은행나무·뽕나무·산뽕나무·떡갈나무·졸참나무·느티나무·박달나무 등 '허다한 나무가 탈 때의 火'이다. 따라서 바야흐로 本然之氣를 논할 때에는 氣質之氣를 함께 말할 수 없는 것은 '地二天七의 火'를 논할 때에는 '여러 나무가 탈 때의 火'를 함께 말할 수 없는 것과 마찬가지이다.…… 대개 虛靈은 '本然之氣의 精爽'이요, 이른바 本然之氣는 바로 '陰陽五行의 빼어난 것'이니, 원래 正·通한 것이다. 오직 이렇기 때문에, 그 精爽의 虛靈도 이러한 것으로서, '明德'이라 이름 할 수 있는 것이다.[72]

72) 『立齋集』 卷18 頁24~25, 〈答李而拱別紙〉: 譬之火 本然之氣 是地二天七之火 氣質之氣 是火之在木而爲楡柳棗杏桑柘柞楢槐檀等許多火者是也 是故方論此本然之氣時 不得以氣質之氣雜之者 亦猶夫方論二七火時 不得以諸木火雜之 …… 盖虛靈是本然之氣之精爽 而所謂本然之氣 乃陰陽五行之秀 元來正且通者也 惟其如是 故其精爽之虛靈如是 而可名之曰明德

'地二天七의 火'란 〈河圖〉에서 말하는 五行 가운데의 火를 뜻한다. 입재는 '地二天七의 火'는 '여러 나무가 탈 때의 火'와는 성질이 다르다고 보았다. 실제로 여러 나무가 탈 때의 火는 각각 나무의 재질에 따라 불의 성질도 다르나, '地二天七의 火'는 그러한 차이가 없다는 것이다. 입재는 '本然之氣'는 '陰陽五行의 빼어난 것'으로, '虛靈不昧한 明德'이 바로 여기에 해당된다고 주장했다. 반면에 '氣質之氣'란 '淸濁粹駁이 뒤섞인 氣'를 말하는 것이다. 이러한 구분을 전제로 입재는 퇴계의 理氣互發說을 다음과 같이 해명한다.

> 退溪가 말씀한 '理發而氣隨之의 氣'와 '氣發而理乘之의 氣'는 비록 같은 '氣' 字이지만, 가리키는 바는 각각 다르다. '理發而氣隨之의 氣'는 '虛靈不昧하여 衆理를 갖추고 萬事에 응하는 것'에 나아가 그 '虛靈한 것'을 지칭한 것이니, 곧 孟子가 말씀한 '才'이다. '氣發而理乘之의 氣'는 '타고난 氣의 淸濁粹駁한 것'에 나아가 그 '淸하기도 하고, 濁하기도 하며, 粹하기도 하고, 駁하기도 한 것'을 지칭한 것이니, 곧 程子가 말씀한 '才'이다. 따라서 四端은 純善無惡하고, 七情은 有善有惡하다.…… 대개 四端·七情을 막론하고 이미 本然之性을 따라 발한 것이다. 발할 때 따르는 氣가 다만 虛靈한 것이면, 지금 비록 이것으로 '心은 氣'라고 말하더라도 어찌 理에 방해됨이 있겠는가? 오직 淸濁粹駁한 氣에서 발할 때에는 밝게 著眼하고 살펴 著手하지 않을 수 없으니, 그 맑은 것을 보존하고 흐린 것을 제거하며 깨끗한 것을 보존하고 잡박한 것을 제거함이 옳다.[73]

73) 『立齋集』 卷25 頁15~16, 〈理氣心性說〉: 退陶所謂理發而氣隨之之氣 氣發而理乘之之氣 雖同一氣字 而所指各異 理發而氣隨之之氣 是就虛靈不昧具衆理應萬事處 指其虛靈者而言 卽孟子之所謂才也 氣發而理乘之之氣 是就稟氣之淸濁粹駁處 指其或淸或濁或粹或駁者而言 卽程子之所謂才也 是故四端純善無惡 七情有善有惡 …… 蓋不論四端七情 旣從本然性而發 發時所隨之氣 只是這虛靈底物事 則今雖以是而言心是氣 尤何所有害於理耶 惟發於淸濁粹駁之氣 不可不明著眼審著手 存其淸而去其濁 存其粹而去其駁可也

입재가 '理主氣資'라는 관점에서 '理·氣의 不離'를 강조함은 앞에서 살펴보았다. 입재는 이러한 관점에서 四端·七情에 모두 理·氣가 함께 존재하는 것이라고 보는 것이다. 그런데 氣에는 本然之氣와 氣質之氣라는 두 차원이 있으니, 이에 따라 '四端과 七情' 또는 '理發과 氣發'이 나뉘고, 善·惡이 결정된다는 것이다. 이에 대한 입재의 주장을 정리하자면 다음과 같다.

理發에도 氣가 있는바(理發而氣隨之), 이곳의 氣는 '虛靈한 本然之氣'이다. 本然之氣는 理를 조금도 방해함 없이 온전히 발현시키는바, 따라서 理發은 純善無惡한 것이다. 氣發에도 理가 있는바(氣發而理乘之), 이곳의 氣는 '淸濁粹駁이 뒤섞인 氣質之氣'이다. 淸粹한 氣質之氣는 역시 理를 그대로 온전히 발현시키니, 그것이 氣質의 所爲임을 볼 수 없다. 濁駁한 氣質之氣는 理를 어기고 왜곡시키니, 그것이 氣質의 所爲임이 분명해진다. 따라서 氣發에는 善한 경우(淸粹한 氣가 발한 것)와 惡한 경우(濁駁한 氣가 발한 것)가 모두 있는바, 淸粹한 것을 보존하고 濁駁한 것을 제거하도록 노력해야 한다.

이렇게 볼 때, 입재가 理發과 氣發을 구분하는 핵심적 논거는 本然之氣와 氣質之氣의 구분에 있다. 本然之氣는 理를 조금도 훼손하지 않고 그대로 발현시키는바, 따라서 이 경우에는 '理가 主가 되었다'고 보아 '理發'이라 하는 것이다. 반면에 氣質之氣는 理를 따르기도 하고 어기기도 하는바, 따라서 이 경우에는 '氣가 主가 되었다'고 보아 '氣發'이라 하는 것이다.

3) 公七情理發論

입재의 四端七情論에서 또 하나 주목할 것은 '七情에는 氣發뿐만 아니라 理發도 있다'는 주장이다. 七情에는 '形氣의 사사로움'에서 발한 것도 있고, '性命의 公正함'에서 발한 것도 있다는 것이다. 예컨대 '맹자의 喜'[74]나 '文王의 怒'[75] 등은 '性命에서 발한 七情'으로서, 이는 四端과 차이가 없으니 '理에서 발한 것'이라고 말할 수 있다는 것이다.[76] 입재는 이러한 '公七情理發論'의 연원으로 퇴계의 『聖學十圖』〈第6心統性情圖〉의 '中圖'와 자신의 先祖 愚伏 鄭經世가 〈頤齋 曺友仁에게 답한 편지(答曹汝益)〉[77] 등을 들었다.[78]

주지하듯이 『聖學十圖』의 〈第6心統性情圖〉는 '上圖 · 中圖 · 下圖' 3개의 그림으로 이루어져 있다. 여기서 문제가 되는 것은 中圖와 下圖의 차이이다. 中圖에서는 氣質之性은 圖示하지 않고 本然之性만 圖示했으며, 本然之性 아래에 四端을 배치하고, 四端의 외곽에 七情을 배치했다. 그런데 下圖에서는 本然之性과 氣質之性을 함께 도시하고, 四端과 七情을 별개의 영역에 배치했다. 입재는 퇴계가 이처럼 다르게 圖示한 것에는 깊고 정밀한 뜻이 있다고 보았다. 즉, '中圖의 七情'은 四端과 마찬

---

74) 魯나라가 樂正子에게 政事를 맡겼을 때 '孟子가 기뻐서 잠을 이루지 못한 것'을 말함(『孟子』告子下 제12장 참조).

75) 密에 사는 사람들이 阮나라를 침략하자 '文王이 분노한 것'을 말함(『孟子集註』梁惠王下 제3장, 朱子註 참조).

76) 『立齋集』卷17 頁5~6, 〈答柳敬甫別紙〉: 七情有自形氣而發者 有自性命而發者 苟其自性命而發 則是與四端無異 而雖謂之發於理 可也 如其不然 退陶之心統性情中圖 所以明本然之性 不雜乎氣者 而何以置七情於四端之左右 吾先祖與頤齋書 又何以云孟子之喜文王之怒 何嘗不發於理云耶

77) 이 편지에서 愚伏은 "聖人一性湛然 全是天理 故七情之發 亦純是天理 孟子之喜 文王之怒 何嘗不發於理耶 下聖人一等則不能然 故雖以明道之資之美 不免有形氣之喜 此虞書十六字所以爲心法之要也"(『愚伏集』卷11 頁22, 〈答曹汝益〉)라고 하였다. 愚伏은 經筵에서도 이러한 내용을 진술한 바 있다(『愚伏別集』卷3, 〈經筵日記〉, 丁卯 11月 1日條: 上曰 孟子所謂四端 爲道心耶 經世曰 四端 道心之發見也 上曰 人心亦有仁義禮智乎 經世曰 七情出於形氣 而如孟子之喜而不寐 舜之怒四凶 孔子之慟顔淵 皆合於天 則蓋七情所包者廣 或出於形氣 或出於性命 性命則專歸於四端也).

78) 그러나 이러한 주장은 먼저 奇高峯이 제시한 바 있다(奇高峯의 〈答退溪論四端七情書〉 제6절 및 〈四端七情總論〉 참조).

가지로 本然之性이 발한 것으로서 '理를 主로 한 것'이니 '理發'이며, '下圖의 七情'은 氣質之性이 발한 것으로서 '氣를 主로 한 것'이니 '氣發'이라는 것을 뜻한다는 것이다. 그리하여 입재는 퇴계의 中圖를 '公七情理發論'으로 해석하면서 다음과 같이 말한다.

> 나의 '七情에는 또한 理發도 있다'는 주장은 退溪의 中圖에 근거한 것이요, 退溪의 中圖 또한 근거한 바가 있다. 〈樂記〉에서는 "사람이 태어나면서 고요한 것은 타고난 性이다"라고 말하지 않았던가? 이 '性' 字는 곧 이른바 '本然之性'이다. 그 아래에서는 이 性이 "사물에 感應하여 움직인다"고 한 다음 문득 喜怒哀樂愛惡欲을 들어 말했다. 이것이 '七情에는 또한 理發도 있다'는 첫째 논거이다. 『中庸』에서는 "喜怒哀樂이 아직 발하지 않은 것을 中이라 한다"고 하지 않았던가? 그런데 章句에서는 "喜怒哀樂은 情이요, 그것이 아직 발하지 않은 것은 性이다"라고 하였다. 이 '性' 字는 곧 이른바 '本然之性'이요, 그것이 발하면 문득 이 喜怒哀樂이 되는 것이다. 이것이 '七情에는 또한 理發도 있다'는 둘째 논거이다. 程子의 〈好學論〉에서는 "그것이 아직 발하지 않았을 때에는 五性을 갖추고 있다"고 하고, 또 이어서 "外物이 그 形氣와 感觸하여 안에서 움직이는바, 그 안이 움직여서 七情이 나온다"고 하지 않았던가? '五性'은 곧 이른바 '本然之性'이며, 그 '움직인 것'이 문득 '七情'이 되는 것이다. 이것이 '七情에는 또한 理發도 있다'는 셋째 논거이다. 오직 이와 같기 때문에, 退溪는 中圖를 그릴 때 위의 一圈에는 오직 '仁義禮智'만을 써서 그것이 '本然之性'임을 밝히고, 그 아래에는 곧 四端과 七情을 함께 써서 '本然之性이 발하면 四端뿐만이 아니라 七情도 됨'을 밝힌 것이다.…… 후세의 학자들은 일찍이 주의해서 자세히 고찰하지 않고, 오직 '四端은 理發, 七情은 氣發'이라는 학설을 위주로 확고한 견해를 삼았다. 그리하여 진실로 喜怒哀樂 등의 名色과 관계된 것이면 모두 氣發로 간주하고, 다시는 '七情에는 또한 理發도 있음'을 알지 못하였다.[79]

입재는 위와 같은 세 가지 논거에 입각하여 公七情理發論을 확신하고, 당시의 학자들이 단순히 '四端은 理發, 七情은 氣發'이라는 도식에 따르는 것을 비판했다. 입재는 或者의 "中圖의 七情은 下圖의 七情 중에서 善 一邊만을 말하는 것"이라는 주장에 대해서는 다음과 같이 답변한다.

> 下圖의 七情은 이미 氣發이니, 비록 그것이 善하다 하더라도 여전히 氣發인 것이다. 어찌 本然之性에서 발한 中圖의 七情과 아울러 논할 수 있겠는가? 따라서 中圖의 七情과 下圖의 七情은 비록 그 이름이 같지만, 그러나 中圖의 七情은 곧 四端과 幷行하는 것으로서 그 善은 '天下에 사무칠 수 있는 것'이요, 下圖의 七情은 形氣의 사사로움을 위한 것에 불과하니 비록 그 善한 것도 다만 '한 개인에게만 속할 수 있는 것'이다.[80]

입재의 지론은 中圖의 七情은 '性命의 공정함'에서 발한 것이기 때문에 '天下'에 사무칠 수 있지만, 下圖의 七情은 '形氣의 사사로움'에서 발한 것이기 때문에 '한 個人'에게만 속한다는 것이다.[81] 이처럼 '理에서

---

79) 『立齋集』 卷20 頁25~26, 〈答姜伯玄問目〉: 七情之亦有理發 愚言本於退溪中圖 而退溪此圖亦有所本 樂記不云乎 人生而靜天之性也 此性字卽所謂本然之性 而其下言此性之感物而動則便以喜怒哀樂愛惡欲言之 此其七情之亦爲理發 一也 中庸又不云乎 喜怒哀樂之未發謂之中 而章句謂喜怒哀樂情也 其未發則性 此性字卽所謂本然之性 而其發則便爲是喜怒哀樂 此其七情之亦爲理發 二也 程子好學論又不云乎 其未發也五性具焉云云 卽又係之曰外物觸其形而動於中 其中動而七情出焉 五性卽所謂本然之性 而其動則便爲是七情 此其七情之亦爲理發 三也 惟其如是 故退溪爲作中圖 而上一圈惟書仁義禮智 以明本然之性 其下卽以四端七情合而書之 以明本然之性之發 不惟爲四端 而亦爲是七情 …… 後之學者不曾致意詳考 惟以四端理發七情氣發之說爲主 而轉成鐵定見解 苟有涉於喜怒哀樂等名色 則都把做氣發看 而不復知亦有理發者

80) 『立齋集』 卷12 頁3, 〈答金公穆〉: 下圖七情 旣是氣發 則雖其善矣 依舊是氣發 何得與中圖七情之發於本然性者 比幷而論之耶 是故 中與下之七情 其名雖無異同 然中七情之爲情也 直與四端幷行 其善可以達之天下 而下七情之爲情也 不過爲形氣之私 雖其善者 只可屬之一己而已

81) '天下에 사무칠 수 있다'는 것은 '모든 사람의 共感을 얻을 수 있다'는 뜻이요, '한 개인에게만 속할 수 있다'는 것은 '남의 共感을 얻을 수는 없다'는 뜻이다. 예컨대 내가 仁을

발한 것'과 '氣에서 발한 것'은 苗脈이 각각 다를 뿐만 아니라 그 모양과 形狀도 현격하게 다르니, 애초에 '섞어서 말할 수 있는 것'이 아니라는 것이다.[82)]

위에서는 "中圖의 七情은 곧 四端과 幷行하는 것"이라 했거니와, 입재의 주장을 더욱 정확히 설명하면, 性命에서 四端이 발할 때에 그에 부합되는 七情도 함께 발한다는 것이다. 입재는 다음과 같이 말한다.

> 性命에서 근원한 七情은 仁義禮智가 모두 이 七情을 갖추고 있다. 시험 삼아 말해보자. 예컨대 어린아이가 우물에 빠지는 것을 보고 두려워하면서 惻隱之心을 품는 것은 진실로 '仁의 端緖'이다. 그런데 이때 자기가 구할 수 있어서 그 아이를 살려냈다면 기뻐하고(喜), 남이 구할 수 있었는데 구하지 않으면 분노하고(怒), 자기와 남이 모두 구할 수 없어서 죽었다면 슬퍼하고(哀), 구해내서 자기 앞에서 뒹굴며 노는 것을 보면 즐거워하고(樂), 저 구해내지 않은 자가 良心이 없었기 때문이라면 분노할 뿐만 아니라 또 증오하고(惡), 구해낸 자가 良心이 있었기 때문이라면 기뻐할 뿐만 아니라 또 사랑한다(愛). 원래 그 어린아이는 남의 자식인데, 어진 사람의 마음은 진실로 그 아이가 살기를 바라고, 죽기를 바라지 않는다. 그러므로 그 '바라는 바(欲)'가 본래 이와 같은 것이요, 喜·怒·哀·樂과 愛·惡가 또한 모두 이것을 따라서, 그렇게 하기를 기약하지 않아도 그러한 것이다. 이러한 七情은 '仁이 겸하고 있는 것'이다.[83)]

실천하면서 기뻐한다면 그 기쁨에 대해서는 모든 사람들이 공감하나, 내가 아름다운 옷을 얻고서 기뻐한다면 그 기쁨은 자신만의 기쁨이요 남도 기뻐하는 것은 아니라는 것이다.

82) 『立齋集』 卷17 頁8, 〈答柳敬甫別紙〉: 至如四端七情之發於理者 則與彼七情之發於氣者 非但苗脈之各異 而其貌象形狀 不啻懸殊 初非可混雜之物事也

83) 『立齋集』 卷12 頁3~4, 〈答金公穆〉: 乃若原於性命之七情 仁義禮智各具此七情 試言之 如見孺子入井而有怵惕惻隱之心者 此固是仁之端也 而當此時己能救之而得其生則喜 人能救之而不救則怒 己與人俱不及救而死則哀 及救而生 見其宛轉活動於前則樂 彼其不救者 以其無人心 不特怒之 而又惡之 其救之者以其有人心 不特喜之 而又愛之 元來孺子雖是他人之子 仁人之心 固欲其生而不欲其死 故由其所欲之本如是 而喜怒哀樂與愛惡

입재의 설명은 구체적인 사태에 당면하여 '仁의 端緖'가 드러날 때, 惻隱之心만 홀로 발하는 것이 아니요, 그에 부합하는 喜·怒·哀·樂·愛·惡·欲도 함께 발한다는 것이다. 입재는 義·禮·智에 대해서도 모두 이러한 식으로 설명하였다. 이러한 종류의 七情은 '仁義禮智라는 本性'에 근원한 것이므로 '理發'이라 하지 않을 수 없으며, 또 '仁義禮智라는 本性'에 근원한 것이므로 '天下에 사무칠 수 있다'는 것이다.

5. 비판적 논의

1) 立齋의 栗谷에 대한 비판

입재의 율곡에 대한 비판은 두 가지 논점으로 大別된다. 첫째는 '理의 주재'에 관한 것이며, 둘째는 '理氣互發'에 관한 것이다. 먼저 '理의 주재'에 관한 논점을 살펴보자. 주지하듯이 율곡은 陰陽의 動靜을 '機自爾'로 설명하고 '理의 使之'를 부정하였다. 입재는 이를 '理의 主宰를 부정하는 것'으로 이해하여 수긍하지 않았다. 입재는 다음과 같이 말한다.

> 或者는 치우치게 不離만을 주장하여 '이른바 動·靜의 기틀이란 다만 太極이 그렇게 시키는 것임'을 모르고, 氣가 스스로 능히 그렇게 動·靜하는 것이요 理는 다만 그 위에 타고 있는 것이라고 여긴다. 이것은 '하나의 죽은 사람이 말 등에 실려 있다'는 것과 같으니, 치우치고 막힌데 빠져 活絡이 없다.[84]

亦皆隨之 有不期然而然者 此七情是仁之所兼也

84)『立齋集』卷24 頁7,〈太極動靜說〉: 其偏主不離者 不知所謂動靜只是太極使然之機 而以爲氣自能乃爾 理但乘載於其上 有若一箇死人駄在馬背者然 此則失之偏滯而無活絡

율곡은 분명 '理는 氣의 주재자'라고 하였다. 율곡은 다만 '理의 使之'를 부정한 것이었다. 그런데 입재는 '氣의 운동'이란 '太極이 그렇게 시키는 것'이라고 주장하고, 율곡의 주장대로라면 理는 '죽은 물건'이 된다고 비판하는 것이다. 여기에서 논점은 '理의 使之'로 모아지는바, 이에 대해서는 다음 節에서 논하기로 하자.

이제 '理氣互發'에 관한 논점을 살펴보자. 주지하듯이 율곡은 퇴계의 '理氣互發論'을 비판하고, '氣發理乘一途論'을 주창하였다. 율곡이 퇴계를 비판하는 論旨는 대략 다음과 같은 것이었다.

첫째, 퇴계의 '理發而氣隨之'라는 말은 '理·氣를 先·後로 구분하는 것'[85]이요, 또 '氣 없이 理가 스스로 발한다는 것'이니 수긍할 수 없다는 것이다. 율곡의 주장은 '理·氣는 본래 先·後가 없는 것'이요, '理는 形而上者로서 스스로 발할 수 없다'는 것이다.

둘째, 사람의 마음이 발하는 것은 天地의 造化와 맥락을 같이 한다는 것이다. 율곡의 주장은 天地의 造化에는 두 근본이 없으므로, 사람의 마음이 발하는 데에도 두 근원이 있을 수 없다는 것이다.

셋째, 人心과 道心은 명목상으로는 둘이지만 실제로는 하나의 마음일 뿐이라는 것이다. 만약 人心道心論에 근거하여 理·氣가 互發하는 것이라고 주장한다면, 이는 '理·氣가 方寸 속에서 각각 근본이 되는 것'이다.[86] 율곡의 주장은 '사람에게는 하나의 마음 밖에 없으므로, 理發과 氣發로 나눌 수 없다'는 것이다.

율곡의 위와 같은 세 논점에 대해, 입재는 각각 다음과 같이 반론한다.

첫째, 율곡은 '理發而氣隨之'에서의 '隨' 字의 의미를 제대로 이해하지

---

85) 『栗谷全書』 卷10 頁5, 〈答成浩原〉: 若理發氣隨之說 則分明有先後矣 此豈非害理乎

86) 『栗谷全書』 卷10 頁4, 〈答成浩原〉: 人心道心 雖二名 而其原則只是一心 …… 所謂理氣互發 則是理氣二物 各爲根柢於方寸之中

못했다는 것이다. 입재는 '隨' 字는 '시간적인 先 · 後'를 말한 것이 아니라 '理 · 氣의 不離'를 나타낸 것이라고 해명했다. 또 퇴계의 '理發'이란 '四端은 理를 主로 하는 것임'을 말한 것일 뿐, '氣 없이 理가 먼저 스스로 발한다'는 뜻은 아니라고 설명했다. 입재는 다음과 같이 말한다.

> 栗谷이 '理發'을 잘못이라고 한 것은 '氣隨'의 '隨' 字를 투철하게 보지 못해, 이른바 '隨'란 본래 '理發上에 근거하여 그 발하는 곳에 氣가 이미 따르고 있음을 가리킨 것'인 줄 모르고, '理가 먼저 발함에 氣가 뒤에 따르는 것'으로 간주했기 때문이다. 理 · 氣는 비록 서로 섞이지 않지만, 원래 서로 떠나지도 않는다. 理가 발할 때 氣의 발함이 이미 그 가운데 있는 것이다. 天下에 어찌 '氣 없는 理가 스스로 능히 발하는 이치'가 있겠는가? 대개 퇴계의 '四端은 理發'이란 말은 '理를 主로 해서 말한 것'이요, '七情은 氣發'이란 말은 '氣를 主로 해서 말한 것'이다. 반드시 이처럼 分別해서 말한 다음에야 바야흐로 '理 · 氣의 不雜'을 볼 수 있다. 또 반드시 '理發'의 아래에 '氣隨'라는 글자를 덧붙이고, '氣發'의 아래에 '理乘'이라는 글자를 덧붙인 까닭은 또한 '理 · 氣가 원래 不離임'을 나타내기 위함이었으니, 그 말이 두루 정당하다고 할 수 있다. 그런데 栗谷은 '主理와 主氣의 차이'를 알지 못하고 '理發'을 잘못이라고 하였으니, 또한 이상하지 않은가? 율곡의 주장대로라면 周濂溪는 〈太極圖〉에서 다만 '陰陽圈'만 그리고 다시는 그 위에 '太極'을 뽑아내 별도로 一圈을 그리지 말아야 했으며, 또 (『通書』에서는) 마땅히 '動而無靜 靜而無動'이라고만 말하고 '動而無動 靜而無靜'이라고는 말하지 말아야 했으니, 어찌 옳겠는가?[87)]

87) 『立齋集』 卷23 頁8~9, 〈答柳元若別紙〉: 乃若栗谷所以以理發爲非者 是於氣隨之隨字看不透 不知這所謂隨 本據理發上指其發處 這氣已隨之之意 乃以理先發而氣後隨看了故耳 理氣二物 雖不相雜 元不相離 理發時氣之發已在其中 天下豈有無氣之理自能先發之理耶 盖退陶四端理發之說 是主理而言者也 七情氣發之說 是主氣而言者也 必如是分別言 然後方見理氣之不相雜 而其必以氣隨系於理發之下 以理乘系於氣發之下者 亦見夫二物元不相離故也 是其爲說 可謂四亭八當 而栗谷不知主理主氣之異 乃以理發爲非 不亦異乎

입재에 의하면 陰陽과 太極이 본래 '不離'임에도 불구하고 周濂溪는 太極과 陰陽을 '분별해서' 별도로 그렸듯이, 理·氣는 不離이지만 理發과 氣發을 구분할 수 있다는 것이다. 또 퇴계의 互發說은 '主理와 主氣'를 구분함으로써 '理·氣의 不雜'을 나타내고, 각각에 '氣隨'와 '理乘'을 덧붙임으로써 '理·氣의 不離'를 나타냈으니, 두루 원만한 立論이라는 것이다.

퇴계의 理發氣隨論은 본래 '理·氣의 先後'를 표현한 것이 아니요, 다만 '理·氣의 不離'를 표현한 것이다.[88] 따라서 이 점에 있어서는 입재의 율곡에 대한 비판이 타당한 것이라 하겠다. 한편, 理·氣는 不離인 동시에 不雜이므로, 主理와 主氣를 구분해 볼 수 있다는 주장도 충분히 타당한 것이다. 율곡 역시 '主理와 主氣'라는 구분을 그 자체로 반대한 것은 아니었다. 율곡의 주장은 '道心과 人心'은 본래 相對立名한 것이므로 '主理와 主氣'로 구분할 수 있지만, '四端과 七情'은 본래 相對立名한 것이 아니기 때문에 그렇게 구분할 수 없다는 것이었다.[89] 위의 인용문에서 주목할 부분은 "天下에 어찌 '氣 없는 理가 스스로 능히 발하는 이치'가 있겠는가?"라는 말이다. 이 말은 '퇴계의 理發'은 '主理'를 표현한 것일 뿐 '理가 氣 없이 스스로 발한다'는 뜻은 아니라 하여, 율곡이 퇴계의 理發說을 충분히 이해하지 못했다고 비판한 것이다. 그러나 퇴계가 晩年에 '理의 能動說'을 정립하고, '理는 능히 스스로 발할 수 있다'[90]고

審如是 周子太極圖 只當有陰陽圈 而更不以太極挑出上面而爲別一圈矣 又當云動而無靜 靜而無動 而不當又云動而無動 靜而無靜矣 奚可哉

88) 퇴계가 처음에 '四端과 七情'을 단순히 '理發과 氣發'로 구분했을 때, 奇高峯은 '그것은 理와 氣를 너무 심하게 구분하는 것'이라고 지적했다. 이에 퇴계는 '理發'과 '氣發'에 각각 '氣隨之'와 '理乘之'를 덧붙였던 것이니, 퇴계의 취지는 본래 '理·氣의 不離'를 표현하는 데 있었던 것이다.

89) 『栗谷全書』 卷10 頁7~8, 〈答成浩原〉: 四端只是善情之別名 言七情則四端在其中矣 非若人心道心之相對立名也 …… 人心道心 可作主理主氣之說 四端七情 則不可如此說 以四端在七情中 而七情兼理氣故也

90) 『退溪集』 卷39 頁28, 〈答李公浩問目〉: 蓋無情意云云 本然之體 能發能生 至妙之用也

주장한 것은 주지의 사실이다. 이렇게 본다면 "天下에 어찌 '氣 없는 理가 스스로 능히 발하는 이치'가 있겠는가?"라는 비판은 오히려 퇴계에게 제기했어야 마땅한 것이었다.91)

둘째, 율곡이 "天地의 造化에는 두 근본이 없으므로, 사람의 마음이 발하는 데에도 두 근원이 있을 수 없다"고 한 것에 대해, 입재는 "天地의 造化에는 '理化와 氣化'라는 두 근본이 있다"고 설명하고, 따라서 "사람의 마음이 발하는 데에도 '理發과 氣發'이 있는 것"이라고 반론하였다. 입재의 '理化 · 氣化'論은 앞에서 충분히 설명했으므로 재론하지 않겠다.

셋째, 율곡이 "人心과 道心은 비록 두 이름이 있지만 근원적으로는 하나의 마음일 뿐이다. 만약 理 · 氣가 互發하는 것이라면 이는 理 · 氣가 方寸 속에서 각각 근본이 되는 것이다"라고 한 것에 대해, 입재는 퇴계의 호발설은 '理 · 氣가 方寸 속에서 각각 근본이 된다'는 뜻이 아니라, '마음은 하나'라 해도 '人心과 道心은 서로 근원이 다름'을 말한 것이라고 비판한다. 입재는 다음과 같이 말한다.

> 退溪의 互發說이 어찌 '理 · 氣가 方寸에서 각각 근본이 된다'는 말이겠는가? 대개 道心은 '性命의 公正함'에서 근원한 것이다. 方寸에 갖추어진 것은 다만 '性命의 公正함' 뿐이니, 어찌 '形氣의 사사로움'이 그 안의 理에 근본 하겠는가? 다만 이른바 '方寸'은 비록 진실로 '神明한 집'이지만, '性命의 公正함'을 갖춘 것은 本然之心이요, '形氣의 사사로움'을 갖춘 것은 '氣質之心'이다. 性에 이미 '本然과 氣質'의 차이가 있으니, 心에도 '本然과 氣質'의 차이가 있음은 당연하다. 따라서 人心 · 道心을 막론하고 그것들이 모두 方寸 가운데의 虛靈知覺이라는 점에서는 하나이지만, 道心은 本然之性을 따라 발한 것이요, 人心은 氣質之性을 따라 발한 것이

91) 입재가 '理의 能動說'을 부정하는 것으로 보면, 입재의 퇴계에 대한 옹호는 사실은 '제한적 옹호'였던 셈이다.

> 다.…… 心의 虛靈知覺은 비록 人心・道心의 차이가 없는 듯하지만, 本然之性과 氣質之性은 원래 스스로 구별되는 것이다. 다만 朱子가 道心에 대해서는 '性命의 公正함에 근원 한다'고 하였고, 人心에 대해서는 '形氣의 사사로움에서 생긴다'고 한 것을 보면, 人心・道心이 모두 方寸에서 발한 것은 동일하지만, 그 근본의 所在는 다만 '原' 字와 '生' 字를 보면 미루어 알 수 있다. 우리 退溪先生의 정밀함으로 어찌 이것을 모르고 互發說을 정립했겠는가? 栗谷은 반드시 '互發' 두 글자를 攻破하고자 '道心 또한 氣發'이라고 하였으니, 그렇다면 道心 또한 '形氣의 사사로움'에서 생긴 것이요 '性命의 公正함'에 근원한 것이 아니라는 말인가? 이것은 많은 변론을 기다리지 않고서도 명백한 것이다.[92]

입재는 사람의 본성을 本然之性과 氣質之性으로 구분하듯이, 마음도 本然之心과 氣質之心으로 구분할 수 있다고 주장하고, 道心은 本然之心이요 人心은 氣質之心이라고 설명하였다. 입재의 持論을 요약하자면 사람의 마음은 하나이지만 所主에 따라 道心과 人心으로 구분할 수 있다는 것, 道心은 '性命의 公正함에 근원한 것'이니 主理(理發)이고 人心은 '形氣의 사사로움에서 생긴 것'이니 主氣(氣發)라는 것이다. 입재는 특히 율곡의 '道心 또한 氣發'이라는 말에 대해, 그렇다면 '道心 또한 形

---

92) 『立齋集』 卷23 頁10~11, 〈答柳元若別紙〉: 退陶互發之說 亦豈謂理氣之各爲根本於方寸中耶 盖道心是原於性命之正者 則方寸中所具 只是性命之正者而已 豈有形氣之私 根本於其中之理哉 但所謂方寸者 雖固是神明之舍 而其具性命之正者 是本然之心 其有形氣之私者 是氣質之心也 夫性旣有本然氣質之異 則心之有本然氣質之異者 亦其宜也 是故無論人心道心 其爲方寸中虛靈知覺 只是一而已矣 而道心是從本然之性而發者也 人心是從氣質之性而發者也 則人心之根本 特在於氣質之性之中 且此二心 皆發而後可見者也 若其未發則方寸中所具 只有性命之理 而形氣之私 初無夾雜於其間 故古之君子所以致戒愼恐懼之工 以存天理之本然者此也 心之虛靈知覺 雖若無人道之異 而本然之性氣質之性元是自別 第看朱子於道心則以爲原於性命之正 於人心則以爲生於形氣之私 二心之發於方寸則一矣 而其根之所在 只看原字生字 可推而知矣 以我老先生之精密 豈不知此 而乃爲此互發之說耶 栗谷必欲攻破互發二字 而乃以道心亦謂之氣發 審如是 是道心亦生於形氣之私 而不原於性命之正云爾耶 此不待多辨而明

氣의 사사로움에서 생긴다'는 주장이 되므로 語不成說이라고 비판하였다. 율곡은 道心이 '性命의 公正함에 근원한 것'임을 인정하면서도 '道心 또한 氣發'이라고 하는 것이요, 입재는 '道心 또한 氣發'이라는 말은 '道心 또한 形氣의 사사로움에서 생긴다'는 주장이 되므로 語不成說이라고 비판하는 것이다. 여기서 우리는 '氣發'이라는 용어에 대한 두 사람의 '含意'가 다름을 짐작할 수 있다. 따라서 위의 인용문은 입재 자신의 입장을 명확하게 설명한 것일 수는 있어도, 율곡에 대한 정당한 비판이라고는 볼 수 없겠다.

2) 論點의 정리와 평가

이제 마지막으로 입재와 율곡 사이의 논점을 정리하고 평가해 보자. 첫째 논점은 '理의 주재'에 대한 해석 문제이다. 먼저 밝혀야 할 것은 율곡도 '理는 氣의 주재자'임을 분명히 했다는 점이다.[93] 따라서 율곡과 입재 사이의 논점은 '理의 주재를 긍정하느냐, 부정하느냐'에 있는 것이 아니요 '理의 주재를 어떻게 해석하느냐'에 있는 것이다. 율곡은 '理의 주재'의 의미를 '理가 氣의 운동의 표준(법칙)이 됨'으로 한정했다. 율곡의 해석에 따르면 음양이 운동하는 것 자체는 음양의 자연적 속성에 의한 것이요(機自爾), 그 운동이 一動一靜이라는 순환적 법칙성을 지님은 '理의 주재' 때문인 것이다. 그런데 입재는 '理의 주재'를 '理가 氣의 운동의 표준(법칙)이 됨'과 동시에 '理가 氣로 하여금 이러저러하게 운동하게 시킴(使之)'으로 해석했다. 따라서 '理의 주재'에 대한 논의에 있어서, 초점은 '使之'로 모아질 수밖에 없다.

---

93) 『栗谷全書』 卷10 頁2, 〈答成浩原〉: 理者 氣之主宰也 氣者 理之所乘也

입재처럼 '理의 주재'를 '使之'를 포함하는 것으로 해석하면, 理의 위상이 한층 강화되어 '理强氣弱'을 주창하는 데 도움이 될 것이다. 그러나 여기에는 두 가지 문제가 있다. 첫째는 '理는 形而上者요, 形而上者는 作爲가 없다'고 전제한다면, 作爲가 없는 理가 어떻게 氣를 부릴 수 있느냐 하는 점이다. 둘째는 이러한 주장은 '현실의 惡'을 설명함에 있어서는 취약할 수밖에 없다는 점이다.[94] 氣의 모든 운동이 理가 그렇게 시킨 것이라면, 惡은 왜 생기는 것인가? 입재는 氣의 모든 운동은 '理가 그렇게 시킨 것'이라 하면서, 동시에 惡이란 '氣가 理를 따르지 않은 것'이라 설명했는데, 이에 대해 다음과 같은 의문을 제기할 수 있다. 만약 氣의 모든 운동이 理가 그렇게 시킨 것이라면, '氣가 理를 따르지 않음' 역시 理가 그렇게 시킨 것인가? 그렇다면 '理의 주재'는 '善의 근거'인 동시에 '惡의 근거'가 되는 셈이다. 이러한 해석을 수긍할 수 있는가? 만약 理는 氣에게 理를 따르도록 시켰는데 氣가 理를 따르지 않는 것이라면, 이미 '使之'는 관철될 수 없는 것이며, 나아가 '理强'도 손상될 수밖에 없는 것이다.

둘째 논점은 '理·氣의 互發'에 대한 것이다. 입재는 여러 맥락에서 퇴계의 理氣互發論을 옹호하고 율곡을 비판했지만, 그 비판이 적실한 것이라고는 볼 수 없다. 요컨대 율곡과 입재의 입론은 서로 빗나가고 있는 것인데, 그 까닭은 서로 '理發·氣發'과 '主理·主氣'의 의미를 다르게 이해하기 때문이다. 입재는 '理發·氣發'을 다만 '主理·主氣의 뜻'으로 해석하고, '人心·道心'에는 분명 '主理·主氣'의 뜻이 있다는 맥락에서 理氣互發說을 옹호한 것이다. 그러나 율곡은 '理發·氣發'과 '主理·主氣'를 서로 다른 뜻으로 이해했다. 이는 율곡이 '人心·道心'을 '主

94) 이에 대한 자세한 논의는 拙著, 『畿湖性理學論考』, 456~458쪽 참조.

理・主氣'로 구분하면서,[95] 동시에 '人心・道心이 모두 氣發'[96]이라고 주장하는 데서 확인된다. 율곡은 '理發・氣發'은 '能發(發의 주체)'을 구분하는 용어로 이해하고, '主理・主氣'는 '所主'를 구분하는 용어로 이해한 것이다. 이러한 맥락에서 율곡은 四端이나 道心을 '主理'라고 말하는 것은 긍정하면서도, '理發'이라고 말하는 것은 비판한 것이다. 율곡의 이러한 주장에는 '發의 주체'는 '氣' 하나일 뿐이요, '理는 결코 發의 주체가 될 수 없다'는 논리가 전제된 것이다. 율곡이 퇴계의 互發說을 비판하는 핵심적 이유는 '理의 能發說'에 있는바, 理는 形而上者이기 때문에 能發者로 규정할 수 없다는 것이요, 또 理를 能發者로 규정하면 우리 마음에 두 근본(主體)이 있는 것으로 된다는 것이다. 퇴계가 理의 能發說을 주장한 것이 분명한 한 율곡의 이러한 비판은 충분한 이유가 있는 것이다. 그런데 입재는 퇴계의 理의 能發說에 대해서는 별다른 언급이 없이 互發說에 대한 율곡의 이해가 잘못되었다고 비판하는 것이다.

이상에서 율곡과 입재 사이의 논점을 정리해 보았다. 이렇게 논점을 정리하고 보면, 입재의 율곡에 대한 비판은 '본질적인 문제 제기'에 해당되는 것과 '용어상의 차이로 인한 부적절한 비판'이 구분된다. 첫째의 '理의 주재' 문제에 있어서는 율곡과 입재가 본질적인 차이를 보여주는 것이다. 입재는 '使之'를 부정하는 율곡의 주장이 '理를 死物로 여기는 것'이라고 비판했거니와, 이에 대해서는 입재 자신도 '作爲가 없는 理가 어떻게 氣를 부릴 수 있는가'의 문제와 '현실의 惡을 어떻게 설명할 것인가'의 문제를 더 설명해 주어야 할 것이다. 둘째의 '理・氣 互發' 문제에 있어서는 '主理・主氣, 理發・氣發' 등에 대한 두 사람의 용어상의 차이를 고려한다면, 사실 두 사람의 持論은 아무런 차이가 없는 것임을 발견

95) 『栗谷全書』 卷10 頁8, 〈答成浩原〉: 人心道心 可作主理主氣之說
96) 『栗谷全書』 卷10 頁28, 〈答成浩原〉: 人心道心 俱是氣發

할 수 있다.

입재는 理氣互發論을 옹호하면서 율곡을 여러 측면에서 비판했지만, 입재의 지론은 서로 놀라울 정도로 율곡과 합치되고 있음을 발견할 수 있다. 그 대강을 말하자면 다음과 같다. 첫째, 율곡이나 입재가 모두 心을 氣(氣의 精爽)로 규정한다는 점이다. 둘째, 율곡과 입재가 모두 '理의 能發'을 부정한다는 점이다. 다시 말해 四端이나 七情이 모두 心의 지각 작용을 통해서만 발한다고 본 점에서 두 사람의 의견이 일치한다. 셋째, '四端은 主理라고 할 수 있지만 七情은 主氣라고 볼 수 없다'는 점에 있어서도 두 사람의 의견은 일치한다. 율곡은 七情은 主氣의 측면과 主理의 측면을 모두 포함하므로, 主氣로 말할 수 없다고 하였다. 입재의 '公七情理發說'도 七情에는 理發(主氣)도 있다는 것, 따라서 七情을 단순히 氣發(主氣)로 볼 수 없다는 것이었다. 넷째, 입재의 '理化 · 氣化'論도 '理化 · 氣化'라는 용어를 제외한다면 그 기본 발상은 율곡의 지론과 일치하는 것이다. 입재의 理化氣化論의 기본 발상은 氣를 '本然之氣와 氣質之氣'로 구분하고, 本然之氣는 理를 따라서 온전히 실현하나 氣質之氣는 그렇지 못하다고 보는 것이었다. 그런데 氣를 이렇게 둘로 나누는 것은 바로 율곡의 논법이었다. 율곡의 다음과 같은 말을 보자.

> 氣가 本然之理를 따르는 경우 氣 또한 本然之氣로서, 理가 그 本然之氣를 탐으로써 道心이 된다. 氣가 本然之理를 변질시킨 경우 氣 또한 本然之氣에서 변질된 것으로서, 理가 그 변질된 氣를 탐으로써 人心이 되어, 過 · 不及이 생기게 된다.…… 氣가 本然之理를 따른 것도 진실로 氣發인데, 氣가 理의 명령을 따랐기 때문에 理에 중점이 있는 것이요, 그리하여 '主理'로 말하는 것이다. 氣가 本然之理를 변질시킨 것도 진실로 理에서 근원한 것이나, 本然之氣가 아니므로 理의 명령을 따랐다고 말할 수

없다. 따라서 氣에 중점이 있는 것이요, 그리하여 '主氣'로 말하는 것이다. 氣가 명령을 따르느냐의 여부는 모두 '氣의 所爲'요, 理는 作爲가 없으니, '서로 發用한다'고 말할 수 없다.[97]

율곡은 氣를 '本然之氣와 변질된 氣'로 나누고, 本然之氣가 발한 것은 理를 제대로 따르는 것이므로 '主理'라 하였으며, 변질된 氣가 발한 것은 理를 제대로 따르지 못하는 것이므로 '主氣'라 하였다. 입재는 理가 제대로 실현된 경우에는 理化(理發)라 하고 氣의 濁駁으로 인해 제대로 실현되지 못하면 氣化(氣發)라 한 것이나, 율곡은 所主에 따라 主理와 主氣를 구분하면서도 發(化)의 주체는 氣일 뿐이라 하여 모두 氣化(氣發)라 한 것이었다.[98]

이상의 네 가지는 율곡과 입재가 견해를 같이하는 점들이다. 다만 용어상의 차이로 인해 입재가 율곡의 本旨를 충분히 이해하지 못한 것이다. 이제 용어상의 차이가 분명히 드러난 이상, 後學들은 이를 바탕으로 보다 폭넓은 상호 이해를 도모할 수 있을 것이다.

---

97) 『栗谷全書』卷10 頁28, 〈答成浩原〉: 氣有順乎本然之理者 則氣亦是本然之氣也 故理乘其本然之氣 而爲道心焉 氣有變乎本然之理者 則亦變乎本然之氣也 故理亦乘其所變之氣 而爲人心 而或過或不及焉 …… 氣順乎本然之理者 固是氣發 而氣聽命於理 故所重在理 而以主理言 氣變乎本然之理者 固是原於理而已 非氣之本然 則不可謂聽命於理也 故所重在氣 而以主氣言 氣之聽命與否 皆氣之所爲也 理則無爲也 不可謂互有發用也

98) 입재는 天地의 造化에 있어서의 '理化 · 氣化'를 설명함에 있어서 '理化' · '理를 따르는 氣化' · '理를 어기는 氣化'로 3分하였다. 입재에 의하면 '氣化'의 경우에는 '化'의 주체가 氣로서, '淸粹한 氣'는 理를 따르고, '濁駁한 氣'는 理를 어기는 것이다. 그런데 '理化'의 경우에는 '化'의 주체를 명확하게 설명하지 않았다. 입재는 '理는 作爲가 없다'고 했으니, 理化의 주체는 理라고 보기 어렵다. 따라서 理化의 주체 역시 氣라고 한다면, 그것은 '理를 따르는 氣化'와 어떻게 구분되는가? 입재는 '理를 따르는 氣化'는 '理化'와 차이가 없다고 보았으니, 그렇다면 '理化'라는 개념을 도입할 필요 없이, 율곡처럼 단순히 '理를 따르는 氣化'(主理)와 '理를 어기는 氣化'(主氣)로 구분하는 것이 더욱 명쾌하지 않았을까? 한편, 율곡이 "氣가 명령을 따르느냐의 여부는 모두 氣의 所爲"라고 한 것은, 현실의 善 · 惡을 주도하는 것은 氣요, '理는 氣를 부릴(使之) 수 없다'는 뜻이다.

6. 결론

입재는 대산의 理主氣資論을 祖述하는 맥락에서 자신의 理氣心性論을 정립하였다. 理主氣資論의 특징은 '理의 主宰'를 강조하면서도 '理의 能發'을 부정하는 것이다. 理主氣資論에 입각할 때, 理는 氣의 主宰者이면서도 '氣의 도움(氣資)' 없이 스스로 발현할 수 없는 것이다.

'理主'의 측면을 정리하면, 입재는 '理의 主宰'를 '理가 氣의 운동의 표준(法則)이 된다'는 뜻뿐만 아니라 '理가 氣를 부린다(使之)'는 뜻으로도 해석하고, 이러한 맥락에서 종래의 '理弱氣强'을 뒤집어 '理强氣弱'을 주창하였다. 그러나 '理의 使之'이나 '理强氣弱'은 현실의 惡을 설명하는데 있어서는 취약한 논리였다.

'氣資'의 측면을 정리하면, 입재는 '理의 能發'을 부정하고, 四端이나 七情이 모두 心(氣의 精爽)의 知覺作用을 통해서 발현되는 것이라고 보았다. 입재는 理氣互發說을 옹호했으나, 그가 말하는 '理發 · 氣發'은 다만 '主理 · 主氣'를 뜻할 뿐이었다. 즉 입재의 理發은 '理가 스스로 발한다'는 뜻이 아니라, '氣가 淸粹하여 理를 온전히 발현시킨다'는 뜻이었다.[99] 입재는 퇴계를 더 없이 존숭하고 옹호했지만, 이처럼 理의 能發을 부정한다는 점에 있어서 입재의 성리학은 퇴계학과는 궤를 달리하는 것이다. 또한 입재가 理의 能發을 부정하는 한, 입재의 지론은 율곡의 氣發理乘一途論과 본질적으로 어긋나는 것이 아니다. 율곡이 氣發理乘一途論을 통해 퇴계를 비판하는 초점은 '理의 能發'에 있었던 것이요, '主理 · 主氣'에 있었던 것이 아니었기 때문이다.

---

99) 다시 말하지만, 입재는 四端이든 七情이든 모두 '心의 知覺作用'을 통해서 발한다는 것을 대전제로 삼고, '發하는 내용의 所主'에 따라 理發 · 氣發을 구분한 것이다. 그 발하는 내용이 '道德的 當爲'에 부합하면 理發이요, '形氣의 欲望'에 부합하면 氣發이라는 것이다.

本考에서 충분히 논했듯이 입재의 성리학은 놀라울 정도로 율곡의 지론과 부합되는 것이다. 心을 氣(氣의 精爽)로 규정하는 점, 四端과 七情을 막론하고 '發의 주체'를 모두 氣로 규정하는 점, 七情에는 氣發뿐만 아니라 理發도 있다고 하는 점, 氣를 本然과 氣質로 나누어 主理와 主氣를 논하는 점, 理·氣를 논함에 있어서 '원리적 차원의 不離'보다 '사실적 차원의 不離'를 더욱 강조한 점 등은 입재와 율곡이 전적으로 견해를 같이 했던 내용들이다.[100)]

이처럼 두 사람이 기본적인 견해를 같이함에도 불구하고, 입재가 여러 측면에서 율곡의 성리학을 비판한 것은 대부분 용어상의 차이에서 기인한 것이었다. 율곡은 '主理·主氣'와 '理發·氣發'을 다른 의미로 이해했기 때문에 '主理·主氣'의 논법은 수긍하면서도 '理發·氣發'의 논법은 수긍하지 않았다. 그런데 입재는 '主理·主氣'와 '理發·氣發'을 같은 의미로 이해하고, 율곡의 氣發理乘一途論을 '理·氣의 구분을 무시하는 것'이라고 비판했던 것이다. 따라서 입재의 이러한 비판은 자신의 생각을 드러내는 데는 유용한 것일지라도, 율곡에 대한 적실한 비판은 못되는 것이었다. 입재와 율곡이 본질적으로 견해를 달리했던 부분은 '理의 使之' 문제였다. 입재는 율곡이 '理의 使之를 부정하는 것'을 '理를 死物로 전락시키는 것'이라고 비판했다. 그러나 '理의 使之'論은 현실의 惡을 설명하기 곤란한 이론임을 부정할 수 없다면, 율곡이 '理의 使之'를 부정할 수밖에 없었던 이유를 보다 깊이 음미해야 할 것이다.

---

100) 이렇게 본다면, 序論에서 소개한 立齋에 대한 기존의 대립된 평가 중에서, 玄相允·裵宗鎬의 평가가 劉明鍾·崔英成의 평가보다 타당하다고 하겠다. 論者가 생각하기에, 劉明鍾·崔英成은 立齋의 持論을 충분히 파악하지 못한 것으로 보인다. 한편, 立齋가 栗谷과 매우 근접한 견해를 정립하게 된 것은 大山의 理主氣資說의 영향이요, 大山의 理主氣資說은 旅軒 張顯光의 理氣經緯說에 크게 영향을 받은 것이라 한다(안영상, 「대산 이상정의 渾淪·理發說의 착근에 있어서 여헌설의 영향과 그 의미」, 『儒教思想研究』 제27집, 한국유교학회, 2006 참조).

제8장 星湖 李瀷의 理發氣隨一路說과 그 비판

1. 서론

주지하듯이 퇴계는 본래 '四端과 七情'을 단순히 '理發과 氣發'로 分開했었다. 그런데 이에 대해 高峯 奇大升이 "理와 氣가 쪼개져서 兩物이 되니, 七情은 性에서 나온 것이 아니고, 四端은 氣를 타지 않은 것이 된다. 이러한 주장은 잘못이 아닐 수 없다"[1]고 반론하자, 퇴계는 마침내 "四端은 '理가 발함에 氣가 따르는 것'(理發而氣隨之)이요, 七情은 '氣가 발함에 理가 타는 것'(氣發而理乘之)이다"라고 수정했다. 이것이 퇴계의 최후의 定論으로서, 기존의 설명에서 四端(理發)에는 '氣隨'를 덧붙이고 七情(氣發)에는 '理乘'을 덧붙인 것이다. 즉 퇴계는 한편으로는 고봉의 '理氣不相離'를 수용하면서도, '四端과 七情'을 '理와 氣'로 나누는 자신의 본지를 굽히지 않은 것이다. 기고봉은 '理主氣資'라는 관점에서 '理·

1) 『兩先生四七理氣往復書』 上篇 頁1 : 是理與氣判而爲兩物也 是七情不出於性 而四端不乘於氣也 此語意之不能無病 而後學之不能無疑也

氣의 不相離(相須)'를 강조했던 것인바, 퇴계는 고봉의 비판을 수용하면서 자신의 입장을 다음과 같이 정리하였다.

> 대개 사람의 한 몸은 理와 氣가 합쳐서 생긴 것이다. 그러므로 理와 氣는 서로 發用하며, 그 發用은 또 서로를 기다린다. 서로 발용하니(互發) 각각 主로 삼는 바가 있음을 알 수 있으며, 서로 기다리니(相須) 서로 그 가운데 있음을 알 수 있다. 서로 그 가운데 있기 때문에 渾淪해서 말하는 자도 있으며, 각각 主로 삼는 바가 있기 때문에 分別해서 말해도 不可함이 없다.[2)]

위에 보이는 것처럼 퇴계는 '互發(分別)'을 주장하면서도 '相須(渾淪)'도 긍정함으로써 고봉의 비판을 무마시키려 했던 것이다. 그런데 사실 互發과 相須는 양립되기 어려운 개념이다. 理·氣가 서로 발용하는 것이라면, 理·氣가 서로를 기다릴 필요가 없기 때문이다.[3)] 그리하여 퇴계의 위와 같은 설명을 두고, 율곡학파의 비판은 論外로 하더라도, 퇴계학파 내부에서조차 많은 논란이 야기되었던 것이다. 위의 인용문을 둘러싼 퇴계학파 내부의 반응은 대략 세 갈래로 정리된다.

첫째, 理의 能動性을 적극 옹호하면서, '理와 氣가 각각 발용한다'는 입장을 견지하는 부류이다. 이들은 互發에 초점을 맞추면서 相須의 측면을 폄하하거니와, 葛庵 李玄逸(1627~1704)과 淸臺 權相一(1679~1760)이 그 대표자라 할 수 있다.

---

2) 『退溪集』 卷16 頁30, 〈答奇明彦論四端七情第二書 改本〉: 蓋人之一身 理與氣合而生 故二者互有發用 而其發又相須也 互發則各有所主可知 相須則互在其中可知 互在其中 故渾淪言之者固有之 各有所主 故分別言之而無不可

3) '理와 氣가 서로 발용한다'는 互發說의 맥락에서는 理와 氣가 서로 對立하는 존재로 규정되고, '理와 氣가 서로 기다린다'는 相須說의 맥락에서는 理와 氣가 서로 補完하는 존재로 규정된다. 사실 互發說은 '理와 氣'를 '道心과 人心' 또는 '天理와 人欲'으로 이해하는 관점에서 성립하는 것이나, 相須說은 '理와 氣'를 '道와 器' 또는 '本(표준)과 具(재료)'로 이해하는 관점에서 성립하는 것이다.

둘째, 理의 能動性을 부정함으로써 '理와 氣가 각각 발용한다'는 주장을 철회하는 부류이다. 이들은 相須에 초점을 맞추면서 互發의 의미를 '主理와 主氣'라는 뜻으로 제한하고 있거니와, 大山 李象靖(1710~1781)이 그 대표자라 할 수 있다.

셋째, 理의 능동성을 옹호하면서도 '理와 氣가 각각 발용한다'는 주장에는 동의하지 않는 부류이다. 이들은 理와 氣를 모두 능동적 존재로 규정하면서도, 각각의 차원을 한정함으로써 理·氣의 相須를 옹호한다. 또 이들은 '理와 氣가 각각 발용한다'는 주장에는 동의하지 않으면서도, 互發說의 취지는 적극 옹호한다.

星湖 李瀷(1681~1763)은 위의 셋째 부류를 대표하는 인물이라 할 수 있다. 성호는 '理·氣의 相須'라는 관점에서 四端과 七情을 모두 '理發氣隨'로 설명하였다. 성호는 '인간의 감정이 발현하는 경로는 理發氣隨라는 한 길만 있다'는 관점에서 '理와 氣가 각각 발용한다'는 주장을 부정하면서도, '四端과 七情은 苗脈이 다르다'는 관점에서 四端과 七情을 다시 理發과 氣發로 구분하였다. 요컨대 성호는 相須와 互發을 양립시키고자 독특한 논리를 고안해냈던 것이다.[4)]

성호는 '實學者'로 널리 알려져 있지만, 性理說에 대해서도 평생 동안 지속적인 관심을 기울이며 많은 논설을 남겼다. 『四七新編』은 그 대표적인 업적이라 할 수 있거니와, 성호는 『四七新編』의 序文에서 "性情의 妙를 알지 못하면 스스로 설 수 없으며 몸도 따라서 망하게 된다"고 전제하고, "진실로 몸을 검속하고 행동을 삼가려 한다면 이것을 버리고 무엇을 근본으로 삼겠는가? 그러므로 옛날의 實學에 힘쓰던 사람들은 모

4) 성호 성리설의 독특한 점은 이밖에도 여러 가지가 있다. 성호가 '理의 주재'와 '氣의 주재'를 동시에 인정하는 것이나 心을 단순히 '氣'로 규정하는 것, 그리고 四端을 善으로 규정하면서도 '四端에도 不中節이 있다'고 주장하는 것도 퇴계학파의 성리학자로서는 매우 독특한 내용이다.

두 여기에 힘을 들여서 반드시 源頭處에 이르기를 구하였다"고 하여, 心性論에 대한 바른 이해가 實學의 출발점이라고 강조하였다.

성호의 『四七新編』은 四端七情論에 대한 先秦儒學과 宋學의 典據들을 거의 網羅하여 하나의 저술로 체계화했다는 데 무엇보다도 큰 의미가 있다. 『四七新編』의 序文에서도 밝히고 있듯이 성호는 이러한 작업을 통하여, 한편으로는 자신의 四端七情論을 정립하고, 한편으로는 율곡의 氣發理乘一途論을 비판하고 퇴계설을 옹호하고자 하였다. 그러나 성호는 단순히 퇴계설을 옹호한 것이 아니요, 퇴계설의 문제점을 분명히 지적하고, 자신의 관점에서 취사선택하면서 일관된 체계를 정립하고자 했던 것이다.

本考에서는 먼저 '理·氣의 動·靜' 문제와 '心統性情'에 대한 해석을 중심으로 성호 성리설의 大綱과 특징을 규명하고자 한다. 이어서 '一性二情論'과 '理發氣隨一路說'을 중심으로 성호의 四端七情論을 살펴본 다음, 성호의 退溪·栗谷에 대한 비판적 논의를 살펴보고, 마지막으로 성호의 性理說이 지닌 문제점들을 검토해 보고자 한다.

2. 理氣心性論의 논점

1) 理·氣의 動·靜과 理의 主宰

주지하듯이 栗谷學派에서는 理의 능동성을 부정하고, 氣의 능동성만 인정한다. 반면에 退溪學派에서는 계열에 따라 理도 氣처럼 動靜하는 것으로 설명하거나, 또는 理의 능동성을 부정하고 氣의 능동성만 인정하기도 한다. 그런데 성호는 理·氣의 動·靜 문제를 매우 독특하게 설명하고 있다. 성호는 理·氣를 모두 능동적 존재로 규정하면서도, 理의 능동성과 氣의 능동성은 차원을 달리하는 것으로 설명하기 때문이다. 우선 성호의 다음과 같은 말을 보자.

> '太極에 動靜이 없다'고 하는 것은 아마도 그렇지 않은 것 같다. 무릇 능히 動靜하는 것은 氣이지만, 動靜하는 所以는 理이다. 만약 애초에 動靜의 理가 없다면 氣는 무엇을 말미암아 動靜하겠는가?[5)]

위의 인용문 자체는 많은 성리학자들의 일반적인 설명과 다름이 없다. 氣의 능동성만 인정하고 理의 능동성은 부정하는 학자들도 흔히 '氣가 動靜하는 所以는 理'라고 말하기 때문이다. '理는 氣의 動靜의 所以'라는 말은 성리학에서 '理의 주재'를 설명할 때 종종 등장하는 표현이거니와, 많은 성리학자들은 '理는 氣의 動靜의 所以'임을 인정하면서도 '理의 능동성'을 부정했던 것이다. 그런데 성호는 '理의 주재'를 '理의 능동성'과 같은 맥락으로 풀이한다. 다시 말해 성호는 '理의 능동성'을 부정하는 것은 理를 枯木死灰와 같은 死物로 전락시키는 것으로서, '理의 주재'를 부정하는 것이라고 인식하는 것이다.

성호는 주자의 "움직이지 않으면서 움직일 수 있는 것(未動而能動)이 理이다"[6)]라는 말을 理의 動靜을 설명하는 대원칙으로 삼았다.[7)] 성호는 '未動'을 '理가 직접 動靜하지는 않는다'는 뜻으로, '能動'은 '理가 氣를

---

5) 『星湖全集』 卷15 頁4, 〈答沈判事〉: 且謂太極無動靜 恐是不然 夫能動靜者 氣也 而所以動靜 則理也 若初無動靜之理 則氣何自有此乎

6) 『朱子大全』 卷57 頁21, 〈答陳安卿〉: 未動而能動者 理也 未動而欲動者 意也

7) 『四七新編』 〈讀李栗谷書記疑〉: 謹按 以其迹言 則理氣固無先後 以其主宰言 則理本非如槁木死灰 必須未動而能動(朱子答陳安卿說) 御氣而發

주재한다'는 뜻으로 풀이한다. 요컨대 理는 자신이 직접 동정하지는 않으나 氣로 하여금 동정하도록 주재하는 능동적 존재라는 것이다. 이것을 성호는 '理가 움직임에 氣가 움직인다'는 말로 표현하고, 이것은 결코 바꿀 수 없는 내용이라고 확언하였다. 성호는 다음과 같이 말한다.

> '理가 움직임에 氣가 움직인다'는 것은 말뚝을 박은 것처럼 바뀔 수 없는 이론이다. '사람이 말을 타는 것'으로 설명하자면, 理는 '사람'과 같고 氣는 '말'과 같거니와, '사람이 (어느 곳을) 가고자 함에 말이 싣고서 가는 것'이요, '말이 가고자 함에 사람이 타고서 가는 것'이 아니다.[8)]

위의 인용문은 '理·氣의 動·靜'과 '理의 主宰'를 동시에 설명해주는 내용이다. 성호는 '理가 움직임에 氣가 움직인다'고 하여, 理의 능동성과 氣의 능동성을 동시에 인정하였다. 그런데 또 "理는 '사람'과 같고 氣는 '말'과 같다"는 비유에서 드러나듯이, 理의 능동성은 '氣를 주재함(말을 부림)'에 있는 것이요, 氣의 능동성은 '理의 주재에 따라 운동함(사람의 명령에 따라 사람을 싣고 감)'에 있다는 것이다.

한편 맹자는 性善을 주장하고 "不善을 짓는 것은 才의 罪가 아니다"[9)] 라고 한 바 있거니와, 성호는 이 '才'를 풀이하면서 다음과 같이 말한다.

> 일찍이 생각해보니 理와 氣가 합쳐져서 '性'이라는 이름이 있는 것이요, '능히 할 수 있음(能爲底)'으로 말미암아 '才'라는 이름이 있는 것이다. 同一한 '性'인데 天命之性과 氣質之性이 있듯이, 同一한 '才'인데 天命之才와 氣質之才가 있는 것으로, 그 뜻이 같다. 理는 비록 情意와 造作이 없

---

8) 『星湖全集』 卷17 頁21, 〈答李汝謙 己未〉: 理動而氣動者 椿定不易 以人乘馬說明之 理如人氣如馬 人欲有往 馬載而行 非馬欲有往而人乘去也

9) 『孟子』 告子上 6: 若夫爲不善 非才之罪也

지만, 또한 말라버린 死物이 아니다. 그러므로 '움직이지 않으면서 움직일 수 있는 것이 理이다'[10]라고 하는 것이다. 그러므로 먼저 惻隱의 理가 있고서 이 惻隱의 端緖가 있는 것이니, 이것이 '理의 능히 할 수 있음(能爲底)'이다. 氣에는 昏明과 强弱의 차이가 있어서 감응하는 바가 다르니, 이것이 '氣의 능히 할 수 있음(能爲底)'이다. 그렇다면 어찌 오직 '才'에 있어서만 天命과 氣質의 구분이 없겠는가?[11]

성호는 '才'를 '능히 할 수 있음(能爲底)' 즉 '才能'의 뜻으로 풀이하고, 氣만 才能을 지니는 것이 아니라 理도 才能을 지니는 것이라 주장하였다.[12] 성호는 理를 '將帥'에, 氣를 '兵卒'에 비유하기도 하거니와, 성호가 말하는 '理의 재능'이란 '理의 統率力(主宰力)'을 뜻하고 '氣의 재능'이란 '氣가 理의 명령을 奉行하는 능력'을 뜻한다. 將帥는 일정한 의도를 지니고 兵卒을 통솔하는데, 마찬가지로 理도 일정한 의도를 지니고 氣를 주재한다는 것이다. 또 將帥는 兵卒로 하여금 나아가 싸우도록 명령하

10) '未動而能動'을 글자 그대로 풀이하면 '움직이지 않으면서 움직일 수 있는 것'이라는 말이다. 그러나 星湖가 말하는 '理의 能動性'은 결국 '理가 氣를 주재함'을 뜻하는 것이니, '未動而能動'은 '(理 스스로는) 움직이지 않으면서 (氣로 하여금) 움직일 수 있게 함'으로 풀이해도 무방할 것이다.

11) 『孟子疾書』〈告子上〉 제6장: 盖嘗思之 合理與氣 有性之名 由其能爲底 有才之名 同一性也 有天命之性氣性 同一才也 有天命之才氣質之才 其義一也 理雖情意造作 亦非枯然死物 故曰 未動而能動者 理也 故先有惻隱之理 而有此惻隱之端 是理之能爲底也 氣有昏明强弱之異 而所應不同 是氣之能爲底也 然則天命氣質之分 何獨於才無之 ('理雖情意造作'은 문맥상 '理雖無情意造作'이어야 마땅하므로, '無' 字를 보충하여 '理는 비록 情意와 造作이 없지만'으로 번역하였다)

12) 성호의 '理之才'에 대해서, 안영상은 劉述先의 "程伊川이나 朱子는 才를 氣에 속하게 함으로써 孟子의 性善說의 논리를 벗어나고 있다"는 지적을 소개한 다음, 성호의 '理之才'는 '程子나 朱子에 의해서 약화된 孟子의 性善의 논리를 되살리려 한 것'으로서 '退溪의 의도를 계승한 것'이라고 의미를 부여하였다(안영상, 「星湖 李瀷의 性理說 연구」, 고려대 박사학위논문, 1998, 49쪽). 안영상의 설명처럼 '理의 才(能動性)'를 인정할수록 性善은 더욱 실제적인 의미를 확보할 수 있을 것이다. 그러나 '理의 才'를 강조할수록 '形而上者와 形而下者'의 구분이 애매해져서 '성리학(理氣論)의 기본 틀'을 무너뜨리게 되고, 한편으로는 '현실의 惡'을 설명하기 어렵게 된다는 점도 지적하지 않을 수 없다.

는 존재요, 직접 싸우는 사람은 兵卒이거니와, 마찬가지로 理는 氣로 하여금 동정하도록 주재할 뿐이요, 직접 동정하는 것은 氣라는 것이다. 성호는 다음과 같이 말한다.

> 太極에 관한 설명은 그대가 논한 것이 대체로 맞다. 朱子의 여러 가르침도 또한 동일한 뜻이다. '理가 氣를 낳는다(理生氣)'는 것은 '陰陽의 動靜은 理로 말미암아 있는 것이니, 바로 太極이 낳은 것'이라는 말이다. '太極이 動靜하는 것은 아니요, 다만 理에 動靜이 있다'는 말은 '太極은 비록 動靜의 理가 있지만, 어찌 스스로 動靜함이 있겠는가?'라는 말이다. 勉齋의 '太極은 動靜할 수 있는 것이 아니다'라는 말 또한 '스스로 動靜할 수 없으나, 氣機를 타면 動靜이 있게 된다'는 말이다. 만약 '太極에는 造作이 없다'고 한다면 옳지만, '또한 情意도 없다'고 한다면 아마도 이해하기 어려울 것 같다. 만약 太極이 다만 한 덩어리의 事物이라고 한다면, 氣는 무엇으로부터 말미암아 動靜이 있겠는가?[13]

> 理에 動靜이 있기 때문에 氣에 動靜이 있다. 理가 장차 움직이려 하면 氣가 문득 理를 싣고서 이 面貌를 이룬다. 그러므로 '理가 발함에 氣가 따른다(理發氣隨)'는 것은 四端과 七情이 같다.[14]

첫째 인용문은 '理에 動靜이 있기 때문에 氣가 動靜할 수 있다'는 것, 그리고 '理가 스스로 動靜하는 것은 아니요 氣機를 타고 動靜한다'는 것

---

13) 『星湖全集』 卷16 頁27, 〈答睦士懋 乙卯〉: 太極之說 君所論大槩得之 朱子諸訓亦一意 其曰理生氣者 謂陰陽之動靜 由理而有 便是太極之所生也 其曰非太極動靜 只是理有動靜者 謂太極雖有動靜之理 豈有自動靜也 勉齋所謂太極不是會動靜者 亦謂不能自動靜而乘氣機乃有此也 若曰太極無造作則可 謂之亦無情意 恐似難曉 如使太極只是塊然一物 則氣何自而有動靜

14) 『星湖全集』 卷18 頁11~12, 〈答李致和 庚午〉: 理有動靜 故氣有動靜 理之將動 氣便載之 成此面貌 故理發氣隨者 四七同然

을 밝힌 것이다.15) 첫째 인용문에서 특히 주목할 것은 '理에 造作은 없지만 情意는 있다'고 주장한 점이다. 둘째 인용문에서는 "理가 장차 움직이려 하면 氣가 문득 理를 싣고서 이 面貌를 이룬다"고 했는데, 여기에서 '장차 …… 하려 함'이 바로 '理의 情意'에 해당되는 것이다. 둘째 인용문에서는 '造作'을 氣의 역할로 규정했다. 理가 어떤 의도(情意)를 지니고 있으면, 造作을 통해 理의 의도를 완성하는 것은 氣의 역할이라는 것이다. 성호는 이것을 '理發氣隨'로 설명하고, 이 점에 있어서는 四端과 七情이 동일하다고 본 것이다. 성호의 이러한 생각은 다음의 인용문에서도 다시 확인된다.

> 理는 마른 나무나 꺼진 재와 같지 않다. 아직 惻隱하지 않았을 때에도 반드시 먼저 惻隱의 理가 있는 것이니, 어린아이의 일이 感하면 이 理가 문득 차마 인주할 수 없어서, 氣가 따라서 이 面貌를 이루니, 어디에 그 氣發이 있는가? 理는 장수와 같고 氣는 졸병과 같다. 비유컨대 陸戰에서는 장수가 장차 발함에 졸병이 명령에 응하여 장수를 擁衛하고 땅을 향하여 가는 것과 같으며, 水戰에서는 장수가 장차 발함에 졸병이 명령에 응하여 장수를 擁衛하고 물을 향하여 가는 것과 같으니, 이것이 어찌 理發이 아니겠는가? …… 비유컨대 偵候와 牒報는 사물이 感하는 것이요, 장수가 행하려 함은 理가 應하는 것이며, 졸병이 옹위하여 감은 氣가 따르는 것이다. 이것은 四端에 해당되는 말로서, 七情에 있어서도 理가 應한 이후의 일은 이것과 마찬가지이다.16)

15) 다만 '太極이 動靜하는 것은 아니다'라는 말이나 '(理는) 스스로 動靜할 수 없다'는 말은 성호의 '理도 才能을 지닌다'는 말과는 잘 부합되지 않는 것 같다.

16) 『四七新編』〈七情便是人心 第8〉: 理非如枯木死灰 當未惻隱時 必先有惻隱之理 赤子之事感 則此理便忍住不得 氣隨而成此面貌 安在其氣發也 理如將 氣如卒 譬如陸戰 則將將發而卒應令 擁將而向陸去 水戰則將將發而卒應令 擁將而向水去 此豈非理發者也 …… 比如偵候牒報者 物之感也 將欲行者 理之應也 卒乃擁而去者 氣之隨也 此四端之說 而七情之理應以後事 則與此同然也

위에서 말하는 '차마 안주할 수 없음'이나 '행하려 함' 등은 '理의 情意'에 해당되는 내용이거니와, 理는 이러한 情意에 따라 氣를 주재한다는 것이다. 요컨대 성호에게 있어서 '理의 情意'와 '理의 主宰' 그리고 '理의 才能'은 서로 표리를 이루는 것이다.

위의 인용문에서도 '氣가 따라서 이 面貌를 이룬다'고 했듯이, 성호에게 있어서 '理의 재능'이란 '理가 氣를 주재할 수 있는 능력'을 말할 뿐, 理가 스스로를 실현한다는 것은 아니다. 이처럼 理는 스스로 발하여 자신을 실현하는 것이 아님에도 불구하고, '氣가 이 面貌를 이룸'은 '理의 주재'에 의한 것이므로, 이는 '理發'에 해당된다는 것이다.[17] 이러한 맥락에서 성호는 '四端이나 七情이 모두 理發氣隨일 뿐'이라고 규정했던 것이다.

이제 이상의 내용을 정리해 보자. 성호가 理를 '움직이지 않으면서 움직일 수 있는 것(未動而能動)'이라 한 것은, 理는 氣처럼 직접 움직이지 않으므로 '未動'이라 한 것이요, 그러나 氣로 하여금 움직이게 주재하므로 '能動'이라 한 것이다. 요컨대 성호에게 있어서 理의 能動性은 다만 '주재'라는 차원에서 옹호되는 것일 뿐, '理가 스스로를 발현시킨다'는 뜻은 아니었다. 또한 '理가 움직임에 氣가 움직인다(理動而氣動)'는 것은 '理가 주재함에 따라 氣가 움직인다'는 뜻으로서, 理가 氣를 주재함을 '理動'이라 한 것이요, 氣가 理의 의도(情意)를 완성시키는 것을 '氣動'이라 한 것이다.

성호의 이러한 생각은 理氣相須說에 입각한 것으로서, 그의 四端七情論에 그대로 적용된다. 성호는 四端·七情을 논함에 있어서 '발하는 것은 氣, 발하는 까닭은 理'[18]라는 것을 대전제로 삼았다. 四端이든 七情

---

17) 반면에 栗谷은 '面貌를 이루는 작용의 주체는 氣'라는 맥락에서 '氣發'이라 한 것이요, '理의 주재'는 '理乘'으로 표현했던 것이다.

18) 『四七新編』〈四端七情圖〉: 發者 氣也 所以發者 理也

이든 발하는 작용의 주체는 氣요, 氣가 그렇게 발하는 까닭은 理에 있다는 것이다. 성호에 의하면 '외부의 사물에 感하여 氣로 하여금 움직이게 함'까지가 理의 역할이며, 그 이후 '실제로 理의 의도를 완성하는 것'은 氣의 역할이라는 것이다. 그런데 성호는 '發하는 것은 氣'라고 하면서도, '發하는 까닭은 理'라는 맥락에서 '氣發'이라는 용어를 기피하고 '理發'이라는 용어를 쓰는 것이며, '氣가 발하는 것은 理의 주재에 따르는 것'이라는 맥락에서 (율곡이 말하는 맥락의) '氣發'은 오히려 '氣隨'로 표현하는 것이다. 성호는 이러한 맥락에서 '理發氣隨說'을 정립하고, 사단이든 칠정이든 그것이 발현되는 과정은 '理發氣隨 한 길뿐'이라고 주장했다.[19)]

2) 心統性情과 '氣의 主宰'

성호는 心・性을 논함에 있어서 '心은 氣, 性은 理'라는 것을 대전제로 삼았다.[20)] 영남학파의 성리학자들은 흔히 心을 '理와 氣가 합쳐진 것(心合理氣)'으로 설명하나, 성호는 줄곧 '心은 氣'라는 입장을 견지했던 것이다. 우선 성호의 心에 대한 논의를 살펴보자.

성호는 心을 '生長之心, 知覺之心, 義理之心(理義之心)'으로 나누어 보고, 이에 따라 만물의 등급을 설명하였다. 성호에 의하면 土石은 心이 없고, 草木은 生長之心은 있으나 知覺之心이 없으며, 禽獸는 生長之心과 知覺之心을 지니나 義理之心이 없다. 그런데 사람은 生長之心・知

---

19) 성호의 '理發氣隨說'을 '理動而氣動'과 연관시키자면, 理發은 理動에, 氣隨는 氣動에 해당된다. 율곡이 말하는 맥락의 '氣發'을 성호는 '氣隨'로 표현하고, '形氣가 개입한 것'을 가리킬 때 '氣發'이라는 표현을 썼다.

20) 『星湖全集』 卷15 頁3, 〈答沈判事 甲寅〉: 心氣而性理也
『星湖全集』 卷41 頁22, 〈心說〉: 心者載性者也 性理而心氣
『星湖全集』 卷13 頁9~10, 〈與金上舍仲鎭 辛丑〉: 夫性者心之理 情者性之動 心者性情之主 畢竟性理而心氣也

覺之心과 함께 義理之心을 지닌다는 것이다.[21] 이러한 설명방식은 일찍이 荀子가 제시했던 것인데, 성호는 이는 '이미 先儒의 勘定을 거친 것'이라 하여 그 타당성을 십분 긍정하였다.[22] 성호는 '사람의 마음'에 대해서 다음과 같이 설명한다.

> 사람에 이르러서는 '生長之心·知覺之心'이 있는 것은 진실로 禽獸와 같으나, 또한 '理義之心'이라는 것이 있다. 知覺之心은 知覺하는 것으로 그치니, 그 쓰임새는 利를 좇고 害를 피함에 불과한 것으로서, 사람에게 있어서는 '人心'이 그것이다. 사람으로 말하자면 반드시 天命의 所當然으로 主宰를 삼아, 간혹 삶보다도 더 원하는 것과 죽음보다도 더 싫어하는 것이 있으니, '道心'이 그것이다. 그러므로 사람은 草木에 비교하면 균등하게 生長之心이 있고, 禽獸에 비교하면 또한 균등하게 知覺之心이 있으나, 義理之心은 저 草木이나 禽獸는 지니지 않은 것이다.…… 心은 性을 담고 있는 것인데, 性은 理이고 心은 氣이다.[23]

성호는 사람에게는 '生長之心, 知覺之心, 義理之心'이 있다고 하면서도, 生長之心은 사실은 心이 아니라고 한다. 성호에 의하면 사람의 生長衰落을 주관하는 기관은 腎臟이거니와, 따라서 生長을 心과 관련시킬 수는 없다는 것이다.[24] 그렇다면 사람에게는 세 가지의 心이 있는 것이

---

21) 『星湖全集』 卷41 頁20~21, 〈心說〉: 彼頑然土石 謂之無心 至於草木生長衰落 若有心然者而無知覺 只可道生長之心而已矣 禽獸之有生長之心則固與草木同 而又有所謂知覺之心 …… 至於人 其有生長及知覺之心 固與禽獸同 而又有所謂理義之心者

22) 『星湖全集』 卷41 頁21, 〈心說〉: 荀子曰草木有生而無知 禽獸有知而無義 人有生有知亦有義 此已經先儒勘定之論 見性理大全

23) 『星湖全集』 卷41 頁21~22, 〈心說〉: 至於人 其有生長及知覺之心 固與禽獸同 而又有所謂理義之心者 知覺之心 知之覺之而止 故其用不過乎趨利避害 在人則人心是也 若人者必以天命所當然者爲主宰 而欲或甚於生 惡或甚於死則道心是也 故人者較之於草木而均有生長之心 較之於禽獸而亦均有知覺之心 其義理之心則彼草木禽獸所未有也 …… 心者載性者也 性理而心氣

아니라 知覺之心과 義理之心만 있는 것이다.[25]

위에 보이듯이 성호는 知覺之心을 人心, 義理之心을 道心이라 하였다. 성호는 '知覺之心'을 '추위와 더위를 알고, 삶을 원하고 죽음을 싫어하는 것'이라고 설명하거니와,[26] 이는 결국 '利를 쫓고 害를 피함'에 불과하므로, '人心'에 해당된다는 것이다. '利를 쫓고 害를 피하고자 한다'는 점에서는 사람과 금수가 같다. 그런데 사람에게는 또한 '天命의 所當然'에 따르는 義理之心이 있기 때문에, 사람은 금수와 달리 종종 殺身成仁을 보여준다는 것이다. 이렇게 본다면 '사람과 금수를 구별해주는 준거' 또는 '사람의 존엄성의 근거'는 바로 義理之心에 있다고 하겠다. 이러한 내용은 유학의 일반론을 다시 확인한 것이라 하겠다.

이제 성호의 心統性情論을 살펴보자. 주자학의 일반론에 의하면 心은 '氣'요, 性은 '理'이며, 統은 '主宰'와 '包含'을 동시에 뜻한다는 것이었다. 그렇다면 '心統性情'이란 '氣가 理를 주재한다'는 뜻으로 해석될 수 있거니와, 영남의 성리학자들은 대부분 이러한 논리를 거부하였다. '心統性情'을 '氣가 理를 주재한다'는 뜻으로 해석하는 것을 반대하는 학자들은 '心'과 '統'에 대해 다양한 해석을 시도하였다. 이러한 맥락에서 心統性情의 해석에 있어서 흔히 문제가 된 논점은 性·情을 統攝하는 주체로서의 '心'이 理이냐 氣이냐 하는 것, '統攝'의 구체적 의미가 무엇이냐 하는 것, '心의 統攝'은 事實的 설명이냐 당위적 설명이냐 하는 것 등이었다.

첫째, 영남의 성리학자들이 흔히 心을 '合理氣'로 규정하는 까닭은 무엇보다도 性·情을 통섭하는 주체인 心을 氣로 규정할 수 없다는 점에 있었다. 이러한 논리가 극단화되면 '心卽理說'로 발전하거니와, 대표적

---

24) 『星湖全集』 卷41 頁23, 〈心說〉: 在人則生長衰落 亦莫不以腎爲根 而未嘗謂之心

25) 『星湖全集』 卷41 頁21~22, 〈心說〉: 然則人有心者三耶 曰非也 人心道心 固有此兩撥 外此無心也

26) 『星湖全集』 卷41 頁21, 〈心說〉: 知覺者 知寒覺煖欲生惡死之類是也

인 예로서 寒洲 李震相은 心을 '合理氣'로 규정하고, 性·情을 통섭하는 주체는 '合理氣' 가운데 '理'라고 주장하였다.[27] 그러나 성호는 '性·情의 주재자인 心은 氣'라는 입장을 견지했다.[28] 당시에 畏庵 李栻은 '太極神明之心' 또는 '太極之心'[29]이라 하여 心을 太極과 연결시켜보았거니와, 이는 邵康節의 '心爲太極'이라는 말에 근거한 것이었다. 이에 대하여 성호는 다음과 같이 비판한다.

> 이른바 '心爲大極'에 대해서도 또한 할 말이 있다. 『皇極經世書』를 살펴보면 "情은 性의 그림자이다. 心은 性이요 쓸개는 情이니, 性은 神이요 情은 鬼이다"라고 한 다음 "心爲大極, 道爲太極"이라고 맺은 것이다. 무릇 心은 性이 아닌데 '心은 性'이라고 한 것은 무슨 까닭인가? 心은 性을 體로 삼아 이러저러한 모양을 만들어내니, 心을 心이라고 하는 까닭은 性이 있기 때문이다. 그렇다면 '心爲太極' 또한 性이 있기 때문이다.[30]

위의 인용문의 논지는 心은 性을 體로 삼기 때문에 心을 太極이라고도 하는 것이요, 心 자체가 太極은 아니라는 것이다. 心을 理로 규정하는 사람들은 모두 '心爲太極'이라는 말을 金科玉條로 삼았다. 그러나 성호는 太極을 心의 體인 性으로 돌리고, 心 자체를 太極으로 규정하는 것에 반대했다. 요컨대 성호는 시종일관 '心은 氣'라는 입장을 견지했던 것이다.

---

27) 『寒洲集』 卷37 頁4 : 夫謂心卽氣者之所以爲不善 何也 心爲一身之主宰 而以主宰屬之氣 則天理聽命於形氣 而許多麤惡 盤據於靈臺矣

28) 『星湖全集』 卷13 頁10, 〈與金上舍仲鎮 辛丑〉: 心者性情之主 畢竟性理而心氣也

29) 『星湖全集』 卷9 頁19, 〈附畏庵答書〉: 苟曰不然而太極神明之心 獨專於心之一臟 則是水木金土皆役於火 春秋冬做入於夏 而神亦但局於有方有體 而更無所變化矣 …… 置太極之心於二五之中 曰遍五皆心 無乃不至太謬乎

30) 『星湖全集』 卷13 頁15, 〈答金仲鎮 壬寅〉: 所謂心爲大極 亦有可言 按經世書云情者性之影也 心性而膽情 性神而情鬼 結之云心爲大極 道爲太極也 夫心非性也而謂心性何也 心以性爲體而將性做餡子貌㨾 則心之所以謂心 有性故也 然則心爲太極 亦以有性故也

둘째, 성호는 心을 '有形之心'과 '神明之心'으로 나누어 보고, 性·情을 통섭하는 주체는 '有形之心'이 아닌 '神明之心'이라고 규정하였다. 성호는 다음과 같이 말한다.

> 대개 性·情을 통섭하는 것은 곧 '神明之心'을 가리키는 것이요, 肺·肝 등 五臟의 '有形之心'을 가리키는 것이 아니다. 저 心臟이란 한 덩어리의 형체가 있는 血肉에 불과하니, 어찌 動·靜의 구별이 있겠는가? 이미 動·靜이 없다면 未發의 性에 대해서는 오히려 간혹 의논할 수 있겠으나, 어찌 다시 已發의 情을 통섭한다고 하겠는가? 무릇 '天地에 가득한 것으로서 몸이 된다'는 것은 '形體'이다. 形體가 있은 뒤에 神明之心이 있어서, 血肉의 心臟을 집으로 삼고, 動·靜을 갖추고 寂·感을 겸하니, 바야흐로 性·情을 兼統할 수 있는 것이다. 이른바 '神明之心'이란 무엇인가? 이미 血肉의 心臟이 있으면, 저 心臟 가운데의 '氣의 精英'은 心臟에 뿌리박고 있으면서도 心臟에 갇혀있지 않아서 一身의 主宰者가 되니, 이른바 '나가고 들어옴이 때가 없어서 그 있는 곳을 알 수 없다(出入無時 莫知其鄕)'는 것이 이것이다. 그러므로 능히 고요해서는 性을 통섭하고, 움직여서는 情을 통섭하니, 이것은 理가 氣에 타서 서로 떨어질 수 없기 때문에 그런 것이다. 이른바 '性이 발해서 情이 되고, 心이 발해서 意가 된다'는 것은 곧 心이 情을 통섭하는 곳이다. 그렇다면 '有形의 心臟'은 저 '神明의 집'에 불과하니, '나가고 들어오는 곳'에 있어서는 말할 수 없는 것이다.[31]

---

31) 『星湖全集』 卷43 頁28~29, 〈心統性情解〉: 蓋統性與情者 卽指神明之心 非謂肺肝等五臟有形之心 彼心臟者不過塊然血肉有形之物 寧有動靜之別 旣無動靜則於未發之性 猶或可議 而豈復有統於已發之情乎 夫天地之塞而爲體者 形也 形而後有神明之心 舍於血肉之臟 而具動靜該寂感 方可以兼統性情也 所謂神明之心 何也 旣有血肉之心臟 則這心臟中氣之精英者 根於臟而不囿乎臟 爲一身主宰 所謂出入無時 莫知其鄕 是也 故能靜而統性 動而統情 是則理搭於氣 相離不得者然也 所謂性發爲情 心發爲意 卽心之統情處也 然則有形之臟 不過這神明之所舍 而於出入處說不得

위에 보이듯이 有形之心이란 '心臟'을 말하고 神明之心이란 '氣의 精英(精爽)'을 말한다. 성호는 神明之心은 심장에 깃들어있으면서도 심장에 갇히지 않는다고 하였다. 孔·孟은 일찍이 心에 대해 '나가고 들어옴이 때가 없어서, 그 있는 곳을 알 수 없다'고 말한 바 있거니와, 神明之心은 심장에 갇혀있지 않기 때문에 수시로 나가고 들어올 수 있다는 것이다. 또한 '나가고 들어옴이 때가 없어서, 그 있는 곳을 알 수 없다'는 말은 心이 외부의 사물을 知覺하고 感應하는 양상을 표현한 말이기도 하거니와, 성호의 지론은 이러한 지각작용을 통하여 性·情을 통섭하는 주체는 有形之心이 아니라 神明之心이라는 것이다.[32)]

셋째, '統'에 대해 주자는 '主宰'와 '包含'이라는 두 뜻으로 풀이한 바 있다. 그런데 '心統性情'이 '氣가 理를 주재한다'는 뜻으로 풀이되는 것을 꺼리는 학자들은 '統'을 '包含(統合, 兼)'의 뜻으로 풀이하는 것이 더욱 타당하다고 주장하였다. 畏庵 李栻이 "'心이란 性·情을 통합한 이름'이라는 것은 西山(蔡季通)의 말로서, 朱子가 칭찬한 것이다"[33)]라고 한 것이 그 예이다. 이에 대해 성호는 다음과 같이 반론하였다.

> 주자는 "蔡季通은 '心統性情'이란 말은 '心이란 性·情을 통합한 이름'이라는 말만 못하다고 하였다"고만 했을 뿐, 다시 옳고 그름을 명백히 논한 바 없다. 이것을 가지고 '주자가 칭찬한 것'이라고 한다면, 或者는 사실이 아니라고 할 것이다. 무릇 『朱子語類』에는 주자가 평범하게 말한 것이 헤아릴 수 없이 많은데, 한결같이 '칭찬한 것'이라 한다면, 옳겠는가? 이것이 과연 '至善하다고 칭찬한 것'이라면, '心統性情'이란 말은 결함이 있어

---

32) 성호는 보다 포괄적으로 氣를 '小氣'와 '大氣'로 구분하거니와, 神明之心은 小氣(方寸神明之氣)에 해당되고, 有形之心은 大氣(形體周流之氣)에 해당되는 것이었다. 이에 대해서는 뒤에서 다시 살펴보기로 하자.

33) 『星湖全集』 卷56 頁7, 〈跋李畏庵堂室銘〉: 心者性情之統名云者 卽西山語 而朱子之所稱道也

서 온당하지 못한 것이니, 西山의 '心이란 性·情을 통합한 이름'이라는 말만 못함이 분명하다고 하겠다. 그런데 주자는 張橫渠의 '心統性情'이라는 말에 대해 몇 번이고 거듭 깊이 허여한 것은 무엇인가? …… 이것은 李公이 자기 뜻대로 取捨하고서 주자를 끌어다가 옹호한 것으로서, 타당하지 못한 점이 많다.[34]

위의 인용문은 畏庵의 주장 자체가 공정하지 못함을 문제 삼은 것이다. 이어서 성호는 주자의 다른 말을 소개하면서 다음과 같이 말한다.

주자는 "性·情은 모두 心에서 나오는 것이니, 그러므로 (心이) 능히 '統'할 수 있는 것이다. '統'은 '統兵'의 '統'이니, '주재함'이 있음을 말한다. 또한 仁義禮智는 性인데 孟子는 '仁義禮智가 心에 뿌리박고 있다'고 했으며, 惻隱·羞惡는 情인데 孟子는 '惻隱之心, 羞惡之心'이라 했으니, 心이 性·情을 統할 수 있음을 볼 수 있다"고 했다. 이러한 말들은 십분 명백하다.[35]

주자는 "仁·義는 性인데 또한 '仁心, 義心'이라 하는 것은 性과 心을 관통시켜 말한 것이다. 惻隱·羞惡는 情인데 또한 '惻隱之心, 羞惡之心'이라 하는 것은 情과 心을 관통시켜 말한 것이다. 저 性·情은 모두 心이 주재하는 것이니, 그러므로 이렇게 관통시켜 말하는 것이다"라고 했다. 그렇다면 西山의 말과 같은 것은 다만 '관통시켜 말한 것'으로서, 朱子가 門人들과 우연히 언급한 것이다.[36]

---

34) 『星湖全集』 卷56 頁7, 〈跋李畏庵堂室銘〉: 朱子只曰李通云心統性情 不若云心者性情之統名也 更無所別白之是非 以此謂朱子之所稱道 或者非其實乎 凡語類中朱子之平說漫語者何限 豈是謂所稱道可乎 此果稱道其至善者 則所謂心統性情者 必將有欠缺未穩 而不若西山此一句也明矣 然而朱子於橫渠說 十分深與 重言複言不一言何也 …… 此李公以己意取舍之 而援朱子求助 多未見其妥當

35) 『星湖全集』 卷56 頁8, 〈跋李畏庵堂室銘〉: 朱子曰性情皆出於心 故能統之 統如統兵之統 言有以主之也 且如仁義禮智是性也 孟子曰仁義禮智根於心 惻隱羞惡是情也 孟子曰惻隱之心羞惡之心 見得心可以統性情也 此類十分明白

'統兵'이란 '장수가 병졸을 통솔함'을 뜻하거니와, 이는 '主宰'의 맥락에 속한다. '心과 性·情을 관통시켜 말한다'는 것은 '性·情을 心에 통합시켜 말한다'는 것으로서, 이는 '包含'의 맥락에 속한다. 주자는 '統'을 무엇보다도 '主宰'의 뜻으로 풀이하고, 性·情은 心에서 나오고, 心이 性·情을 주재하므로, 心과 性·情을 관통시켜 말할 수도 있다고 설명한 것이다. 성호는 이러한 설명이야말로 주자의 定論이며, 따라서 張橫渠의 '心統性情'이 蔡季通의 '心者性情之統名'보다 더욱 타당한 것이라고 주장하였다. 성호는 다음과 같이 말한다.

> 비유컨대 橫渠說은 '아비에게 子女가 있음에, 아비는 子女를 統한다'고 말하는 것과 같으니, 이는 아비와 자녀가 一物이 아닌 것이다. 西山說은 '사람 가운데 男女가 있음에, 사람은 남녀를 통합한 이름이다'라고 말하는 것과 같으니, 이는 男女 바깥에 별도로 사람이 있는 것이 아니다. 무릇 性은 心의 理요, 情은 性이 움직인 것이며, 心은 性·情의 주재자이다. 끝내 性은 理이고 心은 氣이니, '통합한 이름(統名)'이라는 한 구절은 장차 어떻게 풀이해야 하겠는가? 朱子는 "心은 性·情을 統攝하니, 흐지부지 性·情과 一物이 되어 분별할 수 없는 것이 아니다"라고 했는데, 이는 무슨 말인가?[37]

성호는 蔡季通의 '心者性情之統名'이라는 말은 性·情과 구별되는 心의 實體性을 부정하는 논리라고 규정하고 거부하였다. 성호는 性은 理이고 心은 氣이므로, 性과 구별되는 心의 독자성을 인정하지 않을 수 없

---

36) 『星湖全集』 卷56 頁8, 〈跋李畏庵堂室銘〉: 朱子曰仁義是性 而又說仁心義心 這是性與心通說 惻隱羞惡是情 而又說惻隱之心羞惡之心 這是情與心通說 這是性情皆主於心 故恁地通說也 然則如西山說者 只見得通說處 而朱子偶與門人言之

37) 『星湖全集』 卷13 頁9~10, 〈與金上舍仲鎭 辛丑〉: 比之 橫渠說如父有子女則謂曰父者 統子女者也 是父與子女非一物也 西山說如人中有男女 謂曰人者 男女之統名 是男女之外非別有人矣 夫性者心之理 情者性之動 心者性情之主 畢竟性理而心氣也 統名一句 將何以爲解 朱子曰心統攝性情 非侗儱與性情爲一物 而不分別也 此言何謂也

다고 본 것이다. 다만 맹자가 '心과 性·情을 관통시켜 말한' 예가 있으므로, 주자는 蔡季通의 말을 심하게 배척하지 않았다는 것이다.[38]

이상에서 알 수 있듯이 성호는 心과 性·情을 구별하고, '統'의 근본 의미를 '主宰(統攝)'로 풀이했던 것이다. 결론적으로 성호는 '心統性情'의 구체적인 의미에 대해 퇴계의 "고요하여 衆理를 갖추고 있는 것은 性인데, 이 性을 담고 있는 것은 心이다. 움직여 萬事에 응하는 것은 情인데, 이 情을 베풀어 쓰는 것은 心이다. 그러므로 '心統性情'이라 한다"는 말을 '簡明하고도 타당한 설명'이라고 수용하였다.[39]

넷째, '心의 統攝'이란 事實的 설명이냐 당위적 설명이냐에 대해, 성호는 당위적 해석을 사실적 해석에 종속시켰다. 퇴계는 〈天命圖說〉에서 다음과 같이 말한 바 있다.

> 性·情을 갖추고 運用하는 것은 이 心의 妙이다. 그러므로 心이 主宰者가 되어 항상 性·情을 統攝하는 것이다.[40]

위의 인용문에서는 心統性情을 '心이 性·情을 갖추고, 맡아서 운용하는 것'으로 해석하면서, 또한 心이 '항상' 性·情을 통섭하는 것으로 설명했다. 사실적 관점에서 보자면 心은 항상 性·情을 통섭함이 분명할 것이다. 그런데 퇴계는 〈聖學十圖〉의 '第六心統性情圖'에 林隱程氏의 다음과 같은 말을 채택한 바 있다.

---

38) 『星湖全集』 卷43 頁30, 〈心統性情解〉: 旣如此通說 故或者以心定作性情之統名 而朱子亦嘗引西山語云心統性情 不若云性情之統名 蓋亦不深斥也

39) 『星湖全集』 卷43 頁29, 〈心統性情解〉: 靜而具衆理性也 而盛貯該載此性者心也 動而應萬事情也 而敷施發用此情者心也 故曰心統性情也 嗚呼 君子立言 若是其明白簡當

40) 『退溪續集』 卷8 頁17, 〈天命圖說〉: 曰性曰情之所以該具運用者 莫非此心之妙 故心爲主宰 而常統其性情

心이 性을 통섭하지 않으면 그 '未發의 中'을 이룰 수 없어서 性이 쉽게 뚫린다. 心이 情을 통섭하지 않으면 '中節의 和'를 이룰 수 없어서 情이 쉽게 방탕 한다. 學者는 이것을 알아서, 반드시 먼저 그 心을 바룸으로써, 그 性을 기르고 그 情을 추스르니, 그러면 학문의 道를 얻게 된다.[41]

위의 인용문에서는 '心이 性·情을 통섭하지 않는 상황'을 설정하고 있으니, 이는 사실적 관점에서는 성립할 수 없는 논법이다. 性이 心에 담겨있지 않은 상황, 情이 心을 떠나서 운용되는 상황은 사실적으로는 존재할 수 없는 것이다. 따라서 위에서 말하는 '心이 性·情을 통섭하지 않으면'이라는 설명은 당위적 설명이라고 볼 수밖에 없는 것이다.[42] 성호는 위의 林隱程氏의 말에 대해 다음과 같이 설명한다.

情이 비록 不善하더라도, 心이 아니면 진실로 이 情을 나오게 할 수 없다. 예컨대 "잡으면 보존되고 놓으면 없어져서, 수시로 出入하여 그 있는 곳을 알 수 없다"는 것은 다만 心의 神明不測함이 이와 같다는 것이다. 그러므로 잡으면 보존되고 놓으면 없어짐이 모두 그 가운데 있는 것이요, 나가서 情이 되고 놓아서 바름을 잃는 것이 모두 心의 작용인 것이니, 이에 대해 또한 "心이 情을 統攝하지 않는다"고 말할 수는 없는 것이다. 將帥가 兵卒을 統率함에 비유하자면, 理에 따라서 움직이는 것이 진실로 통솔일 것이나, 理를 범하여 난리를 일으키는 것은 어찌 통솔이 아니라 하겠는가? 이는 다만 '통솔의 바름'을 얻지 못한 것이다. '바름'이란 '性의 當然'이다. 반드시 "本性의 當然을 따른 다음에야 비로소 統攝이라 할 수 있다"고 한

41) 『退溪集』 卷7 頁23, 〈心統性情圖說〉: 林隱程氏曰 …… 心不統性 則無以致其未發之中 而性易鑿 心不統情 則無以致其中節之和 而情易蕩 學者知此 必先正其心 以養其性而約其情 則學之爲道 得矣

42) 이처럼 心統性情을 事實的으로도 풀이하고 當爲的으로도 풀이한 것은 朱子도 마찬가지이다. 이에 대한 자세한 논의는 이 책의 61~69쪽 참조.

> 다면, 이는 도리어 性이 主宰者가 되는 것이니, 張橫渠의 本旨가 아닌 것 같다. 未發時에도 마찬가지이다. 程子는 "惡 또한 性이 아니라고 할 수 없다"고 하였다. 만약 이때엔 '心이 統攝할 수 없다'고 한다면, 저 性은 어디에 의지할 것인가? 그러나 아직 발하지 않았을 때엔 잡아서 보존하고 바야흐로 발할 때엔 성찰하여, 體가 확립되고 用이 운행되도록 하는 것은 또한 心의 작용이다. 그러므로 林隱程氏는 '統'을 工夫處에 소속시킨 것이니, 그 뜻이 또한 좋다고 하겠다. 그러므로 退溪가 이를 채택한 것이다.[43)]

성호는 '장수가 병졸을 이끌고 난리를 일으키는 것'은 장수가 병졸을 '통솔하지 않은 것'이 아니라 병졸을 '잘못 통솔한 것'이라고 설명하였다. 이는 林隱程氏가 '性·情의 中和를 얻지 못함'을 '心이 性·情을 통섭하지 않은 것'으로 설명한 것에 대해, '心이 性·情을 잘못 통섭한 것'이라고 반론하는 것이다. 한편 '林隱程氏는 統을 工夫處에 소속시켰다'는 것은 '統을 當爲的 관점에서 해석했다'는 뜻이다. 성호는 林隱程氏의 설명이 工夫에 도움이 된다는 점에서 십분 긍정하면서도, 이것은 '도리어 性을 주재자로 삼는 것으로서, 張橫渠의 本旨가 아닐 것'이라고 비판한 것이다. 요컨대 성호는 心統性情에 대한 해석에 있어서 '心이 性의 주재자임'을 분명히 한 것이다.

위의 네 가지 논점 가운데 둘째, 셋째, 넷째의 내용은 성호의 〈心統性情解〉의 주요 논점이기도 하다. 성호의 지론을 다시 정리하자면, 性·

---

43) 『星湖全集』 卷43 頁30~31, 〈心統性情解〉: 情雖不善 非心固不能做此情出來也 如云操舍出入 莫知其鄕者 只指神明不測有如此者 故操存舍亡 包在其中 出則爲情 舍則失正 這都是心之爲也 於此亦不可謂心不統情也 比如將之統兵 順理而動 固是統也 卻去犯順爲亂 豈可謂非統耶 但不得爲統之正也 正者性之當然也 必順吾性之當然而後方可謂統 則是性反爲主 而似非張子之本旨矣 其未發亦然 程子曰惡亦不可謂非性 若於此時心不能統 彼性靠在何處 然操存於未發之前 體察於方發之際 使之體立而用行 亦心之爲也 是以程氏乃以統者屬之下工夫處 其意亦善 此退溪所以從之也

情을 통섭하는 주체인 心은 '氣'라는 것, 그런데 氣 중에서도 形氣(有形之心)가 아니라 '氣의 精爽(神明之心)'이라는 것, '統'이란 '장수가 병졸을 통솔함'처럼 '주재'를 뜻한다는 것, 性·情이 中和를 이루든 못 이루든 이는 모두 心이 주재한 결과라는 것이다. 요컨대 성호는 心統性情을 한결같이 '氣의 주재'라는 맥락에서 해명하고, '氣의 주재'는 항상 관철된다고 설명한 것이다. 성호의 이러한 설명은 '理·氣의 動·靜'을 설명할 때 한결같이 '理의 주재'를 옹호했던 것과는 잘 부합되지 않는다. 성호 자신도 이를 알고 있었다. 그리하여 성호는 〈心統性情解〉의 末尾에서 다음과 같이 말한다.

> 내 의도는 四端·七情에 관한 논의는 잠시 제쳐놓고, 다만 '통섭한다(統之)'의 뜻을 드러내어, 要約하여 쉽게 해명한 것이다.[44]

성호가 四端·七情을 理發氣隨라는 한 길로 귀결시킨 것은 '理의 주재'를 강조한 것이었다. 성호는 '理의 주재'를 설명할 때엔 理를 장수, 氣를 병졸에 비유하였다. 그런데 心統性情論에서는 반대로 '氣의 주재'를 옹호하면서, 氣에 장수의 위상을 부여하였다. 그렇다면 이 두 관점은 양립되기 어려운 것이다. 요컨대 성호에게 있어서는 '理·氣의 動·靜'과 '心統性情', 또는 '理의 주재'와 '氣의 주재'가 統一을 이루지 못하고 서로 충돌하고 있는 셈이다.[45]

---

44) 『星湖全集』 卷43 頁31, 〈心統性情解〉: 愚意姑寘四七一段議論 只著統之之義 方爲要約易解

45) 안영상은 성호의 四七論과 心統性情論이 잘 부합되지 않음을 주목하고, 성호의 四七論은 '善·惡에 초점을 맞추는 윤리학적 영역'에 속하고, 心統性情論은 '의식 행위의 모든 범위를 포함하는 심리학적 영역'에 속하는 것이라고 구분한 바 있다(안영상, 「星湖 李瀷의 性理說 硏究」, 81~82쪽 참조).

3. 四端・七情에 대한 해명

1) 四端・七情과 人心・道心

이제 성호의 四端七情論에 대해 살펴보자. 四端과 七情은 모두 인간의 감정을 범주화하여 설명하는 개념이다. 退・栗 이래 사단칠정론의 주된 논점은 사단과 칠정을 '一元的으로 볼 것이냐, 二元的으로 볼 것이냐'라는 것이었다. 퇴계의 互發論은 사단과 칠정을 理發과 氣發로 구분함으로써 二元性을 강조한 것이요, 율곡의 一途論은 사단과 칠정을 모두 氣發理乘으로 설명함으로써 一元性을 강조한 것이다. 성호는 기본적으로 퇴계설을 지지하고, 율곡설에 대해서는 전면적으로 비판한다. 그러나 성호의 사단칠정론은 퇴계적인 이원론과도 현격한 차이가 있다. 요컨대 성호는 사단과 칠정을 理發과 氣發로 구분함으로써 이원론적인 입장을 보여주면서도, 한편으로는 사단과 칠정을 모두 '理發氣隨'로 규정함으로써 일원론적인 입장을 견지하는 것이다. 먼저 성호가 四端과 七情을 구분하는 준거를 살펴보자.

첫째, 성호는 사단과 칠정을 '天理와 形氣' 또는 '公과 私'라는 관점에서 구분한다.[46] 四端은 純粹한 天理에서 나온 것이므로 公正하나, 七情은 形氣에서 나온 것이므로 본래 각자의 사사로운 영역에 속한다는 것이다. 따라서 四端과 七情이 표면적으로는 유사한 점이 있더라도, 그 所從來는 '天理의 공정함'과 '形氣의 사사로움'으로 뚜렷이 구분된다는 것이다. 성호는 다음과 같이 말한다.

---

46) 주자는 〈中庸章句序〉에서 人心・道心을 설명하면서 양자를 '形氣之私와 性命之正' 또는 '人欲之私와 天理之公'으로 대비하였거니와, 이러한 관점에서는 '天理와 形氣'는 '公과 私'와 맥락을 같이 하는 것이다.

> 四端의 隱은 七情의 哀가 아니다. 隱은 事物에 대해서 가엾어 하는 것이니 公的인 것이요, 哀는 自己에 대해서 슬퍼하는 것이니 私的인 것이다. 四端의 惡는 七情의 惡가 아니다. 四端의 惡는 不善을 미워하는 것이니 公的인 것이요, 七情의 惡는 자기를 해치는 것을 미워하는 것이니 私的인 것이다.[47)]

四端은 天理의 공정함에 속하고, 七情은 形氣의 사사로움에 속한다면, 四端과 七情을 理發과 氣發로 구분하는 것은 자연스러운 논리라 하겠다.

둘째, 성호는 四端은 '배워서 能한 것'이지만, 七情은 '배우지 않고도 能한 것'이라고 본다. 성호는 다음과 같이 말한다.

> 무릇 七情은 배우지 않고도 能하다. 배우지 않고도 能한 것이 반드시 모두 惡한 것은 아니다. 다만 形氣之私에서 나왔으므로 惡에 이르기가 쉬운 것이다. 四端과 같은 것들은 배우지 않고도 능한 것이 아니다. 무슨 말인가? 이제 배우지 않은 사람이 있다고 하자. 그 사람도 처음엔 道心이 없을 수 없으나, 梏梏하기를 반복하면 道心이 완전히 없어지게 된다. 그리하여 고집 세어 어질지 못하거나, 혹은 四端의 드러남이 전혀 없는 사람도 있게 된다. 오직 기뻐함과 성냄 등은 하나라도 갖추어지지 않은 것이 없으니, 그것들은 배움 · 배우지 않음과는 관계가 없다. 다만 私에서 떠나지 않은 것이므로, 사람이 七情에 대해서 다스리면 純善하고 다스리지 않으면 쉽게 惡으로 흐른다. 七情을 다스린다는 것은 곧 본래 있는 情을 따라서, 天理로 그것을 管攝하여 惡으로 흐르지 못하게 하는 것이다. 아직 다스리지 않았을 때에는 다만 사사로운 情이 있을 뿐이지만, 이미 다스린 뒤에는 문득 私와 교섭하지 않는 것이 있게 된다. 이것은 天理가 七情을 管攝한

---

47) 『四七新編』〈四端字義 第1〉: 四之隱 非七之哀也 隱者 隱於物 公也 哀者 哀在己 私也 四之惡 非七之惡 四之惡 惡不善 公也 七之惡 惡害己 私也

功이요, 七情의 本然한 모습이 아니다.[48]

요컨대 七情은 본능적 감정인 반면, 四端은 상당한 도덕적 수양을 거친 다음에 발휘할 수 있는 도덕적 감정이라는 말이다. 성호는 이러한 맥락에서 四端과 七情을 근원적으로 구분하여야 함을 강조한다.[49]

사단과 칠정을 '天理의 공정함'과 '形氣의 사사로움'으로 구분함이 시사하듯이, 성호는 주자의 人心道心論을 자신의 四端七情論에 그대로 적용시키고 있다. 주자는 人心·道心을 '生於形氣之私'와 '原於性命之正'으로 구분했거니와, 성호는 形氣之私에서 나온 것은 氣發로서 七情에 해당되며, 性命之正에 근원한 것은 理發로서 四端에 해당된다고 보았다. 그리하여 성호는 "四端·七情이 理發과 氣發로 分屬되는 것은 人心·道心이 理發과 氣發로 분속되는 것과 같다"[50]고 주장한다.

성호는 이처럼 四端七情論과 人心道心論을 같은 맥락으로 이해하고, '四端은 곧 道心의 條目'이라고 단언한다. 그런데 七情에 대해서는 人心의 條目이라고 성급하게 단정할 수 없다고 한다.[51] 그러나 이는 七情은 人心이 아니라는 것이 아니라, 人心에는 七情 외에도 무수한 條目(예를 들어 飢寒痛痒 등)이 있다는 말이다. 또한 성호는 주자의 "반드시 항상

---

48) 『四七新編』 〈聖賢之七情 第4〉: 夫七情 不學而能 不學而能者 未必皆惡 但出於形氣之私 故易至於惡也 若乃四端 則非不學所能也 何以言之 今有不學之人 其初不能無道心 及梏之反覆 則亡之盡矣 頑然不仁 頑無四者之見者 或有焉 惟喜怒之類 無一不備 不繫於學與不學 但不離於私而已 故人之於七情 治之則純善 不治之則易流於惡 治之云者 卽從本有之情 以天理管攝他 使不得流於惡也 其未治之前 只有私有底情 已治之後 便却有不涉於私者 此則天理管攝之功也 非七情之本然也

49) 뒤에서 고찰하겠지만 성호는 四端에도 不中節이 있고, 七情에도 中節이 있다고 하였다. 그렇다면 굳이 四端·七情을 '學而能'과 '不學而能'으로 구별해야 할 이유가 없을 것 같다. 또 孟子의 四端은 '學而能'을 전제로 한 말이 아니라, 오히려 '良知·良能'으로서 선천적으로 타고났다는 것을 강조한 것이다.

50) 『四七新編』 〈圖說 第16〉: 四七之分屬理氣之發 如人心道心之分屬理氣之發

51) 『四七新編』 〈七情便是人心 第8〉: 四端卽道心之目 而七情不可遽謂人心之目也

道心으로 하여금 一身의 主가 되게 하고, 人心이 매번 道心의 명령을 들어야 한다"는 말을 그대로 四端七情論에 적용시켜, 七情은 四端의 명령을 받아야 하는 것으로 규정하였다.[52] 이는 形氣의 개입 여부로 四端과 七情을 구분하고, 그것을 다시 公·私의 문제로 환원시킨 성호의 四七論에 있어서 자연스러운 귀결이라 하겠다.

이상의 내용들은 四端과 七情을 근원적으로 二元化시키려는 입장이라 하겠다. 그런데 성호는 다른 한편으로는 四端과 七情을 일원적 관점에서 보는 태도를 보여주기도 한다. 성호는 '七情에는 四端이 관통한다'는 입장에서 다음과 같이 말한다.

> 七情의 가운데에 四端의 貌象이 없는 경우가 없다. 무릇 七情이 처음 발할 때, 측은하게 문득 움직일 수 있는 것은 仁의 端緖요, 그 마음에 스스로 억누르고 절제함이 있어 미치광이나 방자함에 이르지 않는 것은 禮의 端緖이며, 一念으로 마땅히 어떻게 해야 할 것인가를 추구하는 것은 義의 端緖요, 節目에 따라서 이렇게 해야 하는가 또는 저렇게 해야 하는가를 아는 것은 知의 端緖이다. 이것은 마음에 나아가서 混淪하게 말한 것이다. 生을 보면 기뻐하고 死를 보면 슬퍼하는 것은 仁의 단서요, 善을 보면 사랑하고 不善을 보면 미워하는 것은 義의 단서이며, 공손치 못한 것을 보면 성내고 尊貴한 사람을 보면 두려워하는 것은 禮의 단서요, 매번 外物이 옴을 당하여 그것을 기뻐할 것인가 성낼 것인가를 분간하는 것은 知의 端緖이다. 이것은 事物에 나아가 分開하여 말한 것이다.[53]

---

52) 『四七新編』〈七情聽命於四端 第9〉: 是爲七情聽命於四端也 反是 或以天理粹然之端 而聽命於血氣之私 如惻隱而便有納交要譽之心之類 是也

53) 『四七新編』〈七情橫貫四端 第6〉: 七者之中 莫不有四端之貌象 凡七情之始發也 惻然而便會動者 仁之端也 其心自有撙節 不至狂肆者 禮之端也 一念要當如何爲之者 義之端也 隨節隨目 知其如此如彼者 知之端也 此就心上混淪說也 見生則喜 見死則哀者 仁之端也 見善則愛 見不善則惡者 義之端也 見不恭則怒 見尊貴則懼者 禮之端也 每當外物之來 分其可喜可怒者 知之端也 此就事物上分開說也

성호의 논지는 '七情도 역시 理가 타고서 主宰하는 것'이므로, 그것은 바로 四端의 流行이라는 것이다.[54] 성호는 七情도 진실로 理가 없으면 발할 수 없는 것이므로 "七情의 善一邊은 四端과 배치되지 않는다"고도 말한다.[55] 성호는 또한 人心·道心에 대해서도 "마땅히 기뻐할 것을 기뻐하고, 마땅히 성낼 것을 성내는 것은 道心이다"[56]라고 말한다. 이러한 내용들은 四端과 七情 또는 人心과 道心을 묘맥이 다른 것으로 二元化시키고자 했던 것과는 다른 논법이다.[57]

이상에서 살핀 것처럼 성호는 四端·七情과 人心·道心에 대해 '形氣의 개입 여부'로 묘맥을 가르기도 하고, 또한 모두 '理가 발한 것'이라는 관점에서 일관시키기도 하였다. 성호의 이러한 설명은 매우 복잡하여 이해하기가 쉽지 않거니와, 이제 성호의 본지를 보다 자세히 살피기로 하자.

2) 一性二情論과 理發氣隨一路說

퇴계와 율곡은 모두 '四端과 七情'의 관계는 '本然之性과 氣質之性'의 관계와 같다고 보았다. 다만 퇴계는 '본연지성과 기질지성' 및 '사단과 칠정'을 모두 理·氣로 구분하는 것이요,[58] 율곡은 '기질지성이 본연지

54) 『四七新編』〈七情橫貫四端 第6〉: 理乘之爲主 則便是四端之流行 故七情亦善之名始起
55) 『四七新編』〈演乘馬說 第15〉: 七情固無理則不發 七情善一邊 便不倍於四端也
56) 『四七新編』〈圖說 第16〉: 喜其所當喜 怒其所當怒 是乃道心是也
57) 七情에 四端이 관통하고 있다면, 形氣의 개입 여부로 四端과 七情을 구분한 것이 무슨 의미가 있겠는가? 바꾸어 말한다면 七情에 四端이 관통하고 있음에도 불구하고 四端과 七情은 묘맥이 다르다고 할 수 있겠는가? 人心·道心의 경우에도 기뻐함과 성냄은 人心이요, 마땅히 기뻐할 것을 기뻐하고 마땅히 성낼 것을 성내는 것은 道心이라고 한다면, 이것은 人心과 道心을 形氣의 개입 여부 또는 公·私로 구분한 취지와는 부합되지 않는다. 또한 '성냄'과 '마땅히 성낼 것을 성냄'은 全體와 部分의 관계이므로, 일원적 맥락에서 이해될 수 있다.
58) 『退溪集』卷16 頁9, 〈答奇明彦 論四端七情第一書〉: 情之有四端七情之分 猶性之有本性氣稟之異也 然則其於性也 旣可以理氣分言之 至於情 獨不可以理氣分言之乎

성을 겸하듯이 칠정이 사단을 겸한다'고 보는 것이다. 요컨대 퇴계는 二性二情論을, 율곡은 一性一情論을 주장하는 것이다. 그러나 성호의 四端七情論은 인간의 本性은 하나이지만 情은 두 가지라는 '一性二情論'을 기본 전제로 삼는다. 성호는 다음과 같이 말한다.

> 情에 四端과 七情의 구분이 있는 것과 性에 本然之性과 氣質之性이 있는 것은 같지 않다. 本然之性과 氣質之性은 두 性이 아니다. 혹은 氣稟과 합해서 말하는 것이요, 혹은 氣稟을 발라내고서 말하는 것이니, 하나는 (理만을) 單言한 것이요, 하나는 (理와 氣를) 兼言한 것이어서, 본래 對立하는 것이 아니다. 情에 이르러서는 분명하게 두 길인 것이다. 性은 하나이지만, 혹은 이렇게 발하고, 혹은 저렇게 발하니 어찌 두 길이 아닌가?[59)]

위의 인용문은 '하나의 본성이 두 가지 양상으로 발한다'는 一性二情論을 피력한 것이다. 一性二情論에서는 사단과 칠정이 '두 길'로 규정된다. 성호는 이 '두 길'을 '理發과 氣發'로 설명한 것이다. 그런데 성호는 또한 "마음이 感應함에는 다만 理發氣隨 한 길이 있을 뿐이니, 四端과 七情이 어찌 일찍이 다름이 있겠는가?"[60)]라고 하여 理發氣隨一路說을 주장한다. 理發氣隨一路說에서는 사단과 칠정이 '한 길'로 규정된다. 즉 성호는 사단과 칠정에 대해 한편으로는 '理發과 氣發'이라는 '두 길'로 설명하고, 한편으로는 '理發氣隨'라는 '한 길'로 설명한 것이다. 이러한 설명은 매우 복잡하여 혼란을 야기하기 쉬우나, 성호의 취지대로 이해하자면, '性은 하나뿐'이라는 맥락에서는 '四端과 七情이 모두 理發氣隨'라고

---

59) 『四七新編』〈讀退溪先生書記疑〉: 情之有四七之分 與性之有本然氣稟 差不同 本然之性與氣稟之性 非二性也 或與氣稟合言之 或剔去氣稟而言之 一則單言 一則兼言 本非對立物也 至於情 分明是二路 性一也 而或如此而發 或如彼而發 則豈非二路耶

60) 『星湖全集』 卷17 頁23, 〈答李汝謙〉: 心之感應 只有理發氣隨一路而已 四七何嘗有異哉

주장한 것이요, '四端과 七情은 발하는 苗脈이 다르다'는 맥락에서는 '四端은 理發, 七情은 氣發'이라고 주장한 것이다. 다음의 두 인용문을 보자.

> 四端·七情이 어느 것인들 理가 발한 것이 아닌가? 그 緣由의 나뉨으로 말하자면, 外物이 感觸함에 이 理가 문득 응하여 처음부터 形氣의 매개가 없는 것을 四端이라 하며, 外物이 形氣에 감촉함에 形氣가 매개하여 理가 이에 응한 것을 七情이라 한다. 理가 응한 이후로부터 본다면 모두 함께 理가 氣를 統御하여 움직인 것이지만, 理가 응하기 이전으로부터 본다면 七情은 본래 形氣가 매개함을 인한 것이고 四端은 그렇지 않다.[61]

> 四端과 七情의 理發과 氣發은 지극하다. 四端은 形氣를 인하지 않고 곧게 발하므로 理發에 소속시킨다. 七情은 理가 形氣를 인하여 발한 것이므로 氣發에 소속시킨다. 저 氣發은 또한 어찌 일찍이 理가 발한 것이 아니겠는가? …… 나는 그러므로 "理發氣隨는 四端과 七情이 같은 것이다. 그런데 七情은 理發 위에 다시 한 층의 苗脈이 있는 것이니, 이른바 形氣之私가 이것이다"라고 말하는 것이다.[62]

위의 두 인용문을 정리하자면 四端·七情이 모두 하나뿐인 本性의 발현이라는 점에서 모두 理發이라고 말하는 것이요, 그럼에도 불구하고 七情은 그 性(理)이 발함에 있어서 이미 形氣가 개입한 것이므로 氣發이라 하고, 四端은 形氣가 개입하지 않은 것이므로 理發이라 한다는 것이다. 성호는 性이 발함에 있어서 形氣의 개입 여부를 四端과 七情의

---

61) 『四七新編』〈讀李栗谷書記疑〉: 四端七情 孰非理發 以其緣由之分言 則外物感 而此理便應 初無形氣之媒者 謂之四端 外物觸於形氣 形氣爲媒 而理於是應者 謂之七情 自理應以後看 則均是理御氣而動 自理應以前看 則七情本因形氣之爲媒 而四端不然矣

62) 『四七新編』〈重跋〉: 四七之理發氣發 至也 四端不因形氣而直發 故屬之理發 七情理因形氣發 則屬之氣發 彼氣發 亦何嘗非理之發乎 …… 余故曰 理發氣隨 四七同然 而若七情 則理發上面 更有一層苗脈 所謂形氣之私 是也

苗脈을 구분하는 준거로 삼았다. 이렇게 볼 때, 四端은 性이 발한 것이라는 점에서 理發이고 形氣의 개입이 없다는 점에서 理發이며, 七情은 性이 발한 것이라는 점에서 理發이고, 形氣가 개입했다는 점에서 氣發인 것이다. 다시 말하면 四端은 理發氣隨 중의 理發이며, 七情은 理發氣隨 중의 氣發인 것이다. 이것이 성호의 一性二情論의 大綱이다.

그렇다면 먼저 사단과 칠정이 모두 '理發氣隨'라는 것이 무슨 뜻인지 살펴보자. 성호는 『四七新編』의 〈四端七情圖〉에서 四端이나 七情이 모두 "發하는 것은 氣요, 發하는 所以는 理이다(發者 氣也 所以發者 理也)"라고 전제하였다. 또한 성호는 '理와 氣'를 '사람과 배(舟)'에 비유하면서 다음과 같이 말한다.

> 배가 동쪽이나 서쪽으로 가는 것은 氣가 理를 실어서 四端과 七情의 발함이 모두 氣인 것과 같으며, 사람이 키를 돌리는 것은 理가 氣를 주재하여 四端과 七情의 발하는 所以가 모두 理인 것과 같다.[63]

위의 인용문에서도 역시 四端과 七情이 모두 氣가 發한 것이요, 그 발하는 所以는 理라고 설명했다. 이것을 理發氣隨一路說과 관계시켜 해석한다면 '理發'이란 '所以發'을 가리키고, '氣隨'란 '發'을 가리키는 것이다. 즉 四端·七情은 모두 理의 主宰에 의하여 발한 것이며, 그 발하는 작용의 주체는 氣라는 것이다. 그런데 성호는 '四端·七情이 모두 理의 주재에 의해서 발한 것'임을 다른 말로 '四端·七情이 모두 理發'이라고 설명한 것이요, 氣의 작용 역시 理의 주재에 따르는 것이므로 '氣隨'라 했던 것이다.

---

63) 『四七新編』〈乘舟喩 第13〉: 舟之東西 如氣載理 而四七之發皆氣也 人之捩柁 如理宰氣 而四七之所以發皆理也

성호는 이처럼 사단 · 칠정을 모두 '理의 주재에 따라 氣가 발한 것'이라고 전제하고, 다시 '理의 주재'가 '理 자체를 위한 것이었느냐, 形氣를 위한 것이었느냐'에 따라 사단과 칠정을 '理發과 氣發'로 구분하는 것이다. 성호는 '理와 氣'를 '사람과 말(馬)'에 비유하면서 '形氣의 개입' 문제를 다음과 같이 말한다.

> 길을 가지 않으면 그만이려니와, 가자면 사람과 말은 서로 떨어질 수 없다. 그런데 사람을 실어 나르는 것은 '사람의 일'이요, 풀을 뜯고 물을 마시는 것은 '말의 일'이다.…… 사람을 실어 나르는 것은 말이 아는 바가 아니요, 다만 사람을 위해 모는 대로 가는 것이다. 풀을 뜯고 물을 마시는 것은 본래 말이 기뻐하는 바로서 다만 사람이 인도하는 대로 가는 것이다. 사람을 실어 나르는 것은 곧 사람이 발함에 말이 따라서 싣는 것이요, 풀을 뜯고 물을 마시는 것은 곧 말이 발함에 사람이 타고 인도하는 것이다. 사람을 실어 나르는 것은 비록 말의 싣는 힘이지만, 그 누가 '말이 간다'고 하겠는가? 풀을 뜯고 물을 마시는 것은 비록 사람이 인도한 공이지만, 그 누가 '사람이 간다'고 하겠는가?[64]

'길을 가자면 사람과 말이 서로 떨어질 수 없다'는 것은 '理 · 氣의 相須'를 말하는 것으로서, 相須의 관점에서는 사단 · 칠정이 모두 理發氣隨로 설명되는 것이다. 그런데 '사람과 말이 함께 감'에 있어서도, '사람의 일로 가는 경우'와 '말의 일로 가는 경우'가 있다는 것이다. '사람의 일로 감'은 사람의 여행을 위해 말을 타고 가는 것이요, '말의 일로 감'은 말에게 풀과 물을 먹이려고 가는 것이다. '풀과 물을 먹고자 함'은 '말의

64) 『四七新編』 〈演乘馬說乘 第15〉: 不行則已 行則人與馬相離不得 如過人送客之類 人之事也 …… 過人送客 非馬之所知 而只爲人驅而行 齕草飮水 本馬之所悅 而只從人導而行 過人送客 卽人發而馬隨之載者也 齕草飮水 卽馬發而人乘之導者也 過人送客 雖馬載之力 其誰曰馬行 齕草飮水 雖人導之功 其誰曰人行

욕구'이거니와, 이는 '形氣의 욕구'를 비유한 것이다. 성호에 의하면 사람의 일로 갈 때도 가는 주체는 말이지만, 사람의 의도에 따른 것이므로 '사람이 간다'(理發)고 하는 것이며, 말의 일로 갈 때도 사람이 몰지만, 말의 욕구에 따른 것이므로 '말이 간다'(氣發)고 하는 것이다.

요컨대 '사람과 말이 함께 감(理發氣隨)'에는 두 양상이 있는데, '사람의 일로 감'은 理發氣隨 중의 '理發'에 해당되고, '말의 일로 감'은 理發氣隨 중의 '氣發'에 해당된다는 것이다. 이러한 설명은 자칫 논리적인 혼란을 야기하기 쉽다. 그리하여 성호는 氣를 둘로 나누어 볼 것을 주장한다.[65]

> 氣에는 一身에 混淪한 氣도 있고, 心臟에서 運用하는 氣도 있다. 비록 同一한 氣이지만, 大·小의 구별이 있다.…… '形氣'의 氣는 大氣에 속하고, '理發氣隨'의 氣는 小氣에 속한다. 大氣는 一身으로 말하는 것이며, 小氣는 心으로 말하는 것이다.[66]

성호는 一身(形體)에 두루 흐르는 氣를 '大氣'라 하였고, 心臟(方寸)에서 運用(出入)하는 氣를 '小氣'라 하였다. 요컨대 '몸의 形氣'는 大氣에 해당되고, '마음의 神明한 氣'는 小氣에 해당된다는 것이다. 성호는 이처럼 氣를 둘로 구분하고, 퇴계의 '理發氣隨, 氣發理乘'에 대해 다음과 같이 설명한다.

> 退溪의 '理發氣隨, 氣發理乘'은 또한 지극한 말씀이다.…… 氣에는 두 이름이 있으니, 大氣는 一身에 두루 흐르는 것이요, 小氣는 方寸에 出入

65) 성호는 '氣를 둘로 구분함'은 '愼後聃의 의견에 따른 것'이라고 술회한 바 있다(『四七新編』〈重跋〉 참조).

66) 『星湖全集』卷17 頁23, 〈答李汝謙 庚申〉: 氣者有一身混淪之氣 有心臟運用之氣 雖同一氣也 而有大小之別 …… 形氣之氣屬之大 理發氣隨之氣屬之小 大以一身言 小以心言

> 하는 神明之心이다.…… 퇴계가 말하는 '理發氣隨'의 氣는 곧 '方寸의 神明之氣'요, '氣發理乘'의 氣는 '形體에 두루 흐르는 氣'이다. 만약 "두 '氣' 字는 다른 뜻이 없다"고 한다면, 내가 알 바 아니다. 나의 예전의 논의는 오히려 감히 크게 말하지 못하여 흐리멍덩함을 면치 못하였거니와, 모름지기 먼저 두 '氣' 字를 명백하게 이해한 다음에야 바야흐로 말을 할 수 있는 것이다. 무슨 뜻인가? 朱子는 '人心'을 논하면서 "形氣의 사사로움에서 나왔다"고 했는데, '形氣'란 '人' 字를 풀이한 것에 불과하다. 주자의 뜻은 程子의 "外物이 그 形에 부딪쳐서 그 안을 움직인 다음에 七情이 나온다"는 말에 근본한 것이다. '形氣의 사사로움'과 '神明하게 出入하는 氣'가 무슨 상관이 있겠는가? 퇴계의 뜻은 "四端의 道心은 形氣와 관계하지 않고 곧게 발하므로 '理發'이라 한다. 七情은 同一한 理發이지만 그 발함은 또한 形氣의 사사로움에 따른 것이므로 '氣發'이라 하고, '苗脉이 여기에 있다'고 하는 것이다"라는 것과 같으니, "形氣가 방촌에 出入하는 氣機처럼 발출한다"는 말이 아니다. 그러므로 四端에 대해 '理가 發함에 形氣가 따른다'고 하는 것은 말이 되지 않는다.[67]

성호는 氣를 大氣와 小氣로 명확하게 나누기 이전의 자신의 논의는 흐리멍덩한 점이 있었다고 술회했거니와, 大氣와 小氣를 구분한 다음에는 자신의 논리에 자신감을 갖게 된 것이다. 성호에 의하면, 퇴계의 '理發氣隨'의 氣는 小氣로서 '方寸의 神明之氣'요, '氣發理乘'의 氣는 大氣로서 '形體에 두루 흐르는 氣'라는 것이다. 즉 퇴계가 四端을 '理發氣隨'

67) 『星湖全集』 卷15 頁4~5, 〈答洪亮卿 庚午〉: 退溪之理發氣隨氣發理乘 亦是至到之言 …… 氣有二名 大者周流一身 小者出入方寸 所謂神明之心也 …… 其所謂理發氣隨之氣 卽方寸神明之氣也 氣發理乘之氣 形體周流之氣也 若曰兩氣字無異旨則非愚所知也 瀷前日之論 猶未敢大開口說 不免黑裏瞢騰 須先於兩氣字八字打開然後 方有所措之言耳 何也 朱子論人心曰生於形氣之私 形氣者不過人字之註脚 其義本於程子曰外物觸其形而動其中 七情出焉 形氣之私 與神明出入之氣何干 其意若曰四端之道心 不涉於形氣而直發 故曰理之發 七情則同一理發而其發也又因形氣之私 故曰氣之發 謂苗脉在此 非謂形氣發出 如出入之氣機也 是以於四端說理發而形氣隨 不成道理矣

라 한 것은 '理가 발함에 神明한 氣가 따른다'는 말이요, '理가 발함에 形氣가 따른다'는 말이 아니라는 것이다. 성호는 퇴계의 '理發 · 氣發'에 대해 四端(道心)은 形氣와 관계없이 理가 곧게 발한 것이므로 '理發'이라 하고, 七情(人心)은 理가 形氣로 인해 발한 것이므로 '氣發'이라 한다고 설명했다.

퇴계와 달리 성호는 四端 · 七情이 모두 '理發氣隨'라고 전제했다. 성호의 '理發氣隨'란 '理가 발함에 方寸의 神明之氣가 따른다'는 것이요, 이 점에 있어서는 四端 · 七情이 같다는 것이다. 그런데 四端은 '形氣의 개입이 없이 理가 곧게 발함에 方寸의 神明之氣가 따른 것'이므로 그대로 '理發'이라 하고, 七情은 '이미 形氣가 개입하여, 理가 形氣를 위해 발함에 方寸의 神明之氣가 따른 것'이므로 '氣發'이라 한다는 것이다. 성호의 이러한 복잡한 설명은 퇴계의 理氣互發論과 理氣相須論의 취지를 동시에 살리고자 한 결과였던 것이다.

3) '不中節한 四端'과 '公正한 七情'의 문제

성호의 사단칠정론에서 또 하나 주목할 것은, 성호가 '四端에도 不中節(惡)이 있음'과 '七情에도 公正함이 있음'을 부정하지 않았다는 점이다.

먼저 '四端의 不中節' 문제를 살펴보자. 『朱子語類』에는 "惻隱과 羞惡에는 中節도 있고 不中節도 있다. 惻隱하지 않아야 할 것을 惻隱해 하고, 羞惡하지 않아야 할 것을 羞惡하는 것이 곧 不中節이다"[68]라는 말이 보이거니와, 이에 근거하여 奇高峯은 "四端에도 不中節이 있다"고 주장한 바 있다. 이에 대해 退溪는 한편으로는 "氣가 어두워 그렇게 시

68) 『朱子語類』 卷53(中華書局本 1285쪽): 惻隱羞惡 也有中節不中節 若不當惻隱而惻隱 不當羞惡而羞惡 便是不中節

킨 것"이라고 설명하면서도, 한편으로는 "孟子의 本旨가 아니다"라고 비판하였다. 맹자의 본지는 '性이 본래 善하기 때문에, 情 또한 善함'을 밝히는 데 있거니와, 따라서 '四端에도 不中節이 있다'는 주장은 '斯道를 밝히는 데 도움이 되지 않고 도리어 後學들에게 해만 끼친다'는 것이다.[69] 그러나 성호는 '四端에도 不中節이 있다'는 주장을 외면하지 않고, 오히려 '氣가 어두워 그렇게 시킨 것'이라는 관점에서 적극적으로 해명하고 있다. 성호는 다음과 같이 말한다.

> 氣가 어두우면 理가 드러나지 않는다. 예를 들어 사람이 발(簾箔)을 친 속에서 사물의 모양을 보면 흐릿하고 분명하지 못하여, 풀을 나무로 보거나 玉을 돌로 보는 경우가 종종 있는 것과 같다. 그러나 그 자취가 일찍이 조금이라도 사사로운 자기와 교섭하지 않았다면, 그 발한 바는 예전과 마찬가지로 公하니, 四端을 純善하다고 보는 것은 또한 無妨할 듯하다. 간혹 惻隱은 있으나 羞惡는 없는 사람도 있고, 羞惡는 있으나 惻隱은 없는 사람도 있으며, 일마다 모두 惻隱해하고 일마다 모두 羞惡하는 사람도 있고, 어리석고 고집이 세어 전혀 四端이 없는 사람도 많다. 氣에는 淸·濁과 偏·全의 다름이 있기 때문에, 理의 顯·不顯이 다른 것이다.…… 오직 그 不善의 죄과는 氣에 있는 것이요 惻隱에 있는 것이 아니다. 그러므로 惻隱의 中節하지 못한 것은, 그 端緖를 말미암아 확충해 나간다면, 氣가 스스로 물러나서, 어디에 가든 不善함이 없을 것이다.[70]

---

69) 『退溪集』 卷16 頁41, 〈答奇明彦 論四端七情第二書〉: 四端亦有不中節之論 雖甚新 然亦非孟子本旨也 孟子之意 但指其粹然從仁義禮智上發出底說來 以見性本善故情亦善之意而已 今必欲舍此正當底本旨 而拖拽下來 就尋常人情發不中節處 滾合說去 夫人羞惡其所不當羞惡 是非其所不當是非 皆其氣昏使然 何可指此儳說 以亂於四端粹然天理之發乎 如此議論 非徒無益於發明斯道 反恐有害於傳示後來也

70) 『四七新編』 〈四端有不中節 第3〉: 氣昏則理不顯 如人在簾箔裡看物樣 儱侗不明 以草看作木 以玉看作石者 或有之矣 然其迹未嘗一分涉於私己 則其所發 依舊是公 以四端爲純善 又似無妨 或有有惻隱而無羞惡 有羞惡而無惻隱者 或有事事都惻隱 事事都羞惡者 或有冥頑都無四端者 亦多般數也 氣有淸濁偏全之殊 故理之顯不顯不同 …… 惟其不善之

四端은 形氣와는 관계가 없다는 것, 四端은 理發氣隨라 할 때의 '氣'란 '神明한 氣'를 뜻한다는 것이 성호의 지론이었다. 이렇게 본다면 '사사로운 자기와 교섭하지 않았다'는 것은 '形氣의 사사로움이 개입하지 않았다'는 뜻일 것이요, '氣에는 淸·濁과 偏·全의 다름이 있기 때문에, 理의 顯·不顯이 다르다'고 할 때의 '氣'는 '神明한 氣'를 뜻할 것이다. 氣의 어두움(흐리고 치우침) 때문에 四端에 不中節이 생긴다고 한다면, 과연 그 죄과는 氣에 있다고 하겠다. 요컨대 성호는 氣가 어두우면 理가 드러나지 않는다는 관점에서 四端의 不中節을 인정하면서도, 四端 자체는 形氣의 사사로운 욕망이 개입하지 않은 것이므로 純善하다는 주장을 굽히지 않은 것이다.

四端을 理發氣隨로 설명한다면 四端에도 氣(神明之氣)가 포함된 것이다. 또한 神明之氣에도 淸·濁과 偏·全의 차이가 있다면, 理가 不中節하게 드러날 수 있음도 분명할 것이다. 따라서 성호는 四端에도 不中節이 있을 수 있음을 부정할 수 없었을 것이다. 그렇다면 이 문제를 합당하게 설명해 주어야 하거니와, 성호의 위와 같은 설명은 퇴계의 우려를 불식시키면서 맹자와 주자의 본지를 모두 살리려는 것이었다.[71]

이제 '公正한 七情'의 문제를 살펴보자. '七情은 形氣의 사사로움에서 나왔다'는 것이 성호의 지론이었다. 그런데 七情에는 또한 '公正한 것'도 있다는 것이다. 이른바 '聖賢의 七情'이 그것으로서, '孟子의 喜'[72]나 '舜의 怒'[73] 등이 이에 해당된다는 것이다.[74] 그렇다면 이 공정한 칠정은

罪過 在氣不在惻隱 故惻隱之不中者 由其端而擴之 則氣自退聽 而無往而不善

71) 그러나 "四端을 확충해 나가면 氣가 스스로 물러나서, 어디에 가든 不善함이 없을 것"이라는 주장은 문제가 있다고 하겠다. 神明의 氣는 항상 理와 함께 하는 것이니, 스스로 물러날 수가 없는 것이다. '스스로 물러날 수 있는 氣'는 오히려 形氣에 해당될 것이다. 그런데 '四端은 形氣와 관계가 없다'고 했으니, 문제가 되는 것이다.

72) 魯나라가 樂正子에게 政事를 맡겼을 때 '孟子가 기뻐서 잠을 이루지 못한 것'을 말한다(『孟子』 告子下 제12장 참조).

理發인가, 氣發인가? 공정한 칠정을 '理發'로 인정한다면 '칠정은 形氣가 개입한 것'이라는 규정이나, '사단과 칠정을 理發과 氣發로 구분하는 논리'가 모두 무너지게 된다. 그렇다고 '氣發'이라고 한다면 그것이 공정한 까닭을 설명하기 어렵다. 성호는 이 문제를 두고 자신의 견해를 여러 번 번복했다.

초기의 저작 『四七新編』에서는 공정한 七情을 '氣發'로 규정했다. 다만 七情이 공정하게 된 것은 理가 主宰하여 '七情을 다스린 결과'로서, '七情의 본래 모습'이 아니라는 것이다.[75] 성호는 다음과 같이 말한다.

> 七情은 과연 公한 것인가, 私한 것인가? 飮食·男女의 欲과 死亡·貧苦의 惡는 聖人이나 어리석은 자나 함께 지닌 것이다. 그런데 欲이 마땅히 원해야 할 것에 그치고, 惡가 마땅히 미워해야 할 것에 그치는 것은 바로 '私 가운데의 正'이다. '正'이란 무엇인가? 비록 자기의 사사로움에서 떠나지 않았다 하더라도 邪로 흐르지 않은 것이다. 天下가 모두 함께 원하는 바를 원하고, 天下가 모두 함께 미워하는 것을 미워하는 것은 바로 '私 가운데의 公'이다. '公'이란 무엇인가? 비록 나의 사사로움에 관계되지 않은 것이라도 내 것처럼 동일하게 보아주는 것(一視於己)이다. 이러한 것들은 곧 '理의 역할'이다. 理는 능히 七情으로 하여금 公하게 할 수는 있으나, 七情으로 하여금 私에서 나오지 못하게 할 수는 없다. 앞에서 말한 '孟子의 기뻐함'과 '舜의 성냄' 등은 또한 聖賢의 '함께 어질고자 하는 사사로움(同仁之私)'[76]이다.[77]

---

73) 四凶(共工, 驩兜, 三苗, 鯀)이 직분을 배반하자, 舜이 분노하고 처형한 것을 말한다(『書經』「虞書」〈舜典〉 참조).

74) '公正한 七情'의 문제는 일찍이 奇高峯에서부터 제기된 바 있다(奇高峯의 〈答退溪論四端七情書〉 제6절 및 〈四端七情總論〉 참조).

75) 『四七新編』〈聖賢之七情 第4〉: 是公者 治情之功 非情之本然也

76) 韓愈의 〈原人〉에 "聖人은 (천하의 모든 사람을) 한결같이 보고 仁을 함께 하며, 가까운 사람을 돈독하게 하고 먼 사람을 등용한다(聖人 一視而同仁 篤近而擧遠)"라 하였다.

위의 인용문에서는 공정한 칠정을 '私 가운데의 公, 私 가운데의 正'이라고 설명했다. 요컨대 理가 形氣의 사사로움을 다스려 公正하게 되었다는 것이다. 위에서는 "理는 능히 七情으로 하여금 公正하게 할 수는 있으나, 七情으로 하여금 私에서 나오지 못하게 할 수는 없다"고 하였거니와, 성호는 결국 "孟子의 기뻐함이나 舜의 성냄은 그 근원을 따져보면 역시 다만 氣發일 뿐"[78]이라고 주장하였다. 그러나 『四七新編』의 〈重跋〉[79]에서는 다음과 같이 말한다.

> 무릇 사람이 죽어 장사지내는 것을 슬퍼함이 간혹 눈물을 흘리며 울기에 이르고, 사람이 빠진 것을 두려워함이 간혹 무서워서 삼가는 데 이르며, 다른 사람의 기쁨을 기뻐하고, 다른 사람의 성냄을 성내는 것은 모두 자기의 사사로움과 무관한 것이다.…… 그 所以然은 理가 主가 된 것으로서, 形氣에 속하지 않는다. 그렇다면 무릇 자기의 사사로움과 무관한 喜·怒는 모두 理發로서, 形氣에서 생긴 것과 더불어 混稱해서는 안 된다. 나는 예전에 『四七新編』을 撰述하고는 망령스럽게도 遺憾이 없다고 여겼었다. 이제 예순의 늙은 나이에 새로운 지식을 더욱 얻었으니, 비로소 義理의 無窮함을 깨닫겠다. 죽기 전에 다시 進一步함이 있기를 바라기 때문에, 잠시 前說을 고치지 아니하고, 朋友들의 砭訂을 기다리는 바이다.[80]

---

77) 『四七新編』〈聖賢之七情 第4〉: 七情果公乎 果私乎 飮食男女之欲 死亡貧苦之惡 聖愚同有 而欲止於所當欲 惡止於所當惡 乃私中之正也 正者 何也 雖不離己私 而不流於邪 欲天下之所同欲 惡天下之所同惡 乃私中之公也 公者 何也 雖不繫吾私 而一視於己也 此卽理之爲也 理能使七情爲公 而不能使七情不出於私

78) 『四七新編』〈聖賢之七情 第4〉: 孟子之喜舜之怒 原其自則亦只是氣發

79) 『四七新編』은 35세 무렵의 저작이며, 〈重跋〉은 60세 때의 저작이다.

80) 『四七新編』〈重跋〉: 夫哀人之死喪 或至於涕泣 懼人之陷溺 或至於悚懍 喜人之喜 怒人之怒 皆非干私己 …… 所以然者理爲主 而不爲形氣所屬 然則凡喜怒之不干己私者 莫非理發 不可與形氣生者混稱也 余昔撰新編 妄以爲無憾 今六十頹齡 益發新知 始覺義理之無窮 尙庶幾未死之前 更有進於一步 故姑未改換前說 以待朋友之砭訂

위의 인용문에서는 공정한 칠정을 '자기의 사사로움과 무관한 것'으로 설명하고, '理發'로 규정했다. 그러면서도 성호는 자신의 학설을 또 번복할 수 있는 가능성을 열어놓았거니와, 얼마 후 성호는 다시 원래의 입장으로 돌아가,[81] 공정한 칠정을 '氣發'로 규정했다. 聖賢의 칠정이 공정한 것은 '성현의 形氣가 본래 廣大하기 때문'이요, '성현의 七情이 (天理의) 공정함에 근본하기 때문'이 아니라는 것이다.[82] 성호가 공정한 칠정 역시 氣發이라는 입장으로 회귀한 것은 자신의 주장이 奇高峯의 주장과 가깝게 되는 것을 우려했기 때문이었다.[83]

4. 비판적 논의

1) 星湖의 退·栗에 대한 논의

이제까지 살폈듯이 성호의 성리설은 栗谷說과 다를 뿐만 아니라 退溪說과도 다른 것이었다. 그런데 성호는 퇴계설에 대해서는 적극 옹호하고, 율곡설에 대해서는 전면적으로 비판하는 입장을 취하였다. 다만, 퇴계설에 대해서는 '대체적으로 至當하나, 부분적으로는 전후의 矛盾이 없지 않다'고 인식하고,[84] 그 종종 문제점을 지적하기도 하였다. 먼저 성호의 퇴계설에 대한 논의를 살펴보기로 하자. 이는 대략 세 가지로 요약된다.[85]

---

81) 이는 尹東奎의 叱正에 의한 것이었다.

82) 『星湖全集』 卷18 頁4, 〈答李致和 甲子〉: 七情之本然 不離於私有也 亦不曰聖人能以天下爲一家 以中國爲一人乎 其本然則雖私而萬物屬己 明於其利 達於其患 不假于意之而必知其情 視天下之喜怒 把作己之喜怒 是聖賢之形氣許大也 非七者之本公也

83) 이에 대한 자세한 논의는 안영상, 「星湖 李瀷의 性理說 硏究」, 145~151쪽 참조.

84) 『星湖全集』 卷15 頁1~2, 〈答沈判事 甲寅〉: 四七之論 退溪之書 本自無憾 其間不無一二難曉 如欲一一勘合無痕 則終不可歸一

첫째, 퇴계가 '四端과 七情'의 관계는 '本然之性과 氣質之性'의 관계와 같다고 규정하고 양자를 모두 '理·氣'로 分屬시킨 것에 대해, 성호는 '사단과 칠정'의 관계는 '본연지성과 기질지성'의 관계와 다르다고 주장하였다.[86] 퇴계가 '四端·七情'과 '本然之性·氣質之性'을 모두 '理·氣'로 분속시킨 것은 '二性二情論'에 해당된다. 그러나 氣質之性에 나아가 氣質을 배제하고 순수한 理만을 지칭하는 것이 本然之性이므로, 본연지성과 기질지성은 두 개의 性이 아니라는 것이 성리학의 일반론이었다. 성호 역시 이러한 일반론을 따른다. 그런데 '사단과 칠정'의 관계를 '본연지성과 기질지성'의 관계와 같다고 규정한다면, 기질지성이 본연지성을 포함하듯이 '七情이 四端을 포함한다'는 논리가 성립하게 된다. '四端은 七情 가운데의 善一邊으로서, 七情이 四端을 포함한다'는 것은 율곡의 지론이었거니와, 이러한 논리가 성립한다면 理氣互發說은 저절로 무너지게 된다. 그러므로 성호는 퇴계의 말에 의문을 품고, '사단과 칠정'의 관계는 '본연지성과 기질지성'의 관계와 다르다고 주장한 것이다. 성호의 지론은 '一性二情論'으로서, 본연지성과 기질지성은 본래 '하나의 性'이지만, 사단과 칠정은 理發(天理之公)과 氣發(形氣之私)로 구분되는 '두 개의 情'이라는 것이었다.

둘째, 奇高峯의 〈四端七情後說〉에는 "舜의 노여워함이나 孟子의 기뻐함은 理發로서, 四端과 다름이 없다"는 기존의 주장이 그대로 포함되어 있음에도 불구하고, 퇴계가 '(둘 사이의) 異見이 마침내 충분히 같아

85) 退溪說에 대한 성호의 문제 제기는 『星湖全集』 卷13 頁19~20 〈答權台仲 甲寅〉, 『星湖全集』 卷15 頁1~4, 〈答沈判事 甲寅〉, 『星湖全集』 卷17 頁23~25 〈答李汝謙 庚申〉, 그리고 『四七新編』의 부록 〈讀退溪先生書記疑〉 등에 보이거니와, 그 내용은 大同小異하여 세 가지의 논점으로 요약된다.

86) 『星湖全集』 卷15 頁2, 〈答沈判事 甲寅〉: 其答高峯以本然及氣質之性 比同於四與七而爲分屬理氣之證 則有不然者 本然氣質 非有二性 卽就氣質性中指出純善者曰本然之性 若然以四爲七中善一邊者 其意何別

졌다'고 긍정한 것에 대해,[87] 성호는 '그 까닭을 알 수 없다'고 의문을 품었다. '公正한 七情'은 理發로서 四端과 차이가 없다고 한다면, '七情은 氣發'이라는 지론이 무너질 수밖에 없다.[88] 그러므로 성호는 퇴계가 별다른 언급 없이 〈四端七情後說〉을 그대로 승인한 까닭을 이해할 수 없었던 것이다.[89]

셋째, 퇴계의 〈答李平叔 第3書〉는 퇴계의 평소 지론과는 다르다고 보아, 이를 문제 삼았다.[90] 이 편지에서 퇴계는 "人心은 七情이요 道心은 四端이라고 보아도 진실로 不可할 것은 없다. 그런데 人心과 道心은 각각 一邊으로 귀착되는 것이지만, 七情은 氣發이라 하더라도 一邊으로 귀착되는 것이 아니다. 그러므로 〈樂記〉·『中庸』·〈顔子所好何學論〉에서는 모두 七情 가운데 四端이 포함된 것으로 보아 渾淪하게 말했던 것이다"라고 하였다.[91] 요컨대 人心·道心은 分開의 관계일 뿐이지만, 四端·七情은 分開의 관계인 동시에 渾淪의 관계라고 하여, 人心道心論과 四端七情論의 차이를 인정한 것이다. 이에 대해 성호는 "그렇다면 퇴계가 그동안 인심과 도심, 사단과 칠정을 구별한 허다한 논설들은 모두 무슨 뜻이었는가?"라고 의문을 제기하고, 다음과 같이 자신의 견해를

87) 『退溪集』 卷17 頁23~24, 〈重答奇明彦〉: 前寄示四七兩說 反復玩繹 昔人所謂始參差而異序 卒爛熳而同歸 眞不虛也

88) 『星湖全集』 卷15 頁2, 〈答沈判事 甲寅〉: 至於高峯後說 退溪有爛漫同歸之歎 而乃以舜之怒孟子之喜之類爲理發 而與四端無異 是依舊前說之不變 若果聖賢之七情宜屬之理發 則七者終非氣發一邊事

89) 그러나 '公正한 七情'에 대해서는 성호 자신도 거듭 주장을 번복했던 만큼, 성호에게도 확고한 定論은 없었다고 보아야 할 것이다.

90) 『星湖全集』 卷13 頁20, 〈答權台仲 甲寅〉: 先生答李平叔第三書 極有難契

91) 『退溪集』 卷37 頁27, 〈答李平叔〉: 人心爲七情 道心爲四端 以中庸序朱子說及許東陽說之類觀之 二者之爲七情四端 固無不可 滉前日答李宏仲云云者此也 但若各就其名實而細論之 則人心之名 已與道心相對而立 乃屬自家體段上私有底 蓋旣曰私有 則已落在一邊了 但可聽命於道心而爲一 不得與道心 渾淪爲一而稱之 至如七情 則雖云發於氣 然實是公然平立之名 非落在一邊底 故如樂記 中庸 好學論中 皆包四端在其中 渾淪而爲說

제시한다.

> 저 세 편의 글(〈樂記〉·『中庸』·〈顔子所好何學論〉)은 어찌하여 四端을 七情에 포함시키고 구별하지 않았던가? 人心은 다만 굶주리면 먹고자 하고 추우면 따듯하게 하려는 마음이지만, 이를 순조롭게 해결하면 기뻐하고 거역하면 성내는 따위는 七情이다. 이는 가장 절실한 공부의 要處로서, 四端은 순수한 天理로서 위험에 빠질 근심이 없는 것과는 다르다. 그러므로 세 편의 글에서는 그렇게 말했던 것이다. 만약 喜·怒 등이 없다면 人心이 어찌 다시 위험에 빠지겠는가? 이제 세 편의 글에서 七情만 거론했다는 까닭으로 '四端을 七情 가운데 포함시킨 것'이라고 한다면 옳겠는가? 만약 그렇다면 퇴계의 '四端은 理發氣隨, 七情은 氣發理乘'이라는 학설도 성립할 수 없을 뿐만 아니라, 주자의 '四端은 理發, 七情은 氣發'이라는 설명 또한 '너무 심하게 分析했다'는 결론을 면할 수 없을 것이다.[92]

성호에 의하면 형기의 욕망을 추구하는 七情은 위험한 것이나, 순수한 천리에 따르는 四端은 안전한 것이다. 그러므로 공부의 절실한 요처는 七情에 있거니와, 그리하여 〈樂記〉·『中庸』·〈顔子所好何學論〉 등 세 편의 글에서는 七情만 거론하고 四端은 거론하지 않았다는 것이다. 따라서 이를 두고 '四端을 七情 가운데 포함시킨 것'이라고 한다면 옳지 못하다는 것이다. 또한 성호는 사단이 칠정에 포함된다고 한다면, 퇴계의 互發說 자체도 성립할 수 없고 주자의 본래 설명 또한 '너무 심하게 分析했다'는 결론을 면할 수 없다고 지적하였다. 이러한 맥락에서 성호는 四端과 七情 역시 각각 一邊으로 分開시켜야 한다는 입장을 다시 확

---

92) 『星湖全集』 卷17 頁24, 〈答李汝謙 庚申〉: 彼三書何嘗包之而不別耶 人心只是飢飽寒燠之心 而從這箇順之則有喜 逆之則有怒之類 是七情也 此最用功之切要 非如四端之純理而無危墜之憂者 故三書云爾 若無喜怒之類 雖人心寧復有危墜耶 今以只擧七情之故而謂包四者在中可乎 若爾則不獨氣隨理乘之說 爲有未通 雖朱子本說 亦不免爲太分析之歸矣

인한 것이다.

성호는 기본적으로 퇴계의 理氣互發說을 지지한다. 위의 논점들은 퇴계의 논설 가운데 호발설과 양립할 수 없는 부분을 발견하고, 그것을 문제 삼은 것이다. 그런데 둘째와 셋째 논점은 이기호발설을 관철하자면 필연적으로 해소해야 할 논점이라 하겠으니, 성호의 문제 제기가 타당한 것이라고 볼 수 있다. 그러나 첫째 논점은 퇴계와 성호가 견해를 달리하는 것으로서, 호발설의 성립 문제와는 관계가 없는 것이다. 성호는 一性二情論을 전제로 위와 같이 의문을 제기한 것이다. 그러나 二性二情論을 견지하는 퇴계의 입장에서 보자면, '사단과 칠정'의 관계를 '본연지성과 기질지성'의 관계와 같다고 규정하더라도 '七情이 四端을 포함한다'는 논리가 성립하는 것은 아니므로, 얼마든지 理氣互發論이 성립할 수 있는 것이다.

이제 성호의 栗谷에 대한 논의를 살펴보기로 하자. 성호는 "栗谷의 학설은 退溪先生과는 綱領이 이미 다른 것으로, 그 千言萬語가 한결같이 틀린 것"[93]이라고 비판하였다. 그러나 성호 사단칠정론의 구조는 전체적으로 보아 퇴계설보다는 오히려 율곡설에 더 가깝다고 할 수 있을 정도로 율곡설과 흡사한 점이 있다. 성호는 四端과 七情을 모두 '발하는 것은 氣, 발하는 所以는 理'라고 규정하고, 理發氣隨一路說을 주창했다. 그런데 理發氣隨一路說 자체는 율곡의 氣發理乘一途說과 매우 흡사한 것이다. 성호는 발하는 所以는 理이므로 '理發'이라 하고, 氣는 理의 主宰를 받아 발하는 것이므로 '氣隨'라고 한 것인데, 이는 율곡의 '氣發理乘'과 표현만 다를 뿐 내용상으로는 다른 것이 아니다. 율곡은 발하는 운동의 주체는 氣이기에 '氣發'이라 한 것이요, 氣의 운동은 理가 主宰

93) 『四七新編』〈讀李栗谷書記疑〉: 栗谷之說 與退溪先生書 綱領旣別 其千言萬語 所以一齊錯了

하는 것이기에 '理乘'이라 한 것이다. 이렇게 본다면 성호의 사단칠정론은 율곡의 사단칠정론과 大體가 같다고 볼 수 있다.[94)]

그러나 성호는 理發氣隨一路를 대전제로 하면서도, 다시 形氣의 개입 여부에 따라 四端理發과 七情氣發을 구분함으로써 율곡과 論調를 달리하게 되었다. 율곡은 四端과 七情을 시종일관 一元的인 관점에서 파악하는 것이요, 성호는 性은 하나이지만 情은 둘이라는 입장(一性二情論)에서 四端과 七情의 묘맥을 구분하는 것이다.[95)] 율곡이 四端과 七情을 구분하는 관점은 中節 즉 善一邊은 四端이요, 中節과 不中節을 모두 포함한 것 즉 善·惡의 情을 모두 포괄한 것은 七情이라는 것이었다. 다시 말하면 율곡의 관심은 中節과 不中節의 문제에 있었다. 그러나 성호는 四端에도 不中節이 있고,[96)] 七情에도 中節이 있다고 보았다. 따라서 성호에게 있어서 中節과 不中節은 四端과 七情을 구분하는 준거가 될 수 없는 것이다. 성호는 오히려 公·私의 문제에 초점을 둔 것이다. 이러한 점들을 염두에 두고, 성호가 율곡을 비판하는 주요 논점을 정리해 보기로 하자.

첫째, '理의 主宰'와 '理의 能動性'에 관한 문제이다. 율곡은 '理의 주재'를 긍정하면서도 '理의 능동성'을 부정하였다. 그런데 성호는 '理의 능동성'을 부정하는 것은 理를 死物로 전락시키는 것으로서, 결국 '理의 주재'를 부정하는 것이라고 이해한다. 그리하여 성호는 '理·氣의 動·靜'에 관한 주자의 수많은 言說들을 소개하면서 理의 능동성을 옹호하고,

---

94) 실제로 당시에 성호에 대해서 "退溪를 버리고 栗谷에게로 간다(舍退就栗)"는 지적이 있었다. 성호는 이에 대해서 자기의 취지는 결코 그런 것이 아니라고 변명한 바 있다(『星湖全集』 卷17 頁25, 〈答李汝謙〉 참조).

95) 『星湖全集』 卷14 頁4, 〈答權台仲〉: 栗谷說 其大旨 不出於四端是七情中善一邊 非七情之外 復有四端也 與鄙意 一霄一壤 彼東此西 謂之相涉者 過矣

96) 성호가 '四端에도 不中節이 있다'고 본 것은 퇴계와도 다르고 율곡과도 다른 것이다.

'理는 無爲'라는 율곡의 주장은 근거가 없는 것이라고 일축하였다.[97] 앞에서 이미 살폈듯이 성호에게 있어서 '理의 能動性'이란 곧 '理의 주재'를 뒷받침하는 것이었다. 성호는 "그 主宰로 말하자면, 理는 본래 말라 죽은 나무나 불씨가 꺼진 재와 같지 않으니, 반드시 모름지기 움직이지 않으면서도 능히 움직일 수 있어서(未動而能動), 氣를 統御하여 발한다"[98]고 주장하거니와, 성호는 '理의 주재'를 '理가 氣를 統御함'으로 해석하고, 理는 氣를 統御하는 '能動的 존재'라고 규정하는 것이다.[99]

둘째, 율곡은 퇴계의 互發說을 誤解하고 있다는 것이다. 성호는 다음과 같이 말한다.

> 理는 氣의 將帥이고, 氣는 理의 卒徒이다. 무릇 움직임은 모두 理가 먼저 움직이는 것이니, 아마도 '氣가 앞서고 理가 바야흐로 뒤따르는 방도'는 없을 것이다. 만약 "方寸 사이에 出入하는 氣가, 혹은 理가 앞서고 氣가 뒤따르며, 혹은 氣가 앞서고 理가 바야흐로 탄다"고 한다면, 어찌 이러한 뜻이 있겠는가? 栗谷은 退溪先生의 설명을 잘못 이해하고 성급하게 '互發'이라고 비판했으니, '신발을 신은 채 가려운 곳을 긁는 것'과 무엇이 다르겠는가? 단연코 '互發'의 이치는 없거니와, 退溪先生은 반드시 그 本旨가 있는 것이니, 그러므로 오랫동안 미루어 연구해야만 바야흐로 그 설명을 이해할 수 있는 것이다. 方寸 사이에 出入하는 氣로 理發氣隨를 말한다면, 四端과 七情이 어찌 일찍이 구별되겠는가? 七情에 이르러서는 다시 理發 위에 한 층의 苗脈이 있는 것이니, 이 理의 發은 形氣에서 말미암은

97) 『四七新編』〈讀李栗谷書記疑〉: 理無爲以下 以朱子之說證其差 可乎 朱子曰 理有動靜 故氣有動靜 若理無動靜 則氣何自而有動靜 …… 如此之類 不勝枚擧 栗谷何據而云然

98) 『四七新編』〈讀李栗谷書記疑〉: 以其主宰言 則理本非如槁木死灰 必須未動而能動(朱子答陳安卿說) 御氣而發

99) 따라서 성호의 '理는 未動而能動'이라는 말을 글자 그대로 풀이하면 '理는 움직이지 않으면서도 능히 움직일 수 있다'는 뜻이나, 결국엔 '理는 움직이지 않으면서도 (氣를 統御하여) 움직이게 할 수 있다'는 뜻인 것이다.

> 것이요, 理가 곧게 발한 것은 아니다. 곧게 발한 것은 形氣와 서로 관계가 없는 것이니, 그러므로 다만 '方寸 사이의 理發氣隨'만을 말해도 마땅한 것이다. 만약 形氣에 感觸해서 발했다면 이것은 '氣發理乘'이라 하거니와, 그 方寸 사이의 '氣隨'라는 두 글자는 다시 말하지 않아도 의미가 충분한 것이다. 先生의 뜻은 다분히 이와 같은 것이다.[100)]

앞에서 살핀 것처럼 四端과 七情이 모두 '理發氣隨'라는 것이 성호의 지론이었다. 성호에 의하면 퇴계의 互發이란 '理와 氣가 각각 발한다'는 뜻이 아니라, 理發氣隨 가운데 形氣의 개입 여부에 따라 理發과 氣發을 구분한 것뿐이다. 그런데 율곡은 퇴계설을 '理와 氣가 각각 발한다'는 뜻으로 오해하고 비판하는 것이니, 이는 적실하지 못하다는 것이다.[101)]

셋째, 율곡의 氣發理乘一途說을 비판하는 것이다. 성호는 다음과 같이 말한다.

> 나의 本性이 바깥 사물에 感하여 動할 때, 나의 形氣와 더불어 서로 간섭하지 않은 것은 理發에 소속시키고, 바깥 사물이 나의 形氣에 접촉한

---

100) 『星湖全集』 卷14 頁3, 〈答權台仲 乙丑〉: 夫理者氣之帥也 氣者理之卒徒也 凡動皆理先也 恐無氣先而理方隨後之道也 若曰方寸間出入之氣 或理先而氣來隨之 氣先而理方乘之 寧有是義 栗谷錯看先生之說 遽有互發之誚 何異隔靴爬痒耶 互發斷無是理 先生必有其旨 故推究之久 方得其說 以方寸間出入之氣 言理發氣隨 四七何嘗有別 至於七情更於理發上面有一層苗脈 此理之發 由於形氣也 非理之直發也 直發則不與形氣相干 故只須言方寸間理發氣隨宜矣 若觸其形氣而發則是謂氣發理乘 而其方寸間氣隨二字 不待更言 義無不著 先生之意十分如此

101) 그러나 퇴계는 분명 '理와 氣가 서로 發用한다'고 했다(『退溪集』 卷16 頁30, 〈答奇明彦論四端七情第二書 改本〉: 蓋人之一身 理與氣合而生 故二者互有發用 而其發又相須也 互發則各有所主可知 相須則互在其中可知 互在其中 故渾淪言之者固有之 各有所主 故分別言之 而無不可). 따라서 이는 성호가 퇴계의 互發說을 자기식대로 이해하고, 부당하게 율곡을 비판한 것이라 하겠다. 한편 성호는 "반드시 氣를 大氣와 小氣로 나눈 다음에야 설명이 的實하게 된다.…… 만약 다만 退溪說에만 근거한다면 결국 '互發'이라는 혐의를 면할 수 없다"(『星湖全集』 卷23 頁22, 〈答愼耳老 辛酉〉: 必須別立大小之說 然後方是的實 …… 若只據退說 終不免互發之疑耳)고 말하기도 하였다.

다음 나의 本性이 비로소 感하여 動하는 것은 氣發에 소속시킨다. (퇴계의) '理가 발함에 氣가 따름(理發氣隨)'이란, 理가 먼저 動하고 氣가 바야흐로 따라서 뒤에 있다는 말이 아니라, 그 발함이 곧 나의 天理가 그렇게 한 것이라는 말이다. (퇴계의) '氣가 발함에 理가 탐(氣發理乘)'이란, 氣가 먼저 動하고 理가 바야흐로 가서 그것을 탄다는 말이 아니라, 그 발함이 곧 나의 形氣가 그렇게 한 것이라는 말이다. 이것이 人心과 道心의 구분이 있게 된 까닭으로서, 朱子의 前後의 所論이 이것을 극진히 밝혔다. 합해서 말하면 모두 理發이지만, 나누어 말하면 두 가지의 다름이 있는 것이다. 저 이른바 '단지 氣發一路만이 있다'는 것이 웬 말인가?[102]

위의 인용문 역시 퇴계의 互發說을 자기식대로 이해하고 옹호하면서, 율곡의 氣發理乘一途說을 비판한 것이다. 四端과 七情을 理發氣隨一路로 설명하면서도, 四端과 七情을 다시 理發과 氣發로 구분하는 것이 성호의 지론이었다.

넷째, 율곡은 天地之化와 吾心之發은 동일한 맥락이라고 주장했거니와,[103] 이에 대해 성호는 다음과 같이 비판한다.

延平이 朱子에게 답한 편지에서는 "天地의 本源에 나아가면 사람이나 동물의 관점에서 推論한 것과 다르지 않을 수 없으니, 이것이 '움직여서 陽을 생한 것'을 '喜怒哀樂이 이미 발한 것'이라 말하기 어려운 까닭이다. 天地에 있어서는 다만 理일 뿐이다"라고 하였다. 대개 天地의 常道는 그

102) 『四七新編』〈七情便是人心 第8〉: 吾性感於外物而動 而不與吾形氣相干者 屬之理發 外物觸吾形氣而後 吾性始感而動者 屬之氣發 理發氣隨者 非謂理先動而氣方隨在後也 是發也 卽吾天理之爲之也 氣發理乘者 非謂氣先動而理方去乘他也 是發也 卽吾形氣之爲之也 此所以有人心道心之分 而朱子前後所論 盡之矣 合而言則皆理發 分而言則有二者之殊 彼所謂只有氣發一路者 何也

103) 『栗谷全書』卷10 頁5~6,〈答成浩原〉: 天地之化 卽吾心之發也 …… 天地旣無理化氣化之殊 則吾心安得有理發氣發之異乎 若曰吾心異於天地之化 則非愚所知也

마음이 萬物을 두루 감싸되 私心이 없으니, 사람의 마음이 하는 것처럼 情意와 知覺의 발함이 없는 것이다. 만일 "天과 人은 조그만 差異도 없다"고 한다면, 天道도 또한 兼善惡이나 善一邊의 情이 있는 것인지, 또한 外物이 그 형체에 감촉하여 안에서 움직이는 것이 있는지 알지 못하겠다. 어찌 '混元의 묵묵히 운행하는 理'와 '사람의 마음이 사물에 응하여 생긴 것'을 억지로 同化시켜 같게 여길 수 있겠는가?[104)]

율곡은 '理는 無爲, 氣는 有爲'라는 관점에서 天地之化와 吾心之發을 모두 氣發理乘이라고 설명한 것이었다. 그러나 성호는 '天地는 私心이 없고 情意와 知覺도 없으나, 사람은 私心이 있고 情意와 知覺도 있다'는 관점에서 天地之化와 吾心之發은 다르다고 주장한 것이다.

마지막으로, 성호는 율곡의 人心道心說에 대해서도 여러 측면에서 비판하였다. 율곡은 人心·道心은 본래 兩邊說(對立的 論理)이요, 四端·七情은 七情이 四端을 포함하는 일원적 관계로서, 그 立言의 맥락이 다르다고 보았다. 그러나 성호는 四端·七情의 관계는 人心·道心의 관계와 마찬가지라고 보았다. 또 율곡은 人心·道心은 兩邊說임에도 불구하고, 人心·道心의 묘맥은 하나라고 보고, 人心道心相爲終始說을 주장하였다.[105)] 그러나 성호처럼 人心과 道心을 '묘맥이 다른 것'이라고 규정한다면, 終始說은 성립할 수 없는 것이다.[106)] 이러한 내용들은 성호와

---

104) 『四七新編』 〈讀李栗谷書記疑〉: 延平答朱子書曰 就天地之本源 與人物上推來 不得不異 此所以於動而生陽 難以爲喜怒哀樂已發言之 在天地只是理也(延平說止此) 盖天地之常 以其心普萬物而無心 非有情意知覺之發如人心之爲矣 如曰天與人無少異 則未知天道亦有兼善惡善一邊之情乎 亦有外物觸其形而動於中者乎 豈可以混元默運之理 與人心應物而生者 强化而同之

105) 율곡의 終始說은 주자의 〈答許順之〉 등과 궤를 같이 한다(『朱子大全』 卷39 頁26: 心一也 操而存則義理明而謂之道心 舍而亡則物欲肆而謂之人心 自人心而收回 便是道心 自道心而放出 便是人心). 그러나 성호는 〈答許順之〉는 "初年의 확정되지 않은 학설"이라고 단정하였다(『四七新編』 〈讀李栗谷書記疑〉: 謹按 答許順之書 是初年未定之說).

율곡이 서로 견해를 달리하는 것으로, 그 是非를 분간하기 어렵다. 그러나 율곡의 "人心・道心은 모두 性에서 발한 것으로서, 氣에 의해 가려진 것은 人心이고, 氣에 의해 가려지지 않은 것은 道心이다"[107]라는 주장에 대하여, 성호가 "氣에 의해 가려진 것이 人心이라면, 聖人도 또한 간혹 氣에 의해 가려진 것이 있는가?"[108]라고 비판한 것은 율곡설의 문제점을 정확히 지적한 것이라 하겠다.

2) 星湖說에 대한 비판

이제 마지막으로 성호의 성리설이 지닌 문제점들을 검토해 보자. 성호는 일생동안 性理說에 지대한 관심을 가지고 정교한 이론을 구축하고자 했다. 그러나 성호의 성리설에는 적지 않은 문제점들이 내재한다.

첫째, 성호의 성리설에서는 '理의 주재'와 '氣의 주재'가 서로 충돌을 일으킨다. 성호는 '理의 주재'를 설명할 때에는 "理는 氣의 將帥, 氣는 理의 卒徒"[109]라고 하였다. 이는 '理의 주재'를 '理가 氣를 통솔함'으로 풀이하는 것이다. 그런데 '心統性情'을 설명할 때에는 心을 氣로 규정하면서 心에 將帥의 위상을 부여했다. 즉 성호의 풀이에 의하면 '心統性'이란 '氣가 理를 통솔한다'는 뜻이 되는 것이다. 이 두 설명은 서로 충돌하는 것으로서, 양립되기 어려운 것이다.

둘째, '理의 주재'를 '將帥의 統兵'과 같은 맥락으로 풀이할 경우, 현실의 惡을 설명하기 어렵다. 성호는 다음과 같이 말한다.

---

106) 그런데 성호도 "마땅히 기뻐할 것을 기뻐하고, 마땅히 성낼 것을 성내는 것은 道心이다"(『四七新編』〈圖說 第16〉)라고 한 바 있다. 이는 율곡의 終始說과 같은 맥락인 것이다.
107) 『栗谷全書』 卷9 頁36: 人心道心 皆發於性 而爲氣所掩者爲人心 不爲氣所掩者爲道心
108) 『四七新編』 〈讀李栗谷書記疑〉: 爲氣所掩者爲人心 則聖人亦或爲氣所掩耶
109) 『星湖全集』 卷14 頁3, 〈答權台仲 乙丑〉: 夫理者 氣之帥也 氣者 理之卒徒也

무릇 능히 動靜하는 것은 氣요, 動靜하는 所以는 理이다.…… 진실로 간혹 그 動靜에 理가 간여하지 않는다면, 이는 將帥가 없는 兵卒과 같아서 미치광이처럼 방자하게 날뛸 것이니, 그것이 옳겠는가?[110)]

성호는 理가 氣의 운동을 주재(통솔)하지 않으면 氣가 미치광이처럼 방자하게 날뛸 것이라고 설명하면서 理의 주재(통솔)를 옹호한 것이다. 이와 같은 맥락에서 성호는 四端·七情이 모두 '理가 氣를 統御하여 발한 것'이라고 설명했다.[111)] 성호의 주장처럼 理는 능동적 존재로서 항상 氣를 통솔한다면, 현실에는 惡(恣行狂走)이 없어야 한다. 그런데 현실에는 왜 惡이 횡행하는 것인가? 성호는 다음과 같이 말하기도 한다.

理가 氣를 統御하면 知覺이 理에 순종하여 理義之心이 되나, 氣가 치우치고 理가 어두우면 다만 知覺之心만 있어서 禽獸와 같게 된다.[112)]

위의 인용문에 의하면 '사람이 禽獸와 같게 됨'은 '理가 氣를 統御하지 못한 결과'이다. 그렇다면 理는 氣를 통어하는 때도 있고, 氣를 통어하지 못하는 때도 있다는 말인가? 또 氣를 통어하지 못할 때의 理는 '枯木死灰'와 같은 것인가?

셋째, '氣의 주재'를 '將帥의 統兵'과 같은 맥락으로 풀이할 경우, 理는 氣의 통솔을 받는 존재로 誤認될 수 있다. 성호도 이 점을 의식하여 다음과 같이 말한다.

---

110) 『星湖全集』 卷15 頁4, 〈答沈判事 甲寅〉: 夫能動靜者氣也 而所以動靜則理也 …… 苟或其動其靜 理無與焉 是無帥之卒 恣行狂走 無所止泊 其可乎

111) 『四七新編』 〈讀李栗谷書記疑〉: 以其主宰言 則理本非如槁木死灰 必須未動而能動(朱子答陳安卿說) 御氣而發 四端七情 孰非理發 …… 自理應以後看 則均是理御氣而動

112) 『星湖全集』 卷41 頁22, 〈心說〉: 理御于氣則知覺循乎理而爲理義之心 氣偏理昧則只有知覺之心而同乎禽獸

心은 郛郭과 같고, 性·情은 郛郭 가운데의 허다한 人家와 같다. '心統性情'이라 함은 사실 이러한 때문이요, '氣가 능히 理를 통솔하여, 理는 氣의 부림을 받는다'(氣能統理而理爲氣役)는 말이 아니다.[113]

주지하듯이 주자는 '心統性情'의 '統'은 '포함'과 '주재'라는 두 뜻을 지닌다고 풀이했다. 앞에서 살핀 바 있듯이, 성호는 이 두 뜻 가운데 '주재'가 더욱 중요한 뜻이라고 보아, 주자의 "統은 '統兵의 統'이다"라는 말을 누차 인용했던 것이다. 그런데 위의 인용문에서는 '統'을 다시 '포함'의 맥락으로 풀이하고,[114] '氣가 능히 理를 통솔하여, 理는 氣의 부림을 받는다'는 뜻은 아니라고 설명한 것이다. 그러나 이는 납득하기 어려운 설명이다. '心'을 '氣'로, '統'을 '統兵의 統'으로 풀이하는 한, '心統性'은 '氣가 능히 理를 통솔하여, 理는 氣의 부림을 받음'이라는 뜻으로 풀이될 수밖에 없는 것이다.

넷째, 성호는 理와 氣를 모두 '능동적 존재'로 규정했다. 理도 氣와 마찬가지로 능동적 존재라면, 理는 왜 獨自的으로 발하지 않고 꼭 '氣隨'나 '氣載'를 필요로 하는가?[115] 성호는 다음과 같이 말한다.

心은 氣이고, 性은 理이다. 理와 氣는 서로 떠날 수 없으니, 理가 發해서 情이 될 때, 氣도 반드시 함께 발하는 것이다.[116]

---

113) 『星湖全集』 卷13 頁14, 〈答金仲鎭 壬寅〉: 心如郛郭 而性情如郛郭中許多人烟 則謂之統性情 實以此也 非謂氣能統理而理爲氣役也

114) "心은 郛郭과 같고, 性·情은 郛郭 가운데의 허다한 人家와 같다"는 말은 '포함'의 맥락에 해당되는 것이다.

115) 성호는 '理發氣隨'를 '理發氣載'로도 설명한 바 있다(『星湖全集』 卷17 頁25, 〈答李汝謙 庚申〉: 發者氣也 發之者理 理發而氣載者 何處不然). '氣隨'를 '氣載'로 대치하면 氣의 역할이 더욱 부각되는 것이다.

116) 『星湖全集』 卷15 頁3, 〈答沈判事 甲寅〉: 心氣而性理也 理與氣相離不得 理發爲情 氣必同發

理와 氣가 서로를 필요로 하는 관계라면, 理와 氣는 서로 떠날 수 없는 관계일 것이다. 그런데 理도 氣와 마찬가지로 능동적 존재라면, 理와 氣를 '相須'의 관계로 규정할 필연성을 확보하기 어렵다.[117] 이러한 점을 염두에 두고 위의 인용문을 본다면, 성호에게 있어서 '氣도 반드시 함께 발함(氣隨, 氣載)'은 다만 '理 · 氣의 不相離'를 설명하기 위한 개념적 장치였다고 볼 수 있다.[118]

다섯째, 성호는 四端뿐만 아니라 七情 또한 理發氣隨라 하였다. 그런데 七情의 경우 '理發'이라는 것이 실질적으로 무슨 의미가 있는 것인지 의문스럽다. 성호는 "外物이 形氣에 감촉함에 形氣가 매개하여 理가 이에 응한 것을 七情이라 한다"고도 하였고, "七情은 理가 形氣를 인하여 발한 것이므로 氣發에 소속시킨다. 저 氣發은 또한 어찌 일찍이 理가 발한 것이 아니겠는가?"라고도 하였다. 理란 구체적으로는 仁義禮智를 뜻하거니와, 七情 역시 理發이라면, 七情 역시 '仁義禮智가 발한 것'이요 '仁義禮智가 주재한 것'이다. 그렇다면 七情 역시 善하기만 하고 惡은 없어야 하는 것 아닌가? '形氣의 개입'으로 인해 惡이 생기는 것이라면, '仁義禮智의 주재'란 사실 무의미한 것 아닌가? 七情 역시 '仁義禮智가 발한 것'이요 '仁義禮智가 주재한 것'이라면, 그것을 다시 '氣發'이라고 말할 필요가 없지 않은가?

마지막으로, 성호는 四端과 七情을 '一路'라고도 하고, '二路'라고도 했다. 성호는 "마음이 感應함에는 다만 理發氣隨 한 길이 있을 뿐이니,

117) 성호는 '氣隨'나 '氣載'의 필연성을 확보하기 위하여 理를 能動的 존재로 규정하면서도 理의 能動性을 '主宰'라는 영역으로 한정하고, 실제로 발하는 작용의 주체는 氣라고 설명했던 것이다. 이러한 논리는 理氣相須說과 훌륭하게 부합된다고 하겠으나, '惡의 문제'를 설명함에 있어서는 곤경에 빠지는 것이다.

118) 퇴계는 '四端과 七情'을 단순히 '理發과 氣發'로 규정했다가, 奇高峯이 '理氣不相離'에 어긋난다고 비판하자, 각각 '氣隨와 理乘'을 덧붙였던 것이다.

四端과 七情이 어찌 일찍이 다름이 있겠는가?"라고도 하고, "情에 四端과 七情의 구분이 있는 것과 性에 本然之性과 氣質之性이 있는 것은 같지 않다.…… 情에 이르러서는 분명하게 두 길인 것이다. 性은 하나이지만, 혹은 이렇게 발하고, 혹은 저렇게 발하니 어찌 두 길이 아닌가?"라고도 했던 것이다. 성호의 취지대로 곡진하게 이해하자면, 성호는 '理氣의 相須'라는 맥락에서는 사단 · 칠정을 '한 길'로 설명하고, '苗脈이 다르다'는 맥락에서는 사단 · 칠정을 '두 길'로 설명한 것이다. 그러나 한편으로는 '한 길'이라 하고 또 한편으로는 '두 길'이라 함은 결국 모순되는 태도요, 독자들의 혼란을 조장하는 것이다.

5. 결론

성호의 심리학은 理 · 氣의 '相須'와 '互發'을 양립시키려는 데 초점이 있었다. 성호는 相須의 맥락에서는 四端과 七情을 모두 '理發氣隨'로 규정하고, 互發의 맥락에서는 '四端은 理發, 七情은 氣發'이라고 규정했다. 그리고 성호는 양자 사이의 논리적인 혼란을 막기 위하여 氣를 大氣와 小氣로 구분하고,[119] 互發의 의미를 '苗脈이 다르다'는 뜻으로 해석했던 것이다. 이러한 맥락에서 성호의 相須 · 互發說은 다른 사람들의 相須 · 互發說과는 다른 것이었다.

첫째, 영남학파 가운데 '理 · 氣의 相須'를 옹호하는 사람들은 대개 理主氣資라는 관점에 입각한 것이었다. 그런데 성호는 '理 · 氣의 相須'를

119) 사실 理氣互發論은 人心道心論의 맥락에서 성립하고, 理氣相須論은 心統性情論의 맥락에서 성립하는 것이다. 본래 人心道心論에서는 '形氣(形氣之私)'를 氣라 하고, 心統性情論에서는 心(神明)을 氣(氣之精爽)라 했던 것이다. 성호는 이 두 이론을 결합시키려 했던바, 두 이론에서의 氣의 의미가 다름을 깨닫고, 小氣大氣說을 주창하게 된 것이다.

옹호하면서도 '理主氣資'의 관념을 뚜렷하게 보여주지는 않았다.[120] 大山 李象靖이 그러했듯이, 理主氣資를 주장하는 사람들은 理의 능동성을 부정하고, 氣의 능동성만 인정한다. 理는 氣의 주재자이지만, 理는 氣의 운동을 통해서만 발현될 수 있다는 것이다. 그러나 성호는 理와 氣를 모두 능동적 존재로 규정했다. 理와 氣를 모두 능동적 존재로 규정하면, 形而上者와 形而下者의 구별이 애매해진다는 점은 차치하더라도, '相須의 필연성'을 확보하기 어렵다. 이에 성호는 理와 氣를 모두 능동적 존재로 규정하면서도, 각각의 영역을 한정함으로써 相須의 필연성을 확보하고자 하였다. 즉 理의 능동성은 氣를 주재하는 차원으로 한정되고, 실제로 발하는 작용의 주체는 氣라고 설명했던 것이다.[121]

둘째, '理·氣의 互發'에 대해, 淸臺 權相一 계열은 '理와 氣가 각각 발용한다'는 뜻으로 풀이하고, 大山 李象靖 계열은 '四端은 主理, 七情은 主氣'라는 뜻으로 풀이했다. 그러나 성호는 互發을 '四端과 七情은 理와 氣로 苗脈이 구분된다'는 뜻으로 풀이했다. 성호는 理와 氣가 각각 발용하는 것은 아니라는 관점에서는 四端과 七情을 '한 길'로 규정하고, 苗脈이 다르다는 관점에서는 四端과 七情을 '두 길'로 규정했다.

---

120) 물론 성호의 '發하는 것은 氣, 發하는 所以는 理'라는 말에는 '理主氣資'의 뜻이 함축된 것이다. 論者가 문제삼는 것은, 理도 氣와 마찬가지로 능동적 존재라면 무슨 까닭으로 '發하는 것은 氣, 發하는 所以는 理'라고 규정하느냐 하는 것이다. 論者가 한국고전번역원의 온라인 검색 시스템을 통해 검색한 결과, 『星湖全集』에는 '氣資'나 '氣輔'라는 용어가 전혀 보이지 않았다. 한편, 『四七新編』〈演乘馬說 第15〉에 보이는 '말과 사람'의 비유를 '理主氣資'의 관점에서 이해할 수도 있으나, 성호의 논점은 '理·氣의 不相離'와 '互發說'의 정당화에 있었다.

121) 金容傑은 "성호는 理와 氣를 대등한 관계에서 獨自性을 인정하고 理와 氣가 각각 動靜 및 發用의 主體가 될 수 있다고 想定한다. 따라서 성호의 理는 氣에 대하여 보편자로서의 會通의 의미, 尊貴의 의미를 갖지 못한다"고 하였다(『星湖 李瀷의 哲學思想硏究』, 성균관대 대동문화연구원, 1989, 10쪽). 그러나 성호는 理의 動靜을 긍정하면서도 理는 다만 氣를 主宰할 뿐 직접 發用한다고 보지는 않았다. 또한 성호는 理의 보편성을 긍정하였고(『四七新編』〈讀李栗谷書記疑〉: 謹按 理通氣局之義 古人已爛熟說出 朱子答徐子融余方叔等書 尤詳言之), 理를 將帥라 하여 존귀함을 강조하였다.

성호의 理發氣隨一路說 자체는 율곡의 氣發理乘一途說과 실질적으로는 별 차이가 없는 것이었다. 성호의 理發氣隨一路說은 四端이나 七情이 모두 "發하는 것은 氣, 發하는 所以는 理(發者 氣也 所以發者 理也)"라는 것이었는데, 이것은 또한 율곡의 지론이기도 했기 때문이다. 그런데 성호는 理發氣隨一路說을 전제로 四端과 七情을 다시 理發과 氣發로 구분함으로써, 율곡과 멀어지고 퇴계와 가까워진 것이다.

성호의 一性二情論과 理發氣隨一路說은 理·氣의 相須와 互發을 양립시키기 위한 고심의 산물이었다. 그러나 성호의 性理說에는 적지 않은 문제점이 내재하거니와, 대표적인 것으로는 다음의 두 가지를 들 수 있다.

첫째, 성호는 理와 氣를 모두 능동적 존재로 규정하면서, 理의 주재와 氣의 주재를 동시에 인정하였다. 영남학파는 대개 理의 주재만 강조하면서 氣의 주재에 대해서는 언급을 회피하고 있었으나, 성호는 理의 주재와 氣의 주재를 동시에 인정한 것이다. 그런데 성호는 두 경우 '主宰'의 의미를 모두 '統率(命令)'로 해석함으로써 여러 가지 이론적인 문제점을 야기하였다. 성호도 이 점을 의식하고 있었지만, 끝내 정합적인 체계를 제시하지는 못하고 말았다.

둘째, 성호는 '心은 氣, 性은 理'라는 입장을 일관되게 견지하였다. '心統性情'은 성리학의 핵심명제이거니와, 영남의 학자들은 心統性情의 '統'을 대개 '統率'로 해석했다. 이 점은 성호도 마찬가지이다. 그런데 '統'을 '統率'로 해석하면서, 또 '心은 氣, 性은 理'라고 한다면, '心統性'은 '氣가 理를 統率한다'는 뜻이 되고 만다. 영남의 학자들은 이 점을 의식하고 心合理氣說이나 心卽理說을 주창했던 것이다. 그런데 성호는 '心'은 '氣'요, '統'은 '統率'의 뜻이라고 해석하면서도,[122] '心統性'은 '氣가 理

122) 성호가 '主宰'의 맥락에서 '心統性情의 統'을 '統兵의 統'으로 해석한 것은 주자의 말에 근거한 것이다. 『朱子語類』에는 '心統性情의 統'을 '統兵의 統'으로 해석한 예가 두 번

를 統率한다'는 뜻이 아니라고 하였다. 성호의 이러한 주장은 납득하기 어려운 것이다.

위의 두 논점은 서로 밀접하게 관련된 것이다. 그런데 '理의 주재'와 '氣의 주재'를 동시에 인정하면서 양자를 모두 '統率(統兵의 統)'로 풀이하는 한, 여러 가지 문제점을 피하기 어려운 것이다. 사실 주자는 '理의 주재'와 '氣의 주재'를 동시에 인정하면서, 각각의 경우 주재의 의미를 달리 설명했던 것이다. 즉 주자에 의하면 '理의 주재'란 '理가 氣의 운동의 標準이 된다'는 뜻이며, '氣의 주재'란 '氣가 理를 맡아서 운용한다'는 뜻이었다. 요컨대 '理의 주재'는 '理의 규범성'을 설명하는 개념이요, '氣의 주재'는 '氣의 현실적 주도권'을 설명하는 개념이었다.[123] 이렇게 본다면 '統兵의 統'이란 '理의 주재'와도 부합하지 않고 '氣의 주재'와도 부합하지 않는 것이다.[124]

보인다. 『朱子語類』 卷98(중화서국본 2513쪽)의 "問 心統性情 曰 性者 理也 性是體 情是用 性情皆出於心 故心能統之 統如統兵之統 言有以主之也"라는 말과 "問 心統性情 統如何 曰 統是主宰 如統百萬軍"라는 말이 그것이다. 그런데 論者는 이를 주자의 雅言으로 볼 수 없다고 생각한다. 주자의 雅言은 '統(主宰)'을 '管攝(맡아서 운용함)'이나 '敷施發用(베풀어 씀)'으로 풀이하는 것이다. 성호 역시 '心의 주재'를 '管攝'이나 '敷施發用'으로 설명한 바 있다. "朱子所謂心雖主乎一身 而其體之虛靈 足以管攝乎天下之理 理雖散在萬物 而其用之微妙 實不外一人之心者 上下兩截 亦似互明 一心旣可以管攝乎衆理 則顧何疑於衆理之不外於一心耶"(『星湖全集』 卷15 頁1, 〈答沈判事 甲寅〉)라는 말이나 "盛貯該載 敷施發用 皆神明之所爲 故曰心統性情也"(『星湖全集』 卷18 頁11, 〈答李致和 庚午〉)라는 말이 그것이다. '統'을 '統兵의 統'으로 해석하면 '心은 將帥, 性은 卒徒'라는 구도를 면하기 어렵다. 그러나 '統'을 '管攝'이나 '敷施發用'으로 해석하면 心은 다만 '性이 제시하는 標準을 맡아서 실천하는 實務者'로 이해되는 것이다. 『朱子語類』 卷5(중화서국본 88쪽)에는 "心大概似箇官人 天命便是君之命 性便如職事一般"라는 말이 보이거니와, 주자가 心에 부여한 위상은 '명령자'라는 것이 아니라 '실무자'라는 것이었다.

123) 이에 대한 자세한 논의는 拙著, 『朱子學의 길』, 101~109쪽 및 139~144쪽 참조.

124) 주자는 〈中庸章句序〉에서 "必使道心 常爲一身之主 而人心每聽命焉 則危者安 微者著 而動靜云爲 自無過不及之差矣"라고 했거니와, '統兵의 統'이란 오직 '道心의 주재'에만 적용될 수 있는 것이다. 그런데 성호가 '理의 주재'와 '氣의 주재'를 모두 '統兵의 統'으로 해석했다는 것은 성호의 사유가 '道器論'의 구도가 아니라 '人心道心論'의 구도에 입각하고 있었음을 보여주는 것이다.

성호가 '理의 주재'와 '氣의 주재'를 모두 인정한 것은 각각 理發氣隨說에서의 '理發'과 '氣隨'로 연결되는 것이다. 그런데 성호는 '理의 주재'와 '氣의 주재'를 모두 '統率(統兵의 統)'로 풀이함으로써, 곤경에서 벗어나지 못한 것이다. 이렇게 본다면 성호의 性理說을 성공적인 체계라고 인정하기는 어렵겠다.

성호는 퇴계를 더없이 존숭하였지만, 또한 퇴계설의 문제점을 분명하게 지적하고 자신의 관점에서 지양시키고자 하였다. 퇴계설의 문제점을 분명하게 지적한다는 것은 퇴계학파에 속하는 학자들로서는 흔치 않은 일이었다. 또한 성호는 일생동안 자신의 견해를 거듭 수정하고 보완하는 태도를 보여주었다. 이러한 맥락에서 성호의 학문 자세는 높이 평가되어야 마땅할 것이다.

제9장 寒洲 李震相의 主理論과 心卽理說

1. 서론

寒洲 李震相(1818~1886)은 嶺南性理學의 大尾를 장식한 인물이다. 한주는 退溪를 극도로 尊信하면서도 退溪의 後學들과는 크게 노선을 달리했다. 한주는 영남학파의 일원으로서 畿湖性理學을 철저하게 비판했을 뿐만 아니라, 嶺南의 性理學에 대해서도 두루 비판했던 것이다. 한주는 大山 李象靖(1711~1781)을 퇴계의 嫡傳으로 존신하면서, 大山의 理主氣資論을 자신의 이론적 토대로 삼았다. 그러나 한주의 理主氣資論은 대산의 理主氣資論과도 많이 다른 것이었다. 더군다나 한주는 영남성리학의 일반론이었던 心合理氣說을 극단화시켜 '心卽理說'을 제창하였다. 이로써 한주의 성리학은 영남학파에서 독특한 위상을 차지하게 된 것이요, 동시에 영남학파의 주류로부터 심한 배척을 당하게 된 것이다.

한주는 기존의 영남성리학에 대해서는 理와 氣를 둘로 나누고, 理를 事物로 전락시켰다는 관점에서 비판하였다. 반면에 기호성리학에 대해서는 理의 主宰를 부정함으로써 理를 死物로 전락시켰다는 관점에서 비판하였다. 영남의 학자들은 理와 氣를 둘로 나눔으로써 결국 '二路說(分岐說)'에 빠지게 되었고, 기호의 학자들은 理의 主宰를 부정함으로써 결국 '主氣說'에 빠지게 되었다는 것이 한주의 인식이었다. 한주는 이러한 두 폐단을 극복하고자 '理主氣資'를 역설하였다. 한주에 의하면 理는 主宰者요 氣는 輔助者이기 때문에, 二路說과 主氣說이 모두 잘못이라는 것이다. 요컨대 한주는 主宰者로서의 理의 위상을 천명함으로써 二路說과 主氣說을 동시에 극복하고자 했던 것이다.

한주의 心卽理說도 '主宰者는 理일 뿐'이라는 관념의 소산이다. 心은 '一身의 주재자'요 '性·情의 주재자'라는 것이 성리학의 기본 입장이었다. 그런데 心을 氣로 규정하면, '氣가 理(性)를 주재한다'는 말이 되니 용납할 수 없다는 것이 한주의 문제의식이었다. 한주는 四端·七情도 '理發一路'로 설명하거니와, 이것 역시 '主宰者는 理일 뿐'이라는 관념의 소산이다. 요컨대 한주는 '主宰者는 理일 뿐'이라는 관념을 자신의 모든 이론체계에 관철시킨 것이다.

한편 한주는 많은 학자들이 二路說과 主氣說에 빠지는 까닭을 '朱子說에 대한 誤解'에서 찾았다. 주자는 여러 관점에서 理·氣를 논하여 종종 서로 모순되는 듯한 견해를 표출했고, 또 朱子說 자체도 初年說과 晩年說의 차이가 있는데, '東方의 近世 儒賢'들은 看法의 차이를 무시하거나 初年未定說에 집착함으로써 理·氣에 대한 잘못된 견해를 지니게 되었다는 것이다. 그리하여 한주는 理·氣에 대한 기존의 논의의 관점들을 다시 분류하여 정리하고, 주자의 晩年定論을 규명함으로써, '主宰者로서의 理의 위상'을 천명하고 기존의 분분한 성리설을 하나의 정합적인 체계로 수렴시키고자 했던 것이다.

요컨대 한주가 栗谷과 그 후학들뿐만 아니라 退溪의 후학들에 대해서도 두루 비판하면서 자신의 이론을 정립한 것에는 兩者를 자신의 체계 속에서 止揚시키겠다는 의도가 있었던 것이다. 이제 한주의 성리학을 전반적으로 살펴보고, 한주의 이론체계가 과연 얼마나 타당한 것인지 검토해 보기로 하자.

2. 한주의 기본 입장

1) 二路說·主氣說 비판

寒洲性理學의 기본 입장은 둘로 요약된다. 첫째는 理와 氣는 각각 發用하는 것이 아니라는 것이요, 둘째는 理는 氣의 主宰者라는 것이다. 이러한 입장에서 한주는 '理와 氣가 각각 發用한다'고 규정하는 '二路說'[1]과 '發揮하고 運用하는 主權이 모두 氣에서 나온다'고 주장하는 '主氣說'을 배척하는 데 정력을 기울였다. 한주의 이러한 입장은 24세 때 쓴 편지 〈上張新齋〉에 잘 나타나 있거니와, 우선 이를 살펴보기로 하자.

> 무릇 理와 氣는 비록 뒤섞인 一物이 아니나, 또한 方寸에서 對峙하는 것도 아니니, 결코 '두 갈래로 각각 발출하는' 형세는 없고, 스스로 '하나의

1) 한주의 지론은 理·氣는 본래 '一本'이요, 理·氣는 본래 '一本'이기 때문에 理·氣의 發用 역시 '一路'라는 것이다(한주는 四端과 七情이 모두 '理發一路'라고 설명했다. 한주는 퇴계의 互發論을 수용하면서도, '理氣互發'이 결코 '理와 氣가 각각 發用한다'는 뜻은 아니라고 설명했다). 한주는 理·氣를 '二本'으로 규정하면, '理도 혹 作用하고, 氣도 혹 主宰하는 것'으로 誤認하게 된다고 비판했다. 한편 한주는 理·氣를 '一本'으로 규정하면서도, 理·氣는 결코 '一物'이 아니라고 강조했다(『求志錄』 卷11, 〈太極圖箚義〉(『寒洲全書』 四, 389쪽): 理與氣 合看則不相離 分看則不相雜 然偏於合看 則有一物之病 偏於分看 則有二本之疑 其爲一物 則理爲眞空而氣爲妙有 其爲二本 則理或作用 而氣或主宰). 한주의 '理主氣資論'은 '二路說'과 '主氣說'을 동시에 지양하는 논리이다.

근본으로 서로 머금는' 뜻이 있는 것이다. 바야흐로 寂然不動한 때는 바로 陰이 陽을 머금는 때로서, 氣가 用事하지 않아 理가 보존되어 主가 된다. 생각과 느낌이 서로 인하고 事務를 처음 접하는 때에 미쳐서는 理가 움직이는 바에 따라 氣가 비로소 作用한다. 그 생각하는 바와 느끼는 바가 만약 道理에 있으면 理가 主가 되고 氣가 (理의 명령을) 따르나, 만약 形氣에 있으면 氣가 (理의 자리에) 오르고 理는 그 사이에 끼이게 된다. '理가 主가 됨'은 '사람이 채찍을 들고 고삐를 당겨서 말을 모는 것'과 같고, '理가 끼임'은 '사람이 채찍을 내리고 고삐를 놓고서 말을 믿는 것'과 같으니, 이는 모두 '사람이 主가 된다'고 말할 수 있는 것이다. 만약 말이 궤도를 따르지 않고 사람을 흔든다면, 常道가 아닌 것이요, 바로 '氣가 命令을 따르지 않고 理를 가리는 것'이니, 이는 人欲이 汨亂한 다음의 일로서, '性發爲情'의 幾微를 곧바로 지칭한 것이 아니다. 매번 同志들에게 이렇게 설명했는데, 그들은 이것이 退溪의 가르침과 어긋나는 것으로 의심했다. 그러나 이러한 의심은 다만 究考하지 않은 까닭이다. 이러한 뜻은 진실로 이미 『退溪集』 가운데 곳곳에 보이니, 立齋(鄭宗魯)의 "(『聖學十圖』 第6 心統性情圖) 中圖의 四端과 七情은 모두 理發을 지칭한 것"이라는 말이 그것이다. 退溪先生은 일찍이 "옛날부터 學術의 어긋남은 모두 '理' 字를 깨닫기 어렵기 때문"이라고 말씀하셨다. 退溪가 下圖에서 특별히 '互發論'을 전개한 것은 '性을 논하고 氣를 논하지 않으면 갖추어지지 못함' 때문이었다. 내가 보건대, '東方의 한쪽에 치우친 학문'에는 중대한 '主氣의 病'이 있기에, 스스로 역량을 헤아리지 않고 따끔하게 물리치고자 했던 것이다. 이에 일찍이 오랜 생각 끝에 하나의 학설을 터득했으니, '發者는 理, 發之者는 氣'라는 것이다. 이로써 主見을 세우고 前聖의 가르침을 일일이 살펴보니, 부합하지 않는 것이 적었다. 예컨대 朱子가 〈樂記〉를 풀이함에 "그 感通에 미치는 것은 바로 이 理가 발한 것"이라 하고, 『中庸』을 논할 때 "곧 안에 있는 理가 밖으로 발한 것"이라 한 것은 모두 四端과 七情을 구분하지 않고 통합해서 말한 것이다. 주된 증거가 이미 확립됨에, 믿고

따름이 약간 오래되었다.[2]

위의 인용문의 논점은 다음의 몇 가지로 요약된다. 첫째, 理와 氣는 '하나의 근본'에서 나온 것으로, 서로 對峙하면서 각각 發用하는 것이 아니라, 서로 머금으면서 함께 發用한다는 것이다. 위의 인용문에서는 이를 "理가 움직이는 바에 따라 氣가 비로소 作用한다"는 말로도 설명했고,[3] '發者는 理, 發之者는 氣'라는 말로도 설명했거니와, 이것이 뒤에서 살펴볼 '理發一路說'의 핵심이다. 둘째, 理發一路說이 退溪의 持論이요 朱子의 宗旨라는 것이다. 한주에 의하면 退溪의 互發說 역시 理發一路說에 입각한 것으로서, 그것은 결코 '理와 氣가 각각 발용한다'는 뜻이 아니라는 것이다. 한주는 퇴계의 지론은 理發一路라는 논거로 『聖學十圖』 〈第6心統性情圖〉의 '中圖'를 들었다. 한주는 〈第6心統性情圖〉의 '下圖'에서 理氣互發論을 전개한 것에 대해서는 '性을 논하고 氣를 논하지 않으면 갖추어지지 못하기 때문'에 부득이 그렇게 설명한 것일 뿐이라고 해명했다. 셋째, '東方의 한쪽에 치우친 학문'에는 중대한 '主氣의

2) 『寒洲集』 卷5 頁22~23, 〈上張新齋(辛丑)〉: 夫理與氣 雖非鶻鶻一物 亦不是對峙於方寸者 必無兩岐各出之勢 自有一本相涵之意 方其寂然不動 便是陰含陽之時 氣未用事 理爲存主 及乎思感相仍 事務始接 則理之所動 氣始作焉 其所思所感 若在道理上 則理主而氣於是聽 若在形氣邊 則氣騰而理爲其挾 理之主者 如人揚鞭按轡而策馬也 理之挾者 如人垂鞭閣轡而信馬也 此處皆可曰人爲主矣 至若馬之不循軌塗 撼動人者 則非其常也 正是氣之不聽命而蔽此理者 此人欲汨亂以後事 非直指性發爲情之幾也 每以是說與同志 則疑其與溪訓相左 然特未之究攷耳 此義固已分分於集中 立齋所謂中圖四七皆指理發 是也 先生嘗曰 從古學術之差 緣理字難看 而其爲下圖 特爲互發之論者 以其論性不論氣不備故也 自見東方一邊之學 大有主氣之病 竊不自量 欲痛闢之 乃已蓋嘗覃思之久 而得一說曰 發者理 發之者氣 以此建立主見 歷揆前聖之旨 其不合者蓋寡 如朱子釋樂記說曰 及其有感 便是此理之發 論中庸說曰 卽此在中之理 發形於外 皆不分四七而統言之 主證旣立 信嚮稍久

3) 한주는 '動靜은 理에 속하고, 作用은 氣에 속한다'고 규정하면서, 動靜과 作用을 명확히 구분한다. 한주에 의하면, '動靜은 자연스럽게 이루어지는 것(動靜出於自然)'이요, '作用은 安排와 造作을 포함하는 것(作用只是安排造作)'이다. 한주가 '發者'와 '發之者'를 구분하는 것도 이와 맥락을 같이 한다. 이에 대해서는 뒤에서 다시 논하기로 하자.

病'이 있다는 것이다. 한주는 이 '主氣의 病'을 바로잡고자 스스로 역량을 헤아리지 않고 과감하게 투신하여 일생을 바친 것이다.

그런데 위의 인용문에는 한주가 우려한 '主氣의 病'이 구체적으로 무엇인지 잘 나타나 있지 않다. 위의 인용문에서 한주는 理와 氣가 함께 발용하는 양상을 셋으로 나누어 설명했다. 첫째는 '理가 主가 되는 경우'이다. 이는 생각하는 바와 느끼는 바가 道理에 있는 것으로, 비유컨대 '사람이 채찍을 들고 고삐를 당겨서 말을 모는 것'과 같다. 둘째는 '理가 끼인 경우'이다. 이는 생각하는 바와 느끼는 바가 形氣에 있는 것으로, 비유컨대 '사람이 채찍을 내리고 고삐를 놓고서 말을 믿는 것'과 같다. 셋째는 '氣가 (理의) 命令을 따르지 않고 理를 가리는 경우'로서, 이는 비유컨대 '말이 궤도를 따르지 않고 사람을 흔듦'과 같다. 위의 셋 가운데, 첫째는 물론 '主理(理主)'에 해당될 것이요, 셋째는 물론 '主氣(氣主)'에 해당될 것이다. 문제는 둘째의 경우이다. 한주는 둘째의 경우에 대해 '氣가 (理의 자리에) 오르고 理는 그 사이에 끼이게 된다'고 설명하면서도, 또한 "첫째와 둘째는 모두 '사람이 主가 된다'고 말할 수 있다"고 했으니, 이것이 '主理(理主)'에 해당되는 것인지 '主氣(氣主)'에 해당되는 것인지 분간하기 어려운 것이다.[4)]

위의 인용문에서 한주는 "그 생각하는 바와 느끼는 바가 만약 道理에

---

4) '氣가 (理의 자리에) 오르고 理는 그 사이에 끼이게 된다'는 설명은 '主氣(氣主)'를 뜻하는 것 같다(한주의 〈理學綜要序〉에는 "氣雖作用 理實主宰 氣雖騰倒 理必終反"이라는 말이 보이거니와, 여기서 '氣의 騰倒'는 '主氣(氣主)에 해당됨이 분명할 것이다). 그런데 '사람이 主가 된다'는 설명은 '主理(理主)'를 뜻하는 것 같다('사람과 말'의 비유에서 '사람'은 '理'를 가리키고, '말'은 '氣'를 가리키는 것이었다). 한편, 한주는 '理發一路說'을 주장하면서도 다시 四端(道心)을 '理發'로, 七情(人心)을 '氣發'로 구분하기도 한다. 위의 인용문에서 "이는 모두 '사람이 主가 된다'고 말할 수 있는 것"이란 '理發一路'를 가리키고, '理가 主가 됨'은 '四端理發'을 가리키며, '理가 끼임'은 '七情氣發'을 가리키는 것 같다. 그리고 '人欲이 汨亂한 다음의 일로서, 氣가 命令을 따르지 않고 理를 가리는 것'이 바로 '主氣說의 병폐'를 가리키는 것 같다.

있으면 理가 主가 되고 氣가 (理의 명령을) 따르나, 만약 形氣에 있으면 氣가 (理의 자리에) 오르고 理는 그 사이에 끼이게 된다"고도 했고, '氣가 命令을 따르지 않고 理를 가리는 것'은 '人欲이 汨亂한 다음의 일'이라고도 했다. 여기서 '主理(理主)와 主氣(氣主)'에 대한 한주의 문제의식을 엿볼 수 있거니와, 한주는 '命令者(主宰者)로서의 理의 위상'을 천명함으로써 主氣說을 배격하고자 했던 것이다. 한주는 이러한 입장에서 심혈을 기울여 『理學綜要』를 편찬했다.

한주는 "학문은 理를 밝히기 위한 것이다. 理를 밝힘은 장차 理를 따르려는 것이다. 학문을 통해서 理를 따르게 되면, 賢人도 될 수 있고 聖人도 될 수 있다"[5]는 말로 〈理學綜要序〉를 시작하고 있다. 요컨대 『理學綜要』의 취지는 한마디로 '理'를 밝히는 것이었던바, 이는 무엇보다도 '理의 主宰'를 밝히는 것이었다. 〈理學綜要序〉에서는 다음과 같이 말한다.

> 天·地 사이에 理가 있으면 곧 氣가 있다. 理는 無形하고 氣는 有形하며, 理는 無爲하고 氣는 有爲하다. 고요할 때에도 氣가 없으면 理는 掛搭할 곳이 없고, 움직일 때에도 氣가 없으면 理는 運行할 수 없다. 理는 본래 완전하나 氣가 치우치게 할 수 있고, 理는 본래 밝으나 氣가 어둡게 할 수 있으며, 理는 본래 順하나 氣가 거역할 수 있으니, 發揮하고 運用하는 主權이 모두 氣에서 나오는 것 같다. 그러므로 三代 이후에 세상에 '主氣之學'이 있게 된 것이다.[6]

5) 『理學綜要』 〈理學綜要序〉: 學以明理 而明理將以順理 學而至於理順 則賢而聖矣

6) 『理學綜要』 〈理學綜要序〉: 天地之間 有理斯有氣 理無形而氣有形 理無爲而氣有爲 靜而無氣 則理無所掛搭 動而無氣 則理不能運行 理本全而氣能偏之 理本明而氣能昏之 理本順而氣能逆之 發揮運用之權 疑若盡出於氣 故三代以後 世有主氣之學

위의 인용문의 취지 역시 二路說과 主氣說을 비판하는 것이다. "고요할 때에도 氣가 없으면 理는 掛搭할 곳이 없고, 움직일 때에도 氣가 없으면 理는 運行할 수 없다"는 말은 理와 氣의 相涵 관계를 설명한 것으로서, 이러한 맥락에서 한주는 '理 · 氣는 결코 각각 발용할 수 없다'고 보는 것이다. 한주에 의하면 理는 氣의 主宰者요, 氣는 理의 輔助者로서, 理와 氣가 결합하여 이 세계의 모든 운동변화가 이루어진다는 것이다. 그런데 理는 氣의 主宰者이므로, 한주는 모든 운동변화를 '理發一路'로 규정한 것이다. 이처럼 理가 氣의 主宰者임에도 불구하고 '主氣의 학설'이 등장하게 된 까닭을 한주는 "理는 본래 완전하나 氣가 치우치게 할 수 있고, 理는 본래 밝으나 氣가 어둡게 할 수 있으며, 理는 본래 順하나 氣가 거역할 수 있음"에서 찾았다.[7] 요컨대 '氣의 현실적 주도권'을 주목하는 사람들은 '發揮하고 運用하는 主權이 모두 氣에서 나온다'고 인식하고 '主氣의 학설'을 편다는 것이다.

한주가 主氣之學으로 지목한 학설들은 매우 다양하다. 한주는 老 · 莊이나 佛教 · 禪學 등 기존에 異端으로 지목된 학설들은 물론, 더 나아가 王陽明이나 羅整庵의 학설까지도 모두 主氣之學으로 규정했다.[8] 그런데 한주가 主氣之學으로 지목하는 핵심적 부류는 바로 '東方의 近世 儒賢'이었다. 한주는 다음과 같이 말한다.

---

7) 한주가 〈上張新齋(辛丑)〉에서 "理가 主가 됨은 사람이 채찍을 들고 고삐를 당겨서 말을 모는 것과 같다"고 한 것은 분명 '理의 주재'를 '理가 氣를 命令함'으로 설명한 것이다. 그런데 "理는 본래 완전하나 氣가 치우치게 할 수 있고, 理는 본래 밝으나 氣가 어둡게 할 수 있으며, 理는 본래 順하나 氣가 거역할 수 있다"면, 理의 主宰性은 그 자체로 손상되지 않을 수 없는 것이다. 이에 대해서는 뒤에서 다시 논하기로 하자.

8) 『理學綜要』〈理學綜要序〉: 老氏以元氣爲太極 而其學則專氣致柔 釋氏以作用爲眞性 而其學則絶去理障 禪家之陽儒陰釋 尤爲外理 以陰陽爲道 而認理爲氣之條理 太極無動靜之說出 而闔闢都由氣機(吳澄) 元氣無生滅之論作 而造化全沒理致(庸齋) 陽明之心卽理 實指精氣之流聚 整菴之神卽心 卒歸之形而下者

> 近世에 이르러 明德을 本然之氣로 여기는 자들도 있고, 氣質을 眞體之性으로 여기는 자들도 있으며, 혹은 分開論에 빠지기도 하고, 本原之妙를 살피지 않는 자들은 理·氣 어느 한쪽에 치우치게 주장해서는 안 된다고 말하기도 한다. 무릇 '理' 字에 있어서 이름을 바꾸고 경솔하게 처리하는 사람들은 모두 氣를 겸하여 설명하여, (理·氣를) 하나로 뒤섞어 구분하지 않는다. 나는 일찍이 이를 개탄하여, 학문은 쓰이기를 궁구하지 않고 말은 (남들이) 믿어주지 않으나, 감히 經傳을 일일이 주워 모아 분류하고 차례를 매겨 한 권의 책을 만들고 『理學綜要』라고 이름을 붙였다.[9)]

한주가 비판하는 '東方의 近世 儒賢'은 흔히 主氣派로 분류되는 栗谷學派뿐만 아니라 主理派로 분류되는 退溪學派까지도 포함하는 것이다. 다시 말해 한주는 氣의 현실적 주도권을 강조하는 栗谷學派뿐만 아니라 理·氣를 分開시켜 二路說을 주장하는 일부의 退溪學派까지 비판의 대상으로 삼았던 것이다. 한주는 위의 인용문에 이어서 "氣가 비록 作用하나 理가 사실 主宰하고, 氣가 비록 (理의 자리에) 오르고 (主·從의 위상을) 뒤집으나 理가 반드시 결국 돌아온다. 理에 밝으면 氣가 스스로 물러나 (理의 命令을) 따르고, 理를 따르면 氣가 돌이켜 보조하게 된다"[10)]고 주장했다. 요컨대 한주는 理의 主宰를 밝히고 그에 순응하는 삶을 위해 『理學綜要』를 편찬했던 것이다.

2) 看法의 구분과 朱子說의 時期 분류

---

9) 『理學綜要』 〈理學綜要序〉: 至於近世 則以明德爲本然之氣者有之 以氣質爲眞體之性者有之 厥或泥於分開之論 而不察本原之妙者 謂理氣不可偏主 凡於理字 變名處率 皆兼氣說去 籠罩無分 震相嘗慨然於是 而學不究用 言不見信 乃敢歷摭經傳 引類序次 裒成一通 名之曰理學綜要

10) 『理學綜要』 〈理學綜要序〉: 氣雖作用 理實主宰 氣雖騰倒 理必終反 明乎理則氣自退聽 順其理則氣反爲助

주자는 理·氣를 '不相離·不相雜'의 관계로 규정하고, 理·氣에 대한 논의는 마땅히 '離看'과 '合看'을 병행해야 한다고 설명한 바 있다. 그런데 한주는 離看과 合看이라는 二分法으로는 理·氣 관계의 여러 양상을 충분히 설명할 수 없다고 보고, '豎看·橫看·倒看'이라는 三分法을 제시했다. 한주는 기존의 離看과 合看에 대해 그 문제점을 다음과 같이 지적한다.

> 理와 氣는 合看하면 서로 떠나지 않고(不相離), 分看하면 서로 섞이지 않는다(不相雜). 그러나 合看에 치우치면 '一物의 병폐'가 있고, 分看에 치우치면 '二本의 혐의'가 있다. (理·氣를) '一物'로 여기면 理는 眞空이 되고 氣는 妙有가 되며, '二本'으로 여기면 理는 간혹 作用하는 것이 되고 氣는 간혹 主宰하는 것이 된다. 내 생각에 不離處는 바로 豎看하기에 좋은바, 豎看하면 理는 氣의 本이요, 氣는 理가 탈 바가 된다. 不雜處는 바로 橫看하기에 좋은바, 橫看하면 理와 氣가 함께 하여, 理는 氣에 끼이는 바가 된다.[11]

한주에 의하면 기존의 離看(分看)은 理·氣의 不相雜을 설명하는 데는 유용하나 離看에 치우치면 理·氣를 '두 근본'으로 誤認할 수 있고, 合看은 理·氣의 不相離를 설명하는 데는 유용하나 合看에 치우치면 理·氣를 '하나의 事物'로 誤認할 수 있다는 것이다. 이러한 폐단을 막기 위하여 한주는 理·氣를 논하는 관점을 다시 셋으로 분류하여 제시한 것이다. 한주는 理·氣를 논하는 자신의 세 가지 관점을 다음과 같이 설명한다.

11) 『求志錄』 卷11, 〈太極圖箚義〉(『寒洲全書』 四, 389쪽): 理與氣 合看則不相離 分看則不相雜 然偏於合看 則有一物之病 偏於分看 則有二本之疑 其爲一物 則理爲眞空而氣爲妙有 其爲二本 則理或作用 而氣或主宰 竊謂不離處 正好豎看 豎看則理乃氣本 而氣爲理乘(所乘)矣 不雜處 正好橫看 橫看則理與氣俱 而理爲氣夾矣

> 理·氣의 妙는 서로 떠나지 않으면서도(不相離) 서로 섞이지 않는다(不相雜). 요점은 사람이 離看하고 合看하는 데 있으니, 그러므로 本原上에 나아가 竪看하는 경우도 있고, 流行處에 나아가 橫看하는 경우도 있으며, 形迹上에 나아가 倒看하는 경우도 있다. 처음 理를 궁구할 때엔 倒看해야 근거할 바가 있고, 정밀하게 理를 분석할 때엔 橫看해야 빠뜨림이 없으며, 극진하게 理를 밝힐 때엔 竪看해야 그 眞面을 얻는다.[12]

위에서 한주는 理·氣를 논하는 세 가지 관점에 대해 각각의 의의를 부여했거니와, 이는 세 관점을 모두 유의해야만 理·氣에 대한 완전한 논의가 가능하다는 뜻이기도 하다.[13] 한주가 이처럼 看法을 셋으로 구분한 것은 기존의 산만하고 대립되는 여러 性理說들을 회통시키기 위한 방법론이기도 했다. 예컨대 한주는 위의 세 간법을 적용하여 理·氣의 '先·後'와 '離·合' 문제를 다음과 같이 설명한다.

> 竪看하면 理가 氣의 앞에 있고, 理가 氣의 主가 되니, 靜은 理의 體요, 動은 理의 用이다. 橫看하면 理와 氣가 서로 번갈아 先·後가 되고, 서로 번갈아 賓·主가 되니, 혹은 理가 움직임에 氣가 끼이고, 혹은 氣가 움직임에 理가 따른다. 倒看하면 理·氣는 一物로서 分開할 수 없으며, 發出할 즈음엔 氣가 먼저 존재하고 理는 뒤에 존재하며, 氣가 主가 되고 理는 賓이 되며, 動 또한 氣요 靜 또한 氣이니, 理는 (氣를) 빌려서 타는 死物이 된다.[14]

---

12) 『寒洲集』 卷7 頁41~42, 〈答沈穉文 別紙〉: 理氣之妙 不相離不相雜 要在人離合看 故有就本原上竪看者 有就流行處橫看者 有就形迹上倒看者 窮理之始 倒看而有所據 析理之精 橫看而無所遺 明理之極 竪看而得其眞

13) 論者는 한주가 말하는 '流行處'와 '形迹上'이 어떻게 구별되는 것인지 잘 이해하지 못하겠다. 따라서 本考에서는 이를 문제 삼지 않기로 하겠다.

14) 『寒洲集』 卷33 頁7~8, 〈太極圖箚義後說〉: 竪看則理在氣先 理爲氣主 靜則理之體 動則理之用也 橫看則理氣迭相先後 迭相賓主 而或理動氣挾 或氣動理隨 倒看則理氣一物 不

또한 한주는 주자의 다양한 性理說을 위의 세 가지 看法으로 분류했는데, 예를 들면 다음과 같다.

> 朱子는 "天·地의 사이에는 다만 動靜 兩端이 끊임없이 循環할 뿐이니, 이것을 易이라 한다. 그 動靜에는 반드시 動靜하는 까닭으로서의 理가 있다"고 했는데, 이는 倒看에 입각한 설명이다. 朱子는 또 "太極은 性情의 妙로서, 一動一靜과 未發已發의 理이다"라 했고, 또 "冲漠하여 조짐이 없음은 理의 體요, 경우에 따라 발현함은 理의 用이다"라 했으며, 또 "아직 감응하지 않았을 때엔 바로 渾然한 天理요, 감응에 이름은 바로 이 理의 발현이다"라 했고, 또 "發而中節은 곧 이 안에 있는 理가 밖으로 발현한 것이다"라 했으며, 또 "仁은 惻隱의 理요, 發出함에 바야흐로 惻隱이 있는 것이며, 義는 羞惡의 理요, 發出함에 바야흐로 羞惡가 있는 것이다"라고 했는데, 이것들은 豎看에 입각한 설명이다. 朱子는 또 "四端은 理가 발한 것이요, 七情은 氣가 발한 것이다"라 하고, "形氣에서 발한 것을 人心이라 하고, 義理에서 발한 것을 道心이라 한다"고 했는데, 이것들은 橫看에 입각한 설명이다.15)

한주는 四端·七情의 理發·氣發 문제에 대해서도 위의 세 간법을 적용하여 다음과 같이 설명한다.

> 四端·七情과 人心·道心은 모두 性으로부터 발한 것이니 '두 갈래'가

可分開 而發出之際 氣在先理在後 氣爲主理爲賓 動亦氣靜亦氣 而理爲借乘之死物矣

15) 『寒洲集』 卷7 頁42, 〈答沈穉文 別紙〉: 朱子曰 天地之間 只有動靜兩端 循環不已 此之謂易 而其動其靜 必有所以動靜之理 此倒看說也 曰 太極者 性情之妙 乃一動一靜 未發已發之理 又曰 冲漠無朕 理之體 隨遇發見 理之用 又曰 未有感時 便是渾然天理 及其有感 便是此理之發 又曰 發而中節 卽此在中之理 發見於外 又曰 仁卻是惻隱之理 發出來方有惻隱 義卻是羞惡之理 發出來方有羞惡 此豎看說也 曰 四端理之發 七情氣之發 又曰 發於形氣者 謂之人心 發於義理者 謂之道心 此橫看說也

> 있는 것이 아니요, 性은 곧 理이니 '氣發'이라 할 수 없는 것이다. 그 善은 理가 발함에 氣가 따른 것(理發而氣順之)이요, 그 惡은 理가 발함에 氣가 가린 것(理發而氣掩之)이다. 이것은 竪看에 입각한 설명이다. 그런데 '理發'이라고도 하고 '氣發'이라고도 함은 그 苗脈이 다름을 보고 그 名義가 서로 주인이 될 수 있음을 지칭한 것이니, 이것은 橫看에 입각한 설명이다. 간혹 오로지 '氣發'이라고 주장함은 그 作用의 능력이 있음을 보고 그 形迹上의 근거를 지칭한 것이니, 이것은 倒看에 입각한 설명이다.[16)]

한주의 위와 같은 설명들로 본다면, 기존의 退溪學派·栗谷學派는 각각 어느 하나의 看法에 집착함으로써 理·氣와 心·性의 全貌를 온전히 파악하지 못한 것이다. 이러한 맥락에서 한주는 退溪說과 栗谷說 각각에 대해 나름대로의 타당성을 인정하고, 그 차이점에 대해서는 看法의 차이로 설명하면서, 자신의 관점에서 兩者를 지양시키고자 했다.[17)]

더 나아가, 한주는 看法의 구분과 함께 '順推'와 '逆推'를 구분하여 理·氣를 논하는 방법론을 더욱 정밀하게 가다듬었다. 한주는 다음과 같이 말한다.

> 사물에서 보는 것은 逆推이고, 그 근본을 추론하는 것은 順推이다. 逆推는 사람의 견해가 정립되는 始初요, 順推는 天理의 根源이다. 사물에서 逆推하면 實際에 의지할 수 있고, 理에서 順推하면 眞面을 터득할 수 있다.…… 대개 逆推란 學問의 實見을 정립하는 것이요, 順推란 道의 本體를 인식하는 것이다. 實見이 이미 本體에 도달하면, 다시 竪看해서 그 眞面을 잃지 않아야 亭當한 것이다. 만약 성급하게 逆推의 견해로써 마침내

16) 『寒洲集』 卷33 頁7, 〈太極圖箚義後說〉: 四七人道 皆自性發 非有二岐 則性則理也 不可謂之氣發 其善者 理發而氣順之也 其惡者 理發而氣掩之也 此則竪看說也 其或謂理發或謂氣發者 見其苗脈之不同 而指其名義之互主也 此則橫看說也 其或專謂之氣發者 見其作用之有力 而指其形迹之可據也 此則倒看說也

17) 요컨대 橫看하면 退溪의 理氣互發說이 성립하고, 倒看하면 栗谷의 氣發理乘一途說이 성립하며, 竪看하면 寒洲 자신의 理發一路說이 성립한다는 것이다.

'本體 또한 그러하다'고 여긴다면, 形而下者가 主가 되고 形而上者는 賓이 되니, 갖가지 病敗가 모두 여기에서 나오는 것이다.[18]

앞에서 소개했듯이 한주는 '처음 理를 궁구할 때엔 形迹上에 나아가 倒看해야 근거할 바가 있고, 극진하게 理를 밝힐 때엔 本原上에 나아가 竪看해야 그 眞面을 얻는다'고 한 바 있다. 이 말과 위의 인용문을 종합해 본다면, 사실 順推는 竪看과 궤를 같이 하고, 逆推는 倒看과 궤를 같이 하는 것이다.[19] 위에서 주목할 것은 "(逆推를 통해) 實見이 이미 本體에 도달하면, 다시 竪看해서 그 眞面을 잃지 않아야 亭當한 것"이라는 말이다. 한주가 말하는 '實見'이란 '現象(事物)의 관점에서 보면 氣가 주도권을 행사한다'는 것을 뜻하며, '眞面'이란 '本體의 관점에서 보면 理가 氣를 주재한다'는 것을 뜻한다.[20] 한주는 逆推를 통해 理・氣에 대한 '實見'을 얻은 다음에는 반드시 竪看을 통해 理・氣의 '眞面'을 인식해야 한다고 역설했다. 한주는 단순히 逆推에 머무르고 다시 竪看하지 않는다면 '갖가지 病敗'가 생긴다고 했는데, 이른바 '主氣論'이 바로 여기에 해당되는 것이다. 한주는 다음과 같이 말한다.

만약 逆推하고 倒看한다면 다만 '氣의 運用'만 볼 수 있을 뿐, '理의 冲

---

18) 『理學綜要』 卷1 頁14~15 : 觀乎物者 逆推也 推其本者 順推也 逆推者 人見之始 順推者 天理之原 物上逆推則靠實 理下順推則得眞 …… 盖逆推者 學之實見也 順推者 道之本體也 實見既到於本體 則竪看而不失其眞面 乃爲亭當 若遽以逆推之見 遂謂本體之亦然 則形下者爲主 而形上者爲賓 種種病敗 皆由此出

19) 이상하는 "順推는 竪看에서 倒看으로 내려오는 것이고 逆推는 倒看에서 竪看으로 올라가는 것"으로서, '順推와 逆推'는 '三看의 運用法'이 된다고 설명한 바 있다(이상하, 『寒洲 李震相의 主理論 研究』, 경인문화사, 2007, 35~36쪽).

20) 앞에서 소개했듯이 한주는 "竪看하면 理가 氣의 앞에 있고, 理가 氣의 主가 된다.…… 倒看하면 氣가 먼저 존재하고 理는 뒤에 존재하며, 氣가 主가 되고 理는 賓이 된다"고 한 바 있다.

漠無朕'은 볼 수 없다. 그러므로 문득 天地의 造化를 모두 '氣化'로 간주하여 太極이 空寂에 빠지고, 吾心의 感發을 모두 '氣發'로 간주하여 性命이 거의 滅息하는 것이다. 그렇다면 (理는) 死物로서 (氣를) 빌려 타고, 尸位로서 헛되이 높여지는 것이니, 생각건대 무슨 이익이 있겠는가?[21]

한주는 이른바 '主氣論'에 대해 눈에 보이는 氣만 관찰하고, 눈에 보이지 않는 理는 死物로 전락시킨다고 비판한 것이다. 한주는 逆推에만 머무르고 다시 豎看하지 않는 예로 "太極은 動靜할 수 없고, 陰陽을 따라서 動靜한다"는 주장이나 "太極은 陰陽을 낳지 않고, 陰陽이 스스로 생기는 것"이라는 주장을 거론하여 비판한 바 있다.[22] 이렇게 본다면 한주가 말하는 '理·氣의 眞面'이란 결국 '理가 動靜하고, 理가 氣를 낳음'을 뜻하는 것이다.

이상에서 살핀 '看法의 구분'은 주자의 다양한 言說들을 체계적으로 분류하여 통일시키기 위한 작업이었다. 그런데 한주에 의하면 주자설은 初年說과 晩年說이 다르기도 하다는 것이다. 간법의 차이에서 유래하는 다양성은 당연히 그것들을 체계적으로 분류하여 통일시켜야 하겠지만, 初年說과 晩年說이 다른 경우에는 晩年의 定論을 채택하고 初年의 未定說을 버려야 마땅할 것이다. 이러한 맥락에서 한주는 『理學綜要』에서 주자의 初年未定說과 晩年定論을 구분하는 작업을 두루 수행했다. 한주는 특히 '理·氣의 動靜' 문제를 논하면서 初年說과 晩年說을 구분했다. 한주의 입장을 요약하자면 '理는 動靜하지 않는다'는 것은 주자의

21) 『辨志錄』 卷2, 〈四七辨〉(『寒洲全書』 五, 412쪽): 若逆推而倒看 則只見得氣之運用 而理之冲漠不可見 故便以天地之化 皆作氣化 而太極淪於空寂矣 吾心之發 皆作氣發 而性命幾乎滅息矣 其爲死物之借乘 尸位之虛尊 顧何益哉

22) 『理學綜要』 卷1 頁28: 學者之見 每拘於逆推 而逆推之極 更不以豎看 故一傳之後 浸失其眞 或謂太極不會動靜 隨陰陽而爲動靜 或謂太極不生陰陽而陰陽自生

初年未定說이요, '理가 動靜한다'는 것이 주자의 晩年定論이라는 것이다. 이에 대해서는 아래의 관련 부분에서 함께 논의하기로 하자.

3) 退·栗 性理說에 대한 해명

退·栗 이후 性理學派는 크게 退溪學派와 栗谷學派로 양분되어 서로 논변을 거듭했고, 각 학파 내부에서도 다양한 학설들이 등장하여 異論이 분분한 상황이었다. 이처럼 性理說이 복잡다단하게 전개된 것에 대해, 한주는 "사실 각각 主로 삼는 바가 있으니, 어느 한쪽을 버릴 수는 없다"고 인식했다.[23] 기존 성리설의 다양성은 논의의 초점이 서로 다른 데서 기인한 것으로서, 어느 하나가 절대적으로 옳거나 그른 것은 아니라는 것이다. 한주가 기존의 성리학자들 가운데 특히 주목한 인물은 退溪·栗谷 및 農巖 金昌協(1651~1708)과 大山 李象靖(1711~1781)이었다. 이들은 각각 다른 성리설을 전개했거니와, 한주에 의하면 이는 논의의 초점이 다른 데서 기인한 것일 뿐, 그들의 本旨는 크게 다르지 않다는 것이다. 먼저 退·栗에 대한 한주의 해명을 살피기로 하자. 한주는 다음과 같이 말한다.

> 退溪는 豎看을 주로 삼고 橫看을 겸했다. 그러므로 〈心統性情圖〉의 中圖에서는 本然之性을 독립시켜 氣稟과 섞지 않고 설명했으며, 그것이 발한 情 또한 善만을 가리켜 언급한 것이다. 이는 四端과 七情을 통합하여 모두 本性이 발한 것이라고 여긴 것이니, 이것이 퇴계가 豎看을 주로 삼은 실상이다. 그런데 下圖에서는 "四端은 理發而氣隨之, 七情은 氣發

---

23) 『寒洲集』 卷7 頁42, 〈答沈穉文 別紙〉: 吾東理氣之說 不幸有參差之端 而其實各有攸主 不可偏廢

而理乘之"라고 했으니, 이것은 橫看을 겸해서 설명한 것이다. 栗谷은 倒看을 주로 삼고 竪看을 겸했다. 그러므로 "어린아이가 우물에 빠지는 것을 보고 惻隱히 여기는 것은 氣요, 惻隱의 本은 仁이다"라 하고, 또 "發之者는 氣요, 所以發者는 理이다"라 했으며, 또 "氣機가 움직여서 情이 된다"고 했으니, 이것이 율곡이 倒看을 주로 삼은 실상이다. 그런데 또 "情은 비록 萬般이나, 어느 것인들 理에서 발한 것이 아니겠는가?"라 하고, 또 "理通而氣局"이라 했으니, 이것은 竪看을 겸해서 설명한 것이다.[24)]

퇴계설과 율곡설은 자못 다르거니와, 퇴계학파와 율곡학파는 종종 서로 상대방의 주장이 朱子說과 어긋난다고 비판하기도 했다. 그러나 한주는 퇴계설과 율곡설의 차이를 看法의 차이로 설명했다. 이는 양자가 충분히 양립할 수 있다는 뜻이기도 하다. 한주는 특히 퇴계설에 대해서는 "진실로 朱子의 本旨에 근본한 것으로, 橫看과 竪看을 두루 겸하고, (理·氣의) 分·合을 함께 감안한 것"이라 하여, 적극 긍정했다.[25)] 한주는 율곡에 대해서는 "栗谷도 남들 못지않게 평생토록 退溪를 尊仰했으니, 이는 퇴계를 추모한 글이나 經筵에서 아뢴 말들을 통해서 알 수 있다. 오직 四七說에 있어서는 합치하지 않아 깊이 의심하고 누차 변론했으나, 이 또한 자신의 所見에 근거하여 진심으로 이치를 따진 것일 뿐이다. 어찌 일찍이 일부러 나누고 의심하여, 곧장 퇴계를 능가하려고 한 것이겠는가?"[26)]라고 했다. 율곡은 '자신의 所見에 근거하여' 퇴계를 비

---

24) 『寒洲集』 卷7 頁42, 〈答沈稺文 別紙〉: 退陶主竪而兼横 故心統性情中圖 拈出其本然之性 不雜乎氣稟而爲言 其發而爲情 亦指其善者言之 合四七而仍指作本性所發 此其主竪之實 而下圖曰 四端理發而氣隨之 七情氣發而理乘之 此則兼說其橫也 栗谷主倒而兼竪 故曰 見孺子入井而惻隱者氣也 惻隱之本則仁也 又曰 發之者氣 所以發者理也 又曰 氣機動而爲情 此其主倒之實 而又曰情雖萬般 夫孰非發於理乎 又曰 理通而氣局 此則兼說其竪也

25) 『寒洲集』 卷7 頁43, 〈答沈稺文 別紙〉: 退陶之論 則固本乎朱子之旨 橫竪普說 分合俱勘

26) 『寒洲集』 卷7 頁43, 〈答沈稺文 別紙〉: 栗谷之於退陶 平生尊仰 不在人後 誄辭筵奏 亦

판했다는 것인데, 이는 두 뜻을 지닌다. 첫째는 율곡이 자신의 관점에서 퇴계를 비판했다는 뜻이다. 이는 퇴계와 율곡이 서로 看法을 달리했다는 맥락이다. 둘째는 율곡의 퇴계에 대한 이해가 미흡했다는 뜻이다. 한주는 다음과 같이 말한다.

> 退溪 당시의 學者들은 豎看으로 말한 것은 믿고 橫看으로 말한 것은 의심했다. 그러므로 퇴계가 평생토록 問答한 것은 橫看으로 말한 것이 비교적 자세하고, 거듭 晩年까지 글을 남겨 이를 밝혔다. 栗谷은 退溪를 지극히 존경했으면서도 退溪說의 全貌를 모두 파악하지는 못했다(退溪는 "四端도 外物과 감촉하여 發動함은 진실로 七情과 다르지 않다"고 했다. 그런데 栗谷은 退溪가 '四端은 外物과의 감촉에서 유래하는 것이 아니다'라고 여겼다고 의심한 것이다. 이러한 곳에서 栗谷이 退溪의 本集을 두루 살피지 않았음을 알 수 있다). 그러므로 다만 退溪가 橫看으로 설명한 것에 집착하여 '正見의 一累'라고 의심했던 것이다.[27]

한주는 퇴계설을 '豎看을 주로 삼고 橫看을 겸한 것'으로 파악했다. 한주에 의하면 豎看은 一路說로 연결되고 橫看은 二路說로 연결된다. 그렇다면 理氣互發說로 상징되는 퇴계설은 오히려 橫看이 중심을 이루는 것 같은데, 한주는 퇴계설의 중심은 豎看에 있다고 보았다. 퇴계는 다만 당시학자들의 의심을 해소하기 위해 橫看에 대해서 더욱 많이 언급했다는 것이다. 그런데 율곡마저도 퇴계의 주견을 橫看이라고 오해하

自可見 而獨於四七說不合 深疑而屢辨之 此亦據其所見 信心說理而已 何嘗故爲歧貳 直欲凌駕也哉

27) 『寒洲集』 卷7 頁43, 〈答沈穉文 別紙〉: 退陶之世 學者信其豎而疑其橫 故平生問答 橫說較詳 重以遺文晩布 以栗谷之尊尙 未能盡覩其全(退陶曰 四端感物而動 固不異於七情 而栗谷疑其以四端爲不由外感 此等處 可見有未勘於本集者) 故只執其橫說處 而致疑於正見之一累

고, '正見의 一累'라고 비판했다는 것이다.

退·栗 이후 黨爭이 본격화되면서, 後學들의 학문적 논변은 당쟁과 밀접하게 연결되기도 했다. 한주는 이러한 정황을 "黨論이 나뉘면서 偏私가 승리했다. 退溪를 宗師로 삼는 사람들은 栗谷을 공격하는 데 각박하여 그 학설이 橫看에 치우쳤고, 栗谷을 宗師로 삼는 사람들은 退溪를 공격하는 데 노력하여 그 학설이 倒看에 치우쳤다"고 설명했다. 그런데 "橫看에 치우치면 理·氣가 分岐되어 大本이 둘로 나뉘게 되고, 倒看에 치우치면 理·氣의 主·從 관계가 뒤바뀌어 氣의 精爽을 大本으로 오인하게 된다"는 것이다.[28] 한주는 退·栗 이후 學界의 일반적 정황을 이렇게 파악하고, 예외적 인물로서 農巖과 大山을 주목했다. 한주는 우선 農巖과 大山의 宗旨를 다음과 같이 설명한다.

> 農巖은 橫看을 주로 삼고 倒看을 겸했다. 그러므로 "四端은 理를 주로 삼아 말한 것이나 氣가 그 가운데 있고, 七情은 氣를 주로 삼아 말한 것이나 理가 그 가운데 있다"고 하고, 또 "善情은 모두 淸氣에서 발한다고 함은 옳지 못하고, 濁氣가 발한 것은 그 情이 모두 惡하다고 함도 옳지 못하다"고 했으며, 또 "사실은 七情 또한 四端을 겸할 수 없다"고 했으니, 이것이 농암이 橫看을 주로 삼은 실상이다. 그런데 또 "氣機가 發動함에 理가 탄다"고 했으니, 이는 倒看을 겸해서 설명한 것이다. 大山은 橫看을 주로 삼고 竪看을 겸했다. 그러므로 "四端에 氣가 없는 것이 아니나 理가 主가 되기 때문에 理發이라 하며, 七情에 理가 없는 것이 아니나 氣가 主가 되기 때문에 氣發이라 한다"고 했으니, 이것이 대산이 橫看을 주로 삼은 실상이다. 그런데 또 "七情 또한 性에서 발한 것으로 理發이 있다"고 하고, 또

---

28) 『寒洲集』 卷7 頁43, 〈答沈穉文 別紙〉: 其後 黨論分而偏私勝 宗退者 刻於攻栗 而其說偏於橫 宗栗者 工於攻退 而其說偏於倒 偏於橫 則理氣分歧而大本不一 偏於倒 則理氣易主而大本都爽

"達道는 진실로 氣發이라 말할 수 없다"고 했으니, 이는 豎看을 겸해서 설명한 것이다.[29)]

한주에 의하면 栗谷은 倒看을 주로 삼았는데, 農巖은 율곡학파에 속하면서도 橫看을 주로 삼고, 退溪는 豎看을 주로 삼았는데, 大山은 퇴계학파에 속하면서도 橫看을 주로 삼은 것이다. 요컨대 農巖과 大山은 각각 자신들이 속한 학파의 宗旨와 다른 학설을 제창했다는 것이다. 한주는 그 까닭을 다음과 같이 설명한다.

> 農巖은 栗谷의 嫡傳인데도 자못 分開論을 주장하여 倒說의 치우침을 바로잡았고, 大山은 退溪의 譜承인데도 특히 渾淪說을 견지하여 分岐說의 어긋남을 구제했다. 이 兩賢이 어찌 일찍이 일부러 相傳의 宗旨와 다른 학설을 세웠겠는가? 다만 상황에 따라 中庸을 취하려는 도리로 부득불 이렇게 했던 것이다.[30)]

農巖은 당시 율곡학파의 견해가 倒看에 치우침을 바로잡고자 分開(橫看)를 역설하고, 大山은 당시 퇴계학파의 견해가 分岐說(二路說)에 치우침을 바로잡고자 渾淪說(一路說)을 역설했다는 것이다.[31)] 이러한 맥

29) 『寒洲集』 卷7 頁42~43, 〈答沈穉文 別紙〉: 農巖主橫而兼倒 故曰 四端主理言而氣在其中 七情主氣言而理在其中 又曰 謂善情皆發於淸氣 則不可 謂濁氣所發 其情皆惡 則不可 又曰 其實則七情亦不能兼四端 此其主橫之實 而又曰 氣機發動而理則乘焉 此則兼說其倒也 大山主橫而兼豎 故曰 四端非無氣而理爲主 故謂之理之發 七情非無理而氣爲主 故謂之氣之發 此其主橫之實 而又曰 七情亦發於性而有理之發 曰 達道固不可謂是氣之發 此則兼說其豎也

30) 『寒洲集』 卷7 頁43~44, 〈答沈穉文 別紙〉: 農巖以栗谷之嫡傳 而頗主分開之論 以矯其倒說之偏 大山以退老之譜承 而特拈渾淪之旨 以捄它歧說之差 是兩賢者 亦何嘗故爲立異於相傳宗旨 而隨時取中之道 不得不如是也

31) 한주에 따르면 分歧說(二路說)은 橫看과 궤를 같이 하고, 渾淪說(一路說)은 豎看(理發一路說)이나 倒看(氣發一路說)과 궤를 같이 하는 것이다. 그런데 한주는 大山說에 대해 '橫看을 주로 삼았다'고 하면서도 '특히 渾淪說을 견지하여 分岐說의 어긋남을 구제했다'

락에서 퇴계학파에 속하는 한주는 退溪說과 大山說을 자기 학설의 주요 근거로 삼고, 栗谷說과 農巖說에 대해서도 자못 긍정했던 것이다.

3. 理主氣資論

1) 理·氣의 動靜에 대한 해명

주지하듯이 율곡은 '理는 作爲가 없다'고 하여 理의 能動性을 부정하고, 퇴계의 四端理發說을 비판했다. 율곡의 이러한 비판에 대항하여 퇴계의 後學들은 理의 能動性을 옹호하는 데 진력한 사람이 많았거니와, 한주는 그 최후의 대표자라 할 수 있다.

性理學에서 '理·氣의 動靜'에 대한 논의는 周濂溪의 〈太極圖說〉과 그에 대한 朱子의 해설로부터 비롯되었다. 〈태극도설〉에서는 "太極이 動하여 陽을 낳고, 靜하여 陰을 낳는다"고도 했고, "陽은 動하고, 陰은 靜한다"고도 했다. 그리하여 動靜의 主體가 太極인지 陰陽인지를 두고 많은 논란이 야기되었는데, 이 자체가 퇴계학파와 율곡학파 사이의 중요한 쟁점이었다. 이에 한주는 〈태극도설〉과 그에 대한 諸家의 설명을 일일이 검토하면서, 방대한 논설을 통해 자신의 견해를 피력했다. 이제 그 대강을 살펴보기로 하자.

먼저 한주는 〈태극도설〉의 "太極이 動하여 陽을 낳고, 靜하여 陰을 낳는다"는 말을 글자 그대로 해석하여, "動은 太極의 動이요, 靜은 太極의 靜이다. 太極이 낳은 것이 바로 陰陽이니, 太極의 動靜이 바로 二氣

고 설명하는바, 이는 논리적으로 어색한 점이 있다.

의 關棙이다"[32]라고 풀이한다. 현상적으로 보면 음양만 보이고 태극은 보이지 않으나, "本源을 지극히 궁구해보면 먼저 이 理가 있다"는 것이요, "이미 이 理가 있으면 바로 이 氣를 낳는다"는 것이다.[33] 다음 한주는 〈태극도설〉의 "太極이 動하여 陽을 낳고, 靜하여 陰을 낳는다"와 "陽은 動하고, 陰은 靜한다"는 두 구절을 두고 다음과 같이 설명한다.

> 一圈으로 통합해서 竪看하면 太極이 動靜하여 陰陽이 始生하는 機가 된다. 兩體로 나누어 橫看하면 陰은 靜하고 陽은 動하여 太極이 탈 바의 機가 된다. 圖說에서 먼저 '太極이 動靜한다'고 말한 것은 本體를 主로 삼아 말한 것으로, 一元이 流行하는 始初를 가리킨 것이다. 圖圈에서 옆에 '陽은 動하고 陰은 靜한다'고 註釋한 것은 本體를 포함하여 말한 것으로, 兩儀가 分立한 終結을 가리킨 것이다. 圈에 上·下의 구별이 있으니, 그러므로 '太極을 主로 삼고 陰陽을 主로 삼는 差異가 없을 수 없다'[34] 그러나 太極이 動하여 陽을 낳는 까닭에 陽이 動할 수 있고, 太極이 靜하여 陰을 낳는 까닭에 陰이 靜할 수 있는 것이다. 이것(陽이 動할 수 있고 陰이 靜할 수 있음)에 집착하여 '動靜은 太極에 근본하지 않고, 陰陽과 다르지 않다'고 말하면 안 된다.[35]

---

32) 『理學綜要』 卷1 頁10: 動是太極之動 靜是太極之靜 而太極之所生者 便是陰陽 則其動其靜 乃是二氣之關棙也

33) 『求志錄』 卷11, 〈太極圖箚義〉(『寒洲全書』 四, 397쪽): 盖極本窮源 先有此理 而旣有此理 便生此氣

34) '太極을 主로 삼고 陰陽을 主로 삼는 差異가 없을 수 없다'의 原文은 '不能主太極主陰陽之異'이다. 그런데 문맥상 '不能主太極主陰陽之異'라고 하면, 말이 되지 않는다. 論者는 '不能主太極主陰陽之異'는 본래 '不能無主太極主陰陽之異'에서 실수로 '無' 字가 빠진 것이라고 보고, '無' 字를 보충하여 해석했다.

35) 『求志錄』 卷11, 〈太極圖箚義〉(『寒洲全書』 四, 387쪽): 統一圈而竪看 則太極動靜 而爲陰陽始生之機 分兩體而橫看 則陰靜陽動 而爲太極所乘之機 圖說則先言太極動靜者 主本體言之 而指一元流行之始也 圖圈則旁註陽動陰靜者 含本體言之 而指兩儀分立之終也 圈有上下之別 故不能(無)主太極主陰陽之異 然由其太極之動而陽也 故陽而能動 靜而陰也 故陰而能靜 不可執此 而謂動靜之不本於太極 而不異於陰陽也

'一圈'이란 〈太極圖〉의 '첫째 圓(○)'을 말하는바 이는 '太極의 本體'를 표현한 것이요, '兩體'란 그 아래의 '黑·白을 교차시킨 圓'을 말하는바 이는 '太極의 流行'을 표현한 것이다. 위의 인용문은 理·氣의 動靜에 대한 한주의 기본 입장을 잘 보여준다. 한주는 〈태극도설〉의 '太極이 動靜한다'는 말과 '陰陽이 動靜한다'는 말은 서로 모순이 아니라 하나의 사태를 다른 관점에서 설명한 것이라고 보고, 이를 本體에서 竪看하면 太極이 動靜하는 것이요 流行處에서 橫看하면 陰陽이 動靜하는 것이라고 정리했다. 그런데 流行處에서의 陰陽의 動靜은 本體로서의 太極의 動靜에서 말미암는 것이므로, 流行處에서의 '陽動陰靜'에 집착하여 '動靜은 太極에 근본하지 않는다'거나 '動靜은 陰陽과 다르지 않다'고 말하면 잘못이라는 것이다.

動靜의 주체는 관점에 따라 太極으로 설명할 수도 있고 陰陽으로 설명할 수도 있다면, 動靜은 理와 氣 어느 하나만으로는 설명할 수 없는 것이다. 한주는 다음과 같이 말한다.

> 動靜은 理와 氣가 만나는 곳이다. 이미 '太極이 動하여 陽을 낳고 靜하여 陰을 낳는다'고 했으니, 動은 太極의 動이요 靜은 太極의 靜이다. 그런데 太極은 本體를 가리키고 動靜은 流行을 가리키니, 그렇다면 '動靜을 太極으로 여김'은 '方圓을 天地로 여기고, 愛恭을 仁禮로 여김'과 같다. '動하여 陽을 낳고 靜하여 陰을 낳음'이 氣의 始初로서, 애초에 (太極의) 動靜이 있기 전에 이미 氣가 있어서 바야흐로 動靜하는 바가 있는 것이 아니니, 그렇다면 '動靜을 陰陽으로 여김'은 '健順을 男女로 여기고, 剛柔를 水火로 여김'과 같다. 動이 지극하면 靜하고, 靜이 지극하면 다시 動함은 진실로 太極의 妙가 아님이 없으나, 太極이 陰陽을 낳은 다음에는 항상 陰陽 가운데 있어서, 서로 기다려서 體가 되고 서로 기다려서 用이 된다. 그런데 理는 본래 형체가 없고 氣는 자취가 있으니, 그 볼 수 있는 곳

> 으로부터 말하면 動은 陽이요 靜은 陰인 것이다. 그러나 곧바로 大原으로부터 順推하면 動靜은 진실로 太極의 流行으로서, 진실로 (태극의) 動靜이 없다면 陰·陽 二氣는 생겨날 곳이 없다. 陽을 낳을 즈음엔 動하니, 動은 陽의 機가 되고, 陰을 낳을 즈음엔 靜하니, 靜은 陰의 機가 된다. '機'란 그 '流行의 始初'를 가리키는 말이다. 이제 반드시 動靜을 오로지 氣에 귀속시키고자 한다면, 太極은 '한쪽으로 기울어진 것'일 뿐만 아니라 '있거나 없거나 상관없는 것'이 된다.[36]

'動靜은 理와 氣가 만나는 곳'이라면 動靜은 理나 氣 어느 하나만으로는 성립할 수 없는 것이다.[37] 그리하여 한주는 엄밀하게 말하자면 '動靜을 太極으로 여김'과 '動靜을 陰陽으로 여김'이 모두 적합하지 않다고 보았다. 한주는 '太極은 本體를 가리키고 動靜은 流行을 가리킨다'고 구분하고, '動靜을 太極으로 여김'은 '方圓을 天地로 여기고, 愛恭을 仁禮로 여김'과 같다고 설명했다. 方圓은 天地라는 본체가 드러나는 양상이요, 愛恭은 仁禮라는 본체가 유행하는 양상이다. 그러므로 엄밀히 말하면 方圓은 天地가 아니요, 愛恭은 仁禮가 아니다. 그런데 우리는 종종 方圓을 天地로 여기고, 愛恭을 仁禮로 여긴다. 이는 方圓과 天地, 愛恭과 仁禮가 각각 本體와 流行이라는 格의 차이가 있어도, 양자는 본질적으

---

36) 『理學綜要』 卷1 頁8~9: 動靜者 理氣之合縫處 旣謂太極動而生靜而生 則動是太極之動靜是太極之靜 而太極是指本體 動靜是指流行 則以動靜爲太極者 是猶以方圓爲天地 愛恭爲仁禮也 動而陽 靜而陰 氣之始也 初非無動無靜之前 已有此氣 而方有所動靜 則以動靜爲陰陽者 是猶以健順爲男女 剛柔爲水火也 動極而靜 靜極復動 固莫非太極之妙 而太極生陰陽之後 常在陰陽之中 相須爲體 相待爲用 而理本無形 氣爲有迹 則自其可見者言之 動者是陽 靜者是陰 然直從大原上順推 則動者靜者 固是太極之流行 而苟無動靜則陰陽二氣 無自而生也 動於生陽之際 而動爲陽之機 靜於生陰之際 而靜爲陰之機 機者指其流行之始 而今必欲專將動靜管歸氣邊 則太極不止於尖斜 而有無不關也

37) 한주는 "理의 一動一靜은 오로지 氣機에서 발한다. 그런데 理가 感動함이 없다면 氣가 어찌 머리를 내밀고 발할 수 있겠는가?(『求志錄』 卷2, 〈四七辨〉(『寒洲全書』 五, 409쪽): 理之一動一靜 專發於氣機 而理無所感動 則氣何以闖發乎)"라고도 했다.

로 둘이 아니기 때문에 그렇게 말하는 것이다. 한주는 '動靜을 太極으로 여김'도 이러한 맥락에 해당된다고 보았다. 한주는 또한 '太極이 動하여 陽을 낳고 靜하여 陰을 낳음'이 氣의 始初라고 주장하고,[38] '動靜을 陰陽으로 여김'은 '健順을 男女로 여기고, 剛柔를 水火로 여김'과 같다고 설명했다. 〈태극도설〉에서는 '乾道(健)가 男을 이루고, 坤道(順)가 女를 이룬다'고 했다. 이처럼 健順과 男女는 能生과 所生이라는 格의 차이가 있기 때문에, 엄밀히 말하면 健順은 男女가 아니다. 그러나 能生이 실현된 것이 所生이기 때문에, 우리는 종종 健順을 男女로 여기는 것이다. 마찬가지로 太極의 動靜과 陰陽은 각각 格이 다르지만 또한 하나로 관통되는 것이다. 한주는 '動靜을 陰陽으로 여김'도 이러한 맥락에 해당된다고 설명했다.

한주는 太極과 陰陽이 '서로 기다려서 體가 되고, 서로 기다려서 用이 된다'고 했거니와, 이러한 맥락에서 動靜은 理·氣의 결합을 통해서 이루어지는 것이다. 그런데 理는 본래 형체가 없고 氣는 자취가 있으니, 볼 수 있는 곳으로부터 말하면 陰陽이 動靜하는 것이요, 本原으로부터 말하면 太極이 動靜하는 것이다. 한주는 本原으로부터 順推하여 "動靜은 진실로 太極의 流行으로서, 진실로 (태극의) 動靜이 없다면 陰·陽 二氣는 생겨날 곳이 없다"고 강조하고, 逆推(倒看)에 집착하여 "動靜을 오로지 氣에 귀속시킨다면, 太極은 '한쪽으로 기울어진 것'일 뿐만 아니라 '있거나 없거나 상관없는 것'이 된다"고 비판했다.[39]

---

38) '動靜은 理와 氣가 만나는 곳'이라는 주장과 '太極이 動靜을 통해서 陰陽을 낳는다'는 주장은 사실 서로 矛盾된다. 이에 대해서는 뒤에서 다시 논하기로 하자.

39) '한쪽으로 기울어진 것(尖斜)'이란, 動靜을 모두 氣로 설명하면 太極은 '體만 있고 用은 없는 것'이 되어, '太極이 體 쪽으로 뾰족하게 기운 것'을 말한다. '있거나 없거나 상관없는 것'이란 動靜을 모두 氣로 설명하면 太極은 '있어도 그만 없어도 그만인 존재'로 전락한다는 말이다.

한주는 이상과 같은 자신의 지론을 "理는 動靜의 主가 되고, 氣는 動靜의 資가 된다"[40]는 말로 표현했다. 한주는 "〈太極圖說〉에서 '太極이 動靜한다'고 말한 것은 '理가 홀로 허공에 매달려, 陰陽의 앞에 단절되어 있다'는 말이 아니요, '陰陽이 動靜한다'고 말한 것은 '氣가 스스로 主宰하여, 運用의 즈음에 방자하게 군다'는 말이 아니다"라고 했다.[41] 한주에 의하면 '太極이 動靜한다'는 것은 다만 '太極이 動靜의 主宰者가 됨(太極이 動靜을 주재함)'을 뜻하고, '陰陽이 動靜한다'는 것은 다만 '陰陽이 動靜의 資具가 됨'을 뜻하는 것이다. 한주는 다음과 같이 말한다.

> 필경 '먼저 理가 있어서 항상 그 主宰者가 되면서도, 陰陽 가운데 머리를 숨기고 있어서 그 流行의 妙를 드러내지 않는 것'이나, 〈太極圖〉를 그림에 있어서는 부득불 可見處를 따라서 上圈으로 구별한 것이다. 이제 이에 집착하여 문득 '動靜은 다만 陰陽일 뿐'이라고 한다면, 本意와 크게 어긋나는 것이요, 原頭處를 완전히 착각하는 것이다.[42]

한주에 의하면 動靜을 주재하는 것은 理요, 動靜의 資具는 氣이다. 그런데 理는 形而上者이기에 理의 主宰는 겉으로 드러나지 않고, 形而下者인 氣의 作用만 드러난다. 따라서 사람들은 종종 겉으로 드러난 현상만 보고 '動靜은 다만 陰陽일 뿐'이라고 주장하는데, 이는 〈太極圖說〉의 本意와 크게 어긋나는 것이요, 動靜의 原頭處를 망각하는 처사라는 것이다.

動靜을 主宰하는 것은 理요 動靜의 資具는 氣라고 한다면, 太極은 動

---

40) 『求志錄』 卷11, 〈太極圖箚義〉(『寒洲全書』 四, 401쪽): 理爲動靜之主 而氣爲動靜之資

41) 『理學綜要』 卷1 頁9: 其言太極動靜者 非謂此理之懸空孤立 截然於陰陽之先也 其言陰陽動靜者 非謂此氣之自作主宰 肆然於運用之際也

42) 『理學綜要』 卷1 頁9: 畢竟是先有此理 常爲其主 而藏頭於陰陽之中 不露其流行之妙 則建圖之際 不得不從其可見 別乎上圈 今乃執此 而便謂動靜只是陰陽 則大與本意左 而全錯於原頭矣

靜을 主宰할 뿐 직접 動靜하는 것은 아니라고 볼 수도 있다. 그런데 한주는 '主宰者로서의 太極의 能動性'을 부단히 강조했다. 한주는 理의 能動性을 옹호하면서 다음과 같은 朱子說을 주요 논거로 삼는다.

> '無極而太極'이라 했거니와, 사람들은 모두 '그 속에 하나의 번쩍번쩍 빛나는 사물이 있는 것'으로 상상하고, 도리어 '본래 그러한 사물은 없다'는 말이요, 다만 '理가 있어서 능히 이처럼 動靜할 수 있다(有箇理 能如此動靜)'는 말임을 모른다.[43]

한주는 위와 같은 朱子의 말을 소개하고, 다음과 같이 주장한다.

> 太極은 無聲無臭하나, 진실로 '能動能靜'의 妙가 있다. 만약 과연 形體가 있다면, 形體에 국한되어, 靜하면 動이 없고 動하면 靜이 없는 것이다. 무릇 이 理는 지극히 無하면서도 지극히 有하고, 지극히 虛하면서도 지극히 實하며, 함이 없으면서도 하고(莫之爲而爲), 이름이 없으면서도 이른다(莫之致而至). 먼저 所以然이 있어서 所當然에 이르고, 이미 所當然이 있으면 所能然에 이른다. 勉齋가 '그 用의 能動能靜'이라 한 것은 대개 이를 가리킨 것이다. 朱子는 이미 '능히 이처럼 動靜할 수 있다'고 하여, 이미 '理의 用'을 말한 것이다. 그런데 지금의 理를 말하는 자들은 다만 '所以然' 한 구절만 지키고, 문득 '能然'에 미치면 바로 氣에 해당시킨다. 이들의 所見은 '形而下의 器'에 막혀서, 저 '지극히 微妙한 機'에 이르지 못하니, 개탄스러운 것이다.[44]

---

43)『理學綜要』卷1 頁11: 朱子曰 無極而太極 人都想像有箇光明閃爍底物在那裏 卻不知本是說無這物事 只是有箇理 能如此動靜而已

44)『理學綜要』卷1 頁11: 太極無聲無臭 而實有能動能靜之妙 若果有形 則局於形 而靜無動動無靜矣 夫是理也 至無而至有 至虛而至實 莫之爲而爲 莫之致而至 先有箇所以然 而達之於所當然 旣有箇所當然 而達之於所能然 勉齋所謂其用之能動能靜者 盖指此也 朱子旣言能如此動靜 則已說得理之用 而今之言理者 只守所以然一句 纔涉於能然 便以氣

한주는 太極을 '能動能靜'의 존재로 규정하고, 太極은 '함이 없으면서도 하고, 이름이 없으면서도 이른다'고 주장했다. 요컨대 한주는 '所以然 · 所當然'과 함께 '所能然'을 太極의 본질로 규정한 것이다. 한주는 또 朱子의 다음과 같은 말을 주목했다.

> 無極이란 다만 道理를 말하는 것이다. 當初에는 원래 하나의 事物도 없고, 다만 이 理가 있을 뿐이다. 이 道理가 문득 動하여 陽을 낳고 靜하여 陰을 낳을 수 있는 것이다.[45]

한주는 위와 같은 朱子의 말을 소개하고, 다음과 같이 주장한다.

> 생각건대 이 말은 바로 周子 〈太極圖〉의 뜻을 미루어 말한 것이다. 이미 '動靜할 수 있다(能動靜)'고 말하고, 또 '動할 수 있고, 靜할 수 있다(會動會靜)'고 했으니, 動靜의 妙가 과연 氣와 무슨 관계가 있겠는가?[46]

한주는 위의 두 朱子說을 '朱子의 定論'으로 간주하여 理의 能動性을 적극 옹호했다. 한편 朱子說에는 理의 能動性을 부정하는 것들도 많은 바, 한주는 그에 대해서는 대개 '晩年定論'이 아니라고 주장했다. 예컨대 주자는 〈答楊子直書〉에서 다음과 같이 말한 바 있다.

> 天地의 사이에는 다만 動 · 靜의 兩端이 끊임없이 순환할 뿐, 그 밖의 다른 일은 없으니, 이것을 '易'이라 한다. 그런데 그 動 · 靜에는 반드시

當之 所見滯於形下之器 而不到那至微之機 可慨也

45) 『理學綜要』 卷1 頁12: 朱子曰 無極者 只是說這道理 當初元無一物 只是有此理而已 此箇道理 便會動而生陽 靜而生陰

46) 『理學綜要』 卷1 頁12: 按 此乃推說周子圖義 旣謂能動靜 而又謂會動會靜 則動靜之妙果何關於氣乎

動·靜하는 까닭으로서의 '理'가 있으니, 이것이 이른바 '太極'이다. 나는 예전에는 太極으로 體를 삼고 動靜으로 用을 삼았었는데, 그 말이 진실로 병폐가 있었다. 그 뒤에 고쳐서 '太極은 本然의 妙, 動靜은 탈 바의 機'라고 했는데, 이는 거의 가까운 말이다. '太極이 動靜을 품고 있다(太極含動靜)'고 말하는 것은 옳다(本體로 말한 것이다). '太極에 動靜이 있다(太極有動靜)'고 말하는 것도 옳다(流行으로 말한 것이다). 그러나 만약 '太極이 문득 動靜한다(太極便是動靜)'고 말한다면, 形而上者와 形而下者를 구분할 수 없게 되고, '易에는 太極이 있다'는 말도 군더더기가 된다.[47]

주자는 理를 '動靜이 끊임없이 순환하는 까닭'으로 풀이하고, '理에 動靜이 있다'는 말을 '理 자체가 動靜한다'는 뜻으로 이해하면 잘못이라고 설명했다. 주자는 '理 자체가 動靜한다'고 볼 수 없는 까닭을 둘로 설명했다. 첫째, 형이상자도 作爲가 있는 것이 되어, 형이상자와 형이하자의 구분이 없어진다는 것이다. 둘째, '易에는 太極이 있다'는 말은 太極이 易(一動一靜)의 樞紐根柢임을 밝힌 것인데, 太極 자체가 動靜하는 것이라면 이 말도 군더더기가 된다는 것이다. 그런데 한주는 위의 인용문에 대해 다음과 같이 설명한다.

생각건대 이 편지에서는 〈何叔京이 보내온 편지〉를 언급하고 있는데, 何公은 乙未年에 죽었다. 그렇다면 이는 朱子 40세 전후의 편지로서, '晩年定論'과는 거리가 있는 것 같다. 마땅히 다시 詳考해야 할 것이다.[48]

---

47)『理學綜要』卷1 頁14: 朱子曰 天地之間 只有動靜兩端 循環不已 更無餘事 此之謂易 而其動其靜 則必有所以動靜之理 是則所謂太極者也 某向以太極爲體 動靜爲用 其言固有病 後已改之曰 太極者 本然之妙 動靜者 所乘之機 此則庶幾近之 盖謂太極含動靜則可(以本體言) 謂太極有動靜則可(以流行言) 若謂太極便是動靜 則是形而上下者不可分 而易有太極之言 亦贅矣(答楊子直書)

48)『理學綜要』卷1 頁15: 按 此書言叔京來書 而何公卒於乙未 則似是四十左右時書 猶似與晩年定論有間 當更詳之

요컨대 위의 〈答楊子直書〉는 朱子의 定論으로 믿기 어렵다는 것이다. 그리고 한주는 주자의 '太極含動靜'·'太極有動靜' 등을 자신의 관점에서 설명하면서, 다음과 같이 거듭 理의 能動性을 옹호했다.

> 天地 사이에 위에서 서리고 아래에서 사귀는 것은 모두 陰·陽의 두 氣이다. 그런데 氣가 盈虛, 聚散, 薰蒸, 發育하는 것은 모두 太極의 純一한 理가 主宰하기 때문이다(逆推). 太極이란 形體와 方所가 없어서, 사물이 있기 전에 存立하여 깃들 곳을 기다리지 않고, 형체가 있은 다음에 드러나나, 無爲가 아니다. 이는 진실로 萬化의 頭腦요 品彙의 根柢이다(豎看). 이미 太極이 있으면 문득 動靜할 수 있고, 단지 動靜이 있으면 바로 陰陽이 나뉘니, 太極의 動은 陽이 생기는 機요, 太極의 靜은 陰이 생기는 機이다. 陰陽이 생기기 전에는 機가 온축하여 妙가 되니 '太極이 動靜을 머금은 것'이요, 陰陽이 장차 생길 때엔 妙가 운용하여 機가 되니 '太極이 動靜을 지닌 것'이며, 陰陽이 이미 생겼으면 機가 드러나서 器가 되니 '太極이 動靜에 있는 것'이다(順推).[49]

한주는 이 세계의 모든 운동변화를 氣로 설명하고, 다시 그러한 氣의 운동은 理의 주재에 의한 것이라고 설명했다. 이러한 설명은 대부분의 성리학자들이 긍정하는 일반론이라 할 수 있다. 위에서 주목할 것은 '太極은 無爲가 아니다'와 '太極이 있으면 문득 動靜할 수 있다'는 말로서, 한주는 거듭 理의 능동성을 강조한 것이다. 한편 위의 인용문에서는 順

---

49) 『理學綜要』 卷1 頁27: 天地間 上蟠下際 都是陰陽二氣 而氣之所以盈虛聚散 薰蒸發育者 太極純一之理 爲之主宰故也(逆推) 太極者 無形體無方所 立於無物之先 而不待有寓 著乎有形之後 而不是無爲 此誠萬化之頭腦 品彙之根柢(豎看) 而旣有太極 便會動靜 纔有動靜 便分陰陽 太極之動 陽生之機也 太極之靜 陰生之機也 陰陽未生 機蘊而爲妙 太極之涵動靜也 陰陽將生 妙運而爲機 太極之有動靜也 陰陽旣生 機著而爲器 太極之在動靜也(順推)

推와 逆推를 모두 언급하고 있거니와, 한주는 바로 順推의 관점에서 理의 능동성을 역설한 것이다. 한주는 다음과 같이 말한다.

> 流行處로부터 '逆推'하면 陰·陽은 시작이 없고, 動·靜은 단서가 없다. 本原으로부터 '順推'하면 太極은 陰陽보다 먼저 존재하고, 動靜할 수 있어서(會動會靜), 體·用이 완전히 갖추어진다. 아직 動하지 않을 즈음엔 渾然하나 四德이 각각 條理가 있으며, 이미 나누어진 다음에는 粲然하나 萬化가 모두 이 權輿[50]로부터 말미암는다.[51]

流行處로부터 '逆推'하면 陰靜陽動이 끊임없이 지속되는 것만 보인다. 그러나 本原으로부터 '順推'하면 '陰陽에 앞서 太極이 있음'과 '太極의 능동성(會動會靜)'을 알 수 있다는 것이다. 한주는 順推를 통해 太極을 '體·用이 완전히 갖추어진 존재'로 규정하고, '萬化가 모두 太極으로부터 말미암는다'고 주장했다. 理·氣의 動靜을 정당하게 해명하기 위해서는 '逆推와 竪看'을 겸해야 한다는 것이 한주의 지론이거니와, 한주는 많은 학자들이 '逆推와 倒看'에 머무르기 때문에 理를 死物로 전락시키는 것이라고 보았다. 한주는 다음과 같이 말한다.

> 朱子는 …… 진실로 動靜을 太極으로 여기지도 않았고, 또한 陰陽을 動靜으로 여기지도 않았다. 門人들과 問答하는 즈음, '氣를 떠나서 理를 말하는 병폐'를 보면 '靜은 陰에 속하고, 動은 陽에 속한다'고 일러주었고, '氣를 섞어서 理를 말하는 병폐'를 보면 '靜은 太極의 靜이요, 動은 太極의

50) '權輿'란 '事物의 始初'로서, 이곳에서는 '太極'을 가리키는 말이다.

51) 『寒洲集』 卷33 頁6, 〈太極圖箚義後說〉: 自其流行而逆推之 則陰陽無始 動靜無端 自其本原而順推之 則太極在陰陽之先 而會動會靜 體用全具 渾然於未動之際 而四德各有條理 粲然於旣分之後 而萬化由此權輿

動이다'라고 일러주었다. '속한다(屬)'고 한 것은 '그 意類가 서로 이어짐'을 가리키고, '이다(是)'라고 한 것은 '그 體段이 바로 이러함'을 가리킨다. 다만 學者들의 견해가 항상 逆推에 얽매이고, 지극하게 逆推한 다음 다시 竪看하지 않았던 까닭에, 一傳한 다음에는 그 참뜻을 잃게 된 것이다. 그리하여 혹자는 "太極은 動靜할 수 없고, 陰陽을 따라서 動靜한다"고 말하고, 혹자는 "太極은 陰陽을 낳지 않고, 陰陽이 스스로 생긴다"고 말한다.[52]

한주에 의하면 엄밀히 말해 動靜이 太極인 것도 아니요, 陰陽이 動靜인 것도 아닌데, 주자는 動靜을 太極으로 설명하기도 하고, 陰陽으로 설명하기도 했다는 것이다. 한주는 이를 '看法'의 차이로 설명하고, 결론적으로 '逆推한 다음에 竪看해야만' 理·氣의 動靜을 정당하게 이해할 수 있다고 주장했다. 요컨대 한주는 理主氣資의 관점에서 動靜을 '理·氣의 合縫處'로 설명하면서도 順推(竪看)의 관점에서 부단히 理의 能動性을 옹호했는데, 이는 결국 '主宰者로서의 理의 위상'을 강화시키기 위한 것이었다.

2) 理主氣資: 理의 主宰와 氣의 作用

이상에서 한주의 '理·氣의 動靜'에 관한 설명을 살폈거니와, 한주설을 뒷받침하는 기본 전제는 '理主氣資'라는 것이었다. '理主氣資'란 理는 氣의 主宰者요, 氣는 理의 輔助者라는 것이다. 한주에 의하면 '近世의 학자들'은 '理主氣資'를 제대로 알지 못하여 '理·氣의 動靜'을 잘못 이해

52) 『理學綜要』 卷1 頁28: 朱夫子 …… 固不以動靜爲太極 而亦不以陰陽爲動靜 門人問答之際 見有離氣言理之病 則告之以靜便屬陰 動便屬陽 見有雜氣言理之病 則告之以靜是太極之靜 動是太極之動 曰屬則指其意類之相屬 曰是則指其體段之便是也 只緣學者之見每拘於逆推 而逆推之極 更不以竪看 故一傳之後 浸失其眞 或謂太極不會動靜 隨陰陽而爲動靜 或謂太極不生陰陽而陰陽自生

했다는 것이다. 우선 '근세의 학자들'에 대한 한주의 비판을 살피기로 하자. 한주는 다음과 같이 말한다.

> '太極에 動靜이 있다(太極有動靜)'는 문단은 '理·氣가 分·合하는 妙'를 깊이 밝힌 것이다. 後人들은 이를 깨닫지 못하고 도리어 '太極은 動靜이 없고, 動靜은 다만 陰陽일 뿐'이라고 하니, '活馬의 등에 死人이 공연히 붙어 있어서, 가거나 멈추는 것이 오로지 말에 달린 것'과 같다. 간혹 이에 반대하는 사람은 太極을 '하나의 事物'로 간주하니, 또한 '無位眞人이 閃爍自在하는 것'[53]과 같다. 이것 또한 '氣를 理로 誤認하는 것'일 뿐이다.[54]

위의 인용문에서는 근세의 학자들을 두 부류로 나누어 비판했다. 첫째는 '太極은 動靜이 없고, 動靜은 다만 陰陽일 뿐'이라고 주장하는 부류이다. 한주는 이들의 주장을 '活馬의 등에 死人이 공연히 붙어 있음'과 같다고 비판했다. 이는 '理를 死物로 오인한다'는 뜻이다. 둘째는 '理가 氣를 부린다(使之)'고 주장하는 부류이다. 한주는 이들의 주장을 '理를 하나의 事物로 간주하는 것'으로서 '無位眞人이 閃爍自在한다'는 말과 같으니, '認氣爲理'에 해당된다고 비판했다. 요컨대 한주는 첫째 부류에 대해서는 理를 '死物'로 간주함으로써 '理의 주재를 否定했다'고 비판하고, 둘째 부류에 대해서는 理를 '事物'로 간주함으로써 '理의 주재를 誤解했다'고 비판한 것이다. 한주는 退溪와 大山을 '近世의 學者들'과

---

53) '無位眞人'이란 '고정된 자리에 얽매이지 않은 眞人'으로서 요컨대 '하느님'과 같은 존재를 말하고, '閃爍自在'란 東에 번쩍 西에 번쩍하듯이 自由自在한 것을 말한다. 이러한 맥락에서 '無位眞人 閃爍自在'란 하느님과 같은 전지전능한 존재가 자유자재로 세상만사를 主宰함을 비유하는 말이다.

54) 『求志錄』 卷11, 〈太極圖箚義〉(『寒洲全書』 四, 391~392쪽): 謂太極有動靜 此一段深明理氣分合之妙 後人不達 反以太極爲無動無靜 而動靜只是陰陽 有若活馬背頭 死人空寄 其行其止 全在於馬 其或反此者 以太極看作一物 又似無位眞人閃爍自在 是亦認氣爲理而已

구별하면서 다음과 같이 말하기도 했다.

> 우리 陶山夫子(退溪)는 위로 朱子의 道統을 이어, 佛氏의 '氣를 理로 아는 견해'를 배척하고, 聖門의 '主理의 가르침'을 천명했다. 진실로 後學들이 그 成法과 正脈을 따르자면 마땅히 '밖으로 달아나는 근심'이 없어야 할 것이다. 그런데 뜻밖에도 '近世의 學者들'은 오히려 花潭의 '陰靜陽動은 그 기틀이 저절로 그러한 것(機自爾)'이라는 學說을 답습하니, 太極은 (氣를) 빌려 타서 도리어 死物이 되고 말았다. 간혹 조금이라도 (理의) 主宰를 말하는 자들은 도리어 '動之靜之'로 설명함으로써 理를 機巧에 빠뜨렸으며, (理·氣의) 辨別에 힘쓰는 자들은 또한 대부분 分開論에 치우쳐 도리어 '渾融한 本體'를 해쳤다. 오직 湖上先生(大山 李象靖)만 "理는 '動靜의 主가 되는 妙(所主以動靜之妙)'요, 氣는 '動靜의 資料가 되는 材具(所資以動靜之具)'이다"라고 立言했으니, 이 한 문단은 참으로 그 요령을 얻은 것이다.[55]

위의 인용문에서는 근세의 학자들을 세 부류로 나누어 비판했다. 첫째는 陰靜陽動을 '機自爾'로 설명하는 부류이다. 한주는 이들이 理의 주재를 부정함으로써 '理를 死物로 전락시켰다'고 비판했는데, 이는 栗谷學派를 지목한 것이다. 둘째는 理의 주재를 '動之靜之'로 해석하는 부류이다. 여기서의 '動之靜之'란 '理가 氣를 動하게 하고 靜하게 한다'는 뜻이거니와,[56] 한주는 이들에 대해서는 '理를 機巧에 빠뜨렸다'고 비판했

55)『理學綜要』卷1 頁29: 吾陶山夫子出 而上繼考亭之統 斥佛氏認氣之見 闡聖門主理之旨 苟使後之學者 遵其成法 宗其正脈 則宜無外走之患 而豈意近世之學 猶襲花潭之說 陰靜陽動 其機自爾 太極借乘 反爲死物 厥或稍說到主宰者 反以動之靜之 陷理於機巧 而務辨別者 亦多偏主分開之論 反傷渾融之體 惟湖上先生立言曰 理也者所主以動靜之妙也 氣也者 所資以動靜之具也 此一段眞得其要領

56)『寒洲集』에 보이는 '動之·靜之·發之' 등은 두 맥락을 지닌다. 첫째는 기존 학자들이 쓴 '動之·靜之·發之'라는 표현을 한주가 그대로 인용하는 말로서, 이때의 '動之·靜

다. '理를 機巧에 빠뜨렸다'는 것은 '理를 作用하는 존재로 규정했다'는 뜻으로서, 이는 '理를 事物로 오해했다'는 것과 같은 맥락이다. 退溪의 後學들은 理의 주재를 '理가 氣를 부림(使之)'으로 해석하는 경우가 많았거니와, 한주의 '理를 機巧에 빠뜨렸다'는 비판은 이들을 겨냥한 것이다. 셋째는 理와 氣를 변별하고자 分開論에 치우친 부류이다. 退溪의 後學들은 分開에 치우쳐 '理와 氣가 각각 發한다'고 주장한 경우도 많았는데, 한주는 이들에 대해서 '渾融한 本體를 해쳤다'고 비판한 것이다. 한주는 이 세 부류의 오류를 시정하는 논리로서 大山의 理主氣資論을 적극 칭송했다. 한주는 다음과 같이 말한다.

> 理는 '動靜의 主가 되는 妙(所主以動靜之妙)'이고, 氣는 '動靜의 資料가 되는 材具(所資以動靜之具)'이다. 따라서 動은 太極의 動이요, 靜은 太極의 靜이니, 이는 '理의 動靜'이요, '陰陽의 動靜'이라고 말할 수 없음이 분명하다. 朱子는 이미 太極을 '性情의 妙'라 했으니, 性은 太極의 靜으로서 陰에서 세워지는 것이요, 情은 太極의 動으로서 陽에서 행해지는 것이다(竪看). 그런데 太極은 형체가 없고 陰陽은 자취가 있으니, 그러므로 그 볼 수 있는 곳에서 말하면, 靜이 바로 陰이요 動이 바로 陽이며, 太極은 다만 그 위에 타고 있는 것이다(倒看). 이 理의 妙는 流行하여 밝게 드러나는 것이지만, 冲漠無朕의 실상은 動靜 사이에 간격이 없는 것이다. 氣는 왕성하게 열리고 닫히는데, 혹은 理를 따라서 돕기도 하고, 혹은 理

之 · 發之'는 '動하게 함, 靜하게 함, 발하게 함'이라는 뜻이다. 이는 '理의 주재'를 '理가 氣를 부린다(명령한다)'고 해석하는 관점에서 쓰는 표현으로서, 포괄적으로는 '使之(부리다)'로 표현된다. 둘째는 한주 자신의 견해를 표현하는 말로서, 한주는 '動과 動之', '發과 發之' 등을 구분하였다. 한주에 의하면 理는 動者요 發者이며, 氣는 動之者요 發之者라는 것이다. 한주는 '動靜'이나 '發'은 '理가 주재한다'는 관점에서 '理'를 '動者 · 發者'라고 한 것이며, 理의 '動靜'이나 '發'을 '氣가 보조한다'는 관점에서 '氣'를 '動之者 · 發之者'라고 한 것이다. 그런데 한주는 氣가 '動之'하고 '發之'하는 과정을 '作用(運用)'이라 하였고, 그 과정에는 氣의 사사로운 '安排 · 造作 · 計較' 등이 개입한다고 보았던 것이다.

를 거역하여 가리기도 하여, 허다한 勞攘과 安排가 없을 수 없다. 그러므로 先輩들은 "理는 無爲하고, 氣는 有爲하다"고 논했는데, '無爲'란 '발하는 바가 없다'는 말이 아니요 '作爲함이 없다'는 말이며, '有爲'란 '스스로 능히 발한다'는 말이 아니요 '作爲함이 있다'는 말이다.[57]

한주는 기본적으로 動靜을 '理·氣의 合縫處'로 설명했는데, 이를 理主氣資와 연결시켜 설명하면, 理는 動靜을 主宰하고 氣는 動靜의 資具가 된다는 것이다. 理는 動靜을 주재하면서 끊임없이 流行하나, 형체가 없기 때문에 우리의 눈에는 보이지 않는다. 우리의 눈에는 형체가 있는 氣의 動靜만 보이므로, 많은 사람들은 倒看에 얽매여서 動靜을 단순히 '氣의 動靜'이라고 설명한다. 그러나 한주는 그 動靜은 본래 理가 主宰하는 것이라는 맥락에서 '理의 動靜'이라고 규정함이 합당하다고 주장했다. 한편, 氣는 왕성하게 열리고 닫히는 작용을 하는데, 氣는 이러한 작용을 통하여 理를 따라서 돕기도 하고, 理를 거역하여 가리기도 한다는 것이다. 요컨대 資具로서의 氣는 勞攘과 安排를 통해서 理를 돕기도 하고, 理를 방해하기도 한다는 것이다.

한주는 종래의 "理는 無爲하고, 氣는 有爲하다"는 주장에 대해서, '無爲'란 '발하는 바가 없다'는 말이 아니요 '作爲함이 없다'는 말이며, '有爲'란 '스스로 능히 발한다'는 말이 아니요 '作爲함이 있다'는 말이라고 풀이했다. '理는 作爲함이 없다'는 말은 作爲를 資具인 氣의 몫으로 돌리는

57) 『寒洲集』 卷7 頁44, 〈答沈穉文 別紙〉: 理者 所主以動靜之妙也 氣者 所資以動靜之具也 則動是太極之動 靜是太極之靜 而是理動靜 不可謂陰陽動靜也 明矣 朱子旣以太極爲性情之妙 則性是太極之靜 而立於陰者也 情是太極之動 而行於陽者也(豎) 然而太極無形而陰陽有迹 故從其可見處言 則靜便是陰 動便是陽 而太極特乘載其上耳(倒) 此理之妙 非不流行昭著 而冲漠無朕之實 無間於動靜 若氣則氤氳開闔 或順而助理 或逆而拚理 不能無許多勞攘 許多安排 故先輩之論 以爲理無爲而氣有爲 無爲者 非謂無所發也 言其無作爲也 有爲者 非謂自能發也 言其有作爲也

것이며, '氣는 스스로 능히 발할 수 없다'는 말은 理의 主宰를 상기시키는 말이다. 이러한 맥락에서 動靜이란 理의 主宰와 氣의 作爲(作用)가 결합해서 이루어지는 것이다. 한주는 다음과 같이 말한다.

> 理는 홀로 運行하지 않으니, 氣가 '탈 바'(所乘)가 된다. 그러므로 氣는 '作用의 才'로서 '主宰의 道'를 도와서 이루는 것이다. 理가 君이 되어 國을 主宰하면 氣는 臣이 되고, 理가 父가 되어 家를 主宰하면 氣는 子가 되며, 理가 夫가 되어 內를 主宰하면 氣는 配가 되고, 理가 將이 되어 外를 主宰하면 氣는 卒이 된다. 대개 理는 知(智)가 있고 氣는 知가 없으므로, 理는 능히 主宰할 수 있으나 氣는 主宰할 수 없다. 氣는 有爲하나 理는 無爲(함이 없이도 함이 바로 '無爲'이다)하므로, 氣는 능히 作用할 수 있으나 理는 作用할 수 없다. '主宰'란 저 天을 따라서 會動會靜하여 安排하는 바가 없는 것이요, '運用'이란 人爲에서 나와 動之靜之하여 저 機栝을 부리는 것이다.[58]

위의 인용문은 理가 氣를 主宰하는 양상과 氣가 理의 資具가 되는 양상을 설명한 것으로서, 한주는 主宰를 理의 몫으로, 作用(運用)을 氣의 몫으로 설명했다. 위의 인용문에서 주의할 것은 '理의 無爲'를 '함이 없이도 함(莫之爲而爲)'으로 설명하고, '理의 主宰'를 '會動會靜(能動能靜)'으로 설명하면서도, 理를 '作用할 수 없다'고 규정한 점이다. 한주의 이러한 주장들을 이해하려면 먼저 한주가 '動靜'과 '作用'을 별개로 구분하고 있다는 점을 주목해야 한다. 한주는 '動靜은 自然에서 나오는 것'이

58) 『理學綜要』 卷6 頁21: 理不獨運 而氣爲所乘 故氣以作用之才 助成主宰之道 理爲君而主宰乎國 則氣爲之臣焉 理爲父而主宰乎家 則氣爲之子焉 理爲夫而主宰乎內 則氣爲之配焉 理爲將而主宰乎外 則氣爲之卒焉 盖理有知(智)而氣無知 故理能主宰而氣不能主宰 氣有爲而理無爲(莫之爲而爲 便是無爲) 故氣能作用而理不能作用 主宰者 循他天而會動會靜 無所安排者也 運用者 出於人爲 而動之靜之 使它機栝者也

요, '作用은 다만 安排·造作·運用일 뿐'이라고 구분하고,[59] 動靜을 理에 소속시키고 作用을 氣에 소속시켰던 것이다. 요컨대 理는 자연스럽게 動靜하는 존재요, 氣는 인위적으로 作用하는 존재라는 것이다. 이렇게 본다면 한주에게 있어서 '理의 無爲'란 '인위적으로 安排하지 않음'을 뜻하고, '理의 能動能靜'이란 '자연스럽게 動靜함'을 뜻하는 것으로, 理는 無爲인 동시에 能動能靜하는 것이다.

한주는 '近世의 학자들'이 動靜과 作用을 구분하지 못함으로써 '理의 無爲'와 '理의 主宰'를 오해했다고 보았다. 한주는 다음과 같이 말한다.

> 지금 理를 논하는 자들은 '無爲'라는 설명을 오해하여 무릇 '動'이나 '發'과 관계된 것은 모두 氣에 소속시키고, '主宰'라는 설명을 오해하여 도리어 '動之(動하게 함)'와 '發之(發하게 함)'를 理에 소속시킨다. 이는 '動者'와 '發者'는 참으로 自然스러운 것으로서 '無爲'가 되기에 하자가 없으며, '動之(動하게 함)'와 '發之(發하게 함)'는 완전히 安排를 거치는 것으로서 바로 '有爲'라는 것을 모르는 것이다. 그 결과 理는 空寂에 빠져 燦然한 用을 볼 수 없으며, 理는 睢盱[60]에 빠져 自然의 妙를 볼 수 없다. 나는 그윽이 이를 病으로 여겨 감히 학설을 세웠으니, "太一이 장차 나뉨에 理가 氣를 낳고, 萬物이 서로 운행할 때엔 理가 氣를 탄다. 무릇 情의 발현은, 發者는 理요, 發之者는 氣이다. '發者'란 무엇인가? '발하는 바의 主體'를 말한다. '發之者'란 무엇인가? '발하는 바의 資具'라는 말이다"[61]

---

59) 『寒洲集』 卷7 頁47~48, 〈答沈穉文 別紙〉: 動靜字 元與作用異 動靜出於自然 而作用只是安排造作運用 果非有爲之迹耶

60) '睢盱(휴우)'는 '눈을 부릅뜨고 봄'을 말한다. '理의 主宰'를 '動하게 하고 靜하게 함(動之靜之)'으로 풀이하면, 理는 '氣를 動靜하도록 부리는(使之) 존재'가 되는바, 이런 맥락에서 理는 '눈을 부릅뜨고 氣를 부리는 존재'가 된다는 말이다.

61) 『寒洲集』 卷7 頁45, 〈答沈穉文 別紙〉: 今之論理者 誤看無爲之說 而凡繫動與發 皆屬之氣 誤看主宰之說 而反以動之與發之者 屬之理 殊不知動者發者 洵是自然 而不害其無爲也 動之發之 全涉安排 而乃所以有爲也 循是以往 則理淪於空寂 而無以見燦然之用 理陷於睢盱 而無以見自然之妙 愚竊病之 敢爲立說曰 太一將分 理生氣 衆萬交運 理乘氣

한주에 의하면 '理의 無爲'란 '動靜하지 않는다'는 뜻이 아니라 '安排함이 없이 自然스럽게 動靜한다'는 뜻이다. 그런데 近世의 학자들은 '理의 無爲'를 오해하여 '理는 動靜하지 않는다'고 보았다는 것이요, 그 결과 理가 空寂에 빠져 燦然한 用을 볼 수 없게 되었다는 것이다. 또 '理의 主宰'란 '理가 動靜의 主體가 된다'는 뜻인데, 近世의 학자들은 '氣로 하여금 動靜하게 한다(動之靜之)'는 뜻으로 오해했고, 그 결과 理가 睢盱에 빠져 自然의 妙를 볼 수 없게 되었다는 것이다.

한주는 근세 학자들의 動靜에 대한 설명을 비판하고, 새로운 관점에서 '理와 氣'를 '動者(發者)와 動之者(發之者)'로 구분했다. '動靜 · 發은 理가 主宰한다'는 관점에서 理를 '動者(發者)'라 했던 것이요, '動靜 · 發은 氣가 뒷받침한다'는 관점에서 氣를 '動之者(發之者)'라 했던 것이다.[62] 여기서 주목할 것은 '動之(發之)'의 의미가 무엇이든 간에, 근세의 학자들은 '動之(發之)'를 理에 소속시켰는데, 한주는 氣에 소속시켰다는 점이다. 한주의 이러한 생각을 이해하려면 먼저 다음과 같은 말을 살펴야 한다. 한주는 『周易』의 "一陰一陽之謂道 繼之者善也 成之者性也"를 풀이하면서 다음과 같이 말한다.

> 이 文段을 풀이하는 近世의 학자들은 '陰之陽之者'를 道로 여기고, 그리하여 '動之靜之者(動하게 하고 靜하게 하는 것)'를 太極으로 여겼으며, 사람의 性 · 情을 논할 때도 또한 '發之者(發하게 하는 것)'를 理로 여겼다. 이는 '主氣의 잘못된 견해'로서, 理를 '作用機巧'에 빠뜨리는 것이다. 대개 一陰一陽과 一動一靜은 모두 太極의 道요, 繼之成之 · 動之靜之 · 貯之發之는 모두 陰陽의 機이다. '之' 字는 作用處에 속한다.[63]

凡情之發 發者理也 發之者氣也 發者何 以其爲所發之主也 發之者何 以其爲所發之資也

62) 다시 말하지만 한주가 말하는 '動之, 發之'는 '動하게 하고, 發하게 한다'는 뜻이 아니다.

63) 『理學綜要』 卷2 頁2~3: 世之釋此段者 以陰之陽之者爲道 因以動之靜之者爲太極 而論

한주는 理를 '動之·靜之·發之'로 해석하면 理가 作用과 機巧에 빠진다고 지적하고, 이를 '主氣의 잘못된 견해'라고 비판했는데,[64] 이는 '理를 事物로 오인한다'는 비판과 궤를 같이 한다. 한주는 '動之·靜之·發之' 등의 '之' 字는 作用處에 속한다고 보았기 때문에 '動之(發之)'를 氣에 소속시켰던 것이다. 그런데 여기서의 作用은 물론 인위적인 '安排·造作·運用'을 뜻하는 것이다. 이처럼 氣의 作用은 '安排·造作·運用'을 포함하기 때문에, 氣가 資具로서 理를 뒷받침함에는 '理를 따르고 도움'과 '理를 거역하고 가림'이 모두 포함되는 것이다. 한주는 다음과 같이 말한다.

> 太極의 妙는 능히 스스로 動靜할 수 있는데, '靜而陰'은 太極의 體가 확립되는 所以요, '動而陽'은 太極의 用이 유행하는 所以니, '動之靜之'는 과연 '陰陽의 運用'이 아니겠는가? '理'라는 이름은 바로 그 發出함에 條理가 있는 데서 얻어진 것인데, 理를 따르거나 거스름, 理를 돕거나 가림은 모두 氣의 作用이 機栝이 되는 데 있으니, '發之者'는 과연 氣가 아니겠는가?[65]

위에 보이듯이 한주는 '理를 따르거나 거스름, 理를 돕거나 가림'을 모

人性情 亦以發之者爲理 此乃主氣之謬見 而陷理於作用機巧者也 蓋一陰一陽一動一靜皆太極之道 而繼之成之 動之靜之 貯之發之 皆陰陽之機也 之字是作用處

64) 여기서 말하는 '主氣의 잘못된 견해'란 '作用하지 않는 理를 作用하는 氣로 오인했다'는 뜻으로, 이는 '嶺南의 근세 유학자들'을 비판하는 말이다. '理의 主宰'를 '使之(動之, 靜之, 發之)'로 해석하여 理를 '作用機巧'에 빠뜨린 것은 '嶺南의 主理派'였기 때문이다. 한주는 '畿湖의 主氣派'에 대해서는 '陰靜陽動을 機自爾로 설명함으로써 理를 死物로 전락시켰다'고 비판했던 것이다. 李相夏는 여기서 말하는 '主氣의 잘못된 견해'라는 말을 '畿湖學派'를 비판하는 말로 풀이했는데(李相夏, 『寒洲 李震相의 主理論 硏究』, 71쪽), 이는 誤解인 것 같다.

65) 『寒洲集』 卷7 頁47~48, 〈答沈穉文 別紙〉: 太極之妙 以其能自會動靜 而靜而陰者 太極之體所以立 動而陽者 太極之用所以行 動之靜之 果非陰陽之運用者乎 理之得名 正以其發出有條理 而順之逆之 助之揜之 皆在於氣之作用爲機栝 發之者 果非氣乎

두 發之者로서의 氣의 作用으로 설명했다. 氣가 理를 따르고 도운 것이 현실의 '善'이며, 理를 거스르고 가린 것이 현실의 '惡'인 것이다.

지금까지 '理는 주재자, 氣는 보조자'라는 한주의 지론을 살펴보았다. 이제는 한주가 말하는 理의 주재란 과연 무엇을 의미하는지 살피기로 하자. 한주는 곳곳에서 理의 主宰를 역설하면서도, 또한 다른 학자들의 主宰에 대한 설명을 누차 비판하면서도, 막상 자신이 말하는 理의 主宰가 구체적으로 무엇을 뜻하는지는 잘 설명하지 않았다. 먼저 한주의 다음과 같은 말을 보자.

> '理의 主宰'는 動·靜 사이에 차이가 없으나 動에서 더욱 잘 볼 수 있는데, '氣를 쳐서 발하게 함(激氣使發)'이나 '사사롭게 스스로 편하게 함(私自占便)'을 말하는 것이 아니다. '氣의 運用'은 항상 造作과 安排에 있으니, '流行發出이 粲然하게 곧게 이루어짐'을 運用이라 하는 것이 아니다.[66]

한주는 '理의 主宰'란 '激氣使發'이나 '私自占便'을 뜻하는 것이 아니라고 했다. '激氣使發'이란 理가 氣를 動하게 하고 發하게 하는 등 '理가 氣를 부림(使之)'을 말한다. 한주는 이에 대해서 '理를 事物로 오인하는 것'이요, '理를 作用과 機巧에 빠뜨리는 것'이라고 비판한 바 있다. 한주가 '使之'라는 해석을 비판한 또 하나의 이유는 '惡이 횡행하는 현실'을 설명할 수 없다는 것이었다.[67] '私自占便'이란 '사사롭게 자기 편한 대로 自用함'을 뜻한다. 한주는 理는 자연스럽게 動靜하는 존재요, 氣는 인위

---

66) 『寒洲集』 卷7 頁37~38, 〈答沈穉文 別紙〉: 理之主宰 無間於動靜 而動上尤可見 非激氣使發 私自占便之謂也 氣之運用 每在造作安排 非以流行發出之粲然直遂者 謂之運用也

67) 『寒洲集』 卷7 頁47, 〈答沈穉文 別紙〉: 天地之化 若果皆動之以理 靜之以理 則決無乖沴灾孼之作矣 人心之感 若果皆發之以理 則決無悖逆凶慝之萌矣 何其千五百年 治日少而亂日多 善人寡而惡人衆乎

적으로 作用(安排 · 造作)하는 존재라고 구분했거니와, 이런 맥락에서 '私自占便' 역시 氣에 속하는 것이다.

한주는 또 '流行發出이 粲然하게 곧게 이루어짐'은 '氣의 運用'이 아니라고 했다. '氣의 運用'은 항상 造作과 安排를 포함하는 것이나, '流行發出이 粲然하게 곧게 이루어짐'은 자연스러운 것이기 때문이다. 한주는 "理라는 이름은 바로 그 發出함에 條理가 있는 데서 얻어진 것"이라 한 바 있다. 이를 염두에 두고 위의 인용문을 살핀다면, '流行發出이 粲然하게 곧게 이루어짐'은 바로 '理의 主宰'를 설명하는 내용인 것이다.[68]

이상에서 살핀 바와 같이, 한주는 理의 주재를 '理가 氣의 動靜의 주체가 됨'으로 해석하고, 理의 주재로 인해 氣의 流行發出이 粲然하게 곧게 이루어질 수 있다고 설명했다. 또한 한주는 理의 주재를 '氣를 부림'으로 해석하는 것을 누차 비판했거니와, 그러면서도 한주 자신도 '理가 氣를 명령한다'는 주장을 곳곳에서 피력한 바 있다. 이에 대해서는 뒤에서 다시 논하기로 하자.

4. 心卽理說과 理發一路說

1) 心卽理說

한주의 성리설 가운데 가장 논란을 일으킨 것은 바로 '心卽理'라는 명제였다. 性理學에서는 '性卽理'를 철칙으로 삼고 陸 · 王의 '心卽理'를 비

---

68) 주자는 '理의 주재'를 '理가 氣의 운동의 標準이 됨'으로 설명했는데(이에 대한 자세한 논의는 拙著, 『畿湖性理學 論考』, 심산, 2005, 134~142쪽 참조), '流行發出이 粲然하게 곧게 이루어짐'은 이와 궤를 같이 하는 것이다.

판해 왔다. 그런데 한주가 다시 '心卽理'를 제창하니, 한주의 본의가 무엇이든 간에 파문이 클 수밖에 없었다.

退溪의 後學들은 대개 心을 '理·氣의 결합'으로 규정하면서, 한편으로는 陸·王의 心卽理說을 비판하고, 한편으로는 畿湖의 心卽氣說을 비판해 왔다. 한주는 특히 畿湖의 心卽氣說을 비판하고자 心卽理說을 제창한 것인데, 이는 종래의 心合理氣說을 극단화시킨 것이다. 한주의 입장은 心은 '合理氣'로서, 心의 外面은 氣이고, 心의 眞體는 理라는 것이다. 한주는 이것을 '和氏之璧(卞和가 楚의 厲王에게 바친 玉)'에 비유하여, 다음과 같이 말한다.

> 무릇 玉은 天下의 至寶이다. 그런데 세상에는 돌을 玉으로 인식하는 사람들이 있다. 荊山의 玉은 돌 가운데 간직되어 있었는데, 오직 卞和만이 그것이 玉임을 알고, 가져다 王에게 바쳤던 것이다. 王이 玉工을 불러 보여주자, 玉工은 그것이 '돌'이라고 말했다. 이것은 그 '외면의 돌'만 보고 그 '가운데의 玉'을 알지 못한 것이다. 玉·石의 구별을 조금 아는 朝廷 사람들도 모두 '돌'이라 했다. 그런데 오직 예전의 '돌을 玉으로 인식하는 사람들'만이 "이것은 玉이다"라고 말하니, 이것이 어찌 참으로 玉을 아는 것이겠는가? 그들이 '玉'이라고 말한 것은 다른 사람들이 '돌'이라 말한 것과 차이가 없다. 이로 말미암아 보건대, '儒賢들이 心을 氣로 여기는 것'은 '玉工이 돌이라 말한 것'에 해당되고, '세상의 학자들이 그 말에 쏠려 따르는 것'은 '朝廷 사람들이 모두 돌이라 한 것'에 해당되며, '禪家가 心을 理로 여기는 것'은 '돌을 玉으로 아는 자가 玉이라 말한 것'에 해당된다. 따라서 사실 이제까지 '心을 理로 여긴 경우'나 '心을 氣로 여긴 경우'나, 氣만 보고 理를 보지 못했음에 있어서는 동일하다.[69]

69) 『寒洲集』 卷32 頁1, 〈心卽理說〉: 夫玉 天下之至寶 而世有認石而爲玉者 荊山之玉 蘊於石中 惟卞和知其爲玉 抱而獻於王 王召玉工示之 曰石也 此見其外之石 而不知其中之玉

‘和氏之璧’은 ‘돌’ 속에 ‘옥’이 들어 있었던 것, 즉 겉은 돌이나 속은 옥이었던 것이다. 이와 마찬가지로 한주는 心은 겉은 氣이나 속은 理라고 보았다. 즉 ‘心의 眞體는 理’라는 것이 한주의 지론이었다. 한주에 의하면 ‘玉工’은 和氏之璧의 ‘겉의 돌’만 보고 그 ‘속의 玉’을 알지 못하여 ‘돌’이라 했는데, 마찬가지로 ‘근세의 儒賢’은 ‘겉의 氣’만을 보고 그 ‘속의 理’를 알지 못하여 心을 氣라 하는 것이다. 위의 인용문에서는 ‘禪學과 陸·王의 心卽理’에 대해서도 비판했다. 이들은 ‘겉의 돌을 옥으로 간주하는 것(認石爲玉, 認氣爲理)’이니 용납할 수 없다는 것이다.[70] 요컨대 한주는 자신의 心卽理說을 통해 陸·王의 心卽理說과 畿湖의 心卽氣說을 동시에 비판하는 것이다. 한주는 기존의 心卽理說에 대해 구체적으로 다음과 같이 비판한다.

> 진실로 마땅히 吾心의 合理氣處에서, 理를 확충하고 氣를 제어한 다음에야 ‘眞心의 天理에 순수함(眞心之純乎天理者)’을 볼 수 있다. 진실로 ‘聖人之心의 渾然한 天理’에 이르지 못했다면 ‘心卽理’ 세 글자는 성급히 말할 수 없다. 돌 가운데 간직된 것은 진실로 眞玉이며, 氣 가운데의 理는 진실로 眞心이다. 그런데 한갓 그 ‘가운데’만 믿고 그 外面을 근심하지 않아서, 그 氣稟의 拘碍를 아울러 理라 말하고 딱딱한 돌덩어리로 가려진 것을 玉이라 말한다면, 누가 그 말을 믿겠는가? 그러므로 나는 “心을 논하는 것은 ‘心卽理’보다 더 훌륭한 것이 없으나, 또한 ‘心卽理’보다 더 밝히기

者也 在朝之人 稍知玉石之別者 亦皆以爲石 而獨向之認石爲玉者 曰此玉也 此豈眞知玉者哉 其謂之玉者 卽與謂之石者 無以異也 由是觀之 儒賢之以心爲氣 玉工之謂之石也 而世學之靡然從之者 卽在朝之人 皆以爲石者也 禪家之以心爲理 卽認石爲玉者之謂之玉者也 其實 則以心爲理 與以心爲氣 其爲見氣而不見理 則一也

70) 『寒洲集』 卷32 頁3, 〈心卽理說〉: 若夫禪家之說 則認氣爲理 而謂心卽理 彼所謂理者 卽吾之所謂氣也 象山以陰陽爲道 以精神爲心 朱子譏之曰 象山之學 只在不知有氣稟之雜 把許多麤惡底氣 都做心之妙理 率意妄行 便謂無非之理 又曰 釋氏棄了道心 却取人心之危者而作用之 然則象山之所謂心者 氣而已 而所謂理者 非眞理也

어려운 것이 없다"고 말하는 것이다.[71]

한주의 생각은 '心合理氣'를 전제로 '속의 理'와 '겉의 氣'를 잘 분간한 다음에야 '올바른 心卽理說'을 정립할 수 있다는 것이다. 이것이 한주가 心卽理를 제창하면서도 '禪學과 陸王學의 心卽理'를 비판한 이유였다. 한주는 기존의 心卽氣說에 대해서는 다음과 같이 비판한다.

> 사람의 한 마음은 갖춘 바가 매우 넓으니, 本體가 있고 形體가 있으며, 妙用이 있고 客用이 있다. 仁義禮智가 純粹하여 至善한 것은 心의 本體요, 밖은 둥글고 안에는 구멍이 뚫려 虛明하여 正通한 것은 心의 形體이다. 四端과 七情이 사물에 감응하여 번갈아 운용하는 것은 心의 妙用이요, 한가하고 잡된 생각이 人欲을 따라서 뜨겁게 들끓는 것은 心의 客用이다. 저 本體가 없으면 心은 다만 하나의 고깃덩어리여서 귀한 것이 못되고, 저 形體가 없으면 心은 바람이나 그림자와 같아서 머무를 곳이 없다. 오직 妙用이 있기 때문에 事功이 생기고 人道가 닦이며, 客用이 없을 수 없기에 聖·狂이 나뉘고 人·獸가 갈린다. 妙用은 本體에 근원하여 性·情의 이름이 생기고, 客用은 形體에 근원하여 氣質의 폐단이 생긴다. 그러므로 옛날의 君子는 敬과 義로 氣質의 치우침을 바로잡아 情·性의 바름으로 돌이켰던 것이다. 이는 그 體·用 사이에 저절로 正·邪의 구별이 있는 것이니, 그러므로 形體의 心을 君子는 心이라 하지 않았던 것이요, 반드시 그 客用을 막고 끊은 다음에 그쳤던 것이다. 무릇 그 本體는 性이니, 性은 天理의 總腦가 되며, 妙用은 情이니, 情은 天理가 곧게 완수된 것이다. 理가 靜할 때엔 氣의 陰을 타고, 理가 動할 때엔 氣의 陽을

---

71) 『寒洲集』 卷32 頁5, 〈心卽理說〉: 固當於吾心合理氣處 擴其理而制其氣 然後眞心之純乎天理者 可得以見之矣 苟不到聖人之心渾然天理處 則心卽理三字 未可以遽言之也 石中之蘊 固眞玉也 氣中之理 固眞心也 苟徒恃其中而不恤其外 幷其氣稟之拘者而謂之理 頑礦之蔽者而謂之玉 人孰信之哉 吾故曰 論心莫善於心卽理 而亦莫難明於心卽理

> 탄다. 氣는 心의 機요, 心은 氣의 宰로서, 帥·卒처럼 나뉘고 本·末처럼 구별된다. 따라서 心을 主氣로 말할 수 없음이 분명하다.[72]

心은 본래 '理와 氣의 결합'이라는 것이 한주의 기본 전제였다. 그런데 한주는 理는 '心의 本體'로서 '妙用'으로 발휘되고, 氣는 '心의 形體'로서 '客用'으로 발휘된다고 구분하고, 이를 마침내 '正·邪'의 구분으로 연결시켰다. 이처럼 心의 '理와 氣'를 '正과 邪'로 구분한다면, 心卽氣說은 더 이상 옹호할 여지가 없게 된다.

한주가 心卽氣說을 배격한 구체적인 이유는 두 가지였다. 하나는 心을 氣로 규정하면, 氣가 大本이 된다는 것이다. 맹자는 "仁義禮智는 心에 뿌리박고 있다"고 한 바 있다. 그런데 근세 학자들의 주장처럼 '心은 氣요, 性은 心에 뿌리박고 있다'고 한다면, 氣가 大本으로서 理의 근본이 된다는 것이다.[73] 한주는 다음과 같이 말한다.

> 心을 專言하면 體·用을 겸하고 動·靜을 관통하여, 性과 간격이 있다. 그러나 心의 本體를 말하면 性 밖에 心이 없으니, 애초에 心과 性이 대립하여 두 근본이 되는 것이 아니다. 저 方寸의 집을 겸해서 가리키면 形도 있고 氣도 있어서 오로지 理인 것이 아니나, 心의 主宰를 말하면 心은 곧

72) 『理學綜要』 卷8 頁35~36: 人之一心 所該甚廣 有本體焉 有形體焉 有妙用焉 有客用焉 仁義禮智純粹而至善者 心之本體也 圓外竅中虛明而正通者 心之形體也 四端七情感物而迭用者 心之妙用也 閑思雜慮循人欲而熾蕩者 心之客用也 無這本體 則心是那一塊 而不足貴也 無這形體 則心同於風影 而靡所泊也 惟其有妙用 故事功興而人道修焉 不能無客用 故聖狂分而人獸判焉 妙用原於本體 而性情之名立 客用起於形體 而氣質之弊生 古之君子 所以主敬明義 矯揉其氣質之偏 而反之於情性之正者也 是其體用之間 自有正邪之別 故形體之心 君子不謂之心 而其客用 則必遏絶而後止 夫其本體 性也 性爲天理之總腦 妙用 情也 情爲天理之直遂 理之靜而乘氣之陰 理之動而乘氣之陽 則氣者心之機也 心者 氣之宰也 有帥卒之分焉 有本末之別焉 則心不可以主氣言 明矣

73) 『理學綜要』 卷6 頁15: 世學 以心爲氣 而看作性著根於心地 如是則氣爲大本 而爲理之所本 豈孟子之旨哉

理이다. 그러므로 程子는 '盡心知性'의 뜻을 풀이하면서 단연코 '心性一理'로 밝혔던 것이다. 지금 心・性을 둘로 가르고, 心을 가리켜 氣라고 하는 자들은 '二本의 嫌疑'가 없겠는가?[74]

위의 인용문에서는 '二本의 혐의'를 문제 삼았다. 心・性을 理와 氣로 나누고, 理를 大本이라고 하면서 또 氣를 理의 근본으로 삼으면, 이는 '二本의 혐의'를 면할 수 없다는 것이다. 위에서는 "心의 本體를 말하면 性 밖에 心이 없다"고 했거니와, 한주는 기존의 '性卽理'와 '心性一理'를 종합하여 心卽理를 주창한 것이다. 위에서는 "心의 主宰를 말하면 心은 곧 理이다"라고도 했거니와, 한주가 心卽理를 주장하는 또 하나의 이유는 氣를 '主宰者'로 규정할 수 없다는 것이었다. 성리학에서는 心을 '一身의 主宰者'로 규정한다. 그런데 心을 氣라고 하면, '天理가 形氣의 명령을 따르게 된다'는 것이다.[75] 성리학에서는 心을 '性・情의 주재자'로도 규정한다(心統性情). 그런데 心을 氣라고 규정하면, '氣가 性을 통섭하게 된다'는 것이다.[76] 요컨대 '一身의 주재자'요 또한 '性・情의 주재자'인 '心'을 결코 '氣'로 규정할 수 없다는 것이 한주의 근본 입장이었다. 그렇다면 한주는 '心統性情'을 어떻게 해석하고 있는지 살피기로 하자.

2) 心統性情에 대한 해석

---

74) 『理學綜要』 卷6 頁17: 專言心 則兼體用貫動靜 與性有間 而言心之本體 則性外無心 初非心與性對爲二本也 兼指那方寸之舍 則有形有氣 不專是理 而言心之主宰 則心卽是理 故程子釋盡心知性之義 而斷然以心性一理者明之 今之判心性爲二 而指心爲氣者 得無二本之嫌乎

75) 『寒洲集』 卷32 頁4, 〈心卽理說〉: 夫謂心卽氣者之所以爲不善 何也 心爲一身之主宰 而以主宰屬之氣 則天理聽命於形氣 而許多麤惡 盤據於靈臺矣

76) 『理學綜要』 卷7 頁7: 今爲性理心氣之說 則將氣統性 便是將陰陽而統太極也 以卒徒而統將帥也 逆理淩節 其此之甚矣

'心이 性·情을 統攝한다(心統性情)'는 것은 성리학의 핵심 명제로서, 여기서의 '統'은 보통 '包含'과 '主宰'의 두 뜻을 겸하는 것으로 설명되어 왔다. 요컨대 心은 性·情을 담고 있으면서 性·情을 주재한다는 것이다. 한주가 '心卽氣'를 배척하고 '心卽理'를 주창한 핵심 이유는 '性·情의 주재자'인 心을 氣로 규정하면 '氣가 理를 주재한다'는 논리가 된다는 것이었다. 그런데 心을 理로 규정하면 이제는 '理가 理를 주재한다'는 논리가 되어, 역시 납득하기가 쉽지 않다. 한주는 이 문제를 理一分殊論으로 해명한다. 한주에 의하면 心은 理一이요, 性은 分殊로서, '心이 性·情을 통섭한다'는 것은 '理一이 分殊를 통섭한다'는 뜻이다. 한주는 '統'을 '兼包(包含)'와 '管攝(主宰)'의 두 뜻으로 설명하면서 다음과 같이 말한다.

> 대개 體·用으로 말하면 心의 本體는 곧 性이요, 心의 妙用은 곧 情이니, 性·情 외에 다시 별도의 心이 없다. 이것은 '統'을 '兼包'로 풀이한 것이다. 主宰로 말하면, 心이 主宰者가 되는 까닭은 知가 있기 때문이다. 知는 性·情의 德을 妙用할 수 있으니, 仁으로 愛하고, 禮로 讓하며, 義로 宜하고, 智로 別한다. 心이 主宰者가 있는 까닭은 敬이다. 敬은 動靜을 관통하고, 또 능히 性을 보존하고 情을 검속하니, 이는 '統'을 '主宰'로 풀이한 것이다. 그러나 知는 智의 德이 專一한 것으로서 心의 名이요, 敬은 禮의 德이 專一한 것으로서 心의 目이다. 智·禮는 性이요, 知·敬은 情으로서, 혹은 本體로서 그 발하는 바를 저울질하는 것이요, 혹은 妙用으로서 그 행하는 바를 주재하는 것이다. 대개 心은 主宰가 항상 일정한 것으로서 理一이요, 性은 發出이 다른 것으로서 分殊이다. 兼包의 실상이 있기 때문에 主宰의 묘용이 있는 것이다. 理는 하나일 뿐이니, 어찌 '두 모양의 理가 있다'고 의심하겠는가?77)

77) 『理學綜要』 卷7 頁7: 盖以體用言 則心之本體卽性也 心之妙用卽情也 性情之外 更別無心 此所以訓統爲兼也 以主宰言 則心之所以爲主宰者 以其有知也 知能妙性情之德 以仁

한주는 '統'을 '兼包'와 '主宰'의 두 뜻으로 풀이하면서도, "兼包의 실상이 있기 때문에 主宰의 묘용이 있는 것"이라 하여, 양자는 본래 하나의 사실이라고 설명했다. 이러한 설명은 종래의 설명과 궤를 같이 하는 것이다. 한주는 또 주재자인 心은 '理一'이요, 주재를 받는 性은 '分殊'라고 설명했거니와, 따라서 '心統性'이란 '理一이 分殊를 통섭함'이라는 것이다. 그런데 위의 인용문에는 다음과 같은 문제점들이 있다. 첫째는 心과 性의 관계를 설명하는 방식이다. 위에서는 '心의 本體는 곧 性'이라 하고, 또 동시에 '心은 理一, 性은 分殊'라 했다. '心의 本體는 性'이요, '性은 分殊'라면, 分殊가 心의 本體가 되는 것인가? 둘째는 '知(妙用)의 주체' 문제이다. 위에서는 "知는 性·情의 德을 妙用할 수 있으니, 仁으로 愛하고, 禮로 讓하며, 義로 宜하고, 智로 別한다"고 했다. 이러한 설명 역시 종래의 설명과 궤를 같이 하는 것이다. 문제는 '仁으로 愛하고 禮로 讓하는' 知(知覺, 妙用)의 주체가 무엇이냐 하는 점이다. '心卽理'라고 한다면 이 지각의 주체는 理(理一)일 수밖에 없는 것이다. 셋째는 '理가 지각의 주체일 수 있는가?' 하는 것과 별개로, 한주의 체계에서는 心統性情의 모든 것이 다 理로 설명되고, 氣는 존재의 의의가 없게 되는 것이다.[78] 넷째는 心統性情의 모든 것이 다 理로 설명된다면, 心의 主宰와 관련해서 '敬이 왜 필요한가?' 하는 문제이다. 한주는 '理는 純善하다'고 했는데, '순선한 理(理一)가 仁으로 愛하고 禮로 讓하는 과정'에 추가적으로 敬이 요청되는 까닭이 무엇인가? 心의 주재와 관련해서 '敬'

愛 以禮讓 以義宜 以智別 心之所以有主宰者 敬也 敬貫動靜 又能存性而檢情 此所以訓統爲主也 然知是智之德專一 心之名 敬是禮之德專一 心之目 智禮是性 知敬是情 或以本體而權度其所發 或以妙用而宰制其所行 盖心是主宰常定底 理之一者也 性是發出不同底 分之殊者也 以其有兼包之實 故所以有主宰之妙 理一而已 豈有兩樣理之疑乎

78) 한주는 〈主宰圖說〉(『寒洲集』 卷34 頁1~3)에서 '理(心)의 主宰'에 '所以然·所能然·所當然·自然·必然'의 뜻을 모두 포괄시킨 바 있다.

을 요청하는 것은 心이 본래 사사로운 安排와 造作을 하는 '氣'이기 때문일 것이다. 한주는 다음과 같이 말하기도 한다.

> 心의 主宰는 진실로 理요, 心의 理는 진실로 性이다. 그러나 性은 主宰로 말할 수 없다. 대개 性이란 五行의 各一之理요, 主宰者는 太極의 本體之妙이다. 太極은 流行하면서 性命의 理를 妙用하고, 人心은 寂感하면서 性情의 德을 妙用한다. 心은 사람의 太極이다. 그 體는 性인데 性은 본래 無爲하고, 그 用은 情인데 情은 곧게 완수된다. 그 主宰의 妙를 말하자면 仁으로 사랑하고 義로 미워하며 禮로 사양하고 智로 아는 것인데, 仁·義·禮·智는 性이고, 愛·惡·讓·知는 情이며, 그 주체(以之者)는 心이다. 性은 未發의 理요, 情은 已發의 理이며, 心은 動·靜을 貫通하여 性·情의 理를 管攝하는 것이다. 性이 발해서 情이 되니, 진실로 하나의 실체에 두 이름을 붙인 것이다. 따라서 性도 일종의 理요, 情도 일종의 理라고 의심해서는 안 된다. 心이 性·情을 妙用함에 있어서는 '두 모양의 理가 있다'는 의심을 면할 수 없다. '妙之者(妙用의 주체)'는 과연 어떠한 理이며, '所妙者(妙用되는 대상)'는 과연 어떠한 理인가? 무릇 妙之者는 理一이요, 所妙者는 分殊이다. 分殊는 理一밖에 있는 것이 아니다. 理의 所在가 專一하면 저절로 事物을 妙用하는 神이 있게 되어, 빠르게 하지 않아도 빠르고, 가지 않아도 이른다. 그 分殊란 다만 妙有의 一體요, 妙應의 一端이다. 理一은 體·用에 두루 통하나, 分殊에 있어서는 體는 다만 體요 用은 다만 用인 것이다. 그러므로 '主宰의 妙'란 '一理로 衆理를 妙用하는 것'이다. '理로 理를 妙用함'이란 곧 '心으로 心을 부리는 것(以心使心)'이다. 心은 主宰의 理가 되고, 性은 發出의 理가 되나, 理는 하나일 뿐이니, 이것은 渾然으로 말한 것이요, 저것은 粲然으로 말한 것이다.[79]

---

79) 『理學綜要』 卷6 頁20~21: 心之主宰 固是理 心之理 固是性 而性不可以主宰言 盖性者 五行各一之理 而主宰者 太極本體之妙也 太極流行而妙性命之理 人心寂感而妙性情之德 心者 人之太極也 其體則性 而性本無爲 其用則情 而情乃直遂 若其主宰之妙 則以仁愛

위의 인용문에서도 역시 心을 理一로, 性을 分殊로 규정하고, '心의 주재'란 '一理이 衆理를 妙用하는 것'이라고 설명했다. 또 한주는 '心의 妙用'을 '太極의 流行'에 견주어, 太極이 流行하면서 性命의 理를 妙用하듯이 人心은 寂感하면서 性·情의 德을 妙用한다고 설명했다. '人心이 寂感하면서 性·情의 德을 妙用한다'는 것에 대해서는 모든 성리학자들이 동의할 것이다. 문제는 心을 理(理一)로 규정함에 있다. 心이 理라면, '理가 과연 妙用할 수 있는가?' 하는 것이 문제인 것이다. 이에 대해 한주는 "理의 所在가 專一하면 저절로 事物을 妙用하는 神이 있게 된다"고 하여, 理에는 신비한 妙用의 능력이 있다고 주장했다. 그러나 이러한 설명에도 많은 의문이 따른다. 첫째, 한주는 理主氣資를 주장하고, '理가 발할 때 氣가 돕는 것'이라 했다. 理에 妙用의 능력이 있다면, 氣의 도움이 필요한 까닭은 무엇인가? 둘째, 心統性情이란 결국 '理가 理를 妙用하는 것'이라면, 도대체 惡은 왜 생기는 것인가? 또 많은 학자들은 '敬으로 心을 다스린다'고 하는데, 도대체 敬으로 心을 다스릴 이유가 무엇인가?

또한 위의 인용문에서는 '理(理一)로 理(分殊)를 妙用함'이란 곧 '心으로 心을 부리는 것'(以心使心)이라고 설명했다. '以心使心'은 본래 程子의 말이거니와, 이에 대해 한주는 다음과 같이 설명한 바 있다.

以義惡 以禮讓 以智知 仁義禮智 性也 愛惡讓知 情也 以之者 心也 性者 未發之理也 情者 已發之理也 心者 貫通動靜 管攝性情之理也 性發爲情 固是一實而兩名 則非可以性是一種理 情是一種理疑之 而乃若此心之妙性情 則未免有兩樣理之疑 妙之者 果何理 所妙者 果何理 夫妙之者 理之一者也 所妙者 分之殊者也 分殊非有外於理一 而理之所在專一 則自然有妙物之神 不疾而速 不行而至 其分之殊 只是妙有之一體 妙應之一端 理一則體用旁通 而分殊則體只是體 用只是用 故主宰之妙 以一理而妙衆理 以理而妙理者 卽其以心而使心也 以心則爲主宰之理 以性則爲發出之理 理則一而已 此以渾然者言也 彼以粲然者言也

> 程子의 '以心使心'이란 '마음이 스스로 主宰함'을 말한다. 未發時에는 肅然하게 敬을 보존하여 知覺이 어둡지 않게 함으로써 그 本體를 기르는 것이요, 已發時에도 또한 敬을 보존하여 知覺이 어긋나지 않게 함으로써 그 妙用을 살펴서 善念을 확충하고 私意를 물리치는 것이니, 道心이 主가 되고 人心이 명령을 듣는 것이다.[80]

한주의 위와 같은 설명은 '以心使心'을 설명하는 것으로서는 지당하다고 하겠다.[81] 그런데 이러한 설명을 그의 心統性情論과 연결시키면 다음과 같은 의문이 제기된다. 첫째, 위의 인용문에서는 '以心使心'을 '善念을 확충하고 私意를 물리치는 것'으로 설명했다. 한주의 말대로 '心統性情'은 '理로 理를 妙用함'이라고 한다면, 도대체 '私意'는 어디에서 생기는 것인가? 둘째, 위에서는 '以心使心'을 '道心이 主가 되고 人心이 명령을 듣는 것'으로도 설명했다. 한주의 말대로 '心統性情'은 곧 '以心使心'으로서 '道心으로 人心을 부리는 것'이라고 한다면, '心'은 '性命에서 근원한 道心'이요, '性'은 '形氣에서 생긴 人心'이라는 것인가?

이상에서 한주의 心卽理說과 心統性情論을 살폈거니와, 心을 理로 규정하면 '心統性情'을 제대로 해명하기가 매우 곤란한 것이었다. 이제는 한주의 四端七情論을 살피기로 하자.

3) 理發一路說과 理發氣發說

80) 『寒洲集』 卷17 頁29, 〈答金致受問目(戊寅)〉: 程子之言以心使心 是說自作主宰 未發而肅然存敬 知覺不昧 以養其本體 已發而亦此敬 知覺不差 以察其妙用 擴其善念 而絀其私意 道心爲主 人心聽命

81) 性理學에서 논의되는 '以心使心'은 두 맥락이 있다. 하나는 '程子의 以心使心'이요, 다른 하나는 '佛教의 以心使心'이다. 朱子는 〈觀心說〉(『朱子大全』 卷67)에서 兩者의 차이를 자세히 설명한 바 있고, 한주 역시 〈答金致受問目(戊寅)〉에서 양자의 차이를 논했다(이에 대한 자세한 논의는 이형성, 『寒洲 李震相의 哲學思想』, 심산, 2006, 258~261쪽 참조).

한주는 모든 情을 '理發一路'로 규정함과 동시에, 다시 '理發과 氣發'로 구분한다. 요컨대 四端이나 七情이나 모두 性이 발한 것이라는 점에서 '理發一路'라는 것이요, 그런데 理에서 유래한 것도 있고 氣에서 유래한 것도 있으므로 '理發과 氣發'로 구분된다는 것이다. 이러한 설명도 이해하기가 쉽지 않거니와, 이제 그 자세한 내용을 살피기로 하자.

한주의 理發一路說은 理主氣資說에 토대를 둔 것이다. 한주는 다음과 같이 말한다.

> 사람의 한 마음은 진실로 理·氣를 겸하는데, 理는 '發의 主宰者(所發之主)'요, 氣는 '發의 資具(所發之資)'이다. 性·情의 交際는 바로 太極이 動靜하는 妙인데, '太極의 動'을 '氣動'이라고 말할 수는 없다. 喜怒哀樂은 情인데, 性에서 발하지 않았으면 情이라고 말하지 않는 것이다. 性은 理이니, 性이 발한 것을 '氣發'이라고 하면 大本이 어긋난다.[82]

> 四端·七情의 실상은 모두 理發이라면, 理는 과연 氣 없이 스스로 발하는 것인가? 理·氣는 원래 서로 떠날 수 없으니, 비록 '理'라 해도 理는 실제로는 氣를 타고 발한다. 다만 理는 本이 되고 氣는 末이 되며, 理는 主가 되고 氣는 資가 되니, 그러므로 섞어서 '氣發'이라고 말할 수 없다.[83]

한주는 '마음은 理·氣를 겸하고 있다'는 점과 '理·氣는 원래 서로 떠날 수 없다'는 점에서 四端·七情이 모두 理·氣가 함께 발한 것이라고

---

82) 『寒洲集』 卷32 頁8, 〈達道說〉: 人之一心 固兼理氣 而理者所發之主 氣者 所發之資也 性情交際 乃太極動靜之妙 則太極之動 不可謂之氣動也 喜怒哀樂 情也 不自性發 不名爲情 性則理也 性發而謂之氣發 大本差矣

83) 『寒洲集』 卷32 頁21, 〈四七原委說〉: 四七之實皆理發 則理果無氣而自發乎 曰 理氣元不相離 雖曰理發 理實乘氣而發 特以理爲本而氣爲末 理爲主而氣爲資 故不可混謂之氣發也

설명했다. 그런데 '發의 주재자'는 理요, 氣는 다만 '發의 資具'일 뿐이니, 따라서 그것은 당연히 '理發'이라고 해야 한다는 것이다. 한주는 또 다음과 같이 말한다.

> 대개 理란 仁義禮智가 粲然하여 條理가 있음을 말하니, 이 마음이 발하는 바의 主宰者이다. 氣란 木火金水가 浩然하여 끝이 없음을 말하니, 이 마음이 발하는 바의 資具이다. 먼저 '發者'로서의 주재자가 있어야 바야흐로 '發之者'로서의 資具가 있는 것이다.…… 무릇 所以發者는 理의 體인데 理는 반드시 氣를 기다려서 體가 되고, 所能發者는 理의 用인데 理는 반드시 氣를 기다려서 用이 된다. 원래 각자 體 · 用이 있어서 對立하여 雙行하는 것이 아니요, 또한 각자 體 · 用을 점유해서 이것은 靜하고 저것은 動하는 것도 아니다.[84]

위의 인용문에서는 '發의 주재자는 理, 發의 資具는 氣'라는 것을 '發者는 理, 發之者는 氣'라는 말로 표현했다. 위에서 주목할 것은 '所以發者와 所能發者'를 '理의 體 · 用'으로 규정하고, 氣는 理의 體 · 用을 보조하는 존재로 설명했다는 점이다. 理主氣資論은 理體氣用論으로 풀이될 수도 있다. 그런데 한주는 理體氣用論을 배격하고, '體에 있어서도 理 · 氣가 함께 하고, 用에 있어서도 理 · 氣가 함께 한다'고 주장한 것이다. 한편 '각자 體 · 用이 있어서 對立하여 雙行한다'는 것은 '理와 氣가 각각 발한다'는 주장이며, '각자 體 · 用을 점유해서 이것은 靜하고 저것은 動한다'는 것은 '理는 所發(발현되는 내용), 氣는 能發(발현하는 주

---

84) 『寒洲集』 卷33 頁26~27, 〈四七辨後說〉: 蓋理者 仁義禮智粲然有條之名 此心所發之主也 氣者 木火金水浩然不窮之名 此心所發之資也 先有發者之主 而方有此發之之資 發之於所發 以其貯之於未發也 夫所以發者 理之體 理必須氣而爲體 所能發者 理之用 理必待氣而爲用 元非各有體用 對立雙行也 亦非各占體用 此靜彼動也

체)'이라는 주장이다. 한주는 '發者는 理, 發之者는 氣'라는 입장에서 이 두 주장을 모두 배격했다.

한주는 이처럼 모든 情을 '理發一路'로 규정하면서도, 다시 情을 '理發과 氣發'로 구분한다. 한주는 다음과 같이 말한다.

> 이미 발한 다음에 橫看하여 그 所從來의 苗脈을 변별하면, 氣가 主가 된 것은 氣發이라 하고, 理가 主가 된 것을 理發이라 한다. 그런데 氣發에도 원래 타고 있는 理가 있고, 理發에도 원래 따르고 있는 氣가 있다. 발하는 곳에서 竪看하여 그 所由生의 根本을 가리키면, 情이 비록 萬이나 모두 이 理가 발한 것이다. 理는 氣를 타고, 氣는 理를 따라서, 처음도 一理요 끝도 一理인 것이다.85)

> 竪看하여 말하면, 太一이 장차 나뉨에 理가 氣를 낳고, 만물이 서로 운행함에 理가 氣를 타니, 主宰는 理에 있고 作用은 氣에 있다. 무릇 情의 발현은, 發者는 理요, 發之者는 氣이다. 橫看하여 말하면, 性·情의 妙는 心에 통합되어 있는바, 心이 知覺하는 바가 같지 않기에, 그 발현 또한 혹은 理를 따르고 혹은 氣를 따라서, 理發과 氣發의 구분이 있게 된다. 결국 '互發'이라고 설명했던 것은 사실 '각각 발한다(各發)'는 것이 아니요, 다만 그 發處를 보고 立論한 것이다. 그 發하는 端緖는 다만 '性發爲情' 一路일 뿐이니, 어찌 氣를 섞어서 말할 수 있겠는가?86)

---

85) 『求志錄』 卷12, 〈近思錄箚義〉(『寒洲全書』 四, 457쪽): 橫看於旣發之後 而辨其所從來之苗脈 則氣爲重者 謂之氣發 理爲主者 謂之理發 而氣發者 元有所乘之理 理發者 元有所隨(乘故自隨)之氣也 竪看於所發之處 而指其所由生之根本 則情雖萬般 而皆是此理之發 理乘氣 氣隨理 而始一理 終一理也

86) 『寒洲集』 卷33 頁26, 〈四七辨後說〉: 其竪說曰 太一將分 理生氣 衆萬交運 理乘氣 主宰在理 作用在氣 凡情之發 發者理 發之者氣也 其橫說曰 性情之妙 統會於心 心之所覺不同 其發或從理或從氣 所以有理發氣發之分言也 其究說則曰 互發者 實未嘗各發 只見其發處而立論 若其纔發之端 則性發爲情一路而已 烏可以雜氣說乎

한주에 의하면 발하는 곳에서 竪看하면 모든 情이 理發일 뿐이나, 발한 다음에 橫看하면 다시 理發과 氣發로 구분된다는 것이다. '모든 情이 理發'이라는 것은 四端·七情이 모두 '하나의 本性'에서 발했다는 뜻이다. 그런데 性이 발하는 과정에서는 다시 理가 主가 될 수도 있고 氣가 主가 될 수도 있으므로, '理發과 氣發'이 나뉜다는 것이다. 한주는 이것을 '所由生'과 '所從來'로 구분하여 설명했다. 모든 情의 所由生은 性이나, 所從來는 理와 氣로 구분된다는 것이다. 위의 첫째 인용문에서는 '氣發에도 理가 있고, 理發에도 氣가 있다'고 했거니와, 이는 理主氣資라는 관점에서 '理·氣의 不相離'를 강조한 것이다. 한주는 理主氣資論을 體와 用에 모두 적용시켜, 體에 있어서도 理主氣資요 用에 있어서도 理主氣資라고 풀이했다. 이렇게 풀이한다면 理와 氣가 각각 발한다는 논리는 성립할 수 없거니와, 그리하여 한주는 互發을 인정하면서도 各發을 부정했던 것이다. 요컨대 한주가 橫看의 관점에서 말하는 理發과 氣發은 所從來에 따라 主理와 主氣를 구분한 것일 뿐이다.

한주는 橫看의 관점에서 理發과 氣發을 구분했으나, '理發과 氣發'을 각각 '四端과 七情'으로 구분하지는 않는다. 요컨대 四端은 理發이지만, 七情에는 理發도 있고 氣發도 있다는 것이다. 한주는 七情을 단순히 氣發로 규정할 수 없는 까닭을 다음과 같이 설명한다.

> 지금 七情을 논하는 사람들은 七情을 통틀어 氣發로 간주한다. 그런데 여기서 말하는 '喜怒哀樂의 中節한 것'은 子思가 天命之性과 率性之道를 따라서 理一邊을 말한 것이다. 대개 未發의 中은 理의 體요, 已發의 和는 理의 用이다. 만약 氣를 겸해서 大本을 말한다면, 氣에는 偏全淸濁으로 인한 昏昧雜擾가 있어서 '中'이 될 수 없고, 만약 氣를 겸해서 達道를 말한다면, 氣에는 聚散消息으로 인한 推盪拗轉이 있어서 '和'가 될 수 없다.

이에 근거한다면 七情 가운데 中節하게 발한 것은 理가 主가 된 것이 분명하다. 淸明한 氣는 다만 理를 따라서 그 發揮를 도운 것일 뿐이다.[87]

대개 七情에는 道理를 따라서 발한 것이 있으니, 이것이 퇴계의 『聖學十圖』〈第6心統性情圖〉 中圖에서 말한 七情이다. 形氣를 따라서 발한 것이 있으니, 이것이 退溪의 下圖에서 말한 七情이다. 그러므로 中圖에서는 『孟子』의 '四端의 情'과 『中庸』의 '中節의 情'을 종합해서 설명하고, 下圖에서는 程子 〈好學論〉의 '外物이 그 形體에 감촉해서 그 안을 움직인 것'으로 밝힌 것이다.[88]

위의 첫째 인용문에서는 『중용』의 '大本과 達道'를 거론했다. 한주는 '大本과 達道'는 오로지 理로 말하는 것이라고 규정하고, 따라서 『중용』에서 말하는 中節하게 발한 喜怒哀樂은 理發이라고 주장했다. 둘째 인용문에서는 退溪 역시 七情을 단순히 氣發로 규정하지 않았음을 거론했다.

한주는 '四端·七情이 모두 氣發이다'라고 규정하면 '氣가 大本이 되고 理는 死物이 된다'고 비판했으며, '四端은 本然之性에서 발하고, 七情은 氣質之性에서 발한다'고 규정하면 '理와 氣가 서로 대립하여 각각 발하는 것이 되고, 性이 두 개가 있는 것이 된다'고 비판했다.[89] 요컨대

---

87) 『寒洲集』 卷5 頁4, 〈上柳定齋先生〉: 今之論七情者 通看作氣之發 而此所言喜怒哀樂之中節者 則子思所以從性道而言理一邊也 蓋未發之中 理之體也 已發之和 理之用也 若於大本上兼氣說 則氣有偏全淸濁 昏昧雜擾 而非中矣 若於達道上兼氣說 則氣有聚散消息推盪拗轉 而非和矣 据此則七情之發而中節者 理之爲主者 固自若也 而淸明之氣 特順之而助其發揮耳

88) 『寒洲集』 卷5 頁15, 〈上柳定齋先生〉: 蓋七情有從道理發者 此退陶中圖之七情也 有從形氣發者 退陶下圖之七情也 故中圖說 以孟子四端之情 中庸中節之情 合言之 而下圖說以好學論外物觸其形而動其中者 明之

89) 『寒洲集』 卷5 頁21, 〈上柳定齋先生〉: 以四七之皆氣發者爲合說 如此則氣爲大本 而理爲死物矣 其分說者則曰 四端發於本然之性 七情發於氣質之性 如此則理氣相對各出 而性有兩項矣

四端과 七情이 모두 '하나의 本性'에서 발한 것이라는 점에서 '理發一路'라는 것이요, 그런데 감촉하는 바가 다르니 다시 理發과 氣發로 나뉜다는 것이다. 한주는 다음과 같이 말한다.

> 내 생각에 四端 · 七情이 모두 性으로부터 발한 것인데, 性은 곧 理이니, 理가 氣를 타고 발한다는 점에서는 차이가 없다. 다만 감촉하는 바가 다르니, '어린아이가 우물에 빠지는 것을 본다'거나 '宗廟를 지난다'는 것은 理에 감촉한 것이며, 배고프고 추워서 옷과 음식을 생각하는 것은 氣에 감촉한 것이다. 理에 감촉한 것은 理를 따라서 나온 것이니, 四端과 道心을 理發이라 하는 것이다. 氣에 감촉한 것은 氣를 따라서 나온 것이니, 七情과 人心을 氣發이라 하는 것이다. 그렇다면 四端과 七情을 나누고 합침이 다만 한 곳에 있는 것이니, 어느 한 쪽을 치우치게 주장할 수 없음이 분명하다.[90]

위의 인용문은 四端 · 七情이 理發一路이면서도 다시 理發과 氣發로 구분되는 점을 설명한 것이다.[91] 한주는 理發一路라는 점에서는 四端 · 七情이 같은 것이요, 다시 理發과 氣發로 구분된다는 점에서는 四端 · 七情이 다른 것이라고 설명하고, 이 두 측면 가운데 어느 한 쪽에 치우쳐서는 안 된다고 주장했다.[92]

四端과 七情이 근원적으로는 모두 理發일 뿐이라면, 惡은 어디에서

90) 『寒洲集』 卷5 頁21~22, 〈上柳定齋先生〉: 竊意四端七情 俱自性發 則性卽理也 其爲理乘氣而發者 無以異也 但其所感不同 見孺井 過宗廟 感於理者也 値飢寒思衣食 感於氣者也 感於理者 從理上去 而四端道心 謂之理發也 感於氣者 從氣上去 而七情人心 謂之氣發也 如是則分合只在一處 理不容偏主 明矣

91) 여기에서 七情을 氣發이라 한 것은 앞에서 '七情에는 理發도 있고 氣發도 있다'고 한 것과는 어긋난다.

92) 한주는 "四端은 理가 經氣를 타고 발한 것이요, 七情은 理가 緯氣를 타고 발한 것이다"라고 하여 氣를 經氣와 緯氣로 나누기도 하고, 四端十情論을 주장하기도 했는데(이에 대한 자세한 논의는 이형성, 『寒洲 李震相의 哲學思想』, 222~230쪽 참조), 本考에서는 이에 대해서는 논의하지 않고자 한다.

유래하는 것인가? 이제 한주의 善·惡에 대한 설명을 살펴보자. 한주는 다음과 같이 말한다.

> 性·情의 실상에 과연 氣發이 없다면, 善·惡은 어디로부터 생기는가? 善은 理의 실상이요, 惡은 理와 반대되는 것이다. 道心과 四端으로 말하자면, 理가 발할 때 氣가 순응하면 스스로 中節하여 진실로 天下의 達道가 되며, 理가 발할 때 氣가 가리면 中節할 수 없어서 程子가 '비록 善하나 바른 理에 부합하지 않는다'고 한 것이 된다. 人心과 七情으로 말하자면, 理가 形氣로 인해서 발할 때, 氣가 理에 따르면 善이 되고, 氣가 도리어 理를 가리면 惡이 된다.[93]

四端과 七情이 근원적으로 모두 理發일 뿐이요, 理는 본래 善하다고 한다면, 四端·七情이 모두 善한 것이어야만 한다. 그런데도 현실에는 종종 惡이 횡행한다. 한주는 惡이 생기는 까닭을 氣로 설명했다. 理가 발할 때 氣가 資具가 되는데, 氣가 理에 순응하면 理가 본래의 모습대로 발현되어 善이 되고, 氣가 理를 가리면 理의 본래 모습이 왜곡되어 惡이 된다는 것이다. 위의 인용문에서 또 하나 주목할 것은 '四端과 道心에도 不中節이 있다'는 내용이다. 한주는 四端과 道心도 물론 理主氣資라고 설명하거니와, 이러한 맥락에서 四端과 道心에도 惡이 있을 수 있다는 것이다. 요컨대 한주는 善·惡을 단순히 '理發과 氣發'로 설명하지 않고, '理가 제대로 발하느냐, 理가 왜곡되어 발하느냐'로 설명했다. 그런데 '理가 제대로 발하느냐, 왜곡되어 발하느냐'는 氣에 달린 것이다.

---

93) 『寒洲集』 卷32 頁20, 〈四七原委說〉: 性情之實 果無此氣發 則善惡何從而生乎 曰 善者理之實也 惡者 理之反也 以道心四端言之 理發而氣順之 則便自中節 允爲天下之達道 理發而氣掩之 則不能中節 程子所謂雖善而不合正理者也 以人心七情言 則理因形氣發 氣有以順理則善 氣反以掩理則惡

그렇다면 한주의 성리설에서 현실의 善·惡은 결국 氣에 의해 결정되는 것이다.

한주의 善·惡에 대한 설명은 栗谷의 설명과 정확히 일치한다. 뿐만 아니라 한주의 理發一路說도 율곡의 氣發理乘一途說과 매우 유사한 것이다. 이제 마지막으로 이 점을 살펴보기로 하자. 한주는 다음과 같이 말한다.

> '發者'는 '發의 주재자'이고, '發之者'는 '發의 資具'이다. 이제 發者를 氣로 여긴다면 氣가 大本이 되고, 發之者를 理로 여긴다면 理는 作用이 있는 것이 된다. 또한 (율곡의) '所以發者理'는 아마도 '氣를 발하는 것을 理라 한다(發氣者謂之理)'라는 말이 아닐 것이니, 또한 다만 '發者理'의 뜻이다. (율곡의) '發之者氣' 또한 다만 '이 理를 발하는 것은 氣이다(發此理者氣)'라는 뜻이다. 하나의 '之' 字를 보태거나 지우는 사이에 賓·主가 갑자기 달라지는 것이다.[94]

율곡은 '發者氣也 所以發者理也'라고 한 적도 있고,[95] '發之者氣也 所以發者理也'라고 한 적도 있다.[96] 한주는 율곡의 '所以發者理'에 대해서는 '發者理'의 뜻이라고 파악하고, 긍정했다. 그런데 '發者氣也'와 '發之者氣也'에 대해서는 "하나의 '之' 字를 보태거나 지우는 사이에 賓·主가 갑자기 달라지는 것"이라고 보아, 문제를 삼은 것이다. '發之者氣'에서 '之' 字는 '理'를 가리키는 대명사이니, 따라서 '發之者氣'는 '이 理를 發하는 것은 氣이다(發此理者氣)'라는 뜻이 된다. 그러나 '發者氣'라고

94) 『寒洲集』 卷7 頁37, 〈答沈穉文 別紙〉: 發者 則發之主也 發之者 則發之資也 今以發者爲氣 則氣爲大本 發之者爲理 則理有作用矣 且所以發者理 恐非以發氣者謂之理 則亦只是發者理之意 發之者氣 亦只是發此理者氣也之意 而一之字添刪之間 賓主頓殊

95) 『栗谷全書』 卷9 頁36, 〈答成浩原〉.

96) 『栗谷全書』 卷10 頁5, 〈答成浩原〉; 『栗谷全書』 卷14 頁4, 〈人心道心圖說〉.

하면 氣가 '發의 주체'라는 뜻이 된다. 한편 율곡은 '氣가 아니면 능히 발할 수 없다(非氣則不能發)'[97]고 한 바 있는데, 이를 두고 한주는 다음과 같이 말한다.

> '氣가 아니면 발할 수 없다(非氣不能發)'는 말은 '臣下가 아니면 다스릴 수 없다'는 말이나 '兵卒이 아니면 싸울 수 없다'는 말과 같은 말이니, 이것이 바로 '發之者氣'의 정확한 뜻이요, '發者氣'라는 말과는 크게 相反된다.[98]

한주는 율곡의 '氣가 아니면 발할 수 없다(非氣不能發)'는 말로 볼 때 율곡의 본의는 '發者氣'가 아니라 '發之者氣'에 있다고 보았던 것이다. 한주에 의하면 '發의 주체'는 理인데, '發者氣'라고 표현하면 氣가 發의 주체가 된다는 것이다. 이러한 맥락에서 한주는 '發之者氣'가 옳은 표현이요, '發者氣'는 잘못된 표현이라고 보았던 것이다. 요컨대 한주는 율곡이 '發者氣'라고 한 것에 대해서는 그것이 語法上 잘못된 것이라고 비판하면서도, '發'에 대한 전반적 설명에 있어서 자신의 생각과 율곡의 생각이 같은 취지였다고 본 것이다.

사실 '理主氣資'를 골간으로 삼았다는 점에 있어서 한주의 사단칠정론과 율곡의 사단칠정론은 매우 유사한 것이다. 理主氣資論에 입각한다면 四端과 七情은 '一路(一途)'로 설명될 수밖에 없는 것이다. 그런데 한주는 '理發一路'라 하고 율곡은 '氣發一途'라 하여 표현을 달리했다. 한주는 '發의 주재자는 理'라는 점에서 '理發一路'라 한 것이요, 율곡은 '發하는 작용의 주체는 氣'라는 점에서 '氣發一途'라 했던 것이다. 그런데 理

---

97) 『栗谷全書』 卷10 頁5, 〈答成浩原〉: 發之者氣也 所以發者理也 非氣則不能發 非理則無所發

98) 『寒洲集』 卷7 頁38, 〈答沈穉文 別紙〉: 非氣不能發 猶言非臣不能 又非卒不能戰 此乃發之者氣之的訓也 其於發者氣之說 大故相反

發一路와 氣發一途 사이에는 보다 근원적인 인식의 차이가 개입된 것이다. 율곡은 '理와 氣'를 '所發(발현되는 내용)과 能發(발현하는 주체)'로 구분하고, 理는 氣의 능동적 작용을 통해서만 발현될 수 있다고 보아 '氣發理乘一途'를 주장한 것이다. 그러나 한주는 所發과 能發을 모두 理로 규정하여 '理發一路'를 주장하고, 氣는 다만 理가 발하는 과정을 보조한다고 설명했던 것이다.99)

5. 한주 성리학의 근본문제

1) 理의 본질은 '動靜'에 있는가, '動靜의 法則性'에 있는가?

퇴계의 理氣互發論에 대해 율곡은 '理는 無爲하므로 스스로 발할 수 없다'고 비판했다. 이에 퇴계의 후학들은 주자의 여러 논설들을 인용하면서 理의 능동성을 적극 옹호한 사람들이 많았거니와, 한주는 그 극치를 보여주는 것이다.100) 그러나 論者가 생각하기에 많은 영남학자들과

99) 『求志錄』 卷2, 〈四七辨〉(『寒洲全書』 五, 409쪽)에서는 "(栗谷)又曰 非氣不能發 非理無所發 然則所發者理 當曰發者理 能發者氣 當曰發之者氣"라고 했거니와, 여기서 한주가 理를 '所發者'로 규정함을 알 수 있다. 『求志錄』 卷2, 〈四七辨〉(『寒洲全書』 五, 414쪽)에서는 "所以發者固是理 而所能發者 亦此理也"라고 했거니와, 여기서 한주가 理를 '能發者'로 규정함을 알 수 있다. 한주의 지론은 所發者로서의 理는 體요, 能發者로서의 理는 用이라는 것이었다. 한주가 能發者를 氣로도 설명한 것은 '理가 발하는 과정을 氣가 보조한다'는 뜻이었다.

100) 論者가 생각하기에 이 문제에 있어서는 율곡의 비판도 타당하지 못하고, 한주의 대응도 타당하지 못한 것이다. 퇴계의 理氣互發論은 본래 人心道心論(또는 天理人欲論)의 맥락에서 성립하는 것이요, 율곡의 氣發理乘一途論은 心統性情論의 맥락에서 성립하는 것이다. 人心道心論의 맥락에서는 理와 氣가 '서로 勝負를 겨루는 것'으로 인식되고, 心統性情論의 맥락에서는 理와 氣가 主·資의 관계로서 '상호보완적인 것'으로 인식된다. 따라서 퇴계설과 율곡설은 애초에 입론의 맥락이 다른 것인바, 이 점을 가장 정확히 지적한 사람은 茶山 丁若鏞이었다(『與猶堂全書』 第1集 卷12 頁17, 〈理發氣發辨一〉 참

마찬가지로 한주 역시 立論의 초점을 잘못 설정한 것 같다. '理主氣資'라고 할 때, 理의 본질은 '動靜'에 있는 것이 아니라 '動靜의 法則性'에 있는 것이기 때문이다. 『理學綜要』에 인용된 다음과 같은 말들을 보자.

> 朱子는 "陰陽은 氣요, 道가 아니다. 만약 다만 '陰陽을 道라 한다'고 했다면 陰陽이 道일 것이다. 그런데 지금 '一陰一陽'이라고 했으니, '循環하는 까닭'이 바로 道이다"라고 했다. ○ 朱子는 "陰陽은 道가 아니다. 한 번 陰이 된 다음에는 또 한 번 陽이 되어 循環이 그치지 않는 것이 바로 道이다. 다만 '一陰一陽'을 말하면 문득 '陰陽의 往來가 循環하여 그치지 않는 뜻'을 볼 수 있으니, 이 理가 곧 道이다"라고 했다. ○ 주자는 "道는 器가 아니면 형체가 드러나지 않고, 器는 道가 아니면 설 수 없다. 대개 陰陽 또한 器인데, 陰陽의 까닭이 道이다"라고 했다. ○ 朱子는 "하루로 말하면 낮은 陽이요 밤은 陰이며, 一月로 말하면 望前은 陽이요 望後는 陰이며, 一歲로 말하면 春·夏는 陽이요 秋·冬은 陰이다. 옛날부터 지금까지 저렇게 계속되니, 이것은 누가 그렇게 시킨 것인가? 바로 道이다"라고 했다.[101]

위의 인용문들은 『周易』의 "一陰一陽之謂道"에 대한 주자의 여러 설

조). 퇴계의 理氣互發說에 대해 처음 문제를 제기한 사람은 高峰 奇大升이었거니와, 高峰은 바로 '理主氣資'의 맥락에서 문제를 제기했던 것이다. 고봉의 문제 제기에 대해 퇴계가 서로 맥락이 다른 것임을 분명히 지적했더라면 문제가 간단히 정리되었을 것이다. 그런데 퇴계는 그렇게 하지 않고, 오히려 고봉의 문제 제기를 수용하고자 함으로써 (그 결과 '理發과 氣發'에 각각 '氣隨와 理乘'이 추가된 것인데, 이는 理主氣資라는 논법이 고려된 것이다), 결국 퇴계의 四端七情論이 복잡하게 얽히고, 다양한 해석의 소지를 남기게 되었던 것이다.

101) 『理學綜要』 卷2 頁1~2: 朱子曰 陰陽是氣 不是道 若只言陰陽之謂道 則陰陽是道 今曰 一陰一陽 則是所以循環者 乃道也 ○ 陰陽非道 一陰了又一陽 循環不已 乃道也 只說一陰一陽 便見得陰陽往來循環不已之意 此理卽道也 ○ 道非器不形 器非道不立 蓋陰陽亦器也 而所以陰陽者 道也 ○ 朱子曰 以一日言之 則晝陽而夜陰 以一月言之 則望前爲陽 望後爲陰 以一歲言之 則春夏爲陽 秋冬爲陰 從古至今 恁地袞將去 是孰使之然哉 乃道也

명들을 한주가 인용하여 소개한 것들이다. 위의 여러 인용문에 보이듯이 주자는 단순히 '陰陽'을 道라 하지 않고, '陰陽이 끊임없이 循環하는 까닭'을 道라 했다. '陰靜陽動'이라 했으니, 위에서의 '陰陽'은 '動靜'으로 대치시켜 볼 수도 있다. 그렇다면 '理의 본질'은 '動靜'에 있는 것이 아니라 '動靜이 끊임없이 순환하는 까닭' 즉 '動靜의 循環的 法則性'에 있다고 할 것이다. 그런데 한주는 줄곧 '動靜' 자체를 주목하여 '理의 능동성'을 역설하고, '循環的 法則性'이라는 측면은 거의 외면했던 것이었다.[102] 『理學綜要』에서는 주자의 다음과 같은 말도 소개하고 있다.

> '無極而太極'이라 했거니와, 사람들은 모두 '그 속에 하나의 번쩍번쩍 빛나는 사물이 있는 것'으로 상상하고, 도리어 '본래 그러한 사물은 없다'는 말이요, 다만 '理가 있어서 능히 이처럼 動靜할 수 있다(有箇理 能如此動靜)'는 말임을 모른다.[103]

'理가 있어서 능히 이처럼 動靜할 수 있다(有箇理 能如此動靜)'는 말에서 '이처럼(如此)'이란 '一動一靜의 循環的 法則性'을 가리킨다. 그렇다면 이 말에서 '理'를 설명하는 핵심은 '이처럼'에 있는 것이요, '動靜'에 있는 것이 아니다. 그런데 한주는 위의 인용문을 두고 다음과 같이 주장한다.

> 太極은 無聲無臭하나, 진실로 '能動能靜'의 妙가 있는 것이다. 만약 과

102) 한주는 "動이 지극하면 靜하고, 靜이 지극하면 다시 動함은 진실로 太極의 妙가 아님이 없다"(『理學綜要』 卷1 頁8: 動極而靜 靜極復動 固莫非太極之妙)고도 한 바 있는데, 이는 理를 '動靜의 循環的 法則性'으로 설명한 예라 하겠다. 한주는 "理라는 이름은 바로 그 發出함에 條理가 있는 데서 얻어진 것"(『寒洲集』 卷7 頁47: 理之得名 正以其發出有條理)이라고도 했는데, 이것 역시 '순환적 법칙성'의 맥락으로 이해할 수 있다.

103) 『理學綜要』 卷1 頁11: 朱子曰 無極而太極 人都想像有箇光明閃爍底物在那裏 卻不知本是說無這物事 只是有箇理 能如此動靜而已

연 形體가 있다면, 形體에 국한되어, 靜하면 動이 없고 動하면 靜이 없는 것이다. 무릇 이 理는 지극히 無하면서도 지극히 有하고, 지극히 虛하면서도 지극히 實하며, 함이 없으면서도 하고(莫之爲而爲), 이름이 없으면서도 이른다(莫之致而至).…… 朱子는 이미 '능히 이처럼 動靜할 수 있다'고 하여, 이미 '理의 用'을 말한 것이다. 그런데 지금의 理를 말하는 자들은 다만 '所以然' 한 구절만 지키고, 문득 '能然'에 미치면 바로 氣에 해당시킨다. 이들의 所見은 '形而下의 器'에 막혀서, 저 '지극히 微妙한 機'에 이르지 못하니, 개탄스러운 것이다.[104]

위의 인용문에서 한주는 '이처럼'은 외면하고 '動靜' 자체에 주목하여 '理의 능동성'을 역설한 것이다. 『理學綜要』에서는 주자의 다음과 같은 말도 소개하고 있다.

'動靜' 두 글자는 서로 대립하여 서로 없을 수 없으니, 바로 '天理의 自然'으로서, 사람의 힘으로 그렇게 할 수 있는 것이 아니다.[105]

주자는 動靜이 서로 대립하여 끊임없이 순환하는 것을 '天理의 自然'이라 한 것이다. 여기서도 '天理의 自然'이란 '動靜' 자체를 가리키는 것이 아니라 '動靜이 서로 대립하여 서로 없을 수 없음'을 가리키는 것이다. 그런데 한주는 위의 인용문을 두고 다음과 같이 말한다.

세상 사람들은 모두 動靜을 陰陽과 마찬가지로 간주하니, 그러므로 理

---

104) 『理學綜要』 卷1 頁11: 太極無聲無臭 而實有能動能靜之妙 若果有形 則局於形 而靜無動 動無靜矣 夫是理也 至無而至有 至虛而至實 莫之爲而爲 莫之致而至 …… 朱子旣言能如此動靜 則已說得理之用 而今之言理者 只守所以然一句 纔涉於能然 便以氣當之 所見滯於形下之器 而不到那至微之機 可慨也

105) 『理學綜要』 卷1 頁13: 動靜二字相對 不能相無 乃天理之自然 非人力之所能爲也

는 '氣를 빌려 타는 것'이 되고 氣는 '기틀이 저절로 그런 것(機自爾)'이 되었다. 이는 도대체 무슨 견해인가?[106]

理의 능동성을 부정하는 사람들은 理는 氣를 빌려 타야만 발현될 수 있다고 보고(氣發理乘), 氣의 능동성에 대해서는 '機自爾'로 설명했다. 이에 대해 한주는 '動靜' 자체를 理의 본질로 규정하여 '理의 능동성'을 강조하고, 理의 능동성을 부정하는 사람들을 비판한 것이다.

이제까지 살핀 것처럼, 한주는 理를 설명함에 있어서 '動靜' 자체에 주목하고 '動靜의 循環的 法則性'이란 측면은 거의 외면했다. 그러나 이는 주자의 본지와는 크게 어긋나는 것이다. 주자가 理를 '本'이라 하고, 太極을 '標準'의 뜻으로 풀이한 것들은 모두 '動靜의 循環的 法則性'이라는 것과 같은 맥락인 것이다.[107] 한주가 이 점을 분명히 이해했더라면 理의 능동성을 옹호하기 위해 평생토록 심혈을 기울일 필요는 없었을 것이다.[108]

2) 理가 '능동적 존재'라면, '氣資'가 필요한 이유는 무엇인가?

영남학파에서 '理主氣資'를 적극 역설한 사람은 大山 李象靖이다. 大山은 理의 능동성을 부정하고,[109] 따라서 理는 반드시 氣를 매개로 발현될 수밖에 없다고 보았다. 그런데 한주는 理主氣資를 역설하면서도 한편으로는 理의 능동성을 역설했다. 한주에 의하면 理는 體·用을 완

---

106) 『理學綜要』 卷1 頁14: 世人都把動靜 作陰陽一例看 故理爲借乘而氣機自爾 抑何見歟

107) 요컨대 理는 '氣가 운동함에 있어서 본받아야할 標準'이라는 뜻이다. 이에 대한 자세한 논의는 拙著, 『朱子學의 길』, 심산, 2007, 63~67쪽 참조.

108) 栗谷說에 의하면 '動靜 자체'는 '氣의 능동성에 의한 것(機自爾)'이요, '氣의 動靜이 一動一靜이라는 循環的 法則性을 지니는 것'은 '理의 주재'에 의한 것이다. 論者는 이러한 해석이 朱子의 本旨와 정확히 일치하는 것이라고 본다.

109) 『大山集』 卷39 頁8~9, 〈理氣動靜說〉 참조.

전히 갖춘 자족적 존재라는 것이다. 한주의 다음과 같은 말을 다시 보자.

> 本原으로부터 '順推'하면 太極은 陰陽보다 먼저 존재하고, 動靜할 수 있어서, 體·用이 완전히 갖추어진다. 아직 動하지 않을 즈음엔 渾然하나 四德이 각각 條理가 있으며, 이미 나누어진 다음에는 粲然하나 萬化가 모두 이 權輿로부터 말미암는다.[110)]

> 太極이란 形體와 方所가 없어서, 사물이 있기 전에 存立하여 깃들 곳을 기다리지 않고, 형체가 있은 다음에 드러나나, 無爲가 아니다. 이는 진실로 萬化의 頭腦요 品彙의 根柢이다(竪看).[111)]

위의 첫째 인용문에서는 太極이 '體·用을 완전히 갖추고 있다'고 규정했고, 둘째 인용문에서는 太極을 '깃들 곳을 기다리지 않고, 無爲가 아니다'라고 설명했다. 이러한 주장은 분명 太極이 홀로 존재할 수 있고 홀로 동정할 수 있는 '자족적 존재'라는 뜻일 것이다. 이처럼 理가 자족적 존재라면 '氣資'가 필요한 까닭이 무엇인가?

위의 두 인용문은 한주의 여러 다른 지론들과도 어긋난다. 한주의 다음과 같은 말을 다시 보자.

> 무릇 所以發者는 理의 體인데 理는 반드시 氣를 기다려서 體가 되고, 所能發者는 理의 用인데 理는 반드시 氣를 기다려서 用이 된다. 원래 각자 體·用이 있어서 對立하여 雙行하는 것이 아니요, 또한 각자 體·用을

---

110) 『寒洲集』 卷33 頁6, 〈太極圖箚義後說〉: 自其流行而逆推之 則陰陽無始 動靜無端 自其本原而順推之 則太極在陰陽之先 而會動會靜 體用全具 渾然於未動之際 而四德各有條理 粲然於旣分之後 而萬化由此權輿

111) 『理學綜要』 卷1 頁27: 太極者 無形體無方所 立於無物之先 而不待有寓 著乎有形之後 而不是無爲 此誠萬化之頭腦 品彙之根柢(竪看)

점유해서 이것은 靜하고 저것은 動하는 것도 아니다.112)

> 天·地 사이에 理가 있으면 곧 氣가 있는 것이다. 理는 無形하고 氣는 有形하며, 理는 無爲하고 氣는 有爲하다. 고요할 때에도 氣가 없으면 理는 掛搭할 곳이 없고, 움직일 때에도 氣가 없으면 理는 運行할 수 없다.113)

위의 첫째 인용문에서는 '理의 體·用'은 그 자체로 완전할 수 없고 반드시 氣의 輔助가 필요하다고 설명했다. 둘째 인용문에서는 理를 無爲로 규정하고,114) 氣가 없으면 理는 깃들 곳도 없고 운행할 수도 없다고 했다. 요컨대 위의 두 인용문은 理를 자족적 존재가 못 되는 것으로 규정하고, 氣資의 필요성을 역설한 것이다. 한편, 한주는 줄곧 '理가 氣를 낳는다'고 주장했거니와, 그렇다면 氣를 낳기 전에는 理는 어디에 깃들고, 어떻게 운행하는 것인가? 또한 한주는 '動靜은 理와 氣가 만나는 곳'이라 했거니와, 그렇다면 太極은 어떻게 氣 없이 스스로 動靜할 수 있는가? 또 '動靜은 理와 氣가 만나는 곳'이라 한다면 '理가 動靜하여 氣를 낳는다'는 주장이 어떻게 성립할 수 있는가? 한주는 "太極이 陰陽을 낳은 다음에는 항상 陰陽 가운데 있어서, 서로 기다려서 體가 되고 서로 기다려서 用이 된다"고도 했는데, 그러면 太極이 陰陽을 낳은 다음에는 太極의 自足性이 소멸된다는 것인가? 論者가 보기에 이러한 의문들은

---

112) 『寒洲集』 卷33 頁26~27, 〈四七辨後說〉: 夫所以發者 理之體 理必須氣而爲體 所能發者 理之用 理必待氣而爲用 元非各有體用 對立雙行也 亦非各占體用 此靜彼動也

113) 『理學綜要』 〈理學綜要序〉: 天地之間 有理斯有氣 理無形而氣有形 理無爲而氣有爲 靜而無氣 則理無所掛搭 動而無氣 則理不能運行

114) 한주는 理를 '無爲'라고도 하고, '無爲가 아니다'라고도 했다. 한주의 취지대로 이해하면 理는 '사사로운 作用과 安排가 없다'는 맥락에서 '無爲'이며, 스스로 動靜하여 '함이 없으면서도 하고(莫之爲而爲), 이름이 없으면서도 이른다(莫之致而至)'는 맥락에서 '無爲가 아닌 것'이다.

이른바 '看法의 차이'로도 설명될 수 없는 것이다.

3) 理의 主宰는 '氣의 標準이 됨'인가, '氣를 명령함'인가?

한주는 '理의 主宰'를 '理가 動靜의 主體가 된다'는 뜻으로 풀이하고, 구체적으로는 '流行發出이 粲然하게 곧게 이루어짐'으로 설명한 바 있다. 요컨대 理가 주재하기 때문에 氣의 流行發出이 찬연하게 곧게 이루어질 수 있다는 것이다. 이는 理의 주재를 '氣의 운동의 標準이 됨'으로 설명하는 것이라 하겠다. 한주는 당시의 학자들이 理의 주재를 '氣를 부림(使之, 命令)'으로 해석하는 것에 대해 '理를 作用과 機巧에 빠뜨렸다'고 비판했거니와, 이는 '理를 氣로 오인했다'는 뜻이었다. 한주는 理의 주재를 '氣를 부림(使之, 命令)'으로 해석하면 현실의 惡을 설명할 수 없다는 점도 주목했다. 한주는 다음과 같이 말한다.

> 天地의 造化가 과연 모두 '理로써 動하게 하고 理로써 靜하게 하는 것'이라면, 결코 '어그러짐과 재앙'이 일어나지 않아야 할 것이다. 人心의 感發이 과연 모두 '理로써 발하는 것'이라면, 결코 '悖逆과 凶慝'의 싹이 없어야 할 것이다. 그런데 어찌하여 (朱子 이래) 1천 5백 년 동안 治日은 적고 亂日이 많았으며, 善人은 적고 惡人이 많았던가?[115)]

이렇게 본다면 한주는 理의 주재를 '理가 氣를 부린다'는 뜻으로 풀이할 수 없음을 분명히 했다고 하겠다. 그런데 한주는 곳곳에서 '理가 氣를 부린다(명령한다)'는 주장을 폈다. 예컨대 한주는 다음과 같이 말한다.

---

115) 『寒洲集』 卷7 頁47, 〈答沈穉文 別紙〉: 天地之化 若果皆動之以理 靜之以理 則決無乖沴灾孽之作矣 人心之感 若果皆發之以理 則決無悖逆凶慝之萌矣 何其千五百年 治日少而亂日多 善人寡而惡人衆乎

天理가 主宰하면 氣質이 물러나 (理의 命令에) 따른다.[116]

무릇 '心卽氣說'이 나쁜 까닭은 무엇인가? 心은 '一身의 주재자'인데, 주재자를 氣에 소속시키면, 天理가 形氣로부터 命令을 받고, 수많은 惡이 靈臺에 터를 잡기 때문이다.[117]

옛날의 聖君은 無爲의 道로 다스렸는데, 또한 어찌 일찍이 가만히 죽은 사람처럼 거처한 것이겠는가? 밖으로는 巡狩와 征伐을 행하고 안으로는 號令을 행하되, 한결같이 自然스러운 理를 따라서 사사로운 安排·造作·計較가 없었던 것이니, 그러므로 '無爲'라고 말하는 것이다. 臣下된 者들은 부지런히 수고하고 곳에 따라 미봉하여, 四方을 경영하고 庶政을 처리함이 모두 臣下의 일이나, 사실은 '君命'이요 '王事'인 것이다.[118]

그 생각하는 바와 느끼는 바가 만약 道理에 있으면 理가 主가 되고 氣가 (理의 명령을) 따르나, 만약 形氣에 있으면 氣가 (理의 자리에) 오르고 理는 그 사이에 끼이게 된다. '理가 主가 됨'은 '사람이 채찍을 들고 고삐를 당겨서 말을 모는 것'과 같고, '理가 끼임'은 '사람이 채찍을 내리고 고삐를 놓고서 말을 믿는 것'과 같다.[119]

위의 인용문들은 분명 '理의 주재'를 '理가 氣를 명령함(부림)'으로 규

116) 『理學綜要』 卷6 頁9: 天理而主宰之 則氣質退聽矣

117) 『寒洲集』 卷32 頁4, 〈心卽理說〉: 夫謂心卽氣者之所以爲不善 何也 心爲一身之主宰 而以主宰屬之氣 則天理聽命於形氣 而許多麤惡 盤據於靈臺矣

118) 『寒洲集』 卷7 頁44~45, 〈答沈穉文 別紙〉: 古昔聖君 治道無爲 亦何嘗齊居尸處而已哉 外焉而巡狩征伐 內焉而發號施令 一循乎理之自然 而無所安排造作計較之私 故謂之無爲也 爲臣下者 奔走宣勞 隨處彌縫 經營四方 措畫庶政 莫非其所爲 而實則君命也王事也

119) 『寒洲集』 卷5 頁22, 〈上張新齋(辛丑)〉: 其所思所感 若在道理上 則理主而氣於是聽 若在形氣邊 則氣騰而理爲其挾 理之主者 如人揚鞭按轡而策馬也 理之挾者 如人垂鞭閣轡而信馬也

정한 것이다. 또한 한주는 '心統性情'을 '理의 주재'로 설명하면서, 理의 주재를 결국 '道心이 人心을 명령함'으로 해석했다. 한주는 '근세의 유학자들'이 理의 주재를 '명령(부림)'으로 해석하는 것을 누차 비판했다. 그런데 한주 역시 종종 理의 주재를 '명령'으로 설명하니, 이는 참으로 이해하기 어려운 처사라 하겠다.

理의 주재를 '부림(使之)'이나 '命令'으로 설명하면, 한주의 말대로 '현실의 惡'을 설명하기 어렵다. 한주는 '惡'을 '氣가 理를 거스르고 가림'으로 설명했다.[120] 그렇다면 한주가 '理의 主宰'를 '理가 動靜의 主體가 된다'는 뜻으로 풀이한 것에 대해서도 의문을 제기할 수 있다. 한주의 다음과 같은 말을 보자.

> 사람이 氣를 받음에는 또한 淸濁粹駁의 차이가 있다. 氣가 淸粹하면 이 性이 쉽게 드러나서 항상 主가 되고, 濁駁하면 이 性이 쉽게 가려져서 도리어 부림을 당한다. 善氣에 있으면 善의 理가 되고, 惡氣에 있으면 惡의 理가 된다.[121]

위와 같이 설명한다면 현실의 善·惡을 결정하는 것은 분명 氣일 것이다. 요컨대 위의 인용문은 분명 '氣의 현실적 주도권'을 인정하는 것이다. 그런데도 한주는 氣의 현실적 주도권을 인정하는 '主氣之學'에 대해 다음과 같이 비판한다.

> 理는 본래 완전하나 氣가 치우치게 할 수 있고, 理는 본래 밝으나 氣가

120) 『寒洲集』 卷33 頁7, 〈太極圖箚義後說〉: 四七人道 皆自性發 非有二歧 則性則理也 不可謂之氣發 其善者 理發而氣順之也 其惡者 理發而氣掩之也

121) 『寒洲集』 卷33 頁7, 〈太極圖箚義後說〉: 人之受氣 亦有淸濁粹駁之異 淸粹則此性易著 而常爲之主 濁駁則此性易掩 而反爲所役 在善氣上則爲善之理 在惡氣上則爲惡之理

어둡게 할 수 있으며, 理는 본래 順하나 氣가 거역할 수 있으니, 發揮하고 運用하는 主權이 모두 氣에서 나오는 것 같다. 그러므로 三代 이후에 세상에 '主氣之學'이 있게 된 것이다.122)

한주에 의하면 理는 본래 완전하고 善한 것이다. 그런데 理가 현실로 드러나는 과정에서 氣가 본래 선한 理를 그대로 발현시킬 수도 있고 왜곡하여 발현시킬 수도 있다는 것이다. 그렇다면 '發揮하고 運用하는 主權이 모두 氣에서 나온다'고 보는 것은 당연할 것이다. 그런데 한주는 이를 '主氣之學'이라고 비판하고, '發揮하고 運用하는 主權이 사실은 理에 있다'고 주장하는 것이다.

理는 본래 완전하나 氣가 치우치게 할 수 있고, 理는 본래 밝으나 氣가 어둡게 할 수 있다면, '理가 動靜의 主體가 된다'거나 '發揮하고 運用하는 主權이 理에 있다'는 의미에서의 '理의 主宰性'은 그 자체로 손상되지 않을 수 없는 것이요, 또 같은 맥락에서 '氣의 현실적 主導權(氣의 主宰)'을 주목하는 '主氣之學' 또한 인정하지 않을 수 없는 것이다.

4) 儒學의 本領은 '心卽理'인가, '心與理合一'인가?

한주는 "古今의 心에 대한 논의는 心卽理說보다 더 훌륭한 것이 없고, 心卽氣說보다 더 잘못된 것이 없다"123)고 단언한 바 있다. 그러면서도 한주는 또 다음과 같이 말한다.

진실로 마땅히 吾心의 合理氣處에서, 理를 확충하고 氣를 제어한 다음

122) 『理學綜要』〈理學綜要序〉: 理本全而氣能偏之 理本明而氣能昏之 理本順而氣能逆之 發揮運用之權 疑若盡出於氣 故三代以後 世有主氣之學

123) 『寒洲集』卷37 頁1, 〈心卽理說〉: 古今論心 莫善於心卽理 莫不善於心卽氣

에야 '眞心의 天理에 순수함(眞心之純乎天理者)'을 볼 수 있다. 진실로 '聖人之心의 渾然한 天理'에 이르지 못했다면 '心卽理' 세 글자는 성급히 말할 수 없다.[124]

위에서 말하는 '聖人之心의 渾然한 天理'란 孔子의 '七十從心所欲不踰矩'의 경지를 말할 것이다. 그렇다면 '從心所欲不踰矩'에서의 '心'은 理인가, 氣인가? 우선 '矩'는 法度로서 '理'를 뜻할 것이다. 그런데 여기서의 '心' 또한 '理'라고 한다면, '從心所欲不踰矩'는 70세까지의 修養을 기다리지 않고서도 항상 성립할 것이다. 따라서 '從心所欲不踰矩'는 70세까지 수양해야만 도달할 수 있는 경지라고 설명하려면, 여기에서의 '心'은 오히려 '氣'로 규정되어야만 한다. 心은 본래 氣이기 때문에(心을 '合理氣'라고 규정한다면, 그 중에서도 현실적 주도권을 행사하는 것은 氣이기 때문에), 오랫동안의 수양이 없으면 종종 法度에 어긋나게 되는 것이다. 이러한 맥락에서 心氣를 꾸준히 다스려 法度(理)와 하나가 되게 한다는 '心與理合一之學'이야말로 유학의 본령일 것이다.

또한 "진실로 '聖人之心의 渾然한 天理'에 이르지 못했다면 '心卽理' 세 글자는 성급히 말할 수 없다"고 한다면, 心卽理說에 입각해서 '心統性情'을 해석하는 것 역시 그 다음에나 성립할 수 있을 것이다. 그런데 한주는 왜 일반 학자들을 상대로 心卽理說에 입각해서 '心統性情'을 해명하는 것인가?

한주가 心을 理로 규정한 핵심적 이유는 두 가지였다. 하나는 心을 氣로 규정하면 氣가 大本이 되고, 결과적으로 大本이 둘이 된다는 것이다. 다시 말해 心·性을 理와 氣로 나누고, 理를 大本이라고 하면서 또

---

124)『寒洲集』卷37 頁5, 〈心卽理說〉: 固當於吾心合理氣處 擴其理而制其氣 然後眞心之純乎天理者 可得以見之矣 苟不到聖人之心渾然天理處 則心卽理三字 未可以遽言之也

氣를 理의 근본으로 삼으면, 이는 '二本의 혐의'를 면할 수 없다는 것이다. 다음의 인용문을 보자.

> 근세의 학자들은 心을 氣로 여기고, 性이 心地에 뿌리박고 있다고 한다. 그렇다면 氣가 大本으로서 理가 근본 할 바가 되는 것이다.[125)]

근세의 학자들처럼 心을 氣로 여기고 '性이 心地에 뿌리박고 있다'고 한다면, 이는 '理가 氣에 근본 한다'는 말이 되어, 용납할 수 없다는 것이다. 그러나 한주의 이러한 주장은 납득하기 어렵다. 근세 학자들의 '性이 心地에 뿌리박고 있다'는 말은 '性이 心地(氣)에 依着하고 있다'는 뜻일 것이다. 한주 자신도 "고요할 때에도 氣가 없으면 理는 掛搭할 곳이 없고, 움직일 때에도 氣가 없으면 理는 運行할 수 없다"고 했고, "心의 本體(理, 性)는 形體(氣)에 머무른다"고 했다. 그렇다면 이러한 말들도 '氣가 大本이 된다'는 뜻이라 할 수 있는가?

한주가 心을 理로 규정한 또 하나의 이유는 心은 性·情의 주재자요 一身의 주재자이거니와, 心을 氣로 규정하면 氣가 주재자가 된다는 것이었다. 요컨대 氣를 '主宰者'로 규정할 수 없다는 것이 한주의 본지였던 것이다. 그러나 앞에서 살펴보았듯이 心을 理로 규정하는 한 '心統性情'에 대한 해석은 좌충우돌을 면할 수 없었다. 한편 한주는 다음과 같이 말하기도 한다.

> 무릇 作用은 氣이고, 主宰는 理이다. 그런데 理·氣는 원래 不相離이므로, 옛 聖賢은 진실로 일찍이 理를 주로 삼아 心을 말한 것이요, 또한

125) 『理學綜要』 卷6 頁15: 世學 以心爲氣 而看作性著根於心地 如是則氣爲大本 而爲理之所本

간혹 氣를 겸하여 心을 논한 것이다. 理는 純善無惡하나 氣는 善이 적고 惡이 많다. 그러므로 理가 善氣를 타면 氣가 능히 理를 따라서 그 運用의 功을 이루고, 理가 惡氣를 타면 氣가 도리어 理를 가려서 그 主宰權을 빼앗는다.…… 心은 진실로 一身의 主宰者요, 敬은 一心의 主宰者이다. 靜을 主로 하여 動을 기르고, 一을 主로 하여 萬에 대응하고, 內를 主로 하여 外를 제어하고, 理를 主로 하여 氣를 검속하는 것이 모두 敬의 일이다.…… 主敬의 방법은 또한 着意와 安排를 기다리지 않고 한결같이 天則을 따르는 것뿐이다. 진실로 氣에 功을 들이고 氣의 作用에 一任한다면, 理를 거역하고 節度를 능멸하여, 動靜에 主宰가 없게 된다. 心學에 힘쓰는 자들은 主氣之學을 경계하지 않을 수 있겠는가?[126)]

"理는 純善無惡하나 氣는 善이 적고 惡이 많다"는 말이나 "理가 善氣를 타면 氣가 능히 理를 따르고, 理가 惡氣를 타면 氣가 도리어 理를 가린다"는 말, 그리고 "心은 진실로 一身의 主宰者요, 敬은 一心의 主宰者이다"라는 말은 성리학의 일반론으로서 문제될 것이 없다. 문제는 一身의 주재자인 心을 理로 규정하고, 다시 敬으로 心을 주재해야 한다고 한 점이다. 心이 理라면, '敬으로 心을 주재한다'는 말은 '敬으로 理를 주재한다'는 말이 되기 때문이다. "主敬의 방법은 또한 着意와 安排를 기다리지 않고 한결같이 天則을 따르는 것뿐"이라는 말도 지당한 말이다. 그런데 한결같이 天則을 따르는 주체로서의 心은 理인가, 氣인가? 그 주체를 理라 한다면, 理가 理(天則)를 따르는 것인가? '한결같이 天則을 따른

126) 『理學綜要』 卷6 頁21~22: 大抵 作用 氣也 主宰 理也 而理氣元不相離 故古之聖賢 固嘗主理以言心 而亦或兼氣以論心 理則純善而無惡 氣則少善而多惡 故理乘在善氣上 則氣能順理 而致其運用之功 理乘在惡氣上 則氣反掩理 而奪其主宰之權 …… 心固一身之主宰 而敬爲一心之主宰也 主靜以養動 主一以應萬 主內以制外 主理以檢氣 皆敬之事也 …… 主敬之方 亦不待着意安排 一循其天則而已 苟於氣上用工 而一任其作用 則逆理淩節 靜無所主 而動無所宰矣 爲心學者 可不以主氣爲戒哉

다'는 말이 성립하기 위해서는 오히려 心을 氣로 규정해야만 할 것이다.

主氣之學이 氣에 功을 들이는 것은 분명하다. 그런데 그것은 '氣의 作用에 一任하자'는 것이 아니라 오히려 '氣가 제멋대로 작용하는 것을 막기 위해 氣를 다스리자'는 것이었다. 근세의 主氣論者들 가운데 '氣의 作用에 一任하자'고 주장한 예가 있었던가? 한주는 "理는 純善無惡하나 氣는 善이 적고 惡이 많다"고 했는데, 그렇기 때문에 理에는 더 이상 功을 들일 필요가 없는 것이요, 오히려 氣에 많은 功을 들여야 하는 것이 아닌가?

이렇게 본다면 한주의 主理論은 當爲論으로서는 의미가 있지만, 事實論으로서는 성립할 수 없는 것이다. 主氣論者들은 "理가 善氣를 타면 氣가 능히 理를 따르고, 理가 惡氣를 타면 氣가 도리어 理를 가린다"는 맥락에서 현실을 주도하는 것은 氣라고 보는 것이요, 그런데 "氣는 善이 적고 惡이 많다"는 맥락에서 氣를 잘 다스려야 한다고 보는 것이다. 氣를 잘 다스려서 본래 善한 理를 잘 발현시키도록 하자는 것, 즉 心을 理에 부합하도록 하자는 '心與理合一之學'이 이른바 '主氣之學'의 취지였던 것이다. 이러한 논리야말로 當爲와 事實을 정확히 설명하는 것이 아니겠는가?

6. 결론

한주의 지론은 理는 氣의 主宰者요, 氣는 理의 輔助者라는 것이었다. 퇴계의 후학으로서는 大山 李象靖이 理主氣資論을 적극 표방한 바 있지만, 理主氣資論은 본래 율곡의 지론이었다. 율곡과 대산은 理主氣資

論에 입각하여 理의 主宰를 긍정하면서도, 理의 能動性은 결코 인정하지 않았다. 그러나 한주는 理의 能動性을 부정하면 理는 死物로 전락하고, 理의 主宰도 무의미하게 된다고 생각했다. 그리하여 한주는 理主氣資를 역설하면서, '理의 主宰'에 실질적 의미를 부여하기 위해 '理의 能動性'을 강조했던 것이다. 그러나 理의 能動性을 강조하면 할수록 氣의 존재의의는 더욱 퇴색되는 것이다. 그 자체로 능동적인 理를 굳이 氣가 보조해야만 하는 이유가 없기 때문이다.[127)]

'理의 主宰'에 대해, 대체로 기호성리학에서는 '理가 氣의 운동의 標準이 된다'는 뜻으로 설명했고, 영남성리학에서는 '理가 氣를 부린다(使之, 命令)'는 뜻으로 해석했다. 한주는 '理의 주재'를 '理가 氣의 운동의 標準이 된다'는 맥락에서 풀이하면서, '理가 氣를 부린다(使之)'는 해석에 대해서는 두 가지 이유로 비판하였다. '理가 氣를 부린다'고 하면 理가 作用과 機巧에 빠져 事物로 전락한다는 점과, '理가 氣를 부린다'고 하면 현실의 惡을 설명할 수 없다는 점이 그것이다. 한주는 이처럼 '理가 氣를 부린다'는 해석을 분명히 비판했으면서도, 그 자신 또한 '理가 氣를 부린다'는 주장을 종종 전개했다.

한주의 心卽理說은 한주의 '主宰에 대한 해석'과 밀접하게 관련된 것이다. 한주는 主宰를 命令으로 해석했기 때문에 心卽氣說을 용납할 수

127) 理를 능동적 존재로 규정하면 朱子가 〈答楊子直書〉에서 지적한 바 있듯이, 또한 形而上者와 形而下者를 구별할 수 없게 된다. 한편 한주는 '動靜'과 '作用'을 구별하여, 動靜은 자연스러운 것으로서 理에 속하고, 作用은 사사로운 安排로서 氣에 속한다고 주장한 바 있다. 이러한 주장은 '理와 氣'를 '形而上者와 形而下者'의 관점보다는 '公과 私'의 관점에서 구별하는 것이다. 한주가 '公正한 七情은 理發'이라고 주장한 것도 역시 '理와 氣'를 '公과 私'로 구분하는 관점에서 성립하는 논리이다. 그러나 이러한 사고방식은 理主氣資論과는 잘 어울리지 않는 것이다. 理主氣資論은 道器論의 관점에서 성립하는 것이나, 公私論은 天理人欲論(天理之公, 人欲之私)의 관점에서 성립하는 것이다. 이렇게 본다면 한주가 '理發一路'를 주장하면서도 다시 '理發과 氣發'을 구분하는 것에는 道器論의 사고방식과 天理人欲論의 사고방식이 혼재하는 것이라 하겠다.

없었던 것이다. 心은 '一身의 주재자'요 '性·情의 주재자'이거니와, 心을 氣로 규정하면 '天理가 形氣로부터 명령을 받는 꼴'이 된다는 것이었다. 그러나 心을 理로 규정하고 主宰를 命令으로 해석하면, 한주 자신의 지적대로 현실의 惡을 설명하기 어렵게 된다. 또한 心卽理說을 따르면 心統性情을 제대로 해석하기 어렵게 되거니와, 그리하여 한주의 心統性情에 대한 해석은 좌충우돌을 거듭하게 된 것이다.

四端七情論에 있어서, 한주는 '主宰者는 理일 뿐'이라는 관점에서 모든 情을 理發로 규정하고(理發一路), '所從來는 다르다'는 관점에서 情을 다시 理發과 氣發로 구분하였다. 한주는 이처럼 互發을 긍정하면서도, '理와 氣가 각각 발한다'는 주장은 용납하지 않았다. 요컨대 한주가 말하는 互發이란 所從來에 따라 主理와 主氣가 구분된다는 뜻이었다. 한주의 이러한 복잡한 설명은 '理主氣資'라는 맥락에서 도출되는 '理發一路說'과 '人心과 道心이 구분된다'는 맥락에서 도출되는 '互發論'을 동시에 충족시키려는 고심의 산물이었던 것이다.[128)]

한주는 退溪說과 栗谷說의 차이를 '看法의 차이'로 규정하고, 看法에 따라 두 학설이 모두 성립할 수 있다고 보았다. 요컨대 竪看하면 一路說이 성립하고 橫看하면 互發說이 성립한다는 것이다. 한주는 竪看과 橫看을 종합하여 모든 情을 理發一路로 규정하면서도 다시 理發과 氣發로 나눈 것이다. 그러나 퇴계와 율곡은 단순히 간법만 달리한 것이 아니라, 理와 氣에 대한 인식 자체를 달리했던 것이다.[129)]

---

128) 星湖 李瀷도 四端과 七情을 '理發氣隨一路'로 설명하면서도 다시 理發과 氣發로 구분한 바 있다(『星湖全集』 卷17 頁23, 〈答李汝謙〉 참조). 성호는 또한 '公正한 七情은 氣發로 규정할 수 없다'는 입장을 취하기도 했다. 성호와 한주의 四七論은 물론 세부적인 논리에 있어서는 차이가 많지만, 大綱에 있어서는 같은 점이 많다.

129) 이 점은 茶山 丁若鏞이 명확히 지적한 바 있다. 茶山에 의하면, 退溪의 '理와 氣'는 '天理와 人欲' 또는 '道心과 人心'을 뜻하나, 栗谷의 '理와 氣'는 '道와 器'를 뜻하는 것이다(『與猶堂全書』 第1集 卷12 頁17, 〈理發氣發辨一〉 참조). 요컨대 茶山은 退溪의 理氣

퇴계의 理氣互發論은 '理와 氣'를 '天理와 人欲'으로 인식하는 관점에서 성립한 것으로서, 그러므로 퇴계는 '理와 氣가 勝負를 겨룬다'고 생각했던 것이다. 반면에 율곡의 氣發理乘一途論은 理와 氣를 '道(本)와 器(具)'로 인식하는 관점에서 성립한 것으로서, 그러므로 율곡은 '理無爲氣有爲'를 宗旨로 삼은 것이다. 이러한 점을 충분히 반영하지 않은 것인 한, 退·栗을 會通시키려고 한 寒洲의 性理說은 진지한 고심의 산물이기는 하나 성공적인 체계라고 볼 수는 없을 것이다.

論과 栗谷의 理氣論은 서로 함의와 맥락을 달리 한다는 점을 해명함으로써, 退溪說과 栗谷說을 兩立시키고자 한 것이다. 그러나 寒洲는 퇴계설과 율곡설의 차이를 看法의 차이로 규정하고, 兩者를 하나로 止揚시키고자 한 것이다.

제10장 丁茶山의 退·栗에 대한 인식과 性理學의 해체

1. 서론

茶山 丁若鏞(1762~1836)의 학문은 실로 방대하거니와, 그는 性理學에 대해서도 一家見을 지니고 있었다. 특히 당시에는 퇴계학파와 율곡학파가 서로 소통하지 못하고 오랫동안 대립을 지속하는 형국이었거니와, 다산은 退·栗의 학설은 서로 立論의 맥락이 다른 것임을 해명함으로써 兩者를 양립시킬 수 있는 길을 제시하였다. 다산은 다음과 같이 말한 바 있다.

> 退溪는 오로지 心性을 주제로 삼았기 때문에 '理發도 있고, 氣發도 있다'고 보았고(道心은 理發이요, 人心은 氣發이다. 四端·七情도 마찬가지이다), 栗谷은 일반적으로 道와 器를 논했기 때문에 '氣發만 있고, 理發은 없다'고 본 것이다. 兩賢이 가리키는 바가 각각 다르니, 서로 주장이 다른

것이 방해가 되지 않는다. 東人의 先輩들이 (栗谷에 대해) '氣를 性으로 誤認했다(認氣爲性)'고 배척한 것은 지나친 것이다.[1]

'退溪는 오로지 心性을 주제로 삼았다'는 것은 '인간의 갈등적 심리현상에 초점을 두었다'는 말이요, '율곡은 일반적으로 道와 氣를 논했다'는 것은 '道와 器라는 일반개념에 입각해 인간과 만물을 두루 포괄하는 이론을 추구했다'는 말이다. 사실 퇴계의 성리학은 人心道心論의 구도에 입각한 것이요, 율곡의 성리학은 心統性情論의 구도에 따르는 것인데,[2] 다산은 이 점에 착안함으로써 양자 사이의 불필요한 논쟁을 종식시키려 한 것이다.[3]

다산은 이처럼 '退 · 栗에 대한 가장 공정한 해석자'였으나, 결국엔 '성

---

1) 『與猶堂全書』 第1集 卷21 頁20, 〈示兩兒〉: 退溪專主心性 故有理發有氣發(道心是理發 人心是氣發 四七亦然) 栗谷通論道器 故有氣發無理發 兩賢所指各殊 不害其言之不同 而東人先輩 斥之以認氣爲性 過矣

2) 朱子의 理氣心性論에는 人心道心論의 맥락도 있고 心統性情論의 맥락도 있거니와, 양자는 사실 논의의 구도가 다른 것이었다. 人心道心論은 도덕적 관점에서 인간의 갈등적 심리현상을 논하는 것인 반면, 心統性情論은 존재론적 관점에서 心 · 性 · 情의 위상을 해명하는 것이기 때문이다. 인심도심론의 맥락에서는 '人心은 氣(形氣, 人欲), 道心은 理(性命, 天理)'로 해석되나, 심통성정론에서는 '心은 氣(器), 性은 理(道)'로 해석된다. 退溪의 理氣互發說은 인심도심론의 구도에 입각한 것이요, 栗谷의 氣發理乘一途說은 심통성정론의 구도에 입각한 것이다(朱子 理氣論에는 '人心과 道心' · '道와 器'라는 맥락과 함께 '所以然과 所然'이라는 맥락도 내재한다. 이에 대해서는 拙著, 『畿湖性理學硏究』, 한울, 1998, 제1장 〈朱子 理氣論의 三重構造〉 참조). 한편 한형조는 朝鮮朝哲學史란 '朱子의 理氣論에 내재하는 두 가지 대립된 시각이 알력 하는 장대한 드라마'로 정식화할 수 있다고 설명한 바 있다(한형조, 「朱熹에서 정약용에로의 철학적 사유의 전환」, 한국정신문화연구원 박사학위논문, 1992, 83~84쪽 참조). 論者는 한형조의 所論에 대체로 동의하나, 다만 '道器論의 맥락'을 '道家的 관점'을 수용한 것으로 규정하는 것에는 동의하지 않는다. 『周易』이 儒家의 경전인 한, 그리고 또 『周易』에서 '道 · 器'를 논하고 있는 한, 道器論의 맥락을 '道家的 관점'이라고 단정할 수는 없다고 생각한다.

3) 위의 인용문의 마지막 문장 "東人의 先輩들이 (栗谷에 대해) '氣를 性으로 誤認했다(認氣爲性)'고 배척한 것은 지나친 것이다"라는 말도 깊이 음미해야 할 대목이다. 당시 퇴계학파와 율곡학파의 대립은 정치적 黨派와 연계되어 이미 학문적 순수성을 잃고 있었거니와, 다산은 東人 계열에 속하면서도 '東人先輩의 過誤'를 과감히 지적하고 있는 것이다.

리학에 대한 가장 철저한 비판자'로 전향하였다. 다산은 당시의 성리학을 修己治人의 실제를 외면하는 空理空談으로 규정하고, 그것을 타파할 수 있는 새로운 轉機를 마련하고자 했던 것이다. 주지하듯이 주자학에서는 古經의 上帝를 '理'로 해석했다. 주자는 '上帝'가 이 세계를 주재하는 것이 아니라고 보았다. 이 세계에는 다만 본래 저절로 그러한 '理'가 있을 뿐이라는 것이다. '理'는 이러한 맥락에서 古經의 上帝를 대신하여 주자학의 중심개념으로 부상한 것이었다. 그런데 다산은 성리학은 '權能이 없는 理'를 중심개념으로 삼았기 때문에 공리공담으로 전락한 것이라고 진단했다.

> 君子가 어두운 방에서 두려워하면서 감히 惡을 짓지 못하는 것은 '上帝'가 자기에게 임해 계심을 알기 때문이다. 이제 命·性·道·敎를 모두 하나의 '理'로 귀착시킨다면, 理는 본래 앎이 없고 또한 위엄과 능력이 없으니, 무엇을 경계하고 삼갈 것이며, 무엇을 두려워할 것인가?[4)]

위에 보이듯이 다산은 인간의 윤리는 '全知全能한 절대자의 權威'에 의존해서만 존립할 수 있다고 생각했다. 요컨대 다산은 성리학이 '上帝를 부정함'으로써 공리공담으로 전락했다고 보고, '上帝의 복원'에서 해법을 찾은 것이다. 이는 전통 성리학의 해체를 뜻한다. 다산은 전통 성리학은 다분히 '洙泗의 舊論(孔孟의 전통)'과 어긋난다고 규정하고, '洙泗의 舊論을 회복한다'는 명분으로 자신의 해체작업을 정당화했다.[5)]

---

4) 『與猶堂全書』 第2集 卷3 頁5, 〈中庸自箴〉: 君子處暗室之中 戰戰栗栗 不敢爲惡 知其有上帝臨女也 今以命性道教 悉歸之於一理 則理本無知 亦無威能 何所戒而愼之 何所恐而懼之乎

5) 『與猶堂全書』 第2集 卷4 頁2, 〈中庸講義補〉: 蓋宋賢論性 多犯此病 雖其本意亦出於樂善求道之苦心 而其與洙泗之舊論 或相牴牾者 不敢盡從 後之君子 尚恕余哉

本考에서는 우선 퇴계·율곡에 대한 다산의 해명을 살펴보고자 한다. 다산의 해명을 통하여 우리는 성리학에는 본래 이질적인 사유의 구도가 혼재하고 있음을 발견할 수 있다. 이 점을 통찰한다면 퇴계학파와 율곡학파 사이에 불필요한 논쟁을 피하고 서로 소통할 수 있는 길이 열리게 된다.

다음, 다산이 성리학을 비판하는 주요 내용과 다산이 제시하는 새로운 人間觀을 살펴보고자 한다. 전통 성리학에 대한 다산의 해체작업은 '理의 위상'을 격하하고 '性卽理'라는 명제를 부정하는 것으로부터 시작되었다. 전통 성리학에서는 인간과 만물을 '理와 氣의 결합'으로 설명했거니와, 다산은 전통적 理·氣 개념을 탈피하고, 인간을 '神(정신)과 形(육체)의 묘합'으로 설명한다. 다산은 마음을 '神形妙合의 樞紐'로 규정하고, 마음의 '自主性(自由意志)'을 강조하면서, '上帝에 대한 신앙'을 통해 자유의지를 善으로 유도한다는 체계를 구상했던 것이다. 그러나 성리학의 체계가 반드시 '古經의 취지'와 어긋나는 것도 아니었으며, 다산의 새로운 구상이 반드시 '洙泗의 舊論'과 합치하는 것도 아니었다. 이러한 관점에서 본고의 결론부에서는 다산학의 의의와 한계를 간략히 논하기로 하겠다.

2. 退·栗 性理說에 대한 인식

1784년 여름 正祖는『中庸』에 관한 70조목의 질문을 제시하고, 太學生들로 하여금 조목별로 답변하도록 명한 바 있다. 다산의 〈中庸講義補〉에는 正祖의 질문과 茶山의 답변이 소상하게 기록되어 있다. 정조의 질문 가운데 하나는 다음과 같다.

> 東儒는 人心과 道心의 구별을 말하여 "理와 氣는 혼융하여, 원래 서로 떨어지지 않는다. '발하는 것'은 氣요, '발하는 까닭'은 理이니, 어찌 理發과 氣發의 다름이 있겠는가? 다만 道心은 비록 氣와 떨어지지 않으나 그 발한 것이 道義를 위한 것이기 때문에 性命에 소속시키고, 人心은 비록 또한 理에 근본 하였으나 그 발한 것이 口體를 위한 것이기 때문에 形氣에 소속시킨다"라고 하였다. '발하는 까닭(所以發)'이니 '발하는 것(發之)'이니 云云한 것은 모두 '이 理가 있으므로 발하는 것이요, 이 氣가 없으면 발할 수 없음'을 말한 것이니, 理·氣는 원래 서로 떨어지지 않음을 여기에서 결단할 수 있다. 그렇다면 一說에는 四端을 理發에 소속시키고 七情을 氣發에 소속시키는 것은 무슨 까닭인가? 원컨대 的確한 논의를 듣고자 한다.6)

위에서 말하는 '東儒'는 '栗谷'을 지칭하고, '一說'은 '退溪의 학설'을 지칭한다. 정조는 율곡의 "발하는 것은 氣요, 발하는 까닭은 理이다"라는 말에 입각하여 '理·氣의 不相離'를 의심할 수 없는 명제로 받아들이고, '理氣不相離'에 입각하여 퇴계의 理氣互發說에 의문을 품은 것이다. 이에 대하여 다산은 다음과 같이 답변했다.

> 臣은 '四端은 理發에 속하고, 七情은 氣發에 속한다'는 학설에 대해 오래전부터 의심하고 있었습니다. 만약 여러 분분한 학설에 매몰되지 않고 객관적 관점에서 공정하게 살핀다면 혹 쉽게 辨破할 수 있을 것입니다. 대개 氣는 스스로 존재하는 물건이며, 理는 依附하는 물건입니다. 그런데 依附하는 것은 반드시 스스로 존재하는 것에 依附하는 것이므로, 다만 氣

6) 『與猶堂全書』 第2集 卷4 頁65, 〈中庸講義補〉: 御問曰 東儒言人心道心之別(東儒卽栗谷) 曰理氣渾瀜 元不相離 發之者氣也 所以發者理也 安有理發氣發之殊乎 但道心雖不離乎氣 而其發也爲道義 故屬之性命 人心雖亦本乎理 而其發也爲口體 故屬之形氣 曰所以發 曰發之云云 蓋謂有是理故發也 無是氣則不發也 理氣之元不相離 卽此可決 然則一說以四端屬理發 以七情屬氣發者 何也(卽退溪之說) 願聞的確之論

가 發하면 문득 이 理가 있는 것입니다. 그렇다면 '氣發而理乘之'라고 하는 것은 옳으나 '理發而氣隨之'라고 하는 것은 옳지 않습니다. 무슨 말인가 하면 理는 스스로 자립할 수 없는 존재이므로, 먼저 發할 수 있는 방도가 없는 것입니다. 아직 발하기 전에 비록 먼저 理가 존재한다고 하더라도, 바야흐로 발할 즈음에는 氣가 반드시 앞서는 것입니다. 東儒가 "발하는 것은 氣요, 발하는 까닭은 理이다(發之者氣也 所以發者理也)"라고 한 설명은 참되고도 정확한 것이니, 누가 이것을 바꿀 수 있겠습니까? 臣이 망령되게 말씀드리자면, "四端과 七情을 한마디로 갈음하자면 '氣發而理乘之'이니, 理發과 氣發로 나누어 소속시킬 필요가 없는 것입니다. 四端 · 七情뿐만이 아니요, 一草一木의 울창함이나 새가 날고 짐승이 달리는 것이 모두 '氣發而理乘之'가 아닌 것이 없습니다"[7]

위에서 우선 주목할 것은 "氣는 스스로 존재하는 물건이며, 理는 依附하는 물건이다"라는 말이다. 이 말은 일견 매우 어색해 보이나,[8] 주자학의 持論과 어긋나는 것은 아니다. 주자학에서는 전통적으로 '理는 氣의 樞紐根柢, 氣는 理의 依着處'라고 설명해 왔다. '理는 氣의 樞紐根柢'라는 말은 원리적 관점의 설명으로, '理는 氣의 운동의 까닭(所以然)이 됨'

7) 『與猶堂全書』 第2集 卷4 頁65, 〈中庸講義補〉: 臣對曰 臣於四端屬理發 七情屬氣發之說 有宿疑焉 若不汨沒於紛紜之說 超坐而公觀之 則或易辨破 蓋氣是自有之物 理是依附之品 而依附者必依於自有者 故纔有氣發 便有是理 然則謂之氣發而理乘之可 謂之理發而氣隨之不可 何者 理非自植者 故無先發之道也 未發之前 雖先有理 方其發也 氣必先之 東儒所云發之者氣也 所以發者理也之說 眞眞確確 誰得以易之乎 臣妄以謂四端七情 一言以蔽之曰氣發而理乘之 不必分屬於理氣也 不但四七 卽一草一木之榮瘁 一鳥一獸之飛走 莫非氣發而理乘之也

8) 송영배는 '스스로 존재하는 물건'은 '實體'요, '依附하는 물건'은 '屬性'이라는 맥락에서, 다산의 이 말을 "氣는 實體이지만, 理는 屬性이다"라는 뜻으로 풀이하고, 이러한 사고방식은 '『天主實義』의 영향을 받은 것'이라고 설명한 바 있다(송영배, 「정약용 철학과 성리학적 리기관의 해체」, 『한국유학과 리기철학』, 예문서원, 2000, 289쪽). 다산은 23세 되던 해(1874년) 봄부터 西學에 본격적으로 관심을 갖게 되었거니와(장승구, 『정약용과 실천의 철학』, 서광사, 2001, 32~33쪽 참조), 위의 답변은 다산이 한창 『天主實義』를 읽고 있던 시절에 작성된 것이다.

을 뜻한다. 주자에 의하면 '氣는 스스로 존재하는 것'이나, '氣가 이러저러하게 운동하는 것은 理가 본래 그렇기 때문'이다.[9] 다산도 "'발하는 것은 氣요, 발하는 까닭은 理'라는 설명은 참되고도 정확한 것"이라 했으니, '理는 氣의 樞紐根柢(所以然)'임을 인정한 것이다. '氣는 理의 依着處'라는 말은 현상적 관점의 설명으로, 현실의 세계에서는 理는 항상 氣에 의지할 수밖에 없음을 뜻한다. 요컨대 다산의 "氣는 스스로 존재하는 물건이며, 理는 依附하는 물건이다"라는 말은 현상적 관점의 설명으로서, 이러한 맥락에서는 '발하는 것은 氣일 뿐'이라고 말하지 않을 수 없다. 그러나 원리적으로 보면 '理는 氣의 樞紐根柢'이므로, 또한 '발하는 까닭은 理이다'라고 말하지 않을 수 없다. 이러한 맥락에서 다산은 율곡의 '발하는 것은 氣요, 발하는 까닭은 理'라는 말을 전폭적으로 긍정하고, "四端과 七情을 한마디로 갈음하자면 '氣發而理乘之'이니, 理發과 氣發로 나누어 소속시킬 필요가 없다"고 단정한 것이다.

다산의 위와 같은 설명은 栗谷의 氣發理乘一途說을 전폭적으로 긍정하고, 退溪의 理氣互發說을 비판한 것이다. 그런데 〈中庸講義補〉에는 위의 인용문에 이어서 다음과 같은 내용이 보인다.

> 李德操[10]는 "만약 理字와 氣字의 原義에 입각하여 공정하게 논한다면, 이러한 주장이 진실로 근사할 것이다. 그러나 만약 性理家들이 말하는 例에 따라 분석해서 논한다면, 理는 다만 道心이요 氣는 다만 人心이다. 마

---

9) 朱子의 "天地의 사이에는 다만 動·靜의 兩端이 끊임없이 순환할 뿐, 그 밖의 다른 일은 없으니, 이것을 '易'이라 한다. 그런데 그 動·靜에는 반드시 動·靜하는 까닭으로서의 '理'가 있으니, 이것이 이른바 '太極'이다.(『朱子大全』 卷45 頁14, 〈答楊子直〉: 蓋天地之間 只有動靜兩端 循環不已 更無餘事 此之謂易 而其動其靜 則必有所以動靜之理焉 是則所謂太極者也)"라는 말은 이러한 맥락에서 이해할 수 있다. 이에 대한 자세한 논의는 拙著, 『朱子學의 길』, 심산, 2007, 61~75쪽 참조.

10) '李德操'는 曠菴 李檗(李蘗, 1754~1786)의 다른 이름이다.

음이 '性靈'으로부터 발하는 것은 理發이 되고, 마음이 '形軀'로부터 발하는 것은 氣發이 된다. 이렇게 본다면 退溪說은 매우 精微한 것이요, 栗谷說은 따를 수 없는 것이다"라고 말하고, 나에게 '이러한 주장을 삼가라'고 하였다. 이것은 乾隆 甲辰年(1784년)의 일이다. 嘉慶 辛酉年(1801년) 여름, 나는 長鬐의 謫所에 있으면서 〈理發氣發辨〉을 지어 이러한 뜻을 변론하였다.[11]

다산이 '氣는 스스로 존재하는 물건, 理는 依附하는 물건'이라는 관점에서 退溪의 理氣互發說을 비판한 것에 대해, 이덕조는 理·氣에 대한 논의의 전통 속에는 또 하나의 맥락이 있다고 상기시킨 것이다. 즉 이덕조는 理·氣는 '道心과 人心'을 뜻하기도 한다고 지적하고, 이러한 맥락에서 보면 퇴계설이 타당하고 율곡설은 부당하다고 반론한 것이다. 다산은 이덕조의 이러한 반론을 수용하여 마침내 〈理發氣發辨〉으로 자신의 견해를 정리했거니와, 이 글에서는 퇴계설과 율곡설을 모두 타당한 것으로 양립시키고 있다. 요컨대 다산은 본래 栗谷說을 지지하고 있었는데, 이덕조의 가르침을 받고는 退溪說도 수용하게 된 것이다. 이에 대해서는 잠시 뒤에 살펴보기로 하자.

한편, 1795년에 지은 〈西巖講學記〉에도 退·栗의 학설을 둘러싼 여러 사람들의 토론이 보인다. 먼저 吳國鎭이 "星湖先生이 지은 『四七新編』은 四端七情論에 대해 남김없이 밝힌 것입니다. 그런데 근래 듣자하니, 嶺南에도 또한 간혹 退溪의 本旨를 이해하지 못하는 자가 있다고 하니, 어떻습니까?"[12]라고 묻자, 木齋 李森煥[13]은 "從祖(星湖)의 四七

---

11) 『與猶堂全書』 第2集 卷4 頁65, 〈中庸講義補〉: 李德操曰 若就理字氣字之原義而公論之 則此說固近之 若就性理家所言之例而剖論之 則理只是道心 氣只是人心 心之自性靈而發者爲理發 心之自形軀而發者爲氣發 由是言之 退溪之說甚精微 栗谷之說不可從 謂余錯主此論 此乾隆甲辰事也 嘉慶辛酉夏 余在長鬐謫中 作理發氣發辨 以辨斯義

12) 『與猶堂全書』 第1集 卷21 頁25, 〈西巖講學記〉: 國鎭問 先生所著四七新編 其於四七之

論은 오로지 退溪의 가르침을 따른 것으로서, 朱子의 本旨에 깊이 부합된다. 栗谷의 氣發說은 매우 치우친 견해이다. 四端 또한 氣發이라고 한다면 '理·氣의 主·客이 서로 뒤바뀐 것'으로서, 마음이 性·情을 통섭할 수 없는 것이다. 退溪가 넉넉한 大賢이라고 하여, 그 사이에 조금이라도 아부한 것이 아니다"[14]라고 평하였다. 이에 대하여 다산은 다음과 같이 자신의 견해를 피력하였다.

退溪·栗谷 이후 四七論은 이미 큰 논쟁점이 되었으니, 진실로 後生末學이 감히 말할 수 있는 것이 아닐 것입니다. 그러나 일찍이 退·栗의 글을 취해서 반복하여 참고하고 징험해보니, 退·栗이 말하는 '理' 字와 '氣' 字는 글자의 모양은 비록 같지만 그 뜻은 전혀 달랐습니다. 대개 退溪가 말하는 理·氣는 오로지 우리 인간의 性情에 나아가 학설을 세운 것입니다(專就吾人性情上立說). 퇴계가 말하는 理는 道心이요 天理의 영역이며 性靈에 속하는 것이고, 氣는 人心이요 人慾의 영역이며 血氣에 속하는 것입니다. 그러므로 퇴계는 '四端은 理發而氣隨之, 七情은 氣發而理乘之'라고 말한 것입니다. 대개 마음이 발한 것에는, 天理와 性靈 쪽을 따라서 나오는 것이 있으니 이것은 本然之性이 感發한 것이며, 人慾과 血氣 쪽을 따라서 나오는 것이 있으니 이것은 氣質之性이 感觸한 것입니다. 栗谷이 말하는 理·氣는 天地萬物을 총괄하여 학설을 세운 것입니다(總括天地萬物而立說). 율곡이 말하는 理는 無形한 것으로서 사물의 所由然이고, 氣는 有形한 것으로서 사물의 體質입니다. 그러므로 율곡은 '四端·七情으로부터 天地萬物에 이르기까지 氣發而理乘之가 아닌 것이 없다'고 한 것

論 無復餘蘊 然近聞 嶺南亦或有未解退溪本旨者云 奈何

13) 木齋 李森煥은 星湖 李瀷의 從孫子였다.

14) 『與猶堂全書』 第1集 卷21 頁25, 〈西巖講學記〉: 木齋曰 從祖四七之論 專主退溪之訓 而深合朱子之旨 栗谷氣發之說 見得太偏 四端亦謂氣發 則理氣之主客互換 而心不能兼統性情 非以退溪之優入大賢 而有些阿好於其間也

입니다. 대개 사물이 능히 發動할 수 있는 것은 形質이 있기 때문입니다. 이 形質이 없으면 비록 理가 있다 하더라도 어떻게 發動할 수 있겠습니까? 그러므로 발하기 전에 비록 理가 먼저 있다 하더라도, 바야흐로 발함에 있어서는 반드시 氣가 앞서는 것입니다. 율곡의 말은 이러한 맥락에 입각한 것입니다. 그렇다면 퇴계와 율곡이 비록 같이 四端 · 七情을 논하고 理 · 氣를 말하지만, 그 理 · 氣 두 글자에 대해서는 전혀 다르게 해석하고 있는 것입니다. 『栗谷集』 가운데엔 비록 이처럼 밝혀놓은 곳이 없다고 하더라도, 율곡의 本意는 기필코 이와 같은 것입니다. 理 · 氣의 字義가 이미 다르니, 저것은 저것대로 하나의 학설이요, 이것은 이것대로 하나의 학설인 것입니다. 따라서 是非와 得失을 歸一시킬 수 없을 것 같은데, 어떨지 모르겠습니다.[15)]

다산은 위의 글에서 '退 · 栗의 학설은 서로 맥락을 달리 한다'는 점을 분명히 지적하였다. 즉 退溪의 理氣論은 오로지 인간의 심리현상만을 문제삼는 것으로서, '人心과 道心', '天理와 人慾', '性靈과 血氣' 등으로 표현되는 '인간의 갈등적 심리현상'을 理氣互發論으로 설명했다는 것이다. 반면에 栗谷의 理氣論은 인간의 심리현상과 천지만물의 조화를 동시에 설명하는 이론으로서, 율곡이 말하는 '理와 氣'는 사물의 '所由然과 體質'을 뜻한다는 것이다. 그런데 所由然(理)은 體質(氣)이 아니면 發動

15) 『與猶堂全書』 第1集 卷21 頁25, 〈西巖講學記〉: 鏞曰 退溪栗谷以後 四七已成大訟 固非後生末學所敢容喙 然嘗取兩家文字 反復參驗 則其云理字氣字 字形雖同 字義判異 蓋退溪所論理氣 專就吾人性情上立說 理者道心也 天理分上也 性靈邊的也 氣者人心也 人慾分上也 血氣邊的也 故曰四端理發而氣隨 七情氣發而理乘 蓋心之所發 有從天理性靈邊來者 此本然之性有感也 有從人慾血氣邊來者 此氣質之性有觸也 栗谷所論理氣 總括天地萬物而立說 理者無形的也 物之所由然也 氣者有形的也 物之體質也 故曰四端七情 以至天下萬物 無非氣發而理乘之 蓋物之能發動 以其有形質也 無是形質 雖有理乎 安見發動 故未發之前 雖先有理 方其發也 氣必先之 栗谷之言 其以是也 然則退溪栗谷 雖同論四七 共談理氣 卽其理氣二字注脚判異 栗谷集中 雖無如是揭開處 其本意所執 必如是也 理氣字義既異 則彼自一部說 此自一部說 恐無是非得失之可以歸一者 未知如何

(感發)할 수 없기 때문에, 이러한 맥락에서는 '氣發理乘一途論'이 성립할 수밖에 없다는 것이다. 다산은 이러한 관점에서 퇴계설과 율곡설을 각각 독자적인 학설로 인정하고, 양자를 양립시키고자 한 것이다. 요컨대 다산은 퇴계의 이기론과 율곡의 이기론은 서로 함의와 맥락을 달리 한다는 점을 꿰뚫어봄으로써, 퇴계설과 율곡설을 양립시킬 수 있게 된 것이다.

이제 다산의 〈理發氣發辨〉을 살펴보기로 하자. 〈理發氣發辨〉은 두 편으로 이루어졌거니와, 〈理發氣發辨一〉의 全文은 다음과 같다.

> 退溪는 '四端은 理發而氣隨之, 七情은 氣發而理乘之'라고 말하고, 栗谷은 '四端·七情이 모두 氣發而理乘之'라고 말했다. 後學들은 각각 들은 바를 높여서 논쟁이 분분하게 되었으니, 燕·越처럼 서로 멀어져서 歸一할 수가 없게 된 것이다. 내가 일찍이 退·栗의 글을 취해 읽고 그 견해가 갈라지게 된 연유를 세밀하게 탐구해 보니, 두 분이 말하는 '理'와 '氣'는 글자는 비록 같지만 그 가리키는 바는 '專'과 '總'의 차이가 있었다. 따라서 퇴계도 스스로 하나의 理氣論을 전개하는 것이요, 율곡도 스스로 하나의 理氣論을 전개하는 것으로서, 율곡이 퇴계의 理·氣를 취하여 혼란에 빠뜨린 것이 아니다. 대개 퇴계는 오로지 사람의 마음에 나아가 명백하게 밝힌 것이다(專就人心上八字打開). 퇴계가 말하는 理란 本然之性이요 道心이요 天理의 공정함이며, 氣란 氣質之性이요 人心이요 人欲의 사사로움이다. 그러므로 퇴계는 四端과 七情이 발함에는 公과 私의 구분이 있으니, 四端은 理發이고 七情은 氣發이라고 한 것이다. 율곡은 太極이래 理·氣를 총괄하여 공정하게 논한 것이다(總執太極以來理氣而公論之). 율곡은 천하의 사물은 발하기 전에는 비록 먼저 이 理가 있다 하더라도 바야흐로 그 발함에는 氣가 반드시 앞선다고 보았다. 비록 四端·七情이라도 오직 이 公例에 따라서 예를 들었으니, 그러므로 四端과 七情이 모두 氣發이라고 한 것이다. 율곡이 말하는 理란 形而上者요 사물의 本則이

며, 氣란 形而下者요 사물의 形質로서, 간절하게 心·性·情으로 말하는 것이 아니다. 退溪說은 비교적 정밀하고 자세하며, 栗谷說은 비교적 활달하고 간단하다. 그러나 그 뜻을 두어 가리켜 말하는 바가 각각 다르니, 어찌 일찍이 둘 가운데 하나가 틀린 것이겠는가? 일찍이 하나가 틀린 것이 아닌데 억지로 하나를 틀렸다고 여기고 홀로 옳다고 하니, 따라서 논쟁이 분분하여 결정할 수 없는 것이다. 이것을 탐구하는 데는 요점이 있으니, '專'과 '總'이 그것이다.[16]

위의 글은 앞에서 살펴본 〈서암강학기〉의 내용과 같은 맥락이다. 다만 〈서암강학기〉에서는 '퇴계의 理·氣'를 '人心과 道心', '天理와 人慾', '性靈과 血氣' 등으로 설명했었는데, 위의 인용문에서는 '性靈과 血氣' 대신에 '本然之性과 氣質之性'이라는 용어를 사용했다. 또한 〈서암강학기〉에서는 '율곡의 理·氣'를 '所由然과 體質'로 설명했었는데, 위의 인용문에서는 '形而上의 本則과 形而下의 形質'로 바꾸어서 설명한 것이다. '所由然과 體質' 또는 '形而上의 本則과 形而下의 形質'은 주자의 용어로 말하자면 '道와 器' 또는 '本과 具'에 해당된다.[17] 요컨대 다산은 율

16) 『與猶堂全書』第1集 卷12 頁17, 〈理發氣發辨一〉: 退溪曰四端理發而氣隨之 七情氣發而理乘之 栗谷曰四端七情 皆氣發而理乘之 後之學者 各尊所聞 聚訟紛然 燕越以邈 莫可歸一 余嘗取二子之書而讀之 密求其見解之所由分 乃二子之曰理曰氣 其字雖同 而其所指有專有總 卽退溪自論一理氣 栗谷自論一理氣 非栗谷取退溪之理氣而汨亂之爾 蓋退溪專就人心上八字打開 其云理者是本然之性 是道心 是天理之公 其云氣者是氣質之性 是人心 是人欲之私 故謂四端七情之發 有公私之分 而四爲理發 七爲氣發也 栗谷總執太極以來理氣而公論之 謂凡天下之物 未發之前 雖先有理 方其發也 氣必先之 雖四端七情亦唯以公例例之 故曰四七皆氣發也 其云理者是形而上 是物之本則 其云氣者 是形而下是物之形質 非故切切以心性情言之也 退溪之言較密較細 栗谷之言較闊較簡 然其所主意而指謂之者各異 卽二子何嘗有一非耶 未嘗有一非 而强欲非其一以獨是 所以紛紛而莫之有定也 求之有要 曰專曰總

17) '道'나 '本'은 '따라야 할 길' 또는 '본받아야 할 표준'이라는 뜻으로, 서양철학의 '形相'과 같은 의미이다. '器'나 '具'는 '道나 本을 구체화시키는 작용을 하는 재료'라는 뜻으로, 서양철학의 '質料'와 같은 의미이다.

곡의 이기론은 '本과 具' 또는 '道와 器'의 구도에 입각한 것이나, 퇴계의 이기론은 '天理와 人慾' 또는 '道心과 人心'의 구도에 입각한 것이라는 점을 간파한 것이다. '天理 · 人慾'이나 '道心 · 人心'은 오로지 인간의 갈등적 심리현상을 설명하는 개념이요, '本 · 具'나 '道 · 器'는 인간의 심리현상과 천지자연의 조화를 포괄하는 개념이다. 이러한 맥락에서 다산은 退 · 栗의 차이를 '專과 總'의 문제로 설명하기도 한 것이다.

〈理發氣發辨一〉은 퇴계설과 율곡설이 서로 다른 맥락에 입각한 것임을 해명함으로써 양자를 양립시키고자 한 것이라면, 〈理發氣發辨二〉는 퇴계설에 대해 자신의 입장에서 약간의 제한을 가한 것이다. 〈理發氣發辨二〉의 全文은 다음과 같다.

> 四端은 대체로 '理發'이다(本然之性에서 발한다는 말이다). 비록 그러나 明皇(唐玄宗)이 馬嵬에서 楊貴妃를 (성난 군사들에게) 引渡하면서 惻隱之心을 발한 것(이것은 先儒의 말이다), 漢高祖가 白登에서 (탈출해) 돌아오면서 羞愧之心을 발한 것, 曹操가 帝號를 사양하고 황제의 자리에 앉지 않은 것, 荀卿이 十二子를 비난한 것 등은 '天理의 공정함에서 발한 것'이라고 말할 수 없다. 七情은 대체로 '氣發'이다(氣質之性에서 발한다는 말이다). 비록 그러나 子路가 자신의 허물을 들으면 기뻐한 것(喜), 文王이 한 번 분노함에 천하의 백성을 편안하게 한 것(怒), 〈關雎〉의 슬픔(哀), 『中庸』의 두려워함(懼), 어린아이가 그 부모를 사랑함(愛), 禹가 맛있는 술을 미워함(惡), 『大學』의 그 뜻을 참되게 하려고 함과 그 마음을 바르게 하려고 함(欲) 등은 '形氣의 사사로움에서 발한 것'이라고 말할 수 없다. 四端도 내 마음에서 말미암고, 七情도 내 마음에서 말미암으나, 내 마음에 理 · 氣라는 두 구멍이 있어서 각각 發出하도록 하는 것이 아니다. 君子가 고요할 때 存養하고 움직일 때 省察하는 것은 무릇 한 생각이 발할 때 곧 이미 두려워하면서 '이것은 天理의 공정함에서 발한 것인가, 人

> 欲의 사사로움에서 발한 것인가? 이것은 道心인가, 人心인가?'를 맹렬하게 살펴, 정밀하고 간절하게 탐구하고 미루어나가는 것이다. 이것이 과연 天理의 공정함에서 나온 것이면 培養하고 擴充시키며, 혹시 人欲의 사사로움에서 나온 것이면 막아내고 克復하는 것이다. 君子가 애를 태우며 '理發·氣發'의 논변에 정성을 기울이는 것은 바로 이 때문이다. 진실로 그 말미암아 발한 바를 아는 것으로 그친다면, 分辨한들 무엇하겠는가? 退溪는 一生동안 治心養性의 공부에 힘썼거니와, 그러므로 理發과 氣發을 나누어 말하면서 오직 그것이 밝혀지지 않을까 두려워했던 것이다. 學者가 이러한 뜻을 살펴 깊이 체득한다면, 곧 退溪의 충실한 學徒인 것이다.[18]

위의 인용문의 중심적인 논점은 '四端과 七情'을 '理發과 氣發'로 확연하게 구분할 수 없다는 점이다. 四端과 七情은 대체로는 理發과 氣發로 구분되지만, 四端에도 形氣의 사사로움에서 발한 것이 있고 七情에도 天理의 공정함에서 발한 것이 있다는 것이다.[19] 요컨대 다산은 '理發과 氣發'의 구도 자체는 중시하면서도, '四端은 理發, 七情은 氣發'이라는 구분은 수긍하지 않았다. 위의 인용문에서 또 하나 주목할 점은 '理發'과 '氣發'을 각각 '本然之性에서 발하다'와 '氣質之性에서 발하다'는 뜻으로

---

18) 『與猶堂全書』第1集 卷12 頁17~18, 〈理發氣發辨二〉: 四端大體是理發(謂發於本然之性) 雖然明皇於馬嵬 引貴妃而發惻隱之心(此先儒之言) 漢高祖自白登還而發羞愧之心 曹操讓帝號而不爲 荀卿非十二子 若此類 謂其發於天理之公 不可得也 七情大體是氣發(謂發於氣質之性) 雖然子路喜聞過 文王一怒而安天下之民 關雎之哀 中庸之恐懼 孩提之愛其親 禹之惡旨酒 大學之欲誠其意欲正其心 若此類 謂其發於形氣之私 不可得也 四端由吾心 七情由吾心 非其心有理氣二竇而各出之使去也 君子之靜存而動察也 凡有一念之發 卽已惕然猛省曰 是念發於天理之公乎 發於人欲之私乎 是道心乎 是人心乎 密切究推 是果天理之公則培之養之 擴而充之 而或出於人欲之私則遏之折之 克而復之 君子之焦唇敝舌而慥慥乎理發氣發之辯者 正爲是也 苟知其所由發而已 則辨之何爲哉 退溪一生用力於治心養性之功 故分言其理發氣發 而唯恐其不明 學者察此意而深體之 則斯退溪之忠徒也

19) 이러한 견해는 高峯 奇大升(奇高峯의 〈答退溪論四端七情書〉 제6절 및 〈四端七情總論〉), 愚伏 鄭經世(『愚伏集』卷11 頁22, 〈答曹汝益〉) 등이 제시한 바 있고, 星湖 李瀷도 이 문제를 여러 차례 논의한 바 있다(『四七新編』〈重跋〉 참조).

풀이하고 있다는 점이다. 퇴계는 분명 理를 '능동적 주체'로 인정했거니와, 따라서 퇴계의 理發은 '理에서 발한다'는 뜻과 '理가 발한다'는 뜻을 모두 포함하는 것이다. 그런데 다산은 理發을 '理에서 발한다'는 뜻으로 풀이하고, '理가 발한다'는 뜻을 명확히 하지는 않았다.[20] 다산은 더 나아가 "내 마음에 理·氣라는 두 구멍이 있어서 각각 發出하도록 하는 것이 아니다"라고 하였다. 이 말은 '四端과 七情'은 물론 '理發과 氣發' 역시 이원적으로 규정할 수 없음을 다시 강조한 것이다. 이상의 세 논점은 다산이 퇴계설에 대해 일정한 제한을 가한 것이라고 풀이할 수 있겠다.

다산이 명확히 지적했듯이 사실 퇴계의 이기론과 율곡의 이기론은 理·氣의 개념 자체를 달리 설정한 것이다. 본래 주자는 '理·氣'를 주로 '道(本)와 器(具)'로 규정했지만, 경우에 따라 '天理와 人欲' 또는 '道心과 人心'으로도 설명하고, '所以然과 所然'으로도 설명했던 것이다.[21] '天理와 人欲' 또는 '道心과 人心'은 서로 갈등하는 對立的 관계인 반면, '道와 器' 또는 '本과 具'는 반드시 서로 합쳐져서 하나의 사물을 이루는 相互依存的 관계이다. 이 가운데, 퇴계는 '天理와 人欲' 또는 '道心과 人心'이라는 맥락에 입각하여 理氣互發說을 정립한 것이요, 율곡은 '道(本)와 器(具)'라는 맥락에 입각하여 氣發理乘一途論을 전개한 것이다.

이렇게 본다면 우리는 퇴계설과 율곡설을 두고 서로 是非와 優劣을 다툴 것이 아니라, 각각의 이론을 정확하게 이해하고 그 취지를 우리의 실천에 반영하면 되는 것이다. 다산은 전통 성리학의 理氣論은 단일한 맥락이 아니라는 점에 착안함으로써 퇴계설과 율곡설을 각각 정당하게 이해하고 승인할 수 있는 길을 열어주었다. 이 점은 다산의 위대한 공헌

20) 다산은 '퇴계의 理는 道心'이라고 해석했거니와, 이러한 맥락에서는 '理(道心)의 能發'을 적극적으로 인정하더라도 아무런 하자가 없을 것이다. 그런데 다산이 그렇게 하지 않은 것은 무슨 까닭인지 궁금하다.

21) 이에 대한 자세한 논의는 拙著, 『畿湖性理學硏究』, 제1장 〈朱子 理氣論의 삼중구조〉 참조.

이라 하겠다.[22)]

3. 性理學의 해체와 性嗜好說

1) 性理學의 해체

다산은 〈五學論〉에서 당시의 여러 학풍들을 비판했는데, 그 첫 번째 비판의 대상은 '性理學'이었다.[23)] 다산은 '性理에 관한 학문'이 성립할 수 있는 근거를 부정하지는 않았다. 그런데 당시의 성리학자들은 '理, 氣, 性, 情, 體, 用, 本然, 氣質, 理發, 氣發, 已發, 未發, 單指, 兼指, 理同氣異, 氣同理異, 心善無惡, 心善有惡' 등을 두고 지나치게 분석하면서 지루한 논쟁을 일삼을 뿐, '禮樂, 刑政, 威儀, 祭祀, 賓客, 朝廷, 軍旅, 燕居, 喪紀' 등 修己治人의 實際를 외면하고 있으니, "지금의 性理學者들은 끝내 손을 잡고 함께 堯·舜·周·孔의 門戶로 들어갈 수 없는 자들"이라고 혹평했다.[24)]

그런데 당시 성리학자들의 이러한 폐단은 性理學(朱子學) 자체의 성격에서 말미암는다는 것이 다산의 진단이었다.[25)] 일찍이 주자는 古經의

22) 茶山의 학맥은 '李瀷 - 李秉休 - 李森煥'으로 소급되거니와, 茶山이 성리학의 理氣論을 두 맥락으로 구분하는 논법은 이미 이들에게서 그 端初가 보이는 것이었다. 이에 대한 자세한 논의는 안영상, 「星湖 李瀷의 性理說 硏究」, 고려대 박사학위논문, 1998, 174~181쪽 참조.

23) 나머지 네 가지는 '訓詁學, 文章學, 科擧學, 術數學'이었다.

24) 『與猶堂全書』 第1集 卷11 頁19~20, 〈五學論一〉 참조.

25) 다산은 性理學을 비판한 〈五學論一〉에서 朱子를 비판하지는 않았다. 다산은 오히려 "朱子는 六經을 연마하여 진위를 변별하고, 四書를 표장하여 심오한 진리를 열어주었으며, 朝廷에 들어가서는 死生을 돌보지 않고 諫言하면서 국정을 논하였고, 地方官으로서는 仁政을 베풀었다"고 설명하면서, 空理空談에 빠진 당시의 性理學者들은 모두 '朱子를 속

'天(上帝)'을 모두 '理'로 재해석했거니와, 다산은 이것이 '성리학을 空理空談으로 타락시킨 주요 원인'이라고 보았던 것이다. 다산은 다음과 같이 말한다.

> 古人은 진실한 마음으로 天을 섬기고, 진실한 마음으로 神을 섬겼다. 動靜하는 가운데 한 생각이 싹틈에, 혹은 참되기도 하고 혹은 거짓되기도 하며 혹은 선하기도 하고 혹은 악하기도' 하니, 경계하여 말하기를 "(天神께서) 날마다 살펴보아 이곳에 계시다"고 하였다. 그러므로 그 戒愼恐懼와 愼獨의 절실함이 참으로 간절하고 독실하여 天德에 통달했던 것이다. 요즈음 사람들은 '天'을 '理'로 여기고, '鬼神'을 '功用'·'造化의 자취'·'陰陽의 良能' 등으로 여기니, 마음으로 알았다고 하더라도 아득히 멀기만 하여 한결같이 知覺이 없는 것처럼 여긴다. 어두운 방에서 자기의 마음을 속이기를 방자하게 하여 거리낌이 없으니, 終身토록 道를 배워도 함께 堯舜의 경지에 들 수 없는 것은 모두 鬼神에 대해 제대로 알지 못하기 때문이다.[26)]

古經에서는 天(上帝)을 '인간의 행위를 감시하고, 착한 사람에게는 福을 내리고 악한 사람에게는 재앙을 내리는 존재'로 규정했었다. 그런데 주자학에서는 天(上帝)과 鬼神을 모두 理·氣로 풀이하고, '이 세계에는 全知全能한 인격적 주재자(심판자)가 존재한다'는 주장을 부정했다. 주자에 의하면 이 세계는 전지전능한 上帝가 주재하는 것이 아니다. 이 세계에는 다만 하나의 '理(自然의 理法)'가 존재하는 것이다.[27)] 그러나 다

이는 것'이라고 주장하였다. 그러나 性理學을 해체시키려는 다산의 銳鋒은 결국 '朱子를 겨냥하는 것'이었다. 요컨대 '朱子의 잘못된 학술이 性理에 관한 학문을 空理空談으로 귀착시켰다'는 것이 다산의 진단이었다.

26) 『與猶堂全書』 제2집 卷4 頁21, 〈中庸講義補〉: 古人 實心事天 實心事神 一動一靜 一念之萌 或誠或僞 或善或惡 戒之曰日監在玆 故其戒愼恐懼愼獨之切 眞切篤實 以達天德 今人以天爲理 以鬼神爲功用 爲造化之跡 爲二氣之良能 心之知之 杳杳冥冥 一似無知覺者然 暗室欺心 肆無忌憚 終身學道 而不可與入堯舜之域 皆於鬼神之說 有所不明故也

산은 '理'를 窮極的 主宰者로 삼고서는 아무런 윤리적 실천의 계기를 확보할 수 없다고 보았다. '理'는 전혀 權能이 없는 존재이기 때문에, 아무도 '理'를 두려워하지 않고 방자하게 행동한다는 것이다. 다산은 다음과 같이 말하기도 한다.

> 〈太極圖〉에서의 '위의 하나의 圓圈'[28]은 六經에 보이지 않는 내용이다. 이것은 靈知가 있는 물건인가, 없는 물건인가? 空空蕩蕩하니, 不可思議한 것이다. 무릇 天下에 靈知가 없는 물건은 主宰를 할 수 없다. 그러므로 한 집의 家長이 어리석어 지혜가 없으면 집안의 모든 일이 다스려지지 않고, 한 고을의 우두머리가 어리석어 지혜가 없으면 고을의 모든 일이 다스려지지 않는 것이다. 하물며 허공의 蕩蕩한 太虛 一理를 天地萬物의 主宰者요 根本이라고 한다면, 天地間의 일이 제대로 실현되겠는가?[29]

다산은 '靈知가 있는 존재'만이 主宰者가 될 수 있다고 규정하고, 靈知가 없는 理를 이 세계의 주재자로 설정하고서는 아무런 일도 이루어지지 않는다고 단정했다. 이러한 맥락에서 다산은 '理'의 위상을 격하시키고, '天(上帝)'[30]을 '權能이 있는 주재자'로 복원시킴으로써, 유학을

---

27) 이에 대한 자세한 논의는 拙著, 『畿湖性理學論考』, 심산, 2005, 134~136쪽 참조.

28) '위의 하나의 圓圈'이란 周濂溪의 〈太極圖〉에서 '○'를 그려놓고 '無極而太極'이라 한 것을 말한다.

29) 『與猶堂全書』 第2集 卷6 頁38, 〈孟子要義〉: 太極圖上一圓圈 不見六經 是有靈之物乎 抑無知之物乎 將空空蕩蕩 不可思議乎 凡天下無靈之物 不能爲主宰 故一家之長 昏愚不慧 則家中萬事不理 一縣之長 昏愚不慧 則縣中萬事不理 況以空蕩蕩之太虛一理 爲天地萬物主宰根本 天地間事 其有濟乎

30) 다산은 '하늘(天)의 주재자'가 바로 '上帝'이거니와, 上帝를 天이라고도 말하는 것은 '國君'을 '國'이라고도 말하는 것과 같은 맥락이라고 설명했다(『與猶堂全書』 第2集 卷6 頁38, 〈孟子要義〉: 天之主宰爲上帝 其謂之天者 猶國君之稱國 不敢斥言之意也). 또 다산에 의하면 천지에는 수많은 鬼神이 존재하거니와, 그 가운데의 至尊이 바로 上帝라는 것이다(『與猶堂全書』 第2集 卷4 頁23, 〈中庸講義補〉: 天地鬼神 昭布森列 而其至尊至大者 上帝是已).

'修己治人에 기여하는 실천적 학문'으로 되살리고자 했다. 이것은 기존의 성리학적 사고방식을 전면적으로 해체시키고, 古經의 원의에 입각하여 유학을 '上帝에 대한 신앙의 체계'로 되돌리고자 하는 작업이었다.

다산의 해체작업은 '太極'과 '理'의 위상을 격하시키는 것으로부터 시작된다. 성리학에서는 太極을 '理의 尊稱'으로 풀이했었다. 이 세계에는 '만물의 標準이 되는 하나의 理(자연의 理法)'가 존재하는데, 그것은 매우 위대하므로 '太極'이라고 높여서 부르기도 하고, 소리도 없고 냄새도 없는 形而上者이므로 '無極'이라고 부르기도 한다는 것이다. 그러나 다산은 이러한 해석에 반대했다. 일찍이 孔穎達은 "太極은 '天地가 分化되기 이전의 元氣가 混一한 상태'로서, 곧 '太初'이고 '太一'이다. 그러므로 老子는 '道가 一을 낳는다(道生一)'고 했는데, 곧 '太極'이 이것이다"[31] 라고 설명한 바 있다. 다산은 이러한 해석을 받아들이면서,[32] 다음과 같이 말한다.

> 孔穎達은 太極을 元氣로 여기고, 또 老子의 '道生一'이라는 말을 인용하여 太極이라 했는데, 이것이 오히려 이치에 가깝다. 그런데 後世의 학자들은 太極을 '形而上의 존재'로 높이고, 항상 '태극은 理요 氣가 아니며, 無요 有가 아니다'라고 하니, 形而上의 존재가 어떻게 '黑白이 교감하는 圓圈'[33]이 될 수 있는지 모르겠다. 또 '無極而太極'이라 하거니와, 이는 그 뜻이 비록 본래 '道生一'이라는 세 글자에서 나왔다고 하더라도, 老子의

---

31) 『與猶堂全書』 第2集 卷46 頁3, 〈易學緖言〉: 孔云太極謂天地未分之前 元氣混而爲一 卽是太初太一也 故老子云道生一 卽此太極是也

32) 다산은 『周易』의 '易有太極'을 풀이하면서 '太極'이란 '蓍草占을 칠 때, 50策을 아직 나누기 전의 상태'라고도 설명하였다(『與猶堂全書』 第2集 卷44 頁26, 〈易學緖言〉: 太極者五十策之未分者也). 이러한 설명 역시 '天地가 分化되기 이전의 元氣가 混一한 상태'와 같은 맥락이다.

33) '黑白이 교감하는 圓圈'이란 〈太極圖〉의 제2단에서 '○' 속에 '黑·白이 교감하는 모양'을 그려놓고 '陰靜陽動'이라고 설명한 것을 말한다.

> '道生一'이라는 말은 太極 위에 분명히 '造化의 근본'을 별도로 설정한 것이다. 만약 '無極而太極'이라 한다면, 이른바 太極이란 또 저절로 생겨난 것으로서, 근본이 되는 것이 없는 것이다. 經旨의 得失을 논하지 않더라도, 老子의 뜻이 또 한 번 변해서 異說이 된 것이다.[34]

위의 인용문은 기존의 '太極은 理'라는 주장과 '無極이면서 太極이다(無極而太極)'라는 주장을 모두 비판한 것이다. 다산의 논점은 두 가지이다. 첫째, 太極을 '形而上의 理'로 해석한다면, '형이상의 존재가 어떻게 兩儀(黑白)를 낳을 수 있느냐'는 것이다. 둘째, 無極과 太極을 동일시한다면, 太極의 성립 근거가 없게 된다는 것이다. 다산은 老子의 '道生一'처럼 '無極이 太極을 낳는다(無極生太極)'고 설명하는 것이 오히려 타당하다고 본 것이다. 이러한 논리에 입각하여 다산은 성리학의 太極論을 '이상한 학설(異說)'이라고 규정했다.

한편, 성리학에서는 '理'를 '형이상적 實在'[35]로 규정하거니와, 다산은 이에 대해서는 다음과 같이 비판한다.

> '理'란 본래 '옥돌의 脈理(결)'이다. 玉을 다스리는 자는 그 脈理를 살피거니와, 그러므로 마침내 다시 假借하여 '다스림(治)'을 '理'라고도 했다.…… 다스림은 獄事가 가장 중요하니, 그러므로 獄官을 '理'라고도 했

34) 『與猶堂全書』 第2集 卷46 頁3~4, 〈易學緖言〉: 孔以太極爲元氣 又引老子道生一爲太極 是猶近理 乃後世之論 推尊太極爲形而上之物 每云是理非氣 是無非有 不知形而上之物 何以有黑白交圈也 又云無極而太極 則是其義雖本出於道生一三字 彼云道生一 是於太極之上 明有造化之本 若云無極而太極 則所謂太極者 是又自然而生 無所爲本也 未論經旨得失 而老子之意 亦一變而爲異說矣

35) 성리학에서의 '理(道, 本)'는 '완전한 자립적 존재'가 못되고 반드시 形而下의 '氣(器, 具)'와 짝을 이루어야 한다. 따라서 서구적 '實體'의 개념을 엄밀히 적용하자면, 성리학의 理는 '실체'라고 규정할 수 없다. 本考에서는 이러한 점을 감안하여 '성리학의 理'를 '형이상적 實在'라는 말로 설명하고자 한다.

다.…… 어찌 일찍이 形體가 없는 것을 理라 하고 材質이 있는 것을 氣라 했으며, 天命之性을 理라 하고 七情之發을 氣라 했겠는가? 『周易』에서는 '黃中通理'라 했고, 또 '易簡而天下之理得矣'라 했으며, 〈樂記〉에서는 '天理滅矣'라 했고, 『周易』에서는 '窮理盡性 以至於命'이라 했고, 또 '順命之理'라 하였다. 조용히 字義를 탐구해보면 모두 '脈理, 治理, 法理'를 假借하여 쓴 것이다('法理'는 곧 '獄理'이다). 性을 곧바로 理라고 여기는 것이 古經에 근거가 있는가?[36)]

다산은 '理'란 본래 '옥돌의 결(脈理)'을 뜻하고, 여기에서 '다스림(治理)'이란 뜻이 파생된 것이라고 설명하면서, '理'를 '형이상적 實在'로 규정하는 것은 근거가 없다고 비판했다. '옥돌의 결'은 우리의 눈에 보이는 것이요, '다스림' 역시 인간의 행위이니, 이것을 주목한다면 理는 과연 形而上의 존재가 못되는 것이다. 다산은 더 나아가 '性'을 '理'로 규정하는 것 역시 근거가 없다고 비판하였다. 理는 '저절로 그러한 것(自然)'인데, 저절로 그러한 것을 '性'이라고 할 수는 없다는 것이다.[37)]

다산이 理를 '自然'으로 설명한 것처럼, 성리학의 '理'는 무엇보다도 '自然의 理法'을 뜻한다. 성리학에서는 '자연의 이법(天道)'을 '一陰一陽'[38)]으로 설명하고, 인간은 '一陰一陽之謂道'라는 자연의 이법을 우리

36) 『與猶堂全書』 第2集 卷6 頁26, 〈孟子要義〉: 理者本是玉石之脈理 治玉者 察其脈理 故遂復假借 以治爲理 …… 治理者 莫如獄 故獄官謂之理 …… 曷嘗以無形者爲理 有質者爲氣 天命之性爲理 七情之發爲氣乎 易曰黃中通理 又曰易簡而天下之理得矣 樂記云天理滅矣 易曰窮理盡性 以至於命 易曰順命之理 靜究字義 皆脈理治理法理之假借爲文者(法理卽獄理) 直以性爲理 有古據乎

37) 『與猶堂全書』 第2集 卷5 頁51, 〈孟子要義〉: 且性 非理也 理之爲物 歸于自然 自然豈可以爲性乎

38) 주자학에서의 '一陰一陽'은 '하나의 陰과 하나의 陽이 교감한다'는 뜻과 '한 번은 陰이 되고 한 번은 陽이 된다'는 뜻을 동시에 지닌다. 朱子는 전자를 '交易'이라 했고, 후자를 '變易'이라 했다(이에 대한 자세한 논의는 拙著, 『歷史哲學과 易學思想』, 성균관대출판부, 1996, 123~145쪽 참조).

삶의 표준으로 삼아야 한다고 주장했다. 그런데 다산은 '一陰一陽의 道는 天道요 易道로서, 인간의 率性之道와는 무관하다'[39]고 주장한다.[40]

이상에서 살펴본 것처럼 다산은 太極을 氣로 해석하고, 理에 대한 형이상학적 해석도 반대하고, '性과 理의 관계'도 해체시킨 다음, '人道와 天道'를 별개로 규정했다. 다산의 이와 같은 일련의 주장들은 한편으로는 기존 성리학의 토대를 근원적으로 무너뜨리는 것이요, 한편으로는 인간과 자연을 분리시키려는 것이었다. 다산은 理 대신 上帝의 위상을 복원시키고, 人間에게 自然(天地)이나 萬物(草木禽獸)과 구별되는 특수한 위상을 부여하며,[41] 인간의 도덕(倫理)을 인간에게만 고유한 사실로 확정하고자 했다. 다산의 이러한 시도는 '마음'에 대한 새로운 해명으로부터 출발한다.

2) 性嗜好說

다산은 人間을 '神과 形이 妙合된 존재'로 이해하고, '마음'을 '神形妙合의 樞紐'로 규정했다.[42] 다산에 의하면 마음이야말로 '인간의 本體'로서, 마음에는 嗜好가 있고, 願欲이 있고, 權衡이 있다.

---

39) 『與猶堂全書』 第2集 卷6 頁39, 〈孟子要義〉: 若云一陰一陽之謂道 本之易傳 則是言天道不是人道 是言易道 不是天道 豈可以吾人率性之道 歸之於一陰一陽乎

40) 다산은 〈易學緖言〉에서는 "一陰一陽之謂道者 天之所以生育萬物 其神化妙用 只是一晝一夜 一寒一暑而已 草木禽獸含生蠢動之倫 於是乎煦濡蓄發 而人之所以立經陳紀 代天理物 亦唯順晦明之節 協冬夏之紀而已"(『與猶堂全書』 第2集 卷46 頁2)라고 했거니와, 이는 天道와 人道의 연관성을 인정하는 것이다.

41) 성리학에서는 '인간은 만물의 靈長'이라 하여 인간을 '頂上의 존재'로 규정했다. 그러나 '인간과 만물의 本然之性은 같다'고 하는 한, 인간과 만물이 본질적으로 다르다고 본 것은 아니었다. 다산은 인간을 '頂上의 존재'로 규정할 뿐만 아니라 '만물과 본질이 다른 존재'로 보는 것이다.

42) 『與猶堂全書』 第2集 卷5 頁32, 〈孟子要義〉: 神形妙合 乃成爲人 神則無形 亦尙無名 以其無形 故借名曰神 心爲血府 爲妙合之樞紐 故借名曰心

다산은 '마음의 嗜好'를 '性'이라 규정했다.[43] 즉 性이란 성리학에서 주장하는 것처럼 하나의 實在가 아니라, 다만 嗜好일 뿐이라는 것이다. 다산은 性을 다시 둘로 나눈다. 다산은 다음과 같이 말한다.

> 性은 嗜好이다. '形軀의 기호'가 있고, '靈知의 기호'가 있는데, 모두 '性'이라 한다. 그러므로 『書經』 〈召誥〉에서는 '節性'이라 했고, 『禮記』 〈王制〉에서는 '節民性'이라 했으며, 『孟子』에서는 '動心忍性'이라 하고 또 '耳目口體의 기호'를 性이라 했는데, 이것들은 '形軀의 기호'이다. 『中庸』의 '天命之性', 『論語』의 '性與天道', 『孟子』의 '性善·盡性' 등의 '性'은 '靈知의 嗜好'이다.[44]

다산은 '形軀의 기호'를 '人心의 기호'라고도 했고, '靈知의 기호'를 '道心의 기호'라고도 했다.[45] 다산은 이와 같이 기호를 둘로 나누어 보면서도, '善을 즐기고 惡을 부끄러워하는 것'이 인간의 본성이므로, '本性을 어기고 惡을 짓는다면 그 죄를 면할 수 없다'[46]고 주장한다. 전통 성리학에서는 인간의 本性을 형이상학적 實在로 규정하고, 구체적으로는 '仁·義·禮·智'로 설명했었다. 그러나 다산은 '仁·義·禮·智'란 '선천적 본성'이 아니라 '후천적 덕목(실천의 결과)'이라고 주장하였다.[47]

---

43) 『與猶堂全書』 第2集 卷3 頁2, 〈中庸自箴〉: 性者 心之所嗜好也

44) 『與猶堂全書』 第1集 卷16 頁16, 〈自撰墓誌銘(集中本)〉: 性者 嗜好也 有形軀之嗜 有靈知之嗜 均謂之性 故召誥曰節性 王制曰節民性 孟子曰動心忍性 又以耳目口體之嗜爲性 此形軀之嗜好也 天命之性 性與天道 性善盡性之性 此靈知之嗜好也

45) 『與猶堂全書』 第2集 卷5 頁33, 〈孟子要義〉: 召誥曰節性惟日其邁 王制曰修六禮以節民性 孟子曰動心忍性 此所云性者 人心之嗜好也 商書祖伊之言曰不虞天性 子思曰率性 孟子曰性善 此所云性者 道心之嗜好也 雖其所主不同 其以嗜好爲性則同

46) 『與猶堂全書』 第2集 卷5 頁35, 〈孟子要義〉: 性之樂善恥惡 旣眞確矣 拂此性而爲惡 罪其可逭乎

47) 『與猶堂全書』 第2集 卷6 頁23, 〈孟子要義〉: 仁義禮智 竟成於行事之後 若以爲在心之理 則又非本旨

'마음의 願欲'이란 '욕심' 또는 '욕망'으로서, 부단히 무언가를 추구하는 마음을 말한다. 요컨대 원욕은 우리 삶의 추동력이다. 다산에 의하면 인간은 때때로 원욕을 실현하기 위해 목숨을 희생하기도 하는바, 원욕이란 결코 포기되거나 외면될 수 없는 것이다. 다산은 다음과 같이 말한다.

> 우리 인간의 마음 안에는 본래 願欲이 있다. 만일 이 欲心이 없다면 곧 天下萬事를 모두 지을 수 없다. 오직 그 利益에 밝은 사람은 욕심이 利祿을 추구하고, 그 義理에 밝은 사람은 욕심이 道義를 추구하는 것이다. 욕심의 지극한 경지에서는, 두 경우 모두 자기 몸을 희생하더라도 후회가 없으니, 이른바 '貪夫는 재산을 위해 죽고, 烈士는 명예를 위해 죽는다'는 것이다. 나는 일찍이 어떤 사람을 보았는데, 그는 마음이 담백하여 욕심이 없어서, 善을 지을 수도 없고 惡을 지을 수도 없으며 文詞를 지을 수도 없었으니, 곧 천지 사이에 하나의 버려진 물건이었다. 사람이 욕심이 없을 수 있겠는가?48)

다산에 의하면 道義를 추구하는 것도 욕심이고 利益을 추구하는 것도 욕심이며, 善을 짓는 것도 욕심이고 惡을 짓는 것도 욕심이다. 요컨대 인간의 일체의 행위는 욕심에 기반을 둔 것이다. 따라서 욕심이 없는 사람은 어떤 행위도 지을 수 없고, 따라서 버려진 물건에 불과한 것이다. 다산은 욕심을 한편으로는 필수불가결한 삶의 추동력으로 승인하고, 한편으로는 도덕적으로 中性化시킨 것이다.

다산은 '마음의 權衡'을 '마음의 自主權'이라고도 말한다. 다산은 다음

---

48) 『與猶堂全書』 第2集 卷2 頁39, 〈心經密驗〉: 吾人靈體之內 本有願欲一端 若無此欲心 卽天下萬事 都無可做 唯其喩於利者 欲心從利祿上穿去 其喩於義者 欲心從道義上穿去 欲之至極 二者皆能殺身而無悔 所謂貪夫殉財 烈士殉名也 余嘗見一種人 其心泊然無欲 不能爲善 不能爲惡 不能爲文詞 直一天地間棄物 人可以無慾哉

과 같이 말한다.

> 天은 사람에게 自主權을 주어, 善을 원하면 善을 할 수 있고 惡을 원하면 惡을 할 수 있게 했으니, 이리저리 움직여 고정되어 있지 않고, 自主權이 자기에게 있는 것이다. 이것은 금수에게 '고정된 마음(定心)'이 있는 것과는 같지 않다. 그러므로 善을 행하면 실로 자기의 功이 되고, 惡을 행하면 실로 자기의 罪가 되니, 이것은 心의 自主權이요, 이른바 性이 아니다. 揚雄은 이것을 性으로 오인했기 때문에 '善惡이 섞여 있다'고 한 것이요, 애초에 이런 일이 없는데 양웅이 속인 것은 아니다. 벌은 부득불 자기의 임금을 지키는데 論者들이 그것을 忠으로 여기지 않는 것은 定心에 의한 것이기 때문이며, 호랑이는 부득불 다른 동물을 해치는데 법을 집행하는 사람들이 법조문을 끌어다가 처벌하자고 주장하지 않는 것은 定心에 의한 것이기 때문이다. 사람은 이와 달라서, 善을 지을 수도 있고 惡을 지을 수도 있으니, 主張이 자기에게 있어서 활동이 일정하지 않다. 그러므로 善을 지으면 功이 되고 惡을 지으면 罪가 된다.[49]

다산에 의하면 금수는 本能(定心)에 의한 삶을 살지만, 인간은 본능에 지배되지 않는 자주적인 삶을 산다. 본능에 의한 삶은 필연적 삶으로서, 그것은 윤리적 평가의 대상이 될 수 없다. 자주적 삶은 自由의 삶으로서, 그것만이 윤리적 평가의 대상이 된다. 따라서 윤리란 인간에게만 고유한 영역인 것이다.

인간 본성의 善·惡 문제에 대한 기존의 주장들은 性善說, 性無善無

---

49) 『與猶堂全書』 第2集 卷5 頁34~35, 〈孟子要義〉: 天之於人 予之以自主之權 使其欲善則爲善 欲惡則爲惡 游移不定 其權在己 不似禽獸之有定心 故爲善則實爲己功 爲惡則實爲己罪 此心之權也 非所謂性也 揚雄誤以爲性 故乃謂之善惡渾 非初無是事而揚雄誣之也 蜂之爲物 不得不衛君 而論者 不以爲忠者 以其爲定心也 虎之爲物 不得不害物 而執法者不引律議誅者 以其爲定心也 人則異於是 可以爲善 可以爲惡 主張由己 活動不定 故善斯爲功 惡斯爲罪

惡說(性可善可惡說) 또는 性善惡混說, 性惡說 등이 있었다. 다산은 이러한 다양한 주장들을 마음의 여러 측면 또는 여러 차원에 대한 이해로 모두 받아들이고, 性에 대한 정확한 논의로서는 맹자의 성선설만을 옹호한다. 다산은 다음과 같이 말한다.

> 마음 안에는 세 이치가 있다. 그 性을 말하자면 선을 즐기고 악을 부끄러워하니(樂善而恥惡), 이것이 孟子의 이른바 '性善'이다. 그 權衡을 말하자면 선을 지을 수도 있고 악을 지을 수도 있으니(可善而可惡), 이것이 告子의 '湍水의 비유'와 揚雄의 '性에는 善惡이 섞여 있다'는 주장이 생긴 까닭이다. 그 行事를 말하자면 선을 실천하기는 어렵고 악을 실천하기는 쉬우니(難善而易惡), 이것이 荀卿의 性惡說이 생긴 까닭이다.[50]

즉 告子나 揚雄은 사실 '마음의 기호(性)'를 논한 것이 아니라 '마음의 權衡'을 논한 것으로, 그들은 權衡을 性으로 오인했다는 것이다. 다산은 '실제로 善을 행하기는 어렵고 惡을 행하기는 쉽다'는 관점에서 荀子의 性惡說을 이해하면서, 그것도 사실은 性에 대한 논의는 아니라고 보는 것이다.

'본성과 마음'에 대한 다산의 持論은 '인간의 본성은 선하다는 것, 그런데 인간의 마음은 自主的인 것으로서, 善을 행할 수도 있고 惡을 행할 수도 있다'는 것이다. 그런데 倫理學이란 惡의 가능성을 억제하고 善의 가능성을 북돋는 것이다. 그렇다면 어떻게 惡의 가능성을 지니고 있는 인간들로 하여금 善을 행하게 만들 것인가? 앞에서 이미 살핀 바와 같이, 다산은 '上帝에 대한 신앙'으로 이 문제를 해결하고자 하였다. 다산

---

50) 『與猶堂全書』 第2集 卷2 頁28, 〈心經密驗〉: 靈體之內 厥有三理 言乎其性 則樂善而恥惡 此孟子所謂性善也 言乎其權衡 則可善而可惡 此告子湍水之喩揚雄善惡渾之說 所由作也 言乎其行事 則難善而易惡 此荀卿性惡之說 所由作也

은 上帝에 대한 신앙이야말로 인간의 倫理를 존립시킬 수 있는 유일한 통로라고 보았던 것이다.

4. 결론

성리학적 사유를 견지하던 초년의 다산은 退·栗 가운데 율곡의 학설에 동조하고 있었다. 그러나 曠菴 李德操의 가르침을 받고는 퇴계설에 대해서도 긍정할 수 있는 안목을 지니게 되었다. 退·栗에 대한 다산의 최종적인 평가는 〈理發氣發辨〉에 드러나 있다. 〈理發氣發辨一〉에서는 退·栗의 학설은 서로 立論의 맥락이 다르다는 점을 해명함으로써 양자를 양립시키고 있으며, 〈理發氣發辨二〉에서는 퇴계의 학설에 대해 약간의 제한을 가하면서 그 의의를 부각시켰다.[51] 이처럼 退·栗의 학설을 각각 정당하게 이해하고 양립시킬 수 있는 길을 제시한 것은 다산 이전에는 찾아보기 힘든 사례이거니와, 이는 다산의 탁월한 업적이라 하겠다.

다산은 이처럼 성리학에 대해 一家見을 지니고 있었으나, 결국엔 성리학적 사유에 안주하지 못했다. 그 까닭은 당시의 성리학이 공리공담으로 전락했다고 인식했기 때문이었다. 다산은 성리학이 공리공담으로 전락하게 된 원인을 '전지전능한 주재자 上帝'를 부정하고 '아무런 권능이 없는 理'를 중심개념으로 삼았기 때문이라고 규정했다. 다산은 유학

51) 안영상은 "人心과 道心의 대립 구도를 강조하는 茶山의 입장은 세계관의 차이에도 불구하고 理氣論에 근거한 退溪 李滉의 이원적 심성론, 더 나아가 영혼과 육체, 獸心과 人心의 이원적 대립을 강조한 天主教와 상통한다고 할 수 있다"고 평한 바 있다(안영상, 「토미즘과 비교를 통해서 본 정약용의 人心道心論」, 『한국실학연구』 9, 한국실학학회, 2005, 254쪽). 다산은 退溪를 私淑하여 〈陶山私淑錄〉(『與猶堂全書』 第1集 卷22)을 남기기도 하였다.

은 본래 '昭事上帝學(밝게 上帝를 섬기는 학문)'이었다고 주장하고, '孔孟의 전통을 복원하겠다'는 취지 아래 성리학의 해체를 감행하였다.[52] 다산은 太極과 理의 위상도 격하하고, 性卽理라는 명제도 부정하였다. 다산은 性은 '마음의 嗜好'일 뿐이라고 주장하고, 따라서 인간의 본체는 '性'이 아니라 '마음'이라고 주장하였다. 사람의 마음은 善도 행할 수 있고 惡도 행할 수 있는 자주적 존재이거니와, 다산은 上帝에 대한 신앙을 복원시킴으로써 마음을 善으로 유도하고자 했던 것이다.

다산은 '理, 性, 性卽理' 등 성리학의 주요 개념이나 명제들은 古經의 원의와 어긋난다고 차례차례 논파했다. 그러나 성리학의 주요 개념이나 명제들 역시 충분한 경전적 근거를 지니고 있는 것이다. 예컨대 성리학에서 理를 '형이상적 實在'로서 '만물의 표준'이라고 설명한 것은 오류로 단정할 수 없는 것이요, 다산이 '理의 원의'라고 말했던 '脈理(결)'와도 그 의미가 어긋나는 것이 아니다. 또한 다산이 性을 嗜好로 해석함에 있어서 그 중요한 논거로 삼았던 『詩經』의 "하늘이 수많은 백성을 낳으심에, 사물이 있으면 法則이 있도다. 백성들이 잡은 떳떳함이라, 이 아름다운 德을 좋아한다(天生蒸民 有物有則 民之秉彛 好是懿德)"라는 구절은 분명히 性을 '사물이 지닌 本然의 法則性'으로 해석할 수 있는 논거가 되기도 하는 것이다. 또 이처럼 '理'를 '표준'으로 해석하고 '性'을 '법칙성'으로 해석한다면, 자연스럽게 '性卽理'라는 명제가 성립할 수 있는 것이다. 한편, 다산은 인간의 本性은 '形軀의 기호(人心의 기호)'와 '靈知의 기호(道心의 기호)'를 모두 포괄하는 것이라고 주장하면서 동시에 性

52) 論者의 주장과는 달리 김치완은 "茶山은 성리학적 기본구도를 재배치하고 있을 뿐, 그것 자체를 解體하려고 하지는 않았다. 왜냐하면 다산은 朱子와 동일한 문제의식과 개념 틀을 가지고 있었으며, 주자학적 논리구조와 한계를 해결하려고 되돌아간 곳이 공자와 맹자의 고전적 인성론이기 때문이다"라고 주장한 바 있다(김치완, 「茶山 人性論의 '反朱子學的 近代性'에 관한 검토」, 『大同哲學』 제45집, 대동철학회, 2008, 1쪽).

善說을 옹호했는데, 이는 모순적인 태도인 것이다.[53] 이렇게 본다면 다산학이 성리학을 超克한 것이라고는 볼 수 없겠다.[54]

다만 '上帝'에 대한 해석만큼은 다산의 주장이 古經의 원의에 부합하는 것이라 하겠다. 古經의 上帝는 다산의 주장처럼 분명 이 세계의 '전지전능한 주재자'라는 뜻이었다. 그러므로 유학은 본래 '昭事上帝學'이라는 주장 역시 타당한 것이다. 그러나 우리는 주자가 古經의 上帝를 '理'로 해석하게 된 동기 역시 충분히 이해할 수 있다. 古經에서는 上帝를 '福善禍淫의 주재자'로 규정했거니와, 현실에서는 福善禍淫이 제대로 실현되지 않았기 때문에, 周代 중기부터 上帝에 대한 신앙은 붕괴되기 시작했다. 주자는 上帝에 대한 신앙이 이미 붕괴된 상황에서 古經의 上帝를 '理'로 재해석하고,[55] '理(자연의 理法)에 따르는 합리적인 삶의 길'을 제시했던 것이다. 이렇게 본다면 다산의 昭事上帝學은 유학의 본래 모습을 복원하자는 것이었으나, 한편으로는 '思想史를 後退시키는 것'[56]

---

53) 이에 대한 자세한 논의는 拙稿, 「丁茶山의 性嗜好說에 대한 朱子學的 反論」, 『한국철학논집』 제29집, 한국철학사연구회, 2010 참조.

54) 윤사순은 茶山이 '天卽理, 性卽理, 理一分殊, 心統性情, 性發爲情' 등 性理學의 주요 명제를 다 부정한 것에 대해 "茶山의 그러한 부정은 논증을 통한 명확한 근거의 제시 없이 일종의 주장으로 제기된 것"이라고 평하고, 따라서 茶山學은 "程朱學을 충분히 비판 극복한 철학이 아니다"라고 주장한 바 있다(윤사순, 「退溪의 理氣哲學에 대한 現代的 解釋」, 『退溪學報』 제110집, 퇴계학연구원, 2001, 120~123쪽 참조).

55) 이에 대한 자세한 논의는 拙著, 『朱子學의 길』, 269~276쪽 참조.

56) 희랍(서구)의 知性史는 흔히 '神話(mythos, 종교)에서 로고스(logos, 철학)로의 전환'이라는 관점에서 파악되고 있거니와(양승태, 『앎과 잘남 : 희랍지성사와 교육과 정치의 변증법』, 책세상, 2006, 59~63쪽 참조), 論者는 이것이 '인류 정신사의 일반적인 과정'이라고 생각한다. 그렇다면 다산의 昭事上帝學은 '원시유학을 復原시키는 것'인 동시에 '儒學史를 後退시키는 것'이다. 한편 論者와는 다른 관점에서, 송영배는 "'이성적 존재'로서의 인간에 대한 정의와 개별적 인간의 자유 의지를 통한 실천적 윤리학을 말하는 정약용 철학의 패러다임 속에서 우리는 전통적 유교사상과 '近代性'의 창조적 만남을 목격하게 된다."고 평하였다. 송영배는 다산의 '昭事上帝學'에 대해, 善을 행하기는 어렵고 惡을 행하기는 쉬운 사람들에게 "인간의 행위를 언제나 투시하고 있는 보이지 않는 하느님(上帝)의 상선벌악의 권위를 빌려 현세에서 도덕적 자아를 완성하도록 격려하는 데 그 초점이 있다."고 설명하고, 정약용의 철학에서는 기독교적 천당지옥설이 두드러진 의미를 갖

이었으며, 한편으로는 '유학의 윤리설을 假言命令의 체계로 전락시키는 것'이었다. 이 점이 바로 茶山學의 의의와 한계라 하겠다.

고 논의되지 않고 있음을 주목해야 한다고 주장했다(송영배, 「정약용 철학과 성리학적 리기관의 해체」, 300~301쪽).

結　論

1. 理·氣의 動靜 문제

율곡은 '理는 形而上者이므로 스스로 발할 수 없다'는 관점에서 퇴계의 互發說을 비판했다. 이에 대해 많은 영남의 성리학자들은 朱子의 여러 言說들을 동원하여 理의 能動性을 옹호하고, 理의 能動性을 부정하는 것은 '理를 死物로 전락시키는 것'이라고 비판했다. 그런데 大山 李象靖은 朱子의 여러 言說을 종합적으로 고찰한 다음, '動靜 자체는 氣의 몫'이요 '理는 動靜의 주재자일 뿐'이라고 규정하고, 理 자체를 능동적 존재로 규정하는 것은 '矯枉過直'에 해당된다고 비판했다. 이렇게 본다면 영남학파 내부에서도 '理의 動靜' 여부에 대한 견해가 대립하고 있었던 것이다.

周濂溪의 〈太極圖說〉에서는 "太極이 動하여 陽을 낳고, 靜하여 陰을 낳는다"고도 했고, "陽은 動하고, 陰은 靜한다"고도 했다. 이 말을 글자 그대로 받아들인다면, '理가 動靜한다'는 주장과 '氣가 動靜한다'는 주장이 모두 성립할 수 있는 것이다. 그런데 이 두 주장을 모두 수용한다면, 理·氣를 '形而上者와 形而下者'로 구분하는 것이 무의미하게 된다. 따라서 形而上者와 形而下者라는 구분이 성립하려면, 理의 능동성을 부정할 수밖에 없는 것이다.[1)]

理의 능동성을 옹호하는 영남의 성리학자들은 종종 '理는 死物이 아니라 活物'이라고 주장했다. 그런데 理는 形而上者라고 전제한다면, 形而上者는 死·活이 없는 것이므로, 이러한 주장은 무의미한 것이다.

영남의 성리학자들이 理의 능동성을 옹호하기 위해 동원한 朱子의 언설들에 대해서도 재고할 필요가 있다. 理·氣의 動靜에 관한 주자의 언설들은 대부분 '理의 法則性'을 설명하는 데 초점이 있는 것인데, 많은 영남학자들은 그것들을 '理의 能動性'을 설명하는 글로 해석하고 있기 때문이다. 理의 능동성을 옹호하기 위해 寒洲 李震相이 『理學綜要』에서 인용한 朱子의 언설들을 다시 보자.

> 朱子는 "陰陽은 氣요, 道가 아니다. 만약 다만 '陰陽을 道라 한다'고 했다면 陰陽이 道일 것이다. 그런데 지금 '一陰一陽'이라고 했으니, '循環하는 까닭'이 바로 道이다"라고 했다. ○ 朱子는 "陰陽은 道가 아니다. 한 번 陰이 된 다음에는 또 한 번 陽이 되어 循環이 그치지 않는 것이 바로 道이다. 다만 '一陰一陽'을 말하면 문득 '陰陽의 往來가 循環하여 그치지 않는 뜻'을 볼 수 있으니, 이 理가 곧 道이다"라고 했다. ○ 朱子는 "道는 器가 아니면 형체가 드러나지 않고, 器는 道가 아니면 설 수 없다. 대개 陰陽 또한 器인데, 陰陽의 까닭이 道이다"라고 했다. ○ 朱子는 "하루로 말하

1) 論者는 〈太極圖說〉에서 "太極이 動하여 陽을 낳고, 靜하여 陰을 낳는다"고 한 것은 周濂溪의 형이상학적 사유가 충분히 성숙하지 못했음을 보여주는 사례라고 본다. 朱子는 이 점을 의식했기 때문에 〈太極圖說解〉에서 "太極者 本然之妙也 動靜者 所乘之機也"라고 확언한 것이다.

면 낮은 陽이요 밤은 陰이며, 一月로 말하면 望前은 陽이요 望後는 陰이며, 一歲로 말하면 春·夏는 陽이요 秋·冬은 陰이다. 옛날부터 지금까지 저렇게 계속되니, 이것은 누가 그렇게 시킨 것인가? 바로 道이다"라고 했다.[2]

위의 인용문들은 『周易』의 "一陰一陽之謂道"에 대한 朱子의 여러 설명들을 한주가 인용하여 소개한 것들이다. 위의 여러 인용문에 보이듯이 주자는 단순히 '陰陽'을 道라 하지 않고, '陰陽이 끊임없이 循環하는 까닭'을 道라 했다. '陰靜陽動'이라 했으니, 위에서의 '陰陽'은 '動靜'으로 대치시켜 볼 수도 있다. 그렇다면 '理의 본질'은 '動靜'에 있는 것이 아니라 '動靜이 끊임없이 순환하는 까닭' 즉 '動靜의 循環的 法則性'에 있다고 할 것이다. 그런데 한주는 줄곧 '動靜' 자체를 주목하여 '理의 능동성'을 역설하고, '循環的 法則性'이라는 측면은 거의 외면했던 것이다.[3]

朱子가 理를 '本'이라 하고, 太極을 '標準'의 뜻으로 풀이한 것들은 모두 '動靜의 循環的 法則性'이라는 것과 같은 맥락이다. 理·氣를 '本(道)과 具(器)'로 규정한다면, 動靜은 氣에 속하고 動靜의 法則性은 理에 속하는 것이다. 따라서 本具論에 입각하는 한 理의 能動性은 부정될 수밖에 없는바, 大山 李象靖은 이러한 맥락에서 理主氣資論을 정립하고 '理의 能動性'을 부정했던 것이다. 대산의 다음과 같은 말을 다시 보자.

대개 理와 氣는 본래 서로 기다려서 動하고 서로 기다려서 靜하니,

2) 『理學綜要』 卷2 頁1~2: 朱子曰 陰陽是氣 不是道 若只言陰陽之謂道 則陰陽是道 今曰一陰一陽 則是所以循環者 乃道也 ○ 陰陽非道 一陰了又一陽 循環不已 乃道也 只說一陰一陽 便見得陰陽往來循環不已之意 此理卽道也 ○ 道非器不形 器非道不立 蓋陰陽亦器也 而所以陰陽者 道也 ○ 朱子曰 以一日言之 則晝陽而夜陰 以一月言之 則望前爲陽 望後爲陰 以一歲言之 則春夏爲陽 秋冬爲陰 從古至今 恁地衮將去 是孰使之然哉 乃道也

3) 寒洲와 달리, 大山 李象靖은 〈理氣動靜說〉에서 朱子의 언설들을 체계적으로 분류하고, 朱子의 本旨는 '動靜 자체는 氣의 몫'이요, '理는 動靜의 주재자일 뿐'이라고 정리했다.

動·靜이 서로 바탕이 되고 體·用이 서로 따르는 것이다. 그러나 理는 '主로서, 이로써 動靜하는 妙'요, 氣는 '資로서, 이로써 動靜하는 材具'이다. 그러므로 理에 의거하여 통합해서 말하면 動靜은 진실로 이 理의 流行이다. 그 통합한 것에 나아가 분석해서 말하면 '或動或靜'은 곧 陰陽의 氣機가 往來하는 것이요, 그 위에 타고서 '發揮를 主張하는 妙'는 太極의 所爲이다. 그러므로 朱子는 이에 대해 분석해서 말하여 '理와 氣' 또는 '道와 器'의 분별을 밝혔다. 대개 '타는 것(타는 主體)'은 太極이요, 動靜은 그 기틀이 되는 것이다. 따라서 '太極이 기틀을 탐으로써 動靜을 지닌다'고 말하면 옳으나, '動靜이 바로 太極이다'라고 말하면 이것은 陰陽의 영역을 침범한 것으로서 形而上者와 形而下者의 구별에 밝지 못한 것이다. 또한 '動靜'을 太極이라 하고 또 '타는 것(타는 주체)'을 太極이라 하면, 이것은 '理가 理를 타는 것(以理乘理)'이니, 어찌 이런 일이 있겠는가? 그 아래에서는 또 "動靜은 때가 같지 않고, 陰陽은 자리가 같지 않으나, 太極은 없는 곳이 없다"고 하였다. 만약 動靜이 바로 太極이라면 또 어찌 이른바 太極이라는 것이 그 안에 있겠는가? 論理를 따지지 않고 文義와 語脈으로만 보아도 결코 이처럼 중첩되지 않을 것이다.[4]

대산은 本具論(道器論)의 관점에서 '動靜 자체는 氣의 몫'이요, '理는 動靜의 주재자일 뿐'이라고 명확히 해명한 것이다. 그런데 '理는 스스로 動靜할 수 없다'고 한다면 理의 能發說은 성립할 수 없게 된다. 그리하여 대산은 퇴계의 理發을 다만 '主理'의 뜻이라고 풀이했던 것이다.

---

4)『大山集』卷6 頁18~19, 〈答權淸臺〉: 蓋理之與氣 本相須以爲動 相待以爲靜 動靜交資 體用相循 然理者 所主以動靜之妙也 氣者 所資以動靜之具也 故據理而統言 則動靜者 固此理之流行也 就其合而析言之 則其或動或靜者 卽陰陽氣機之往來 而乘載其上 主張發揮之妙 則太極之爲也 故朱子於此 分而言之 以明理氣道器之別 蓋所乘者太極 而動靜爲其機焉 則謂太極乘機而有動靜則可 謂動靜便是太極 則是侵過陰陽界分 而不明於形而上下之別矣 且以動靜爲太極 而所乘者又爲太極 則是以理乘理 安有是哉 而其下又曰 動靜不同時 陰陽不同位 而太極無不在焉 若動靜便是太極 則又豈有所謂太極者 在其中邪 未論義理 卽文義語脈 決不如是之重併積疊矣

그러나 퇴계의 理氣互發說은 本具論의 관점에 입각한 것이 아니라 天理人欲論 또는 人心道心論의 관점에 입각한 것이다. '天理 · 人欲'이나 '人心 · 道心'은 모두 인간의 심리를 도덕적 관점에서 논하는 개념으로서, 天理 · 道心은 '本性的(도덕적) 의지'를 뜻하고, 人欲 · 人心은 '本能的(육체적) 욕망'을 뜻한다. 도덕적 의지로서의 天理[5]는 얼마든지 能動性이 있는 것인바, 퇴계의 理發說은 본래 이러한 맥락에서 성립하는 것이었다. 그렇다면 율곡이 '形而上者인 理는 스스로 발할 수 없다'는 입장에서 퇴계의 理發說(互發說)을 비판한 것이나 대산이 퇴계의 理發을 변형시켜 해석한 것은 사실 退溪說의 취지를 충분히 인식하지 못한 것이다. 茶山 丁若鏞이 그랬듯이 영남의 성리학자들이 애초에 이 점을 밝혀주었더라면 좋았을 것이다. 그런데 그들은 대부분 주자의 언설을 동원하여 理의 능동성을 입증하려고만 고심했다. 論者가 보기에 이는 이론적으로 무리한 시도였을 뿐만 아니라, 기호학파에 대한 대응의 방향을 잘못 설정한 것이다.

---

5) '天理'라는 말 자체는 '자연의 理法(理)'으로 해석될 수도 있고 '자연의 理法에 따르는 인간의 선한 의지'로 해석될 수도 있다. 그런데 양자는 그 위상이 다른 것이다. 이와 관련하여 畿湖의 성리학자 艮齋 田愚의 "무릇 氣의 善한 것을 또한 理로 여기는 것, 이것은 天理 · 人欲의 구별이다. 만약 바로 理 · 氣의 구분을 논한다면, 무릇 知覺과 作爲가 있는 것은 비록 理에 부합해도 끝내 氣에 속하는 것이다.…… 내가 생각하기에 '天理에 따라 행동함'은 '理'인데 '欲' 字와 상대되는 것이요, '道體' 또한 '理'인데 '氣' 字와 상대되는 것이다. '理 · 欲'과 '理 · 氣'에서의 두 '理' 字는 마땅히 분별해야 할 것이요 혼동하게 해서는 안 된다"(『艮齋集』 前編 卷14 頁87: 夫以氣之善者 亦以爲理 此天理人欲之辨也 若正論理氣之分 則凡有知有爲者 雖合於理 而終是氣之屬耳 …… 愚竊謂 動以天 是理也 而與欲字相對 道體亦是理也 而卻與氣字相對 此理欲理氣兩理字 所以合有分別 而不可使混也)라는 말을 소개하고자 한다.

2. 理의 主宰 문제

율곡은 理의 주재를 '理가 氣의 운동의 標準이 됨'으로 해석하고, 氣의 운동 자체는 '기틀이 스스로 그러한 것(機自爾)'이라고 설명했다. 요컨대 율곡은 理의 주재를 긍정하면서도 '理가 氣로 하여금 운동하도록 시키는 것(使之)'은 아니라고 설명한 것이다.[6] 이에 대해 영남의 성리학자들은 모두 율곡이 '理의 주재를 부정한 것'이라고 비판하였다. 영남의 성리학자들은 대체로 理의 주재를 '理가 氣의 운동의 標準이 된다'는 뜻과 '理가 氣로 하여금 이러저러하게 운동하도록 부린다(使之, 命令)'는 뜻을 겸하는 것으로 해석하면서도, 後者를 더욱 강조했다. 특히 立齋 鄭宗魯는 '氣의 一動一靜'은 모두 '理가 그렇게 시킨 결과'라고 설명하고, 이러한 맥락에서 종래의 '理弱氣强說'을 비판하고 오히려 '理强氣弱說'을 주창했다.

理의 주재를 '理가 氣를 부린다(命令한다)'는 뜻으로 해석할 수 있는 논거로는 두 가지를 들 수 있겠다. 첫째는 古代의 天命思想이나 上帝論이다. 주자는 古經의 '天'이나 '上帝'를 '理'로 해석했으니, 天이나 上帝가 命令者라면 같은 맥락에서 理도 命令者로 해석될 수 있는 것이다. 둘째는 주자가 人心·道心을 설명하면서 '人心은 道心의 命令을 들어야 한다'고 설명한 것이다. 주자는 理·氣를 人心·道心으로도 설명한 바 있거니와, 그렇다면 '人心은 道心의 命令을 들어야 한다'는 주장은 理를

---

6) 畿湖의 성리학자들은 대부분 栗谷의 지론에 따라 '理의 주재'를 긍정하면서도 '理가 氣로 하여금 운동하도록 시키는 것(使之)'은 아니라고 설명했다. 그런데 尤庵 宋時烈, 華西 李恒老, 蘆沙 奇正鎭 등은 '理의 주재'를 일관되게 '理가 氣를 부림(使之)'으로 해석하였다. 이에 대한 자세한 논의는 拙著, 『畿湖性理學論考』 제6장 〈尤庵 宋時烈에 있어서 理와 氣의 相互主宰 문제〉, 제9장 〈華西 李恒老의 主理論과 退溪學〉과 『畿湖性理學研究』 제8장 〈蘆沙 奇正鎭 性理學의 재검토〉 참조.

命令者로 해석할 수 있는 논거가 되는 것이다.[7]

그러나 위의 두 논거에 대해서는 보다 정밀하게 이해할 필요가 있다. 첫째, 주자가 天이나 上帝를 理로 바꾸어 해석한 근본 까닭은 '이 세계에는 그러한 人格的 主宰者(命令者)가 있지 않다'고 보았기 때문이다. 여기서 말하는 理란 '自然의 理法'으로서, 이 세계의 '이념적 標準'을 뜻하는 것이다. 그런데 주자에 의하면 이념적 표준으로서의 理는 아무런 作爲能力이 없다는 것이었다. 이러한 관점에서 주자는 현실을 주도하는 것은 理가 아니라 氣라고 설명하고, 이른바 '理弱氣强說'을 제시했던 것이다.[8] 이렇게 본다면 古代의 天命思想이나 上帝論에 입각하여 理의 주재를 '理가 氣를 부린다(命令한다)'는 뜻으로 해석하는 것은 주자의 본지와 어긋난다고 하겠다.[9] 둘째, '人心은 道心의 命令을 들어야 한다'는 주장은 말 그대로 人心道心論의 맥락에서 성립하는 것이니, 이를 本具論을 포함하는 理氣論 일반에 적용시킬 수는 없는 것이다.

理의 주재를 '理가 氣를 명령한다'는 뜻으로 해석한다면, 다음의 두 가지 문제가 야기된다. 첫째, '命令'이나 '부림(使之)'은 '形而下의 運動(作用)'에 속하는 것인바, 形而上者인 理가 어떻게 氣를 부릴 수 있느냐 하는 점이다. 영남의 성리학자들은 대부분 '理의 능동성'을 부정하는 것은 '理의 주재'를 부정하는 것이라고 간주했는데, 이는 理의 주재를 '능동적

---

7) 한편, 『朱子語類』 卷74(中華書局本 1896쪽)에는 "或問 一陰一陽之謂道 曰 以一日言之 則晝陽而夜陰 以一月言之 則望前爲陽 望後爲陰 以一歲言之 則春夏爲陽 秋冬爲陰 從古至今 恁地滾將去 只是箇陰陽 是孰使之然哉 乃道也"라는 내용이 보이는데, 이처럼 朱子도 '理의 주재'를 '使之'로 설명한 경우가 있다. 그러나 論者는 이를 朱子의 雅言이 아니라고 본다.

8) 『朱子語類』 卷4(中華書局本 71쪽): 理固無不善 纔賦於氣質 便有淸濁偏正剛柔緩急之不同 蓋氣强而理弱 理管攝他不得; 『朱子語類』 卷4(中華書局本 71쪽): 如這理寓於氣了 日用間運用 都由這箇氣 只是理弱氣强

9) 이에 대한 자세한 논의는 拙著, 『畿湖性理學論考』 제4장 〈朱子에 있어서 理와 氣의 相互主宰와 그 의의〉 참조.

운동'으로 풀이한 것이다. 그러나 이러한 주장은 形而上者인 理를 능동적 존재로 간주한다는 점에서, 주자의 사고방식과는 어긋나는 것이다.[10] 둘째, 이러한 해석은 '현실의 惡'을 설명할 수 없다는 점이다. 성리학에서 理는 순선한 존재로 규정되거니와, 순선한 理가 또한 능동적으로 氣를 부리는 것이라면 현실에는 惡이 없어야 할 것이다. 그런데 현실에는 항상 惡이 넘치고 있다. 이를 寒洲 李震相은 다음과 같이 설명한 바 있다.

> 天地의 造化가 과연 모두 '理로써 動하게 하고 理로써 靜하게 하는 것'이라면, 결코 '어그러짐과 재앙'이 일어나지 않아야 할 것이다. 人心의 感發이 과연 모두 '理로써 발하는 것'이라면, 결코 '悖逆과 凶慝'의 싹이 없어야 할 것이다. 그런데 어찌하여 (朱子 이래) 1천 5백 년 동안 治日은 적고 亂日이 많았으며, 善人은 적고 惡人이 많았던가?[11]

이렇게 본다면 한주는 理의 주재를 '理가 氣를 부린다'는 뜻으로 풀이할 수 없음을 분명히 했다고 하겠다. 그런데 한주 자신도 곳곳에서 '理가 氣를 부린다(명령한다)'는 주장을 폈거니와, 이는 참으로 이해하기 어려운 처사라 하겠다.

위의 두 문제점을 부정할 수 없다면, 理의 주재를 '理가 氣를 부린다'는 뜻으로 해석하기는 곤란할 것이다. 그러므로 주자는 太極을 '標準'이나 '本然之妙'로 해석하면서도, 현실을 주도하는 것은 氣라고 설명했던 것이

10) 주자는 〈答楊子直〉에서 "만약 太極이 바로 動靜한다고 말하면, 形而上者와 形而下者를 구분할 수 없게 된다(若謂太極便是動靜 則是形而上下者不可分)"고 설명한 바 있다.

11) 『寒洲集』 卷7 頁47, 〈答沈穉文 別紙〉: 天地之化 若果皆動之以理 靜之以理 則決無乖沴灾孽之作矣 人心之感 若果皆發之以理 則決無悖逆凶慝之萌矣 何其千五百年 治日少而亂日多 善人寡而惡人衆乎

다. 주자의 理弱氣强說을 받아들인다면, 율곡이 理의 주재를 '理가 氣의 운동의 標準이 된다'는 뜻으로만 해석하고, 氣의 운동 자체는 '機自爾'로 설명하여 '使之'를 부정한 것 역시 지당한 논리인 것이다. 요컨대 우리는 '순선한 理가 氣를 명령해야 한다'는 것을 당위적으로 요청할 수는 있어도, '理가 氣를 부린다'는 것을 일반적 사실로 규정하기는 어려운 것이다.

3. 理·氣의 不離·不雜과 相須·互發의 문제

퇴계가 '四端과 七情'을 '理發과 氣發'로 分開한 것에 대해, 高峰 奇大升은 '理氣不相離'라는 입장에서 '四端과 七情'을 '理와 氣'로 확연히 나누는 것을 비판했다. 퇴계는 결국 고봉의 반론을 수용하여 四端은 '理發而氣隨之'라 하여 '氣隨'를 덧붙이고, 七情은 '氣發而理乘之'라 하여 '理乘'을 덧붙였다. 이것이 퇴계의 최후의 定論이다.

퇴계가 四端과 七情을 理發과 氣發로 나눈 것은 理·氣의 互發을 표현한 것이며, 理發에 氣隨를 덧붙이고 氣發에 理乘을 덧붙인 것은 理·氣의 相須를 고려한 것이다. 퇴계는 다음과 같이 말한다.

> 대개 사람의 한 몸은 理와 氣가 합쳐서 생긴 것이다. 그러므로 理와 氣는 서로 發用하며, 그 發用은 또 서로를 기다린다. 서로 발용하니(互發) 각각 主로 삼는 바가 있음을 알 수 있으며, 서로 기다리니(相須) 서로 그 가운데 있음을 알 수 있다. 서로 그 가운데 있기 때문에 渾淪해서 말하는 자도 있으며, 각각 主로 삼는 바가 있기 때문에 分別해서 말해도 不可함이 없다.[12]

12) 『退溪集』 卷16 頁30, 〈答奇明彦 論四端七情第二書〉: 蓋人之一身 理與氣合而生 故二者互有發用 而其發又相須也 互發則各有所主可知 相須則互在其中可知 互在其中 故渾淪言之者固有之 各有所主 故分別言之而無不可

고봉이 理氣不相離를 강조하는 논거는 '理主氣資'에 있었다. 理는 氣를 主宰하는 존재이고, 氣는 理를 실현(발현)하는 바탕(재료)이니, 양자는 사실적으로는 분리될 수 없다는 것이다. 퇴계는 이를 수용하여 理와 氣는 '相須'하는 관계라고 설명한 것이다. 그리고 퇴계는 四端과 七情을 相須의 관점에서는 渾淪해서 말할 수 있고 互發의 관점에서는 分別해서 말할 수 있다는 점을 모두 인정하면서도,[13] 渾淪에 집착하면 결국 '氣로써 性을 논하고, 人欲을 天理로 오인하는 폐단'에 빠진다고 보아 分別의 불가피성을 옹호하였다.[14]

그런데 위의 인용문에는 사실 本具論의 관점과 人心道心論의 관점이 혼재하는 것이다. "사람의 한 몸은 理와 氣가 합쳐서 생긴 것"이란 말은 本具論(理主氣資論)의 관점에서 성립하는 말이요, "理와 氣는 서로 發用한다"는 말은 人心道心論의 관점에서 성립하는 말이며, "發用은 또 서로를 기다린다"는 말과 "서로 그 가운데 있다"는 말은 本具論의 관점에서 성립하는 말이다.[15] 퇴계는 본래 人心道心論의 관점에서 四端·七情을 理發·氣發로 구분한 것인데, 여기에 고봉이 本具論의 관점에서 제기한 理氣不相離를 반영시킨 결과 이처럼 혼란스러운 이론이 도출된 것이다.[16]

---

13) '相須·互發'과 '渾淪·分別'은 약간 차이가 있다. '分別(分開·分屬)'은 '四端과 七情을 理와 氣로 나눈다'는 뜻이니, 이는 '互發'과 밀접하게 연결된다. '渾淪(混淪)'은 '四端과 七情을 구분하지 않고 하나로 본다'는 뜻이요, '相須'는 '理와 氣가 서로 요청한다'는 뜻이다. 相須는 渾淪說(一途說)과도 결부될 수 있고, 分開說(互發說)과도 결부될 수도 있다. 율곡은 相須의 관점에서 '理發理乘一途'의 渾淪說을 주장한 것이요, 퇴계는 相須의 관점에서 '理發과 氣發'에 '氣隨와 理乘'을 덧붙인 것이다.

14) 『退溪集』 卷16 頁11~12, 〈答奇明彦〉: 夫講學而惡分析 務合爲一說 古人謂之鶻圇呑棗 其病不少 而如此不已 不知不覺之間 駸駸然入於以氣論性之蔽 而墮於認人欲作天理之患矣 奚可哉

15) 요컨대 '本과 具가 서로 發用한다'는 말은 성립할 수 없으며, '人心과 道心은 서로 기다린다'는 말과 '人心 속에 道心이 있고, 道心 속에 人心이 있다'는 말도 성립할 수 없기 때문이다.

16) 퇴계가 人心道心論(天理人欲論)의 관점에서 立論한 것에 대해 高峰이 本具論의 관점에서 反論을 제기한 것 자체가 이미 타당하지 못한 것이었는데, 퇴계가 이를 수용함으로써

그럼에도 불구하고 퇴계의 후학들은 대부분 위와 같은 혼란스러운 이론을 답습하였고, 심지어는 더욱 강화시키기도 하였다. 葛庵 李玄逸이나 淸臺 權相一이 대표적인 예이다. 理·氣의 '不離·不雜'은 본래 本具論의 관점에서 성립하는 것이요, 人心道心論이나 天理人欲論과는 무관한 것이다. 반면에 퇴계의 理氣互發說은 본래 本具論의 관점이 아니라 人心道心論 또는 天理人欲論의 관점에서 성립한 것이니, 여기에 理·氣의 '不離·不雜'을 적용시킬 수는 없는 것이다. 그런데 갈암이나 청대는 理·氣의 '不離·不雜'을 퇴계의 理氣互發論을 옹호하는 논거로 삼았던 것이다. 우선 갈암의 경우를 보자.

> 心은 비록 하나이지만, 그 所從來에는 각각 根源과 苗脈이 있으니, 비록 '人心과 道心은 본래 한 근원이 아니요, 理와 氣를 兩邊으로 나누어서 말한다'고 하더라도 지나친 것이 아니다. 17)

> 지금 만약 사람들이 四端과 七情을 둘로 쪼개지 않도록 하기 위해 '四端은 七情의 善一邊'이라고 말한다면, 어찌 이른바 '人欲에 골몰한 가운데서 天理를 찾아냄'이 아니겠는가?18)

> 朱子는 "太極이란 陰陽을 떠나지 않고 말하는 것이나, 또한 陰陽과 섞지 않고 말하는 것"이라 했다. 무릇 理·氣의 不相離와 不相雜은 하늘과 사람 사이에 차이가 없다.…… 孟子가 四端을 말한 것은 오로지 理를 말한 것으로, 氣와 섞지 않은 것이다. 그러므로 朱子는 '四端은 理發, 七情은

혼란스러운 이론이 도출된 것이다.

17) 『葛庵集』 卷8 頁23, 〈答丁君翊別紙〉: 心雖一也 而其所從來 各有根源苗脈 則雖曰人心道心 本非一源 理氣二物 分作兩邊說 不爲過矣

18) 『葛庵集』 卷11 頁12, 〈答李粹彦別紙〉: 今若不欲人將四端七情劈做兩片說 乃曰 四端是七情之善一邊 則豈非所謂求識天理於人欲汨沒之中耶

氣發'이라 한 것이다. 退溪의 경우는 '그 안에 氣도 들어있음'을 겸해서 말했기 때문에 '四端은 理發而氣隨之, 七情은 氣發而理乘之'라고 말함으로써, '그 來歷이 다름은 근본에서부터 이미 그러한 것'임을 밝힌 것이다.[19]

위의 첫째와 둘째 인용문에서는 理를 道心·天理와 등치시키고, 氣를 人心·人欲과 등치시킨 다음, 두 계열을 구분하지 않으면 '人欲에 골몰한 가운데서 天理를 찾아냄'이 된다고 주장하였다. 셋째 인용문에서는 理·氣의 不離·不雜을 太極陰陽論과 理氣互發論에 모두 적용시키고, 퇴계의 학설은 不離와 不雜을 모두 충족시키는 것이라고 주장했다. 위의 첫째와 둘째 인용문에 보이듯이 갈암은 퇴계의 理氣互發論을 실제로는 人心道心論이나 天理人欲論의 관점에서 이해한 것이다. 그러면서도 갈암은 本具論의 관점에서 성립하는 不離·不雜을 理氣互發論에 적용시켜, 퇴계의 학설은 不離와 不雜을 모두 충족시킨 것이라고 옹호한 것이다.[20] 한편 청대는 다음과 같이 말한 바 있다.

'理發과 氣發'이란 不相雜에 나아가 (理와 氣를) 나누어 말한 것이요, '氣隨와 理乘'이란 不相離에 나아가 (理와 氣를) 겸해서 말한 것이다. 理·氣의 面目이 본래 이러한 것이다.[21]

---

19) 『葛庵集』 卷12 頁20~21, 〈答申明仲別紙〉: 朱子之言曰 太極者不離乎陰陽而爲言 亦不雜乎陰陽而爲言 夫理氣之不相離 亦不相雜 無間於天人 …… 孟子說出四端 專言理 不雜乎氣 故朱子以爲四端理之發 七情氣之發 至於老先生 兼言氣亦包在其中 故乃曰四端理發而氣隨之 七情氣發而理乘之 以明其來歷不同 自其根本而已然

20) 갈암은 결국 理·氣의 不離·不雜을 太極陰陽論과 人心道心論(天理人欲論)에 모두 적용시킨 것이다. 그런데 太極陰陽論은 人心道心論이나 天理人欲論과는 맥락이 다른 것이다. 先儒들은 종종 '陽과 陰'을 '君子와 小人' 또는 '善과 惡'으로 구별했거니와, 이러한 맥락에서 '陰·陽'을 '人心과 道心'으로 유비할 수는 있을 것이다. 그러나 '太極은 道心(天理), 陰陽은 人心(人欲)'이라는 논법은 성립할 수 없는 것이다. 本具論(道器論)은 太極陰陽論의 맥락에 적용되는 것이다.

21) 『淸臺集』 卷9 頁12, 〈答黃得甫〉: 理發氣發云者 就不相雜處而分言之者也 氣隨理乘云者

不相離이면서도 不相雜인 것이 理·氣의 本來面目이다. 이미 不相雜이라면 理와 氣는 互發하지 않을 수 없다. 만약 分開할 수 있는데도 分開하지 않고 混淪하게 말한다면, 진실로 退溪의 本意가 아닐 것이요, 理·氣의 原頭處에 있어서도 '조그만 어긋남(毫釐之差)'이 생기게 될까 두렵다.[22]

청대 역시 不雜의 관점에서 '理·氣의 互發'을 옹호하고, 不離의 관점에서 '氣隨와 理乘'을 옹호하면서, 不雜을 전제하지 않고 不離만 주목하면 原頭處가 어긋나 天理와 人欲이 뒤섞이게 된다고 주장한 것이다. 그러나 不離의 관점에서 '氣隨와 理乘'을 옹호할 수는 있어도, 不雜의 관점에서 '理·氣의 互發'을 옹호할 수는 없는 것이다. 다시 말해 '理·氣의 不雜'은 '理와 氣가 각각 發用한다'는 논거가 될 수 없는 것이다. 이 문제를 해명하기 위해 '不離와 不雜'의 의미를 다시 살펴보자.

주자는 理·氣에 대해 '사실적 관점(在物上看)'에서는 '서로 떠나지 않는(不相離) 一物'로 규정하고, '논리적 관점(在理上看)'에서는 '서로 협잡하지 않는(不相雜) 二物'로 규정했다. 그런데 여기에서 '서로 협잡하지 않음'의 뜻이 문제 되는 것이다. 주자는 다음과 같이 말한다.

이 氣가 있지 않을 때에도 이미 이 性은 존재하며, 氣가 없어져도 性은 도리어 항상 존재한다. 性은 비록 氣 가운데 존재해도, 그러나 氣는 스스로 氣이고(氣自氣) 性은 스스로 性이어서(性自性), 또한 서로 挾雜하지 않는다.[23]

就不相離處而兼言之者也 理氣面目 本來如此

22)『淸臺集』卷6 頁25, 〈答李子新〉: 不相離而不相雜 是理氣本來面目 旣不相雜 則或理或氣 不得不互發矣 若可分而不分 混淪爲說 則實非退翁本意 而於理氣原頭 竊恐有毫釐之差也

23)『朱子大全』卷46 頁32, 〈答劉叔文〉: 未有此氣 已有此性 氣有不存 性却常在 雖其方在氣中 然氣自氣 性自性 亦自不相夾雜

氣는 생멸하는 존재이므로, 특정한 개체의 氣는 있을 때도 있고 없을 때도 있다. 그런데 그 개체의 性은 그 氣의 有·無와 상관없이 영원히 존재한다는 것이다. 주자는 그 까닭을 氣는 스스로 氣이고 性은 스스로 性이어서, 서로 협잡하지 않기 때문이라고 설명했다. 여기서 알 수 있듯이 주자가 말하는 '理·氣의 不相雜'이란 '理는 스스로 理이고, 氣는 스스로 氣임'과 같은 맥락이다. 理는 스스로 理이고 氣는 스스로 氣인 까닭은, 理와 氣는 각각 形而上者와 形而下者로서 서로 본질이 다르기 때문이다. 서로 본질이 다른 존재는 서로 본질적인 영향을 줄 수 없다. 요컨대 '서로 본질적인 영향을 줄 수 없음'을 '不相雜'이라 한 것이다.

이렇게 본다면 不雜의 관점에서 理·氣를 '二物'로 규정함은 가능하나, 理·氣를 '각각 發用하는 것'으로 규정함은 오히려 불가능한 것이다. 不雜은 '理는 形而上者요, 氣는 形而下者로서, 서로 본질이 다르다'는 뜻을 겸하기 때문이다. 주자는 理·氣의 본질이 다름을 "氣는 능히 凝結造作하지만, 理는 情意도 없고 計度도 없고 造作도 없다"[24]는 말로도 표현한 바 있다. 이처럼 理와 氣의 본질이 다르다면, 어떻게 理가 氣처럼 발용할 수 있겠는가?[25] 따라서 不雜을 논거로 '理·氣의 分開'를 주장할 수는 있어도, '理·氣가 각각 發用한다'고 주장할 수는 없는 것이다. 不雜은 오히려 '理·氣가 각각 發用함'을 부정하는 논거인 것이다.[26]

이렇게 본다면 理·氣의 不離는 相須의 논거가 될 수 있으나, 理·氣의 不雜은 互發의 논거가 될 수 없는 것이다. 보다 근원적으로 不離·

---

24) 『朱子語類』 卷1(中華書局本 3쪽): 蓋氣則能凝結造作 理却無情意 無計度 無造作

25) '理도 氣처럼 발용한다'는 주장은 '理와 氣의 성질이 같다'고 규정하는 셈이다.

26) 退溪와 그 後學들은 종종 理와 氣를 '서로 勝負를 겨루는 것'으로 규정하고, 理가 이기면 善이 되고 氣가 이기면 惡이 된다고 설명했다. 理와 氣가 서로 승부를 겨룬다면, 이는 理와 氣가 서로 협잡하는 것이다. 따라서 '승부를 겨룬다'는 논법은 人心道心論의 맥락에서만 성립할 수 있는 것이요, 道器論의 맥락에서는 성립할 수 없는 것이다.

不雜은 本具論의 맥락에서 성립하는 개념이니, 人心道心論의 맥락에서 성립하는 互發論에 不離·不雜을 적용시켜서는 안 되는 것이다.[27] 이러한 맥락에서 理·氣의 不離·不雜으로 相須와 互發을 모두 옹호했던 갈암이나 청대의 논법을 긍정하기는 어려운 것이다.

4. 心의 本質과 心統性情 문제

퇴계는 心合理氣說을 표방했거니와, 心合理氣說은 理氣互發論과 잘 어울리는 논리이다. 그리하여 영남의 성리학자들은 대부분 心合理氣說을 추종하고, 기호학파의 心卽氣說을 비판했다. 영남의 학자들이 心卽氣說을 비판한 근본 까닭은 性理學의 핵심명제인 '心統性情'의 해석과 관련된 것이다.

心統性情의 '統'은 보통 '包含'과 '主宰'의 뜻을 겸하는 것으로 풀이된다. 그런데 영남의 학자들은 대부분 여기서의 '主宰'를 '命令'의 뜻으로 풀이했다. 心의 主宰를 '命令'으로 해석하고 또 心을 氣로 규정하면, '心

27) 주자는 〈中庸章句序〉에서 人心道心論의 '惟精惟一'을 설명하면서 "'精'은 人心과 道心의 간격을 살펴 뒤섞지 않는 것이요, '一'은 本心의 바름을 지켜 떠나지 않는 것이다(精則察夫二者之間而不雜也 一則守其本心之正而不離也)"라고 하여, '不離와 不雜'이라는 말을 쓴 바 있다. 이를 주목하면 人心道心論에도 不離·不雜의 개념을 적용시킬 수 있을 것 같다. 그러나 여기에서의 '不離·不雜'은 '修養의 방법'을 설명한 것으로서, 形而上者와 形而下者의 일반적 관계를 설명하는 '理·氣의 不離·不雜'과는 전혀 맥락이 다르다. '수양의 방법'과 '존재의 실상'이라는 구별을 문제 삼지 않는다 하더라도, 양자의 논리구조 또한 다르다. 즉 '惟一로서의 不離'는 '人心을 누르고 道心을 굳게 지키는 것(하나를 버리고 하나를 택하는 것)'이나, '本具論에서의 不離'는 '本과 具가 모두 동시에 존재하는 것'이기 때문이다. '惟精으로서의 不雜'은 '인심과 도심을 뒤섞지 않는 것'이요 '本具論에서의 不雜'은 '本과 具는 성질이 달라 협잡하지 않는다'는 것이니, '不雜'은 人心道心論이나 本具論에 모두 같은 논리구조로 적용된다고 볼 수도 있겠다. 그러나 '人心(人欲)과 道心(天理)이 勝負를 겨룬다'고 한다면, 이는 人心과 道心이 협잡하는 것이 된다. 따라서 '不雜'도 人心道心論에 무제약적으로 적용될 수는 없는 개념이다.

統性'은 '氣가 理를 命令한다'는 뜻이 되거니와, 영남의 학자들은 이를 용납할 수 없었던 것이다. 그리하여 영남의 성리학자들은 대부분 心合理氣說을 추종하면서, 性·情의 主宰者로서의 心은 '合理氣' 가운데 '理'라고 주장했다. 寒洲 李震相의 心卽理說은 이러한 주장이 극단화된 것이다. 그러나 心卽理說 역시 心統性情을 제대로 해명할 수 있는 명제는 못된다. 性은 理인데 心 또한 理라 하면, '心統性'은 '理가 理를 포함하고, 理가 理를 주재한다'는 뜻이 되기 때문이다.

사실 朱子의 心統性情論은 '氣가 理를 命令한다'는 뜻도 아니요, '理가 理를 포함하고, 理가 理를 주재한다'는 뜻도 아니었다. 우선 분명히 할 것은, 주자는 心을 '氣(氣의 精爽)'로 규정했고, 統(主宰)을 '命令'으로 해석하지 않았다는 점이다. 주자의 다음과 같은 말들을 보자.

> 天命이 流行하는데, 이 理를 主宰하고 管攝하는 것은 心이며, 이 理가 있음은 性이다.28)

> 性은 理이고, 心은 (性을) 포함하고 있으면서(包含該載) 베풀어 발용하는(敷施發用) 것이다.29)

> 心의 知覺은 곧 '이 理를 갖추고 이 情을 행하는 것'(具此理而行此情)이다.30)

위의 첫째 인용문에서는 '主宰'를 '管攝'과 같은 맥락으로 설명했다. '管攝'이란 '맡아서 다스림'이니, '心이 性을 주재한다'는 말은 '心이 性을

28) 『朱子語類』 卷95(中華書局本 2423쪽): 天命流行 所以主宰管攝是理者 卽其心也 而有是理者 卽其性也

29) 『朱子語類』 卷5(中華書局本 88쪽): 性是理 心是包含該載 敷施發用底

30) 『朱子大全』 卷55 頁1, 〈答潘謙之〉: 心之知覺 卽所以具此理而行此情也

맡아서 다스린다'는 뜻이다. 心이 性을 맡아서 다스린 결과가 情이다. 둘째 인용문에서는 心의 역할을 '包含該載'와 '敷施發用'으로 설명했는데, 여기서 '包含該載'가 '포함'의 맥락에 해당됨은 자명하니, 따라서 '敷施發用'이 곧 '주재'의 맥락에 해당될 것이다. 이렇게 볼 때, '心이 性을 맡아서 다스림'은 곧 '心이 性을 베풀어 發用함'과 같은 뜻이요, 그 '발용의 결과'가 '情'인 것이다. 셋째 인용문에서는 '心의 知覺'을 '具此理而行此情'으로 설명했는데, '具'는 '포함(包含該載)'에 해당될 것이요, '行'은 '운용(敷施發用)'에 해당될 것이다. 이러한 맥락에서 '心統性情'이란 바로 '心의 知覺' 작용을 통해서 이루어지는 것이다.

이상의 내용을 종합하면 '心이 性·情을 主宰한다'고 할 때의 '主宰'란 '맡아서 다스림, 베풀어 운용함, 실행함' 등을 뜻하는 것이요, 이는 心의 지각작용을 통해서 이루어지는 것이다. 주자는 '心이 性·情을 주재한다'는 것을 다음과 같이 비유하기도 했다.

> 心은 官人과 같고, 天命은 君의 命令과 같으며, 性은 (명령을 통해 받은) 職事와 같다.[31] ○ 天命은 君의 命令과 같고, 性은 君에게 받은 職分과 같다. 氣는 능히 그 직분을 지키는 것도 있고, 지키지 못하는 것도 있음과 같다.[32]

주자는 天命을 '君의 명령'에, 心을 '官吏'에, 性을 '관리가 부여받은 명령(職分)'에 비유했다. 君은 아래의 관리에게 명령을 내릴 뿐 그 명령을 직접 집행하지는 않는다. 君의 명령을 집행하는 것은 아래의 官吏들이다. 官吏는 君의 명령을 통해 職分을 부여받고 집행하는 존재이다.

31) 『朱子語類』 卷5(中華書局本 88쪽): 心大概似箇官人 天命便是君之命 性便如職事一般
32) 『朱子語類』 卷4(中華書局本 63쪽): 天命 如君之命令 性 如受職於君 氣 如有能守職者有不能守職者

이러한 비유를 통해 '心이 性을 主宰한다'는 것은 '心이 性을 맡아서 다스린다(운용 · 실행)'는 뜻임을 알 수 있다. 아울러 위의 인용문을 통해 心統性情論에서의 心은 氣라는 것도 다시 확인할 수 있다.

영남의 학자들은 대부분 理 · 氣의 관계에서 '主宰者는 理일 뿐'이요, 또 '主宰'는 '命令(使之)'을 뜻한다고 보았다. 그러나 주자는 心을 氣로 규정하고 心이 性을 주재한다고 했으니, 주자는 '氣가 理를 주재함'도 인정한 것이다. 또한 朱子는 '理의 주재'를 '命令'으로 풀이하지도 않았고, '氣의 주재'를 '命令'으로 풀이하지도 않았다. 주자는 다만 '理가 氣의 운동의 標準이 됨'을 '理의 주재'라 하고, '氣가 理를 맡아서 관리함'을 '氣의 주재'라 했던 것이다.33)

영남의 성리학자 가운데 星湖 李瀷과 立齋 鄭宗魯는 心을 氣로 규정하여, 다른 학자들과 구별되는 입장을 취하였다. 성호는 性 · 情의 주재자인 心은 '氣'라는 것을 분명히 하면서도, '心의 主宰(統)'를 '장수가 병졸을 統率함'으로 풀이했다. 요컨대 성호는 '理의 주재'도 '命令'으로 풀이하고, '氣(心)의 주재'도 '命令'으로 풀이한 것이다. 이 두 해석은 양립되기 어려운 것이거니와, 성호는 이 점을 의식하고 있었으면서도 뚜렷한 해법을 제시하지 못했다. 짐작컨대 성호는 주자가 理의 주재와 氣의 주재를 모두 인정했다는 것은 알았으나, 두 경우 主宰의 의미가 달리 설명되고 있음은 파악하지 못했던 것이다.

立齋 鄭宗魯는 心을 氣로 규정하고, 心統性情을 정확히 주자의 본지대로 해석했다. 그 결과 입재는 '理의 能發'을 부정하고, 四端이나 七情이 모두 心(氣)의 知覺作用을 통해서 발현되는 것이라고 보았다. 입재는 理氣互發說을 옹호했으나, 그가 말하는 '理發 · 氣發'은 다만 '主理 ·

33) 이에 대한 자세한 논의는 拙著, 『畿湖性理學論考』 제4장 〈朱子에 있어서 理와 氣의 相互主宰와 그 의의〉 참조.

主氣'를 뜻할 뿐이었다. 입재는 퇴계를 더 없이 존숭하고 옹호했지만, 이처럼 理의 能發을 부정한다는 점에 있어서 立齋說은 退溪說과는 궤를 달리하는 것이다.

사실 心統性情論은 本具論의 관점에서 성립하는 명제로서, 天理人欲論의 관점에서 성립하는 理氣互發論과는 양립하기 어려운 것이다. 그러므로 영남의 성리학자들은 대부분 心統性情을 주자의 본지대로 해석하지 않고, 다른 논리를 고안해 내고자 했던 것이다. 다만 立齋 鄭宗魯의 경우는 心統性情論을 주자의 본지대로 해석함으로써 오히려 退溪說(理의 能發說)과는 멀어지게 되었던 것이다.

5. 四端·七情과 理發·氣發의 문제

영남의 성리학자들은 모두 퇴계의 理氣互發說을 옹호했다. 그런데 互發에 대한 해석에서는 크게 세 부류로 갈라졌던 것이다. 葛庵과 淸臺 등은 '理의 能發'을 긍정하여, 互發을 '理와 氣가 각각 발한다'는 뜻으로 풀이했다. 그러나 大山과 立齋 등은 '理의 能發'을 부정하여 互發을 다만 '主理와 主氣'의 뜻이라고 풀이했다.

누차 언급했듯이 갈암과 청대는 理·氣를 人心·道心 또는 天理·人欲으로 보는 관점에서 '理와 氣가 각각 발한다'고 주장한 것이다. 그러나 大山과 立齋는 理·氣를 本·具로 보는 관점에서 '理와 氣가 각각 발한다'는 주장을 비판하고, 퇴계의 互發이란 다만 '主理와 主氣'를 뜻한다고 주장한 것이다. 이 두 부류의 주장은 논리가 간명하여 이해하기 쉽다. 그러나 星湖와 寒洲 등 셋째 부류는 매우 복잡하고 독특한 논리를 제시하였다.

星湖는 互發을 '四端과 七情은 理와 氣로 苗脈이 구분된다'는 뜻으로 풀이했다. 성호는 理와 氣가 각각 발용하는 것은 아니라는 관점에서는 四端과 七情을 '한 길'로 규정하고, 苗脈이 다르다는 관점에서는 四端과 七情을 '두 길'로 규정했다. 성호는 또 四端·七情이 모두 하나뿐인 本性의 발현이라는 점에서 모두 理發이라고 규정한 다음,[34] 다시 七情은 그 性(理)이 발함에 있어서 이미 形氣가 개입한 것이므로 氣發이라 하고, 四端은 形氣가 개입하지 않은 것이므로 理發이라고 구분하였다. 요컨대 四端은 性이 발한 것이라는 점에서 理發이고 形氣의 개입이 없다는 점에서 理發이며, 七情은 性이 발한 것이라는 점에서 理發이고, 形氣가 개입했다는 점에서 氣發이라는 것이다.

寒洲의 四端七情論도 星湖와 대강을 같이한다. 한주도 모든 情을 '理發一路'로 규정함과 동시에, 다시 '理發과 氣發'로 구분한 것이다. 한주는 이것을 豎看과 橫看이라는 간법의 차이로 설명했다. 요컨대 豎看하면 四端·七情이 모두 性이 발한 것이라는 점에서 '理發一路'라는 것이요, 橫看하면 理에서 유래한 것도 있고 氣에서 유래한 것도 있으므로 '理發과 氣發'로 구분된다는 것이다. 다만 한주는 모든 情의 能發(발하는 작용의 주체)과 所發(발현되는 내용)을 모두 理로 규정하여 '理發一路'를 주장하고, 氣는 다만 理가 발하는 과정을 보조한다고 설명했던 것이다.

위의 세 부류에 대해서는 그 이론적인 得失을 논하기가 어렵다. 간명하면서도 퇴계의 원의에 가장 부합하는 것은 첫째 부류일 것이다. 그러나 퇴계의 '理發而氣隨之, 氣發而理乘之'라는 주장에는 天理人欲論과 本具論(理主氣資論)이 혼재하고 있기에, 둘째 부류와 셋째 부류 등 다

---

34) 星湖는 '발하는 作用의 주체'는 氣일 뿐이라고 보았거니와, 따라서 여기서의 '理發'이란 '理가 능동적으로 발한다'는 뜻이 아니다. 성호는 '발하는 作用의 주체'는 氣이지만, '氣가 발하는 것'은 '理가 主宰한 것'이라는 관점에서, 四端과 七情을 모두 '理發'이라고 규정한 것이다.

양한 해석의 가능성이 열려있는 것이다.

四端 · 七情과 理發 · 氣發을 논함에 있어서 또 하나 논란이 되었던 것은 이른바 '公正한 七情'의 문제였다. 일찍이 高峰 奇大升도 '七情에는 공정한 것도 있음'을 들어 퇴계가 七情을 氣發로 규정하는 것을 비판했었다. 그런데 이것이 영남성리학에서 '꺼지지 않는 불씨'가 되어, 星湖 · 立齋 · 寒洲 등에 의해 다시 거론된 것이다. 입재의 다음과 같은 말을 다시 보자.

> 나의 '七情에는 또한 理發도 있다'는 주장은 退溪의 中圖에 근거한 것이요, 退溪의 中圖 또한 근거한 바가 있다. 〈樂記〉에서는 "사람이 태어나면서 고요한 것은 타고난 性이다"라고 말하지 않았던가? 이 '性' 字는 곧 이른바 '本然之性'이다. 그 아래에서는 이 性이 "사물에 感應하여 움직인다"고 한 다음 문득 喜怒哀樂愛惡欲을 들어 말했다. 이것이 '七情에는 또한 理發도 있다'는 첫째 논거이다. 『中庸』에서는 "喜怒哀樂이 아직 발하지 않은 것을 中이라 한다"고 하지 않았던가? 그런데 章句에서는 "喜怒哀樂은 情이요, 그것이 아직 발하지 않은 것은 性이다"라고 하였다. 이 '性' 字는 곧 이른바 '本然之性'이요, 그것이 발하면 문득 이 喜怒哀樂이 되는 것이다. 이것이 '七情에는 또한 理發도 있다'는 둘째 논거이다. 程子의 〈好學論〉에서는 "그것이 아직 발하지 않았을 때에는 五性을 갖추고 있다"고 하고, 또 이어서 "外物이 그 形氣와 感觸하여 안에서 움직이는바, 그 안이 움직여서 七情이 나온다"고 하지 않았던가? '五性'은 곧 이른바 '本然之性'이며, 그 '움직인 것'이 문득 '七情'이 되는 것이다. 이것이 '七情에는 또한 理發도 있다'는 셋째 논거이다. 오직 이와 같기 때문에, 退溪는 中圖를 그릴 때 위의 一圈에는 오직 '仁義禮智'만을 써서 그것이 '本然之性'임을 밝히고, 그 아래에는 곧 四端과 七情을 함께 써서 '本然之性이 발하면 四端뿐만이 아니라 七情도 됨'을 밝힌 것이다.…… 후세의 학자들은 일찍이 주의해서 자세히 고찰하지 않고, 오직 '四端은 理發, 七情은 氣發'이라

> 는 학설을 위주로 확고한 견해를 삼았다. 그리하여 진실로 喜怒哀樂 등의 名色과 관계된 것이면 모두 氣發로 간주하고, 다시는 '七情에는 또한 理發도 있음'을 알지 못하였다.[35]

'公七情理發論'은 '四端과 七情'을 단순히 '理發과 氣發'로 구분하는 이론을 무너뜨리는 것이기 때문에 심대한 폭발성을 지닌 것이다. 그리하여 星湖는 '公七情'의 문제를 두고 여러 차례 견해를 번복했던 것이다. 또한 立齋의 지적처럼 퇴계의 『聖學十圖』〈第6心統性情圖〉의 '中圖'가 公七情理發論을 피력한 것이라면, 이는 퇴계설의 본지에 대한 재해석의 가능성을 열어주는 것이기도 하다. 이렇게 볼 때, 星湖가 理發氣隨一路說을 제창하고, 寒洲가 理發一路說을 제창한 것은 公七情의 문제와 깊은 관련이 있었던 것이다.

6. 退溪說과 栗谷說의 會通/兩立 문제

葛庵과 淸臺 등은 退溪說을 전면적으로 옹호하고 栗谷說을 전면적으로 비판했다. 그러나 영남의 일부 학자들은 퇴계설을 그대로 따르지 않

---

35) 『立齋集』 卷20 頁25~26, 〈答姜伯玄問目〉: 七情之亦有理發 愚言本於退溪中圖 而退溪此圖亦有所本 樂記不云乎 人生而靜天之性也 此性字卽所謂本然之性 而其下言此性之感物而動則便以喜怒哀樂愛惡欲言之 此其七情之亦爲理發 一也 中庸又不云乎 喜怒哀樂之未發謂之中 而章句謂喜怒哀樂情也 其未發則性 此性字卽所謂本然之性 而其發則便爲是喜怒哀樂 此其七情之亦爲理發 二也 程子好學論又不云乎 其未發也五性具焉云云 卽又係之曰外物觸其形而動於中 其中動而七情出焉 五性卽所謂本然之性 而其動則便爲是七情 此其七情之亦爲理發 三也 惟其如是 故退溪爲作中圖 而上一圈惟書仁義禮智 以明本然之性 其下卽以四端七情合而書之 以明本然之性之發 不惟爲四端 而亦爲是七情 ……後之學者不曾致意詳考 惟以四端理發七情氣發之說爲主 而轉成鐵定見解 苟有涉於喜怒哀樂等名色 則都把做氣發看 而不復知亦有理發者

고 부분적인 수정을 가했거니와, 大山・立齋・星湖・寒洲 등이 그 예이다. 이들은 기본적으로 퇴계설을 존숭하면서도 퇴계설을 그대로 따르지 않았던 것이다. 이들이 퇴계설을 부분적으로 수정하여 자신의 학설을 정립했던 논거는 무엇보다도 理主氣資論에 있었다. 그런데 理主氣資論은 本具論의 관점에 근거하는 것으로서, 理主氣資를 강조하면 할수록 율곡설과 근접하게 되는 것이다. 이러한 맥락에서 大山・立齋・星湖・寒洲 등의 성리설은 사실 율곡설과의 會通의 여지가 많은 것이다. 그럼에도 불구하고 大山・立齋・星湖 등은 율곡설에 대해서 조금도 수긍하지 않는 태도를 보였거니와, 이는 이해하기 어려운 처사라고 하겠다. 다만 寒洲는 율곡설의 타당성도 십분 긍정하고, 퇴계설과 율곡설을 아우르는 이론을 추구했다.

퇴계는 理・氣의 相須와 互發을 모두 인정했으나, 퇴계설의 본지는 互發에 있었고, 相須는 다만 고봉의 반론을 수용하는 차원에서 형식적으로 언급했던 것이다. 그런데 互發說 자체는 天理人欲論의 맥락에서 성립하는 것으로서, 이는 理와 氣를 '서로 勝負를 겨루는 존재'로 인식하는 것이다. 반면에 율곡의 氣發理乘一途說은 本具論의 맥락에서 성립하는 것으로서, 이는 理와 氣를 '반드시 서로 결합해야 하는 존재'로 인식하는 것이다. 따라서 퇴계의 원의를 존중한다면, 퇴계설과 율곡설의 '會通'이란 애초에 불가능한 것이다. 다만 퇴계가 相須를 언급했고, 相須는 本具論의 맥락에서 성립하는 것이므로, 相須를 중심으로 퇴계설을 해석한다면 율곡설과의 회통 가능성이 열리는 것이다. 大山・立齋・星湖・寒洲 등은 이러한 노선을 취한 것으로 볼 수 있다. 그러나 이러한 노선은 또한 퇴계설의 원의와는 멀어지는 것이다.

葛庵・淸臺 등은 율곡설을 전면적으로 부정하고, 大山・立齋・星湖・寒洲 등은 사실상 退・栗을 회통시키는 이론을 모색한 것과 달리, 克齋

申益愰이나 茶山 丁若鏞은 퇴계설과 율곡설을 양립시키고자 했다. 극재는 율곡설을 전면적으로 부정하는 갈암에게 다음과 같이 말한 바 있다.

> 일찍이 退溪先生의 '四端은 理發, 七情은 氣發'이라는 말씀을 반복해서 생각해보니, 대개 四端이 발할 때에는 私僞가 침범하지 않아 純善無惡하고, 七情이 발할 때에는 간혹 私僞가 간섭하여 쉽게 惡으로 흐르므로, 각각 그 重點이 있는 곳에 나아가 分屬한 것이다. 어찌 참으로 '四端은 氣에서 나오지 않고, 七情은 理에서 근원하지 않는다'는 말이겠는가? 그 뜻은 대개 學者로 하여금 이른바 理發에 있어서는 擴充하고 氣發에 있어서는 節約하도록 하기 위함이었으니, 이것은 진실로 자세히 갖추어져 있어 재론의 여지가 없는 것이다. 그러나 栗谷의 학설 또한 스스로 直截하니, 그 大意는 '天下에는 理 없는 氣도 없고, 氣 없는 理도 없다. 四端·七情을 막론하고, 發하는 것은 氣요, 발하는 까닭은 理이다. 氣가 아니면 發할 수 없고, 理가 아니면 發할 바가 없다. 다만 그 발할 즈음에 濁氣에 가리면 흘러서 不善이 된다'는 것이니, 이것이 義理에 있어서 무슨 不可함이 있겠는가? 退溪는 자세히 갖추었고, 栗谷은 直截하니, 아마도 '並行해도 서로 어긋나지 않을 것'이다. 天下의 이치는 진실로 兩是가 없으나, 이것만큼은 兩是이다.[36)]

극재는 "退溪는 자세히 갖추었고, 栗谷은 直截하니, 아마도 '並行해도 서로 어긋나지 않을 것'이다. 天下의 이치는 진실로 兩是가 없으나, 이

36) 『克齋集』 卷2 頁5~6, 〈上葛庵先生〉: 竊嘗反復以爲李先生所謂四端理發七情氣發者 蓋以四端之發 不犯私僞 純善無惡 七情之發 或涉私僞 易流於惡 故各就其所重而分屬之耳 豈眞以爲四端不生於氣而七情不原於理乎 其意蓋使學者 於所謂理發者 欲其擴充 於所謂氣發者 欲其節約 此固詳備 不可容議 然栗谷之說 亦自直截 其大意以爲天下無無理之氣 亦無無氣之理 無論四端七情 發之者氣也 所以發者理也 非氣則不能發 非理則無所發 特其發之之際 掩於濁氣則流爲不善 此說於義理 有何不可哉 退溪則詳備 栗谷則直截 恐並行而不相悖 天下之理 固無兩是 而此則兩是

것만큼은 兩是이다"라고 했다. '兩是'란 '서로 다른 두 주장이 동시에 옳다'는 말이니, 이로 본다면 극재는 퇴계설과 율곡설이 서로 다름을 인정하고 兩立시키고자 했던 것이다. 그런데 위의 인용문 앞부분에 보이듯이 극재는 퇴계의 互發說을 원의대로 이해하지 않고 '主理와 主氣'의 뜻으로 해석했던바, 따라서 극재도 퇴계설과 율곡설을 그 자체로 양립시키고자 했던 것은 아니라 하겠다.[37]

퇴계설과 율곡설의 차이를 분명하게 인식하면서도 그 자체로 양립시키고자 했던 사람은 茶山이었다. 다산의 다음과 같은 말을 다시 보자.

> 일찍이 退·栗의 글을 취해서 반복하여 참고하고 징험해보니, 退·栗이 말하는 '理' 字와 '氣' 字는 글자의 모양은 비록 같지만 그 뜻은 전혀 달랐다. 대개 退溪가 말하는 理·氣는 오로지 우리 인간의 性情에 나아가 학설을 세운 것이다. 퇴계가 말하는 理는 道心이요 天理의 영역이며 性靈에 속하는 것이고, 氣는 人心이요 人慾의 영역이며 血氣에 속하는 것이다. 그러므로 퇴계는 '四端은 理發而氣隨之, 七情은 氣發而理乘之'라고 말한 것이다. 대개 마음이 발한 것에는, 天理와 性靈 쪽을 따라서 나오는 것이 있으니 이것은 本然之性이 感發한 것이며, 人慾과 血氣 쪽을 따라서 나오는 것이 있으니 이것은 氣質之性이 感觸한 것이다. 栗谷이 말하는 理·氣는 天地萬物을 총괄하여 학설을 세운 것이다. 율곡이 말하는 理는 無形한 것으로서 사물의 所由然이고, 氣는 有形한 것으로서 사물의 體質이다. 그러므로 율곡은 '四端·七情으로부터 天地萬物에 이르기까지 氣發而理乘之가 아닌 것이 없다'고 한 것이다. 대개 사물이 능히 發動할 수 있는 것은 形質이 있기 때문이다. 이 形質이 없으면 비록 理가 있다 하더라도 어떻게 發動할 수 있겠는가? 그러므로 발하기 전에 비록 理가 먼저 있

37) 克齋의 性理說은 본래 旅軒 張顯光의 理氣經緯說에 입각한 것이라 했거니와, 克齋는 理主氣資의 관점에서 퇴계설을 재해석하고 율곡설을 크게 긍정했던 것이다. 그런데 갈암과의 논변 이후 극재는 자신의 본래 입장을 바꾸고, 갈암에게 승복했다.

다 하더라도, 바야흐로 발함에 있어서는 반드시 氣가 앞서는 것이다. 율곡의 말은 이러한 맥락에 입각한 것이다. 그렇다면 퇴계와 율곡이 비록 같이 四端 · 七情을 논하고 理 · 氣를 말하지만, 그 理 · 氣 두 글자에 대해서는 전혀 다르게 해석하고 있는 것이다. 『栗谷集』 가운데엔 비록 이처럼 밝혀놓은 곳이 없다고 하더라도, 율곡의 本意는 기필코 이와 같은 것이다. 理 · 氣의 字義가 이미 다르니, 저것은 저것대로 하나의 학설이요, 이것은 이것대로 하나의 학설이다. 따라서 是非와 得失을 歸一시킬 수 없을 것 같은데, 어떨지 모르겠다.[38]

다산에 의하면 퇴계의 理 · 氣는 인간의 심리적 차원에서 빚어지는 갈등인 '道心과 人心' 또는 '天理와 人欲'을 뜻하고, 율곡의 理 · 氣는 자연과 인간에 두루 적용되는 '形而上의 本(本則, 道)과 形而下의 具(形質, 器)'를 뜻하는 것이다. 따라서 퇴계의 관점에서는 理氣互發說이 성립할 수밖에 없고, 율곡의 관점에서는 氣發理乘一途說이 성립할 수밖에 없다는 것이다. 다산은 퇴계설과 율곡설은 본래 맥락과 체계가 다른 것임을 명확히 인식하고, 양자를 그 자체로 양립시키고자 했던 것이다.

論者 역시 퇴계설과 율곡설은 근본적으로 맥락과 체계가 다른 것이라고 본다. 따라서 퇴계설과 율곡설을 두고 是非를 다투는 것은 무의미한 시도라고 본다. 또한 葛庵이나 淸臺처럼 퇴계설을 엄격하게 고수하자면

38) 『與猶堂全書』 第1集 卷21 頁25, 〈西巖講學記〉: 嘗取兩家文字 反復參驗 則其云理字氣字 字形雖同 字義判異 蓋退溪所論理氣 專就吾人性情上立說 理者道心也 天理分上也 性靈邊的也 氣者人心也 人慾分上也 血氣邊的也 故曰四端理發而氣隨 七情氣發而理乘 蓋心之所發 有從天理性靈邊來者 此本然之性有感也 有從人慾血氣邊來者 此氣質之性有觸也 栗谷所論理氣 總括天地萬物而立說 理者無形的也 物之所由然也 氣者有形的也 物之體質也 故曰四端七情 以至天下萬物 無非氣發而理乘之 蓋物之能發動 以其有形質也 無是形質 雖有理乎 安見發動 故未發之前 雖先有理 方其發也 氣必先之 栗谷之言 其以是也 然則退溪栗谷 雖同論四七 共談理氣 卽其理氣二字注脚判異 栗谷集中 雖無如是揭開處 其本意所執 必如是也 理氣字義旣異 則彼自一部說 此自一部說 恐無是非得失之可以歸一者 未知如何

율곡설과의 會通 가능성은 없는 것이다. 그러나 大山·立齋·星湖·寒洲 등과 같이 퇴계설을 유연하게 해석하면 율곡설과의 會通 가능성이 열리는 것이다.

퇴계와 율곡의 상이한 견해는 氣가 지니는 이중성에서 기인하는 것이다. 氣는 본능적 욕구의 원천이기도 하고, 본성을 실현하는 주체이기도 하다. 퇴계는 전자의 관점에서 本性과 本能을 대립적 관계로 파악하고, 本能을 本性의 지배하에 두려고 했던 것이요, 율곡은 후자의 관점에서 本性과 本能을 일원적 관계로 파악하고, 기질을 변화시킴으로써 本性을 제대로 발현시키고자 했던 것이다. 퇴계의 互發說은 개인적 차원에서는 本性과 本能의 대립을 뜻하고, 사회적 차원에서는 公과 私의 대립을 뜻하거니와, 퇴계는 결국 敬을 통해 '本能에 대한 本性의 우위'와 '私에 대한 公의 우위'를 확보하려 했던 것이다. 퇴계의 이러한 사고방식은 士禍期의 '분열된 세계상'과 밀접한 관련이 있는 것이었다. 그런데 퇴계의 後學들은 黨爭期에도 君子小人論에 집착하고, 홀로 君子로 자처함으로써 심대한 紛爭과 犧牲을 야기하였다.[39] 여기서 우리는 退溪學의 본령은 '謙退(謙讓)'에 있었음을 다시 상기할 필요가 있는 것이다.[40]

---

39) 흔히 士禍는 '小人(權奸)이 君子(士林)를 핍박한 것'으로, 黨爭은 '士林 상호간의 경쟁'으로 규정된다. 宣祖 이후 士林이 분열될 때, 栗谷(西人)은 東·西를 모두 君子로 전제하고 調劑와 保合을 추구했다. 그러나 東人들은 西人을 小人으로 규정하여 調劑와 保合을 거부했거니와, 이로써 黨爭이 치열하게 전개된 것이었다(이에 대해서는 강광식, 『新儒學思想과 朝鮮朝 儒教政治文化』, 집문당, 2000, 214~247쪽 참조). 論者는 당시 東·西 사이의 대응양상의 차이는 氣發理乘一途論과 理氣互發論 사이의 논리구조의 차이와도 상당한 연관이 있다고 본다. 한편, 韓末 華西學派의 重菴 金平默도 君子小人論에 입각하여 四色黨派를 인식하면서, 老論만을 君子黨으로 규정하고, 老論의 獨裁를 옹호한 바 있다(『重菴集』 卷35 頁6~7 참조). 그런데 華西學派의 心性論은 다분히 退溪說과 궤를 같이 하는 것이었다(이에 대한 자세한 논의는 拙著, 『畿湖性理學論考』 제9장 〈華西 李恒老의 主理論과 退溪學〉 참조).

40) 이에 대한 자세한 논의는 이 책의 제1장 5절 참조.

참고문헌

『四書集註大全』, 『性理大全』, 『心經附註』
『二程全書』, 『朱子大全』, 『朱子語類』

權 近, 『入學圖說』, 을유문화사, 1990.
權相一, 『淸臺集』, 민족문화추진회(한국고전번역원) 영인 한국문집총간본. 2008.
金昌協, 『農巖全集』, 曺龍承 영인본, 1976.
金平默, 『重菴集』, 宇鍾社 영인본, 1975.
申益愰, 『克齋集』, 민족문화추진회 영인 한국문집총간본, 1999.
柳致明, 『定齋集』, 민족문화추진회 영인 한국문집총간본, 2002.
李象靖, 『大山集』, 민족문화추진회 영인 한국문집총간본, 2001.
李 珥, 『栗谷全書』, 성균관대 대동문화연구원 영인본, 1978.
李 瀷, 『星湖全集』, 민족문화추진회 영인 한국문집총간본, 1999.
______, 『孟子疾書』, 한림대학교 출판부, 1998.
李 栽, 『密庵集』, 민족문화추진회 영인 한국문집총간본, 1996.
李震相, 『寒洲全書』, 아세아문화사 영인본, 1980.
李 滉, 『退溪集』, 성균관대 대동문화연구원 영인본, 1985.
李滉 · 奇大升, 『兩先生四七理氣往復書』, 高峰學院 영인본, 1991.
李玄逸, 『葛庵集』, 민족문화추진회 영인 한국문집총간본, 1996.
張顯光, 『旅軒集』, 민족문화추진회 영인 한국문집총간본, 1996.
______, 『旅軒性理說』, 仁同張氏南山派宗親會 영인본(『旅軒先生全書』 上 · 下 所載), 1983.
田 愚, 『艮齋集』, 충남대학교 도서관 영인본(龍洞本), 1999.
鄭經世, 『愚伏集』, 민족문화추진회 영인 한국문집총간본, 1996.
丁時翰, 『愚潭集』, 민족문화추진회 영인 한국문집총간본, 1996.
丁若鏞, 『與猶堂全書』, 아름출판사 영인본, 1995.

鄭宗魯,『立齋集』, 민족문화추진회 영인 한국문집총간본, 2001.
韓元震,『朱子言論同異攷』, 雅盛文化社 영인본(『南塘集』 上 · 下 所載), 1976

李 瀷, 이상익 역,『譯註 四七新編』, 다운샘, 1999.
마테오 리치(利瑪竇), 송영배 외 역,『天主實義』, 서울대학교출판부, 2000.
高橋亨, 이형성 편역,『다카하시 도루의 조선유학사』, 예문서원, 2001.

강광식,『新儒學思想과 朝鮮朝 儒敎政治文化』, 집문당, 2000.
강희복,「退溪의 '心與理一'에 관한 硏究」, 연세대학교 박사학위논문, 2002.
고려대 민족문화연구원 한국사상연구소 편,『여헌 장현광의 학문세계 - 우주와 인간』, 예문서원, 2004.
고려대 민족문화연구원 한국사상연구소 편,『여헌 장현광의 학문세계 2 - 자연과 인간』 예문서원, 2006.
권오영,「退溪의 心性理氣論과 그 사상사적 위치」,『退溪學報』 제109집, 퇴계학연구원, 2001.
김낙진,「우담 정시한과 외암 이식의 체용론과 인물성 논의」, 한국사상사연구회 편,『인성물성론』, 한길사, 1994.
______,「愚潭 丁時翰의 理 주재의 철학」,『한국철학논집』 제22집, 한국철학사연구회, 2007.
김용걸,『星湖 李瀷의 哲學思想硏究』, 성균관대 대동문화연구원, 1989.
김용헌,「活齋 李榘의 張顯光 성리설 비판」,『儒敎思想硏究』 제27집, 한국유교학회, 2006.
김우형,「大山 李象靖의 理氣論」,『東方學志』 제113집, 연세대학교 국학연구원, 2001.
김치완,「茶山 人性論의 '反朱子學的 近代性'에 관한 검토」,『大同哲學』 제45집, 대동철학회, 2008.
김형효,『원효에서 다산까지』, 청계, 2000.
문석윤,「退溪의 理發과 理動, 理到의 의미에 대하여」,『退溪學報』 제110집, 퇴계학연구원, 2001.
배종호,『韓國儒學史』, 연세대학교 출판부, 1983.

송갑준, 「성호 이익의 사단칠정론」, 민족과 사상 연구회 편, 『四端七情論』, 서광사, 1992

송영배, 「정약용 철학과 성리학적 리기관의 해체」, 『한국유학과 리기철학』, 예문서원, 2000.

안영상, 「星湖 李瀷의 性理說 硏究」, 고려대 박사학위논문, 1998.

______, 「퇴계학파의 相須說과 互發說의 흐름」, 「退溪學報」 제93집, 퇴계학연구원, 1997.

______, 「극단으로 간 최후의 퇴계주의자들 : 한주학파」, 『조선유학의 학파들』 한국사상연구회 편저, 예문서원, 2000.

______, 「퇴계학파 내 호발설의 이해에 대한 일고찰 - 성호 · 청대 · 대산의 논쟁 비교를 통하여」, 『退溪學報』 제115집, 퇴계학연구원, 2004.

______, 「토미즘과 비교를 통해서 본 정약용의 인심도심론」, 『한국실학연구』 9, 한국실학학회, 2005.

______, 「대산 이상정의 渾淪 · 理發說의 착근에 있어서 여헌설의 영향과 그 의미」, 『儒敎思想硏究』 제27집, 한국유교학회, 2006.

양승태, 『앎과 잘남 : 희랍지성사와 교육과 정치의 변증법』, 책세상, 2006.

유권종, 「갈암의 이기론에 관한 고찰」, 『철학논총』, 영남철학회, 1996.

______, 「葛庵의 旅軒 性理學에 대한 비판 고찰」, 『儒敎思想硏究』 제27집, 한국유교학회, 2006.

유명종, 『朝鮮後期 性理學』, 이문출판사, 1985.

유성선, 「愚潭 丁時翰의 栗谷 理氣 · 四七論 批判과 그 地坪」, 『栗谷思想硏究』 제14집, 율곡학회, 2007.

윤사순, 「退溪의 理氣哲學에 대한 現代的 解釋」, 『退溪學報』 제110집, 퇴계학연구원, 2001.

이기용, 「栗谷 李珥의 人心道心論 硏究」, 연세대학교 박사학위논문, 1995.

이동준, 『유교의 인도주의와 한국사상』, 한울, 1997.

이병도, 『韓國儒學史』, 아세아문화사, 1989.

이상익, 『歷史哲學과 易學思想』, 성균관대출판부, 1996.

______, 『畿湖性理學硏究』, 한울, 1998.

______, 『畿湖性理學論考』, 심산, 2005.

______, 『朱子學의 길』, 심산, 2007.
______, 「丁茶山의 性嗜好說에 대한 朱子學的 反論」, 『한국철학논집』 제29집, 한국철학사연구회, 2010.
이상하, 『寒洲 李震相의 主理論 硏究』, 경인문화사, 2007.
이형성, 『寒洲 李震相의 哲學思想』, 심산, 2006.
장승구, 『정약용과 실천의 철학』, 서광사, 2001.
최영성, 『한국유학통사』 上 · 中 · 下, 심산, 2006.
______, 「17~18세기 한국유학과 愚潭 丁時翰」, 『한국철학논집』 제22집, 한국철학사연구회, 2007.
최재목, 「立齋 鄭宗魯의 생애, 성리사상, 문제의식」, 『東方漢文學』 제25집, 동방한문학회, 2003.
한형조, 「朱熹에서 정약용에로의 철학적 사유의 전환」, 한국정신문화연구원 박사학위논문, 1992.
현상윤, 『조선유학사』, 현음사, 1982.
홍원식, 「퇴계학, 그 존재를 묻는다」, 『오늘의 동양사상』 제4호, 예문동양사상연구원, 2001.
______, 「퇴계학, 그 존재를 다시 묻는다」, 『오늘의 동양사상』 제10호, 예문동양사상연구원, 2004.

찾아보기